조선무속고
역사로 본 한국 무속

서남동양학자료총서

조선무속고

역사로 본 한국 무속

이능화 지음 | 서영대 역주

창비

서남동양학자료총서 간행사

전체주의에 깊이 물든 20세기의 우울한 황혼을 진정으로 넘어설 새로운 문명은 어떻게 가능하며, 그 문명을 머금은 사상의 씨앗은 어디에서 발견될 것인가. 이것이 우리가 서남동양학술총서라는 새로운 기획을 시작하면서 스스로에게 제기했던 물음이다. 동아시아라는 것에서 그 씨앗이 발견될 수 있으리라는 작업가설이 우리의 총서 작업의 출발점이었고, 그 출발점에서 우리는 우리 작업의 축적이 그 씨앗을 발견하고 키우는 데 기여할 수 있기를 간절히 희망했다.

그동안 수행되어온 총서 작업은 크게 보면 동아시아 담론 세우기라고 할 수 있다. 담론은 범주상으로 객관적 진실과도 다르고 실제 현실과도 다른 것이지만, 객관적 진실을 자처하며 현실에 관한 설명을 산출함으로써 주체성의 형식과 모양을 만들어내고, 그리하여 결과적으로 진실 및 현실과 불가분의 관계를 갖는다. 서양 중심주의와 자민족 중심주의가 뒤얽혀 있는 기존의 지배담론에 대항하여 주체성의 형식과 모양을 새롭게 바꾸고자 하는 것이 동아시아 담론 세우기가 뜻하는 바이다.

우리가 또 하나의 새로운 기획으로 시작하는 자료총서는 동아시아 담론의 기초를 튼튼히하자는 데 뜻이 있다. 자료학을 경시하고 거대담론으로만 치닫는 것은 관념적이고 추상적인 데로 추락하는 결과가 되기 십상이다. 반대로 자료학에만 편향되어 담론 차원에서의 반성과 탐색이 없는 자료주의는 일종의 실증주의에 갇히기 십상이다. 한국 학계에서 널리 발견되는 이 두 편향을 동시에 극복하고 변증법적 지양을 이룰 때 동아시아 담론은 보다 튼튼해질 수 있을 것이다.

역점은 주로 근대 자료에 주어질 것이다. 동아시아가 문제로 떠오르는 것은 서양이라는 타자와의 관계 속에서이기 때문에 시대적으로 서세동점 이후를 주목하게 되는 것이다. 하지만 고전을 전적으로 배제하자는 것은 아니다. 고전은 소극적 의미에서든 적극적 의미에서든 뿌리이기 때문이다. 다만, 고전이 상업출판에 의해 그중 소수의 일반적인 것들만 중복 출판되어왔고 정작 중요한 자료들은 외면당해왔다는 점을 잘 알기에, 우리는 외면당해온 중요한 자료들을 우선시하고자 한다. 물론 일반적인 고전의 경우도 정말 충실하게 다루는 일이 절실히 필요하므로 이에 대해서도 열린 자세를 취할 것이다. 중요한 것은, 서두르지 말고 천천히 단단하게 작업을 해나가야 한다는 점이다.

아무쪼록 뜻있는 이들의 광범한 동참으로 자료총서의 작업이 활발해지고 그 축적이 새로운 문명을 머금은 사상의 씨앗을 발견하고 키우는 데 튼튼한 기초가 되어주기를 바란다.

서남포럼운영위원회
www.seonamforum.net

책머리에

 이능화 선생의 「조선무속고」는 한국의 무속, 특히 무속의 역사를 이해하는 데 없어서는 안될 기본 자료이다. 한국종교사를 공부하면서 이런 사실을 잘 알고 있었지만, 필요한 부분만 뽑아서 읽었을 뿐 전체를 정독하지는 못하고 있었다.
 그러던 차에 1980년대 중반 한국정신문화연구원 한국학대학원에서 '한국종교문헌연구'라는 강의를 의뢰받고 무엇을 강의할까 고민하다가, 「조선무속고」를 교재로 택하게 되었다. 여기에는 나름대로 몇가지 계산이 있었다. 첫째, 「조선무속고」를 통해 다양한 문헌사료를 접할 수 있기 때문에, 강의 제목에 걸맞은 교재라 생각했다. 둘째, 순한문으로 되어 있기 때문에, 고문헌에 대한 해독능력을 키우는 데도 도움이 될 수 있다고 생각했다. 셋째, 이런 기회에 「조선무속고」를 정독해보겠다는 욕심도 작용했다.
 강의는 「조선무속고」에 인용된 기사의 원 자료를 일일이 확인하고, 이를 바탕으로 「조선무속고」의 내용을 이해하는 순서로 진행하였다. 이처럼 지루한 강의였는데도, 수강학생들은 열과 성을 다해 따라와 주었으며, 예정된 기간에 「조선무속고」 강의가 끝나지 않자, 대학원에 강의 연장을 요청하기까지 했다. 그래서 장장 4학기에 걸친 강의 끝에 마침내 「조선무속고」를 완전히 독파하게 되었다.

강의를 진행하면서 「조선무속고」의 가치를 새삼 깨닫게 되었고, 역시 교재를 잘 택했다고 생각했다. 그렇지만 한편으로는 원문 대조과정에서 이 좋은 자료에 오탈자가 많은 점이 몹시 아쉽게 느껴졌다. 이 점은 자료집으로서 옥의 티가 아닐 수 없었다.

그래서 4학기에 걸친 강의에 힘입어 「조선무속고」의 원문을 바로잡고, 이를 토대로 번역과 주석을 해보자는 용기를 내게 되었다. 물론 「조선무속고」 번역본은 이 강의를 시작하기 이전에 이미 몇종이 출간된 바 있었다. 우선 이능화 선생이 1929년 「朝鮮の巫俗」이라는 제목으로 『조선(朝鮮)』에 135호부터 146호에 걸쳐 8회를 연재한 일본어 번역이 있다. 그러나 일본어라는 점은 두고라도, 인용사료는 번역하지 않고 한문 원문을 그대로 제시했다는 점에서 온전한 번역이라 하기는 어렵다. 한국어 번역본은 완역과 부분역이 있는데, 완역으로는 1976년 이재곤 선생이 번역하고 백록출판사에서 간행한 것이 있고, 부분 번역으로는 삼성출판사의 『한국의 민속·종교사상』에 수록된 김열규 선생의 번역(1976), 일조각에서 나온 『한국민속학연구논문선』 Ⅲ에 수록된 김택규 선생의 번역(1986)이 있다. 선학들의 번역은 나름대로 고심한 것이지만, 잘못된 원문을 기초로 한 것이기에 스스로 한계를 가질 수밖에 없었다. 원문 교감에 이어, 번역까지 하려고 과욕을 부릴 수 있었던 것은 이러한 이유에서였다.

번역에 앞서 우선 「조선무속고」의 교감문을 「이능화 조선무속고 교감」이라는 제목으로 비교민속학회의 학회지인 『비교민속학』 5·6·7호(1989~91)에 세 차례에 걸쳐 연재했다. 이와 함께 번역과 주석에도 착수하여 초고를 완성한 다음, 이것을 가지고 자신이 몸담고 있는 인하대학교는 물론 서울대학교, 고려대학교, 이화여자대학교, 숙명여자대학교를 다니면서 강의를 했다.

강의를 거듭하면서 미처 확인하지 못했던 원문을 하나둘씩 찾아내었고, 그때마다 보람을 느꼈다. 그러나 여전히 미확인의 자료들이 있었기 때문에 조금만 더, 조금만 더하면서 번역을 미루어왔다.

그런 차에 서남재단에서 망외의 지원을 받게 되어 번역에 박차를 가하게 되었다. 그러나 박차를 가한다는 것도 마음뿐 진도는 뜻대로 나가지 않다가 이제야 겨우 원고를 완성하여 또하나의 「조선무속고」 번역을 내놓게 되었다.

번역을 마무리하면서 여러가지 마음이 교차한다. 우선 「조선무속고」를 번역한다고 소리만 내고 세월만 끌다가 부족한 점이 많은 결과를 낸 데 대한 부끄러움이다. 그러나 보잘것없는 결과라도 마무리할 수 있었던 것은 오로지 그동안 강의를 수강해준 학생들 덕분이며, 특히 한국학대학원에서 열성을 다해 함께 「조선무속고」를 읽어준 박호원(朴昊遠), 김탁(金鐸) 두 분이 없었더라면 불가능했을 것이다. 이 자리를 빌려 두 분에게 마음을 다하여 감사드리며, 만날 때마다 느꼈던 미안한 마음을 조금이라도 씻어보려 한다. 그리고 연구비 지원은 물론, 몇 차례나 약속을 지키지 못한 역자를 독려하며, 결실을 맺도록 해준 서남재단과 엉성한 원고가 짜임새있는 책이 될 수 있도록 편집을 맡아주신 신선희 선생님께 충심으로 감사드린다.

2008년 9월 22일
서영대

차례

서남동양학자료총서 간행사 __ 5

책머리에 __ 7

일러두기 __ 34

해제 __ 35

제1부 「조선무속고」 역주 __ 69

제1장   조선 무속의 유래 __ 71

　　　　1. 무격의 기원은 가무(歌舞)와 강신(降神) __ 72
　　　　2. 무격의 다른 이름 __ 74

제2장   고구려의 무속 __ 85

　　　　1. 무당이 인귀(人鬼)가 병의 원인이 되었다고 말하다 __ 86
　　　　2. 무당이 여우의 변괴를 말하면서 왕에게 덕을 닦기를 권하다 __ 87
　　　　3. 무당이 뱃속의 아이를 점치다 __ 88
　　　　4. 무당이 말하기를 왕의 신령이 자신에게 내렸다고 하다 __ 88
　　　　5. 무당이 주몽사(朱蒙祠)에 제사하다 __ 89

제3장 백제의 무속 _ 91

1. 무당이 거북의 예언을 해석하다 _ 92

제4장 신라의 무속 _ 93

1. 무당이란 웃어른에 대한 존칭이었으므로 국왕을 무당이라 하다 _ 95

제5장 고려시대의 무속 _ 96

1. 무당을 모아 비를 빌다 _ 97
2. 무당이 병의 원인을 말했고, 또 무당의 말에 따라 둑을 허물다 _ 100
3. 무녀가 신을 받들고, 공창(空唱)으로 신령의 말을 전하다 _ 101
4. 무고(巫蠱)사건[저주] _ 102
5. 성황신(城隍神)이 무당에게 내리다 _ 103
6. 금성산신(錦城山神)이 무당에게 내리다 _ 104
7. 궁중에서 무당을 좋아하다 _ 106
8. 궁중에서 무당들에게 노래를 가르치다 _ 106
9. 국무당(國巫堂)과 별기은(別祈恩) _ 107
10. 정승 강융(姜融)의 누이가 무당이 되다 _ 107

11. 무업(巫業)과 장업(匠業)의 공포(貢布) __ 108
12. 무당이 말을 바치다 __ 109
13. 무당 축출과 무당에 대한 금지·탄압 __ 109

제6장 조선시대의 무속 __ 116

1. 무당을 모아 비를 빌다 __ 117

제7장 궁중에서도 무당을 좋아함 __ 125

1. 태조의 강비(康妃)와 무녀 방올(方兀) __ 125
2. 태종 때 국무가 대군의 병을 다스리다 __ 126
3. 세종 때 대비가 무당을 시켜 별을 제사하다 __ 126
4. 성종이 병들었을 때 대비가 무당을 시켜 기도하다 __ 127
5. 연산군 때 궁중의 무녀 __ 128
6. 중종 때 국무(國巫) 돌비(乭非)가 궁궐을 출입하다 __ 131
7. 명종 때 궁궐의 요망한 무당 __ 132
8. 선조 때 요망한 무당이 궁중을 출입하다 __ 134
9. 광해군 때 요망한 무당이 궁중을 출입하다 __ 134
10. 인조 때 무녀가 궁궐과 통하다 __ 135

11. 효종 때 장례식과 무축(巫祝) __ 136
12. 숙종 때 궁중의 무녀 __ 136
13. 영조 때 대궐 내의 주무(主巫) __ 139
14. 고종 때 이(李)·윤(尹) 두 무녀와 수련(壽蓮) __ 140

제8장 무격이 소속된 관서(官署) __ 142

1. 성수청(星宿廳)에 국무를 두다 __ 143
2. 동서활인원에 무격을 둔 동기 __ 145
3. 동서활인원에 무격을 두는 데 대한 논의(1) __ 146
4. 동서활인원에 무격을 두는 데 대한 논의(2) __ 147
5. 동서활인서에 무당을 배치하여 전염병을 치료하게 하다 __ 148
6. 동서활인서에 많은 여자 무당을 소속시키다 __ 149
7. 동서활인서에서 무녀를 대장에 올리다 __ 149
8. 동서활인서에서 무당의 명부를 만들어 두고 세금을 거두다 __ 150
9. 동서활인서 소속의 무녀에 대한 건의 __ 150
10. 서울의 무녀를 활인서에서 쫓아내다 __ 151
11. 열무서(閱巫署)가 활인서에 합병되었다는 설 __ 151
12. 「참조」 동서활인서의 연혁 __ 151
13. 활인서를 중도에 폐지하였다가 다시 설치하다 __ 153

제9장 무업세(巫業稅)와 신포세(神布稅) __ 161

1. 세종 때의 무세(巫稅) __ 162
2. 문종 때의 무세(巫稅) __ 165
3. 세조 때의 무세(巫稅) __ 166
4. 중종 때의 무세(巫稅) __ 166
5. 어숙권(魚叔權)『패관잡기』의 무포(巫布) 기사 __ 170
6. 『속대전』의 무녀 세포(稅布) __ 171
7. 『성호사설』의 무세(巫稅) 기사 __ 171
8. 『연려실기술』의 무포(巫布) 기사 __ 173
9. 정조 때의 무포(巫布) __ 174
10. 북관(北關)의 무포(巫布) __ 175
11. 신세(神稅)에 관한 기사 __ 176
12. 순조 때의 무세(巫稅) __ 177

제10장 무병(巫兵) 제도 __ 179

1. 충익위(忠翊衛) 무병 __ 180
2. 난후포수(攔後砲手) __ 181
3. 무부군뢰(巫夫軍牢) __ 182

제11장 요망한 무당과 음사(淫祀)를 금하다 __ 183

    1. 태조 때 요망한 무당을 금하다 __ 183

    2. 태종 때 음사를 금하다 __ 184

    3. 세종 때 요망한 무당의 음사를 금하다 __ 188

    4. 성종 때 요망한 무당과 음사를 금하다 __ 197

    5. 중종 때 무격의 음사를 금하다 __ 202

제12장 무당을 도성 밖으로 쫓아내다 __ 204

    1. 세종 때 무당을 도성 밖으로 쫓아내다 __ 206

    2. 성종 때 무당을 도성 밖으로 쫓아내다 __ 208

    3. 중종 때 무당을 도성 밖으로 쫓아내다 __ 211

    4. 숙종 때 무당을 도성 밖으로 쫓아내다 __ 215

    5. 정조 때 무당을 도성 밖으로 쫓아내다 __ 216

    6. 순조 때 무당을 도성 밖으로 쫓아내다 __ 217

제13장 무격의 술법 __ 218

    1. 공중에서 소리를 냄[空唱] __ 218

2. 신탁(神托) __ 220

3. 거울을 걸어둠[掛鏡] __ 220

4. 부적[符呪] __ 222

5. 운명을 점침[卜命] __ 223

6. 쌀점[米卜] __ 224

7. 무당의 점복[巫卜] __ 227

8. 고리짝 긁기[劃栲栳] __ 227

9. 접살법(接煞法) __ 229

10. 칼날 위를 뛰면서 추는 춤[蹈刃舞] __ 230

11. 강신술(降神術) __ 231

12. 죽은 영혼을 위해 길 귀신[禓]을 내리게 하다[下禓亡魂] __ 236

제14장 무고(巫蠱) __ 239

1. 중종 때 궁중의 무고 __ 243

2. 광해군 때 궁중의 무고 __ 246

3. 인조 때 궁중의 무고 __ 249

4. 효종 때 궁중의 무고 __ 252

5. 숙종 때 궁중의 저주 __ 255

6. 영조 때 궁중의 무고 __ 258

제15장　무축(巫祝)의 용어와 의식(儀式) __ 259

　　1. 어라하만수(於羅瑕萬壽) __ 259
　　2. 강남조선(江南朝鮮) __ 261
　　3. 일출세계(日出世界)·월출세계(月出世界)·사해세계(四海世界) __ 262
　　4. 만신(萬神) __ 263
　　5. 삼신(三神) __ 263
　　6. 시왕[十王] __ 264
　　7. 삼불(三佛) __ 267
　　8. 만명(萬明) __ 268
　　9. 칠금령(七金鈴) __ 268
　　10. 신단(神壇) __ 269
　　11. 강신(降神) __ 273
　　12. 어비대왕(魚鼻大王)과 바리공주[鉢里公主] __ 274
　　13. 법우화상(法祐和尙) __ 280

제16장　무당이 행하는 신사(神事)의 명칭 __ 282

　　1. 성주신사(城主神祀) __ 287
　　2. 낙성신사(落成神祀) __ 287

3. 제석신사(帝釋神祀) __ 287
4. 칠성신사(七星神祀) __ 289
5. 조상신사(祖上神祀) __ 290
6. 삼신신사(三神神祀) __ 290
7. 지신석(地神釋) __ 291
8. 성황제(城隍祭) __ 291
9. 당신신사(堂神神祀) __ 293
10. 별신사(別神祀) __ 293
11. 도액신사(度厄神祀) __ 294
12. 예탐신사(豫探神祀) __ 295
13. 마마신사(媽媽神祀) __ 295
14. 용신신사(龍神神祀) __ 296
15. 초혼석(招魂釋) __ 297
16. 지로귀산음신사(指路歸散陰神祀) __ 297

제17장 성황(城隍) __ 299

1. 나라에서 지내는 성황제[國行城隍祭] __ 301
2. 태조 때의 여러 산천과 성황신의 봉호(封號) __ 303
3. 태종 때의 성황(城隍) 사전(祀典) __ 304

4. 세종 때의 산천단묘(山川壇廟)의 제도 __ 307
5. 이익(李瀷)이 성황을 논함 __ 309
6. 음사(淫祀) 성황 __ 313

제18장 서울의 무풍(巫風)과 신사(神祠) __ 321

1. 부근당(付根堂) __ 322
2. 군왕신(君王神) __ 326
3. 대감신(大監神) __ 326
4. 망량신(魍魎神) __ 327
5. 전내신(殿內神) __ 328
6. 손각씨(孫閣氏) 귀신 __ 328
7. 목멱산신사(木覓山神祠) __ 329
8. 백악산(白岳山) 정녀부인묘(貞女夫人廟) __ 330
9. 숙청문(肅淸門)의 신상 __ 332
10. 인왕산(仁王山)의 칠성당(七星堂) __ 333
11. 가택신(家宅神) __ 333
    (1) 성주신(城主神)
    (2) 토주신(土主神)
    (3) 제석신(帝釋神)

(4) 업왕신(業王神)
　　　(5) 조왕신(竈王神)
　　　(6) 수문신(守門神)
　12. 천연두 신 __ 358
　13. 태자귀(太子鬼) 혹은 명도귀(明圖鬼) __ 371

제19장 지방의 무풍(巫風)과 신사(神祠) __ 380

　1. 경기도의 무풍과 신사 __ 381
　2. 황해도의 무풍과 신사 __ 394
　3. 함경도의 무풍과 신사 __ 401
　4. 충청도의 무풍과 신사 __ 404
　5. 강원도의 무풍과 신사 __ 415
　6. 경상도의 무풍과 신사 __ 428
　7. 관서(關西) 지방의 무풍 __ 446
　8. 전라도의 무풍과 신사 __ 446
　9. 제주의 무풍과 신사 __ 455

제20장 부록: 중국 무속사의 대략 _ 464

    1. 하(夏)나라 무당 _ 466

    2. 은(殷)나라 혹은 상(商)나라 무당 _ 470

    3. 주(周)나라 무당 _ 473

    4. 진(晉)나라 무당 _ 474

    5. 초(楚)나라 무당 또는 형(荊)의 무당 _ 476

    6. 정(鄭)나라 무당 _ 478

    7. 월(越)나라 무당 _ 479

    8. 위(魏)나라 무당 _ 480

    9. 한(韓)나라 무당 _ 483

    10. 한무(漢巫)·진무(晉巫)·진무(秦巫)·양무(梁巫)·형무(荊巫)·
        호무(胡巫)·만무(蠻巫) _ 483

    11. 당(唐)나라 무당 _ 491

    12. 요(遼)나라 무당 _ 492

    13. 금(金)나라 무당 _ 495

    14. 원(元)나라 무당[몽고 무당] _ 496

    15. 따로 덧붙임: 일본 무속의 원류 _ 503

제2부 「조선무속고」 원문 교감 __ 507

第一章 朝鮮巫俗之由來 __ 509

      一. 巫覡起源歌舞降神
      二. 巫覡之別稱

第二章 高句麗巫俗 __ 514

      一. 巫言人鬼爲病崇
      二. 巫言狐怪 勸王修德
      三. 巫卜腹中兒
      四. 巫言王神降于己
      五. 巫祀朱蒙祠

第三章 百濟巫俗 __ 517

      一. 巫解鬼讖

第四章 新羅巫俗 __ 520

一. 巫爲尊長之稱 故國王以巫爲號

第五章 高麗巫風 __ 521

一. 聚巫禱雨
二. 巫言病崇又從巫言決提
三. 女巫奉神空唱託宣
四. 巫蠱之事
五. 城隍神降於巫
六. 錦城山神降于巫
七. 宮中好巫
八. 宮巫敎歌
九. 國巫堂及別祈恩
十. 政丞姜融之妹爲巫
十一. 巫匠業貢布
十二. 巫祝出馬
十三. 黜巫・禁巫

第六章 李朝巫俗 __530

一. 聚巫禱雨

第七章 宮中好巫 __534

一. 太祖康妃與巫方兀

二. 太宗時國巫治大君之病

三. 世宗朝大妃令巫使星辰

四. 成宗病時大妃使巫禱祀

五. 燕山君時宮禁巫女

六. 中宗時國巫乞非疾 出入宮掖

七. 明宗時宮禁妖巫

八. 宣祖時妖巫出入宮中

九. 光海君時妖巫出入宮中

十. 仁祖時妖巫女交通宮掖

十一. 孝宗時喪儀巫祝

十二. 肅宗時宮禁巫女

十三. 英宗時宮禁巫女

十四. 高宗時李尹二巫及壽蓮

第八章 巫覡所屬之官署 __ 542

　　一. 星宿廳置國巫

　　二. 東西活人院置巫覡之動機

　　三. 東西活人院置巫覡之議論 其一

　　四. 東西活人院置巫覡之議論 其二

　　五. 東西活人院置巫治疫

　　六. 東西活人署多屬巫女

　　七. 東西活人署案付巫女

　　八. 東西活人署籍巫收稅

　　九. 東西活人署屬巫女之建議

　　十. 京巫女出置活人署

　　十一. 闕巫署或併於活人署之說

　　十二. [參照] 東西活人署之沿革

　　十三. 活人署中廢復設

第九章 巫業稅及神布稅 __ 552

　　一. 世宗時巫稅

　　二. 文宗時巫稅

三. 世祖時巫稅

四. 中宗時巫稅

五. 魚叔權稗官雜記巫布記事

六. 續大典巫女稅布

七. 星湖僿說巫稅記事

八. 燃藜室記述巫布記事

九. 正宗朝巫布

十. 北關巫布

十一. 神稅記事

十二. 純祖朝巫稅

第十章 巫兵之制 _ 560

一. 忠翊衛 巫兵

二. 攔後砲手

三. 巫夫軍牢

第十一章 禁妖巫及淫祀 _ 562

一. 太祖時禁妖巫

二. 太宗時禁淫祀

　　三. 世宗時禁妖巫淫祀

　　四. 成宗時禁妖巫淫祀

　　五. 中宗時禁巫覡淫祀

第十二章 黜巫城外 __572

　　一. 世宗朝黜巫城外

　　二. 成宗朝黜巫城外

　　三. 中宗朝黜巫城外

　　四. 肅宗朝黜巫城外

　　五. 正宗朝黜巫城外

　　六. 純宗朝黜巫城外

第十三章 巫覡術法 __579

　　一. 空唱

　　二. 神托

　　三. 掛鏡

　　四. 符呪

五. 卜命

六. 米卜

七. 巫卜

八. 劃栲栳

九. 接煞法

十. 蹈刃舞

十一. 降神術

十二. 下楊亡魂

第十四章 巫蠱 __589

一. 中宗時宮中巫蠱

二. 光海君時宮中巫蠱

三. 仁祖時宮中巫蠱

四. 孝宗時宮中巫蠱

五. 肅宗時宮中咀呪

六. 英宗時宮中巫蠱

第十五章 巫祝之辭及儀式 __596

一. 於羅瑕萬壽

二. 江南朝鮮

三. 日出世界 月出世界 四海世界

四. 萬神

五. 三神

六. 十王

七. 三佛

八. 萬明

九. 七金鈴

十. 神壇

十一. 降神

十二. 魚鼻大王及鉢里公主

十三. 法祐和尙

第十六章 巫行神事名目 _ 605

一. 城主神祀

二. 落成神祀

三. 帝釋神祀

四. 七星神祀

五. 祖上神祀

　　六. 三神神祀

　　七. 地神釋

　　八. 城隍祭

　　九. 堂神神祀

　　十. 別神祀

　　十一. 度厄神祀

　　十二. 豫探神祀

　　十三. 媽媽神祀

　　十四. 龍神神祀

　　十五. 招魂釋

　　十六. 指路鬼散陰神祀

第十七章 城隍 __ 610

　　一. 國行城隍祭

　　二. 太祖時諸山川城隍神之封號

　　三. 太宗時城隍祀典

　　四. 世宗時山川壇廟之制

　　五. 李瀷論城隍

六. 淫祀城隍

第十八章 京城巫風及神祠 _618

一. 付根堂

二. 君王神

三. 大監神

四. 魍魎神

五. 殿內神

六. 孫閣氏鬼

七. 木覓山神祠

八. 白岳山貞女夫人廟

九. 肅淸門神像

十. 仁王山七星堂

十一. 家宅神

  (一) 城主神

  (二) 土主神

  (三) 帝釋神

  (四) 業王神

  (五) 竈王神

(六) 守門神

　十二. 痘神

　十三. 太子鬼或明圖

第十九章 地方巫風及神祠 _ 641

　一. 京畿道巫風及神祠

　二. 黃海道巫風及神祠

　三. 咸鏡道巫風及神祠

　四. 忠淸道巫風及神祠

　五. 江原道巫風及神祠

　六. 慶尙道巫風及神祠

　七. 關西巫風

　八. 全羅道巫風及神祠

　九. 濟州巫風及諸神祠

第二十章 支那巫史大略 _ 667

　一. 夏巫

　二. 殷巫或商巫

三. 周巫

四. 晉巫

五. 楚巫又荊巫

六. 鄭巫

七. 越巫

八. 魏巫

九. 韓巫

十. 漢巫・晉巫・秦巫・梁巫・荊巫・胡巫・蠻巫

十一. 唐巫

十二. 遼巫

十三. 金巫

十四. 元巫[蒙古巫]

十五. 別附 日本巫源

일러두기

1. 이 책은 「조선무속고」의 한문 원문을 원 사료와 대조하여 교감하고, 이를 토대로 번역과 주석을 한 것이다.
2. 이 책에 수록된 원문은 교감문이며, 「조선무속고」의 오자는 각주로 처리하였다.
3. 원문 교감에 사용한 부호는 다음과 같다.
    [ ] : 「조선무속고」 원래의 주
    ___ : 원 사료와 대조하여 「조선무속고」에서 빠진 글자를 보충한 부분
    ( ) : 원 사료에는 없는데, 「조선무속고」에서 보충되어 있는 글자
4.. 수록된 도판은 「조선무속고」 원문에 없으나 본문 이해의 편의를 위해서 첨부하였다.

해제

이 책의 텍스트는 이능화 선생이 1927년 잡지『계명(啓明)』19호에 발표한「조선무속고」이다. 그러므로「조선무속고」를 이해하는 데 도움이 될까 하여 저자와 이 책을 소개하고자 한다.

1. 이능화 선생의 생애와 업적

이능화(李能和, 호는 간정侃亭·상현尙玄·무무無無·무능거사無能居士) 선생은 1869년(고종 6) 충청도 괴산(槐山)에서 태어났다. 본관은 전주이며, 정종의 넷째 아들 선성군(宣城君)을 시조로 한 선성군파이다. 또 임진왜란 때 철령을 고수하다 분사한 영의정 이양원(李陽元, 1533~92)이 직계조상이며, 아버지 이원긍(李源兢, 1849~19)은 문과에 급제하여 홍문관교리·이조참의 등의 요직을 역임했다. 이처럼 명망있는 양반가에서 태어난 선생은 당시 양반가의 젊은이가 그러하듯이, 고향에서 유교를 공부하며 청소년 시절을 보냈다.

선생의 청소년 시절, 조선왕조는 외세에 의해 강제로 문호를 개방당하면서 급속히 몰락의 길을 걷고 있었다. 이와 함께 봉건질서를 뒷받침하던 유교의 권위도 크게 동요되고 있었다. 이러한 상황에서 아버지 이원긍은 조선왕조의 변화를 지향하는 개화파로서 독립협회에 관계했고, 1904년에는 개신교로 개종했다. 시대적 상황과 진취적 가풍은 선생으로 하여금 유교에 안주할 수 없도록 했다.

고향에 있을 당시 선생의 별명은 이탈망(李脫網)이었다.[1] 평소 망건을 쓰지 않고 다녔기 때문에 붙여진 별명이었다. 망건은 선비라면 반드시 착용해야 하는 물건이었다. 그런데도 망건 착용을 거부했다는 것은 선생이 인습의 굴레, 특히 유교적 틀에 얽매이지 않는 정신의 소유자였음을 보여준다.

조선왕조의 개항은 비록 타의에 의한 것이었지만, 이를 계기로 새로운 문물들이 물밀듯이 쏟아져 들어왔다. 새로운 문물은 유교의 한계를 느낀 청소년기 선생의 지적 욕구를 자극하기에 충분했다. 이러한 호기심에 부응하여 선생은 제2기의 인생을 시작하는데, 그것은 외국어 수학과 교육에 몰입하는 방향으로 전개되었다.

21세 되든 1889년(고종 26) 서울로 상경한 선생은 그때부터 외국어 공부에 매진한다. 먼저 영어학당(1889~91)에 입학하여 영어를 배웠지만, 하나의 언어에 만족하지 않았다. 그래서 1892년부터 1894년까지는 한성한어학교, 1895년에는 관립법어학교를 다니며 중국어와 프랑스어를 익혔고, 1905년부터 1906년까지는 일어야학사(日語夜學舍)를 다니며 일본어를 공부했다. 그리고 그동안 닦은 실력을 인정받아 1897년부터 1911년까지 한성외국어학교의 교관과 학감으로 학생들에게 외국어를 가르쳤다.

일어야학사는 한성외국어학교 교관으로 재직하면서 다닌 셈이 된다. 그러므로 선생의 외국어에 대한 그칠 줄 모르는 향학열에는 그저 감탄할 수밖에 없다. 이러한 향학열은 국가의 미래를 위한 것이었다고 생각된다. 국가의 미

---

1) 이능화「목우가(牧牛歌)」,『조선불교총보』1(30본산연합사무소 1917) 41면.

래를 위해서는 선진문물을 받아들여야 하고, 선진문물을 받아들이기 위해서는 외국어 능력이 필수라는 점을 깊이 인식한 때문이라는 것이다.

일제의 한국강점은 선생의 삶에도 큰 변화를 가져왔다. 우선 1911년 일제에 의해 한성외국어학교가 폐교됨으로써 외국어 교육자로서 활동의 터전을 상실했다. 이러한 상황은 선생으로 하여금 더이상 눈을 밖으로만 돌릴 수 없게 했으며, 민족의 현실을 간과할 수 없게 했다. 그래서 선생이 선택한 길은 전통문화를 선양하고 연구하는 학자였으며,[2] 이때부터를 선생의 삶의 제3기라 할 수 있다.

제3기는 불교 관련 활동으로 시작된다. 평소 선생은 불교에 대해 깊은 관심을 가졌는데, 한성외국어학교 학감직을 그만둘 무렵부터는 본격적으로 불교활동을 한다. 그것은 두 방향으로 나누어볼 수 있는데, 하나는 침체된 불교를 진흥시키는 운동이며, 다른 하나는 한국불교사의 체계화였다. 1914년 불교진흥회의 간사와 불교진흥회의 기관지인 『불교진흥회월보』의 편집 및 발행인을 맡았던 것이 전자에 해당한다면, 1918년 한국불교사를 정리한 『조선불교통사』의 간행은 후자에 해당한다.

그러나 선생은 불교라는 울타리 안에 안주하려 하지 않고, 불교와 다른 종교와의 회통(會通)을 모색했다. 선생은 자신이 살던 시대를 종교경쟁시대로 진단하고, 이러한 상황 종교의 올바른 방향은 배타주의가 아니라 공존으로 여겼다. 그래서 1912년 종교간의 공통점을 찾아 공존을 모색하는 차원에서 『백교회통(百敎會通)』을 저술하였다.

여기에 그치지 않고, 나아가 선생은 불교 이외의 다른 한국 종교를 연구의 대상으로 삼아 정력적으로 연구를 추진했으며, 그 결과 방대한 업적을 남겼다. 애석하게도 이 중에는 『조선유교급유교사상사(朝鮮儒敎及儒敎思想史)』

---

[2] 선생의 회고에 의하면 선생이 한국의 종교나 사회 사정에 대한 연구를 시작한 것은 1910년부터라고 한다. 이능화 「불교와 조선문화」, 『별건곤』 12・13(1928) 79면; 『이능화전집(속집)』(영신아카데미 1978) 587면.

처럼 한국전쟁 때 원고가 소실된 것도 있지만, 지금까지 전해지는 대표적인 업적만 하더라도 「조선신교원류고(朝鮮神敎源流考)」(1922~23), 「조선신사지(朝鮮神事志)」(1929), 『조선기독교급외교사(朝鮮基督敎及外交史)』(1928), 『조선도교사(朝鮮道敎史)』(1959) 등이 남아 있다.

선생이 이해하기로 한국에는 신교·불교·유교·도교·기독교라는 다섯 가지 종교전통이 있었다.[3] 그렇다고 할 때 선생의 관심은 한국의 모든 종교전통에 미쳤으며, 실제로 한국의 모든 종교전통에 대해 연구결과물을 내놓았다고 하겠다.

한편 선생의 또하나의 학문적 관심사는 사회사 문제였다. 그중에서도 특히 유교적 남존여비 사회에서 소외된 여성의 삶이었다. 한국여성사 전반을 정리한 『조선여속고(朝鮮女俗考)』(1926)와 기생의 역사를 집중적으로 거론한 『조선해어화사(朝鮮解語花史)』(1927)가 그러한 관심의 결정체였다.

이밖에도 선생은 많은 저술을 남겼는데, 초인적이라 할 수 있을 정도로 방대하며, 분야도 대단히 넓다.[4] 그런데 선생의 저술은 주로 한문으로 되어 있다. 또 관련 사료를 여기저기서 발췌하여 정리한 부분이 많으므로, 연구라기보다 자료모음집 성격이 강하다. 이러한 까닭에 선생의 업적을 낮추어 보려는 입장이 있다. 그리고 선생이 일제의 조선사편수사업이나 보물고적 보존사업에 관계했다는 이유로 연구업적도 함께 매도하는 경향이 있다.

물론 이러한 지적도 일리는 있다. 그러나 한국종교사나 한국여성사란 독특한 주제를 본격적인 학문의 대상으로 삼은 것은 선생이 처음이다. 뿐만 아니라 여기저기 산재한 수많은 사료에서 관련 자료를 뽑아서 정리했다는 점에서 이 분야들의 학문적 기초를 닦은 것도 선생이다. 그래서 선생의 업적은 학설사의 한 페이지를 장식하는데 그치지 않고, 오늘날까지 생명력을 발휘

---

3) 이능화 『조선기독교급외교사』(조선기독교 창문사 1928) 서장.
4) 이능화 선생의 저작목록은 다음 자료에 잘 정리되어 있다. 이하중·신광철 편 「이능화 저작목록」, 『이능화연구』(집문당 1993) 205~15면.

하고 있다. 따라서 한국종교사와 한국사회사 분야의 선구자 내지 개척자가 바로 선생이라는 점은 부인할 수 없다. 또 친일행적을 문제로 삼을 수 있지만, 조선사편수회에 관계했기 때문에 많은 사료를 섭렵할 수 있었던 것도 사실이며, 친일행적 때문에 연구성과까지 한꺼번에 매도하는 것은 올바른 학문적 평가라고 생각되지 않는다.

선생은 왕성한 학문 활동은 끝이 없는 듯했다. 그러나 선생 역시 인간이기에 1943년 4월 12일, 서울 돈암동 자택에서 75세를 일기로 세상을 떠났다. 선생의 묘소는 경기도 광주군 동부면 덕풍리 선성군 묘역 안에 있다.

2. 「조선무속고」의 성격과 가치

「조선무속고」는 이능화 선생이 59세 되던 1927년에 발표한 글이다. 발표지는 『계명』이라는 잡지의 제19호인데, 『계명』은 계명구락부의 기관지이다. 계명구락부는 1918년에 민족계몽을 위해 설립된 문화단체로서 계명구락부에서는 설립의 취지를 살리기 위해 1921년부터 기관지인 『계명』을 발행했다.[5] 저자는 이 단체에 창립부터 관계했고, 이러한 인연으로 말미암아 「조선무속고」를 『계명』 잡지에 투고한 것이라 생각된다.

① 저술 배경: 저자가 언제부터 한국의 무속에 대해 관심을 가지기 시작했는지는 알 수 없지만, 1915년에 발표된 「조선인과 각 종교」(『불교진흥회월보』 1-9)와 1918년에 나온 『조선불교통사』(하)에서 이미 무속을 언급하고 있다.[6] 따라서 저자는 일찍부터 무속을 주목했고, 그 결실이 바로 「조선무속고」라 할 수 있겠다.

---

5) 이응호 「계명구락부의 조선어 사전 엮기」, 『명대논문집』 11(명지대 1978) 106~20면.
6) '무녀새신선화삼불(巫女賽神扇畵三佛) 맹자축귀고송천수(盲者逐鬼鼓誦千手)'조

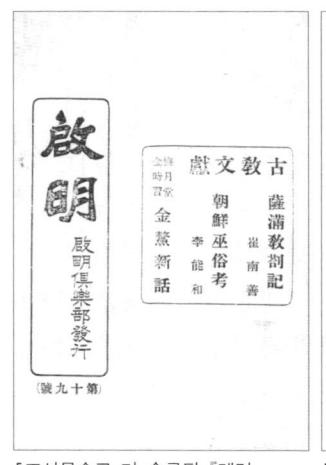

「조선무속고」가 수록된 『계명』 19호 표지

「조선무속고」 원본

「조선무속고」가 저술될 당시에도 무속은 사회적으로 천시와 배척의 대상이었다. 따라서 당시로서 무속은 어디까지나 극복해야 할 대상이었지, 연구할 가치가 있다고는 생각되지 않았다. 그런데도 선생은 무속을 학문적 연구의 대상으로 삼았는데, 그 이유는 무엇이었을까?

우선 선생이 유교적 가치관에 얽매여 있지 않았다는 점이다. 선생은 종교와 사회발전은 서로 밀접한 관계에 있다고 하면서 조선 민족이 세계에서 낙오하고 시대에서 뒤떨어지게 만든 모든 허물은 유교에 있다고 했다.[7] 선생이 유교를 비판하는 이유 가운데 하나는 그것이 양반들의 독점물로서 서민 사회와 유리된 점을 들고 있다. "조선의 공교(孔教)는 다만 상류사회의 자기 이익을 꾀하는 자를 위한 것이요, 하급 인민을 위하여 널리 알리고자 하는 것이 아니다"[8]라고 했다든지, "이조가 유교를 으뜸으로 삼았다는 것은 극소

---

7) 이능화 『조선기독교급외교사』 서언.
8) 이능화 「조선인과 각 종교」, 『불교진흥회월보』 1-9(조선불교진흥회 1915) 4면.

수 양반을 말하는 것이며 선전하는 모든 역사상의 기록들은 이 소수 양반들의 역사로서 일반인민과 관계되는 것이 아니다. 그러므로 이른바 유교라는 것은 소수 양반의 종교며 일반인민의 종교는 아니다"[9]라고 한 것은 바로 이러한 사실을 반영한다. 이러한 입장이었기에 선생은 유교 이외의 종교전통에 대해서도 관심을 가질 수 있었던 것이며, 나아가 서민사회와 밀착된 무속을 주목할 수 있었던 것이라 하겠다.

실제「조선무속고」의 곳곳에서도 유교에 대한 선생의 부정적 인식이 표출되고 있다. 예컨대 유학자들은 왕의 미덕을 드러내기 위해 사실을 은폐하는가 하면,[10] 유교적 가치판단에 얽매어 자기의 정견이 없는 것이 통폐라고 비난했다.[11] 또 이단과 좌도(左道)를 배척한답시고 무당들의 도성 안 거주를 금지했고, 단발령 때도 도성 안에서만 강제 단발을 실시했지만, 도성 밖에 대해서는 이런 법령들이 적용되지 않은 것은 유학자들의 단견을 보여주는 예라고 비판했다.[12]

둘째, 한국의 불교전통에 대한 관심이 선생으로 하여금 자연스럽게 무속에도 눈길을 돌리게 했던 것이라는 점이다. 선생은 종교회통론자로서 종교 간의 상호이해를 주장했다.[13] 따라서 불교 이외의 다른 종교에 대해서도 많은 관심을 가졌다. 더구나 불교는 오랜 기간 무속과 공존하면서 무속으로부터 영향을 받은 바가 많았다.「조선무속고」에서 예시한 것만 보더라도, 사찰에서 불교의 호법신인 제석신(帝釋神)을 곳간에 모셔두고 곡물의 신으로 받드는 사실,[14] 법주사(法住寺)에서는 섣달 그믐날 사중(寺衆)들이 나무로 남

---

9) 이능화『조선기독교급외교사』39~40면.
10)「조선무속고」10면(이하「조선무속고」의 면수는 이 책의 면수이다.『국조보감(國朝寶鑑)』에서 태종에 관한 사실을 왜곡하고 있다고 했다.
11) 같은 글 343면. 이수광(李睟光)이『지봉유설(芝峯類說)』에서 부엌신 신앙은 유교경전적 근거가 있고, 주자(朱子)가 제사했으므로 이를 모방하는 것은 당연하다는 데 대한 비판이다.
12) 같은 글 205면.
13) 이능화『백교회통(百教會通)』(1912)의 서문과 97면 참조.

자 성기를 만들어 속리산 산신을 제사했다는 사실[15] 등이 있다. 반면 불교가 무속에 영향을 미친 바도 많았다. 따라서 한국불교를 폭넓게 이해하기 위해서라도 무속을 간과할 수 없었을 것이다.

셋째, 당시 애국적 지식인들 사이에서 민족의 고유종교에 대한 논의가 활발히 전개되고 있었다는 점이다. 예컨대 김교헌(金敎獻, 1868~1923), 박은식(朴殷植, 1859~1925), 신채호(申采浩, 1880~1936), 최남선(崔南善, 1890~1957) 등이 그들인데, 이들은 비록 '신교(神敎)' '선교(仙敎)' '수두교' '부루교' 등 상이한 표현을 사용하긴 했지만, 한국에도 단군(壇君)에서 비롯된 고유 종교가 있었으며, 이것은 나름대로 체계를 갖춘 우수한 종교라고 높이 평가했다. 이들이 한국의 고유종교를 주목한 데에는 두 가지 이유가 있다. 하나는 중국과는 다른 한국문화의 독자성을 발견함으로써 봉건적 역사인식을 극복하려는 것이고, 다른 하나는 고유종교를 민족의식의 원천으로 간주하여 이를 통해 항일 독립운동의 정신적 기반을 마련하고자 했다는 것이다.[16] 이러한 분위기에서 선생도 한국의 고유 종교에 대해 관심을 가졌고, 1922년부터 신교(神敎)에 대한 일련의 연구성과를 발표한다.[17] 그런데 선생에 의하면 단군신교의 흐름을 이어받은 것이 바로 무속이다.[18] 따라서 무속은 신교의 역사를 이해하기 위해서도 연구가 필요했다고 하겠다.[19]

---

14) 「조선무속고」 338면.
15) 같은 글 407~409면.
16) 서영대 「한국원시종교연구사 소고」, 『한국학보』 30(일지사 1983) 158~62면.
17) 이능화의 신교 관계 업적으로는 다음과 같은 것이 있다. 「조선신교원류고」 1~6, 『史林』 7-3, 7-4, 8-1, 8-2, 8-3, 8-4(京都大 1922~23); 『동명(東明)』 25~27, 30, 32~37호(동명사 1923); 「고조선단군(古朝鮮壇君)」, 『동광(東光)』 2-4, 1927; 「조선신사지(朝鮮神事誌)」 1~11, 『조선문(朝鮮文) 조선(朝鮮)』(조선총독부 1929) 135~46면; 「朝鮮の固有信仰」, 『心田啓發に關する講演集』(1936).
18) 이능화 「조선신교원류고(3)」, 『사림』 8-1(경도대 1923) 142면에서 '재금일(在今日) 여항무속(閭巷巫俗) 역시단군신교지계통야(亦是壇君神敎之系統也)'라고 했다.
19) 「조선무속고」를 시작하면서 "조선 신교(神敎)의 연원, 조선 민족의 신앙과 사상 및 조

이상과 같은 복합적인 이유에서 「조선무속고」를 발표한 이래, 저자는 계속해서 한국의 무속에 대한 글들을 발표한다. 1929년에는 「조선무속고」를 일본어로 번역한 「朝鮮の巫俗」(1)~(8)을 『조선(朝鮮)』 135호부터 146호에 연재했으며, 1933경에[20] 저술한 『조선종교사』에서도 무속에 상당한 지면을 할애하였다. 그러나 이후의 저술은 「조선무속고」에서 크게 벗어나지 않는다. 따라서 「조선무속고」는 선생의 한국 무속에 관한 대표적인 저술이라 할 수 있다.

② **자료와 방법**: 이능화 선생이 「조선무속고」를 저술하면서 사용한 자료로는 우선 각종 고문헌이 있는데, 그 목록을 뽑아보면 무려 125종에 달한다.

한국문헌 『경도잡지(京都雜誌)』『계곡만필(谿谷漫筆)』『근세조선정감(近世朝鮮政鑑)』『고려명신전(高麗名臣傳)』『고려사(高麗史)』『고사촬요(攷事撮要)』『국조보감(國朝寶鑑)』『국조인물고(國朝人物考)』「금강산영원암이적기(金剛山靈源庵異蹟記)」『기옹만필(畸翁漫筆)』『미수기언(眉叟記言)』『김충암집(金冲庵集)』『남명집(南溟集)』『대전통편(大典通編)』『대전회통(大典會通)』『대동운부군옥(大東韻府群玉)』『동국여지승람(東國輿地勝覽)』『동국이상국집(東國李相國集)』『동국세시기(東國歲時記)』『동문선(東文選)』『동소만록(桐巢漫錄)』『두류지(頭流志)』『동환록(東寰錄)』『낙전당집(樂全堂集)』『열양세시기(洌陽歲時記)』『육전조례(六典條例)』『임하필기(林下筆

선 사회의 변천 상태를 연구하려는 사람은 무속에 착안하여 관찰하지 않으면 안된다"라고 했다.
20) 양은용「이능화의 학문과 불교사상」,『한국근대종교사상사』(원광대출판부 1984) 443면에 의하면『조선종교사』는 저자가 동국대학교의 전신인 중앙불교전문학교에서 조선종교사를 강의할 때 사용하던 강의노트로, 1920년대의 저술로 추정된다고 한다. 그러나『조선종교사』23면에 "근일(近日) 신문(新聞, 소화팔년사월구일昭和八年四月九日 대판일보大阪日報)의 보도에 의하면"이라는 기사로 미루어 1933년경의 저술로 보는 것이 옳을 것 같다.

記)』『만기요람(萬機要覽)』『목민심서(牧民心書)』『번암집(樊岩集)』『범음집(梵音集)』『삼국사기』『삼국유사(三國遺事)』『상촌집(象村集)』『서애집(西厓集)』『석담일기(石潭日記)』『석북집(石北集)』『성소부부고(惺所覆瓿藁)』『성신말법(聖神語法)』『성호사설(星湖僿說)』『속대전(續大典)』『속두류록(續頭流錄)』『송도기이(松都記異)』『신단실기(神壇實記)』『아언각비(雅言覺非)』『어우야담(於于野談)』『연려실기술(燃藜室記述)』『오산설림초고(五山說林草藁)』『오주연문장전산고(五洲衍文長箋散稿)』『용재총화(慵齋叢話)』『운계만고(雲溪漫稿)』『이계집(耳溪集)』『일성록(日省錄)』『잠곡필담(潛谷筆談)』『잡동산이(雜同散異)』『점필재집(佔畢齋集)』『제주지(濟州誌)』『주영편(晝永編)』『증보문헌비고(增補文獻備考)』『지봉류설(芝峯類說)』『진양구지(晉陽舊志)』『천예록(天倪錄)』『청장관전서(靑莊館全書)』『추강집(秋江集)』『택당집(澤堂集)』「택당시장澤堂諡狀」),『패관잡기(稗官雜記)』『열양세시기(洌陽歲時記)』『학봉집(鶴峯集)』「한공년보(韓公年譜)」『청음집(淸陰集)』『해동명신록(海東名臣錄)』『해동잡록(海東雜錄)』『해주구읍지(海州舊邑誌)』『해주읍지(海州邑誌)』『허백당집(虛白堂集)』『태조실록(太祖實錄)』『태종실록(太宗實錄)』『세종실록(世宗實錄)』『문종실록(文宗實錄)』『세조실록(世祖實錄)』『성종실록(成宗實錄)』『연산군일기(燕山君日記)』『중종실록(中宗實錄)』『광해군일기(光海君日記)』『인조실록(仁祖實錄)』『효종실록(孝宗實錄)』『숙종실록(肅宗實錄)』『영조실록(英祖實錄)』『정조실록(正祖實錄)』『순조실록(純祖實錄)』(이상 90종)

중국문헌 『고려도경(高麗圖經)』『논어(論語)』『논형(論衡)』「도부애인어(桃符艾人語)」『요사(遼史)』『유서(類書)』『문선(文選)』『문헌통고(文獻通考)』「백향산신무곡(白香山神巫曲)」『오연영집(吳淵穎集)』(「북방무자강신가北方巫者降神歌」),『사기(史記)』『사원(辭源)』『산해경(山海經)』『서전(書傳)』『설문해자(說文解字)』『성경통지(盛京通志)』『수원시화(隨園詩

話)』 『시전(詩傳)』 『원사(元史)』 『장자(莊子)』 『좌전(左傳)』 『주례(周禮)』 『주역(周易)』 『주자어류(朱子語類)』 『포박자(抱朴子)』 『초사(楚辭)』 『태평어람(太平御覽)』 『풍속통(風俗通)』 『통전(通典)』 『한비자(韓非子)』 『한서석의(漢書釋義)』 『나소간집(羅昭諫集)』(「형무설荊巫說」), 『이견지(夷堅志)』[21] 『용재수필(容齋隨筆)』 『후한서(後漢書)』(34종)

일본문헌 『화한삼재도회(和漢三才圖會)』(1종)

물론 이 가운데에는 저자가 직접 참조한 것이 아니고 다른 자료에서 재인용한 것으로 추정되는 것들도 있다. 그렇지만 나라별로는 한·중·일에 걸치며, 문헌의 종류도 역사서·지리서·문집·세시기·일기류·유서류(類書類)·전기류·필기류·일기류·문장류·사전류·운서(韻書)·유교경전·제자백가·불교의례집·무서(巫書) 등에 걸친다. 그리고 이 자료들을 통해 한국 무속을 이해하려 한바, 「조선무속고」는 기본적 문헌 연구방법을 취했다고 할 수 있다.

그렇지만 고문헌이라고 해서 무조건 믿는 것이 아니라 나름대로 문헌의 성격을 비판적으로 이해한 바탕 위에서 그것을 자료로 이용하고자 했다. 『국조보감』에 대해 "유신사관(儒臣史官)의 찬술로서 사실을 은닉하고 왕의 미덕을 꾸며 만들어서 천하의 후세 사람들을 속이려고 한 것이다. 그러니 『국조보감』을 믿을 수 있겠는가"라고 한 것은[22] 바로 이러한 사실을 반영한다. 그런데 이상의 문헌들은 대개가 전통시대에 관한 것들이다. 그러므로 자연히 연구의 중심은 역사시대에 두어졌고, 또 신시(神市)시대 이래 무속의 흐름을 역사적으로 개관하고자 하였다. 따라서 「조선무속고」는 무속에 대한 역사적

---

21) 「조선무속고」 491면에서는 『용재수필(容齋隨筆)』로 인용되어 있으나, 실은 같은 저자인 홍매(洪邁)의 『이견지(夷堅志)』가 원전이다.
22) 같은 글 116, 117면.

연구라고 할 수 있다.

그렇지만 「조선무속고」는 문헌자료만을 가지고 한국의 무속을 이해하려 한 것은 아니었다. 다시 말해서 문헌에 보이는 사실에만 만족하지 않고 동시대의 무속에 대해서도 주목하였다. 그래서 자신이 본 바는 물론, 전해들은 바에 귀를 기우리는가 하면,[23] 직접 무당을 찾아가 궁금한 점을 묻기도 하고,[24] 『성신말법(聖神語法)』이라는 무서(巫書)를 빌려보기도 했다.[25] 그 결과 무속신화나 무당의 신가(神歌)를 소개함으로써 일제시기에 불렸던 신가의 편린을 엿볼 수 있게 해주며,[26] 또 지금은 이미 화석화되어버린 무속 관련 풍습을 짐작할 수 있게 했다.[27]

물론 이러한 것들을 현대적 의미에서의 민속학적 조사라 할 수는 없다. 그리고 동시대 자료를 주목한 것도 어디까지나 역사 속의 무속을 더 잘 이해하기 위한 수단이었으며, 과거의 무속이 현재의 무속으로 이어진다는 사실을 부각시키기 위한 것이었다. 따라서 연구의 기본시각은 문헌적·역사적 방법이지만, 무속의 현장을 간과하지 않았다는 점에서 방법론상의 참신함이 엿보인다고 할 수 있다.

또 언어풀이도 무속을 해명하는 중요한 방법으로 동원되었다. 여기에는 두 가지 방법이 있는데, 하나는 한자의 뜻에 기초한 해석이고, 다른 하나는

---

[23] 같은 글 404면에는 함경북도의 숙신각씨(肅愼閣氏) 숭배 풍속을 언급하면서, 이를 목격한 송전유맹(松田劉猛)이라는 일본인에게서 들은 것이라고 하였다.
[24] 이러한 사실을 보여주는 것으로는 "내가 노무(老巫)에게 군왕(君王)은 어떤 신이냐고 물으니, 무당이 말하기를 관직에 있다가 임지에서 죽은 자를 군왕신이라 한다고 했다"(같은 글 326면)라고 한 것을 참조.
[25] 이러한 사실을 보여주는 것으로는 "여(余)가 수년 전에 친우의 소개로 노량진 무가(巫家)에서 순언문(純諺文)으로 된 『성신말법(聖神語法)』이라는 책자 1권을 구득(求得)해온 바 읽어본즉"(『조선종교사』 25면)이라 한 것을 참조.
[26] 「조선무속고」, 273~75면.
[27] 조선시대에는 한말까지 대부분의 관청에서 각각 신격을 달리하는 부근신을 모신 사실 (같은 글 324면)이나 손각씨(孫閣氏) 관련 풍습(328면), 영등신앙(441~45면) 등.

우리말에 기초한 해석이다. 예컨대 단군이라는 이름은 설단제천(設壇祭天)에서 유래된 것으로 신권천자(神權天子)하는 의미라고 한 것[28]이라든지, 조선시대 각 관청에서 모시던 부군(附君)이라는 신의 이름은 '관청에 부속된 신'이라는 의미라고 한 것[29] 등은 전자의 경우에 해당한다. 그리고 굿이라는 용어는 '굿진날' '굿진일'이라는 용례로 미루어 흉하다는 뜻이며, 굿을 또 '풀이' 내지 '석(釋)'이라 하는 것은 흉한 일에서 벗어난다는 의미로 파악한 것은 후자의 예이다.[30] 이렇듯 「조선무속고」에서는 무속 관련 용어의 의미 해독이 한국 무속의 본질이나 실체를 밝히는 데 자주 사용되었다.

뿐만 아니라 비교 연구방법도 중시되고 있다. 「조선무속고」에서는 다른 민족의 무속을 주목하고, 이것을 방증으로 삼아 한국 무속의 이해를 도모하고자 했다. 한국 고대의 무당은 이집트의 제사장이나 인도의 브라만과 같다거나,[31] 고구려의 사무(師巫)를 주(周)의 태사(太師)나 만주의 살만(薩滿)에 비견한 사실,[32] 한국의 무당뿐만 아니라 만주의 살만·일본의 신관(神官)이 모두 방울을 무구(巫具)로 사용하는 것은 뿌리가 같기 때문이라 한 것[33] 등이 그것이다. 그리고 무엇보다 「조선무속고」의 마지막에 특별히 한 장을 두어 중국과 일본의 무속을 서술했다는 것이 이러한 점을 단적으로 보여주고 알 수 있게 한다.

③ 구성과 내용: 「조선무속고」는 모두 20장으로 이루어져 있으며, 각 장의 처음에는 장 전체를 개관하는 서문을 두었다(단 7·11·13의 3개의 장에는 서문이 없다). 그리고 각 장은 다시 여러개의 절로 나뉘어져 있으며, 각 절에서는

---

28) 같은 글 93면.
29) 같은 글 325면.
30) 같은 글 282면.
31) 같은 글 116면.
32) 같은 글 86면.
33) 같은 글 269면.

관련되는 문헌자료들을 원문대로 제시하고 그 출전을 밝혔다. 그리고 보충 설명 내지 고증이 필요한 경우에는 저자의 견해를 밝히는 안설(按說)을 붙였으며, 용어해설이나 간단한 보충설명의 경우에는 해당부분에 괄호를 치고 세주(細注)를 달았다. 그래서 저자의 주장을 분명히 서술함으로써 독자를 이끌어가려 하지 않고, 독자가 제시된 자료를 통해 설명하고자 하는 바를 스스로 이해하도록 하였다. 때문에 「조선무속고」는 이능화 선생의 저술인 동시에, 한국 무속에 관한 자료집으로서의 성격을 지니기도 한다.

이러한 「조선무속고」의 내용을 장별로 요약해보면 다음과 같다.

제1장 조선 무속의 유래[朝鮮巫俗之由來]: 먼저 무속 연구의 필요성을 설명한 다음, 무당을 춤과 노래를 통해 신과 교류하는 고대 신교의 사제자로 규정하였다. 그리고 무당에 대한 여러 다른 명칭을 여자 무당과 남자 무당으로 나누어 소개하였다.

제2장 고구려의 무속[高句麗巫俗]: 『삼국사기』에 수록된 고구려의 무속에 관한 자료를 5절로 나누어 정리하였다.

제3장 백제의 무속[百濟巫俗]: 백제시대의 무속에 관한 자료를 제시하고, 백제의 무속은 고구려와 같은 계통이라 했다.

제4장 신라의 무속[新羅巫俗]: 신라의 왕호(王號)의 하나인 차차웅(次次雄)을 중심으로 신라의 무속을 설명하였다.

제5장 고려시대의 무속[高麗巫風]: 고려시대의 무속 역시 단군신교의 전통을 이은 것이라 하면서 고려시대의 무속에 관한 자료들을 13개 절로 나누어 정리하였다.

제6장 조선시대의 무속[李朝巫俗]: 「조선무속고」의 제6장 이하는 대부분이 조선시대에 관한 것이지만, 여기서는 특히 무녀들을 동원하여 기우한 사실들을 정리하였다.

제7장 궁중에서도 무당을 좋아하다[宮中好巫]: 조선시대 왕실에서 무격을 가까이한 사례들을 13절로 나누어 정리하였다.

제8장 무격이 소속된 관서[巫覡所屬之官署]: 조선시대 성수청(星宿廳)·동서활인서(東西活人署)·열무서(閱巫署) 등의 관청에는 무당들이 소속되었음을 밝혔으며, 이와 함께 특별히 동서활인서의 연혁에 대한 사료를 정리하였다.

제9장 무업세와 신포세[巫業稅及神稅布]: 무당이 내는 세금에 대한 사료를 모은 것으로, 조선시대에 무격은 무세(巫稅)·신당퇴미세(神堂退米稅)를 내었고, 특히 강원도와 함경도의 무당들은 신세포(神稅布)를 바쳤음을 12절에 걸쳐 언급하였다.

제10장 무병 제도[巫兵之制]: 조선시대에는 무부(巫夫)들이 군대에 동원되었던 사실들을 문헌은 물론 자신의 견문을 곁들여 3절에 걸쳐 설명하였다.

제11장 요망한 무당과 음사를 금하다[禁妖巫及淫祀]: 조선시대에 요망한 무당을 처벌하고 음사를 금지하자는 논의들과 이에 관한 법전의 규정들을 5절로 나누어 정리하였다.

제12장 무당들을 도성 밖으로 쫓아내다[黜巫城外]: 조선왕조에서 무속 탄압의 일환으로 무격들을 도성 밖으로 축출한 사례들을 6절로 나누어 정리하였다.

제13장 무격의 술법[巫覡術法]: 공창(空唱)·점복·강신술 등 무당의 다양한 술법들을 12절로 나누어 소개하였다. 여기서는 문헌자료뿐만 아니라 저자가 견문한 당대의 무속 자료도 상당수 언급되어 있다.

제14장 무고[巫蠱, 저주詛呪]: 조선시대 왕실에서 발생한 저주 사건들을 6절로 나누어 정리하였다.

제15장 무축의 용어와 의식[巫祝之辭及儀式]: 무가(巫歌) 등에 등장하는 무속 용어를 소개하고, 그 의미와 유래를 13절에 걸쳐 설명하였다.

제16장 무당이 행하는 신사의 명칭[巫行神祀名目]: 무속의례인 굿 또는 '푸리'의 의미를 설명한 다음, 각종 무속 의례들을 16절로 나누어 소개했다. 다른 부분과는 달리, 이 장은 문헌사료보다 당시의 현상에 대한 서술이 많다

는 점이 특징이다.

제17장 성황(城隍): 조선시대의 성황신앙을 국가적 차원의 국행성황(國行城隍)과 민간에서 받드는 음사성황(淫祀城隍)으로 나누어 서술했는데, 절은 모두 여섯이다.

제18장 서울의 무풍과 신사[京城巫風及神祠]: 서울지역의 무속을 주로 모시는 신격을 중심으로 13절에 걸쳐 언급하였다. 이 중에서 특히 천연두신에 대해 많은 지면을 할애하고 있는데, 이것은 당시의 관심을 반영하는 것이라 생각된다.

제19장 지방의 무풍과 신사[地方巫風及神祠]: 각 지방의 무속을 도별로 모두 9절에 걸쳐 서술한 것으로, 「조선무속고」에서 가장 많은 지면을 차지했을 뿐만 아니라 자료적 가치도 가장 높은 장이라 할 수 있다.

제20장 부록: 중국 무속사의 대략[附 支那巫史大略]: 중국 역대 무속을 하(夏)나라에서 원나라 때까지를 14절에 걸쳐 개관하고, 마지막 1절에서는 일본의 무속에 대해 언급하였다.

이상과 같은 장과 절의 구성을 보면 「조선무속고」는 한국 무속의 역사를 중심으로 하되, 동시대의 무속을 곁들인 것이라 할 수 있다. 다른 종교 관련 저술에서는 제목에 '사(史)'라는 이름을 붙였는데도 무속 관련 저술에 대해서는 「조선무속사」라 하지 않았던 이유가 여기에 있는 것이 아닌가 한다. 다시 말해서 「조선무속고」라는 제목에는 한국 무속 전체를 개관한다는 의미가 담겨져 있다는 것이다.

④ 무속 인식: 이능화 선생은 자신의 저술들을 크게 종교부와 사회여성부 두 부류로 분류하였다. 이 중 「조선무속고」는 종교부가 아니라 『조선여속고』 『조선해어화사』와 함께 사회여성부로 분류되어 있다.[34] 그리고 과거와 현재

---

34) 「불교와 조선문화」, 『별건곤』 12·13(1928) 79면; 「조선불교와 문화의 관계」, 『불교』 42(1942).

를 통틀어 한국의 종교는 다섯이라 하면서 신교·불교·도교·유교·기독교를 열거하고, 이 가운데 무속은 포함시키지 않았다.[35] 따라서 저자는 무속을 불교 등과 대비될 수 있는 독립된 종교전통이라고 보지 않았다고 할 수 있다.

그러나 무속이 종교현상임을 부정하지는 않았다. 무속은 원시종교가 전해 내려온 것이라 했기 때문이다.[36] 나아가 풍류도와 함께 환웅(桓雄)과 단군에서 비롯된 신교의 한 갈래로 보았다.[37]

한국 무속의 기원에 대해서는 「조선무속고」 이전부터 논의가 있었다. 중국의 기자(箕子)가 조선으로 올 때 의무(醫巫)와 복서(卜筮)를 데려왔다는 기록을 근거로 중국 무속에서 기원을 찾는가 하면,[38] 북아시아의 샤머니즘과 연관짓는 견해 등이 있었다. 그러나 저자는 이를 부정한다. 예컨대 한국의 무속과 샤머니즘에 비슷한 점이 있는 것은 우리 민족이 과거 북아시아 지역에 거주한 적이 있었기 때문에 생겨난 현상에 불과하다고 했다.[39]

대신 무속이 단군신교에서 유래했다는 점을 여러 측면에서 뒷받침하고자 했다. 환웅이나 단군이라는 이름 자체가 무당을 뜻하며, 그 이름이 마한의 제사장인 천군(天君)·신라의 왕호인 차차웅으로 이어진다고 했다.[40] 또 무당 기우는 환웅이 풍백·우사·운사를 거느리던 전통이며,[41] 무당이 모시는 삼성(三聖)은 바로 환인·환웅·단군을 가리킨다고 했다.[42] 이렇듯 저자는 무속을 외래 기원이 아니라, 자생적이며 독자적인 문화전통으로 인식했으며, 그렇기 때문에 신교의 연원은 물론 한국의 사회나 문화의 바탕을 이해하기

---

35) 이능화 『조선기독교급외교사』 서언.
36) 「조선무속고」 263면.
37) 이능화 『조선기독교급외교사』 서언; 「조선무속고」 466면.
38) 「조선무속고」 466, 467면.
39) 같은 면.
40) 같은 글 93면.
41) 같은 면.
42) 같은 글 264면.

위해서도 무속을 연구하지 않으면 안된다고 했던 것이다.[43]

「조선무속고」에 의하면 무속의 중심에는 무당이 있으며, 무당은 춤으로서 신을 내리게 하고 노래로서 신을 흥겹게 하여 피재초복(避災招福)을 기원하는 자라고 했다.[44] 그리고 무당의 연원은 상고시대 하늘에 대한 제사를 비롯한 각종 의례를 주관하던 '신교의 사제자[主祭之人]'에 있다고 했다.[45]

그런데 고대에는 무당이 사무(師巫)라고 할 정도로 존경과 두려움의 대상이었다. 뿐만 아니라 왕들도 신권군주(神權君主)로서 무당의 역할을 겸했으며, 왕 자체를 무당을 뜻하는 말로 불렀다. 환웅·단군·차차웅이 모두 무당이라는 뜻이며, 추모(鄒牟)라는 고구려 시조의 이름과 박(朴)이라는 신라의 왕의 성도 모두 무당을 뜻한다는 것이다.[46] 이렇듯 고대에는 왕이 곧 무당일 정도로 무당의 사회적 지위는 대단히 높았으며, 무속의 사회적 영향력도 컸다.

하지만 유교·불교·도교가 수용되면서 점차 무당의 사회적 지위도 추락하고 무속의 영향력도 축소되어간다고 보았다. 이것은 이 외래종교들이 '조직적 교법(敎法)'을 가지고 있는데 비해 무속은 문화의 발달에 짝하지 못하고 지금까지 변화 없이 원시상태에 머물러 유치함을 면하지 못했기 때문이며, 그래서 마침내 사회에서 천시당하게까지 되었다는 것이다.[47]

한편 「조선무속고」에서는 불교와 도교의 전파로 말미암아 무속이 상당히 변질되었다고 했다. 그것은 무속에 이 외래종교들의 요소가 혼입된 때문인데, 외래종교의 영향은 신 관념이나 의례 등 다방면에 걸친 것이었다. 우선

---

43) 같은 글 72면.
44) 같은 면.
45) 같은 면.
46) 이능화「조선신교원류고(朝鮮神敎源流考)」(4), 『사림』 8-2(경도대 1923) 86면;「조선신교원류고」(5), 『사림』 8-3(1923) 105~106면.
47) 「조선무속고」 72, 264, 278면 참조.

불교의 영향으로는 제석·삼불(三佛)·시왕(十王)[48]을 신으로 받드는 점, 굿을 '풀이'라 한 점, 신단을 삼단으로 구성한 점, 무가에서 염불 구절이 그대로 사용된 점[49] 등을 들고 있다. 그리고 도교의 영향으로는 칠성·문신(신도와 울루)을 무속의 신으로 모신 점,[50] 무당이 성수청에 배속된 점을[51] 들고 있다.

이처럼 불교와 도교는 함께 무속에 영향을 미쳤지만, 혼입의 시기와 정도는 도교가 불교에 비할 바가 아닌 것으로 보았다. 불교는 신라시대에 이미 영향을 미치기 시작한 데 비해,[52] 도교는 고려시대부터이다.[53] 또 예시하고 있는 혼입의 사례도 불교가 훨씬 다양하고 많으며, 무엇보다 법우화상(法祐和尙)이라는 불교의 승려가 무당의 조상으로 인식되고 있기 때문이다.[54] 그러나 외래종교 요소가 혼입된 역사가 오래기 때문에, 오늘날에 와서는 어느 것이 무속 고유의 것이며, 어느 것이 불교의 영향이고, 어느 것이 도교의 영향인지 구분하기 어렵게 되었다고 했다.[55]

그런데 외래적 요소는 불교와 도교에 그친 것이 아니다. 예컨대 굿의 과정에서 고리짝 긁기는 여진족의 영향,[56] 사후결혼 풍습인 가상명혼(嫁殤冥婚)은 원나라의 영향이라[57] 했다. 그리고 무가에 강남조선(江南朝鮮)이라는 말이 나오는 점으로 미루어, 한국의 무속은 중국 강남지역의 소수민족과도

---

48) 같은 글 264, 288면.
49) 같은 글 269~86면.
50) 같은 글 289, 352면.
51) 같은 글 143~45면.
52) 같은 글 279면.
53) 같은 글 261면.
54) 같은 글 279~81면.
55) 같은 글 342면.
56) 같은 글 227면.
57) 같은 글 461면.

관련될 것이라 했다.[58]

　이렇듯 「조선무속고」는 무속을 여러 종교와 여러 문화 요소가 혼입된 것으로 보았는데, 같은 고유종교라 하면서도 신교와 무속을 동일시하지 않은 이유가 여기에 있다. 즉 신교는 고유의 순수성을 유지한 데 비해, 무속은 혼합종교라는 것이다.

　그러나 「조선무속고」에서는 외래종교가 무속에 대해 일방적으로 영향을 미친 것이 아니라, 무속 또한 이들에 영향을 끼친 것으로 보았다. 앞서 언급한 바이지만, 사찰에서 산신을 제사한다든지, 제석을 곡물신으로 여기는 것이 바로 그것이다.

　마지막으로 이능화 선생은 비록 「조선무속고」 등을 저술했지만, 무속에 대해 긍정적 입장은 아니었다. 이러한 사실을 짐작케 하는 몇몇 자료를 제시해보면 다음과 같다.

　○무속의 대감신(大監神)들을 나열한 뒤 "이 대감들이란 모두 무당들이 말하는 바로 부인네들을 유혹해서 굿을 하여 재물을 취하는 것이다."[59]

　○태자귀(太子鬼)에 대해 "이 귀신은 남자를 기피하는데, 만약 남자가 옆에서 몰래 들으면 귀신이 말하기를 이곳에 남자의 기(氣)가 있으니 빨리 보내라고 한다. 무당 노파가 말하기를 규중처녀의 신분으로 남자를 대하는 것을 부끄러워하고 또 말도 하지 않으려고 한다고 한다. 대개 남자에 이치에 밝은 자가 많아 속이기 어렵기 때문에 이런 말을 해서 사절을 하는 것이다. 어리석은 부인네들은 이 때문에 더욱 미혹한다."[60]

　선생의 부정적 인식은 다른 저술에서도 표출되고 있다.

　○무속에서 신앙되고 있는 다양한 신의 명칭을 나열한 뒤 "조선 인민의 신앙사상이 이와같이 초매(草昧)로다"라 했고, 고려 인종 때 일관(日官)이 왕

---

58) 같은 글 261면.
59) 같은 글 327면.
60) 같은 글 372면. 이능화 『조선종교사』 42면에도 비슷한 언급이 있다.

에게 무당들을 몰아내자고 건의한 사실에 대해서는 "고려시대에는 이미 민지(民智)가 깨어 조정에서는 일관을 쓰고 무당을 천하게 여겼다"라고[61] 했다.

이상의 언급을 종합하면 무속신앙은 거짓이며, 무당은 일종의 협잡꾼이다. 따라서 무속을 신앙하는 것은 무지의 산물이며, 배척하는 것은 사람들의 지혜가 깬 결과라는 것이다. 따라서 「조선무속고」는 결코 무속을 공감하는 입장에서 쓴 것은 아니라고 할 수 있다. 그렇지만 「조선무속고」는 무속을 비난하기 위한 저술이 아니라 무속을 연구대상으로 삼아 문제가 되는 점을 고증하면서, 무속현상의 전체적 모습을 드러내려는 학문적 연구의 결과물이라는 점만큼은 부정할 수 없다.

⑤ 「조선무속고」의 가치: 「조선무속고」가 한국 무속, 특히 무속사를 이해하는 데, 커다란 의미를 지닌다는 것은 자타가 공인하는 사실이다. 그렇다면 「조선무속고」의 의미와 가치는 무엇인가.

첫째, 한국의 무속에 대한 본격적인 연구의 시작이라는 점이다. 한국의 무속은 고려중기 이래로 천시와 배척의 대상이 되어왔다. 때문에 무속에 대한 논의가 있었다면 그것은 주로 무속의 탄압과 배격을 위한 것이었다고 해도 과언이 아니었다. 그러나 조선후기로 오면서 무속의 역사나 실상을 파악하려는 움직임이 생겨났으니, 이규경(李圭景, 1788~1856)의 『오주연문장전산고(五洲衍文長箋散稿)』가 그것이다. 이 책은 고금의 사물 중에 논란이 있는 주제나 고증이 필요한 문제들을 검토한 것인데, 그 가운데 「무격변증설(巫覡辨證說)」(권 26), 「태자귀변증설(太子鬼辨證說)」(권 26), 「화동음사변증설(華東淫祀辨證說)」(권 43), 「미서복변증설(米稰卜辨證說)」(권 43), 「두역유신변증설(痘疫有神辨證說)」(권 57), 「김부대왕변증설(金傅大王辨證說)」(권 60) 등의 항목을 두어 무속의 역사와 실상을 언급하였다. 그러나 그의 무속에 대한 논의는 '무격은 결코 가까이할 것이 못 된다'[62]라고 하여 유학자들의 무속에 대

---

61) 「조선인과 각 종교」, 『불교진흥회월보』 제1권 9호(1916), 5면.

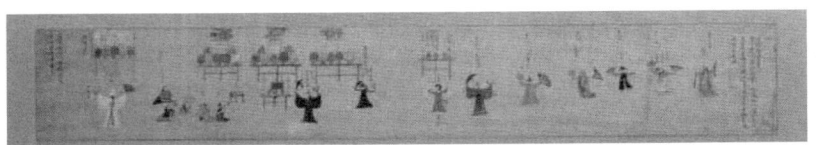
「무당성주기도도(巫黨城主祈禱圖)」

한 부정적인 시각을 버리지 않은 것은 논외로 하더라도, 관심이 가는 무속의 몇몇 측면에 대한 고증일 뿐 무속을 종합적·체계적으로 연구한 것이라 보기는 어렵다.[63]

한편 19세기 말부터는 서양선교사들도 한국의 무속을 샤머니즘의 일종으

---

62) 이규경『오주연문장전산고』권 26, 「무격변증설」.
63) 역자는 일전 「이능화의 조선무속고에 대하여」(『이능화연구』, 집문당 1994)를 발표하면서 「조선무속고」 이전의 무속 관련 논의의 하나로『무당내력』을 언급한 바 있다. 『무당내력』은 서울지역 굿의 12거리를 그림을 곁들여 설명하면서, 한국 무속은 단군에서 유래했다고 주장한 것이다. 이것은 서울대 도서관에 필사본 두 종이 소장되어 있으니, 고도서본(古圖書本)과 가람문고본이 그것이다. 이 중 고도서본을 이즈미 세이이찌(泉靖一)가 「무당내력고」(『東洋文化』 46·47합집(동경대 1969)란 논문을 통해 소개하면서 저술 시기를 1825년 또는 1885년으로 보았다. 그리고 서울대 규장각에서 두 종의『무당내력』을 합본 영인하면서 서대석이 해설을 붙였는데, 여기서도 저술 시기를 19세기로 보았다. 그래서 과거 역자도『무당내력』을 19세기의 저술로 보았던 것이다. 그러나 최근에는 생각이 바뀌어『무당내력』의 저술 시기를 1945년이 아닌가 생각하고 있다. 그 근거는『무당내력』에 보이는 단군 인식이다. 즉『무당내력』에서는 한국문화의 기원을 단군에서 구했으며, 단군이 하늘에서 내려온 날을 10월 3일이라 했는데, 이러한 인식은 20세기에 들어와서 비로소 출현한 것이다. 따라서『무당내력』은 「조선무속고」 이후의 것으로 보아, 언급하지 않는다.
 『무당내력』과 비슷한 성질의 것으로는 서울대 박물관에 소장된「무당성주기도도(巫黨城主祈禱圖)」가 있다. 이것 역시 굿의 절차를 그림으로 그린 것이다. 그렇지만『무당내력』은 굿거리마다 페이지를 달리한 반면,「무당성주기도도」는 굿거리 전체를 한 폭의 그림으로 표현했다. 그런데 여기서도 "무당이란 단군시대부터 장수, 부귀, 자식 많기를 기원했다(무당자단군시축수부다남자이이巫黨自檀君時祝壽富多男子而已)"라고 하여, 무속의 기원을 단군시대에서 구하고 있다. 따라서 이것 역시 20세기의 산물이라 보는 것이 옳을 것 같다.

로 주목하기 시작하며, 20세기에 들어와서는 서양선교사들뿐만 아니라 일본인들까지 가세하여 한국 무속의 구조나 특징을 파악하려는 등 논의를 더욱 심화시켜 나간다.[64] 그러나 서양인의 논의는 선교를 목적으로 한 것인데다가, 무당이라는 말을 '사기 치는 여자'라는 의미로 파악하는 등 많은 문제를 내포하고 있다. 또 일본인의 연구는 흥미로운 점이 없지는 않지만,[65] 피상적 관찰로 말미암아 남자 무당에는 소경인 판수만 있다고 하는 등 기초적인 점에서 오류를 범하고 있다. 따라서 한국 무속에 대한 본격적인 검토는 「조선무속고」에서 시작했다고 해도 과언이 아니다.

그러나 「조선무속고」는 평지에서 돌출한 것은 아니며, 전시대의 무속 논의, 특히 이규경의 『오주연문장전산고』에서 영향을 받은 바 많다. 그것은 「조선무속고」에서 『오주연문장전산고』가 21회나 인용되고 있는 점으로도 짐작할 수 있다. 그런데 이규경은 북학파의 이덕무(李德懋, 1741~93)의 손자로, 고증학을 중심으로 한 실학파의 대표적인 인물이다. 따라서 「조선무속고」는 조선후기의 고증학적 실학의 흐름을 이어받은 것이라 할 수 있겠다.

둘째, 무속이라는 말을 학문적 용어로 정착시켰다는 점이다. 무속이라는 용어가 과연 적절한가에 대해서는 지금까지 논란이 있다. 예컨대 무속이라

---

64) H. B. Hulbert "The Korean Mutang and Pansu," *The Korean Review* 4~9(1903); 鮎貝房之進 「韓國に於ける薩滿教習俗」, 『韓國研究會談話錄』 3(韓國研究會 1903); 鳥居龍藏 「朝鮮に於ける巫女の風習」, 『神社協會雜誌』 12-10(1913); 鳥居龍藏 「朝鮮の巫に就いて」, 『東亞之光』 6-11(東亞協會 1913); 鳥居龍藏 「朝鮮の巫に就いて」, 『朝鮮文化の研究』(1922); 鳥居龍藏 「朝鮮の巫覡」, 『日本周邊民族の原始宗教』(岡書院 1924).

그리고 외국인의 연구에 대해서는 다음과 같은 연구사적 검토가 있다. 김종서 「한말, 일제하 한국종교 연구의 연구」, 『한국사상사대계』 6(한국정신문화연구원 1993) 249~66면; 최석영 「일제하 일본인에 의한 무속론의 계보」, 『일제하 무속론과 식민지 권력』(서경문화사 1999); 김현철 「20세기 초기의 무속조사의 의의와 한계 연구」, 『한국민속학』 42 (한국민속학회 2005).

65) 예컨대 한국의 무속은 불교와 융화를 잘한 반면, 일본의 신도는 불교와 반목·대립적이었기 때문에 자신의 독자성을 유지할 수 있었다는 지적이 그것이다.

는 용어는 그것이 지닌 종교적 측면을 간과한 것이므로, 무교(巫敎)란 표현을 사용해야 한다는 주장 등이 그것이다. 그렇지만 오늘날 일반적으로 무속이라는 말이 통용되고 있으며, 무속을 연구하는 전문 학회에서도 명칭을 한국무속학회라 하고 있다. 그런데 한국에서 무속이라는 용어를 처음 사용한 것은 이능화 선생이 아닌가 한다.

무속이라는 용어는 같은 한자문화권인 중국이나 일본에서도 사용되고 있다.[66] 그런데 과문 탓인지는 몰라도, 중국이나 일본에서 「조선무속고」 이전에 무속이라는 용어를 사용한 예를 아직 발견하지 못했다. 만약 이것이 사실이라면, 한국은 물론 동아시아 한자문화권에서 무속이라는 용어를 처음 사용한 것 역시 이능화 선생이 아닌가 한다.

셋째, 무속에 관련된 기사들을 다양한 문헌에서 뽑아서 정리한, 기초 자료집이라는 점이다. 전통시대에 무속을 신앙했던 계층은 대부분 문자를 자유롭게 구사할 수 있는 사람들이 아니었다. 반면 문자를 향유하는 지식인들은 무속에 대해 부정적이었다. 따라서 전통시대에는 무속만을 전문으로 취급한 자료가 없으며, 무속에 대한 기록이 있다고 하더라도 여러 문헌에 산재되어 있을 뿐만 아니라 내용 또한 단편적이며 부정적이다. 따라서 무속의 역사를 재구성하려면, 수많은 자료를 섭렵하지 않으면 안된다. 그런데 앞서 언급한 바와 같이 「조선무속고」는 한·중·일의 125종에 달하는 문헌, 그것도 경·사·자·집에 걸치는 다방면의 문헌에서 자료를 뽑았다. 물론 「조선무속고」가 고문헌에 수록된 모든 무속자료를 망라한 것은 아니다. 그러나 오늘날에도 이만큼 많은 문헌을 섭렵하기가 쉬운 일이 아니다. 따라서 「조선무속고」는 무속에 관한 기본 사료집으로 오늘날에도 여전히 무속 자료의 숲을 헤쳐 나가는 데 나침판 구실을 하고 있다.

---

66) 예컨대 五來重 編 『日本の民俗宗教』 4-巫俗と俗信(弘文堂 1979); 曾凡 「屈辭與湖湘巫俗文化關係初探」, 『內蒙古社會科學』 2008-1(內蒙古社會科學院); 王麗英 「道家法術與嶺南巫俗初探」, 『宗教學研究』 2005-2(四川大) 등이 그것이다.

넷째, 다른 데서 찾아보기 어려운 귀중한 자료들을 전하고 있다는 점이다. 예컨대 조선시대 관청마다 모시는 부군신(府君神)이 달랐다는 사실이다. 조선시대 각 관청에서 부군신을 모셨다는 것과 나무를 깎은 남자 성기 신체(神體)로 여겼다는 것은 문헌자료를 통해 이미 알려진 사실이지만, 그것이 구체적으로 어떤 신인지에 대해서는 별다른 언급이 없었다. 그런데 「조선무속고」에서 형조의 부근신은 송씨부인(宋氏夫人), 전옥서(典獄署)의 부근신은 고구려 시조 동명왕, 그밖의 관청에서는 제갈무후(諸葛武后)·문천상(文天祥)·고려 공민왕을 부근신으로 받들었다는 사실을 전함으로써,[67] 관청마다 부근신이 달랐음과 부근신이 인간 기원의 신임을 알 수 있게 하였다.[68]

『성신말법』이라는 무당문서의 존재와 그것이 바리공주[鉢里公主] 설화를 전하는 것임을 알 수 있게 하였다.[69] 이것은 선생이 친우의 소개로 서울 노량진 무당집에서 얻어본 것으로 순 한글로 적힌 것이었다고 하는데,[70] 이것

---

[67] 「조선무속고」, 324면.
[68] 부근신(付根神)에 대해서는 『조선종교사』, 33면에서 이능화 선생이 다음과 같이 언급한 것도 참고가 된다.
"사역원부근당(司譯院付根堂)에 공양(供養)한 생식기(生殖器)는 여(余)도 목격한바 오히려 기억(記憶)이 새롭다. 전한(前韓) 광무년간(光武年間)에 경무사(警務使) 김재풍(金在豊)의 명령으로 경성음사(京城淫祀)를 다 훼철(毁撤)하였다. 기시(其時) 구사역원(舊司譯院, 영어학교) 부근당(付根堂)을 훼철하려 한즉 해학교(該學校) 사역등(使役等)이 신벌(神罰)을 두려워하여 감히 하수(下手)치 못하는 지라 영어교사 영국인 한치신(韓治臣)이 정신분비(挺身奮臂)하여 당내(堂內)에 들어가서 그 상설(像設)의 장만(帳幔)을 다 철거하고 본즉 상탁(床卓) 위에 주홍칠(朱紅漆)을 가(加)한 대양경(大陽莖) 십여(十餘)를 공양한 것을 발견하였다. 한치신(韓治臣)이 그것을 자가(自家)로 지거(持去)하여 연구의 재료로 두었다."
[69] 「조선무속고」 제15장 무축지사급의식(巫祝之辭及儀式) 273~74면.
[70] 이능화 『조선종교사』 25면. 『조선종교사』에도 『성신말법』에 대한 언급이 보는 '책은 무당이 진넋의 산음(散陰), 망령천도(亡靈薦度) 신사(神事)에 쓰는 무가(巫歌)인 것을 알았다. 그 가서(歌書)는 어비대왕(魚鼻大王)과 바리공주가 주요(主要)로 되어 있었다(25면)라고 한 것과, "『성신말법』에 의하면 어비대왕은 즉 용왕인데 그 용왕이 딸 여섯을 두고 일곱째에도 딸을 낳은지라 용왕이 대노하여 그 딸을 상자 속에 넣어서 서해(西海)에 갖

역시 현재까지 확인되지 않고 있다. 그러므로 『성신말법』이라는 무당문서의 존재와 그 내용은 「조선무속고」를 통해 비로소 짐작할 수 있는 것이다.

또 법우화상(法祐和尙)을 무당의 조상이라 한 무조신화(巫祖說話)를 들 수 있다.[71] 이 설화는 「조선무속고」 이전에 발표한 글, 예컨대 1916년에 발표한 「조선인과 각 종교」와 1918년에 간행한 『조선불교통사』의 '무녀의 굿과 3불을 그린 부채, 맹인이 귀신을 쫓으며 천수경을 염송하다[무녀새신화삼불(巫女賽神扇畵三佛) 맹자축귀고송천수(盲者逐鬼鼓誦千手)]'라는 부분에서 이미 언급된 바 있다. 그리고 법우화상 설화는 저자 불명의 『무여속고(巫女俗考)』라는 사본에도 보인다고 하는바,[72] 『무여속고』가 1916년 이전에 나온 것이라면, 선생이 이 설화를 처음으로 문자화한 것이 아닐 수도 있다. 그러나 『무여속고』는 현재로서는 확인할 수 없으며, 「조선인과 각 종교」와 『조선불교통사』는 같은 저자의 저술이지만 무속자료집이라는 면에서는 「조선무속고」에 비해 활용도가 떨어진다. 때문에 법우화상 설화를 언급할 때에는 전거로서 「조선무속고」를 제시하는 경우가 많다.

넷째, 무속의 지역적 특성을 고려하고자 한 점이다. 무속이 지역마다 차이가 있음은 오늘날에는 널리 알려진 사실이다. 그러나 「조선무속고」에서 무속의 지역적 특성이 구체적으로 무엇인지에 대한 지적은 없다. 그것은 「조선무속고」가 기본적으로 현장조사를 결여한, 문헌연구인 데서 비롯된 한계이다. 그렇지만 「조선무속고」에서 특별히 '지방의 무풍과 신사'란 장을 따로 설정하여, 지역별로 무속을 정리한 점은 선구적인 시도로서 평가할 수 있다.

여섯째, 과거의 무속에 그치지 않고, 당시 무속의 실태를 전하고 있다는 점이다. 특히 무속 용어와 의례를 정리한 15장과 16장이 바로 그러한 것이다.

다가 내버리라 명령하였다. 이것이 즉 바리공주이다"(27면)라는 것 등이 그것이다.
71) 「조선무속고」 279~81면.
72) 赤松智城・秋葉隆 『朝鮮巫俗の硏究』(大阪屋號書店 1938).

이밖에도 「조선무속고」의 가치로서 지적할 수 있는 점이 더 있겠지만, 이것만 하더라도 「조선무속고」의 가치는 상당한 것이라 할 수 있다. 「조선무속고」는 오늘날까지 생명력을 잃지 않고 것도 이러한 이유 때문이라 하겠다.

⑥「조선무속고」의 문제점: 이렇듯 「조선무속고」는 한국 무속연구에서 이정표가 되는 업적이지만, 여기에도 문제가 없는 것은 아니다.

첫째, 오자가 많다는 점이다. 물론 이러한 오자의 상당수는 문선 과정에서 인쇄공의 실수에서 비롯된 경우가 많을 것이다. 그렇지만 이 중에는 분명히 저자가 원 자료를 잘못 제시한 데서 비롯된 것이 있다. 예컨대 중국의 도교사상가인 갈홍(葛洪, 283~343)의 저서 『포박자(抱朴子)』를 두 차례 인용하고 있는데,[73] 모두 '안포박자(按抱朴子) 황제동도청구(黃帝東到靑丘) 견자부선생(見紫府先生) 득수삼황내문이각(得受三皇內文以刻) 명만신(名萬神)'이라 했다. 그런데 이 부분은 『포박자』의 내편(內篇) 가운데 하나인 지진편(地眞篇)에 보이는 문장으로, 그 원문은 '황제동도청구(黃帝東到靑丘) 과풍산(過風山) 견자부선생(見紫府先生) 득삼황내문(得三皇內文) 이핵소만신(以劾召萬神)'이다.[74] 즉 '각명만신(刻名萬神)'이 아니라 '핵소만신(劾召萬神)'이다.

또 조선 성종(成宗) 때 요망한 무당과 음사를 금지한 사실을 언급하면서 『대전회통』을 다음과 같이 인용했다.[75]

〔형전(刑典)〕 原 신사자경성내외대소음사(神祀者京城內外大小淫祀) 성외한십리(城外限十里) 고사자물금(告祀者勿禁)

이 부분은 『대전회통』 형전 중에서도 금제조(禁制條)에 보이는 것으로서 경성 밖 10리 이내에서 굿하는 것을 금지한 것이다. 여기서 原은 원래 『경국대전』에 있는 조항이라는 의미이다. 그러니까 『대전회통』은 고종 때 편찬

---

73) 제1장 조선무속지유래(朝鮮巫俗之由來, 75면)와 제15장 무축지사급의식(巫祝之辭及儀式, 263면)에서 인용하고 있다.
74) 『포박자내편교석(抱朴子內篇校釋)』(중화서국中華書局 1985) 323면.
75) 「조선무속고」 제11장 금요무급음사(禁妖巫及淫祀) 199면.

되었지만, 이 조항은 『경국대전』부터 있었다는 것이다. 그리고 『경국대전』은 성종 때 완성된 것이므로, 도성 내에서의 무속 행위 금지는 성종 때 명문화한 것이 된다. 따라서 인용이 정확하다면 이 기록을 성종 때의 사실을 전하는 것으로 보아도 문제가 없다. 그러나 『대전회통』을 확인해보면 原은 續의 오자이며, 續은 영조 22년(1746)에 반포된 『속대전(續大典)』에서 처음으로 입법화된 조문임을 표시한 것이다.

오자는 사소한 것이라고도 할 수 있겠지만, 사실을 오도하도록 한 것이라면 문제가 된다. 전자의 경우 잘못된 인용에 따라 『포박자』를 "황제가 청구에 이르러 풍산을 지나면서 자부(紫府) 선생을 뵙고 『삼황내문』을 받았다. 이를 새기고, 만신이라 이름했다"로 이해하고, 만신은 '동이민족의 고대 신사(神事)의 기록'[76]이라 했다. 나아가 이를 토대로 만신이라는 이름은 청구, 즉 조선에서 나왔으며, 무당을 만신이라 한 것도 『포박자』에서 유래를 찾을 수 있다고 했다. 그러나 『포박자』의 내용은 그런 뜻이 아니라 "황제로부터 『삼황내문』을 받아서 이것을 가지고 만신을 부렸다"는 뜻이며, 이 경우의 만신은 여러 신이라는 의미이다. 또 후자의 경우, 경성 밖 10리 이내에서 신사를 금지한다는 규정은 영조 때 처음 입법화된 것으로서, 성종 때를 설명하는 자료가 될 수 없다. 그런데도 續을 原으로 잘못 인용했기 때문에, 이러한 오류를 범한 것이다.

둘째, 인용한 자료의 책 이름을 잘못 제시한 경우가 있다.

○성종 때 성균관 유생들이 무녀를 배척한 사건을 전하면서 성현(成俔, 1439~1505)의 『용재총화(慵齋叢話)』에서 인용했다고 했으나,[77] 이것은 차천로(車天輅, 1556~1615)의 『오산설림초고(五山說林草稿)』에 보이는 내용이다. 『용재총화』나 『오산설림초고』 모두 『대동야승(大東野乘)』에 수록되

---

76) 같은 글 263면.
77) 같은 글 201면.

어 있기 때문에, 이러한 혼란이 생긴 것 같다.

○충청도 괴산군의 성황을 설명하면서 전거로 『동국여지승람(東國輿地勝覽)』을 제시했으나,[78] 실제는 『국조인물고(國朝人物考)』 권 45 박세무(朴世茂)조이다.[79]

○만무(蠻巫) 관련 자료로 『용재수필(容齋隨筆)』을 제시하고 있으나,[80] 실제는 『이견지(夷堅志)』 가운데 정지(丁志) 권 1 치도생법(治挑生法)이 전거이다. 『용재수필』이나 『이견지』 모두 송나라 홍매(洪邁, 1123~1202)의 저술이기 때문에 혼동이 아닌가 한다.[81]

셋째, 인용한 책 이름은 옳게 제시해놓고도, 구체적인 인용부분을 잘못 기록한 경우가 있다.

○신흠(申欽, 1566~1627)이 무속과 불교의 폐단을 지적한 것을 「상촌휘언(象村彙言)」에서 인용했다고 했으나,[82] 이것은 같은 신흠의 문집인 『상촌고(象村稿)』 중에서도 권 52 「춘성록(春城錄)」에 보이는 내용이다.

○동해용녀(東海龍女)가 마음의 병을 고치기 위해 토끼의 간을 구한다는 설화의 전거로 『삼국사기』 김춘추전(金春秋傳)을 제시했다.[83] 그러나 『삼국사기』에는 무열왕본기는 있어도, 김춘추전은 없다. 그리고 『삼국사기』에서

---

78) 같은 글 315면.
79) 제19장 지방무풍급신사(地方巫風及神祠), 434면에서 김일손(金馹孫)의 「속두류록(續頭流錄)」의 일부를 인용하고 있으나, 『탁영집(濯纓集)』 권 5와 『속동문선(續東文選)』 권 21에 수록된 「속두류록」에는 그런 내용이 보이지 않는다. 따라서 이 경우도 자료명을 잘못 제시한 것이 아닌가 한다.
80) 「조선무속고」 491면.
81) 만무 자료는 저자가 직접 본 것이 아니라 『오주연문장전산고』 권 26, 「무격변증설」로부터 인용한 것이라 생각된다. 그렇다면 이것은 이능화 선생의 잘못이라기보다 『오주연문장전산고』의 오류이다. 그렇지만 「조선무속고」도 원 자료를 무비판적으로 인용했다는 점에서는 문제가 있다.
82) 「조선무속고」 제7장 궁중호무(宮中好巫) 131면.
83) 같은 글 제15장 무축지사급의식(巫祝之辭及儀式) 277면.

이 설화를 전하는 것은 권 41, 김유신전(金庾信傳)(상)이다.

○영동 산신제의 풍속을 두 차례나 언급하면서 모두 남효온(南孝溫, 1454~92)의 『추강냉화(秋江冷話)』를 전거로 제시하고 있다.[84] 그러나 이 기록은 같은 『추강집(秋江集)』 중에서도 권 5 「유금강산기(遊金剛山記)」에 나오는 내용이다.

○『조선왕조실록(朝鮮王朝實錄)』을 인용하면서 왕명(王名)과 연·월·일을 잘못 기록한 경우가 참으로 많다. 이 가운데 전거를 가장 확인하기 어려운 것이 왕명을 잘못 기록한 경우이다. 예컨대 왕이 전염병에 대한 대책을 지시한 것을 세조 5년 6월 정사일에 있었던 사실이라 했으나,[85] 이것은 성종 5년 6월 정사일에 있었던 일이다.[86] 연월일은 맞지만, 성종을 세조로 잘못 기록했다는 것이다. 다음으로 어려운 것이 연도를 잘못 기록한 경우이니, 예컨대 사간원에서 무당에 대한 대책을 건의한 것을 중종 28년 2월 계유일이라 했으나,[87] 이러한 일은 중종 32년 2월 계유일에 있었다. 이런 것들에 비해 날짜를 잘못 적은 것은 약과라 할 수 있다.

이러한 잘못은 「조선무속고」의 자료집으로서의 가치를 크게 손상시키는 것이다. 때문에 문제는 여기서 그치지 않는다. 왜냐하면 「조선무속고」는 지금까지도 자료집으로서의 생명력을 지니고 있는 만큼, 여기서의 잘못이 후학들의 논저에 그대로 답습되고 있기 때문이다. 예컨대 영동 산신제 기사는 강릉단오제의 역사성을 뒷받침하는 사료로 자주 인용되고 있지만, 대부분의 연구자는 출처를 『추강냉화』라 했다.[88] 이것은 연구자들이 「조선무속고」의

---

84) 같은 글 제16장 무행신사명목(巫行神祀名目) 294면 및 제19장 지방무풍급신사(地方巫風及神祠) 420면.

85) 같은 글 제8장 무격소속지관서(巫覡所屬之官署) 중 동서활인서치무치역조(東西活人署置巫治疫條) 148면.

86) 『성종실록』 권 43.

87) 「조선무속고」 제12장 출무성외(黜巫城外) 214면.

88) 村山智順 『釋奠·祈雨·安宅』(朝鮮總督府 鄕土神祀資料文獻 1938) 64면; 秋葉隆 「江

잘못을 무비판적으로 답습한 결과라 할 수 있다.

넷째, 관련 자료가 아닌 것을 제시한 경우가 있다는 점이다. 예컨대 황해도의 무풍을 소개하면서, 김상헌(金尙憲)의 「장산도천비제문(長山島天妃祭文)」을 제시하고 있다.[89] 「장산도천비제문」은 김상헌의 문집인 『청음집(淸陰集)』에 수록된 것으로,[90] 1626년(인조 4) 김상헌이 해로를 통해 명나라에 사신으로 가다가 풍랑을 만나 요동반도 인근의 장산도에 머물면서, 천비(天妃)라는 신에게 날이 개이기를 빌면서 지은 제문이다. 천비는 마조(媽祖)라고도 하는데, 항해의 안전을 지켜주는 중국 민간 신앙의 신격이다.[91] 따라서 「장산도천비제문」은 김상헌이 중국에서 중국의 해양신에게 바치는 것이며, 황해도 무풍과는 무관한 자료이다. 이러한 잘못은 아마 이 장산도를 황해도의 장산곶으로 오인한 때문이 아닌가 한다.

또 경기도 무풍의 사례로 풍덕군(豊德郡) 망덕령사(望德靈祠)를 소개하고 있는데,[92] 망덕령사는 경기도 풍덕군이 아니라 황해도 풍천군(豊川郡)에 있는 사당이다.

다섯째, 사료를 충분히 검토하지 않은 상황에서 속단한 경우가 있다. 조선 태종이 승려와 무당 기우를 없애도록 하겠다고 한 『국조보감』 기사에 대해 태종대에도 무당을 모아 비를 빈 사실이 여러번 있으므로, 『국조보감』은 "유신사관(儒臣史官)의 찬술로서 사실을 은닉하고 왕의 미덕을 꾸며 만들어서 천하의 후세 사람들을 속이려고 한 것"이라 했다.[93] 그러나 태종이 무격

陵の端午祭」, 『朝鮮民俗誌』(1953) 163면.
89) 「조선무속고」 제19장 지방무풍급신사(地方巫風及神祠) 397면.
90) 권 9, 조천록(朝天錄)의 일부이다.
91) 천비=신앙에 대해서는 수많은 연구가 있지만, 최근의 성과를 소개하면 다음과 같다. 李露露 『媽祖神韻』(學苑出版社 2003); 馬書田・馬書俠 『全像媽祖』(江西美術出版社 2006); 徐曉望 『媽祖信仰史硏究』(海風出版社 2007).
92) 「조선무속고」 제19장 지방무풍급신사(地方巫風及神祠) 392면.
93) 같은 글 제6장 이조무속(李朝巫俗) 117~18면.

기우를 하지 않겠다고 한 기사는 『태종실록』에서 확인된다.[94] 따라서 이 기사를 토대로 『국조보감』을 비난하는 주장은 성립되기 어렵다.

여섯째, 사료를 잘못 해석한 점이다. 광대라는 말을 당나라 사람 나은(羅隱)의 「형무설(荊巫說)」[95]에 나오는 '의식광대(衣食廣大)'에서 유래한다고 한 것이 그것이다.[96] 그러나 「형무설」의 '의식광대'란 무당들이 남을 위해 정성껏 제사지내준 결과 생활이 풍족하게 되었음을 말하는 것으로, 한국의 광대와 관련시키기 어렵다.

일곱째, 언어 풀이방법의 남용에 따른 문제점으로, 몇가지 예를 제시하면 다음과 같다.

① 『성신말법』에 등장하는 어비대왕(魚鼻大王)과 발리공주(鉢里公主)를 각각 처용(處容)과 그의 처로 비정했는데, 그 근거로 처용은 신라 사람들이 문신(門神)으로 받들 만큼 그 모습이 괴이했으며 어비란 말도 두렵다는 뜻이어서 처용과 어비는 통한다는 점, 처용이 용궁 출신인데 어비대왕의 궁전 이름이 산호궁(珊瑚宮)이어서 서로 통한다는 점을 들고 있다.[97] 그러나 『성신말법』에 나오는 어비대왕과 바리공주는 부녀지간이지 부부 사이가 아니다. 따라서 그의 주장을 그대로 따르기는 어렵다.

② 부군(附君)이란 신 이름을 '관청에 부속된 신'으로 풀이했지만,[98] 부군은 부군(府君)·부근(付根)으로도 표기되기 때문에, 한자에 기초한 해석을 그대로 따르기 어렵다.

③ 한국 남부지역에서 신앙되는 영등신(靈登神)의 정체를 백제 30대 무왕으로 비정하면서, 그 근거로 무왕(武王)의 일명이 말통대왕(末通大王)인 점

---

94) 『태종실록』 권 25, 태종 13년 7월 임오.
95) 『나소간집(羅昭諫集)』 권7, 잡저(雜著)에 수록되어 있다.
96) 「조선무속고」 제1장 조선무속지유래(朝鮮巫俗之由來) 81면.
97) 같은 글 제15장 무축지사급의식(巫祝之辭及儀式) 274~77면.
98) 같은 글 326면.

을 들고 있다. 즉 말통은 영통(永通)과 통하며, 영통은 영동과 통하기 때문에, 무왕이 곧 영등신이라는 것이다. 그리고 영등신은 보통 여성 존칭으로 여겨지지만, 마마라는 말을 방증으로 영등이 남성 신임을 입증하려 했다. 즉 마마는 보통 여성의 존칭으로 사용되지만, 남성에게도 해당된다는 점을 들어 남성을 부인의 존호(尊號)로 부르는 것(예컨대 상감마마)은 있을 수 있는 일이라 했다.[99] 그러나 말통이 영통으로 변했다는 주장은 근거의 제시가 없으므로, 그대로 따르기는 어려운 것이 사실이다.

여덟째, 보편성 강조가 지니는 문제점이다. 선생은 한국의 무속을 언급하면서, 주변 민족의 무속과의 공통성을 자주 지적하고 있다. 예컨대 한국의 무당과 일본의 신관(神官)·만주의 살만(薩滿)이 모두 의례에서 방울을 사용하는 것을 가지고 이들의 근원이 같은 것이 아닌가라고 했다든지,[100] 일본의 고대 무축은 신관으로서 한국 고대의 천군이나 차차웅과 서로 유사한 것이라든지[101] 하는 것 등이 그것이다. 이와같은 지적은 비교 연구의 결과로서, 한국의 무속을 이해하는 데 도움을 주는 것임에 틀림없다. 그러나 「조선무속고」에는 한국 무속의 고유성을 주장하면서도, 구체적으로 그 특수성을 지적한 것이 거의 없다. 이 점에서 한국문화의 특수성을 부각시키고자 했던 신채호 등의 민족사학자들과 상당한 차이를 보이고 있다.

물론 무속은 원시종교의 흐름을 이어받은 것으로서 한국만의 특성이 별로 없을 수도 있다. 그러나 특수성보다 보편성만을 강조하는 것은 「조선무속고」가 저술된 것이 일제시대라는 점을 감안한다면, 문제가 될 수 있다. 왜냐하면 이것은 일제에 대한 저항의식을 약화시키고, 나아가 일제와 타협하는 것을 정당화시키는 논리가 될 수도 있기 때문이다. 따라서 선생이 불교가 우월한 종교인 이유로 일제 당국이 공인하고 장려하고 진흥하는 종교라는 점을 들었

---

99) 같은 글 443, 444면.
100) 같은 글 제15장 무축지사급의식(巫祝之辭及儀式) 269면.
101) 같은 글 제20장 지나무사대략(支那巫史大略) 507면.

다든지,[102] 일제의 조선사편수회(朝鮮史編修會)에 관계한다든지 했던 것도 결코 우연한 일이 아니라고 할 수 있다.

아홉째, 순한문으로 쓰였다는 점이다. 물론 한문으로 쓰였기 때문에 장점도 있다. 외국학자들까지 읽을 수 있고, 그래서 활용도가 오히려 높아진 것도 사실이다. 그러나 오늘날 우리들의 입장에서 볼 때「조선무속고」에 다가가는 데 커다란 장애가 되고 있다.

비록「조선무속고」는 이상과 같은 문제점을 지니고 있는 것이라 하더라도, 그 가치는 아무리 강조해도 지나치지 않는다. 그렇기 때문에「조선무속고」는 앞으로도 한국무속 연구의 개척적인 업적으로서, 또 이정표로서 생명력을 지닐 수 있을 것이다.

---

[102] 이능화「제교지중(諸敎之中)에 불교최구(佛敎最舊)하고 제교지중(諸敎之中)에 불교최신론(佛敎最新論)」,『불교진흥회월보(佛敎振興會月報)』2(불교진흥회 1915) 1면.

제1부

「조선무속고」 역주

제1장

조선 무속의 유래

　조선 민족은 상고시대에 신시(神市)[1]가 있어 자신들의 종교로 삼았으며, 천왕환웅(天王桓雄)[2]과 단군왕검(壇君王儉)을 하늘에서 내려온 신, 혹은 신과 같은 인간이라 했다. 옛날에는 무당이 하늘에 제사하고 신을 섬겼으므로 사람들에게 존경을 받았다. 그러므로 신라에서는 무당이라는 말을 왕자(王者)의 호칭으로 삼았고[차차웅次次雄은 혹은 자충慈充이라고도 하는데, 고유어로 무당을 뜻한다], 고구려에는 사무(師巫)라는 명칭이 있었던 것이다. 여기서부터 마한의 천군(天君)[3]·예(濊)의 무천(儛天)[4]·가락(駕洛)의 계욕(禊浴)[5]·백제

---

1) 신교(神敎)의 잘못이 아닌가 한다. 왜냐하면 이능화는 다른 논문에서 한국의 고유종교를 신교라 했기 때문이다. 이능화 「조선신교원류고(朝鮮神敎源流考)」, 『사림(史林)』 7-3·4, 8-1·2·3·4(경도대京都大 1922~23).
2) 천신인 환인의 아들로서 지상에 내려와 인간세상을 다스렸으며, 웅녀와 혼인하여 단군을 낳았다.
3) 마한 소국의 국읍(國邑)에서 제천의례를 주관하던 사제자.
4) 동예의 제천의례.
5) 3월 상사일(上巳日, 조위曹魏 이후는 3일로 고정) 동쪽으로 흐르는 물가에서 부정을 가

의 소도(蘇塗)[6]·부여(夫餘)의 영고(迎鼓),[7] 고구려의 동맹(東盟)[8]에 이르기까지 단군 신교의 유풍(遺風)과 잔존 민속이 아닌 것이 없으며, 이것이 이른바 무축의 신사(神事)이다.

후세로 내려와 문화가 진화하고 유교·불교·도교가 연이어 수입되어, 유교에는 길흉의 예(禮), 불교에는 분수(焚修)[9]의 법, 도교에는 초제(醮祭)[10]의 의식이 있었고, 이 외래의 종교들이 고유의 풍속과 뒤섞이게 되었다. 이 외래의 종교들이 세간에서 받드는바 되면서 다투어 종문(宗門)을 개창하니[근세 이래로 교단을 새로 일으키는 자들은 유교·불교·선교를 합일한 종교라 일컫지 않음이 없으니, 또한 가소로운 상태의 하나라 하겠다], 고유의 풍속은 사회의 배척을 받아, 외래 종교와 어깨를 나란히하지 못한 채 오늘에 이르게 되었다.

그렇지만 조선 고대 신교(神敎)[11]의 연원, 조선 민족의 신앙과 사상, 조선 사회의 변천 상태를 연구하려면 무속에 착안하여 관찰하지 않을 수 없다.

1. 무격의 기원은 가무(歌舞)와 강신(降神)

무당이란 고대 신교에서 제의를 주관하는 사람이었다. 대개 춤으로 신을

시게 하는 의례. 『삼국유사』 권 2, 기이(紀異) 「가락국기(駕洛國記)」에 의하면 이날 가야의 시조 수로왕이 지상으로 강림했다고 한다.
6) 큰 나무에 북과 방울을 달아놓고 귀신을 제사하던 삼한의 신성지역. 그런데 최치원(崔致遠)의 「봉암사지증대사적조탑비(鳳巖寺智證大師寂照塔碑)」에 의하면 백제에도 소도가 있었다고 한다.
7) 해마다 은정월(殷正月, 음력 12월)에 거행된 부여의 제천의례.
8) 해마다 10월에 거행된 고구려의 제천의례.
9) 부처님 앞에 향을 피우고 도를 닦음.
10) 도교의 의례. 초(醮)는 주로 재앙을 물리치고 액막이를 하는 것을 목적으로 한다.
11) 이능화는 단군 이래 한국에는 고유종교가 있다고 하면서, 이를 신교라 했다.

내리게 하고 노래로 신을 즐겁게 했으며, 사람들을 위해 기도하여 재앙을 피하고 복을 받게 했다. 그러므로 춤과 노래가 무격의 기원이라 할 수 있겠다.

〔**설문(說文)**〕[12] "남자를 격(覡)이라 하고 여자를 무(巫)라 한다. 서개(徐鍇)[13]가 말하기를 '능히 신을 볼 수 있는 자'라 했다.

〔**상서(尙書)**〕[14] "감히 언제나 궁중에서 춤을 추고 술에 취해 방에서 노래하는 것을 당시 사람들은 무풍(巫風)이라 했다." 이에 대한 주석[疏][15]에서는 '춤과 노래로 신을 섬기는 까닭에 춤과 노래를 무당의 풍속'이라고 했다.

〔**한서석의(漢書釋義)**〕[16] "왕씨(王氏)가 말하기를 '여자로, 능히 형체가 없는 것을 섬기고 춤으로 신을 내리게 하는 자를 무격이라 한다'고 했다."

〔**주자어류(朱子語類)**〕[17] "무당이란 춤으로 신에게 정성을 다하는 이다.

---

12) 『설문해자(說文解字)』의 약칭. 후한시대 허신(許愼)이 편찬한 문자학서.
13) 중국 오대 송초의 문자학자. 생몰년 920~974년. 형인 서현(徐鉉)과 함께 문자학에 정통하여 형제를 대서(大徐), 소서(小徐)라 했다. 저서로는 『설문해자계전(說文解字系傳)』 『설문해자운보(說文解字韻譜)』가 있다.
14) 유교 경전의 하나로 『서경(書經)』이라고도 한다. 이것은 『상서(尙書)』 상서(商書) 이훈(伊訓)의 한 부분으로, 상(商)의 재상 이윤(伊尹)이 새로 즉위한 태갑(太甲)에게 훈계한 내용의 일부분이다.
15) 경전에 대한 선유(先儒)의 주석을 주(注)라 하며, 후유(後儒)의 주석을 소(疏)라 한다. 그러니까 소(疏)는 주(注)에 대한 주(注)라 할 수 있다. 이것은 당나라 공영달(孔穎達)의 소(疏).
16) 『한서(漢書)』의 주석인 것 같으나, 어떤 책인지 알 수 없다. 『한서』 주석에 관한 전문 연구에도 『한서석의(漢書釋義)』에 대한 언급은 없다(주홍재(周洪才) 「역대한서연구술략(歷代漢書研究述略)」, 『제로학간(齊魯學刊)』 1987-3). 아래와 같은 『한서석의』의 인용문은 이규경(李圭景)의 『오주연문장전산고(五洲衍文長箋散稿)』 권 26 「무격변증설(巫覡辨證說)」에도 보이는데, 이능화는 이를 재인용한 것으로 짐작된다.
17) 정식 명칭은 『주자어류대전(朱子語類大全)』이다. 주자가 문인들과 문답한 내용을 집대성한 책으로, 중국 남송(南宋)의 주자학자 여정덕(黎靖德)이 편찬하였다. 아래 인용문은 『주자어류』 권 75, 역의(易義) 11, 상계(上繫) 하의 일부이다.

무(巫)란 공(工)이라는 글자의 양변(兩邊)에 인(人)이라는 글자를 쓴 것인데, 이것은 춤추는 모습을 본뜬 것이다. 무당이란 기우제 따위에서 신에게 의탁하는 존재로, 모두 반드시 춤을 추는데, 이는 화기(和氣)와 통하여 신명(神明)에 도달하기 위한 것이다."

〔『**오주연문장전산고**(五洲衍文長箋散稿)』〕[18][근세의 사람인 소운거사(嘯雲居士) 이규경(李圭景)[19]의 저술이다.] "지금 향촌에서 여자 무당과 남자 박수가 둥둥 북을 치며 재잘재잘 주문을 읊조리고 나풀나풀 춤을 추는데, 귀신을 쫓아내고 신을 내리게 한다고 일컫는다."

2. 무격의 다른 이름

여자 무당

〔**무당**(巫堂)〕 우리말에 여자 무당을 「무당」(Mutang)이라 한다. 일반적으로 여자 무당이 굿을 하는 곳을 당(堂)이라 하는데, 예컨대 국사당(國師堂)·성황당·산신당·미륵당·칠성당·도당(都堂)·신당 등이 그것이다. 이것과 여진족의 살만(薩滿)[20][師巫]이 당자(堂子)[21]에서 신을 제사하는 것

---

[18] 조선시대 이규경의 저술로, 한국과 중국 등의 고금의 사물 가운데 의의(疑義)가 있거나 고증이 필요한 사항을 변증한 책이다. 전 60책. 이 부분은 권 26 「무격변증설(巫覡辨證說)」의 인용이다.

[19] 조선후기 헌종대의 학자이며 호가 오주(五洲). 북학파(北學派)의 한 사람인 이덕무(李德懋)의 손자이다. 생몰년 1788~1856. 일생 동안 벼슬길로 나가지 않고 학문에 정진하여, 할아버지가 이룩한 실학의 학풍을 꽃피웠다. 청조(淸朝) 고증학(考證學)의 영향을 받아, 천문·역사·지리·종교·풍속·초목 등 모든 학문을 고정변증(考訂辨證)하는 데 힘을 기울였고, 이 중 1400여 항목을 담아 『오주연문장전산고(五洲衍文長箋散稿)』 60권을 남겼다.

[20] 퉁구스(Tungus)어에서 유래한 샤먼(shaman)을 한자로 표기한 것이다. 샤먼을 송대에는 산만(珊蠻)으로 표기했지만, 살만(薩滿)으로 옮긴 것은 『대청회전사례(大淸會典事例)』가

과 풍속의 근원이 같은 것이다. 『고려사』[22]를 보면 공양왕[23] 3년(1391) 정당문학(政堂文學)[24] 정도전(鄭道傳)[25]이 상소하기를 "전하께서 즉위한 이래 불교의 도량(道場)이 궁궐보다 높이 솟았고, 법석(法席)[26]이 사찰에서 항상 베풀어지며, 도교 사원에서의 초(醮)[27]가 시도 때도 없이 거행되었으며, 무당에서의 일은 번거롭고 어지럽사옵니다"라고 했는데, 이를 통해 무(巫)와 관련된 것을 당(堂)이라 했음을 입증할 수 있다.

〔만신(萬神)〕 우리말에 여자 무당을 만신이라 한다. 대개 무당은 제사지내지 않는 신이 없기 때문에 만신이라 칭하는 것 같다. 만신이라는 칭호의 유래는 대단히 오래되었다. 『포박자』[28]를 보면 "황제(黃帝)[29]가 동쪽으로

처음이라 한다. 추포(秋浦) 『살만교연구(薩滿敎硏究)』(상해인민출판사 1985) 2면 참조.
21) 청나라 황제가 제천의례를 위해 건립한 제장(祭場)으로, 참신전(參神殿)·정식전(亭式殿)·상석전(尙錫殿) 등의 건물로 이루어져 있다. 원래 여진족(만주족)은 부족마다 부족의 수호신과 조상신을 제사하는 당삽(堂澁)이라는 제장(祭場)이 있었는데, 만주족인 청의 황실도 이러한 관례에 따라 수도의 동남쪽에 당자를 건립했다. 당자에서는 해마다 원단(元旦), 매월 초하루, 국가 대사가 있을 때(출정, 개선 등) 제의를 거행했는데, 제의의 형식은 만주족 고유의 것이었고, 따라서 여무들이 의례의 일익을 담당했다.
22) 고려시대 475년간의 역사를 기록한 기전체 사서. 1451년 김종서·정인지 등이 편찬했다. 이 부분은 『고려사』권 119, 정도전전(鄭道傳傳)의 인용이다.
23) 고려 34대 왕이며, 마지막 왕. 재위 1389~92년.
24) 고려시대 중서문하성의 종2품 관직.
25) 고려말의 문신으로 조선왕조 건국의 공신. 그러나 1398년(태조 7) 제1차 왕자난 때 이방원(후일 태종)에게 죽임을 당했다.
26) 대중이 둘러앉아 불법을 강습하는 자리.
27) 도교 의례의 일종.
28) 동진대(東晉代) 갈홍(葛洪, 283~363)의 저술. 내외편(內外篇)이 있는데, 내편(內篇)은 신선사상을 골자로 하고, 외편(外篇)은 유교사상에 기초한 것이다. 이 부분은 내편 권 18, 지진(地眞)의 인용이며, 황제가 신선 수업을 위해 사방을 편력한 내용의 일부이다. 참고로 자부(紫府) 선생에게서 『삼황내문』을 받은 이후 황제는 '남쪽 원롱(圓隴)의 음건목(陰建木)에 올라 단비(丹轡)의 물을 마시고, 서쪽으로 가서 중황자(中黃子)를 만난 뒤 동정호(洞庭湖)를 지나, 북쪽의 홍제(洪隄) 상구자(上具茨)에 들렀다가, 아미산(蛾眉山)을 거쳐 왕궁으로 돌아왔다'고 한다.

청구(靑丘)[30]에 이르러 풍산(風山)[31]을 지날 때 자부 선생[32]을 뵙고「삼황내문(三皇內文)」[33]을 받아 만신(萬神)을 소집하여 검열했다" 운운하였다. 이를 보면 만신의 칭호는 청구[조선]에서 비롯되었으며, 선서(仙書)에서 나온 것이 아닌가 한다. 대개 상고시대에는 신과 선(仙)을 크게 구별하지 않았으므로, 서로 혼동하여 말한 것 같다.[34]

---

29) 중국의 전설상의 제왕이며, 중국 민족의 시조, 또 도교에서는 신선가의 시조로 숭배한다.
30) 『산해경(山海經)』,「해외동경(海外東經)」에 의하면 중국의 동쪽에 있는 나라. 청(靑)은 오색(五色)에서 동방의 색이며, 구(丘)는 땅을 의미한다. 따라서 청구(靑丘)란 곧 동방(東方)의 세계란 뜻이므로, 일찍부터 우리나라의 별칭으로 사용되었다.
31) 바람이 나오는 풍혈(風穴)이 있는 산.『수경주(水經注)』권 4에 의하면 북굴현(北屈縣) 고성(故城, 산서성 길현의 북동)의 북 10리에 있다고 한다.
32) 자부(紫府)는 신선이 사는 곳. 따라서 자부 선생은 신선이 아닌가 한다.
33) 상고시대 천황씨(天皇氏)·지황씨(地皇氏)·인황씨(人皇氏)가 인간세상을 다스릴 때 하늘에서 내려준 통치의 지침서(『운급칠첨(雲笈七籤)』권 4,「도교경법전수부(道教經法傳授部)」). 천문(天文)·지문(地文)·인문(人文) 세 권으로 이루어져 있다(『포박자』권 19, 하람遐覽).『삼황내문(三皇內文)』은 사명(司命)·사위(司衛) 등의 귀신을 부릴 수 있는 신비한 힘을 간직한 것으로(『포박자』권 15, 잡응雜應), 도교에서 가장 중시하는 경전이었다고 한다.
34) 「조선무속고」에서는『포박자』의 원문을 인용하면서 "황제도청구(黃帝到靑丘) 과풍산(過風山) 견자부선생(見紫夫先生) 수삼황내문이각(受三皇內文以刻) 명만신(名萬神)"이라 했다. 즉 "황제가 청구에 이르러 풍산을 지나면서 자부 선생을 뵙고 삼황내문을 받아서 새기고 이를 만신이라 했다"는 것이다. 그래서「조선무속고」에서는 만신이라는 말이 여기서 나왔다고 했으나, 원문은 "석황제동도청구과풍산(昔皇帝東到靑丘過風山) 견자부선생(見紫府先生) 수삼황내문(受三皇內文) 이핵소만신(以劾召萬神)"이다. 즉「조선무속고」는 '핵소만신(劾召萬神)'을 '각명만신(刻名萬神)'으로 잘못 인용하고 있다. 따라서「조선무속고」의 논리는 인용에서부터 문제가 있으며, 또 여기서 만신은 무당이 아니라 여러 신이라는 의미이므로, 과연 설득력을 가질 수 있을지 의문이다.

남자 무당

〔**박사**(博士)〕 우리말에 남자 무당을 박수(博數, Pak Su)라 하는데, 박사라는 것은 복사(卜師)의 와전이 아닌가 한다. 무속 서적[한글로 적혀 있다]을 보면 복사를 박사라 칭했는데, 주역박사(周易博士)·다지박사(多智博士)[35] 등이 그것이다.

〔**화랑**(花郞)〕 우리말에 남자 무당을 또한 화랑이라 한다. 『조선왕조실록』에서 말하기를 "성종 2년(1471)에 대사헌 한치형(韓致亨)[36]이 상소하여 화랑이라 일컫는 남정네가 있는데, 속임수를 써서 사람의 재물을 취하는 것이 마치 여자 무당과 같습니다"라고 했다.[37]

○ 이수광(李睟光)[38]의 『지봉유설(芝峯類說)』[39]에서 말했다. "살펴보건대 신라시대에는 미남자를 뽑아 장식을 했고, 그 무리들로 하여금 모여 놀게 하면서 그들이 하는 행동을 관찰했다. 이를 이름하여 화랑이라 했으며, 때로는 낭도, 혹은 국선(國仙)이라 했으니, 영랑(永郞)·술랑(述郞)·남랑(南郞) 역시 모두 이 무리이다. 지금 세속에서 남자 무당을 화랑이라 하는

---

35) 이능화가 노량진 무당집에서 보았다는 『성신말법(聖神語法)』이라는 무서(巫書)에 등장하는데, 산호궁(珊瑚宮)의 어비대왕(魚鼻大王)이 길대공주(吉大公主)와 혼인하면서 그 길흉을 물은 점쟁이 중에 지화궁(地華宮)의 다지박사(多智博士)와 명도궁(明圖宮)의 주역박사(周易博士)가 보인다. 자세한 내용은 제15장 「무축의 용어와 의식(儀式)」 중 12절 '어비대왕(魚鼻大王)과 바리공주(鉢里公主)' 참조.
36) 조선전기의 문신. 생몰년 1434~1502년.
37) 『성종실록(成宗實錄)』 권 10, 성종 2년 6월 기유(己酉)조 인용.
38) 조선중기의 유학자이며, 실학의 선구자. 생몰년 1563(명종 18)~1628년(인조 6).
39) 1614년(광해군 6)에 이수광이 편찬한 백과사전적 문헌. 20권 10책. 주로 고서와 고문에서 뽑은 기사일문집(奇事逸聞集)으로 그가 죽은 뒤에 그의 아들 성구(聖求)와 민구(敏求)에 의하여 1634년 출간되었는데 이것을 숭정본(崇禎本)이라고 한다. 총 3,435조목을 25부분, 182항목으로 나누고 있으며 인용한 서적은 육경을 비롯하여 근세소설과 여러 문집에 이르기까지 348가(家)의 글을 참고하였으며 기록한 사람의 성명은 2,265명이다. 이 책에서는 『천주실의』를 비롯한 서양문물을 소개하고 있으며 실용·실리·실증의 정신을 역설하고 있다. 이 부분은 권 18 기예(技藝) 무격(巫覡)의 인용이다.

것은 원래의 뜻을 잃은 것이다."

○ 정약용(丁若鏞)[40]의 『아언각비(雅言覺非)』[41]에서 말했다. "화랑이란 신라 귀족의 명칭이다. 그러므로 요즈음 천한 무당의 남편이나 창우(倡優)를 화랑이라 하는 것은 잘못이다. 당나라 영호징(令狐澄)의 『신라국기(新羅國記)』[42]에서 이르기를 사람들의 자제들 가운데 아름다운 자를 뽑아 분을 바르고 곱게 단장하여 이름을 화랑이라 하고 나라 사람들이 모두 높이고 섬겼다'고 했다. 또 우리나라 역사책에서는 '화랑이라 하여 단장을 하니 무리들이 구름처럼 모여들어, 혹은 도의를 연마하고, 혹은 가락으로 서로 즐겁게 하고, 명산대천(名山大川)을 돌아다녀 가보지 않은 곳이 없다'고 했다. 생각하건대 화랑의 복장이 곱고 화려하고, 오늘날 창부의 복장 또한 화려하므로, 멋대로 화랑이라는 이름을 칭한 것이라 하겠다."

○ 이규경(李圭景)의 「무격변증설(巫覡辨證說)」[43]에서 말했다. "남자 무당을 화랑 혹은 박사라 칭한다[신라사[44]에서는 진흥왕 병신년(576)에 나이 어린 미남자를 뽑아 화랑으로 삼았다고 했다. 그런데 남자 무당을 화랑·박사(博士)라 하는 것은 혹시 그 아름다운 이름을 가져다가 멋대로 자기들을 호칭으로 삼은 것이 아닌가 한다."

---

40) 조선후기의 대표적 실학자. 생몰년 1762(영조 38)~1836년(헌종 2).
41) 정약용의 저술. 한국의 속어(俗語) 중에서 와전되거나 어원과 용처(用處)가 모호한 것을 고증한 책으로, 1819년(순조 19) 간행되었다. 이 인용문은 권 3 '화랑(花郞)'조에 보인다.
42) 『신라국기』의 저자는 당나라 대종(代宗) 대력(大曆, 766~779) 연간에 신라에 책봉사(冊封使)로 왔던 귀숭경(歸崇敬)이다. 이것을 영호징(令狐澄)이 『대중유사(大中遺事)』에서 인용했는데, 이로 말미암아 『삼국사기』에서는 『신라국기』를 영호징의 저술로 착각했다.
43) 『오주연문장전산고』 권 26에 수록.
44) 아래 인용문은 『삼국사기』 권 4 신라본기(新羅本紀) 4, 진흥왕 37년 춘(春)에 보이므로, 여기서 신라사란 『삼국사기』가 아닌가 한다.

이능화가 살펴보건대 우리나라 남부지방의 풍속에서는 남자 무당을 가리켜 화랑이라 한다. 그리고 서북 양도[45]에서는 화랑을 천한 창기(娼妓)나 유녀(遊女)의 별칭으로 사용한다. 예컨대 사람을 욕할 때 "너는 보잘것없고 천한 창부 화랑년의 자식"라는 것이 그것이다. 생각하건대 신라 진흥왕 때 처음으로 남모(南毛)와 준정(俊貞)이라는 두 미인을 받들어 원화(源花)로 삼았고 무리 3백명을 모았다. 그러나 두 여자가 서로 질투하여, 준정이 남모를 유인하여 죽이는 일이 있었다. 이에 아름다운 남자를 선발하여 아름답게 꾸미고, 이름하여 화랑이라 했다. 그래서 여기에 빗대어 욕설이 된 것이 아닌가 한다.

〔**낭중(郞中)**〕『조선왕조실록』[46] 연산군 9년 계해(1503) 4월 갑자(28일), 왕이 경연(經筵)[47]에 납시었다. 시독관(侍讀官)[48] 권홍(權弘)[49]이 말하기를[50] "듣자옵건대 하삼도(下三道, 충청도·전라도·경상도)에서는 굿을 할 때 반드시 남자 무당을 쓰는데, 이를 이름하여 낭중이라 합니다. 이들이 사족의 집안을 출입하면서 추한 소문이 많고, 심지어는 여자 옷으로 변장하여 출입한다고 합니다. 안침(安琛)[51]이 관찰사가 되어 그 폐단을 강력하게 고쳐나가 그 풍습이 조금 줄어들긴 했습니다만, 아직도 충분하지 못합니다. 그러하오니 바라옵건대 하삼도에 명령을 내리셔서 더욱 엄격하게 금지하

---

45) 평안도와 함경도.
46) 『연산군일기』 권 49(국사편찬위원회본, 13권 560면. 이하 13-560으로 표기함).
47) 임금이 학문을 닦기 위해 학식과 덕망이 높은 신하를 불러 경전과 역사서를 강론하게 하던 일을 말한다.
48) 경연에서 임금에게 경서를 강의하는 일을 맡아보며, 홍문관 교리가 겸임했다.
49) 조선중기의 문신. 생몰년 ?~1516년(중종 11).
50) 「조선무속고」에서는 시강관(侍講官) 정인인(鄭麟仁)의 말이라 했으나, 잘못이다.
51) 조선중기의 문신. 생몰년 1445(세종 27)~1515년(중종 10), 안침은 1498년(연산군 4)에서 1499년까지 전라도관찰사를 역임했다.

도록 하소서" 했다. 그러나 왕은 답하지 않았다.

〔**양중**(兩中)〕『조선왕조실록』52) 중종 8년(1513) 10월 정유(3일), 전라도관찰사 권홍(權弘)53)이 장계(狀啓)54)를 올려 말했다. "우리 전라도의 폐단을 살펴보면 남자는 거사(居士)라 하고 여자는 회사[回寺, 산사를 떠돌아다니면서 사는 여자를 우리말로 회사라 한다]라 칭하면서, 모두 농사일은 하지 않고 음란한 행동을 마음대로 하면서 풍속을 어지럽히는 것입니다. 그러므로 법으로 마땅히 금해야 하는데, 그중에서도 특히 양중보다 심한 것이 없습니다[세속에서 말하기를 화랑이, 남자 무당의 명칭이라 한다]. 무릇 백성들의 집에서 굿을 할 때면 비록 여자 무당이 많이 있어도, 반드시 양중으로 하여금 주관하도록 하고, 굿을 의뢰한 재가집과 참가한 사람들이 경건하고 공손하게 이를 맞아들여, 저녁부터 아침까지 춤과 노래로 신을 기쁘게 한다고 합니다. 이때 남녀가 뒤섞여 음란한 말을 주고받거나 음탕한 모양은 하지 못하는 것이 없어, 사람들로 하여금 민망해서 듣다가도 손뼉을 치며 웃게 만드는데, 이것을 즐거움으로 여깁니다. 간혹 약관의 나이로 수염이 없는 자가 있으면, 여자 옷을 입히고 분을 발라 화장을 시켜 사람들의 집을 드나들게 하고, 저녁이나 밤에는 집안에서 여자 무당들과 섞여 있다가 틈을 엿보아 다른 사람의 처자들과 간통합니다. 그러나 그 형적이 은밀하여 적발하기 어렵습니다. 사족의 집안까지 이렇게 된다면 좋지 못함이 이보다 더할 수는 없을 것입니다. 그래서 성화(成化) 18년(성종 13=1482)에 형조에 수교(受敎)55)하시기를 '화랑이나 유녀 등은 그 지역의 지방관으로 하여금 단속 적발토록 하라'고 하셨습니다만, 『대명률(大明律)』56)의 범간조(犯奸條)에

---

52) 『중종실록』 권 19(14-678).
53) 권홍은 1513년(중종 8) 5월부터 12월까지 전라도관찰사를 역임했다.
54) 관찰사나 어명으로 지방에 파견된 관리가 임금에게 올리는 글.
55) 형조에 내린 임금의 명령.
56) 중국 명나라 때의 형법전. 조선왕조에서도 이를 준용했으므로, 우리 사회에도 커다란

의거하여 원래의 죄에 1등급을 더하여 가중 처벌하도록 하소서."

이능화가 살펴보건대 양중(兩中)이란 곧 낭중(郎中)이 변한 것이요, 낭중이란 또 화랑이 변한 것이다[낭도가 변하여 낭중이 된 것이다].

〔광대(廣大)〕[57] 우리말에 남자 무당을 또한 광대라고도 한다. 광대란 춤과 노래를 하는 배우이다. 대개 무당은 춤과 노래로 신을 즐겁게 하는 것을 업으로 삼는 까닭에, 배우의 기예와 통할 수 있는 것이다. 나은(羅隱)[58]의 「형무설(荊巫說)」[59]을 살펴보면 '의식(衣食)이 광대(廣大)하다'는 말이 있는데,[60] 우리 조선에서 남자 무당을 광대라 하는 것도 여기서 기원한 것인지 모르겠다. 광대에 대한 설명은 『고려사』에도 보이며,[61] 또 남자 무당을 광대라 한 것은 정다산(丁茶山) 선생[62]의 『목민심서(牧民心書)』[63]에도 보

영향을 미쳤다.
57) 원래는 가면을 뜻했으나, 가면극 연희자로, 나아가 일반 연희자로 의미가 확대되었다. 손태도『광대의 가창 문화』(집문당 2003) 51~52면 참조.
58) 중국 당나라 때의 시인. 생몰년 833~909년.『갑을집(甲乙集)』『나소간집(羅昭諫集)』등의 시문집이 전해지고 있다.
59) 중국 양자강 중류인 형(荊)지방(호북성)의 무당을 논한 것으로,『나소간집』권 7 잡저(雜著)나『전당문(全唐文)』권 896 등에 수록되어 있다.
60) 여기서 광대란 '풍족하다'란 뜻이다. 즉 의식이 광대하다는 것은 입을 것과 먹을 것이 풍족해졌다는 의미이다. 따라서 나은의「형무설」에서 광대란 말의 기원을 찾는 것은 억지이다.
61)『고려사』권 124, 열전 37, 폐행(嬖幸) 2, 전영보(全英甫)에 보이는데, 이에 의하면 고려에서는 가면을 쓰고 놀이를 하는 사람을 광대라 했다.
62) 조선후기의 대표적 실학자 정약용(1762~1836)을 말하며, 다산은 그의 호이다.
63) 정약용의 저술. 지방관이 백성을 다스리는 도리를 구체적인 사례를 제시하면서 논한 책이다. 광대에 대한 언급은『목민심서』호전육조(戶典六條), 세법(상)에 보이는데, 이에 의하면 광대가 봄과 여름에는 고기잡이를 따라 어촌으로 몰려들고, 가을과 겨울에는 추수를 노려 농촌으로 몰렸다고 한다.

인다.[64]

〔**창우원관**(倡優䋲官)〕 순암(順菴) 안정복(安鼎福)[65]이 지은 『잡동산이(雜同散異)』[책 이름이다 인물품(人物品)에서 말하기를[66] "창우(倡優)는 일명 원관(䋲官)[67]이라고도 한다[해신원관(諧臣䋲官)[68]은 임금님의 표정을 기쁘게 해 드리는데, 해신희관(諧臣戲官)이라고도 한다]."

〔**재인**(才人)〕 우리말에 남자 무당을 또한 재인이라고 하는데, 그것은 재주와 기술(伎術)을 전문으로 하기 때문에 붙여진 이름이다. 『대전통편(大典通編)』[69]에서는 재인(才人)과 백정(白丁)을 같은 항목에 수록했으며, 이를 줄여서 재백정(才白丁)이라 했다.

〔**우인**(優人)〕 어숙권(魚叔權)[70]의 『패관잡기(稗官雜記)』[71]에서 말했다.

---

64) 권 5, 형전(刑典) 재백정단취(才白丁團聚).
65) 조선후기의 실학자. 생몰년 1712(숙종 38)~91년(정조 15). 『동사강목(東史綱目)』 등의 저술이 있다.
66) 안정복이 지은 잡기류(雜記類) 저술. 필사본 53책. 한국과 중국의 역사・제도 그리고 경(經)・사(史)・자(子)・집(集)에 대한 글을 추려 모으고 물명(物名)・도수(度數)・여항(閭巷)・패설(稗說) 등을 수록하였다. 내용이 방대하기는 하나, 전체적으로 체계가 서 있지 않은 미완성의 고본(稿本)이다. 그러나 당대의 수많은 전적과 지식을 정리해놓았다는 점에서 사료적 가치가 인정된다. 인물품은 권 2, 국조전고(國朝典故), 잡록(雜錄, 아세아문화사 영인본 『잡동산이(雜同散異)』 2, 36면)에 수록되어 있다.
67) 농담을 전문으로 하는 관리이다.
68) 해학을 잘하는 신하, 농담을 잘하는 관리라는 의미이다.
69) 1785년(정조 9)에 편찬된 법전. 『경국대전』『속대전』 등 기존 법전에 새로운 사항들을 추가하여 편찬했는데, 재인에 대해서는 권 5, 형전(刑典), 재백정단취(才白丁團聚)조에 언급이 있다.
70) 조선 명종 때의 학자. 생몰년은 알 수 없다. 박학하고 문장에 뛰어났으나, 서자 출신이기 때문에 현달하지 못했다. 『패관잡기(稗官雜記)』 외에 『고사촬요(攷事撮要)』 등의 저술이 있다.
71) 어숙권의 수필집. 전 6권이며, 『대동야승(大東野乘)』과 『해동야언(海東野言)』에는 그 일부가 수록되어 있다. 조선전기 인물들의 언행과 일화, 외교관계 등을 기록하였다. 위의 기록은 『대동야승』본 『패관잡기』 권 2에 수록되어 있다.

"세상에 전하기를 관청에서 무당에게 세포(稅布)⁷²⁾를 너무 과중하게 징수했으므로, 매번 관원이 문에 이르러 큰소리로 외치면서 들이닥치면 온 집안이 쩔쩔매고 술과 음식을 갖추어 대접하면서 납부 기한을 늦추어달라고 애걸한다. 이런 일이 하루걸러 혹은 날마다 계속되어 그 괴로움과 폐해가 헤아릴 수 없었다. 설이 되었을 때 광대들이 이 놀이를 대궐 뜰에서 상연하였다. 이에 임금께서 명을 내려 세금을 면제하도록 했다고 하니, 우인들 또한 백성들에게 도움이 된다 하겠다. 지금도 여전히 우인들이 그 놀이를 공연하는 것은 이러한 고사 때문이다."⁷³⁾

이능화가 살펴보건대 우리 조선에는 예로부터 진정한 의미의 연극은 없었으니, 이것은 문화상의 일대 결점이라 할 수 있다. 옛날에는 산대희⁷⁴⁾(山臺戲=나희儺戲⁷⁵⁾)가 있어 외국 사신의 관람용으로 제공되었지만, 대체로 추악한 가면을 쓰고 공연되었다. 가면극은 신라에서 시작되었으니, 향악(鄕樂)⁷⁶⁾과 처용무(處容舞)⁷⁷⁾가 그것이다. 고려시대에는 대나의(大儺儀)에서 가면이 사용되었고, 이것이 후일 산대희가 되었다. 산대희는 조선시대의 유일한 연극이었으며, 도감(都監)⁷⁸⁾을 설치하여 그 일을 주관하였으니 그것을 이름하여

---

72) 세금으로 거두는 베. 자세한 내용은 본서 제9장 「무업세와 신포세」 참조
73) 무속의 제차(祭次) 가운데 하나인 창부거리의 기원설화가 아닌가 한다.
74) 고려시대부터 조선시대에 국가의 경사 때나 외국 사신 접대 때 가설무대를 설치하고 그 위에서 공연된 가면극의 일종이다. 산대란 가설무대가 산처럼 높이 솟았다는 데서 유래한 이름이다.
75) 가면을 쓴 사람이 창이나 방패를 들고 주문을 외우면서 역귀(疫鬼)를 몰아내는 의식. 보통 연말에 거행했다.
76) 『삼국사기』 권 32, 잡지(雜志) 1, 악(樂)에 수록된 최치원의 향악잡영(鄕樂雜詠)을 말한다. 향악잡영 5수 중에 「대면(大面)」이 있는데 이것은 황금색의 방상씨(方相氏) 가면을 쓰고 귀신을 쫓는 모습을 읊은 것이다.
77) 다섯 사람이 각각 황·청·홍·백·흑색의 처용 가면을 쓰고 추는 춤. 처용무는 섣달 그믐날 궁중의 나례의식에서 공연되었다.

산대도감(山臺都監)이라 했다. 지금도 아직 그 유속(遺俗)이 잔존하고 있으며, 양주(楊州)의 고읍(古邑)이 산대도감의 본고장이다.[79] 그렇지만 보여주는 춤과 기예가 몹시 조잡하여 보고 듣는 것이 괴롭다. 그러나 어숙권이 기술한 바에 의하면 무당들이 징세(徵稅) 때문에 괴로워하는 것을 연극으로 연출했고, 가정생활상의 비극을 소재로 한 자연스런 각본을 토대로 진실한 경지를 연출하였으므로, 군주의 마음을 움직여 세금을 면제받기에 이르렀으니, 이것이 이른바 해신원관(諧臣頲官)이 임금의 마음을 기쁘게 했다는 것이 아닌가 한다.

---

78) 나라에 큰 일이 있을 때 그 일을 맡아보게 하기 위해 임시로 설치한 관부를 말한다.
79) 국가의 공적 연희로서의 산대희가 쇠퇴함에 따라 연희자들이 지방으로 흩어지면서 각지에서 산대놀이가 행해졌다. 이 중 서울 변두리의 애오개[阿峴]·녹번에서 전승되던 것을 본산대라 하고, 이를 본받은 것을 별산대라 하는데, 별산대놀이를 대표하는 것이 바로 양주별산대놀이이다. 양주별산대놀이는 과거 양주의 중심지였던 경기도 양주군 주내면 유양리에서 전승되는 가면극으로, 파계승에 대한 풍자, 양반에 대한 조롱, 서민생활의 애환 등을 내용으로 하고 있다. 서연호 『산대탈놀이』(열화당 1987) 25~84면.

제2장
고구려의 무속

    고구려의 무속을 살펴보면 무당은 사람이 병에 걸리게 된 원인을 말하고, 뱃속의 아이를 점치고, 재이(災異)에 대해 말하고, 인귀(人鬼)가 자기에게 내렸다고 말하며, 시조 왕의 사당에서 제사를 지냈다. 이러한 것들은 모두 후세의 무속에 보이는 「굿[새신 賽神]」[1] 「저주(詛呪)」 「복서(卜筮)」 「공창(空唱)」[2] 「신탁(神託)」 「치료[조선시대의 활인서活人署[3]와 같다]」 「위호(衛護)」[4][고려시대와 조선시대의 조상을 모시는 신묘神廟와 같다]」 등의 원류이다. 사무(師巫)[5]라는 것은 주(周)나라의 태사(太師)[6]가 국가를 위해 길흉을 점쳤다거나, 또는 만주의

---

[1] 굿을 한자로 표현한 것.
[2] 무당이 입을 벌리지 않아도 공중에서 소리가 들리게 하는 술법. 본서 제13장 1절 '공중에서 소리를 냄[空唱]' 부분 참조.
[3] 조선시대의 국립 의료기관. 본서 제8장 참조.
[4] 무당의 집에 조상의 혼령을 모시는 풍습. 김탁 「조선전기의 전통신앙」, 『종교연구』 6 (한국종교학회 1990) 참조.
[5] 무당을 사무라 한 표현은 중국의 경우, 송대 이후에 주로 사용되었다.

살만(薩滿)⁷⁾이 천신에 대한 제사를 주관한 것과 같다. 그리고 사무는 왕에게 덕을 닦아 재앙을 물리칠 것을 권했는데, 그 말이 대단히 이치에 맞았다. 만약 이 말이 『좌전(左傳)』⁸⁾이나 『한서(漢書)』⁹⁾ 속에 있었다면 현명한 신하나 좋은 관리[賢臣良佐]가 재이에 대해 논하는 것과 그 뜻이 서로 비슷하여, 당연히 조금도 손색이 없었을 것이다. 그러나 지금 그 말이 무당의 입에서 나온 까닭에 사람들이 모두 동등하게 여기지 않는다. 비록 그렇다고 하더라도 사무라는 이름의 의미를 새겨 보면 당시에 왕의 사표(師表)가 되었음을 알 수 있다. 그러므로 나라에 재이가 있으면 반드시 사무에게 물었던 것이다.

1. 무당이 인귀(人鬼)가 병의 원인이 되었다고 말하다

유리왕(琉璃王)¹⁰⁾ 19년(AD 3) 가을 8월, 하늘에 제사할 때 바치는 돼지[郊豕]¹¹⁾가 달아났다. 왕은 탁리(託利)와 사비(斯卑)로 하여금 뒤쫓게 하였더니, 장옥택(長屋澤)¹²⁾ 가운데에 이르러 이를 잡아 칼로 돼지 다리의 힘줄을 끊었다. 왕이 듣고 노하여 말하기를 "하늘에 제사지내는 희생을 어찌 해

---

6) 『주례(周禮)』 춘관(春官) 종백(宗伯)에 의하면 악공(樂工)의 우두머리이다. 출정 때 군사들이 내는 소리를 듣고 승패를 예측했다고 한다.
7) 퉁구스(Tungus)어 샤먼(shaman)의 한자 표기이다.
8) 유교 고문경전(古文經傳)의 하나로 『춘추좌씨전(春秋左氏傳)』이라고도 한다. 춘추시대의 역사를 기록한 공자의 『춘추(春秋)』를 토대로 많은 사실을 보완하였다. 좌구명(左丘明)의 저술로 전한다.
9) 중국 전한시대의 역사를 기록한 기전체 사서로 후한시대 반고(班固)의 저술이다.
10) 고구려 제2대왕. 재위 BC 19~AD 18년.
11) 고구려의 돼지 숭배에 대해서는 다음과 같은 연구가 있다. 田中通彦「高句麗信仰祭祀—東北アジアの豚聖獸視をめぐって」, 『酒井忠夫古稀記念 歷史における民衆と文化』(國書刊行會 1992).
12) 고구려의 지명으로 추측되나 위치는 알 수 없다.

칠 수 있는가" 하고, 마침내 두 사람을 구덩이 속에 묻어서 죽였다.

9월에 왕이 병들자 무당이 말하기를 "탁리와 사비가 병의 빌미가 된 것입니다"라고 했다. 왕이 무당을 시켜 사과하니 병이 곧 나았다. (『삼국사기』)[13]

2. 무당이 여우의 변괴를 말하면서 왕에게 덕 닦기를 권하다

차대왕(次大王)[14] 3년(148) 가을 7월, 왕이 평유원(平儒原)[15]에서 사냥을 했는데, 흰 여우가 뒤를 따라오면서 울었다. 왕이 이를 쏘았으나 맞지 않았다. 사무(師巫)에게 물으니 말하기를 "여우라는 것은 요사한 짐승으로 상서로운 조짐은 아닙니다. 하물며 그 색이 흰색이니 더욱 괴이하다고 하겠습니다. 그러나 하늘은 거듭거듭 일러 친절하게 이야기할 수 없기에 요괴함을 보여서, 임금님으로 하여금 두려움을 느끼게 하고, 이를 계기로 반성해서 스스로 새롭게 하도록 하고자 함입니다. 그러므로 임금님께서 만약 덕을 닦는다면 화를 바꾸어 복이 되게 할 수 있습니다"라고 하였다. 왕이 말하기를 "흉하면 흉하고, 길하면 길할 뿐이거늘, 너는 먼저는 요망하다 해 놓고 또 복이 될 수 있다고 하니, 이 어찌 거짓말이 아니냐" 하고, 마침내 그를 죽였다. (『삼국사기』)[16]

---

13) 권 14, 고구려본기 2.
14) 고구려 제7대왕. 재위 146~165년.
15) 고구려의 지명으로 추측되나 위치는 알 수 없다.
16) 권 15, 고구려본기 3.

3. 무당이 뱃속의 아이를 점치다

산상왕(山上王)[17] 13년(209), 왕자 교체(郊彘)[18]의 어머니(주통촌酒桶村[19]의 여자)를 세워 소후(小后)[20]로 삼았다. 처음에 소후(小后)의 어머니가 소후를 임신하여 아직 낳지 않았을 때 무당이 점을 치고는 "반드시 왕후를 낳겠다"고 했다. 어머니가 기뻐하여 아이를 낳자 이름을 후녀(后女)라 했다. (『삼국사기』)[21]

4. 무당이 말하기를 왕의 신령이 자신에게 내렸다고 하다

동천왕(東川王)[22] 8년 가을 9월, 태후(太后) 우씨(于氏)[23]가 돌아갔다. 태후가 임종하면서 유언하기를 "첩은 행실(절개)을 잃었으니, 장차 무슨 면목으로 지하에서 국양(國壤, 태후의 전 남편인 국양왕國壤王이다)[24]을 만나겠는가. 만약 여러 신하들이 나를 차마 구렁텅이에 버리지 못한다면 청컨대

---

17) 고구려 제10대 왕. 재위 197~226년.
18) 산상왕의 뒤를 이어 고구려 11대 왕이 된 동천왕(東川王)의 이름인데, 하늘에 제사할 때 바치는 돼지라는 의미이다. 이러한 이름을 가지게 된 데에는 다음과 같은 전승이 『삼국사기』에 전한다. 산상왕 12년(208) 제천용 돼지가 달아나 주통촌에 이르러 어떤 여인을 보고 멈추었다. 산상왕은 이를 신기하게 여겨 이 여인을 만났고, 그래서 동천왕을 낳았다는 것이다.
19) 교체의 어머니가 고구려 5부의 하나인 관노부 출신인 점(『삼국지』 권 30, 위서 동이전 고구려)으로 미루어 관노부에 있던 지명으로 추측된다. 그러나 정확한 위치는 알 수 없다.
20) 작은 부인.
21) 권 16, 고구려본기 4 산상왕 13년 9월.
22) 고구려 제11대 왕. 재위 227~248년.
23) 원래 고국천왕의 부인이었으나, 고국천왕 사후 시동생인 산상왕과 재혼했다.
24) 고구려 제9대 왕인 고국천왕을 가리킨다. 재위 179~197년.

산상왕의 능(陵) 곁에 묻어 달라"고 했다. 마침내 그의 유언대로 묻었더니 무당이 말했다. "국양왕이 나에게 내려 말씀하시기를 '어제 우씨가 산상왕에게 가는 것을 보고 분함을 이기지 못하여 결국 그와 함께 싸웠는데, 물러나 생각하니 너무나 부끄러워 나라 사람들을 차마 볼 수 없다. 네가 조정에 알려 무슨 물건으로 나를 가리어 달라'고 하셨습니다."[25] 이에 능 앞에 소나무를 일곱 겹으로 심었다. (『삼국사기』)[26]

5. 무당이 주몽사(朱蒙祠)에 제사하다

보장왕(寶臧王)[27] 4년(645) 여름 5월, 당나라 장군 이세적(李世勣)[28]이 요동성(遼東城)[29]을 공격하여 밤낮으로 그치지 않기를 12일 동안이나 계속하였다. 황제(당나라 태종)[30]가 정예병을 이끌고 합세하여 그 성을 수백 겹으로 에워싸고 북을 치고 고함을 지르니 소리가 천지를 진동했다. 요동성에는 주몽사(朱蒙祠)가 있었고, 그 사당에는 쇠사슬로 만든 갑옷[鎖甲]과 예리한 창[銛矛]이 있었는데, 믿기 어려운 말이지만 전연(前燕)[31] 때에 하늘에서 내려 보낸 것이라 했다. 바야흐로 포위가 급박하게 되자 미녀를 꾸며

---

25) 남편의 사후 시동생과 재혼하는 취수혼(娶嫂婚, Levirate)은 고구려의 일반적 혼인 풍속이었으므로, 우씨의 재혼이 당시로서는 비윤리적인 것은 아니다. 그러나 취수혼의 경우 죽은 뒤 원래의 남편 곁에 묻혀야 하는데, 우씨는 이를 어겼다. 따라서 무당의 말은 고국천왕을 빌어 우씨의 처사를 비난한 것이다. 노태돈 「취수혼과 친족집단」, 『고구려사 연구』(사계절 1999) 참조.
26) 권 17, 고구려본기 5.
27) 고구려 제28대 왕. 재위 642~668년. 이 왕 때 고구려는 나당 연합군에게 멸망당했다.
28) 당나라 장수. 생몰년 594~669년. 668년 고구려를 멸망시켰다.
29) 지금의 중국 요령성 요양시에 있던 성.
30) 당나라 제2대 황제. 재위 626~649년.
31) 선비족의 일파인 모용부가 세운 국가.

신의 부인으로 삼았는데, 무당이 말하기를 "주몽께서 기뻐했으므로 성은 반드시 안전할 것이다"라고 했다. (『삼국사기』)[32]

---

[32] 권 21, 고구려본기 9. 이 기사의 원 사료는 『신당서』 권 220 동이전 고려이다.

제3장

백제의 무속

　백제 무속의 역사는 거의 없다시피 하여, 마지막 왕의 마지막 해에 무당이 거북의 예언을 해독한 기록이 하나 있을 뿐이다. 대개 백제는 본디 부여·고구려에서 나왔으므로, 백제의 무속이 고구려와 같을 것임은 미루어 짐작할 수 있다. 그러므로 고구려에서는 무당이 여우의 변괴를 설명한 것이 있고, 백제에는 무당이 거북의 예언을 해석한 것이 있는데, 이러한 것이 동일 계통에서 나온 것임은 확실하다고 하겠다. 『후주서(後周書)』[1]를 보면 "백제에서는 음양오행의 술(術)을 이해한다"고 했으니, 예언을 해석한 이 무당 역시 한 사람의 일자(日者)[2]일 것이다. 『삼국사기』 백제본기 시조 온조왕(溫祚王)[3] 25년(AD

---

1) 『주서(周書)』 또는 『북주서(北周書)』라고도 한다. 서위(西魏)·북주(北周) 왕조(535~581)의 역사를 기록한 기전체 정사로, 636년 당나라 영호덕분(令狐德棻) 등이 편찬했다. 이 부분은 『주서』 권 49, 열전 제41, 이역(異域) 상, 백제전(百濟傳)에 보인다.
2) 천상과 지상에서 일어나는 이상 현상의 의미를 해독하고, 그 대처방안을 제시하는 관리. 신종원 「고대의 일관과 무」, 『신라초기불교사연구』(민족사 1992); 최석영 「무와 일

7) 봄 2월 왕궁의 우물물이 넘쳐흐르고, 한성(漢城)의 인가에서 말이 소를 낳았는데 머리 하나에 몸뚱이가 둘이었다. 일자가 말하기를 "우물물이 넘쳐흐른 것은 대왕께서 발흥할 징조이며, 소가 머리 하나에 몸뚱이가 둘인 것은 대왕께서 이웃 나라를 병합할 조짐입니다"라고 했다. 왕이 이를 듣고 기뻐하여 마침내 진마(辰馬, 진마라는 것은 진한辰韓과 마한馬韓을 말한다)를 병탄할 마음을 가졌다고 했는데, 이곳에서 일자라고 한 것도 아마 무당일 것이다. 그렇다면 백제시대에도 무풍(巫風)을 숭상했을 것임은 이로써 상상할 수 있다.

1. 무당이 거북의 예언을 해석하다

의자왕(義慈王)[4] 20년(660) 봄 6월, 한 귀신이 궁중에 들어와서 "백제는 망한다. 백제는 망한다"고 크게 외치고는 곧 땅속으로 들어갔다. 왕이 괴이하게 여겨 사람들을 시켜 땅을 파게 하니 깊이 3자쯤 되는 곳에 거북이 한 마리가 있었다. 거북의 등에는 "백제는 보름달 같고, 신라는 초생달 같다"라는 글이 씌어 있었다. 왕이 이를 무당에게 물으니 무당이 말하기를 "보름달과 같다는 것은 찼다는 의미로 차면은 기울어질 것이고, 초생달과 같다는 것은 아직 차지 않았다는 것이니 차지 않은 것은 점차 찰 것입니다"라고 하였다. 왕은 노하여 그를 죽였다. 다른 사람이 말하기를 "보름달과 같다는 것은 왕성한 것이요 초생달과 같다는 것은 미미한 것이니, 생각하건대 우리나라는 성할 것이고 신라는 점점 미약해진다는 뜻일 것입니다" 하니 왕이 기뻐하였다. (『삼국사기』)[5]

관에 대한 역사적 고찰」, 『일제하 무속론과 식민지 권력』(서경문화사 1999).
3) 백제의 시조 왕. 재위 BC 18~AD 28년.
4) 백제 제31대왕. 재위 641~660년. 이 왕 때 백제는 나당 연합군에 의해 멸망당했다.
5) 『삼국사기』 권 28, 백제본기 6.

제4장

신라의 무속

신라 말로는 무당을 차차웅(次次雄)이라 했다. 웅(雄)을 가리켜 무당이라 함은 반드시 신시(神市)의 환웅(桓雄)에서 시작되었을 것이니, 대개 환웅의 신시란 곧 고대 무축(巫祝)의 일이기 때문이다. 또 제단을 설치하고 하늘에 제사하는 까닭에 단군(壇君)이라 했으니, 단군은 곧 신권천자(神權天子)이다. 신라인은 차차웅이 제사를 받들고 귀신을 섬기는 까닭에 이를 두려워하고 공경했고, 마침내 웃어른을 차차웅이라 칭하게 되었다. 이와같은 고유어는 삼한에서 시작되었다. 그러므로 무당을 차차웅이라 한 것은 그 말이 환웅에서 비롯된 것임을 의심할 여지가 없다. 환(桓)과 한(寒)은 음이 서로 가깝고 한(寒)의 훈(訓)은 차(次)이다.[1] 또 신라의 고유어를 만약 한자로 표기할 일이 있으면 훈(訓)으로 하거나 혹은 음으로 했다. 즉 서연산(西鳶山)을 혹은 서술산(西述山)[2]이라 한 것과 같은 것이다[신라의 고유어에 연鳶을 일러 술述이

---

1) '한(寒)'의 의미는 '차다' '차갑다'라는 뜻이다.

라 한다. 그러므로 연(鳶)과 술(述)은 서로 통용되는 것이다.[3] 그렇다면 차차웅이란 곧 환웅을 말한다고 하겠다. 남해차차웅(南解次次雄)[4]은 단지 무당이라는 칭호만 빌렸을 뿐만 아니라, 그 자신이 곧 제사를 주관하고 신을 섬기는 자였으니, 그 또한 한 사람의 단군이라 할 수 있다.

신라 시조 박혁거세(朴赫居世)[5]는 진한 육부인(辰韓六部人)의 추대를 받아 거서간(居西干, 진한의 말로 왕이다)이 되었다. 『후한서(後漢書)』[6]를 보면 "오로지 마한 사람만 진국(辰國)의 왕이 되었다"[7]고 했다. 그러므로 박혁거세는 반드시 마한 사람일 것이다. 그리고 마한의 여러 국읍(國邑)들은 각기 한 사람으로 하여금 천신에 대한 제사를 주관하게 했고, 이를 천군(天君)이라 했다고 하니, 박혁거세도 곧 천신에 대한 제사를 주관하는 천군이라 하겠고, 천신 제사를 주관하는 천군은 곧 차차웅[무당]이라 하겠다.

남해차차웅은 그의 친누이인 아로(阿老)로 시조묘(始祖廟) 제사를 주관하게 했는데,[8] 대개 신라의 풍속에서는 무당이 제사를 숭상하고 귀신을 섬겼으니, 그렇다면 아로 또한 필시 무당임에 의심의 여지가 없다.

---

2) 경주의 서쪽 구간에 있는 산. 선도산이라고도 한다. 『삼국유사』 권 5, 「선도성모수희불사」에 의하면 선도산신 사소(娑蘇)는 소리개의 안내로 이곳에 와서 머물게 되었으며, 그래서 소리개 연(鳶)을 써서 서연산이라 했다고 한다.
3) 연(鳶)의 훈인 소리개와 술의 음인 술이 같다는 의미이다.
4) 신라 제2대왕. 재위 4~24년.
5) 신라의 건국 시조. 재위 BC 57~AD 3년.
6) 중국 후한 195년간의 역사를 기록한 기전체 사서. 남조송 범엽(范曄)이 432년경 완성했다. 아래 인용문은 『후한서』 권 85, 열전 75 동이에 보인다.
7) 원문을 인용하면서 이능화는 약간 착오를 범했다. 즉 이능화는 마한 출신이 진국의 왕이 된다고 했으나, 『후한서』 원문에서는 진왕이란 진국의 왕이 아니라 삼한 전체의 왕이라 했다.
8) 『삼국사기』 권 32, 잡지 1, 제사에 보이는 사실이다.

1. 무당이란 웃어른에 대한 존칭이었음으로 국왕을 무당이라 하다

『삼국사기』 신라본기 제2대 남해차차웅조에서 말했다. "차차웅은 혹은 자충(慈充)이라고도 한다. 김대문(金大問)[9]이 말하기를 '차차웅이란 신라 고유어로 무당을 이른다. 세상 사람들은 무당이 귀신을 섬기고 제사를 숭상하므로 두려워하고 공경하여 마침내 웃어른을 자충이라 했다'고 했다."

---

9) 신라 성덕왕 때의 학자로 『화랑세기』 『고승전』 등을 저술했다.

제5장
고려시대의 무속

　무당을 모아 비를 빈 것은 바로 고대에 무당으로 하늘에 제사한 증거이다. 『삼국유사』, 「고조선조」에서 말하기를 "환웅(桓雄)이 무리 3천을 거느리고 태백산 꼭대기 신단수 아래에 내려와 세상에 머물면서 통치를 했다. 바람 신[風伯]·비 신[雨師]·구름 신[雲師]를 거느리고, 곡식·생명·질병·형벌·선악을 주관했고, 무릇 인간의 360여 가지 일을 주재했다. 그의 아들 단군왕검(壇君王儉)이 나라를 열어 이름을 조선(朝鮮)이라 했다"고 하였다. 그러므로 바람 신과 비 신을 거느리고, 곡식과 생명을 주관하며, 하늘과 귀신을 제사한 것은 곧 고대의 신권군주(神權君主)가 백성의 생명을 위해서 풍년을 기원하고 비를 빌던 무축적 신사(神事)였다고 하겠다. 이것이 후세에 하늘이 가물어 기근이 들었을 때 무당을 모아 비를 빌었다든지, 시장을 옮겼다든지 하는 것의 근원이다[시장을 옮긴 것은 신시천왕(神市天王)[1]이 바람 신·비 신을 거느리

---

1) 환웅천왕을 말한다.

고 곡식·생명을 주관한 데서 연유하는 것이 아닌가 한다.[2] 고려는 국초부터 마지막 왕에 이르기까지 무릇 가뭄을 만나면 반드시 무당을 모아 비를 빌거나, 혹은 시장을 옮기곤 하였으니, 옛 습속이 남아 전해짐을 가히 생각해볼 수 있겠다.

1. 무당을 모아 비를 빌다

현종(顯宗)[3] 12년(1021) 5월, 가뭄이 들어서 무격을 모아 비를 빌었다(『고려사(高麗史)』 오행지(五行志).[4] 이하도 같다).

숙종(肅宗)[5] 6년(1101) 4월 을사(乙巳=15일), 가뭄으로 폭무(爆巫)[6]해서

---

[2] 기우방법의 하나로 시장을 임시로 다른 곳에 옮기는 데 대해서는 여러 설명이 있다. 예컨대 ① 시장은 북쪽에 있기 때문에 음(陰)에 해당하는데, 이 음을 남방으로 옮김으로써 양(陽)이 지나친 결과인 한발을 중화할 수 있다는 논리에서 비롯된 것이라는 설, ② 시장은 더럽고 부정한 것인데, 이를 다른 곳으로 옮기면 하늘이 정화를 위해 비를 내린다는 관념에 기초했다는 설, ③ 시장에 사람이 모이는 것은 구름이 모이는 것과 같으므로 시장을 옮김으로써 구름의 이동을 가져올 수 있다는 믿음에 기초했다는 설 등이 있다.
그러나 사시(徙市)는 단순한 민속이 아니라 유교경전에 이론적 근거가 제시되어 있다. 즉 『예기』 단궁(하)에서 천자나 제후가 죽으면 후계자가 자책의 뜻으로 시장을 옮기는 것처럼(정상적인 생활을 일시 중단함으로 반성한다는 의미), 가뭄 때에도 왕이 자책하는 의미에서 시장을 옮긴다고 했다. 서영대 「민속종교」, 『한국사』 16(국사편찬위원회 1994) 360면 참조.

[3] 고려 제8대 왕. 재위 1009~31년.

[4] 『고려사』 권 54, 오행지 2의 인용인데, 여기서는 가뭄을 오행 중 금(金)이 본성을 잃었을 때 일어나는 변괴로 설명하고 있다. 이희덕 「기우행사와 오행설」, 『고려유교정치사상의 연구』(일조각 1984)

[5] 고려 제15대 왕. 재위 1095~1105년.

[6] 무녀들을 땡볕에 세워두는 기우방법. 이것은 신령과 통하는 무녀를 땡볕에 세워두면 하늘이 불쌍히 여겨 비를 내려줄 것이라는 관념에 기초한 것이다. 그러므로 폭무기우는 무당들에게 큰 고통이었고, 실제 기우에 동원되지 않으려고 무당들이 도망간 사실도 확인

비를 빌었다.

　예종(睿宗)⁷⁾ 16년(1121) 윤 5월 신미(辛未=8일), 무당들을 모아 비를 빌었다.

　인종(仁宗)⁸⁾ 원년(1123) 5월 갑자(甲子=12일), 가뭄으로 도성청(都省廳)⁹⁾에 토룡(土龍)¹⁰⁾을 만들었으며, 무당들을 모아 비를 빌었다. 11년(1133) 5월 경오(庚午=16일), 여자 무당 3백여 명을 도성청으로 소집하고, 무당들을 모아 비를 빌었다. 6월 기해(己亥=16일), 또 무당들을 모아 비를 빌었다. 12년(1134) 6월 기묘(己卯) 초하루, 무당 250명을 도성청에 모아 비를 빌었다. 15년(1137) 5월 임오(壬午=21일), 무당들을 모아 비를 빌었다. 18년(1140) 윤 6월 기축(己丑=17일), 무당들을 모아 비를 빌었다.

　명종(明宗)¹¹⁾ 3년(1173) 4월 병자(丙子=14일), 무당들을 모아 비를 빌었다. 8년(1178) 5월 임자(壬子=19일), 무당들을 도성청에 모아 비를 빌었다. 19년(1189) 윤 5월 계유(癸酉=14일), 무당들을 도성에 모아 비를 빌었다.

　고종(高宗)¹²⁾ 37년(1250) 5월 기축(己丑=24일), 무당들을 도성에 모아 비를 빌었다.

　된다.『고려사절요』권 24, 충숙왕 16년 5월.
　폭무에 대해서는 다음 연구 참조. 鬼丸紀「暴巫考」,『中國哲學』10(北海道中國哲學會 1981); 黃強「焚巫·曝巫から曝神像まで」,『中國の祭祀と信仰』(下) 第一書房 1998; 최종성「왕과 무의 기우의례」,『역사민속학』10(한국역사민속학회 2000).
7) 고려 제16대 왕. 재위 1105~22년.
8) 고려 제17대 왕. 재위 1123~46년.
9) 국가의 여러 행사를 주관하고, 외교문서의 작성과 발송을 담당하던 상서도성(尙書都省)의 약칭이다.
10) 깨끗한 흙을 빚어 만든 용. 물을 지배하는 용을 만듦으로써 비를 불러올 수 있다는 유감주술적 관념에 기초하여 토룡을 만들었다. 그러나 조선시대의 기우방법 중에는 용을 만들어 학대하는 것도 있는데, 이는 용에게 모독을 주어 강우 능력을 발휘하도록 하기 위한 것이라 한다.
11) 고려 제19대 왕. 재위 1170~97년.
12) 고려 제23대 왕. 재위 1213~59년.

충렬왕(忠烈王)[13] 10년(1284) 5월 계해(癸亥=15일), 가뭄으로 시장을 옮겼다. 정축(29일), 무당들을 도성청에 모아 비를 빌었다. 15년(1289) 5월 경진(庚辰=2일), 가뭄으로 시장을 옮겼다. 신묘(辛卯=13일), 무당들을 모아 비를 빌었다. 30년(1304) 4월 가뭄이 들어 을미(13일), 무당들을 모아 비를 빌었다. 32년(1306) 6월에는 가뭄으로 무당들을 모아 비를 빌었다.

충숙왕(忠肅王)[14] 3년(1316) 5월 기사(己巳=28일), 또 무당들을 모아 비를 빌었다. 5년(1318) 4월 기미(己未=29일), 무당들을 모아 비를 빌었고, 시장을 옮겼다. 16년(1329) 5월 정묘(丁卯=11일), 무당들을 모아 6일 동안 비를 빌었다. 후원년(後元年=1332)[15] 5월 신묘(辛卯=23일), 무당을 모아 비를 빌었다. 4년(1335) 5월 임오(壬午) 초하루, 가뭄이 들어 시장을 옮기고 무당들을 모아 비를 빌었다.

충목왕(忠穆王)[16] 2년(1346) 5월 계사(癸巳=16일), 무당들을 삼사(三司)[17]에 모아 비를 빌었다.

공민왕(恭愍王)[18] 2년(1353) 5월 병자(丙子=10일), 무당들을 모아 비를 빌었다.

---

13) 고려 제25대 왕. 재위 1275~1308년.
14) 고려 제27대 왕. 재위 1314~30년, 1332~39년.
15) 충숙왕은 1330년 세자에게 양위하였으나, 새로 즉위한 충혜왕의 소행이 좋지 못하여 2년 만에 다시 복위했다. 그러므로 후원년이란 복위 후 원년이라는 의미이다.
16) 고려 제29대 왕. 재위 1344~48년.
17) 중외의 전곡(錢穀) 출납, 회계 사무를 총괄하던 경제관서.
18) 고려 제31대 왕. 재위 1351~74년.

2. 무당이 병의 원인을 말했고, 또 무당의 말에 따라 둑을 허물다

무당이 인귀(人鬼)가 병의 원인이라 말하는 것은 고구려 초에 이미 그런 일이 있었다. 서긍(徐兢)의 『고려도경(高麗圖經)』[19]을 보면 "고려의 오랜 풍습은 사람들이 병들어도 약으로써 다스리지 않고, 오직 귀신을 섬기고 저주와 염승(厭勝)[20]만을 일삼았다"라고 했다. 이것으로 미루어 고려의 무풍(巫風)이 성했음을 알 수 있다. 심지어 무당의 말에 따라 둑을 허물기까지 했으니, 이것이 곧 오늘날 세속에서 동토(動土)[21]하여 살(煞)[22]을 범하는 것을 꺼리는 것의 연원이다.

인종 24년(1146), 왕이 병이 들어서 척준경(拓俊卿)[23]을 다시 문하시랑평장사(門下侍郎平章事)[24]로 복직시키고[전에 척준경은 모반죄로 죽임을 당했

---

19) 1123년(인종 1) 송나라 사신단의 일원으로 고려에 온 서긍(1091~1153)의 고려견문록. 원래 글과 그림이 있어 도경(圖經)이라 했으나, 현재 그림은 전하지 않는다. 전 40권인데, 아래 인용문과 비슷한 것이 권 17 「사우」조에 보인다.
20) 주술적 도구 등을 사용하여 사악한 기운을 꺾는 방술. 압승(壓勝)이라고도 한다.
21) 태세신(太歲神)이 머무는 방향에서 땅을 파거나 집을 지었을 때 생기는 재앙. 태세신은 12년을 주기로 동→남→서→북으로 순환한다. 태세신은 처음에는 하늘의 별로 여겨졌으나, 후대에는 땅 속에 머무는 것으로 바뀌었다. 태세 관념은 중국의 선진시대에 이미 확인되며, 동토를 우리 민간에서는 흔히 동티났다고 한다. 趙道超「論太歲信仰習俗」, 『西南民族大學學報』 25-9(2004); 劉增貴「睡虎地秦簡『日書』「土忌」篇數術考錫」, 『中央研究院歷史語言研究所集刊』 78-4(2007) 참조.
22) 재앙을 가져다주는 사악한 기운.
23) 고려 인종 때 이자겸의 난에 가담하여 대궐을 범하기도 했으나, 인종의 권유로 1126년(인종 4) 이자겸을 몰아내는 데 앞장섰고, 그 공으로 문하시랑(門下侍郎) 동중서문하평장(同中書門下平章事)가 되었다. 그러나 이듬해 정지상에게서 과거 대궐을 범한 죄를 탄핵당하여 결국 유배되었고, 1144년(인종 22) 고향 곡주에서 등창으로 죽었다. 『고려사』 권 127, 열전 40 반역 2, 척준경 참조.
24) 중서내하성(中書內下省)의 정2품 벼슬.

대,²⁵⁾ 그 자손을 불러 관직을 주었는데, 이는 척준경의 원혼이 병의 빌미가 되었다는 무당의 말에 의한 것이다. 또 내시 봉열(奉說)을 보내 김제군(金堤郡)에 신축한 벽골지(碧骨池)의 둑을 허물었다. (『고려사』)²⁶⁾

3. 무녀가 신을 받들고, 공창(空唱)으로 신령의 말을 전하다

사람들을 홀리는 데는 공창무격(空唱巫覡)²⁷⁾이 가장 심하다. 조선초기에 이러한 풍습이 성행했는데, 그 연원을 살펴보면 고려시대부터 전해진 것이다. 신의 말을 전하는 것은 바로 오늘날 무당이 말하는 '포함(咆喊)주다'(Pohanchuta)이다.²⁸⁾

충렬왕 원년(1275), 안향(安珦)²⁹⁾이 상주판관(尙州判官)으로 부임했다. 이때 여자 무당 세 사람이 있어 요사스런 귀신을 받들고 사람들을 현혹시키면서 협주(陝州)³⁰⁾에서부터 여러 군현을 거쳐 갔다. 가는 곳마다 사람의 소리가 났는데 공중에서 은은하게 길을 비키라고 외치는 것 같았다. 사람들이 달려가 다투어 제사를 지내었으며, 감히 남보다 뒤쳐지려 하지 않았고, 비록 고을의 수령이라 하더라도 마찬가지였다. 상주에 이르렀을 때 안

---

25) 척준경이 죽임을 당했다는 것은 잘못이다(위의 주 24 참조).
26) 『고려사』 권 17, 인종세가 3.
27) 말을 하지 않는데도 공중에서 소리가 들리도록 하는 술법을 사용하는 무당. 이것은 일종의 복화술이 아닌가 한다. 손진태 「조선 급 중국의 복화무」, 『조선민족문화의 연구』 (을유문화사 1948) 참조.
28) 오늘날에는 무당이 신들린 상태에서 신의 말을 전하는 것을 공수라 한다.
29) 고려시대의 학자. 생몰년 1243(고종 30)~1306년(충렬왕 32). 원나라에서 성리학을 도입한 것으로 유명하다.
30) 오늘날의 경남 합천군.

향이 매를 때리고 칼을 씌우니, 무녀들은 귀신의 말을 빙자하여 화복으로서 겁을 주었다. 상주 사람들이 다 두려워하였으나, 안향은 동요되지 아니하였다. 며칠을 넘기자 무녀들이 애걸하므로 풀어주었다. (『고려사』 안향전安珦傳)[31]

4. 무고(巫蠱)[32] 사건 [저주(咀呪)]

무녀가 저주하는 일은 이미 주나라와 한나라 때의 책에 이미 보이고 있으니,[33] 그 유래가 오래되었음을 알 수 있다. 우리나라 여자 무당이 저주하는 것은 고려 충렬왕 때 처음 보이는데, 오늘날 세속의 민간에서 이 풍습이 아직까지 있다. 저주와 같은 일은 요사스런 무당에게서 많이 나온다. 저주를 속어로는 '방자(方子, Pang Cha)'라고 한다.[34]

충렬왕 2년(1276) 12월 병자(丙子=16일), 밤에 누군가 익명으로 투서를 했는데, 정화궁주(貞和宮主)[35]가 공주[원(元) 공주][36]를 저주했으며, 또 제안

---

31) 『고려사』 권 105, 열전 18에 수록되어 있다.
32) 주술적인 방법으로 다른 사람의 감정을 조절한다든지, 남을 해치거나 저주하는 술법. 자세한 것은 본서 제14장 「무고」 참조.
33) 무고에 관한 주대의 기록으로는 주의 여망(呂望)이 지었다는 병서 『육도(六韜)』 문도(文韜) 상현(上賢)이 있고, 한대의 기록으로는 『한서(漢書)』 권 45 강충전에 강충이라는 인물이 황태자가 한 무제를 무고했다고 모함한 사건이 유명하다.
34) 이밖에 고려시대의 저주 또는 무고사건으로는 의종 15년(1161) 정서(鄭敍)의 처의 왕과 대신 저주, 고종 45년(1258) 홍복원(洪福源)의 영령공(永寧公) 저주, 충렬왕 3년(1277) 경창궁주(慶昌宮主)의 충렬왕 저주, 충렬왕 23년(1293) 궁인 무비(無比)의 제국대장공주 저주, 충선왕 즉위년(1294) 조비(趙妃)의 계국대장공주(薊國大長公主) 저주 등이 기록상 확인된다. 서영대 「민속종교」, 『한국사』 21(국사편찬위원회 1996) 182~86면 참조.
35) 종실 사도(司徒) 인(絪)의 딸로 1260년(원종 1) 세자(후일의 충렬왕)와 혼인하여 정비

공숙(齊安公淑)[37]과 김방경(金方慶)[38] 등 43명이 역모를 꾀한다고 모함하는 것이었다. 이에 정화궁주와 숙·김방경 등을 가두었으나, 유경(柳璥)[39] 이 눈물을 흘리며 힘써 간하니 공주가 느끼고 깨달은 바 있어 모두 다 풀어주었다. 갑신(甲申=24일)에 장군 고천백(高天伯)과 홀랄대(忽刺歹)를 원(元)나라에 보내 표(表)를 올려 말하기를 "저주하는 말은 거짓말에서 비롯된 것임은 성스럽고 밝으신 안목으로 보시면 가히 진실을 아실 것입니다" 운운했다. (『고려사』)[40]

5. 성황신(城隍神)[41]이 무당에게 내리다

조선의 도처에 성황사(城隍祠)가 있으니 무격들이 모여서 기도하는 곳이다. 또 각 군에서는 별신굿[別神事]을 하며, 이때 무격의 무리들이 춤과 노래로 흥을 돋우는데, 불러서 청하는 것이 모두 성황신이다. 지금 그 근원을 살펴보면 고려시대에 나온 것이다.

가 될 수 있는 유력한 위치에 있었다. 그러나 세자가 1274년 원나라 공주인 제국대장공주(齊國大長公主)와 혼인함에 따라 후궁의 자리로 물러앉고 말았다.
36) 원 세조 쿠빌라이의 딸인 안평공주 홀도로게리미실(忽都魯揭里迷室). 1274년 충렬왕과 혼인하여 충선왕을 낳았고, 1295년 제국대장공주로 봉해졌다. 1297년 사망했다.
37) 현종의 9대 손이며, 정화궁주의 사위.
38) 고려후기의 장군. 생몰년 1212(강종 1)~1300년(충렬왕 26). 삼별초의 난을 진압했고, 몽고군과 함께 일본을 공격하기도 했다.
39) 고려후기의 대신. 생몰년 1211(희종 7)~89년(충렬왕 15), 최씨 무인정권을 무너뜨리는 데 일익을 담당했다.
40) 이 사건에 대한 기록은 『고려사』 권 89 후비전, 권 105 유경전(柳璥傳) 등에 보이나, 위 인용문은 권 28, 충렬왕세가 1을 옮긴 것이다.
41) 성황에 대해서는 본서 제17장 「성황」 참조.

함유일(咸有一)⁴²⁾이 삭방도(朔方道) 감창사(監倉使)⁴³⁾가 되었을 때⁴⁴⁾ 등주(登州)⁴⁵⁾ 성황신이 여러차례 무당에게 내려와 기이하게도 나라의 화복(禍福)을 알아맞혔다. 함유일은 성황사에 가서 국제(國祭)⁴⁶⁾를 지낼 때 읍(揖)만하고 절을 하지 아니하니, 담당 관청[有司]에서 임금의 비위를 맞추려고 탄핵하여 파직시켰다. (『고려사』 함유일전咸有一傳)⁴⁷⁾

6. 금성산신(錦城山神)이 무당에게 내리다

금성신당(錦城神堂)⁴⁸⁾은 대표적인 음사(淫祠)⁴⁹⁾이다. 무녀들이 떼 지어 모여들어 굿이 끊이지 않았다. 또 우리 조선의 풍속에 산신에 대한 제사를 '도당굿[都堂祭]'이라 하는데, 이 역시 무녀를 써서 신을 모시는 것으로, 이것은 고려시대의 금성신당에서 유래하는 것이다.

정가신(鄭可臣)⁵⁰⁾은 나주(羅州) 사람이다. 고종 때 과거에 급제하여 여

---

42) 고려 중기의 관리. 생몰년 1106(예종 1)~85년(명종 15). 관리로 있으면서 가는 곳마다 미신타파에 힘쓴 것으로 유명하다.
43) 삭방도는 오늘날의 강원도 일대이며, 감창사는 고려시대 동서북면(東西北面)에 파견한 지방관이다
44) 함유일이 삭방도 감창사가 된 것은 의종 때이다.
45) 지금의 안변(安邊).
46) 국가에서 국왕의 명의로 지내는 제사이다.
47) 『고려사』 권 99, 열전 12에 수록되어 있다.
48) 전라도 나주 금성산 일대에 있던 신당. 자세한 내용은 본서 제19장 8절 '전라도의 무풍과 신사' 참조.
49) 올바르지 못한 신사나 제사. 여기에는 두 가지 의미가 있는데, 하나는 모시는 신이 올바르지 못한 경우와 다른 하나는 신은 정신(正神)이라도 모실 자격이 없는 사람이 신을 제사하는 경우이다. 예컨대 유교의 규정에 의하면 산천은 제후 이상만이 제사할 수 있는데, 일반인이 이를 제사하면 음사이다.

러차례 화려한 요직을 거쳤으며, 충렬왕 3년(1277) 보문각 대제(寶文閣待制)[51]에 임명되었다. 나주 사람들이 말하기를 "금성산신이 무당에게 강신하여 '진도(珍島)와 탐라(耽羅)를 칠 때[52] 내가 실로 힘을 썼는데, 장수들은 상을 주면서 나에게는 녹(祿)을 주지 않는 것은 무슨 까닭인가. 반드시 나를 정령공(定寧公)에 봉하라'[53] 했습니다"라고 했다. 정가신이 이 말에 혹하여 왕에게 넌지시 말하여 정령공에 봉했고, 또한 그 고을의 녹미(祿米) 5섬을 거두어 해마다 그 신당에 보내주었다.[54] (『고려사』 정가신전鄭可臣傳)[55]

충렬왕 초에 심양(沈諹)[56]이 공주부사(公州副使)가 되었다. 장성현(長城縣)[57]의 어떤 여자가 "금성대왕(錦城大王)[58]이 나에게 내려 말씀하시기를 '네가 금성신당(錦城神堂)의 무당이 되지 않으면 반드시 네 부모를 죽이리라'고 하기에 내가 두려워 따랐다"고 말했다. (『고려사』 심양전)[59]

---

50) 고려 충렬왕 때 중신. 생몰년 ?~1298년(충렬왕 24).
51) 보문각은 경연과 장서를 맡은 관청이며, 대제는 정5품 벼슬.
52) 삼별초의 난을 진압한 것을 말한다.
53) 고려시대에는 국가나 민생에 공이 신에게 관작을 주는 제도가 있었다. 이것은 그 신을 국가에서 공인한다는 의미이므로, 해당 신을 모시는 지방세력들에게는 초미의 관심사였다.
54) 충렬왕 3년 나주목사로 하여금 금성산신에게 해마다 쌀 5석을 지급하여 제사하도록 한 조치는『고려사』권 63, 예지, 길례소사, 잡사에도 보인다.
55)『고려사』권 105, 열전 18에 수록되어 있다.
56) 고려 충렬왕 때 관리. 생몰년은 알 수 없다.
57) 지금의 전라남도 장성군.
58) 금성산신. 신을 대왕이라 한 것은 한국과 중국에서 많이 볼 수 있는 현상이다.
59)『고려사』권 106, 열전 19에 수록되어 있다.

7. 궁중에서 무당을 좋아하다

『고려사』 명덕태후전(明德太后傳)[60]에 이르기를 "어떤 여자 무당이 요사스런 말로 후궁에 드나들며 자못 신뢰와 사랑을 받았다"고 했다. 김자수전(金子粹傳)[61]에서는 "공양왕 때 김자수[62]가 '음사를 금하고 여러 무당들이 대궐에 출입하는 것을 엄히 금함으로써 요망함을 끊고 풍속을 바르게 하소서'라 청했다"고 한다.

8. 궁중에서 무당들에게 노래를 가르치다

충렬왕 25년(1299) 5월, 개경의 무녀 중에서 노래와 춤을 잘하는 사람을 선발하여 궁중에 명단을 만들어두었으며, 고운 비단으로 만든 옷을 입히고 말꼬리로 만든 갓을 씌워 별도로 1대(隊)를 만들어 남장(男粧)이라 칭하고, 새로운 소리를[63] 가르쳤다. (『동국통감(東國通鑑)』)[64]

우왕(禑王)[65]이 사냥을 나갔다가 밤에 돌아와 생황(笙簧)[66]을 불며 노래하고 북 치고 춤추면서 무격놀이를 했다. (『고려사』)[67]

---

60) 『고려사』 권 88, 열전 1 후비전(后妃傳)에 수록되어 있으며, 명덕태후는 홍규(洪奎)의 딸로 충숙왕의 비이며, 충혜왕의 어머니이다.
61) 『고려사』 권 120, 열전 33에 수록되어 있다.
62) 고려말의 문신. 생몰년 1351(충정왕 3)~1413년(태종 13).
63) 충렬왕이 지은 「삼장(三藏)」과 「용사(龍蛇)」란 노래이다. 『고려사』 권 71, 악지 2 속악.
64) 『고려사』 권 71 악지 2 속악과 권 125 열전 38 간신 1 오잠전에도 같은 내용이 보인다.
65) 고려 제32대 왕. 재위 1374~88년. 아버지가 공민왕이 아니라 신돈(辛頓)이라 하여, 이성계 일파에 의해 폐위당했다.
66) 아악에 사용하는 관악기의 일종이다.
67) 권 135, 열전 48 신우 3, 우왕 10년(1384) 8월 을해(10)일의 기사이다.

9. 국무당(國巫堂)[68]과 별기은(別祈恩)[69]

공양왕 때 김자수(金子粹)가 상소했다.[70] "나라에서 굿당[巫堂]을 설립한 것도 이미 정도(正道)에서 어긋난 일인데, 이른바 별기은(別祈恩)을 하는 곳 또한 10여 곳을 밑돌지 않습니다. 사시의 정기적 제사로부터 수시로 거행하는 별제(別祭)에 이르기까지 1년 동안의 소비되는 경비는 이루 다 기록할 수 없습니다. 제사 때에는 비록 금주령(禁酒令)이 엄하다고 해도, 여러 무당들이 무리를 지어 나라의 행사라고 핑계를 대니 담당 관청에서도 감히 꾸짖지를 못합니다. 그러므로 모여서 술 마시기를 태연히 하고, 번화한 거리에서 북 치고 피리 불며 노래하고 춤추는 등 못하는 짓이 없으니, 풍속의 아름답지 못함이 이렇듯 심합니다. 바라옵건대 담당 관청에게 밝은 명령을 내리시어, 사전(祀典)[71]에 기재된 것 이외에는 일절 음사(淫祀)를 금하고 모든 굿당을 철저히 없애주십시오." (『고려사』)[72]

10. 정승(姜融)의 누이가 무당이 되다

무당은 본래 씨[種]가 없어 신분에 관계없이 모두가 될 수 있다. 고려의 옛 도읍인 지금의 개성군(開城郡)의 풍습에서는 상류층 여자가 무당이 되면 선관(仙官)이라 하고, 하류층 여자가 무당이 되면 무당이라 일컫는다. 선관

---

68) 국가에서 인정한 신당이라는 의미와 국가나 왕실 차원의 의례를 담당하는 무격이라는 두 가지 의미가 있다.
69) 국가제사 이외에 왕실에서 사사로이 복을 기원하는 의례. 이혜구 「별기은고」, 『한국음악서설』(서울대출판부 1972).
70) 『고려사절요』 권 35에 의하면 김자수가 이 상소를 올린 것은 공양왕 3년(1391) 5월이다.
71) 국가에서 공식적으로 거행하는 각종 유교식 제사에 대한 규정 내지 기록.
72) 『고려사』 권 120, 열전 113에 수록되어 있다.

이라는 명칭은 의종(毅宗) 때 양반[73] 중에서 재산이 넉넉한 자를 가려서 선관이라 하고 팔관회(八關會)를 주관하게 한 데서[74] 유래한 것이다. 충숙왕(忠肅王) 때 좌정승(左政丞) 강융의 누이가 무당이 되었는데, 이것이 이른바 선관이 아닌가 한다.[75]

충숙왕 4년(1317) 첨의좌정승 판삼사사(僉議左政丞判三司事)[76] 강융의 누이가 무당이 되어 송악사(松岳祠)[77]에서 기식했다. (『고려사』)[78]

11. 무업(巫業)과 장업(匠業)의 공포(貢布)[79]

충혜왕[80] 후 4년(1343), 악소(惡少)[81]를 여러 도에 나누어 보내서 혹은

---

73) 문반과 무반의 관리.
74) 『고려사』 권 18, 세가(世家) 18, 의종(毅宗) 22년 3월 무자(戊子)에 의하면 왕이 평양에 행차하여 내린 하교 가운데 선풍(仙風)을 진작하라는 것이 있고, 그 구체적인 방안의 하나로 선관 선발을 지시하고 있다.
75) 이 기록을 토대로 고려시대에는 상류층 부녀자도 무당이 되었다고 한다. 그러나 강융의 집안은 원래 관노(官奴)였다. 따라서 상류층 부녀자가 무당이 되었을 가능성은 충분히 있지만, 강융의 누이의 경우가 근거가 될 수는 없다.
76) 도첨의사사(都僉議使司)의 좌정승이면서 삼사(三司)의 장관을 겸직했다는 의미로 종1품 벼슬이다.
77) 개성 송악산에 있던 신당. 『신증동국여지승람(新增東國輿地勝覽)』 권 5, 개성부 사묘(祠廟)에 의하면 송악산에는 신당이 5채 있으며, 각각에 성황(城隍)·대왕(大王)·국사(國師)·고녀(姑女)·부녀(府女)를 모셨다고 한다.
78) 권 124, 열전 37, 폐행(嬖幸) 2 정방길(鄭方吉) 부(附) 강융전(姜融傳)에 수록되어 있다.
79) 세금으로 바치는 베.
80) 고려 제28대 왕. 재위 1330~32년, 1340~44년. 처음 충숙왕의 양위를 받아 즉위했으나 행실이 좋지 못해 쫓겨났고, 다시 복위해서도 악행을 계속하여 결국 원나라에 잡혀갔다.
81) 국왕 측근의 불량배.

산과 바다의 세금을 거두고, 혹은 무당과 장인(匠人)을 업으로 사람들에게서 공포를 징수하였다. (『고려사』)[82]

12. 무당이 말을 바치다

우왕 13년(1387) 2월, 양부(兩府)[83]의 관리에서부터 아래로 무격에 이르기까지 차등을 두어 말을 바치라고 명령했고, 이것으로써 중국 명나라에 보내는 예물을 보충했다. (『고려사』)[84]

13. 무당 축출과 무당에 대한 금지·탄압

○ 인종(仁宗) 9년(1131) 8월 일관(日官)이 아뢰기를 "근래 무풍(巫風)이 크게 일어나 음사가 날로 성하고 있습니다. 청컨대 담당 관청에 명하시어 무당의 무리들을 멀리 쫓아버리도록 하십시오"라고 하니, 조서를 내려 이를 허락했다. 여러 무당들이 이를 근심하여 은병(銀甁)[85] 1백여 개를 거두어 권력자에게 주었다. 그래서 권력자가 아뢰기를 "귀신은 형체가 없으니, 그 허와 실은 아마 알 수 없을 것입니다"라고 하니, 왕이 그렇다고 여겨 금지 조치를 완화했다. (『동국통감(東國通鑑)』)[86]

---

82) 권 124, 열전 37 폐행 2, 민환전에 보이는 내용이다.
83) 문하부(門下府)와 밀직사(密直司)의 합칭.
84) 권 79, 식화지 2 과렴(科斂)에 보이는 내용이다.
85) 고려시대의 은화. 우리나라 지형을 본떠서 병처럼 만들었다. 하나가 쌀 10~50석의 가치였다고 한다.
86) 고조선부터 고려까지의 역사를 기록한 편년체 사서. 서거정 등이 왕명을 받고 편찬하여 1485년(성종 16)에 완성하였다. 위 내용은 권 22 고려기, 인종 2에 보인다. 같은 내용

○최항(崔沆)[87]이 무격들을 도성 밖으로 내쫓았다. (『고려사』 최항전崔沆傳)[88]

○현덕수(玄德秀)[89]가 안남도호부사(安南都護副使)[90]가 되었는데 음사를 싫어하여 금령(禁令)이 매우 엄하였으므로, 무격이 그 경계 안으로 들어갈 수 없었다. (『고려사』 현덕수전玄德秀傳)[91]

○충숙왕 후 8년(1339) 5월, 감찰사(監察司)[92]에서 방(榜)으로 금령을 게시했다. 하나, 무격의 무리가 요사스러운 말로 민중을 현혹시키고 있고, 사대부가 노래와 춤으로 귀신을 제사하니, 오염이 막심하다. 옛 제도에서는 무격이 도성 내에 살 수 없도록 했으니, 바라건대 각 부에서는 무당을 빠짐없이 찾아내어 모두 성 밖으로 쫓아내도록 하라. (『고려사』)[93]

○공양왕 때에 김초(金貂)[94]가 상소하여 말하기를[95] "신이 바라옵건대 무격을 먼 곳으로 쫓아내어 서울에 살지 못하도록 하고, 사람마다 가묘(家廟)를 세워 부모의 신령을 편안케 하며, 음사를 금지하여 명분 없는 낭비를 막게 하소서"라고 했다. (『고려사』)[96]

○「노무편(老巫篇) 병서(幷序)」[97]

이 『고려사』 권 16, 세가 16 인종 9년 8월 병자에도 보이는데, 내용이 좀더 자세하다.
87) 최씨 무인정권의 제3대 집정자. 생몰년 ?~1258년(고종 45).
88) 권 129, 열전 42 반역 3에 수록되어 있다.
89) 고려 명종 때의 무신. 생몰년 ?~1216년(고종 3). 현덕수 역시 무속을 금하는 데 앞장선 것으로 유명하다.
90) 안남도호부는 지금의 인천시 부평·계양구 일대를 말한다.
91) 권 99, 열전 12에 수록되어 있다.
92) 고려시대의 사정기관.
93) 권 85, 형법지 2 금령에 수록되어 있다.
94) 고려말의 문신. 생몰년 미상. 그런데 「조선무속고」에서 이 상소를 올린 사람을 이첨이라 했으나, 김초의 잘못이다. 이 상소가 『고려사』 권 117, 열전 30 이첨전에 수록되어 있는 데서 비롯된 착각이다.
95) 『고려사절요』 권 35에 의하면 이 상소는 공양왕 3년(1391) 5월에 올린 것이다.
96) 권 117, 열전 30 이첨전에 보인다.
97) 병서(幷序)란 시와 함께 서문도 있다는 의미이다.

내가 사는 곳 동쪽 이웃에 늙은 무당이 있는데, 날마다 남녀들이 모여 음란한 노래와 괴이한 이야기를 하는 것이 귀에 들렸다. 나는 몹시 불쾌했으나 쫓아낼 구실이 없던 차에, 마침 국가에서 칙령을 내려 모든 무당으로 하여금 먼 곳으로 옮겨 서울에 들어오지 못하게 하였다. 나는 단지 동쪽 집의 음사가 빗자루로 쓴 듯이 조용해진 것을 기뻐할 뿐만 아니라, 또한 서울 안에 요망한 무리들이 없어지면서 세상이 질박하고 백성들은 순진하여 장차 태고의 풍습이 회복될 것을 기대하며, 이에 시를 지어 이를 축하한다. 또 분명한 것은 무릇 이 무리들이 만약 순진하고 질박했다면 어찌 왕성(王城)에서 쫓겨났겠는가 하는 점이다. 도리어 옳지 못한 무속에 의탁하다가 쫓겨난 것이니, 이는 자초한 것이라. 누구를 또 탓하겠는가. 남의 신하 된 자 또한 그러하니, 충성으로 임금을 섬기면 종신토록 잘못이 없을 것이나, 요사함으로 사람을 현혹시키면 그 자리에서 패망할 것이니, 이치가 그런 것이다.

옛날 무함(巫咸)[98]은 신령스럽고 기이하였기에
다투어 향기 나는 나무와 쌀을 바치고 점을 쳤다네.
그가 하늘로 올라간 뒤 계승할 자가 누구인가?
천백 년이 지났지만 아득할 뿐이네.
무힐(巫肹)·무팽(巫彭)·무진(巫眞)·무례(巫禮)·무저(巫抵)·무사(巫謝)·무라(巫羅)는[99]
사는 곳 영산(靈山)이라 길이 멀어 이 역시 쫓아가기 어렵네.
[『산해경(山海經)』[100]에 이르기를 "천문(天門)은 해와 달이 지는 곳이며, 영산(靈

---

98) 중국 상고시대의 신무(神巫)이며 점복의 발명자이다. 그러나 무함의 활동 시기에 대해서는 황제(黃帝) 때, 제요(帝堯) 때, 은상대(殷商代) 등의 설이 있다. 은상대의 무함은 무당인 동시에 현신(賢臣)으로 전하는바, 은상대가 정교일치 시대임을 짐작하게 한다.
99) 온갖 약이 있는 영산(靈山)에 사는 신무(神巫).
100) 전국시대에서 한초(漢初)에 편찬된 것으로 짐작되는 중국의 지리서이다. 내용은 중국 주변 지역에 관한 것인데, 사실적이라기보다 신화적인 것으로 채워져 있다. 따라서 중국

山)이 있는데, 무힐巫肦·무팽巫彭·무진巫眞·무례巫禮·무저巫抵·무사巫謝·무라 巫羅 등 일곱 무당이 이곳에 산다"고 했다.]

  원수(沅水)와 상수(湘水) 사이에서 또한 귀신을 믿어[101]
  주색에 빠져들고 속임수를 쓰는 것이 더욱 가소롭네.
  우리 해동에도 이러한 풍습이 없어지지 않아,
  여자는 격(覡)이 되고 남자는 무(巫)가 되었네.[102]
  스스로 대단한 신령이 자기 몸에 내렸다고 말하나,
  내가 들을 땐 우습고 서글플 뿐이다.
  만일 구멍 속의 천년 묵은 쥐가 아니라면
  틀림없이 숲속의 꼬리 아홉 달린 여우이리라.
  사람들이 혹하는 동쪽 집의 무당은
  주름진 얼굴에 반백의 머리로, 나이는 쉰이라.
  남녀가 구름처럼 모여드니 문에는 나막신이 그득하고,
  나갈 때는 어깨를 비비며 들어올 땐 목을 맞대는구나.
  목구멍 속의 가는 소리는 새소리 같은데,
  가는 소리 두서없고 느렸다 빨랐다 하네.
  천 마디 만 마디 중 요행히 하나만 맞아도

 신화 연구에 중요한 자료가 된다.
 현재 유통되고 있는 『산해경』에서 이와 유사한 구절은 대황서경(大荒西經)과 해내서경(海內西經)에 보인다. 그러나 대황서경과 해내서경 어느 쪽도 이 구절과 일치하지 않는다. 대황서경의 경우 천문과 영산에 대한 서술이 연결되지 않은 채 따로따로 있으며, 무당도 7명이 아니라 10명이 열거되어 있다. 이에 반해 해내서경의 경우 무당 7명을 거론한 점에서는 일치하나, 그 위치가 영산이 아니라 개명(開明)의 동쪽이다. 이러한 차이는 이규보(李奎報)가 현행본과 다른 『산해경』을 보았기 때문이거나, 또 인용을 잘못했기 때문일 것이다.
101) 중국 남방의 초지방에서 무속이 성한 것을 말한다. 그리고 이 구절은 『초사(楚辭)』, 「구가(九歌)」에 대한 왕일(王逸)의 서문 '석초남영지읍(昔楚南郢之邑) 원상지간(沅湘之間) 기속신귀이호사(其俗信鬼而好祀)'에서 따온 것이다.
102) 무와 격이 뒤바뀐 것 같다. 즉 여자가 무, 남자가 격이다.

어리석은 남녀들은 더욱 공경하여 받드네.
시금털털한 술로 스스로 배를 채우고는
몸을 일으켜 펄쩍 뛰면 머리가 대들보에 닿는구나.
나무로 얽은 신당 겨우 다섯 자 정도이며
멋대로 지껄이기를 자신이 천제석(天帝釋)[103]이라 하네.
제석천은 본래 육천(六天)[104]에 계시거늘
어찌 너희 집에 오셔서 누추한 곳에 드시겠느냐?
온 벽에 단청하고 신의 모습 그려놓고,
칠원(七元)[105]과 구요(九曜)[106]라고 써 붙였네.
별의 신[星官]은 본시 높은 하늘에 계시거늘,
어찌 너를 따라 너의 벽에 거처하랴?
생사와 화복을 함부로 이렇다 저렇다 하지만,
어찌 우리를 시험 삼아 하늘의 기를 거스를 수 있겠는가.
사방 남녀의 먹을 것을 모조리 긁어모으고,
천하 부부들의 옷을 다 빼앗는구나.

---

103) 석가제환인타라(釋迦提桓因陀羅, Sakara-devanam Indra)의 준말이며, 제석천이라고도 함. 원래 인도 고대 브라만교의 최고신이었으나, 불교 성립 이후에는 불교의 호법신이 되었으며, 수미산(須彌山) 정상의 도리천(忉利天) 선견성(善見城)에 거주한다고 여겨졌다. 이러한 천제석이 한국에 들어와서는 민속종교의 신격이 되었다.
104) 6천이란 개념이 유교나 도교에는 있지만, 천제석이 6천에 있다는 관념은 확인하지 못했다. 그러나 이 경우의 6천은 유·불·도를 떠나 하늘이라는 의미로 보아도 큰 잘못은 아닐 것 같다.
105) 칠원성군(七元星君)의 준말이며, 곧 북두칠성을 말한다.
106) 하늘에 있는 9개의 별. 일요성·월요성·화요성·수요성·목요성·금요성·토요성·계도성·라후성이 그것이다. 9요는 도교와 불교의 밀교에서의 신앙대상인데, 이것을 무당의 신당에서 모셨다는 것은 무속과 도불(道佛)의 혼효현상을 보여주는 것이 아닌가 한다. 9요신앙에 대해서는 서윤길 「구요신앙과 그 사상원류」, 『고려밀교사상사연구』(불광출판부 1993) 참조.

나는 서릿발 같은 칼을 가지고,
몇번이고 갔다가는 다시 돌아오고 하였네.
다만 지켜야 할 삼척법(三尺法)[107]이 있기 때문이지,
어찌 그 신이 나를 해칠까 싶어서랴.
동쪽 집의 무녀도 이젠 늙을 대로 늙어
언제 죽을지 모르는데 어찌 오래야 살겠는가.
내가 지금 생각하는 것은 이것뿐만 아니고
모조리 쫓아내어 백성들의 집을 깨끗이 하는 것이라오.
그대는 보지 못했는가. 업(鄴)의 현령이
큰 무당을 강물에 집어넣어 하백(河伯)[108]이 부인을 맞이하지 못하게 한 것을.[109]
또 보지 못했는가? 오늘날의 함상서(咸尙書, 함유일咸有一이다)가
앉아서 무당 귀신 쓸어버려 잠시도 발붙이지 못하게 한 것을.
이분이 간 뒤에 무당이 다시 일어나,
추한 귀신 늙은 여우 다투어 다시 모이네.
감히 치하하건대 조정에선 굳은 계획을 세워
여러 무당을 쫓아내자는 논의, 말이 절실하고도 정직하구나.
이름을 밝히고 글을 올려 제각기 의견을 제출하니,
이 어찌 신하들만의 이익이랴, 진실로 나라의 이익일세.
총명하신 천자께선 아뢴 바를 받아들여
아침이 저녁 되기 전에 흔적을 쓸어버렸네.

---

107) 법. 고대 중국에서 석 자 길이의 대쪽에 법을 썼던 데서 유래한다.
108) 황하의 신.
109) 전국시대 위나라의 업현에는 황하의 신인 하백에게 처녀를 바치는 풍습이 있었는데, 서문표(西門豹)가 현령으로 부임하여 이 악습을 없앤 사실을 말한다. 자세한 것은 제20장 8절 '위(魏)나라 무당' 참조.

너희들이 만약 신술이 있다고 한다면
변화의 황홀함이 응당 끝이 없어야 할 것을
쫓아내자는 소리가 날 때 어찌 사람들의 귀를 막지 못했으며,
형체가 있을 때 어찌 남의 눈을 가리지 못했는가?
울긋불긋하게 해놓고 조화를 부린다 하면서도,
어찌 너희 몸뚱이 하나 숨기기도 어렵단 말인가.
이제 무리들을 몽땅 이끌고 멀리 옮겨간다니
신하로서 나라를 위해 진실로 기쁘다네.
날마다 다니는 도성은 이제 깨끗해질 것이며
북 장구 시끄러운 소리 내 귀에 들리지 않으리.
생각건대 혹시 신하로서 이와같이 했다면
죽거나 쫓겨남이 당연한 이치.
나는 지금 다행히도 이것을 잊고 조용히 있으니
다시 왕경(王京)에 들어와서 나를 놀라게 하지 마라.
많은 선비들이여 이 사실을 적어두었다가
행동을 삼가고 부디 난잡하고 괴이한 것을 가까이하지 마시오. (이규보(李奎報)[110]의 『동국이상국집(東國李相國集)』)[111]

○공양왕 3년(1391) 5월, 성균박사(成均博士)[112] 김초(金貂)가 글을 올려 말하기를 "신은 바라옵건대 전하께서 말씀을 들어주시고 마음을 결단하셔서 무격들을 멀리 쫓아 보내 서울에서 함께 살지 못하도록 하십시오"라고 했다. (『동국통감(東國通鑑)』)[113]

---

110) 고려시대의 대표적인 문인. 생몰년 1168(의종 22)~1241년(고종 28).
111) 이규보의 문집으로 전 53권. 이 중 「노무편」은 권 2, 고율시(古律詩)에 수록되어 있다.
112) 고려시대 유교 교육기관인 성균감의 종7품 벼슬.
113) 권 56, 고려기 공양왕 3에 수록되어 있다. 같은 내용이 『고려사』 권 117, 열전 30 이첨전에 보인다.

제6장
조선시대의 무속

    승려나 무당이 비를 비는 것은 고려시대에도 이미 그러했지만, 대개 고대에는 비단 무당으로 비를 빌었을 뿐만 아니라 무릇 하늘과 땅, 일월과 성신, 산천 제사에서부터 바람 신·비 신에 대한 제사에 이르기까지 무당을 쓰지 않음이 없었다. 그러므로 조선의 옛 무당은 이집트의 제사장이나 인도의 바라문(婆羅門)[1]과 마찬가지로, 제사와 기도 등 일체의 의례를 주관하던 자라 할 수 있다. 그러나 일단 3교[유교·불교·도교]가 수입된 다음부터는 승려·도사·무격이 신을 제사하는 데 함께 쓰이게 되었다.

---

1) 인도의 카스트제도에서 가장 높은 계급인 브라만의 음역. 이들은 사제계급으로 베다의 교수·의례 주관 등을 담당했다.

1. 무당을 모아 비를 빌다

『국조보감(國朝寶鑑)』[2]에 이런 기록이 있다. "태종 13년(1413) 왕이 승정원에 하교하여 말하기를 '예로부터 홍수나 가뭄의 재난은 모두 임금의 부덕함이 초래한 바인데, 지금 승려와 무당을 모아 비를 비는 것은 부끄러운 일이 아닌가. 내가 성인의 경전을 대강 읽었지만 승려와 무당이 거짓됨을 아는데, 지금 도리어 좌도(左道)[3]에 기대어 하늘이 단비를 내려주기를 바라니 이를 옳다 할 수 있는가'라 하셨다." 이 기록은 실록의 기사와는 전혀 맞지 않는다.[4] 만약 이러한 하교가 과연 시행되었다면 어찌 태종 16년(1416)에 또다시 무당을 모아 우단(雩壇)[5]에서 비를 빌고[6] 명산에 무당을 보내어 천둥과 벼락을 기양(祈禳)[7]하며, 18년(1418) 6월에 서울과 개성에 무당을 모아 사흘 동안이나 비를 비는 일이[8] 있었겠는가. 이른바 『국조보감』이라는 것은 유학

---

2) 조선왕조 역대 왕의 선정만을 모아 편찬한 편년체의 역사서. 이 중 태조·태종·세종·문종의 4조의 보감[四朝宝鑑]은 1457년(세조 3) 신숙주와 권람 등에 의해 완성되었다. 이 부분은 『국조보감』 권 4 태종조 2의 인용이다.
3) 그릇된 도. 이단.
4) 태종의 하교는 『태종실록』 권 26, 태종 13년 7월 임오(5, 국편본 1-676면)에 "전지승정원왈(傳旨承政院曰) 자고수한지재(自古水旱之災) 개인군부덕지소소(皆人君否德之所召) 금취승무도우(今聚僧巫禱雨) 심실미온(心實未穩) 수득우택(雖得雨澤) 결비승무지력(決非僧巫之力) 단민우지념(但閔雨之念) 무소불지이(無所不至耳) 여심억위파도사이정인사가야(予心抑謂罷禱祀而正人事可也) 여조식문리(予粗識文理) 지승무지탄망(知僧巫之誕妄) 금반빙좌도(今反憑左道) 이희천택(以希天澤) 이등이위여하(爾等以爲如何)"라고 보인다. 따라서 『국조보감』이 없는 사실을 꾸며낸 것은 아니므로, 이는 「조선무속고」의 잘못이다.
5) 우사단(雩祀壇)이라고도 하며, 기우제를 지내는 제단이다. 동교(東郊) 홍인문 밖에 있었으며, 구망(勾芒)·축융(祝融)·후토(后土)·욕수(蓐收)·현명(玄冥)·후직(后稷) 등의 신을 모셨다.
6) 『태종실록』 권 31, 태종 16년 5월 경술(19), "도우우중외제신(禱雨于中外諸神) 취무우사단(聚巫于雩祀壇) 기우삼각산목멱한강풍운뢰우산천성황지신(祈雨三角山木覓漢江風雲雷雨山川城隍之神)"라고 보인다.
7) 자연재해나 개인의 불행이 발생했을 때 이를 소멸하기 위해 거행하는 의례.

자 사관(史官)이 지은 것으로, 사실을 은닉했으며 미덕을 꾸미고 지어서 천하와 후세를 속이는 것이다. 그러므로 『국조보감』을 믿을 수 있겠는가.

성현(成俔, 성종 때 사람)[9]의 『용재총화(慵齋叢話)』[10]에 기우 의식에 대하여 논하기를 "성안의 집집마다 병에 물을 담고 버들가지를 꽂았다"고 했고, 『인조실록(仁祖實錄)』에서는 "마을의 집집마다 물병을 마련하여 버들가지를 꽂아놓으며, 눈먼 무당이 기원을 한다"는 말이[11] 있다. 이는 대체로 불교의 풍속에서 나온 것이다. 불교에서는 관세음보살이 대자대비하여 고난을 구제할 때 버들가지로 감로수를 뿌린다고 한다. 그러므로 물병에 버들가지를 꽂고 승려나 무당이 비를 비는 것은 곧 이런 뜻에서이다. 조선시대 이래로 무당으로 비를 빈 것은 실록에 기록되어 있는데, 그것을 하나하나 제시하여 참고로 제공한다.

태종 원년(1401) 여름 4월, 가뭄이 들어서 사신을 우사단(雩祀壇)으로 보내 비를 빌었고, 여자 무당을 모아 기도를 했다.[12] ○5년(1405) 여름 5월

---

8) 『태종실록』 권 35, 태종 18년 6월 병오(27), "한경급개성유후사(漢京及開城留後司) 취무도우삼일(聚巫禱雨三日) 도우우북교(禱雨于北郊)."
9) 조선전기의 문신. 생몰년 1439(세종 21)~1504년(연산군 10).
10) 성현(成俔)의 수필집. 용재는 성현의 호. 『대동야승』 등에 수록되어 있으며, 이 구절은 권 7(『대동야승』 권수로는 권 2)에 보인다.
11) 『인조실록』 권 36, 인조 16년 3월 계사(30일)에 보이며, 원문은 다음과 같다. "예조계왈(禮曹啓曰) 근래한기익심(近來旱氣益甚) 백곡종불입토(百穀種不入土) 양맥개고(兩麥皆枯) 민사가우(民事可虞) 장자개월초이일(將自開月初二日) 행초차기우재(行初次祈雨祭) 이종전제관(而從前祭官) 다불택송(多不擇送) 예의실도(禮儀失度) 신불고향(神不顧享) 자령의차이품이상중신(自令宜差二品以上重臣) 강정규식(講定規式) … 지어맹무아동지기축(至於盲巫兒童之祈祝) 가가병류지설(家家瓶柳之設) 도유폐단(徒有弊端) 일절물위거행(一切勿爲擧行) … 지어여항병류등사(至於閭巷瓶柳等事) 원비례전소재(元非禮典所載) 개가척거(皆可斥去) 답왈(答曰) 의의(依議) … 병류등사(瓶柳等事) 수계번문(雖係煩文) 내시류내구규(乃是流來舊規) 불위정파가야(不爲停罷可也)."
12) 『태종실록』 권 1(국편본 1-203).

을사(11일), 여자 무당들을 모아 송악[13]과 개성대정(開城大井)[14]에서 비를 빌었다.[15] ○11년(1411) 여름 5월 기묘(13일), 무당 70여 명을 백악산당(白岳山堂)[16]에 모아 비를 빌었다.[17] ○11년(1411) 가을 7월 경오(11일), 예조에 명하여 산천의 여러 신에게 비를 빌었다. 또 무당들을 백악산에 모으고 맹인들을 명통사(明通寺)[18]에 모아 비를 빌었다.[19] ○16년(1416) 여름 5월 경술(19일), 무당들을 우사단에 모아 비를 빌었다.[20] 신해(20일), 예조에서 아뢰기를 "『문헌통고(文獻通考)』 교사기양문(郊社祈禳門)[21]에 '집사(執事)[22]가 하늘과 땅의 신들에게 빌고 제사한다' 했으며, 주(註)에 이르기를 '집사는 대축(大祝)[23]과 남자 무당과 여자 무당'이라 했습니다. 이제 해마다 가물고 건조한데다 천둥우레의 변괴까지 겹쳤으니, 옛 제도에 따라 명산에 무당을 보내 빌기를 청합니다" 하니, 이를 따랐다.[24] ○18년(1418) 6

---

13) 개성의 북쪽에 있는 산.
14) 고려 태조의 할아버지인 작제건(作帝建)의 집터에 있는 우물. 작제건의 부인은 서해 용왕의 딸인데, 이 우물을 통해 용궁을 드나들었다고 한다. 이렇듯 서해와 연결된다는 믿음 때문에 개성대정은 고려에서 조선시대에 중요한 국가제사의 제장(祭場)이었다. 『신증동국여지승람』 권 4, 개성부 상 산천 참조.
15) 『태종실록』 권 9(국편본 1-325).
16) 서울 북쪽에 있는 백악(지금의 북악산) 산정에 있던 신당. 서울의 진산(鎭山)인 삼각산과 백악에 대해 춘추로 초제(醮祭)를 거행하던 곳이다.
17) 『태종실록』 권 21(국편본 1-582).
18) 점복과 독경을 업으로 하는 맹인들의 집회소. 이곳을 시(寺)라 한 것은 맹인들이 승려처럼 머리를 깎고, 독경을 한 데서 유래한 것이라 생각된다.
19) 『태종실록』 권 22(국편본 1-595).
20) 『태종실록』 권 31(국편본 2-115).
21) 원나라 마단림(馬端臨)이 1317년에 완성한 책으로, 고대에서 송나라까지의 여러 제도를 24부문으로 나누어 기록했다. 「교사기양문」이란 교사고(郊社考) 중 기양(祈禳)조를 말하며, 권 88에 수록되어 있다.
22) 정해진 절차에 따라 의식을 진행하는 자.
23) 종묘·문묘의 제향 등 각종 제사에 축문을 낭독하는 사람을 말한다. 축관(祝官)이라고도 한다.

월 병오(27일), 서울과 개성유후사(開城留後司)²⁵⁾에서 무당을 모아 사흘간 비를 빌었다.²⁶⁾

　　세종 5년 계묘(1423) 여름 5월 경진(1일), 무녀를 동쪽 들에 모아서 사흘간 비를 빌었다.²⁷⁾ 계미(4일), 예조에서 개성유후사의 관문(關文)²⁸⁾에 의거해서 아뢰기를 "지금 가뭄이 심해 벼와 곡식이 타고 마르니 청컨대 개성유후사 내의 승려와 무녀에 명하여 비를 빌도록 하십시오" 하니 그대로 따랐다.²⁹⁾ ○7년(1425) 여름 7월 기미(21일), 무당을 모아 동쪽 교외에서 비를 빌었다.³⁰⁾ 가을 7월 기사(2일), 예조에서 아뢰기를 "삼가 『문헌통고』를 살펴보니 '소종백(小宗伯)³¹⁾이 큰 재난시에는 집사(執事)가 되어 하늘과 땅의 신들에게 빌고 제사한다' 했으며, 주(註)에 이르기를 '집사는 대축(大祝)과 남자 무당과 여자 무당'이라 했습니다. 지금 한창 농사철인데도 가뭄이 매우 심하니 옛 제도에 의거하여, 서울과 기내(畿內) 각처에 봄가을의 별기은³²⁾의 예에 따라 날짜를 택일하여 무당과 내시를 보내고 향을 내려 비를 빌게 하십시오" 하니, 그대로 따랐다.³³⁾ ○8년(1426) 여름 4월 을유(22일), 우사단에 무당을 모아 비를 빌었다.³⁴⁾ ○17년(1435) 여름 5월 정유(26일),

---

24) 『태종실록』 권 31(국편본 2-116).
25) 한양 천도 이후 개성부를 격하시켜 개성유후사라 했다.
26) 『태종실록』 권 35 태종 18년 6월 병오(27일). 본장 주8 참조.
27) 『세종실록』 권 20(국편본 2-539).
28) 공문의 일종. 같은 급 또는 그 이하의 관청에 보내는 공문. 관자(關子) 또는 관문(關文)이라고도 한다.
29) 『세종실록』 권 20(국편본 2-539).
30) 『세종실록』 권 28(국편본 2-674).
31) 주나라의 관직명. 춘관(春官)의 장관인 대종백(大宗伯)을 보좌해서 국가의 제사(祭祀)와 전례(典禮) 등을 맡아본다.
32) 정식 국가제사 이외에 왕실이 사사로이 내시나 무당을 보내어 명산대천에 복을 비는 의례.
33) 『세종실록』 권 28(국편본 2-679).

한강에서 무당을 모아 비를 빌었다.[35] ○ 18년(1436) 6월 신축(6일), 무당을 모아 비를 빌었다.[36] 계묘(8일), 무녀 등에게 차등을 두어 쌀을 내렸으니, 비를 빌어서 응답이 있은 때문이다.[37] ○ 28년 무인(1446) 여름 4월 을축(28일), 무당을 모아 비를 빌었다.[38]

성종 5년(1474) 윤 6월 계축(30일), 무녀를 동원한 기우제의 행향별감(行香別監)[39]이었던 함계동(咸繼童)에게 사슴 가죽 한 장을 내렸다.[40] ○ 16년(1485) 6월 병술(7일), 승정원에 전교[41]하시기를 "흥천사(興天寺)[42]에서 비를 비는 것은 비록 정도(正道)가 아니나, 역대 임금들이 이를 행했던 것이며, 또 내가 즉위한 뒤에도 역시 한 것이다. 이제 무녀로서 비를 기원하니, 비록 승려들로 하여금 비를 비는 것도 무방하지 않을까 하는데, 여러 사람의 의견은 어떠한가" 했다. 승지가 아뢰기를 "옛날부터 받들지 못할 신이 없다고[43] 했습니다. 성상께서 가뭄을 염려하시어 취하지 않은 조치가 없으신데, 하물며 무녀로서 비를 기원함은 주나라 때부터 행한 것이며, 지금 와서 시작한 것이 아니므로 진실로 무방합니다" 했다.[44]

---

34) 『세종실록』 권 31(국편본 3-21).
35) 『세종실록』 권 68(국편본 3-631).
36) 『세종실록』 권 72(국편본 3-681).
37) 같은 책.
38) 『세종실록』 권 182(국편본 3-668).
39) 행향별감(行香別監)이란 제사에서 분향(焚香)·전향(奠香)을 담당하는 궁중 소속의 관리를 말한다.
40) 『성종실록』 권 44(국편본 9-125).
41) 임금의 명령 또는 의사 전달. 전지(傳旨)·하교(下敎)라고도 한다.
42) 조선 태조가 1397년 왕비 신덕왕후의 명복을 빌기 위해 지은 사찰로, 서울시 성북구 돈암2동에 있다.
43) 『시경(詩經)』 대아 중 「운한(雲漢)」이라는 시의 한 구절로, 재앙과 기근이 있을 때는 어떤 신에게라도 도움을 요청할 수 있다는 의미이다.
44) 『성종실록』 권 180(국편본 11-23).

성현의 『용재총화』에서 말했다.[45] "비를 비는 의례는 먼저 5부[46]에 명령을 내려 하수구와 도랑을 청소하고 밭두렁과 거리를 깨끗하게 한다. 다음으로 종묘와 사직에 제사하고, 그 다음에 4대문에 제사한다. 그 다음으로 오룡제(五龍祭)를 지내는데, 동쪽 교외에서는 청룡(靑龍), 남쪽 교외에서는 적룡(赤龍), 서쪽 교외에서는 백룡(白龍), 북쪽 교외에는 흑룡(黑龍), 그리고 중앙의 종루거리에는 황룡[용 그림이다]을 그려서, 관리에 명하여 제사를 드리게 하고 사흘이 되면 중지한다. 또 저자도(楮子島)[47]에서 용제(龍祭)를 베풀고, 도사들에게 『용왕경(龍王經)』[48]을 외우게 한다. 또 호랑이 머리를 박연(朴淵),[49] 양진(楊津)[50] 등에 던져 넣는다. 또 창덕궁 후원, 경회루, 모화관(慕華館)[51] 연못가 세 곳에서 도마뱀을 항아리 속에 띄우고, 푸른 옷을 입은 동자 수십명이 버들가지로 항아리를 치고 징을 울리면서 크게 외치기를 "도마뱀아, 도마뱀아, 구름을 일으키고 안개를 토하여 비를 퍼붓게 하면 너를 놓아주어 돌아가게 하겠다" 한다.[52] 이때 헌관(獻官)[53]과 감제(監祭)[54]는 관과 홀

---

45) 권 7(『대동야승』 권 2).
46) 1394년(태조 3) 서울의 행정구역을 다섯으로 나누고, 이를 5부라 했다.
47) 서울 도성 동쪽 25리, 삼전도(三田渡)의 서쪽에 있는 섬으로. 이곳에는 기우제단이 있었다.
48) 조선시대 기우제 때 읽던 경전. 구체적으로 어떤 경전인지 알 수 없으나, 불교 경전은 아니고 도교 경전인 듯하다. 왜냐하면 『용왕경(龍王經)』은 조선시대 도교 관리 선발시험 과목이었으며, 기우제 때 이 경을 읽는 것도 도교 관리들이기 때문이다.
49) 개성에 있는 폭포이다.
50) 서울 광나루. 이곳에는 용을 제사하는 양진사(楊津祠)가 있고, 그 제사는 국가제사 중 소사(小祀)에 속했다.
51) 조선시대 중국 사신을 맞이하던 영빈관의 하나로 서대문밖에 있었다. 한말 독립협회가 결성되면서 이곳에 독립회관과 독립문이 들어섰다. 모화관 남쪽에는 서지(西池)가 있었는데, 이곳은 가물 때 비를 빌면 영험이 있었다고 한다. 『신증동국여지승람』 권 3, 한성부(漢城府) 산천(山川).
52) 물의 신인 용과 비슷한 도마뱀을 위협하면 비를 내리게 할 수 있다는 관념에서 비롯된 기우법이다. 그런데 이러한 기우방법은 중국 당나라 시대에 이미 행해지고 있었다.

(笏)을 단정하게 해서 서 있는데, 사흘이 되면 그친다. 또 도성 내 집집마다 병에 물을 담고 버들가지를 꽂아두고 향을 사르며, 방방곡곡에 누각을 설치하고 아이들이 모여 비를 부른다. 또 남쪽 거리로 시장을 옮기며, 남문을 닫고 북문을 연다."

중종 39년(1544) 6월 무진(1일)에 승정원에 전교하시기를 "지금 무녀로써 비를 빌었는데 사흘이 되도록 멈추지 않으니 전례를 상고하여 어떤 상을 줄 것인지를 아뢰어라. 비록 전례가 없어도 상급을 주는 일을 해당 부처에 말해두라" 하셨다.[55] 경오(3일)에 승정원에서 아뢰기를 "근래에 비를 비는 무녀를 상 주는 데 대한 하교가 계셨습니다. 그러나 이것은 상감께서 비를 걱정하시고, 모든 백성들이 허둥지둥하면서 어찌할 바를 몰라 했기 때문에, 무녀를 시켜 비를 빌게 함에 이르렀는데 마침 비가 내렸습니다. 그러므로 무녀가 빈 것이 어찌 하늘을 감격시킬 만한 것이 되겠으며, 상을 줄 만한 것이 되겠습니까? 상을 주는 것은 지극히 온당하지 못합니다" 했다. 전교하시기를 "무녀가 비를 빌자 마침 비가 오기를 사흘 동안 계속하였다. 평상시에 동자가 비를 빌어 비를 얻으면 역시 상을 주는데, 이 무녀들도 하교를 받들어 기도를 한 것이니 그런 까닭에 상을 주라 명한 것이다. 그러나 이와같은 일은 과연 정도가 아니니, 상을 주는 것은 온당치 아니하다. 아뢴 뜻이 지극히 당연하니 아뢴 대로 함이 옳다."[56]

인조 16년 무인(1638) 3월 계사 그믐날, 예조에서 아뢰기를 "근래에 가뭄

뿐만 아니라 이때 부르는 노래까지 꼭 같다. 즉 『전당시(全唐詩)』 권 874에 수록된 「석척구우가(蜥蜴求雨歌)」가 그것이다. 따라서 석척기우(蜥蜴祈雨)는 한국 고유의 것이 아니라 중국의 기우방법을 도입한 것이라 할 수 있다.

53) 제사 때 제주(祭酒)를 올리는 제관. 초헌(初獻)·아헌(亞獻)·종헌(終獻)의 삼헌관이 있다.
54) 제사를 지내는 범절을 감독하는 관리이다.
55) 『중종실록』 권 102(국편본 19-99).
56) 『중종실록』 권 102(국편본 19-100).

이 더욱 심해지니, 장차 다음 달 초이틀부터 첫번째 기우제를 하려고 합니다. 그러나 눈먼 무당과 어린아이가 비는 것과 집집마다 버들가지를 꽂은 병[瓶柳]을 갖추는 것은 단지 폐단만 있을 뿐이니 일체 거행하지 못하게 하십시오. 거리에 버들가지를 꽂은 병을 두는 등의 일은 원래 예(禮) 문헌에 실려 있는 바가 아니니, 모두 배척하여 없애는 것이 옳습니다"라고 했다. 답하시기를 "병과 버들가지 등의 일은 비록 번거로운 형식에 관계된 것이기는 하나, 이는 전해오는 옛 규칙이니 파하지 않음이 옳다" 했다.[57] 『실록(實錄)』은 여기에서 그쳤다.

영조 11년(1745), 명을 내리시기를 무당이 주관하는 제사를 없애라 하였다. 무녀 기우는 태상제안(太常祭案)[58]에 실려 있었는데 이때에 이르러 이것을 없앴다. 『문헌비고(文獻備考)』[59]

---

57) 『인조실록』 권 36(국편본 35-15).
58) 태상(太常)이라는 조선시대의 제사와 시호를 담당하던 관청인 봉상시(奉常寺)의 일명. 그러므로 태상제안(太常祭案)란 봉상시에서 주관하는 제사 관련 기록.
59) 우리나라 상고로부터 대한제국 말기에 이르기까지의 문물제도를 분류 정리한 『증보문헌비고(增補文獻備考)』의 약칭. 1908년(융희 2)에 간행되었으며, 16고 250권. 위 인용문은 권 64, 예고 11 음사에 보인다.

제7장
궁중에서도 무당을 좋아함

1. 태조의 강비(康妃)[1]와 무녀 방울(方兀)[2]

　공양왕 4년 임신(1392) 3월, 태조가 사냥하러 해주(海州)에 갔다. 출발하려고 할 때 무당 방울이 강비에게 말하기를 "공의 이번 행차는, 비유하자면 100척이나 되는 누각에 올라갔다가 실족하여 땅에 떨어질 때 만인이 모여 이를 받는 것과 같습니다"라고 하여, 강비가 몹시 걱정했다. 태조가 활을 쏘며 새와 짐승을 쫓다가 말이 진창에 빠져 넘어지는 바람에 떨어져서 상처를 입었고, 두 사람이 어깨에 메는 가마에 실려 돌아왔다. (『태조실록』)[3]

---

1) 조선 태조의 계비 신덕왕후. 생몰년 ?~1396년(태조 5). 승하하자 태조는 지금의 서울 정동에 정릉을 조성하고 동편에 흥천사를 세워 왕후의 명복을 빌었다. 그러나 신덕왕후가 낳은 왕자들을 꺾고 태종이 왕위에 오르자 묘역을 지금의 정릉(서울 성북구)으로 옮겼다.
2) '방울'을 한자로 표기한 것이 아닌가 한다.

2. 태종 때 국무(國巫)⁴⁾가 대군의 병을 다스리다

태종 18년 무술(戊戌=1418) 봄 2월 임진(11일), 형조에서 무녀를 처벌하기를 청하면서 아뢰었다. "성령대군(誠寧大君)⁵⁾의 병환에 대해 국무 가이(加伊)는 기양(祈禳)해도 화를 면하게 하지 못했고, 무녀 보문(寶文)은 병세를 살피지 않고 궁궐에서 잡신을 옳지 못한 방법으로 제사하여 불측한 일을⁶⁾ 초래했으니, 법으로 다스리기를 청합니다"라 했다. (『태종실록』)⁷⁾

3. 세종 때 대비가 무당을 시켜 별을 제사하다

세종 2년 경자(庚子=1420) 여름 6월 신해(14일), 무당을 시켜 별을 제사했으니, 대비⁸⁾의 뜻이었다. 계해(16일)에 임금께서 대비를 모시고 선암(繕巖)⁹⁾ 아래 개천가로 납시어, 무당에게 명하여 장막에서 신에게 제사하게 하였다. (『세종실록』)¹⁰⁾

세종께서 일찍이 병상에 누운 적이 있었는데, 나인[內人]¹¹⁾들이 무녀의

---

3) 『태조실록』 권 1, 총서(국편본 1-17).
4) 왕실을 위한 각종 무속의례를 담당하는 무당.
5) 태종의 넷째 아들. 이보다 7일 전인 2월 4일에 완두창이라는 병으로 사망했다.
6) 성령대군의 죽음.
7) 『태종실록』 권 35(국편본 2-205).
8) 태종의 부인이며 세종의 생모인 원경왕후인데, 이 해에 승하했다. 그러므로 이때 굿을 한 것은 대비의 쾌유를 빌기 위한 것이다.
9) 『동국여지비고』 권 2 산천에 의하면 한양 도성을 쌓을 때 인왕산 모퉁이에 승려가 장삼을 입은 것 같이 생긴 바위가 있어 선암이라 했다고 하는데, 이것을 가리키는 것이 아닌가 한다.
10) 『세종실록』 권 2(국편본 2-285).
11) 하급 궁녀의 별칭.

말에 현혹되어 성균관 앞에서 기도를 하니, 유생들이 무녀의 무리를 내쫓았다. 중사(中使)[12]가 크게 노하여 그 사실을 아뢰니, 왕께서 말씀하시기를 "그 말을 들으니 내 병이 나은 듯하다"고 했다. (『연려실기술』)[13]

4. 성종이 병들었을 때 대비가 무당을 시켜 기도하다

이목(李穆)[14]은 어려서 점필재(佔畢齋) 김종직(金宗直)[15] 공한테서 수학을 할 때 열심히 공부했고 글도 잘했다. 열아홉에 기유년(1489, 성종 20) 진사시에 합격하여 태학[16]에서 공부했는데, 말이나 글로 자기 사상을 표현함에 있어 정의에 불탔고, 뜻과 기상은 곧았으며, 옳고 그른 것을 판단함에 주저함이 없었다. 성종이 일찍이 병에 걸리자 대비가 여자 무당을 시켜 기도하면서 반궁(泮宮)[17]의 벽송정(壁松亭)에서 음사를 했다. 이에 공이 유생들을 이끌고 그 무당을 매질하여 쫓아버렸다. 무당이 궁중에 하소연을 하니, 대비가 크게 노하여 왕의 병이 낫기를 기다렸다가 이 사실을 고했다. 왕이 노한 척하면서 성균관에 명하여 유생들의 명단을 빠짐없이 적도록 했

---

12) 궁중에서 보낸 내시.
13) 정조(正祖) 때 이긍익(1736~1806)이 편찬한 조선시대의 역사서. 태조에서 현종 때까지의 사실을 여러 책에서 뽑아 기사본말체로 정리했는데, 전 47권 27책이다. 이 인용문은 권 3, 「세종조고사본말」에 보인다.
14) 조선전기의 문신. 생몰년 1471(성종 2)~98년(연산군 4). 무오사화 때 윤필상의 모함을 받아 사형되었다.
15) 조선전기의 학자. 점필재는 김종직의 호. 생몰년 1431(세종 13)~92년(성종 23). 고려 말 정몽주와 길재의 학통을 이어받아 절의를 중시했고, 후일 조선 사림의 조종으로 추앙되었다.
16) 조선시대의 최고 교육기관인 성균관의 별칭. 성균관은 공자를 제사하는 문묘와 유학을 강의하는 명륜당으로 이루어져 있다.
17) 성균관의 별칭.

다. 유생들은 반드시 큰 꾸지람이 있을 것으로 여겨 다투어 숨었으나, 공 혼자만 달아나 숨지 않았다. 왕이 대사성(大司成)[18]을 불러 말씀하시기를 "네가 유생들을 잘 지도하여 선비들의 풍습이 바른 곳으로 돌아가게 하였으니, 내가 이를 가상히 여겨 특별히 술을 내리노라"고 했다. (『해동명신전(海東名臣傳)』)[19]

5. 연산군 때 궁중의 무녀

연산군 8년 임술(1502) 6월 계묘(3일), 홍문관(弘文館)[20]에서 아뢰기를 "신들이 궐내에서 북 치고 피리 부는 소리가 나기에 이속(吏屬)을 시켜 가보도록 했더니, 무녀 4, 5명이 옛 동궁의 바깥뜰에 앉아서 북을 치고 피리를 불며 큰 제사를 지내고 있더라는 것입니다. 신들은 누가 하는 것인지 알지 못하겠습니다만, 다만 대궐 안에서 마음대로 제사지내는 것은 매우 옳지 못합니다"라고 했다. (『연산군일기(燕山君日記)』)[21]

연산군 9년 계해(1503) 4월 갑자(28일), 경연(經筵)에 납시었다. 지평(持平)[22] 권헌(權憲)[23]이 아뢰기를 "무녀 돌비(乭非)가 요괴한 술법을 많이 부려 어리석은 사람들을 속이고 떳떳한 가르침을 더럽히므로, 지금 우리 사헌부에서 잡아다 심문하려 하는데, 도망하여 나타나지 않았고, 단지 놋그릇

---

18) 성균관의 우두머리.
19) 인조 때 김육(金堉)의 저술로 신라시대부터 조선 인조 때까지 명신 301명의 전기.
20) 조선시대 언론기관의 하나이며, 궁중의 서적과 문서를 관리하고 왕을 자문하는 기능을 담당했다.
21) 『연산군일기』 권 44(국편본 13-495).
22) 조선시대 감찰기구인 사헌부의 정5품 관직.
23) 조선초기의 문신. 생몰년 ?~1504년(연산군 10). 권람의 손자로 성품이 곧고 순박하여 여러차례 직간을 하다가 결국 파직·하옥되어 옥중에서 죽었다.

과 부적[符祝] 넉 장만을 찾아냈는데, 그 집사람에게 물으니 내수사(內需司)[24]에서 만들어준 것이라 합니다. 돌비는 이름이 국무(國巫)요, 일이 내수사에 관계되기 때문에 감히 아룁니다"라고 했다. 전교하시기를 "내수사에 물어보라" 하였다.

을축(29일), 전교하시기를 "무녀의 일은 옛날부터 있었던 것인데, 대간(臺諫)[25]은 무엇을 들었기에 국문(鞫問)[26]하려 하는지, 그것을 묻는다"고 했다. 지평 권헌이 아뢰기를 "이 무당은 술법이 많아, 거울을 방안에 걸어놓고 말하기를 '신이 그 안에 있으나 사람들은 못 본다' 하고, 놋그릇을 가지고는 '부처님을 공양하는 그릇이다'라고 합니다. 또 부적으로 사람들을 꾀는 것도 잘하니, 그 괴이하고 황당함은 허웅(虛雄, 허웅이라는 자는 당시 충청도의 요망한 중이다)[27]보다 심합니다. 그러므로 감히 잡아서 그 죄를 다스리려 하는 것입니다"라고 했다. 이에 전교하시기를 "요망한 중에게 수령들도 모두 절했다.[28] 그러나 이번 일은 그것과는 다르니, 국문하지 말도록 하라" 했다.

○5월 병인(1일), 지평 권헌이 아뢰기를 "어제 전교(傳敎)하시기를 '성수청(星宿廳)[29]에 국무를 두는 것은 그 유래가 오래되었다'고 하셨습니다. 신들 역시 국무를 없애자는 것은 아닙니다. 이 무당은 요망함이 많아 우매한 민심을 미혹시키므로 그 죄를 다스리기를 청한 것입니다. 그런데 하교하시

---

24) 조선시대 때 궁중에서 사용하는 물자와 노비에 관한 사무를 담당한 관청.
25) 간언을 담당하는 관리로, 이 경우는 사헌부 지평인 권헌을 가리킨다.
26) 중대 죄인에 대해 국청을 열어 신문한다.
27) 스스로 생불이라 칭하며 대중을 농락하다가, 1503년(연산군 9) 충청도 관찰사 이자건에게 잡혀 사형되었다.
28) 신창현감 홍숙·훈도 이례신 등은 허웅을 극진히 섬겼다가 파출당했다.
29) 조선시대의 국무당으로 국가의 기은(祈恩)을 전담하기 위하여 설치한 기관이나, 설치 연대는 알 수 없다. 소속된 무당을 '국무당'이라고 한 것이나 그 기능으로 보아 고려시대의 별례기은도감과 비슷한 기관 또는 그 후신으로 추측되나 확실하지는 않다.

기를 '요승 허웅의 예와 다르다'고 하시나, 신들의 생각으로는 저 중은 지방에 있으므로 그 폐해가 몇 읍에 그치지만, 지금 만약 이 무당의 죄를 다스리지 않는다면 장차 온 나라가 숭배하고 믿을 것이니 그 폐해가 요승을 능가할 것입니다"라고 했다. 전교하시기를 "무녀라는 것들은 모두 요망한 술법을 쓰며, 대부분이 그러한데, 어찌하여 그 무당만 죄를 주려하느냐" 하였다. 권헌이 다시 아뢰었으나 들어주지 않았다. (『연산군일기』)[30]

연산군 11년 을축(1505) 9월 병신(15일), 박나인[內人]은 원주(原州) 기생 월하매(月下梅)인데, 음률(音律)을 알고 농담을 잘하여 왕의 뜻에 맞은 적이 많았으므로, 왕의 보살핌과 사랑이 각별했다. 병을 얻어 별원(別院)에 옮겨 있을 때는 왕이 늘 가서 문병했고, 죽어서는 왕이 애도하여 여완(麗婉)이라는 칭호를 주었고, 또 후원(後苑)에서 야제(野祭)를 베풀어, 왕이 비·빈·흥청(興淸, 기생을 선발하여 흥청이라 했다)들을 거느리고 친히 무당의 말을 들으며 더욱 비통해하였다. 장사지낼 즈음에는 이런 제사를 베푼 것이 한두 번이 아니었다. 왕은 무당굿을 좋아하여 스스로 무당이 되어 음악을 연주하며 노래하고 춤추어 폐비(廢妃, 그의 어머니 윤씨이다)가 빙의된 형상을 하였으며, 백악사(白岳祠)[31]에 자주 올라가 굿을 하였으므로, 궁중에서는 폐비가 빌미가 되었다고 하였다. (『연산군일기(燕山君日記)』)[32]

연산군 때 모든 유생을 쫓아버려 태학을 비운 뒤 무격들을 모아 그곳에서 음사를 베풀었다. (『연려실기술』)[33]

우리 조선왕조에 이르러 모든 문물을 한결같이 중국의 제도를 모방하면서 찬란해볼 만하게 되었지만, 무당이나 불교에 빌고 축원하는 것은 아직 오랑캐의 풍습으로 남아 있다. 그래서 옛 선왕의 시대에도 임금께서 병이

---

30) 『연산군일기』 권 49(국편본 13-560~561).
31) 서울 경복궁의 뒷산인 백악(북악산)에 있던 신당.
32) 『연산군일기』 권 59(국편본 14-20).
33) 『연려실기술』 권 6, 「연산조고사본말」.

있으면 승려와 무격이 인정전(仁政殿)[34]에서 불경을 읽는다든지 기도를 했다. 또 송악신사(松岳神祠)를 더욱 숭상하여 받들었는데, 신사에서 의례를 거행한 뒤에 무녀가 연회를 베풀면 개성유수(開城留守)가 참여하였고, 심지어 무녀와 함께 노래하고 춤추기까지 하면서 조금도 이상하게 여기지 않았다. 무녀들이 신사를 왕래하면서 사용하는 물품 모두 역에서 역으로 전달되었고, 관청에서 공급했다. 성종 때 이르러 비로소 간하는 사람의 말에 따라 중지했으며, 중종 기묘년간(중종 14=1519)에 유학자들이 조정에 진출하여 겨우 1년밖에 되지 않았지만, 나라의 풍속이 크게 변했고, 이때부터 관혼상제가 차차 법과 예를 따랐다. (신흠(申欽)[35]의 『상촌잡록(象村雜錄)』)[36]

6. 중종 때 국무(國巫) 돌비(乭非)가 궁궐을 출입하다

중종 10년 을해(1515) 윤 4월 을해(18일), 이때 무녀(巫女) 돌비(乭非)가 스스로를 국무[37]라 하고 대궐을 드나들면서 재앙을 물리치고 복을 빌기도 하며 못하는 짓이 없었고, 대궐의 재화(財貨)로부터 임금님의 어의(御衣)에 이르기까지 집으로 가져가는 것이 많았다. 이때에 이르러 사헌부가 죄상을 국문하여 죄를 주니, 세상 사람들이 시원하게 여겼다. 다만 대관(臺官)이 어의의 처치 문제로 난처해했다.

무인(21일), 홍문관 부제학(副提學)[38] 신상(申鏛)[39]이 차자(箚子)[40]를 올

---

34) 창덕궁의 정전.
35) 조선중기의 문신. 생몰년 1566(명종 21)~1628년(인조 6). 호가 상촌(象村).
36) 신흠의 저술. 저자가 관직을 떠나 한가로이 있을 때 조선시대의 사적에 대해 생각나는 대로 기록한 야사집. 『대동야승』 권 25에 수록되어 있으며, 『상촌집』 권 52 「구정록」 상 가운데 '춘성록'에도 같은 내용이 보인다.
37) 국무에 대해서는 다음과 같은 연구가 있다. 최종성 「국무와 국무당」, 『비교민속학』 21(비교민속학회 2001).

러 말하기를 "요즈음 날을 정하여 임금께서 처소를 옮기는 일로 매우 분주하십니다. 궁궐의 일은 은밀하여 그 까닭을 알 수 없으나, 장님과 무당으로 재앙을 물리치려 하는가 하면 포(砲)를 쏘고 부적과 주술로서 재앙을 누르려 하고 있습니다. 이것으로 미루어 반드시 사악하고 괴이한 일이 궁궐에서 일어났기 때문이라 생각합니다"라고 하였다. (『중종실록(中宗實錄)』)[41]

7. 명종 때 궁궐의 요망한 무당

송악신사(松嶽神祠)에서 굿을 하는 것은 국초부터 유행하기 시작했는데, 그 폐단이 갈수록 심해져 관리 중에도 무당과 같이 춤추는 자도 있었다[이상은 신흠申欽의 『상촌집(象村集)』에도 보인다.[42] 성종 때 대신들이 건의하여 엄금했으나, 외척처럼 고귀한 가문[43]에서는 여전히 그 습속을 따랐으며, 시정의 부유한 상인들도 경쟁하다시피 사치를 자랑했다. 그래서 물건을 싣고 가는 행렬이 백리에 달했고, 풍악소리는 길거리를 메웠으니, 한 번 굿하는 비용은 보통사람 한 집안의 재산으로도 부족했다. 문정왕후(文定王后, 명종의 어머니)에서 그것이 극에 달했는데, 내시와 궁녀들의 왕래가 끊이지 않았고, 주방에서 바치는 것은 헤아릴 수 없이 많았으며, 남녀가 산과 계곡을 메우면서 여러날을 머물기 때문에 추한 소문이 대단히 많았다. 개성부에 거주하는 강씨 성을 가진 한 생원[44]이 유생 40여 명을 선동하여, 신당을 불 지르

---

38) 홍문관 소속의 정3품 당상관직.
39) 조선전기의 문신. 생몰년 1480(성종 11)~1530년(중종 25). 1519년 이조판서로 있으면서 조광조 등 사림과 학자들의 등용에 기여했다.
40) 일정한 격식을 갖추지 않고 간단히 사실만을 기록하여 올리는 상소.
41) 『중종실록』 권 22(국편본 15-72~73).
42) 『상촌집』 권 52, 「구정록」 상 가운데 '춘성록'과 위에서 인용한 『상촌잡록』에 보인다.
43) 당시 문정왕후와 그의 친정 동생인 윤원형이 송악신사에 대해 특별한 관심을 보였다.

고 신상을 파괴했고 남김없이 쓸어버렸다. 문정왕후⁴⁵⁾는 크게 노하여 이들을 붙잡아 데려오라 명령했고, 무거운 처벌을 하려 했다. 이에 여러차례 잡아들이니 유생⁴⁶⁾들이 옥에 가득했다. 또 개성유수 심수경(沈守慶)⁴⁷⁾도 이를 막지 못했다 하여 파직했다. 삼사(三司)⁴⁸⁾에서는 한 달 넘게 교대로 글을 올려 석방을 청했으나, 대비의 노여움이 풀리지 않았다. 명종이 틈을 타서 여러번 간청해서 비로소 대비는 석방을 허락했다. 여러 무당들은 반드시 귀신의 보복이 있을 것이라고 겁을 주었으나, 그뒤에도 강씨는 아무 탈 없이 장수했다. 그 일에 가담했던 유생들도 사마문과(司馬文科)에 많이 합격했으므로, 사람들의 의혹도 확 풀려서 음사가 중단된 지 몇해가 지났다. 그러나 이후 점차 음사가 다시 거행되어, 지금은 고질적인 폐단이 되었으니, 가히 탄식할 일이다.⁴⁹⁾ (이덕형李德泂⁵⁰⁾의 『송도기이(松都紀異)』)⁵¹⁾

---

44) 『명종실록』 권 32, 명종 21년 정월 기미(27일)조에 의하면 이름이 강식이다.
45) 문정왕후(대비)는 이 사건이 일어나기 전 해인 1565년(명종 20) 창덕궁 소덕당에서 승하했다(『명종실록』 권 31, 명종 20년 4월 임인). 따라서 여기서 말하는 대비란 인종의 왕비인 인성대비가 아닌가 한다.
46) 원문은 장보(章甫)인데, 장(章)은 유생의 관(冠)이고, 보(甫)는 성년 남자를 뜻한다. 그러므로 장보란 '유관(儒冠)을 쓴 남자', 즉 유생(儒生)을 말한다.
47) 조선중기의 문신. 생몰년 1516(중종 11)~99년(선조 32). 심수경이 개성유수가 된 것은 명종 20년(1565)이다(『명종실록』 권 31, 명종 20년 5월 병진).
48) 언론을 담당한 사헌부·사간원·홍문관의 합칭.
49) 개성부 유생 1백여 명이 개성 송악산의 여러 신당(성황당·월정당·개성당·대국당·국사당·대왕사)과 풍덕의 덕적당을 불태운 사건은 1566년(명종 21) 정월에 발생했다(『명종실록』 권 32, 명종 21년 정월 병진 및 정사). 이 사건의 유생들이 집단행동을 했다는 점에서뿐만 아니라 왕대비가 보낸 내시의 만류에도 강행되었다는 점에서 사회적으로 커다란 문제가 되었다. 그래서 명종은 이 유생들을 처벌하려 했고, 이에 대해 3정승과 언론담당 삼사(三司) 등에서는 처벌을 반대하고 방면을 요청했다. 결국 이 사건은 1월 28일, 이런 일이 재발하면 엄벌하겠다는 훈계 후, 유생들을 방면하는 것으로 마무리되었지만, 이를 계기로 유생들의 민속종교 신당의 파괴가 도처에서 행해진다. 이 사건은 당시 지식인들에게 강한 인상을 남겼던 것 같으니, 『송도기이』 이외에도 이이의 『석담일기』, 김육의 『잠곡필담』 등 여러 문헌에서 언급이 보이기 때문이다(본서 제19장 「지방의 무풍과

8. 선조 때 요망한 무당이 궁중을 출입하다

선조 8년(1575), 인순왕후(仁順王后)[52]가 편찮았다. 그때 요망한 무당이 대궐을 출입하면서 오로지 기도와 현혹을 일삼았고 약은 사용하지 못하도록 했는데, 이에 속아서 큰 변고를 초래했다.[53] 이른바 요망한 무당이라는 것은 선비 집안의 딸이며 종실인 요경(堯卿)의 처였다. 삼사(三司)에서 함께 발의하며 처벌하기를 청하니, 조서를 내려 가두어 국문하도록 했다.[54] (『문헌비고(文獻備考)』)[55]

9. 광해군 때 요망한 무당이 궁중을 출입하다

광해군 때 승지(承旨)[56] 한효중(韓孝中)[57]은 요망한 무당 복동(福同)[58]이

신사」 중 1절 '경기도의 무풍과 신사' 참조). 따라서 이 사건은 한국민속종교사에서 주목할 필요가 있다.
50) 조선중기의 문신. 생몰년 1561(명종 16)~1645년(인조 23).
51) 저자 이덕형이 개성유수로 있을 때 그 지방에 전하는 설화와 견문을 모은 것이다.『대동야승』권 71에 수록되어 있다.
52) 명종의 왕비. 이 해에 춘추 44세로 승하했다.
53) 1월 2일 인순왕후가 승하한 것을 가리킨다.
54) 이러한 사실은『선조수정실록』권 9, 선조 8년 5월 무신조에도 보인다.
55)『증보문헌비고』권 85, 예고 32. 벽이.
56) 조선시대 국왕의 비서실격인 승정원 소속의 정3품 당상관. 도승지·좌우승지·좌우부승지·동부승지 등 6승지가 있어 왕명을 출납하였다.
57) 조선중기의 문신. 생몰년 1559(명종 14)~1628년(인조 6).
58) 가노(家奴) 출신의 박수무당으로 저주의 전문가였다. 그런데 1618년(광해군 10) 왕비가 병에 걸리자 저주 때문이라는 소문이 파다했고, 모든 혐의가 복동에게 돌아갔다. 그래서 복동을 붙잡아 취조했지만, 오히려 그는 궁중 내에서 저주에 사용한 물건들을 찾아냄으로써 광해군의 총애를 받게 된다. 광해군은 복동을 성인방(聖人房)이라 존칭하고, 의

궁중을 출입하는 문제에 대해 상소를 올려 아뢰었다. (「한공연보(韓公年譜)」)[59]

10. 인조 때 무녀가 궁궐과 통하다

인조 2년(1624) 9월 갑자(13일), 대사간(大司諫)[60] 김상헌(金尙憲)[61]·사간(司諫) 정종명(鄭宗溟)[62] 등이 차자(箚子)를 올려 말하기를 "저희들이 삼가 듣건대 무녀는 가장 요망하고 괴이한 것들이므로, 반정[63]한 뒤 멀리 변방으로 쫓아버렸습니다. 그러나 지난번 용서를 받음으로 인해 다시 서울로 돌아와 대궐과 길을 통하고 있다는 말이 점차 퍼지고 있습니다"라고 했다. (『인조실록』)[64]

심나는 일이 있으면 반드시 상의했다. 때문에 여복을 입고 궁중을 무상출입하면서 상당한 권세를 누렸다. 그러나 1623년(인조 1), 인조반정 후 달아나다가 부상을 입고 죽었다.
59) 한효중의 연보라 생각되지만 확인하지 못했다. 그러나 김상헌이 지은 「비명」(『국조인물고』 권 51)에 같은 사실이 언급되어 있음을 확인할 수 있었다. 한효중이 동부승지로 있으면서 요무 복동의 처벌을 강력하게 요구한 것은 1622년(광해군 14) 10월 정묘(5일)이며, 이 일로 말미암아 광해군의 노여움을 사 한효중은 동부승지에서 물러났다(『광해군일기』 권 182).
60) 임금에게 직언하는 일을 담당하는 사간원의 장.
61) 조선중기의 문신. 생몰년 1570(선조 3)~1652년(효종 3). 병자호란 때 후금과의 강화를 반대했고, 강화 성립 후 심양으로 잡혀가 3년간 억류되었다 돌아왔다.
62) 조선중기의 문신. 생몰년 1565(명종 20)~1626년(인조 4). 송강 정철의 아들이다.
63) 광해군을 몰아낸 인조반정.
64) 『인조실록』 권 7(국편본 33-642).

11. 효종 때 장례식과 무축(巫祝)

효종 9년 무술(1658) 5월 신해(15일), 임금께서 친히 인평대군(麟坪大君)[65] 초상(初喪)에 납시었다. 사헌부에서 아뢰기를 "신들은 승정원에서 의주(儀註)[66] 중 무축(巫祝)이 복숭아나무로 만든 빗자루와 갈대이삭으로 만든 빗자루[67]를 들고, 창을 잡도록 하는 것[68]에 대해 허락을 요청했다고 삼가 들었습니다" 했다. (『실록』)[69]

12. 숙종 때 궁중의 무녀

숙종 9년(1683), 임금께서 천연두로 앓자, 밖으로 소문이 퍼지기를 궁중에서 장차 무당을 맞이하여 천연두를 내보낼 것이라 했다.[70] 그때 명성대비(明聖大妃)[71]께서 병환으로 누워 있었는데, 대비의 아우 김석익(金錫瀷)[72]과 김석연(金錫衍)[73] 등이 이를 금하기를 청했다. 그러나 대비는 놀라

---

65) 인조의 제3자이며, 효종의 동생.
66) 국가의 전례에 관한 절차를 주해한 기록.
67) 원문은 도열(桃茢)인데, 도(桃)는 복숭아나무로 만든 빗자루, 열(茢)은 갈대이삭으로 만든 빗자루이다.
68) 『예기』, 「단궁」 하에 의하면 왕이 신하의 죽음을 문상할 때는 무축으로 하여금 도렬과 창을 가지도록 하는데, 이는 부정을 가시게 하기 위해서라고 한다.
69) 『효종실록』 권 20(국편본 36-146).
70) 천연두의 신을 손님이라 하는데, 딱지가 떨어지면 무당을 불러 이 신을 정중하게 전송하는 굿을 벌렸다. 자세한 내용은 본서 제18장 「서울의 무풍과 신사」 중 12절 '천연두 신' 참조.
71) 현종의 왕비이며 숙종의 생모. 김우명의 딸. 이 해에 승하했다.
72) 현종의 왕비인 명성왕후의 동생. 생몰년 ?~1686년(숙종 12).
73) 현종의 왕비인 명성왕후의 동생. 생몰년 1648(인조 26)~1723년(경종 3).

말하기를 "어찌 그럴 수 있느냐?" 하고, 드디어 궁중의 일을 맡은 궁녀를 불러 이를 힐책하고 지시하기를 "멋대로 소란을 피우지 말라" 하였다. (『문헌비고(文獻備考)』)[74]

○숙종 10년 갑자(1684) 2월 정사(21일), 특명으로 요사한 무당 막례(莫禮)[75]를 사형에서 감하여 섬으로 유배했다. 이에 앞서 유신(儒臣) 박세채(朴世采)[76]가 무녀가 대궐 안에 들어와 기도하고 무엄하게 임금님의 곤룡포를 입은 일 등을 상소하였기 때문에,[77] 형조(刑曹)에 명하여 살펴 조사하게 했다. 그뒤에 형조판서(刑曹判署) 윤계(尹堦)[78]가 아뢴 삼퇴신(三退神)[79] 따위에 대해서도 추가로 심문했으나, 막례는 모두 항변하고 승복하지 않았다. 그래서 한차례 매질을 하면서 신문한 다음, 유배하라고 임금께서 명령하셨다. 근래 기도하고 제사하는 것이 풍습을 이루었는데, 시중의 미천한 백성과 여러 궁가(宮家)까지 숭상하고 믿어서 마침내 무당・점쟁이・술객(術客)・여승 따위가 대궐에 드나들며 함부로 속이는 지경에 이르렀다. 또 안의 말이 나오고 밖의 말이 들어가는 것도 태반은 이 길로 말미암았으므로, 식자들이 근심하고 한탄한 지 오래이다. 지난번 임금이 천연두를 앓을 때 온 나라 안이 근심하여 어쩔 줄 몰라 한데다가, 더구나 돌아가신 대비[80]께서 지극한 정성으로 병을 근심하여 무엇이고 극진히 하지 않은 것이 없었으므로, 애당초 무녀가 대궐 안에 들어가 재앙을 빌어 물리친다는 말

---

74) 『증보문헌비고』권 85, 「예고」 32.
75) 숙종이 천연두를 앓을 때 치병을 위해 동원된 무녀. 그녀는 교자(轎子)를 타고 궁중을 출입했고, 숙종의 모후인 명성대비에게 육식을 금하고 날마다 차가운 샘물에 목욕을 하라고 하여 대비를 병들게 했다. 『숙종실록』권 14, 숙종 9년 12월 임자.
76) 조선 숙종 때 소론의 연수. 생몰년 1631(인조 9)~95년(숙종 21).
77) 박세채가 상소한 것은 전 해인 숙종 9년 12월 임자(15일)이다. 『숙종실록』권 14.
78) 조선중기의 문신. 생몰년 1622(광해군 14)~92년(숙종 18).
79) 어떤 신인지 알 수 없다.
80) 숙종의 생모이며 현종의 왕비인 명성왕후.

이 원근에 퍼졌던 것이다. 대비가 승하하게 되어서는 더욱이 이를 갈면서 말하기를 "상감께서 편찮으실 때 무녀가 대비께 소찬(素饌)만 드시기를 청했으므로 보통때 드시던 반찬을 줄였고, 이 때문에 옥체가 여위고 상하여 갑자기 승하하시게 되었다"고 하였다. 박세채가 상소하여 맨 먼저 이 말을 꺼내었는데, 임금께서 처음에는 그런 일이 없다고 하였으나, 조정의 대소 신료들이 모두 여러번 간하여 마침내 막례를 유배하게 된 것이다.(『숙종실록』)[81]

○숙종 37년 신묘(1711) 12월 갑술(20일), 집의(執義)[82] 이재(李縡)[83]가 상소했는데, 그 대략을 말하면 다음과 같다. "신이 듣건대 전후로 천연두를 앓으실 때,[84] 여자 무당이 대궐을 출입하며 기도하면서 써 없앤 경비가 셀 수 없었다고 합니다. 사대부가의 법도도 조금만 엄하면 무격이 감히 집안으로 들어오지 못하는데, 지금 당당하신 천대의 수레를 동원할 수 있는 나라[85]의 지존으로서 여자 무당으로 하여금 대궐을 함부로 드나들게 하여, 시정의 천한 사람들이 망령되어 서로 말을 전합니다."(『숙종실록』)[86]

---

81) 권 14(국편본 38-381).
82) 사헌부의 종3품 벼슬.
83) 조선중기 노론의 중진. 생몰년 1680(숙종 6)~1746년(영조 22). 예학에 정통하여 『사례편람(四禮便覽)』을 저술했다.
84) 그해에 9월 연잉군과 연령군 두 왕자가 잇달아 천연두에 걸렸고, 12월에는 왕비까지 천연두를 앓았다.
85) 원문은 천승(千乘)인데, 이는 제후국이라는 의미, 이에 비해 천자국은 만승(만대의 수레를 동원할 수 있는 국력)이라 한다.
86) 권 50 하(국편본 40-423).

13. 영조 때 대궐 내의 주무(主巫)

이익(李瀷, 영조 때 사람이다)[87]의 『성호사설(星湖僿說)』[88]에서 이르기를 "가까이는 서울에서부터 멀리는 주읍(州邑)에 이르기까지 모두 주무(主巫)가 있어[대궐을 출입하는 자를 국무녀(國巫女)라 하고, 주읍에 출입하는 자를 내무당(內巫堂)이라 한다] 마음대로 출입했기 때문에 백성들의 풍속이 이를 따르게 되었다"고 했다.

○ 영조 41년 을유(1765) 12월 계해(22일), 왕이 진연(診筵)[89]에서 하교하시기를 "무릇 시중에서 질병이 있는 자는 곧 무격을 쓰지만, 결과적으로는 이익이 없고, 의약이 실로 효험이 있다"고 했다. 도제조(都提調)[90] 홍봉한(洪鳳漢)[91]이 말하기를 "시중의 부귀한 자는 매양 이런 일이 있다고 하더라도, 제왕가에서는 더욱 경계할 일입니다. 성상께서 이러한 무리들을 배척하심은 훌륭하신 일입니다" 했다. (『영조실록』)[92]

---

87) 조선후기 경세치용 학파의 실학자. 생몰년 1681(숙종 7)~1763년(영조 39). 호가 성호(星湖)이다.
88) 이익의 저술. 처음부터 저술을 목표로 한 것이 아니라, 천문·지리·경사(經史)·시문(詩文) 등에 대해 생각이 미치는 바를 그때그때 기록해두었다가 팔순에 가까웠을 때 쌓인 것을 정리한 것. 아래 기사는 권 7, 「인사문」 '무(巫)'에 보인다.
89) 내의원에서 주관하는 경연이 아닌가 한다.
90) 일부 관청의 장. 이 경우는 내의원.
91) 사도세자의 장인이며, 혜경궁 홍씨의 아버지. 생몰년 1713(숙종 39)~78년(정조 2).
92) 권 106(국편본 44-214).

14. 고종 때 이(李)·윤(尹) 두 무녀와 수련(壽蓮)

고종 때에 두 무녀가 있었는데, 한 사람은 성이 이씨이고 다른 한 사람은 윤씨였다. 이들은 자칭하기를 관성제군신(關聖帝君神)[93]이 자신들에게 내렸다고 했고, 관성제군이 강필(鋼筆)[94]해서 이씨는 진령군(眞靈君),[95] 윤씨는 현령군(賢靈君)으로 이름을 지어주었다고 했다. 현령군이 받드는 관묘(關廟)는 이궁동(二宮洞)에 있었는데,[96] 세상에서 이궁대감(二宮大監) 전내신(殿內

---

93) 중국 삼국시대 촉의 장군 관우. 관우는 당나라 때부터 수호신 또는 무신으로 숭배되었고, 이에 대한 신앙이 확대됨에 따라 1108년(송 휘종 대관 2) 국가에서 왕(무안왕)으로 봉했고, 나아가 1594년(명명 신종神宗 만력萬曆 22)에는 제(帝)로, 1614년(만력 42)에는 '삼계복마대제신위원진천존관성제군(三界伏魔大帝神威遠震天尊關聖帝君)'으로 봉했다. 그래서 관우를 관왕·관성제군이라 한다.

관제신앙이 한국에 전래된 것은 임진왜란 때 명나라 군대에 의해서인데, 이들이 1598년(선조 31) 서울 남대문 밖에 남관왕묘(南關王廟), 즉 남묘(南廟)를 처음 건립했다. 이어서 조선 정부에 의해 동대문 밖에 동묘(東廟)가 건립하고, 무속과 융합되기도 했다.

한국의 관제신앙에 대해서는 다음과 같은 연구가 있다. 김용국「관왕묘건치고」,『향토서울』25(서울시사편찬위원회 1965); 中村榮孝「朝鮮における關羽の祠廟について」,『天理大學學報』85(天理大學學術研究會 1973); 김영화「한성관왕묘적전설화특색」,『대륙잡지』77-2(대륙잡지사 1988); 서울특별시「관운장묘」,『서울민속대관』1-민간신앙편(1990); 손숙경「19세기 후반 관왕 숭배의 확산과 관왕묘 제례의 주도권을 둘러싼 동래 지역사회의 동향」,『고문서연구』23(한국고문서학회 2003); 김탁『한국의 관제신앙』(선학사 2004); 장장식「서울의 관왕묘 건치와 관우신앙의 양상」,『민속학연구』14(국립민속박물관 2004); 彭建平「漢城關帝廟」,『四川文物』117(四川省文物局 2004); 김명자「안동의 관왕묘를 통해 본 지역사회의 동향」,『한국민속학』42(한국민속학회 2005).

94) 자동 필기(automatic writing)의 일종으로 신들린 상태에서 쥐고 있던 붓이 저절로 움직여 글씨가 쓰여지는 것을 말한다.

95) 1882년 임오군란으로 말미암아 충주로 피신중인 명성황후 민씨에게 환궁 시기를 예언한 것이 적중하여 명성황후가 환궁할 때 서울로 데려왔다. 이후에도 황후가 아플 때 어루만져 주면 곧 낫고 하여 황후로부터 절대적인 신임을 얻었다.

진령군에 대해서는 황현의『매천야록』, 이건방의『난곡존고』중「안교리묘지명」에 비교적 자세한 내용이 보인다.

96) 관묘란 관왕 또는 관성제군을 모시는 사당. 현령군이 세운 관묘는 서묘라고 했는데,

神)⁹⁷⁾이라는 것이 이것이다. 진령군은 왕비의 명령으로 송동(宋洞)의 북관묘(北關廟)에 거주하였는데,⁹⁸⁾ 세상에서 진령군대감(眞靈君大監)이라 했다. 궁중에서 출입하면서 권력을 휘둘렀으며, 명의상의 아들은 수도 없이 많았고, 관찰사와 재상이 그 소매 속에서 많이 나왔다.⁹⁹⁾ 이·윤씨 뒤에 또 수련(壽蓮)이라는 여자 무당이 있어 대궐을 출입하며 복을 빌고 재앙을 물리치는 의례를 했고, 두 아들은 모두 고관이 되었다.

엄비를 움직여 1902년(광무 6) 지금의 서울시 서대문구 천연동 98번지에 건립했다. 그러나 1909년(융희 3) 동묘에 흡수되었다.

97) 무속에서는 관왕을 전내신이라 한다. 그런데 중국에서도 가람전(伽藍殿)이라는 건물에 관우의 신상을 모시고 사찰 수호신으로 여기면서, 이를 '전내호법(殿內護法)'이라 한다(莫振良『佛家造像』, 天津人民出版社 2004, 11면). 본서 제18장「서울의 무풍과 신사」중 5절 '전내신' 참조.

98) 북관묘는 북묘라고도 하며, 진령군이 명성황후를 부추겨 건립한 관제묘이다. 진령군은 스스로를 관성제군의 딸이라 하면서 황후에게 관제묘를 세우고 관성제군을 모시면 자손이 번성하고 복운이 온다고 했다. 이에 따라 명성황후는 1885년(고종 20) 옛 흥덕사 절터(지금의 서울시 명륜동 1-2)에 북묘를 건립하도록 했고, 그녀를 진령군에 봉했다『매천야록』권 1 상 및 정교『대한계년사』권 6 고종 20년조). 이후 북묘는 1909년(융희 3) 궁내부 제사가 폐지되면서 국유지로 귀속되었다가, 곧 신궁경의회라는 친일단체(단군과 일본의 천조대신(天照大神)을 함께 제사하기 위해 조직된 단체)에 불하되었다(서영대「한말의 단군인식과 대종교」,『한국사연구』114, 한국사연구회 252~62면 참조).

99)『매천야록』권 1 상「갑오이전」에 의하면 이유인이 진령군의 수양아들이 되어 대궐에 입시했고, 1년 만에 양주목사가 되었다고 한다.

제8장
무격이 소속된 관서(官署)

조선시대 초기를 보면 국무(國巫)를 성수청(星宿廳)에 두었는데, 아마도 이 제도는 고려시대에 유래된 듯하며, 이것은 곧 무당이 도교와도 관련이 있음을 보여주는 것이다. 무격을 활인서(活人署)[1]에 두어 병자의 치료를 맡겼는데, 이것은 무당이 의술과 관련이 있음을 보여주는 것이다. 대개 옛날에는 무당이 의약을 주관했음은 『산해경』에 보이며, 그러므로 의(醫)라는 글자는 무(巫)자를 따랐으니,[2] 조선시대에 무로써 병을 치료한 것 역시 우연한 일이 아니다.

---

1) 서울 안의 가난한 전염병 환자의 치료와 기민에 대한 구휼을 위해 설치한 의료기관. 이상협 「조선시대 동서활인서에 대한 고찰」, 『향토서울』 56(서울시 1996) 참조.
2) '의(醫)'의 옛 글자는 '의(毉)'이다.

1. 성수청(星宿廳)[3]에 국무를 두다

성종 9년 무술(1478) 11월 정해(30일), 홍문관 부제학(副提學)[4] 성현(成俔) 등이 상소했는데, 요약하면 다음과 같다. "요즈음 사람들은 귀신을 다투어 믿으며, 무릇 길흉화복에 대해 오로지 무당의 말만 듣고서 신상을 그려놓거나 돈을 걸어놓기도 하고, 영혼을 맞이하여 집안에 들이기도 하며, 공창(空唱)을 추종하기도 하며, 직접 성황(城隍)에 제사도 지내며, 노비를 바치기도 합니다. 이런 것들은 모두 우리 조정에서 금하는 바로서『속전(續典)』[5]에도 실려 있는 것입니다. 전하께서는 그 폐단을 깊이 아시고, 또 법사(法司)[6]로 하여금 무당을 모두 찾아내어 도성 밖으로 내쫓게 하였습니다. 엎드려 보건대 요즈음 금하는 법령이 차츰 해이해짐에 따라 성 밖으로부터 점점 다시 들어와 부인들을 유혹하고 술과 음식을 낭비시키면서 혹은 액(厄)을 물리친다, 혹은 병을 구제한다 하니 비록 대가(大家)와 거실(巨室)이라 하더라도 이들을 불러들여 다투어가며 올바르지 못한 행위를 하면서도 조금도 부끄러운 줄 모릅니다. 그런데도 이로 인하여 한 사람이라도 죄를 받았다는 것은 듣지 못하였으며, 북 치고 피리 불며 노래하고 춤추는 것이 길거리나 저자 사이에 끊이지 않고 있으니, 이것은 신들이 의아하게 생각하는 바입니다. 전(傳)[7]에 이르기를 '행동으로 모범을 보이면서 가르치면

---

3) 조선시대의 국가나 왕실의 복을 비는 신당. 명칭으로 미루어 별을 제사하는 것 같으나, 설치 연대 등은 알 수 없다. 소속된 무당을 '국무당'이라고 한 것이나 그 기능으로 보아 고려시대의 별례기은도감(別例祈恩都監)과 비슷한 기관 또는 후신(後身)으로 추측되나 이 역시 확실하지는 않다.
4) 홍문관의 정3품 당상관 관직.
5) 조선시대의 법령집인『경제육전속전(經濟六典續典)』의 줄임말. 태조 때 편찬된『경제육전』이후의 교지(敎旨)·조례(條例) 중 법이라고 할 만한 것을 뽑은 것으로, 태종 때 편찬되었다.
6) 법을 집행하는 관아. 사헌부·형조·한성부를 가리킨다.

따르고, 말로만 가르치면 다투게 된다' 했고, '위에서 명령하는 바가 백성들이 좋아하는 것에 반대되면 따르지 않는다'[8]고 하였습니다. 지금 성수청(星宿廳)이 아직도 도성 안에 있고, 기은사(祈恩使)[9]가 봄가을로 끊이지 않으니, 이렇게 하면서 백성만 못하게 한다면 또한 잘못된 것이 아니겠습니까? 또 성수청(星宿廳) 같은 것은 어떤 귀신이며 어떤 제사입니까? 귀신도 분명한 귀신이 아니고, 제사도 올바른 제사가 아니니, 이 또한 임금님의 정치를 위해 마땅히 먼저 제거해야 할 것입니다. 삼가 원하옵건대 전하께서는 과단성있는 정치를 행하시어 풍속을 정돈하고 간사스럽고 음란하고 요망한 것들로 하여금 임금님의 고명한 덕 아래에서는 용납되지 않게 하소서. 이 또한 신들의 소망입니다." (『실록』)[10]

연산군 9년 계해(1503) 5월 병인(1일)에 전교하시기를 "성수청에 국무를 둔 것은 그 유래가 이미 오래되었다"고 했으며, 또 12년 병인(1506) 병인 3월 을미(15일)에 전교하시기를 "성수청의 도무녀(都巫女)[11]와 수종무녀(隨從巫女)들에게 잡역(雜役)[12]을 면제시켜 주라"고 했다. (『연산군일기』)[13]

중종 원년 병인(1506) 10월 경오(25일), 홍문관 부제학 이윤(李胤)[14] 등이 상소하여 이단을 물리치고 소격서(昭格署)나[15] 성수청 같은 것을 모조

---

7) 경서의 뜻을 해석한 것. 그러나 이 인용문은 『후한서』 열전 31, 제오륜전에서 처음 확인되며, 이후 『논어』 등의 주석에 자주 등장한다.
8) 이 문장은 『예기』 대학에 보인다.
9) 정식 국가제사가 아니라 왕실에서 사사로이 복을 비는 별기은을 위해 파견된 사신.
10) 『성종실록』 권 98(국편본 9-673).
11) 으뜸 되는 무녀.
12) 공역 이외의 갖가지 부역.
13) 전자는 『연산군일기』 권 49(국편본 13-561), 후자는 권 61(국편본 14-43).
14) 조선전기의 문신. 생몰년 1462(세조 8)~?. 김종직의 문인.
15) 조선시대 도교 의례를 주관하던 관서. 1518년(중종 13) 조광조 일파의 주장에 의해 일시 폐지되었다가 1522년 다시 부활되었다. 그러나 제대로 기능을 발휘하지 못하다가 임진왜란 이후 완전 소멸되었다. 이병휴 「소격서의 혁파론의와 사림파」, 『교남사학』 1(영

리 혁파하기를 청했다. (『실록』)[16]

2. 동서활인원에 무격을 둔 동기

세종 11년(1429) 4월 계사(18일), 예조에서 아뢰었다. "지금 의정부 및 여러 조(曹)[17]와 함께 의논하기를 각 고을과 각 리(里)의 민호(民戶)를 가까이 사는 무격에게 나누어 맡겨, 만약 열병을 앓는 집이 있으면 수령이 의생(醫生)과 무격에게 명하여 보살피고 치료하게 한다. 만일 치료에 마음을 써서 구제하고 치료하지 않으면 즉시 죄를 논하고, 연말에 가서 사람을 많이 살린 자에게는 무세(巫稅)를 감해주거나 부역을 덜어준다. 만약 병자의 집이 가난하여 치료비가 없으면 서울의 활인원의 예에 의거하여, 국고의 곡식으로 하루에 쌀 한 되를 지급하고, 해마다 병자의 수를 감사에게 보고하고 이로서 회계의 근거 자료로 삼자고 했습니다" 하니, 허락했다. (『실록』)[18]

남대 1985); 이종은 「소격서관계 역사자료 검토」, 『도교와 한국문화』(아세아문화사 1988); 김해영 「중종조의 소격서 혁파 논의에 대한 일고찰」, 『경상사학』 6(경상대 1990); 정두희 「소격서 폐지 논쟁에 나타난 조광조와 중종의 대립」, 『진단학보』 88(진단학회 1999).
16) 『중종실록』 권 1(국편본 14-91).
17) 행정실무를 담당한 육조를 가리킨다.
18) 『세종실록』 권 44(국편본 3-176). 이능화는 이를 계기로 동서활인서에 무격을 소속시킨 것으로 본 것 같다. 그러나 이보다 앞서 태종 때 이미 무격은 동서활인원에 소속되어 있었다. 『태종실록』 권 29, 태종 15년 6월 경인의 기사, 즉 육조에서 올린 33조의 진언 중 안성군 이숙번(李叔蕃)의 진언(활인원에 나누어 소속시킨 무격으로 하여금 병자를 돌보아 보호하게 하고, 해마다 연말마다 활인活人한 인원의 다소를 상고하여, 10명을 살린 자는 상을 주어 뒷사람을 권장하고, 마음을 쓰지 않은 자는 죄를 논하소서)은 이러한 사실을 뒷받침한다.

3. 동서활인원에 무격을 두는 데 대한 논의(1)

세종 18년(1436) 여름 5월 정축(12일), 삼정승[19]인 황희(黃喜),[20] 최윤덕(崔潤德),[21] 노한(盧閈)[22] 등을 불러 정사를 논의하였다. "둘째, '지금 사헌부에서 신문하고 있는 요망한 무당 7명[23]은 능히 귀신을 부려서 공중에서 소리를 내게 하는데 사람이 말하는 것과 같이하여 사람들을 현혹시키니, 율문(律文)[24]을 적용하면 교살형에 해당한다. 그러나 미리 금지하는 법을 마련해 두지 않고[25] 갑작스레 하루아침에 법으로 처단하는 것은 불가하므로, 이들을 지방으로 쫓아내고, 또 금지하는 법을 세워 그 폐단을 막는 것이 어떻겠는가' 하고 임금께서 말씀하시니, 모두가 아뢰었다. "지방으로 쫓아내면 지방의 어리석은 백성들은 더욱 유혹되기 쉽습니다. 또 금하고 방지하는 법이 엄하지 않으면 폐단이 갑절이나 될 것이오니, 동서활인원에 소속시키고 출입을 제한하여 서로 통하지 못하게 하고, 또 사헌부로 하여금 수시로 검사하고 살피게 합시다. 그래도 금지조항을 어길 경우에는 엄하게 죄를 규명하여 다스리고, 지방에 있는 요망한 무당들도 죄를 심리하여 처벌하되, 양인 여자는 관부에 예속시키고 사노비는 원래 주인에게 주

---

19) 영의정·좌의정·우의정.
20) 세종대의 명재상. 생몰년 1363(공민왕 12)~1452년(문종 2). 이때는 영의정.
21) 조선전기의 무신으로 서북방 영토 확장에 공을 세웠다. 생몰년 1376(우왕 2)~1445년(세종 27). 이때는 좌의정.
22) 조선초기의 문신. 생몰년 1376(우왕 2)~1443년(세종 25). 이때는 우의정.
23) 옛날 참형 당한 장수나 재상의 신을 두박신(豆朴神)이라 하면서 이를 섬기는 강유두·박두언 등의 무리(『세종실록』 권 72, 세종 18년 5월 을해). 자세한 것은 제11장 「요망한 무당과 음사(淫祀)를 금하다」중 '요망한 무당이 두박신을 섬기는 것을 금하다' 참조.
24) 율이란 형법을 말하는데, 이 경우는 『대명률』을 가리킨다. 당시 조선왕조에서는 중국의 『대명률』을 형법으로 사용했다.
25) 『대명률』에는 처벌규정이 있지만 한국의 독자적인 규정이 아직 마련되지 않았다는 의미이다.

어서 수령이 수시로 점검을 해서 함부로 행동하지 못하게 하는 것이 좋겠습니다."

임금께서 말씀하시기를 "옛날 태종조에도 역시 요망한 무당이 있으므로, 지방으로 쫓아내어 서울에서 섞여 살지 못하게 하였다. 지금 경들이 이미 '지방의 요망한 무당은 마땅히 관부에 소속시키고, 수령들로 하여금 검찰하도록 합시다'라고 했는데, 그렇다면 이 예에 따라 서울의 요망한 무당들도 자기가 원하는 관청에 나누어 소속시켜 두면서 금지하고 예방하는 것이 어찌 잘못이겠는가. 또 미리 금지하고 방지하는 법을 마련해 두지 않고 갑자기 처벌하는 것은 내 마음이 편하지 못하다" 하였다.

황희와 최윤덕 등이 아뢰기를 "만약 율에 따라 다스리지 않고 갑자기 놓아주면 요망한 무당들이 자신의 죄가 중하다는 것을 알지 못할 것이오니, 율대로 다스려서 그 죄를 알게 하고, 그 다음으로 특별한 은혜로써 감등해서 죄를 결정하여 활인원에 소속시키면 어짊[仁]과 위엄이 함께 행해질 것이며, 요망한 무당들도 자연히 없어질 것입니다" 했다. (『실록』)[26]

이능화가 말한다. 위의 글에 의거한다면 무당에도 역시 양인과 천인이 있으니, 대개 무당이 되는 종자가 따로 있는 것은 아니라 하겠다.

4. 동서활인원에 무격을 두는 데 대한 논의(2)

세종 25년(1443) 9월 계축(2일), 장령(掌令)[27] 조자(趙孜)가 아뢰기를 "음사 금지에 대해서는 여러번 교지가 있었고, 『원전(元典)』[28]에도 실려

---

26) 『세종실록』 권 72(국편본 3-674~675).
27) 사헌부 소속의 정4품 관직.
28) 1397년(태조 6)에 조준·하륜 등이 편찬한 법령집 『경제육전』을 말한다.

있으며, 또 지금 만든 금하고 방지하는 법도 지극히 엄밀합니다. 그러나 국무가 아직도 있으니, 이것은 근본이 단절되지 않은 것입니다. 청컨대 멀리 쫓아서 그 요망한 술법을 팔 수 없게 하십시오" 했다. 임금께서 말씀하시기를 "음사를 금함은 선대 임금 때부터 시작하였지만, 무녀의 무리들이 아직도 끊어져 없어지지 않고 있는데, 내 어찌 감히 갑자기 근절할 수 있겠는가. 비록 법을 만들었으나 행하는 것이 어렵구나" 하셨다.

조자가 다시 아뢰기를 "무녀를 금하는 것이 이미 엄격하지만, 이제 또 성 밖으로 모두 쫓아내고 또 선대 임금들께서 아직 세우지 않았던 법을 세운다면 이 어찌 더욱 빛나는 일이 되지 않겠습니까? 만일 멀리 쫓아버리지 못한다면 동서활인원 옆에 모여 살게 해서 병든 사람을 치료하게 하고, 서울로는 들어오지 못하게 하십시오" 했다. 왕께서 말씀하시기를 "무릇 법을 만드는 것은 이를 시행하기 위해서인데, 시행할 수 없는 법은 세울 수가 없다" 하셨다. (『실록』)[29]

5. 동서활인서에 무당을 배치하여 전염병을 치료하게 하다

성종 5년(1474) 6월 정사(4일), 호조(戶曹)·예조(禮曹)·한성부(漢城府)에 전교하시기를 "사람들이 사는 곳에 전염병이 유행한다기에, 의원과 무당을 시켜 약을 가지고 치료하도록 하라고 이미 전지(傳旨)를 내렸는데, 지금 들으니 관리가 태만하고 신경을 쓰지 않아 숨지는 자가 많다 한다. 이는 매우 잘못된 것이니, 마음을 다하여 치료하라. 도성에는 인가가 즐비하므로 한 집에서 병을 앓으면 연달아 전염이 되니, 또한 염려스럽다. 평민과 천인의 병자는 죄다 동서활인서에 내어다 두어 함께 치료하도록 하고, 그중에

---

29) 『세종실록』 권 101(국편본 4-506)

서 죽은 자는 곧바로 묻어서 도성 근처에 주검을 버려 두지 않도록 하라" 하셨다. (『실록』)[30]

6. 동서활인서에 많은 여자 무당을 소속시키다

중종 11년(1516) 6월 계축(3일), 낮 경연에 납시었다. 시독관(侍讀官) 유관(柳灌)[31]이 말하기를 "국가에서는 여자 무당들로 하여금 도성 안에 들어오지 못하게 해놓고, 많은 수를 동서활인서에 속하게 했는데, 그 근본을 제거하지는 않고 금하고자 하니 제대로 되겠습니까?" 했다. (『실록』)[32]

7. 동서활인서에서 무녀를 대장에 올리다

중종 12년(1517) 9월 정해(14일), 사헌부에서 아뢰기를 "동서활인서의 명단이 올라 있는 무녀들과 5부[33]에서 찾아낸 무격 등을 모두 서울에서 2백리 이상 떨어진 각 고을에, 원하는 데 따라 분배하십시오" 했다. (『실록』)[34]

---

30) 『성종실록』 권 43(국편본 9-111).
31) 조선전기의 문신. 생몰년 1484(성종 15)~1545년(명종 즉위년). 기묘사화 때는 조광조 일파를 공격했으며, 을사사화 때는 윤임의 일당으로 몰려 사사(賜死)되었다.
32) 『중종실록』 권 25(국편본 15-187).
33) 서울을 다섯 구역으로 구분한 행정단위인 중·동·남·서·북부를 관할하는 일을 맡은 관청.
34) 『중종실록』 권 29(국편본 15-329).

8. 동서활인서가 무당의 명부를 만들어 두고 세금을 거두다

중종 12년(1517) 9월 신묘(18일), 아침 경연에 납시었는데, 신용개(申用漑)³⁵⁾가 아뢰기를 "동서활인서에서 무녀의 명단을 만들어 두고 세금을 거두는데 이것은 고쳐야 할 것입니다" 했다. (『실록』)³⁶⁾

9. 동서활인서 소속의 무녀에 대한 건의

중종 12년(1517) 9월 신묘(18일), 아침 강연에 납시었는데, 장령(掌令)³⁷⁾ 정순붕(鄭順朋)³⁸⁾이 아뢰기를 "무녀를 동서활인서에 소속시킨 본뜻은 병든 사람을 고치기 위해서이기는 하나, 이들로 하여금 동서활인서에 소속시켜서는 안됩니다" 했다.³⁹⁾ ○ 병신(23일), 검상(檢詳)⁴⁰⁾ 유돈(柳敦)이 무격에게 세금을 거두지 말자는 일과 동서활인서에 소속시키지 말자는 일에 대해 의논을 수렴하여 아뢰었다. 신용개·김전(金詮)⁴¹⁾·이계맹(李繼孟)⁴²⁾ 등의 의논은 동서활인서에 소속시키지 않는 것이 옳다는 것이었다. (『실록』)⁴³⁾

---

35) 조선전기의 문신. 생몰년 1463(세조 9)~1519년(중종 14). 신숙주의 아들이다.
36) 『중종실록』 권 29(국편본 15-330).
37) 사헌부의 정4품 벼슬.
38) 조선중기의 문신 생몰년 1484(성종 15)~1548년(명종 3). 기묘사화 때는 관직이 삭탈되었으나, 윤원형과 모의하여 을사사화를 일으켰다.
39) 『중종실록』 권 29(국편본 15-330).
40) 의정부의 낭관(郞官)으로 정5품.
41) 조선전기의 문신. 생몰년 1458(세조 4)~1523년(중종 18). 남곤·심정 등과 함께 조광조를 몰아내는 기묘사화를 일으켰다.
42) 조선전기의 문신. 생몰년 1458(세조 4)~1523년(중종 18).
43) 『중종실록』 권 29(국편본 15-330).

10. 서울의 무녀들을 활인서에서 쫓아내다

숙종 13년(1687)에 무녀들을 활인서에서 쫓아내고, 그들로 하여금 도성 안에 발을 붙이지 못하게 했다. (『문헌비고』)[44]

11. 열무서(閱巫署)가 활인서에 합병되었다는 설

본조에는 열무서가 있었는데 창설과 혁파한 연대는 알 수 없다. 그런데 지금 무격들은 활인서에 소속되어 있으므로, 혁파 때 혹시 활인서에 합병된 것이 아닌가 한다. (영조 때 사람 이긍익李肯翊이 지은 『연려실기술』 별집)[45]

12. 「참조」 동서활인서의 연혁[서울의 전염병 치료기관]

조선 태종 14년(1414) 9월 병자(6일), 시혜소(施惠所)를 고쳐 귀후서(歸厚署)[46]라 하고, 동서대비원(東西大悲院)을 동서활인원이라 했다. (『실록』[47] 이하도 모두 『실록』의 인용.)

『문헌비고』에서 말하기를 "본조 태조 원년(1392)에 고려의 제도를 이어받아 동서대비원을 두었다가, 다시 고쳐 동활인서·서활인서라 했는데, 도성 안의 병자 치료를 담당한다. 인원은 제조(提調) 1명, 별제(別提) 4명, 참봉(參奉) 2명이었는데, 후에 별제 2명을 줄였으며, 숙종 35년(1705)에는 참

---

44) 『증보문헌비고』 권 85, 예고 벽이.
45) 권 7, 관직전고 혁파제사.
46) 장례와 관련된 물자 공급을 담당하는 종6품 아문.
47) 『태종실록』 권 28(국편본 2-35).

봉 2명을 줄여 혜민서(惠民署)⁴⁸⁾에 속하게 했다. 이속(吏屬)⁴⁹⁾은 서원(書員) 4명, 고직(庫直) 2명, 사령(使令) 2명이다.⁵⁰⁾

세종 27년(1445) 겨울 11월 정축(6일), 의정부에서 예조의 정문(呈文)⁵¹⁾에 의거해서 아뢰었다. "지금 묵사(墨寺)⁵²⁾의 중들이 병자를 한증(汗蒸)하고 목욕시키는 도구를 수리하도록 요청했으나, 이미 동서활인원이 설치되어 질병을 치료하고 있고, 묵사는 여염집 사이에 있어 중이 거처하기에 마땅치 못하고, 또 한증 목욕이 본디 특별한 효험이 없는 것입니다. 그러므로 청컨대 묵사를 철거하고, 한증 목욕기구와 기금으로 장만해둔 쌀과 베는 동서활인원의 노비에게 나누어주고, 형조로 하여금 주관해서 그 재목과 기와를 가지고 왜관(倭館)⁵³⁾을 수리하도록 하소서."⁵⁴⁾

세조 2년(1456) 3월 정유(28일), 집현전 직제학(直提學) 양성지(梁誠之)⁵⁵⁾가 상소하기를 "하나, 복요(服妖)⁵⁶⁾를 금해야 합니다. 지금의 나라 안의 여자들이 즐겨 긴 옷을 입는데 마치 남자와 같이 하며, 혹은 긴 옷을 저고리와 치마의 사이에 입어 3층을 이루게 합니다. 이것을 서로 본받아 온 나라가 모두 그러하니, 역사책에서 이른바 복요(服妖)라 하는 것이 바로 이것이 아닌가 합니다. 바라옵건대 담당 관청에 명하시어 기한을 정하여 금지하게 하고, 그래도 여전히 입는 자의 옷은 거두어서 동서활인원에 나누어 두고,

---

48) 의약과 서민의 구호를 담당하는 종6품 아문.
49) 관아에 딸린 아전.
50) 『증보문헌비고』 권 223, 직관고 활인서.
51) 하급 관청에서 상급 관청으로 보내는 공문서.
52) 서울시 성북구 성북동에 있었던 사찰.
53) 일본 사람이 우리나라에 와서 거주하고 통상하는 곳으로, 서울에도 있었다.
54) 『세종실록』 권 27(국편본 4-644).
55) 조선전기의 문신. 생몰년 1415(태종 15)~82년(성종 13). 정치상의 탁견이 많아 세조는 그를 해동의 제갈량이라 했다.
56) 이상한 옷을 입는 것.

가난하고 병든 사람의 옷을 삼도록 하십시오"라 했다.[57]

세조 12년 병술(1466) 정월 무오(15일), 관제를 다시 정했는데, 동서활인원을 고쳐 활인서라 하고, 참봉 1명을 두었다.[58]

『대전회통(大典會通)』[59] 「활인서(活人署)」 原[60] 도성의 병자 치료를 관장한다[제조(提調) 1명이며, 참봉은 의원(醫員)의 체아(遞兒)[61]인데, 1년에 두 번 도목(都目)[62]을 한다]. 별제(別提) 2명[종6품, 원(原) 4명, 속(續)[63] 2명을 감한다], 참봉 2명[종9품].[64]

13. 활인서를 중도에 폐지되었다가 다시 설치되었다

광해군 4년 임자(1612) 12월 무신(19일), 예조에서 활인서를 다시 설치하는 일[임란왜란 중에 폐지됨]을 가지고 아뢰기를 "우리 예조에서 막 아뢰려고

---

57) 『세조실록』 권 3(국편본 7-121).
58) 『세조실록』 권 38(국편본 8-2).
59) 조선왕조에서 편찬한 마지막 법전으로, 1865년(고종 2) 조두순 등이 왕명에 의해 편찬했다. 조문마다 앞에 원(原), 속(續), 증(增), 보(補)를 음각해 두었는데, 원(原)은 『경국대전』, 속(續)은 『속대전』, 증(增)은 『대전통편』의 본문임을 나타내며, 보(補)는 『대전회통』 편찬 때 새로 보충한 것임을 의미한다. 따라서 『대전회통』은 조선왕조 법전의 집대성이라 할 수 있다.
60) 『경국대전』의 본문임을 표시한 것이다.
61) 관직은 한정되어 있고 후보자는 많기 때문에, 한 자리의 관직을 후보자들이 교대로 근무하도록 해서, 관리후보자의 생계도 지원하고 국가의 재정도 절약하기 위해 마련한 제도. 그러니까 활인서는 의원들이 교대로 참봉직을 맡는다는 의미이다.
62) 도목정사의 약칭으로, 관리의 공과를 논하여 승진 또는 축출하는 인사행정이다. 보통 1년에 두 번, 6월과 12월에 한다.
63) 『속대전』의 본문이라는 표시. 그러므로 『경국대전』 당시는 별제가 4명이었다가 『속대전』 당시는 2명을 감하여 정원 2명이 되었다는 의미이다.
64) 『대전회통』 권 1, 이조 경관직 종6품 아문.

하였는데 마침 언관(言官)이 아뢰어서 성상의 허락을 받은 것이며 더욱이 성상의 하교가 간곡하셨으니, 곤궁한 자들에게 은혜를 베푸시는 뜻이 지극합니다. 치료를 미리 대비하는 계책은 오직 동서활인서를 다시 설치하는 데 달려 있으니 관원과 의원을 차출하고, 활인서로 하여금 약물을 넉넉히 준비하여 속히 구제하게 하소서. 그리고 서울 각부의 전염병에 걸린 사람을 일일이 활인서에 보고하도록 한 다음, 다른 곳에 내다두어 거처하게 하는 것이 어떻겠습니까"라고 했다. 임금이 전교하시기를 "윤허한다. 활인서의 관원으로는 이 일에 밝고 숙달된 사람을 십분 가려 뽑고 제조도 아울러 차출해서 일을 총괄하게 하라"고 했다. (『광해군일기』)[65]

인조 22년 갑신(1644) 7월 병오(21일), 동서활인서 환자들에게 식량과 반찬을 지급하라고 명했다. 이때 여러 해 전염병이 돌아 두 활인서에 수용된 환자들이 거의 8백명이나 되었다.[66] ○23년 을유(1646) 2월 계해(10일), 승정원에 하교하시기를 "동서활인서에서 전염병 환자를 몇 사람이나 병막(病幕)에 수용하고 있는가" 하니, 승정원이 아뢰기를 "양쪽 활인서에서 병막에 수용한 환자는 모두 696명이었는데, 죽은 사람이 8명이고, 완전히 나은 사람이 271명이며, 현재 병막에 남아 있는 사람이 413명이라고 합니다" 했다. 이때 서울에 전염병이 해를 거듭해서 크게 번져 민간에는 청결한 집이 없었고 사망자도 그 수를 헤아릴 수 없었다. 그러나 동서활인서에서 병막에 수용시켜 살아난 사람은 모두가 사대부집 하인들뿐이었지만, 활인서의 관원들은 상을 바라는 마음에서 죽은 사람의 숫자를 사실대로 보고하지 않았다. 이를 승정원이 제대로 살피지 못했고 또 예사롭게 보아 넘겼으므로 별도로 환자들을 살려내려는 조치가 취해지지 못했다. (『실록』)[67]

효종 원년 경인(1650) 3월 무진(15일), 임금께서 하교하시기를 "요즈음

---

65) 권 61(국편본 32-147).
66) 『인조실록』 권 45(국편본 35-190).
67) 『인조실록』 권 46(국편본 35-206).

활인서의 병막(病幕)에 수용된 환자는 몇명이나 되는가" 했다. 승정원에서 아뢰기를 "동서활인서의 관원을 불러 물어보니 양쪽 활인서에 각각 50여 명이 있다고 합니다. 또 치료 상황에 대해 물으니, 약은 의약을 맡은 관사에서 얻어 쓰고, 양식은 스스로 조달한다고 했습니다"라 했다. 임금께서 답하시기를 "선혜청(宣惠廳)[68]에 명하여 양식을 나누어주도록 하라"고 했다. (『실록』)[69]

숙종 24년 무인(1698) 12월 경술(10일), 사간원(司諫院)에서 아뢰기를 "혜민서(惠民署)를 설치한 것은 본래 백성들을 구하고 살리기 위한 것인데, 지금 전염병이 크게 일어나 죽는 자가 줄을 이었습니다. 지난날 유신(儒臣)들이 의약을 담당하는 관청으로 하여금 약물을 가지고 치료하도록 하자는 뜻을 말씀드려, 윤허를 받아 해당 관서에 전달한 적이 있었습니다. 그러나 엎드려 듣건대 해당 관청은 신경도 쓰지 않고 그대로 거행함이 없어, 하소연할 데도 없이 죽어 쓰러지는 참혹함을 초래했습니다. 그것이 갈수록 심해지니, 태만하게 그 직무를 유기하고 명령을 소홀히하는 형상이 진실로 매우 놀랍습니다. 청컨대 해당 관서의 제조(提調)를 가중처벌법에 따라 징계하고, 해당 관서의 의관(醫官)은 법을 담당하는 관청에 명령하여 적발하고 처벌하게 하소서. 그리고 지금부터는 병막(病幕)에 나와 있는 사람들에게 약물을 가지고 가서 치료하는 일을 더욱 엄히 힘써 거행하도록 하소서. 동서활인서를 설치한 것은 오로지 병든 사람들을 구하고 살리기 위한 것인데, 근래 병에 전염되어 막(幕)에 나와 있는 사람들을 활인서의 관리들은 치지도외(置之度外)하고, 아랫사람들은 치료하는 일을 돌보지 않아 죽는

---

68) 대동법 실시에 따라 대동미·대동포의 출납을 맡은 관청.
69) 『효종실록』 권 3(국편본 35-417). 그러나 실록의 원문과 상당한 차이가 있는데, 실록의 내용은 다음과 같다.
"임금께서 하교하시기를 '도성에 전염병이 크게 번져 사망자가 많은데, 동서의 활인서에 안치한 자가 몇이나 되는가?' 하였다. 정원이 두 관서의 관원을 불러다 물으니, 각기 1백 수십명이라고 하였는데, 약물을 내려주도록 명하였다."

사람이 계속 이어지게 하니, 관(官)을 설치하고 직분을 나누는 뜻이 과연 어디에 있습니까? 청컨대 동서활인서의 관원들을 파면하고 서원(書員)과 고직(庫直)을 구속시켜 죄를 다스리소서" 했다. 임금이 모두 그대로 따랐다. (『실록』)[70]

영조 8년(1732) 하교하시기를 "선대 임금 때부터 활인서를 수도의 동과 서에 두었는데, 그 백성을 위하는 큰 뜻이 오늘에까지 미치고 있다. 그러나 세대가 멀어짐에 따라 기강이 해이해져서 오늘에는 헛되이 이름만 있고 실제가 없다. 하물며 오늘과 같은 때에 어찌 각별히 명령을 하여 격려하지 않으리오. 주린 자는 마땅히 진휼청(賑恤廳)[71]에서 맡고 병자는 활인서에서 맡는데, 백성에서 굶주려 죽는 자가 있으면 이는 진휼청의 책임이고 백성들이 혹 병들어 죽으면 활인서의 잘못이다. 비록 활인서에 단단히 일러두더라도 맨손으로 어찌 살릴 수 있겠는가. 비국(備局)[72]에 분부하여 상당한 약물을 활인서에 나누어주도록 하라. 병은 비록 나았으나 굶으면 반드시 죽게 되니, 지난번 비록 진휼청에서 초기(草記)[73]한 것을 이미 윤허했지만, 다시 진휼청에 단단히 일러두라" 했다. (『문헌비고』)[74]

영조 20년(1744) 『속대전(續大典)』[75]에서 이르기를 "서울의 무녀는 활인서에 소속시킨다"라 했다.

영조 46년 경인(1770) 2월 계유(26일), 임금이 자정전(資政殿)[76]에 나아

---

70) 『숙종실록』 권 32(국편본 39-517).
71) 나라에 재난이 있을 때 굶주린 사람을 구제하기 위한 관청.
72) 비변사의 준말. 원래 변경 문제를 위해 설치한 임시 관청이었으나, 후일 권한이 강화되어 군정과 정무를 함께 처리하는 막강한 권력기구가 되었다.
73) 중앙의 각 관아에서 정무상 그리 중요하지 않은 사항에 대해 간단하게 요지만 기록하여 상주하는 문서를 말한다.
74) 『증보문헌비고』 권 223, 직관고 활인서.
75) 1746년(영조 22)에 간행된 조선시대의 법전. 『경국대전』 이후 새로운 법령들을 보완하였다. 아래 인용문은 권 2, 호조 잡세에 보인다.
76) 경희궁의 정전인 숭정전의 북쪽에 있던 전각.

가 상참(常參)⁷⁷⁾과 아침 경연을 행하였다. 경연이 끝나자 영의정 김치인(金致仁)⁷⁸⁾이 말하기를 "혜민서(惠民署)를 설치한 것은 의약으로 백성의 질병을 치료하기 위한 데에서 나왔으나, 옛 법이 전폐되어 혜택이 백성에게 미치지 못하니, 매우 부당합니다. 더구나 지금 전염병이 치성하여 병자가 서로 이어지고 있으니, 오부(五部)로 하여금 활인서에 필요한 약품들을 곧 혜민서에 보고하고 구해 보내게 하여, 실효가 있게 하소서" 하니, 그대로 따랐다. (『실록』)⁷⁹⁾

정조 4년 경자(1780) 9월 기해(24일), 낮 경연을 하였다. 활인서 제조(提調) 황경원(黃景源)⁸⁰⁾이 특진관(特進官)⁸¹⁾으로 입대(入對)⁸²⁾하여 아뢰었다. "애당초 활인서를 설립한 것은 대개 서울 안의 백성들이 만약 돌림병을 앓을 경우 구제하여 살리게 하기 위한 것이었습니다. 단 활인서에는 원래 재력이 없어서 서울 무녀들의 신포(身布)⁸³⁾를 활인서에서 거두어들여 직원들의 1년 급료를 지급해왔습니다. 그러다가 선대왕(先大王=영조) 갑오년(1774, 영조 50)에 여자들이 내는 신공(身貢)을 폐지하였으므로,⁸⁴⁾ 서울 무녀들이 내는 신포도 따라서 폐지하였습니다. 그 대신 특별히 평안도 별향고(別餉庫)⁸⁵⁾의 돈 580냥을 하사하여, 균역청(均役廳)⁸⁶⁾으로 올려 보내고 균역청에서 본 활인서에 그 대신 지급하라고 명하였습니다. 작년에 경연관

---

77) 대신들이 매일 편전에서 임금에게 국무를 아뢰는 일.
78) 조선후기의 문신. 생몰년 1716(숙종 42)~90년(정조 14).
79) 『영조실록』권 114(국편본 44-348).
80) 조선후기의 문신. 생몰년 1709(숙종 35)~87년(정조 11).
81) 경연에 참여하여 임금의 고문에 응하던 관원으로, 현직 2품관이 겸임했다.
82) 대궐에 들어가 임금의 자문에 응하는 것.
83) 신공(나라에서 부과하는 공물) 대신 바치는 베.
84) 영조 50년 2월 정유(14일)에 취해진 조치(『영조실록』권 122).
85) 서북지방의 군량미 전용 창고 이외의 창고.
86) 균역법과 관련된 사무를 담당하는 관청.

(經筵官) 송덕상(宋德相)[87]의 말에 따라 다시 무녀들의 신포를 받아들이게 했기 때문에,[88] 균역청에서 대신 지급해주던 돈도 폐지하였습니다. 그런데 서울의 무녀들은 이미 지방으로 쫓겨났기 때문에 신공을 거둘 수 없고, 그래서 활인서의 직원들의 1년 급료가 또다시 나올 곳이 없게 되었습니다. 신의 생각에는 국가에서 이미 혜민서를 설치하여 병든 백성들을 구제하게 하였으니, 굳이 또 활인서를 둘 필요는 없으므로 임시로 활인서를 없애는 것이 타당하다고 여깁니다" 했다. 비답(批答)[89]하기를 활인서가 "근래에는 다만 관서의 이름만 있었고 실효가 없었다. 그래서 사람을 구제하는 일만 폐지하였을 뿐만 아니라, 아울러 직원들의 살림살이조차도 폐지되었다고 하니, 경의 요청대로 시행해도 무방할 것 같다. 그러나 내가 망설이는 것은 갑자기 혁파하면 아끼고 예우하는 의리에 어긋날까 염려되고, 또한 명분에 맞는 정사가 아니기 때문이다. 아무튼 묘당(廟堂)[90]으로 하여금 처리하도록 하겠다" 했다. 그뒤 차대(次對)[91]에서 영의정 김상철(金尙喆)[92]이 아뢰기를 "활인서를 형편상 그대로 둘 수 없다면 그 관서를 없애고 혜민서에 합병하는 것이 진실로 타당합니다. 그러나 만일 존양(存羊)이라는 취지[93] 때문에 갑자기 폐지할 수 없다면 대장에 등록된 무녀들을 모두 호조에 예속시켜 일체 세금을 받아들이고 활인서의 급료 지급은 종전대로 균역청에서 하는 것이 타당할 것입니다" 했고, 우의정 이휘지(李徽之)[94]는 "활인서

---

87) 조선후기의 문신. 생몰년 ?~1783년(정조 7). 송시열의 현손이며, 홍국영의 당여.
88) 송덕상이 무포의 복구를 요청한 것은 정조 3년 정월 23일이며(『일성록』), 시행이 결정된 것은 2월 2일이다(『비변사등록』 160책).
89) 상소에 대한 대답.
90) 정무를 총괄하는 국가최고 기관인 의정부의 다른 이름.
91) 한 달에 여섯 차례 의정부당상·대간·옥당 등이 입시하여 중요한 정무를 임금에게 상주하는 일.
92) 조선후기의 문신. 생몰년 1712(숙종 38)~91년(정조 15). 영조 때 『동국문헌비고』를 편찬하였다.
93) 옛 제도를 그대로 따름.

를 혁파한다면 실로 존양의 의의에 어긋납니다" 했다. 호조판서 김화진(金華鎭)[95]은 아뢰기를 "서울의 무녀는 지난번에 이미 한강 밖으로 축출하였으니, 무녀의 세금은 그 읍에서 징수하여 나라에 바치는 옳겠습니다"라고 했다. (『실록』)[96]

고종 6년인 기사년(1865)에 『육전조례(六典條例)』[97]를 완성했는데,[98] 그 중 「활인서」조는 다음과 같다.

"활인서는 도성의 병자들을 구제하고 살리는 일을 담당한다. 제조 1명[종2품]. 별제(別提) 2명[종6품]. 참봉 2명[종9품. 혜민서 의관의 체아직이다]. 이예(吏隸)[99][서원(書員) 2명, 고직(庫直) 1명, 사령(使令) 5명, 구종(駈從) 1명].

〔구료(救療)〕 병자의 유무와 많고 적음을 고직(庫直)이 본서(활인서)에 보고하면 본서에서는 매월 초하루와 보름에 다시 한성부에 보고한다. 병자의 약물은 예조에 보고하고, 예조는 양의사(兩醫司)[100]에 통지하여 들어온 양을 헤아려 활인서에 지급하도록 한다. ○ 외서(外署)의 병막 설치에 필요한 것은 호조에서 선공감(繕工監),[101] 사복시(司僕寺),[102] 군자감(軍資監),[103] 광흥창(廣興倉)[104]에 통지하여 바치도록 한다.

---

94) 조선후기의 문신. 생몰년 1715(숙종 41)~85년(정조 9).
95) 조선후기의 문신. 생몰년 1728(영조 4)~1803년(순조 3).
96) 『정조실록』 권 10(국편본 45-185).
97) 1865년(고종 2) 『대전회통(大典會通)』을 완성했으나, 여기서 빠진 사례가 많아 이를 보완하기 위해 편찬한 일종의 행정법규집이다.
98) 『육전조례』의 완성은 고종 4년(1867) 정묘년이다. 그러므로 고종 6년 기사(己巳)라 한 것은 이능화의 착오이다.
99) 아전과 하인.
100) 전의감(궁중에서 사용하는 의약에 관한 사무를 담당하는 부서)과 내의원(궁중의 의약 담당 부서)의 합칭.
101) 토목과 건축 사무를 관장하는 종3품 아문.
102) 궁중의 말이나 가마에 관한 사무를 맡아보던 부서.
103) 군수품의 비축과 출납 사무를 담당하던 관청.

〔봉용(捧用)〕[105) 균역청이 대신 지급해주는 돈 588냥, 풍덕(豊德)의 위전세(位田稅)[106) 3석, 마른 풀 3동(同)[107)이다[당상관과 낭관(郞官)[108)이 부리는 하인의 급료, 직원의 급료와 각종 부대경비로 사용한다].”

『문헌비고』[109) 속(續)[110) 활인서조에 고종 19년(1882) 혁파했다고 했다.

---

104) 관리의 봉급을 관리하는 호조 소속의 관청.
105) '거두어 사용한다'는 의미이다.
106) 향사(享祀) 등의 일정한 목적에 사용하기 위해 마련한 전토인 위전에 부과하는 세금.
107) 단위의 명칭.
108) 정3품 통훈대부(通訓大夫) 이하 당하관의 통칭.
109) 『증보문헌비고』 권 223, 직관고(職官考).
110) 『증보문헌비고』는 1770년(영조 46)의 『동국문헌비고』를 토대로 보완을 계속하여 완성한 것이다. 그러므로 속(續)이란 1782년(정조 6)의 『동국문헌비고』 이후 보완된 부분에 대한 표시이다.

제9장
무업세(巫業稅)와 신포세(神布稅)
[옛날에는 베로서 화폐를 대신했다]

『고려사(高麗史)』[1]를 살펴보면 "충혜왕(忠惠王)[2] 후(後) 4년(1343)[3] 악소(惡少)[4]를 각도(道)로 나누어 파견해서 산과 바다의 세금을 거두고, 혹은 무당과 장인(匠人)을 업으로 하는 사람들에게서 공포(貢布)[5]를 거두기도 했다"는 기록이 있으며, 조선 세종 초년에 이르러 또한 무업(巫業)에 대해 세포(稅

---

1) 이 부분은 『고려사』 권 124, 열전 37. 폐행 2, 민환전에 보인다.
2) 고려 제28대 왕. 생몰년 1315~44년. 충숙왕의 맏아들로, 1330년 충숙왕에게서 전위를 받아 즉위했으나, 1332년 충숙왕이 복위함에 따라 왕위에서 물러났다. 1339년 충숙왕이 죽자 다시 왕위에 올랐으나, 실정이 많아 1344년 원나라에 의해 폐위되었으며, 원으로 끌려가 게양현으로 유배를 가다가 악양현에서 죽었다.
3) 『고려사』에는 연도 표시가 없으나, 『고려사절요』 권 25에 의하면 충혜왕후 4년 9월의 일이라 했다.
4) 불량배. 악소에 대해서는 다음 글 참조. 김창수 「여대악소고(麗代惡小考)」, 『사학연구』 12(한국사학회 1961).
5) 세금으로 바치는 베.

布)를 거두었다는 기록이 『조선왕조실록』에 보이는데, 이것은 아마 고려의 제도를 계승한 것이 아닌가 한다. 그리고 영조[6] 20년(1744)[7]에 간행된 『속대전(續大典)』[8] 중에 "무녀 한 명당 포(布) 1필(匹)을 거둔다"고 명확히 기재하여,[9] 국고 수입의 한 항목으로 간주했으며 정식 세금[正貢]과 동일시했다.

1. 세종 때의 무세(巫稅)

○ 세종 5년(1423) 여름 6월 경오(21일), 호조(戶曹)[10]에서 아뢰기를 "의정부(議政府)[11]의 수교(受敎)[12] 속에[13] … 무녀와 업중(業中)의 세[14]와 노비의 신공(身貢)[15]과 어살[魚箭][16]의 행장세(行狀稅) 등의 항목처럼 모두 저화(楮貨)[17]로 징수하는 것 또한 위와 같이[18] 숫자를 올려서 시행하소서"

---

6) 원문은 영종(英宗)인데, 조선 제21대 영조(英祖, 1724~76)를 말한다. 원래의 묘호(廟號)는 영종이었으나 1890년(고종 27) 영조로 고쳤다.
7) 『속대전』이 간행된 것은 영조 22년(1746) 4월이다.
8) 조선 영조 22년(1746) 김재로 등이 왕명을 받아 편찬한 법전. 6권 4책. 조선초기에 편찬한 『경국대전』을 보완한 것이다.
9) 『속대전』 호전 잡세조에 보인다. 자세한 내용은 본장 6절 '『속대전』의 무녀 세포(稅布)' 항목 참조.
10) 조선조 때의 호구·공부(貢賦)·전량(田糧)·금화 등에 관한 사무를 맡아보던 관청.
11) 조선시대의 최고 정무기관.
12) 관청에서 임금으로부터 받은 명령.
13) 생략 부분의 내용은 다음과 같다. 일전 저화(楮貨)로 계산한 말의 매매가격을 의정부에 수교(受敎)한 바 있지만, 현재 저화의 가치가 1/3로 폭락했으므로 말의 가격을 재조정해야 한다는 것이다.
14) 업중(業中)이란 남자 무당을 가리키는 말인 것 같다.
15) 노비가 신역(身役, 몸으로 치르는 노역) 대신에 바치는 공물.
16) 물고기를 잡는 기구의 일종. 얕은 바다에 울타리 같은 것을 만들어 밀물 때 고기가 그 안에 들어왔다가 썰물 때 빠져나가지 못하게 해서 잡는다.
17) 조선초기에 사용된 닥나무 종이로 만든 지폐. 태종 원년(1401) 처음 발행했으며, 통용

하니 그대로 따랐다. (『실록』)[19]

○ 세종 8년(1425) 여름 5월 무오(25일), 호조(戶曹)에서 아뢰었다. "전지(傳旨)[20]하시기를 '강원도와 함길도(咸吉道)[21]의 신포세(神稅布)[22] 납부는 다른 도에는 없는 것이므로, 그 폐단을 없애고자 하니 완전히 처리해서 보고하라'고 하신 것을 삼가 받들어 지금 두 도를 살펴보니, (두 도의) 풍속이 음사(淫祀)[23]를 숭상하여 집집마다 베를 신에게 바치는 신폐(神幣)로 사용하며, 무격의 무리들이 어리석은 백성을 꾀어 그 이익을 모조리 차지하니, 진실로 마땅히 엄격하게 금지해야 할 것입니다. 그러나 습속이 이미 오래 되었으므로 한꺼번에 금지하기는 어려울 것 같습니다. 청하옵건대 일반 민호(民戶)에서 징수하는 것은 면제하고, 무격과 소통한 민호는 모두 장부를 작성하여, 잔잔호(殘殘戶)[24]와 홀아비[鰥]·과부[寡]·고아[孤]·늙고 자식

을 위한 여러가지 시책이 베풀어졌으나, 실패로 끝났다.
18) '저화의 가치가 1/3로 하락했으므로 말의 가격을 저화로 계산할 때 종전에 비해 세 배로 올린 것처럼'이라는 뜻이다. 즉 무녀업중세 등을 저화로 징수할 때는 이전의 세 배로 하자는 의미이다.
19) 『세종실록』 권 20(2집 545면).
20) 임금의 명령.
21) 함경도를 가리킨다. 태종 16년(1416)~성종 원년(1470)에 함길도란 이름이 사용되었다.
22) 신을 섬기는 데 사용한 폐백의 일부를 나라에서 세금으로 징수한 베[布]. 조선왕조는 무속 탄압의 일환으로 각종 무세를 징수했는데, 그중 강원도와 함경도에서는 특별히 신세포를 거두었다. 이 지역에서는 베로 신에게 제사하는 풍습이 있고, 그것을 무격이 독차지하므로, 이를 막는다는 명분으로 신세포를 징수했다. 신세포는 호당 해마다 1필씩 징수했고, 그중 1/3은 중앙의 제용감(濟用監)으로 보내고, 나머지 1/3은 감사가, 1/3은 징수한 군현에서 사용했다(『세종실록』 권 29, 세종 7년 7월 을유).
  신포세에 대한 기록은 태종 때부터 등장하나, 그 폐단에 대한 지적이 그치지 않았고, 결국 16세기경에는 폐지된 것으로 짐작된다.
23) 올바르지 못한 제사. 음사에는 두 종류가 있다. 하나는 제사대상이 올바르지 못한 것이고, 다른 하나는 신은 정당하나 제사의 주재자가 올바르지 못한 경우이다.
24) 조선시대에는 민호를 빈부의 정도에 따라 5등급으로 나누었는데, 잔잔호는 그중 가장 영세한 민호.

이 없는 자[獨]를 제외한 나머지 각 호는 호마다 1필로 계산해서 무격의 집에 할당하고 그(할당액의) 3/4을 징수하게 하옵소서.[25] 만약 서울에 상납하는 수가 너무 많으면 반드시 각 고을에서 과중하게 징수하는 폐단이 있을 것이오니, 이제 장차 강원도의 세공(歲貢)[26] 원액(元額) 2천 필과 함길도의 2천5백필을 각각 1천필씩 감하소서" 하니, 그대로 따랐다. (『실록』)[27]

○ 세종 11년(1429) 4월 계사(18일), 예조(禮曹)에서 아뢰었다. "지금 의정부와 여러 조(曹)가 같이 의논하기를 각 고을·각 리(里)의 민호를 가까이 사는 무격에게 나누어 맡겨, 만약 열병을 앓는 호가 있으면 수령이 의생(醫生)과 무격으로 하여금 살피고 치료하게 하되, 혹시 치료에 마음을 쓰지 않을 것 같으면 즉시 죄를 논하고, 연말에 가서 사람을 많이 살린 사람은 무세(巫稅)를 감하여 주거나 혹은 부역(賦役)을 감하여 주시옵소서" 하니 그대로 따랐다. (『실록』)[28]

○ 세종 15년(1433) 11월 갑진(25일), 호조에 전지(傳旨)하시기를 "함길도

---

25) 이 부분에 대한 남북한 『실록』 번역본의 번역이 다르다. 즉 남한의 번역본에서는 "잔잔호(殘殘戶)와 환과고독(鰥寡孤獨) 외의 그 나머지 각 호는 매 호마다 1필로 계산하고 무당의 집은 그 3/4을 징수하게 하소서"라 했고(『세종장헌대왕실록』 5, 244면), 북한의 번역본에서는 "몹시 가난하게 사는 민호와 홀아비, 홀어미, 부모 없는 어린이, 자식 없는 늙은이들 외에 그 나머지 각 민호들에 대해서는 매 호에서 1필씩 바치는 것으로 쳐서 무당들의 집에서 3/4을 거두게 할 것입니다"(『이조실록(李朝實錄)』 21, 276면)라고 했다. 그러니까 남한 번역본에서는 일반 민호는 1필씩, 무당의 집은 3/4필 바치는 것이라 해석한데 반해, 북한 번역본에서는 무당의 집에서 무당을 믿는 전체 민호가 바쳐야 할 신세포 총액의 3/4을 바치는 것이라 했다.

그러나 두 해석 모두에 이상한 점이 있다. 남한 번역본처럼 해석한다면 무당집이 일반 민호보다 신세포 납부액이 적다는 것이 이상하고, 북한 번역본처럼 해석한다면 무당이 민호로부터 직접 신세포를 거두는 셈이 되어 이상하다. 그렇지만 여기서는 일단 북한의 번역에 따랐다.

26) 연말에 바치는 공물.
27) 『세종실록』 권 32(국편본 3-29).
28) 『세종실록』 권 44(국편본 3-176).

방어가 가장 긴요한데, 이제 또 영(營)과 진(鎭)을 증설하였으므로 경비를 조달하지 않을 수 없다. 그러니 강원도에서 거둔 신세포(神稅布)를 경원부(慶源府)과 영북진(寧北鎭)29)으로 옮겨 두어라"고 했다. (『실록』)30)

2. 문종 때의 무세(巫稅)

문종 원년(1451) 4월 경진(12일), 사헌부(司憲府)에서 아뢰었다. "강원도와 함길도 두 도에서는 해마다 신세포를 거두는데, 이는 실로 명분이 없는 세금입니다. 이 지역의 민간에서 신을 제사할 때 사용하는 베는 그들이 장만한 데 따르고 처음에는 길고 짧음을 따지지 않다가, 세금을 거둘 때는 반드시 규정된 규격의 한 필을 채우도록 합니다. 또 신에게 제사할 때 사용한 베는 모두 무당의 집에 귀속되는데, 이제 이미 무세(巫稅)를 징수하면서 또 백성에게도 징수하므로, 백성들은 반드시 따로 세포(稅布)를 장만하여 이를 납부해야 하니, 진실로 불편합니다. 하물며 음사를 금지하는 법을 세워 놓고도 도리어 그 세금을 징수하니 또한 모순된 일이 아니겠습니까? 거기다가 국가에 실어오는 것은 적고, 거의 수령(守令)과 감사(監司)가 함부로 사용하고 있지 않습니까? 설령 무격의 풍속을 모두 없앨 수는 없을지라도 바라옵건대 무세만을 거두고, 평민으로 하여금 신세포를 납부하지 않도록 하시옵소서"라고 하였으나, 허락하지 아니했다. (『실록』)31)

---

29) 세종 때 개척한 6진 지역으로, 경원부는 지금의 함북 경원, 영북진은 지금의 함북 종성이다.
30) 『세종실록』 권 62(국편본 3-527d~528).
31) 『문종실록』 권 7(국편본 6-374).

3. 세조 때의 무세(巫稅)

세조 원년(1455) 7월 병신(23일), 철원부사(鐵原府使) 안자립(安自立)[32]이 임금에게 진정서를 올렸다. "본부(철원부)와 안협(安峽)은 예전에는 경기도에 속하였고, 민간에서는 베를 가지고 신을 제사하지도 않습니다. 그러나 강원도로 이속(移屬)된 이래[33] 관례에 따라 세포(稅布)를 거두고 있습니다. 안협은 이미 세포의 면제를 허용하였으나, 유독 우리 철원부만은 예전과 같으니, 청컨대 같이 면제를 받을 수 있도록 하소서" 하니, 그대로 따랐다. (『실록』)[34]

4. 중종 때의 무세(巫稅)

○중종 12년(1517) 9월 신묘(18일), 조강(朝講)[35]에 납시었다. 신용개(申用漑)[36]가 아뢰기를 "동서활인서(東西活人署)에서 무녀를 명부에 올리고 세금을 거둬들이는데 이것은 혁파해야 할 것입니다. 또한 지방의 무세도 혁파해야 합니다"라고 했다. 지사(知事)[37] 장순손(張順孫)[38]도 말하기를

---

32) 조선초기의 문신. 생몰년 1398~?. 단종 원년(1453) 철원부사로 재직하면서 황보인의 아들 황보석 형제를 체포한 공으로 세조 때 좌익공신(佐翼功臣)에 봉해졌다.
33) 철원과 안협이 강원도에 속하게 된 것은 세종 16년(1434)부터이다. 『신증동국여지승람』 권 47 철원도호부 및 안협현 참조.
34) 『세조실록』 권 1(국편본 7-73면).
35) 아침에 하는 경연. 경연이란 왕이 문신들과 경사(經史)를 강론하고, 이와 관련하여 치도(治道)와 시정(時政)의 득실을 논하는 자리인데, 조선시대에는 단종(端宗) 이후 조강·주강(晝講)·석강(夕講)이라 하여 하루에 세 번 경연하는 제도를 마련했다.
36) 조선전기의 문신. 생몰년 1463~1519년. 신숙주의 손자이며 김종직의 문인. 벼슬은 좌의정에 이르렀다.
37) 조선시대의 관직. 돈녕부·의금부·경연·성균관·춘추관 등에 속한 정2품직. 이 경우

"무격의 일은 과연 신용개의 말과 같습니다. 또 지방에는 신당세포(神堂稅布)와 퇴미세(退米稅)[39] 등이 있는데 이것 모두 무격에게서 거두는 것이니 징수하지 않음이 옳습니다" 하였다. ○승정원(承政院)[40]에 전교(傳敎)[41]하시기를 "무녀의 신당포세의 일은 비록 옳지 못한 것을 억제하기 위해 거두는 것이지만, 거두는 것은 부당하다. 무녀 또한 활인서에 소속하게 하지 말라"고 했다. ○을미(乙未=22일), 승정원이 신포(神布)와 신당(神堂)의 퇴물(退物)을 징수하지 말도록 하라는 전지(傳旨)에 대해 입계(入啓)[42]하니, 전교(傳敎)하시기를 "이제 유옥(柳沃)[43]의 상소[44]를 보니 역시 신포를 거두는 일의 폐단에 대해 말하였다. 당초 이 법을 세운 것은 금지하고 억제하기 위해서였지만, 만약 이를 불변의 규칙으로 여겨 계속 징수한다면 이는 무격의 일을 조장하는 것과 같다. 또 활인서의 무격을 혁파하는 일은 새로 법을 세우는 일이니 또한 대신과 의논해야 한다"고 하시었다. ○병신(丙申=23일), 검상(檢詳)[45] 유돈(柳墩)[46]이 무세포(巫稅布)와 신당의 퇴물을 거두지 말 것 및 무녀를 동서활인서에 소속시키지 말 것 등의 일에 대해 의견을 수렴하여 아뢰었다. 정광필(鄭光弼)[47]·최숙생(崔淑生)[48] 등의 의견은

는 지경연사(知經筵事)를 가리킨다.
38) 조선전기의 문신. 생몰년 1457~1534년. 벼슬이 영의정까지 오름. 김안로의 일파로 사림세력과 대립하였다.
39) 조선시대 무세(巫稅)의 일종으로 신당퇴미세(神堂退米稅)라고도 한다. 신당에서 굿할 때 바친 쌀에 대한 세금.
40) 조선시대 왕명의 출납을 담당하던 기구로 왕의 비서실이라 할 수 있다.
41) 임금의 명령. 전지(傳旨)와 같은 의미이다.
42) 임금에게 구두(口頭)로 아뢰거나 또는 계장(啓狀)을 올리는 일.
43) 조선전기의 문신. 생몰년 1487~1519년.
44) 이날 유옥은 함경북도평사로 신세포 문제 등 다섯 가지 사항에 대해 상소를 올렸다 (『중종실록』 권 29, 중종 12년 9월 을미).
45) 조선시대 의정부에 소속된 정5품의 관직. 상위의 사인(舍人), 하위의 사록(司錄)과 함께 의정부의 실무를 담당했다.
46) 조선 중종 때의 문신. 생몰년은 알 수 없다. 경연관, 사헌부 장령 등으로 활동하였다.

"이는 비록 좋은 법은 아니기는 하나 선대 임금들께서 세를 거두기 위하여 한 일이 아니라 이 또한 금하고 억제하기 위한 하나의 방법입니다. 이제 만약 음사를 금단하지 못하고 단지 세만 거두지 않는다면 음사가 여전하고 무당의 생활물자가 점점 넉넉해질 것이니 선대 임금들의 법대로 하는 것이 마땅할 듯합니다. 또 수령은 법을 세운 본뜻을 모르고 반드시 그 세를 받아야 된다고 생각하여, 진짜 무당이 아니더라도 거짓으로 무안(巫案)[49]에 올려 그 세를 거두는데, 이와같은 것은 그만두어야 옳을 것입니다. 만약 음사를 철저하게 금지시켜 근본을 영영 끊어버린 다음, 세를 징수할 무당이 없어진다면 세를 거두는 법을 비로소 폐지할 수 있을 것이나, 만약 미리 폐지한다면 그 생업을 돕는 것이 될 따름입니다"라고 했다. 신용개(申用漑), 김전(金詮),[50] 이계맹(李繼孟)[51] 등의 의견은 "동서활인서에 속하지 못하게 하고 세포(稅布)와 신당의 퇴미를 거두지 말게 하는 것이 모두 모두 옳습니다"라고 했다. ○정유(丁酉=24일)에 전교(傳敎)하시기를 "무격으로부터 세포를 징수하는 일에 대해 대신들의 의견이 일치하지 않으니 후일 다시 의논하여 하나가 되게 해야 할 것이다"라고 했다. ○영의정 정광필이 의논을 수렴하여 아뢰기를 "무격의 일은 마땅히 그 음사를 철저히 금단해야 할 따름이고 선대 임금의 법을 고칠 필요는 없습니다. 수령들이 본래의 뜻은 모른 채 무격이 없을 수 없다고 생각하여, 만약 죽은 자가 있으면 반드시 그 수를 채워서 세를 거두니 이것은 금지시켜야 합니다"라고 했다. 신용개가 아뢰기를 "신의 생각으로는 세포를 거두는 것이 무속을 금하지 않는 것

---

47) 조선전기의 문신. 생몰년 1462~1538년. 여러차례 영의정을 역임하였다.
48) 조선전기의 문신. 생몰년 1457~1520년. 벼슬이 우찬성에 이르렀다.
49) 무당의 명단을 기록한 장부.
50) 조선전기의 문신. 생몰년 1458~1523년. 조광조 일파와 대립했고, 기묘사화를 일으킨 인물로 후세 비판의 대상이 되었다.
51) 조선전기의 문신. 생몰년 1458~1523년. 좌찬성·병조판서 등을 역임하였다.

과 같은 것이니, 마땅히 일체를 없애버려야 한다고 생각합니다. 그러면 근본이 이미 끊어져서 능히 음사를 금지할 수 있으므로 전날에도 이렇게 아뢰었던 것입니다"라고 했다. 전교하시기를 "영의정의 말이 옳다. 그 세는 폐지하지 말고 음사를 철저히 금지할 것이며, 또한 구차하게 무당의 수를 채우지 말게 하라"고 했다. (『실록』)[52]

○중종 13년(1518) 정월 무오(18일), 조강(朝講)에 나가셨다. 지평(持平)[53] 이우(李佑)가 아뢰기를 "듣자옵건대 전라도 나주(羅州) 금성산 신당(錦城山神堂)[54]의 퇴미를 많이 거두어 귀후서(歸厚署)[55]에 납부한다고 하는데, 지금 음사를 금하고 있는 때에 이와같은 세를 거두니, 이것은 위에서 그렇게 가르쳐서 시킨 대로하는 것입니다. 나주목사(羅州牧使)가 그 사실을 호조와 우리 부(府=사헌부)에 장계했는데, 그 올린 글[정문呈文]에 말하기를 '쌀이 나올 곳이 없기 때문에 무당에게 나누어 징수한다'고 하였습니다"[그때 목사(牧使) 권희맹(權希孟)[56]이 음사를 엄금하여 백성들이 금성산 신당에 올라가 제사를 지낼 수 없게 되었다. 그러나 조정에서는 여전히 퇴미세를 없애지 아니하여, 신당에서는 이전처럼 들어오는 쌀이 없어 부득이 무녀에게 분담시켜 거두게 된 것이다]고 했다. 임금께서 말씀하시기를 "이런 종류의 세금은 이미 거두지 말라고 하였는데, 이것만이 미처 폐지되지 않았는가. 마땅히 살펴서 처리하도록 하라"고 했다.

○기미(己未=19일)에 전교(傳敎)하시기를 "백성들에게 무격의 음사를 금

---

52) 『중종실록』 권 29(국편본 15-329~32).
53) 조선시대 사헌부의 정5품 벼슬.
54) 나주 금성산에는 원래 상실사·중실사·하실사·국제사·예조당이라는 5개의 신당이 있었다고 한다. 금성산 신당에 대해서는 본서 제19장 「지방의 무풍과 신사」 중 8절 '전라도의 무풍과 신사' 참조.
55) 조선시대 관곽(棺槨)을 제조·판매하며, 기타 장례에 관한 일을 맡아보던 관청.
56) 조선전기의 문신. 생몰년 1475~1525년. 조광조가 죽임을 당하자 연루됨을 두려워하지 않고 장례를 성심껏 치러주었다. 강원도 관찰사로 재임중 전염병을 얻어 죽었다.

지하도록 했는데 하물며 그 퇴미를 세금으로 받는 것은 심히 옳지 않으므로 일체 세금을 걷지 않도록 하라" 하셨다. 승지(承旨)[57] 이자(李耔)[58]가 이와 관련하여 아뢰기를 "하교(下敎)하신 바가 지극히 아름답습니다. 다만 귀후서와 동서활인서의 장례와 치료의 비용이 모두 여기서 나오며, 또 무격의 음사를 비록 금하더라도 역시 한꺼번에 없앨 수는 없는 것입니다. 한꺼번에 없앨 수 없는데도 그 세금을 걷지 않으면 국고가 빌까 염려됩니다"라고 했다. 상감께서 전지(傳旨)하시기를 "신당의 세포(稅布)와 퇴미(退米)는 일체 거두지 않는 것이 옳다. 이들 세를 없앨 수 없다고 한 것 역시 무속을 금지하고 억제하려는 뜻에서 그러한 것이겠지만, 해당 부서에서 거두지 말라는 공문을 작성해서 의정부에 보고하여 이를 처리하도록 하라"고 했다. (『실록』)[59]

5. 어숙권(魚叔權) 『패관잡기』의 무포(巫布) 기사

『패관잡기(稗官雜記)』에서 말했다. "세상에 전하기를 관청에서 무당에게 세포를 징수하는 것이 매우 과중하므로, 매양 관차(官差)[60]가 문에 이르러 큰소리로 외치며 들이닥치면 온 집안이 쩔쩔매고 술과 음식을 갖추어 대접하면서 납부 기한을 늦추어 달라고 애걸한다. 이런 일이 하루 걸러 혹은 날마다 계속되어 그 괴로움과 폐해가 이루 헤아릴 수 없었다. 설이 되었을 때 광대들이 이 놀이를 대궐 뜰에서 상연하였더니, 임금께서 명령하여

---

57) 조선시대 승정원의 정3품 당상관. 왕명의 출납을 담당했다.
58) 조선전기의 문신. 생몰년 1480~1533년. 온건 사림파로 급진 사림파와 훈구세력의 반목과 대립을 해소하고자 노력했으나, 기묘사화에 연루되어 숙청되었다.
59) 『중종실록』 권 31(국편본 15-392면).
60) 관아에서 파견한 군뢰, 사령 따위의 아전.

세금을 면제하게 했다고 한다."

6. 『속대전』의 무녀 세포(稅布)

영조(英祖) 20년(1744)에 간행된 『속대전(續大典)』, 「호전(戶典)」 '잡세(雜稅)'[61]조에 다음과 같은 기록이 있다. "지방의 무녀에 대하여는 장부에 등록하고 세금을 징수한다[1인당 세목(稅木)[62] 1필이며, 대동목(大同木)[63]의 예에 따라 5승목(升木)[64] 35척(尺)을 기준으로 한다. 역가(役價)[65]를 환산함에 있어서도 또한 같다. ○함경도 명천(明川) 이남은 정포(正布)[66]로 걷는데, 역시 5승포(升布)로 한다. 대신 돈으로 바칠 때는 1필에 2냥 5전으로 한다. ○양서(兩西)[67]의 무녀세는 전부를 관향사(管餉使)[68]가 회록(會錄)[69]한다].

7. 『성호사설(星湖僿說)』의 무세(巫稅) 기사

이익(李瀷)[70]의 『성호사설』[71]에 다음과 같은 기록이 있다. "『국어(國

---

61) 전세와 공물과 구분되는 기타의 잡종세.
62) 세금으로 바치는 면포[綿布, 무명베].
63) 대동법에 따라 바치는 면포[무명베].
64) 5승으로 짠 베. 승(升)은 베의 곱고 거친 정도를 표시하는 단위로 1승은 80올이다. 5승포라면 중등급의 베이다.
65) 일한 품삯.
66) 마포(麻布), 즉 삼베. 함경도만 예외적으로 목면이 아닌 마포로 징세한 것은 이 지역이 목화 재배와 목면 생산이 부진했으므로 취해진 조처이다.
67) 해서와 관서, 즉 황해도와 평안도의 합칭.
68) 평안도의 군량을 관리하는 벼슬. 평안감사가 겸직한다.
69) '국가 소유의 물품을 모아서 임시로 관리한다'는 의미이다.

語)』[72]에 '백성들 가운데 정신이 맑으며 집중력이 뛰어난 사람에게 신명(神明)이 내리는데, 남자에게 내린 것을 격(覡)이라 하고 여자에게 내린 것을 무(巫)라 한다'고 했다. 그러나 요즈음 세상에는 여자 무당이 전국에 두루 퍼져 있으며, 들린 귀신도 요사한 마귀의 종류이다. 민간의 풍속에서는 음악을 연주하고 기도와 축원을 하면서 이를 신사(神事)라 하는데, 법으로 능히 금하지 못하고 있다. 금하지 못하는 것이 아니라 권장하는 까닭이 있다. 무릇 무녀들은 모두 세금을 내고, 관에서는 그 물건으로 이득을 보는데 무녀의 재물은 어디에서 나오겠는가. 이는 모두 기도하는 데서 나오는 것이니, 그래서 금하기 어려운 것이다. 『주례(周禮)』[73]에 무관(巫官)[74]을 둔 것은 그 뜻이 옛날에는 귀도(鬼道)를 숭상하여 재앙이 있으면 반드시 빌었기 때문이다. 그러나 지금 국가의 사전(祀典)[75]에 무당을 쓰지 않으니 그 의식이 지극히 바른 것이다. 그러므로 무당을 마땅히 배척하고

---

70) 조선후기의 실학자. 생몰년 1681~1763년. 호는 성호(星湖). 평생 안산 첨성리에 은둔하여 탈주자학적 경세치용의 학문에 정진하였다.
71) 성호 이익의 저술. 이익이 40세 전후부터 생각이 미치는 대로 그때그때 적어둔 것을 그의 나이 여든에 조카들이 정리한 것이다. 천지문·만물문·인사문·경사문·시문문 5부분으로 이루어져 있으며, 아래의 기사는 권 7. 인사문 무조에 보이는 것이다.
72) 중국 춘추시대의 역사를 기록한 책으로 『춘추외전』이라고도 한다. 『춘추좌전』이 춘추시대사를 노나라 중심으로 기술한 데 비해, 『국어』는 진·초를 비롯한 여덟 제후국의 역사를 나라별로 기록했다는 특징이 있다. 좌구명의 저술이라고 전하나, 믿기 어렵다.
『성호사설』에서 인용한 부분은 「초어」 가운데 초 소왕과 대부 관사부의 대화에 나오는 내용이다.
73) 주나라의 제도를 이상화하여 정리한 유교경전. 『주관』이라고도 한다. 주공의 저술로 전하나 이론이 많다. 주나라의 제도를 천관·지관·춘관·하관·추관·동관의 육관으로 나누고 이에 속하는 직장(職掌)을 자세히 기록하였다. 한나라 정현(鄭玄)의 주(註)와 당나라 가공언(賈公彦)의 소(疏)가 있다.
74) 무당과 같은 일을 하는 관리. 『주례』에는 사무·여무·남무·무마 등의 관직이 확인된다.
75) 국가 제사 또는 국가에서 제사하는 신들의 목록. 이 경우는 전자의 의미이다.

근절하는 데에도 겨를이 없는데 또 어찌 세금을 거둔다 말인가. 이미 세금을 거두면서 또 그 귀신 섬기는 것을 처벌하여 많은 속전(贖錢)을 받아 관에서 이득을 보니, 이는 관에서 금하는 것이 아니오, 그 본의는 돈과 베를 거두어들이는 데 있는 것이다. 그래서 가까이는 서울에서부터 멀리는 주읍(州邑)에 이르기까지 모두 주무(主巫)[궁무(宮巫)를 이름하여 국무(國巫)라 하고, 주군(州郡)의 주무(主巫)를 이름하여 내무녀(內巫女) 혹은 내무당(內巫堂)이라 한대가 있어, 마음대로 출입하므로 백성들의 풍습이 따라가는 것이다. 무당들은 한결같이 신이 내려온다고 말하지만, 이는 곧 사람이 부르는 것이지 귀신이 강제하는 것은 아니다. 옛날에는 남자 무당[覡]도 있고 여자 무당[巫]도 있었는데, 지금은 다만 여자 무당만 존재한다. 이것은 대개 안팎을 출입하면서 사람들에게 친근하여 이익을 도모하는 데 있어, 남자가 여자만 못하기 때문이다. 그리하여 남자 무당이 마침내 없어지게 된 것이다."

8. 『연려실기술』의 무포(巫布) 기사

이긍익(李肯翊, 영조 때 사람)[76]의 『연려실기술』[77]에서 말했다. "평론(平論)[78]하여 말한다. 우리 동방은 서울로부터 두루 8도에 이르기까지 무격의 번성함이 거의 남초(南楚)[79]보다도 심한데, 이것은 부녀자들과 어리석은

---

76) 조선후기의 학자. 생몰년 1763~1806년. 그의 가문은 전통적 소론이었고 정쟁으로 말미암아 많은 피해를 입었다. 그래서 벼슬을 단념한 채 역경과 빈곤 속에서 학문에 전념했다. 그의 학문은 양명학과 관련이 깊다.
77) 이긍익이 기사본말체의 형식을 빌려 찬술한 조선시대의 역사서. 연려실은 이긍익의 호이다. 전사본이 많고 정본이 없어 필사본에 따라 차이가 있다. 이 인용문도 조선고서간행회본 『연려실기술』 별집 권 4, 사전전고 음사조에만 보이는 내용이다.
78) 시비득실을 분별하는 논의.

백성들이 지성으로 믿고 부지런히 섬기는 탓이다. 재산을 없애고 풍속을 그르치며 나라의 기강을 경멸하고 거리와 마을을 음란하게 함이 이보다 더 심한 것이 없다. 여러 읍의 수령들 중에 간혹 그것을 몹시 싫어하는 자가 있어 마음속으로는 쫓아내고 철저하게 금지하고자 하지만, 해마다 무포를 거두어들이는 이익이 있는 까닭에 이를 탐하여 감히 다스리지 못하니 개탄할 일이다."

9. 정조 때의 무포(巫布)

정조[80] 4년(1780) 9월 기해(24일), 활인서 제조(提調)[81] 황경원(黃景源)[82]이 아뢰었다. "우리 활인서는 원래 재력이 없어, 오직 서울 무녀의 약간의 신포(身布)를 우리 활인서에서 받아서 직원들의 1년 급료를 지급해왔습니다. 그런데 선대왕(先大王=영조) 갑오년(영조 50년, 1774)에 여공(女貢)[83]을 폐지하므로 서울 무녀의 신공(身貢)[84] 역시 따라서 폐지되었습니다. 그래서 균역청(均役廳)[85]에서 우리 활인서에 직원 급료를 대신 지급해주었습니다. 작년 경연관(經筵官)[86] 송덕상(宋德相)[87]의 말에 따라 다시 무녀에게

---

79) 춘추·전국시대 초나라는 중국의 남방에 있었기 때문에 중국의 남방을 남초라고 한다.
80) 원문은 정종인데, 조선 제22대 정조(1776~1800)를 말한다. 원래의 묘호는 정종이었으나, 고종 27년(1890) 정조로 고쳤다.
81) 조선시대 중앙 관직의 하나. 당상관 이상의 관원이 없는 관아에 당상관이 겸직으로 배속되어 각 관아를 통솔하던 관직.
82) 조선후기의 문신이며 예학자. 생몰년 1709~87년.
83) 여자가 바치는 신공. 징세 대상은 주로 여자 공노비이다.
84) 공노비들이 노역에 나가지 않는 대신 바치는 현물
85) 영조 26년(1750) 균역법 실시에 따른 여러가지 사무를 맡아보던 관청.
86) 경연을 맡은 관원.
87) 조선후기의 문신. 생몰년 ?~1783년. 송시열의 현손. 한때 홍국영의 뒷받침을 받기도

베를 거두었기 때문에 균역청에서 대신 경비를 지급하던 것을 중지했습니다. 그러나 서울 무녀를 지방으로 쫓아버렸기 때문에 우리 활인서의 직원들의 1년 급료가 또다시 나올 곳이 없어졌습니다"라고 했다. 호조판서 김화진(金華鎭)[88]이 아뢰기를 "서울의 무녀들은 이미 강 밖으로 쫓아내었으니 무세는 해당되는 읍에서 거두어들이는 것이 마땅합니다"라고 했다. (『실록』)[89]

정조 9년(1785) 간행된 『대전통편(大典通編)』[90]에 이르기를 "서울의 무녀는 강[91] 밖으로 쫓아내며, 포(布)를 거두는 것은 지금부터 폐지한다"고 했다.

10. 북관(北關)의 무포(巫布)

홍양호(洪良浩, 정조 때 사람)[92]의 『이계집(耳溪集)』[93]에 수록된 「북새잡요(北塞雜謠)」에서 말했다.

"북관(北關)[94]의 풍속은 귀신을 좋아하여,

했으나, 결국 노론벽파로 몰려 죽임을 당한다.
88) 조선후기의 문신. 생몰년 1728~1803년. 1796년 호조판서에 임명되어 주전(鑄錢)사업과 전세(錢稅) 문제를 관장하였다.
89) 『정조실록』 권 10(국편본 45-185면).
90) 정조 9년(1785) 『경국대전』 『속대전』 및 이후의 법령을 통합하여 편찬한 법전으로 6권 5책. 이 인용문은 호전 잡세조에 보이는 기사이다.
91) 한강을 말한다.
92) 조선후기의 문신. 생몰년 1724~1802년. 호는 이계. 청조 고증학을 수용·보급하는데 기여했으며, 『해동명장전』 등 많은 저술을 남겼다.
93) 이계 홍양호의 시문집. 전 38권 17책. 아래의 시는 『이계집』 권 1에 수록되어 있으며, 제목은 「북속(北俗)」이다.
94) 함경도를 군사상으로 구분하여 마천령 이북을 북관, 이남을 남관이라 했다. 북관은 관

남자 무당을 일컬어 스승[師]이라 한다네.
　　스승이란 사람들이 존중하는 바인데,
　　어찌하여 너는 이름을 여기서 따왔는가?
　　장님은 점술(占術)을 가르치고
　　선사(禪師)는 염불을 가르치는데
　　너의 술법이 괴이하니 사람들 중 누가 너의 술법을 배우겠는가?
　　무덤 사이의 술과 음식으로 겨우 한 번 배불리 먹는데
　　세포(細布)와 면사(綿絲)는 어디서 나오는가?[북관의 남자무당은 으레 세포와 면사로 세금으로 내기 때문에 이렇게 말한 것이다.]"

11. 신세(神稅)에 관한 기사

　　정동유(鄭東愈, 정조 때 사람)[95]의 『주영편(晝永編)』[96]에서 말했다. "『동국여지승람』[97]에 의하면 '현풍현(玄風縣)에는 사당이 있는데 모시는 신을 정성대왕(靜聖大王)[98]이라 칭한다. 기도하면 바로 감응하는 까닭에 이를 제사하는 사람이 폭주했으며, 제사에 사용한 종이와 베는 활인서로 보낸다'라고

　　북·북도라고도 했다.
95) 조선후기의 실학자. 생몰년 1744~1808년. 한글을 연구하여 우리 문자의 우수성을 밝히는 데 기여했다.
96) 정동유가 천문·역상·풍속·제도·언어·문학·풍습·물산 등 여러 분야에 걸쳐 고증 비판을 가한 만필집. 전 4권 4책으로 필사본.
97) 조선전기의 대표적인 관찬 지리서. 성종 17년(1486) 노사신 등이 완성했고, 중종 25년(1530) 이행 등이 신증했다. 이 인용문은 『신증동국여지승람』 권 27 현풍현 사묘조에 보인다.
98) 현풍 비슬산의 산신. 『삼국유사』 권 5 포산이성조에 의하면 정성천왕은 일찍이 가섭불(迦葉佛)에게 '이 산중에서 1천이 출가하는 것을 보고 나머지 업보를 받겠다'는 맹세를 했다고 한다.

했다. 대저 어리석은 백성이 음사에 유혹되어 종이와 베를 낭비하는 것은 법에서 마땅히 금해야 하는 것이다. 설령 금하지는 못한다고 하더라도 어찌 정세(正稅)로 간주하여 공적인 일에 쓸 수 있겠는가. 조선왕조 건국 초와 같은 밝게 다스리던 시대에 아마 이랬을 리가 없으며, 설사 이런 일이 있었다고 하더라도 반드시 한두 관원이 수탈하던 잘못된 예에서 나왔을 것이다. 마치 지금 풍덕(豊德) 덕물산(德物山)의 최영(崔瑩) 장군 사당[99]에서 기도에 사용한 물건으로 관청의 비용을 보충하는 것과 같은 것이며, 결코 법령에 수록되어 있는 바가 아닐 것이다. 이것은 필경 책(『동국여지승람』)을 편찬할 때 두루 생각하지 않고서 잘못 기록한 것일 것이다."

12. 순조 때의 무세(巫稅)

『만기요람(萬機要覽)』[100][순조[101] 때 임금의 명령을 받들어 지음], 「재용편(財用編)」'무세조(巫稅條)에서 말했다. "경기・삼남(三南)[102]・강원도의 무녀는 장부에 기록하고 세를 거두되 1인당 세목(稅木) 1필로 한다[돈으로 대신 납부하면 3냥 5전]. 함경도 남관(南關)[103]에서는 1인당 5승(升) 정포(正布) 1필로 하되 돈으로 대신 납부하게 한다[영조 신유년[104] 본도(本道=함경도)의 장

---

99) 최영 장군과 그의 처자를 모신 사당. 한국의 대표적인 신당이며, 처녀로 하여금 최영의 신을 모시게 한 것으로도 유명하다. 秋葉隆 「三神山」, 『朝鮮民俗誌』(六三書院 1954) 참조.
100) 조선후기의 재정・군사를 설명한 책으로, 순조 9년(1809) 심상규 등이 편찬하였다.
101) 원문은 순종인데, 조선 제23대 순조(1800~34)를 말한다. 원래의 묘호는 순종이었으나, 고종 27년(1890) 순조로 고쳤다.
102) 남쪽의 3개 도. 즉 충청도・전라도・경상도를 말한다.
103) 함경남도 마천령 이남의 땅. 관남이라고도 한다.
104) 영조 17년(1741).

계(狀啓)에 의거하여 매필에 한 냥씩 덜어 2냥 5전으로 규정을 삼았다[105]]. 북관(北關)은 주창(州倉)[106]에 회록(會錄)하고, 양서(兩西)는 관향사(管餉使)가 회록(會錄)한다. 서울은 활인서에 속하게 했으나 정유년[107]에 모두 강 밖으로 내쫓았으므로 세납전(稅納錢)은 균역청(均役廳)에서 대신하여 활인서에 지급하도록 한다[경기도는 23필, 공충도(公忠道)[108]는 3동(同)[109] 26필, 전라도는 8동 15필, 경상도는 10동 22필, 강원도는 1동 11필, 함경도는 2동 29필[110]]."

---

105) 『탁지지(度支志)』 외편 권 8 「무포사실(巫布事實)」조에 의하면 함경도 명천 이남의 무녀세포를 전(錢) 2냥 5전으로 납부하도록 한 것은 영조 17년(1741) 함경감사 박문수의 건의에 의한 것이라 한다.
106) 주(州)에 있는 미창. 주의 쌀 곳간.
107) 정조 원년(1777).
108) 충청도.
109) 1동은 50필.
110) 평안도와 황해도를 제외한 지역의 무세의 총계는 1,326필이 된다. 그래서 순조 연간의 무격의 숫자를 약 2천명으로 추산한 연구도 있다. 村山智順 『朝鮮の巫覡』(朝鮮總督府 1932) 7면.

제10장

무병(巫兵) 제도

고려말에 무당으로 하여금 말을 내게 하여 군용에 충당하라는 명령이 있었다.[1] 그리고 조선조 말에는 무당으로서 병사를 삼았으니, 충익위(忠翊衛) 무병(巫兵)·난후포수(攔後砲手)·무부군뢰(巫夫軍牢) 등이 그것이다.

---

1) 『고려사』 권 79, 식화지(食貨志) 2 과감(科斂).

1. 충익위(忠翊衛)[2] 무병[3]

정종(正宗)[4] 즉위년 병신(1776) 9월 경인(22일), 동래부사(東萊府使) 유당(柳戇)[5]이 상소했다. "우리 부(동래부)에 큰 걱정거리가 있으니, … 셋째는 군병(軍兵)의 신역(身役)의 중복[疊役][6]입니다. … 이른바 신역의 중복이란 다음과 같은 것입니다.[7] … 충익위와 무녀(巫女)와 시노(寺奴) 66명.[8]

---

2) 조선시대 원종공신(原從功臣)의 자손들로 조직된 군대이며, 교대로 궁중의 번을 들었다.
3) 아래 인용문에 두 차례나 '충익위무녀(忠翊衛巫女)'라는 표현이 나오기 때문에, 이능화는 충익위에 무병(巫兵)이 소속된 것으로 파악하였다. 그러나 무녀는 공신의 자손이 아니므로 충익위에 소속될 수 없으며, 따라서 '충익위무녀'는 충익위와 무녀로 띄어보아야 한다. 그러나 무녀가 군병의 첩역(疊役)을 논하는 자리에서 무녀가 거론되는 이유는 모르겠다.
4) 정조(正祖)를 가리킨다.
5) 조선후기의 문신. 생몰년 1723~94년. 1753년(영조 29) 문과 급제 후 동부승지·안동부사·병조참의·공조판서 등 내외의 요직을 두루 거쳤다. 시호는 효간(孝簡).
6) 한 사람이 두 가지 역(役)을 지는 것.
7) 이하의 내용은 동래부에서 실제로 역을 질 수 있는 사람이 6,881구인데, 할당된 수는 12,450명이므로 신역을 이중으로 지는 사람이 5,569명이나 된다는 사실을 지적하는 것이다. 이해의 편의를 위해 이 부분의 원문을 제시하면 다음과 같다.
"소위첩역운자(所謂疊役云者), 갑오식인구남정일만이천오백구십사구(甲午式人口男丁一萬二千五百九十四口), 노약급유교생면역자(老弱及儒校生免役者), 오천칠백십삼구(五千七百十三口), 응역재류천팔백팔십일구(應役纔爲六千八百八十一口), 이수포원방군(而收布元防軍), 위삼천삼백이십이명(爲三千三百二十二名), 자오(束伍)·아병(牙兵)·봉군(烽軍)·발군(撥軍)·목자위이천사백이십륙명(牧子爲二千四百二十六名), 충익위(忠翊衛)·무녀(巫女)·사노위륙십륙명(寺奴爲六十六名), 수영급각진주사위삼백삼십구십일명(水營及各鎭舟師爲三千三百九十一名), 진상해한급각색보장인악공(進上海漢及各色保匠人樂工), 위구백십구명(爲九百十九名), 역리(驛吏)·교원(校院)·아문소속위륙백사십명(衙門所屬爲六百四十九名), 왜관연향소속위일백륙십명(倭館宴享所屬爲一百六十名), 본부각청무사군졸위일천일백구십칠인(本府各廳武士軍卒爲一千一百九十七人), 삼반관속위이백이십명(三班官屬爲二百二十名), 도합일만이천사백오십명(都合一萬二千四百五十名), 불족이위첩역자(不足而爲疊役者), 위오천오백륙십구명(爲五千五百六十九名). 신부여왜상린(臣府與倭相隣), 조석대변(朝夕待變), 시의주무호분경중(視義州無毫分輕重), 이독유신포군삼천삼

… 바라옵건대 신포(身布)⁹⁾를 내는 군사의 숫자를 줄여주시고, 특히 도신(道臣)¹⁰⁾으로 하여금 각읍(各邑)에 이정(移定)¹¹⁾하도록 하며, 그 나머지 충익위와 무녀 등 일체 정액(丁額)¹²⁾은 모두 신(臣)의 부(동래부)의 군총(軍總)¹³⁾으로 삼도록 허락하소서." (『실록』)¹⁴⁾

2. 난후¹⁵⁾ 포수(攔後砲手)

고종 9년 임신(1872) 5월 15일 무술(戊戌)에 충청수영(水營)의 포과(砲科) 설치 요청을 허락했다. 의정부(議政府)에서 아뢰기를 "충청수사(忠淸水使) 이규안(李奎顔)이 보고한 바를 보니, 도내의 무부(巫夫) 가운데 대포에 정통한 자 3백명을 엄선하여 난후포수라 이름하고 청(廳)을 설치하여 교대 근무시키려고 한다 하니, 보고한 바에 따라 윤허하시기를 청합니다"라고 해서, 이를 윤허했다. (『일성록』¹⁶⁾)

박제형(朴齊炯)¹⁷⁾이 지은 『근세조선정감(近世朝鮮政鑑)』¹⁸⁾에서 말했다.

백이십이인(而獨有身布軍三千三百二十二人), 신하감망비의주(臣何敢望比義州), 걸견신포지군(乞蠲身布之軍), 이특령도신이정각읍(而特令道臣移定各邑), 기여충익위무녀등(其餘忠翊衛巫女等), 일절정액(一切丁額), 병허위신부군총(竝許爲臣府軍總)."
8) 이것은 동래부에 할당된 수포(收布) 대상과 인원을 열거하는 가운데 포함된 내용이다.
9) 군역 등의 신역(身役)을 실제 지는 대신에 바치는 포(布).
10) 도의 장관인 관찰사의 이칭(異稱). 이 경우는 경상도관찰사.
11) 신역 부과 인원의 숫자를 다른 지역으로 옮겨서 정한다.
12) 할당된 국역 부담자의 숫자.
13) 군대의 정원 규정에 의한 군사의 총수.
14) 『정조실록』 권 2(국편본 44-629).
15) 후방을 방어한다는 의미이다.
16) 영조 36년(1760) 1월부터 융희 4년(1910) 8월까지 역대 임금의 말과 행동을 기록한 책. 정조가 세손으로 있으면서 기록하기 시작했고, 즉위한 뒤에는 각신에게 대필하게 했으며, 나중에는 규장각에서 편찬하였다. 2,329책이며, 국보 제153호로 지정되었다.

"병인양요에서[19] 교훈을 얻은 대원군은 대대적으로 군비를 정돈했는데, 전담기관을 설치하여 대포를 주조하고 화약을 제조했다. 팔도의 배우[배우는 또한 광대라고 하는데, 곧 무부(巫夫)이다]와 놀이패의 무리들을 대오로 편성하여 총포에 대한 기술을 연습하도록 하고, 난후군(攔後軍)이라 이름하여 여러 고을[州郡]에 배치하였다."

3. 무부군뢰(巫夫軍牢)[20]

나는 괴산군(槐山郡)에서 성장했는데, 어린 시절에 본 바로는 군수가 외출할 때면 일반 관속이 모두 수행을 했다. 그 가운데 붉은 옷을 입은 자를 무부군뢰·무부사령(巫夫使令)이라 하는데, 이들은 뿔피리를 불면서 기예를 부리거나, 혹은 곤장을 들고 앞에서 인도를 했다. 대개 옷 색깔을 달리한 것은 천역(賤役)임을 나타내기 위한 것이다. 이것이 곧 대원군의 집정 때 각 군(郡)에 있는 배우들을 대오에 편성하고 이름하여 난후군이라 한 것이다.

---

17) 박제경의 잘못으로 추측된다. 박제경은 김옥균계의 개화파 인물로 갑신정변에 참여했다가 민중의 손에 죽임을 당했다. 이광린 「근세조선정감에 대한 몇가지 문제」, 『한국개화사 연구』(일조각 1969) 237~57면.
18) 대원군 집정 시기 한국 정치사의 이면을 기록한 야사로 1886년 일본 동경에서 간행되었다. 원래 상하 2권이었던 것 같으나, 현재는 상권만 전해지고 있다. 1981년 탐구당에서 번역본(이익성 역)이 간행된 바 있다.
19) 1886년(고종 3) 프랑스 함대가 조선의 천주교 탄압을 구실로 강화도를 침입했다가 격퇴당한 사건.
20) 조선시대, 죄인을 다루는 일을 맡아보던 병졸.

제11장
요망한 무당과 음사(淫祀)를 금하다

1. 태조 때 요망한 무당을 금하다

〔**복대(卜大)가 죽임을 당하다**〕 태조 7년 무인(1398) 여름 4월 경인(3일), 요망한 인물[妖人] 복대(卜大)가 처형당했다. 복대는 문주(文州)[1] 사람으로, 여자 옷을 입고 무당 노릇을 하면서 어리석은 백성들을 현혹하고 어지럽혔다. (『조선왕조실록』)[2]

---

1) 함경도 문천(文川).
2) 『태조실록』 권 13(국편본 1-120).

2. 태종 때 음사를 금하다

〔**내행기은(內行祈恩)**〕 태종 11년(1411) 여름 5월 계미(23일), 예조에서 보사(報祀)[3]의 제도에 대해 아뢰었다. 임금께서 예조에 명하시기를 "송악(松岳)[4] · 덕적(德積)[5] · 감악(紺岳)[6] 등의 명산의 신에게 축문을 짓고 신하들을 보내어 제사하는 것은 예의에 맞는 것이다. 그러나 전조(前朝=고려) 이래로 내행기은이라 하면서 사계절마다 왕이나 왕비가 내시 · 사약(司鑰),[7] 무격들로 하여금 은밀히 이름도 없는 제사를 행하여 오늘에 이르도록 그치지 않는데, 이는 예에 어긋나는 것이다. 너희들은 전조의 사전(祀典)에 기재되어 있는 바를 처음부터 끝까지, 또 본(本)과 말(末)을 모두 기록하여 알리도록 하라. 나는 마땅히 예에 합당하게 행할 것이다"라고 했다. (『실록』)[8]

〔**별기은의 혁파를 명하다**〕 태종 11년(1411) 가을 7월 갑술(15일), 예조에 명하여 덕적 · 감악과 개성대정(開城大井)의 제례(祭禮)를 정하였다. 이보다 앞서 국가에서 전조(前朝=고려)의 잘못을 이어받아 덕적 · 백악(白岳) · 송악 · 목멱(木覓)[9] · 감악 · 개성대정 · 삼성(三聖)[10] · 주작(朱雀)[11] 등지에 봄

---

3) 기우제를 행하여 효과가 있으면 신에게 보답하기 위하여 지내는 제사.
4) 개성 북쪽에 있는 산.
5) 경기도 개풍군에 있는 산, 덕물산(德勿山)이라고도 한다. 여기에는 최영 장군을 모신 장군당이 있어 무속의 성지로 유명하다.
6) 경기도 파주군 적성면에 있는 산.
7) 궁궐 안의 각종 열쇠를 관리하는 액정서의 정6품 잡직 벼슬.
8) 『태종실록』 권 21(국편본 1-583).
9) 서울의 남산.
10) 중국 남방의 신으로 뱃길의 안전을 주관했으며, 고려 충렬왕에게 시집온 원나라 공주(齊國大長公主제국대장공주)가 이 신앙을 가져왔다고 한다(『태종실록』 권 22, 태종 11년 7월 갑술). 그리고 삼성을 모신 삼성당사는 풍덕군에 있었다(『신증동국여지승람』 권 13, 풍덕군 사묘). 그런데 『시용향악보(時用鄕樂譜)』에는 장독(瘴毒)을 몰아내는 신으로 삼성대왕(三城大王)이 등장하는데, 이것이 바로 삼성(三聖)이 아닌가 한다.
　삼성의 정체에 대해서는 여러가지 설이 있지만, 역자는 중국의 마조(媽祖, 천비天妃

과 가을로 별기은(別祈恩)을 했는데, 이때마다 내시·무녀·사약을 시켜 제사하고, 또 여악(女樂)12)을 베풀게 했다. 이때에 이르러 임금이 "신은 예(禮)가 아닌 것을 흠향하지 않는다" 하고, 널리 고전을 조사하여 모두 없애고, 내시별감(內侍別監)으로 하여금 향을 받들어 제사지내게 했다. 예조에서 아뢰기를 "근자에 송악·백악·감악 등지에 내시·무녀·사약 대신에 별감(別監)을 시켜 향을 받들어 제사를 행하라는 명령이 있었습니다. 우리 예조의 월령(月令)13)를 살펴보면 백악 등지에 봄과 가을로 제사지내는 것이 있는데, 또 별기은(別祈恩)을 함은 중첩하여 행하는 것입니다"라고 했다. 임금이 말하기를 "별기은은 행한 지가 오래이니, 폐할 수 없다"고 했다. (『실록』)14)

〔주작 제사를 폐지하다〕 태종 11년(1411) 12월 기미(9일), 주작을 궁궐의 남쪽에서 제사하는 것을 폐지했다. 예조에서 아뢰기를 "사전(祀典)을 살펴보면 주작의 신만 따로 남방에서 제사하는 것은 옳지 않습니다" 하니, 그것을 없애라고 명령했다. (『실록』)15)

또는 천후天后라고도 함)이 아닌가 한다. 주요한 근거로는 ① 삼성은 뱃길의 안전을 주관했다는데, 마조 역시 해양의 여신인 점, ② 삼성은 중국 남방의 신이라 했는데 마조의 고향이 중국의 복건성인 점, ③ 마조는 천리안·순풍이, 혹은 용왕·소성(용왕의 사위)과 함께 3위로 모셔지기도 했다는 점 등을 들 수 있다.

마조가 용왕·소성과 함께 모셔진 데 대해서는 홍익한『조천항해록』천계 4년(1624) 8월 19일조(『국역 연행록선집』Ⅱ, 166면) 참조.

11) 4신의 하나. 붉은 봉황으로 남쪽 하늘을 맡은 신령. 구체적으로는 28숙(宿) 중 남방에 있는 정(井)·귀(鬼)·유(柳)·성(星)·장(張)·익(翼)·진(軫)의 일곱 성수를 연결하여 형상화한 것. 고려시대 주작신당(朱雀神堂)에 대해서는 송도 본궐 남훈문 밖이라는 설(『태종실록』권 22, 태종 11년 7월 갑술)과 일명 당두산(堂頭山)으로 풍덕군 장원정 서쪽 바닷가라는 설(『신증동국여지승람』권 13, 풍덕군 사묘)이 있다.
12) 여자 기생의 노래와 춤.
13) 1년 동안의 행사계획표.
14) 『태종실록』권 22(국편본 1-595).
15) 『태종실록』권 22(국편본 1-613).

〔무격이 말의 신을 제사하다〕 태종 13년(1413) 11월 경진(4일), 예조에서 아뢰기를 "사복시(司僕寺)[16]에서 무격을 시켜 말의 신[馬神]에게 제사하는데, 이는 음사입니다. 청컨대 마조(馬祖)[17]·마보(馬步)[18]·마사(馬社)[19]·선목(先牧)[20]의 신에게 제사하되, 사복시 소속의 관리로 하여금 향을 받아 제사지내게 하소서" 하니 그대로 따랐다. (『실록』)[21]

〔무녀 보문(寶文)을 먼 곳으로 유배하다〕 태종 18년(1418) 봄 2월 임진(11일), 형조에서 맹인과 무녀의 처벌을 청하면서 아뢰기를 "맹인 점쟁이는 자기 직업에 정통하지 못하여 성령대군(誠寧大君)[22]의 생명을 연장할 수 있다고 아뢰었고, 또 국무(國巫) 가이(加伊)는 기양(祈禳)을 하고서도 화를 면하지 못하게 했고, 무녀 보문(寶文)은 병세를 살피지 못하고 궁궐에서 잡신(雜神)에게 음사하여 뜻밖의 일이[23] 발생한 데 이르게 했으니, 청컨대 모두 법대로 처치하소서" 했다. 임금이 명하기를 "맹인과 가이(加伊)는 제외하고, 보문은 율(律)에 따라 죄를 처리하라" 하였다. 상감께서 형조에 명령하기를 "무녀 보문은 3천리 밖으로 유배하는 것을 면제하되 속전(贖錢)[24]을 거두고, 다만 지방에 부처(付處)[25]하도록 하라" 했는데, 완두창(豌豆瘡)

---

16) 궁중의 가마나 말에 대한 사무를 맡아보던 관청.
17) 말의 조상신으로 28숙(宿) 중 네번째 별인 방성(房星, 천사天駟)을 가리킨다.
18) 말에게 재앙을 주는 신으로 겨울에 제사한다.
19) 처음으로 말을 탄 사람으로 황제의 신하인 상토를 가리킨다. 마사에 대한 제사는 가을에 거행한다.
20) 처음으로 말을 기른 사람. 선목에 대한 제사는 여름에 지냈다.
21) 『태종실록』 권 26(국편본 1-693).
22) 태종의 넷째 아들. 용모가 단정하고 총명하여 왕의 특별한 사랑을 받았으나, 홍역에 걸려 이 해 2월 4일 14세의 나이로 죽었다.
23) 성령대군의 죽음.
24) 죄를 면하기 위하여 바치는 돈.
25) 중도부처(中途付處)의 준말. 유배 죄인에게 정상을 참작하여 배소로 가는 도중의 한 곳을 정하여 지내도록 하는 것.

에 걸렸을 때 굿하는 것을 세속에서 크게 꺼렸기 때문에 죄를 준 것이다.[26]

3월 을묘(5일), 처음에 성령대군이 홍역에 걸려 병이 위독했을 때 무녀 보문은 궁중에서 술과 음식을 차려놓고 귀신에게 제사하고 기도하였다. 그러나 종(種=성령대군)이 죽게 되자 누군가가 말하기를 "홍역이라는 병에는 술과 음식으로 귀신을 제사하면 안된다. 그런데도 보문이 술과 음식을 차려놓고 귀신에게 제사지냈기 때문에 이러한 변고가 생겼다"고 했다. 이에 보문을 형조에 내려 다스리게 하였다. 이때 사간원(司諫院)에서 상소를 했는데, 그 대략은 다음과 같다. "무녀 보문은 재물을 탐하여 사술(邪術)을 궁중에서 마음대로 행하여 큰 변고를 가져왔으니, 그 죄는 불충(不忠)에 해당합니다. 청하옵건대 임금께서는 처벌할 수 있도록 재가하십시오. 보문의 불충한 죄는 율(律)에 따라 법대로 처벌하고, 국무당(國巫堂) 가이(加伊) 또한 먼 지방에 유배하여 그 죄를 징계하소서." 유정현(柳廷顯)[27]·박은(朴訔)[28] 등이 아뢰기를 "보문을 먼 지방에 부처(付處)하면 사술을 마음대로 행하여 외방 사람들이 복종할 것이니, 그렇다면 어찌 가난하고 고생하도록 해서 징계한다는 것이 되겠습니까? 청컨대 먼 지방의 관비(官婢)로 정하여서 그 악을 징계하소서" 했다. 이에 보문을 경상도 울산의 관비로 삼았는데, 미처 가지도 아니해서 성령대군을 따르던 무리들이 보문을 구타하여 몰래 죽여 버렸다. (『실록』)[29]

---

26) 완두창, 즉 홍역 때는 굿을 하지 않아야 하는데도 보문이 굿을 했다는 의미이다.
27) 고려말 조선초의 문신. 생몰년 1355(공민왕 4)~1426년(세종 8).
28) 조선초기의 문신. 생몰년 1370(공민왕 19)~1422년(세종 4). 제1·2차 왕자난 때 태종 이방원을 도와 공을 세웠다.
29) 『태종실록』 권 35(국편본 2-205, 2-208).

3. 세종 때 요망한 무당의 음사를 금하다

[**왕자의 목숨이 무당의 손에 달렸는가**] 세종 원년 기해(1419) 봄 정월 갑술(29일), 형조에서 아뢰기를 "성녕대군 집의 노비 10명이, 무녀 보문이 병을 낫게 한다고 망령된 짓을 했기 때문에 성녕대군의 죽음을 초래했다 하여 보문을 죽였으니, 청컨대 국문하여 죄를 다스리소서" 했다. 임금께서 말씀하시기를 "성녕대군을 위한 법석(法席)30)이 그믐날부터 시작된다고 하니, 잠시 동안 그치고 묻지 말라" 했다. (『실록』)31)

[**무격이 소를 잡아 신에게 제사지내는 것을 금하도록 청하다**] 세종 7년(1425) 8월 병신(30일), 함길도 찰방(察訪)32) 신인손(辛引孫)33)이 아뢰기를 "우리 도의 풍속은 무격을 받들고 믿는데, 반드시 소를 잡아 신에게 제사합니다. 또 손님접대나 배를 채우기 위해서도 계속 소를 잡습니다. 그래서 1년에 잡는 소가 수천 마리가 넘습니다만, 이러한 민간의 풍속이 습관화되어 예사롭게 여기며, 비록 금지하는 법령이 있어도 아랑곳하지 않고 고칠 줄을 모릅니다. 청컨대 담당 관청으로 하여금 단속하는 방법을 엄격히 마련하도록 하십시오" 했다. (『실록』)34)

[**음사를 금지하라는 상소**] 세종 8년(1426) 11월 병신(7일), 사간원에서 상소하였다. "귀신의 도(道)는 착한 일을 하면 백 가지 복이 내리고 착하지 못한 일을 하면 백 가지 재앙이 내린다고 합니다. 그렇다면 복을 내리고 재앙을 내리는 것은 모두 착한 일을 하거나 악한 일을 하는 데 달린 것이지, 어찌 귀신에게 아첨만 하면 복을 얻는다는 이치가 있겠습니까. 하물며 제

---

30) 대중이 둘러앉아 불법을 강습하는 자리.
31) 『세종실록』 권 3(국편본 2-299).
32) 각도의 역참에서 역마에 관한 일을 맡아보는 종6품의 벼슬아치.
33) 조선초기의 문신. 생몰년 1384(우왕 10)~1445년(세종 27).
34) 『세종실록』 권 29(국편본 2-691).

사해야 할 귀신이 아닌데도 제사를 지내고 있음에라.[35] 옛날 천자는 하늘과 땅에 제사지내고, 제후는 산천에 제사지내고, 대부는 오사(五祀)[36]에 제사지내고, 사(士)와 서인(庶人)은 할아버지와 아버지에게만 제사를 드렸는데,[37] 이처럼 각각 등급이 있어 서로 문란하게 하지 않았습니다. 가만히 생각하건대 우리나라에서는 예(禮)와 악(樂)을 제정하여 문물이 모두 갖추어져 있고, 제사에 이르러서도 또한 모두 고금을 참작해서 아름다운 법전을 만들어놓아, 음사를 금하는 법령이 『원전(元典)』[38]에 실려 있습니다. 그러나 민간의 습속은 구습에 젖어서 귀신을 숭상하는 풍조가 아직 없어지지 않고 있으며, 무당과 박수의 요망하고 황당한 말을 혹신하여 생사와 화복이 모두 귀신의 탓이라 하고, 음사를 숭상해서 집에서나 들에서 하지 않는 곳이 없으며, 노래하고 춤추어 하지 못하는 일이 없고, 심지어 예를 어기고 분수를 범하는 지경에 이르렀습니다. 산천과 성황(城隍)을 사람마다 모두 제사지내며 떼 지어 술 마시고 돈을 낭비하니 집안이 기울고 가산을 탕진하여, 한 번 수재나 한재를 만나면 바로 굶주린 빛이 있사오니, 음사가 미치는 폐단은 염려되는 사항입니다. 이는 비단 영세민들만 그러할 뿐 아니라 경·대부(卿大夫)의 집에서도 따라서 보통으로 여기면서 괴이하게 생각지 않고, 혹은 기은(祈恩)이라 하고 혹은 반행(半行)[39]이라 하면서, 귀신에

---

35) 『예기』 곡례하의 "제사해야 할 대상이 아닌데 제사하는 하는 것을 음사라 하며, 음사는 복이 없다(비기제이제지非其祭而祭之 왈음사曰淫祀 음사무복淫祀無福)"라는 구절에 근거한 표현이다.
36) 다섯 소신(小神)에게 지내는 제사. 즉 호(戶)·조(竈)·중류(中霤)·문(門)·행(行)에 대한 제사. 그러나 5사를 하는 것은 제후이며, 대부는 족려(族厲)·문(門)·행(行) 3사(祀)만 한다는 기록도 있다(『예기』 제법).
37) 『예기』 곡례하의 내용으로, 신분에 따라 제사대상의 범위가 다르다는 의미이다.
38) 1413년(태종 13)에 간행된 법령집인 『원륙전』을 말한다. 『원륙전』은 태조 때 조준 등이 편찬한 『경제육전』을 하륜이 이어(俚語)를 제거하여 재편집한 것이다.
39) 정확한 의미는 알 수 없으나 『세종실록』 권 52, 세종 13년 5월 무인조의 최윤덕 상계에 의하면 산림의 신을 들판에서 제사하는 것이 아닌가 한다.

게 아첨하는 등 하지 못하는 일이 없습니다. 심지어 자기 조상의 귀신으로 하여금 무당집에서 제사를 받아먹게 하니,[40] 만일 귀신이 안다면 그런 제사를 기꺼워하겠습니까? 심한 경우는 제 계집과 딸을 데리고 가서 몸소 기도를 드리면서도 조금도 부끄러운 줄 모르는데, 이것은 귀신의 이치에 어두울 뿐만 아니라 또한 집을 바르게 다스리는 도리를 잃는 것입니다. 이렇게 한다면 조상을 높이고 공경하는 예가 어디에 있으며, 귀신을 공경하되 멀리한다는 뜻을 어디서 찾겠습니까?[41] 그 유래한 바의 근원을 캐보면 어찌 국가에서 이미 국무당(國巫堂)을 세운 까닭이 아니겠으며, 또 명산에 무당을 보내어 제사지내는 까닭[42]이 아니겠습니까? 사람들이 모두 이것을 구실로 삼아 제 마음대로 하면서도 조금도 거리낌이 없사오니, 실로 태평성대의 정치에 누(累)가 됩니다. 또 산천과 성황에 대한 제사가 각각 있는데 또 여제(厲祭)[43]를 지내는 등 규정에 없는 것까지 모두 사전(祀典)에 편입시킨다면 아무리 '제사지내지 못할 신이 없다'[44]고 하더라도 지나친 것입니다. 지금 무격이 제사하는 것은 어떠한 신인지 알지 못합니다. 이것이 신들이 유감으로 여기는 바입니다. 전(傳)에 말하기를 '위에서 좋아하는 것이 있으면 아래에서는 반드시 더욱 심한 자가 있다'[45] 하였으니, 위에서 행하

---

40) 위호의 풍습을 말한다.
41) 『논어』 옹야편에서 공자가 "귀신을 공경하되 멀리하는 것이 지(知)"라고 했다.
42) 별기은을 말한다.
43) 여귀에 대한 제사. 여귀란 제사를 받아먹지 못하는 무사귀신, 전쟁·도적·천재(天災)·기근·사고 등으로 말미암아 비정상적 죽음을 맞이한 원혼이다. 이에 대한 제사는 명나라 태조 때 처음 시행되었으며, 한국에서는 태종 때부터 거행된다. 和田博德「里甲制と里社壇・鄕厲壇」, 『前嶋信次先生追悼論文集 西と東と』(汲古書院 1985) 413～32면; 이욱 「여귀의 재앙과 여제」, 『유교 기양(祈禳)의례에 관한 연구』(서울대 박사학위논문 1999) 161～223면.
44) 『시경』 대아 운한에 보이는 구절로 국가가 어려움에 처했을 때는 어떤 신에게도 도움을 청하는 제사를 지낼 수 있다는 의미이다.
45) 『맹자』 등문공장구상에 보이는 표현이다.

는데 아래에서 본받지 않는 것이란 없는 것입니다. 바라옵건대 전하께서는 특별히 유음(兪音)⁴⁶⁾을 내리시어 국무당을 없애고, 매번 기은 때에는 또한 조정의 신하를 보내어 예법대로 제사를 지내게 하여, 무격들의 요망하고 황당함을 막고 아래 백성들의 귀와 눈을 새롭게 하소서." (『실록』)⁴⁷⁾

〔신사(神祀)를 금지하라는 상소〕 세종 12년(1430) 5월 을미(6일), 사헌부에서 아뢰기를 "모여서 술 마시는 것은 이미 일찍이 금지한 바 있으나, 신을 제사하는 것은 금지하지 않았기 때문에, 무식한 무리들이 신을 제사한다 핑계하고 술과 음식을 많이 준비하여, 남녀가 모여 술에 취해 주정하고 재물을 낭비하며, 심지어 길거리에서 노래하고 춤추기까지 하니 심히 방자합니다. 청컨대 지금부터 신에 대한 제사라 할지라도 집안의 남녀 외에는 잡인을 금하게 하소서" 하니, 그대로 따랐다. (『실록』)⁴⁸⁾

〔야제(野祭)⁴⁹⁾를 금하다〕 세종 13년(1431) 8월 갑오(2일), 사헌부에서 아뢰기를 "무식한 무리들이 요사스런 말에 현혹되어 병이나 초상이 나면 곧 야제(野祭)를 행하고, 야제가 아니면 재앙의 원인을 풀 수 없다고 생각합니다. 이때 남녀가 무리를 이루고 무격을 불러 모아 술과 고기를 성대하게 차려 놓습니다. 예를 깨고 풍속을 무너뜨림이 이보다 더 심할 수 없습니다. 청컨대 수령으로 하여금 엄하게 금하고 다스리되, 만약 이를 어기는 자가 있으면 관리나 리(里)의 정장(正長)⁵⁰⁾·색장(色掌)⁵¹⁾ 등도 함께 그 죄를 다스리십시오" 하니, 그대로 따랐다. (『실록』)⁵²⁾

〔요망한 무당이 두박신(豆朴神)을 섬기는 것을 금하다〕 세종 18년(1436)

---

46) 신하의 주품에 대한 임금의 하답.
47) 『세종실록』 권 34(국편본 3-48).
48) 『세종실록』 권 48(국편본 3-235).
49) 무속의례, 즉 굿을 말하는 것이 아닌가 한다.
50) 리의 우두머리.
51) 하급 관원.
52) 『세종실록』 권 53(국편본 3-333).

여름 5월 을해(10일), 어떤 사람이 옛날에 사형을 당한 장수와 재상의 이름을 종이에 써서 장대에 걸어놓고 두박신(豆朴神, 두박은 속말로 엎어지는 소리이다)라 칭하니, 동리마다 퍼지고 서로 모방했으며, 어리석은 백성들이 놀라고 현혹되어 이를 제사하는데 이르렀으며, 종이와 베를 다투어서 내면서 조금도 아까워하지 않았다. 용인현수(縣守) 장아(張莪)가 두박신의 이름을 써놓은 지방(紙榜)을 모아다가 불태워버렸다. 임금께서 이를 듣고 말씀하시기를 "오늘날 세상에 이런 괴이한 일이 있다는 것은 뜻밖이다" 하시고, 즉시 소윤(少尹)[53] 이보정(李補丁)과 부정(副正)[54] 민효환(閔孝懽)을 보내어 처음 요망한 귀신을 만든 자를 조사하게 하고, 만약에 심문하고자 하는 사항이 있으면 그 벼슬을 물론하고, 바로 고신(栲訊)[55]하게 했다. 이보정 등이 명령을 받들고 조사를 해서, 양성현(陽城縣)[56]에 이르러서야 시작한 사람인 강유두(姜流豆)·박두언(朴豆彦)·최우(崔雨)를 잡았다.

계사일(28일), 임금께서 의정부에 의논하기를 "양성 사람 강유두·박두언·최우 등이 요망한 술법을 하면서 두박신이라는 것을 만들었는데, 형률에 의거하면 주범인 강유두는 교수형에 해당하고, 박두언·최우는 장(杖) 1백에 3천리 밖으로 유배이다. 사특한 방법으로 정도를 어지럽게 한 죄가 대단히 무거운데 관계됨으로, 마땅히 율문에 의거하여 죄를 주어서 뒷사람을 경계해야 할 것이다. 그러나 이전에도 무지하고 어리석은 백성들이 망령되게 두박신을 칭했고, 그 유래도 이미 오래되었다. 요사이 요망한 무당들도 법에 의하면 사형에 처하는 것이 마땅하나 모두 다 용서하고, 단지 지방으로 내치기만 하였다.[57] 강유두 등도 또한 요망한 무당과 같은 류이라,

---

53) 조선초기에 한성부·개성부·상서사 등에 두었던 정4품 벼슬.
54) 종친부·돈령부·봉상시·사복시·군자감·군기시 등의 여러 관아에 소속된 종3품 벼슬.
55) 고문을 하면서 신문하는 것.
56) 지금의 경기도 안성시 양성면 일대.

그 정상을 생각해보면 화를 두려워하고 복을 받으려고 귀신에게 기도한 것뿐이다. 또 가뭄을 당한 마당에 차마 중하게 처벌할 수 없어서, 장차 벌을 가볍게 주고자 하니, 모두들 의논하여 아뢰어라" 했다. 모두가 아뢰기를 "주범과 종범에게 각각 1등급씩 감하는 게 옳겠습니다" 하니, 임금께서 2등급씩 감하게 하였다. (『실록』)[58]

[**점차로 무격의 일을 없애 나가기로 하다**] 세종 18년(1436) 여름 5월 병자(11일), 교지를 내려, 앞으로는 송악·백악 등 여러 곳에서 행하던 중궁전의 별기은과 살꽂지[箭串][59]에서 행하던 사복시의 마제(馬祭)를 지내지 못하게 했다. 임금께서 말씀하시기를 "무당이나 점쟁이의 일은 심히 괴이하므로 마땅히 엄금해야 되나, 중고(中古) 시대부터 시작해서 조종(祖宗)에 이르도록 모두 금하지 못했으니, 어찌 오늘에 와서 갑자기 없앨 수 있겠는가. 내가 마땅히 점차로 없애어 조금이나마 바로잡는 실마리를 열게 하리라" 했다. (『실록』)[60]

[**요망한 무당의 처리를 삼공(三公)[61]과 의논하다**] 세종 18년(1436) 여름 5월 정축(12일), 황희·최윤덕·노한 등을 불러 정사를 논의하였다. 그 둘째로 "지금 사헌부에서 신문하고 있는 요망한 무당 7명은 능히 귀신을 부려서 공중에서 소리를 내게 하는데 사람이 말하는 것과 같이하여 사람들을 현혹시키니, 율문(律文)[62]을 적용하면 교살형에 해당한다. 그러나 이전에 금지하는 법을 마련해 두지 않고[63] 갑작스레 하루아침에 법으로 처단하는

---

57) 공창무 7명이 사헌부에 잡혔다가 지방으로 쫓겨난, 다음의 '요망한 무당의 처리를 삼공(三公)과 의논하다'에 나오는 사실 참조.
58) 『세종실록』 권 72(국편본 3-674 및 679).
59) 서울의 뚝섬.
60) 『세종실록』 권 72(국편본 3-674).
61) 영의정·좌의정·우의정.
62) 율이란 형법을 말하는데, 이 경우는 『대명률』을 가리킨다. 당시 조선왕조에서는 중국의 『대명률』을 형법으로 사용했다.

제11장 요망한 무당과 음사(淫祀)를 금하다 **193**

것은 불가하므로, 이들을 지방으로 쫓아내고, 또 금지하는 법을 세워 그 폐단을 막는 것이 어떻겠는가" 했다.

모두가 아뢰었다. "지방으로 쫓아내면 지방의 어리석은 백성들은 더욱 유혹되기 쉽습니다. 또 금하고 방지하는 법이 엄하지 않으면 폐단이 갑절이나 될 것이오니, 동서활인원에 소속시키고 출입을 제한하여 서로 통하지 못하게 하고, 또 사헌부로 하여금 수시로 검사하고 살피게 합시다. 그래도 금지조항을 어길 경우에는 엄하게 죄를 규명하여 다스리고, 지방에 있는 요망한 무당들도 죄를 심리하여 처벌하되, 양인 여자는 관청에 예속시키고 사노비는 원래 주인에게 주어서 수령이 때때로 수시로 점검을 해서 함부로 행동하지 못하게 하는 것이 좋겠습니다."

임금께서 말씀하시기를 "옛날 태종조에도 역시 요망한 무당이 있으므로, 지방으로 쫓아내어 서울에서 섞여 살지 못하게 하였다. 지금 경들이 이미 '지방의 요망한 무당은 마땅히 관청에 소속시키고, 수령들로 하여금 검찰하도록 합시다'라고 했는데, 그렇다면 이 예에 따라 서울의 요망한 무당들도 자기가 원하는 관청에 나누어 소속시켜 두어 금지하고 예방하는 것이 어찌 잘못이겠는가. 또 미리 금지하고 방지하는 법을 마련해두지 않고 갑자기 처벌하는 것은 내 마음이 편하지 못하다" 하셨다.

황희와 최윤덕 등이 아뢰기를 "만약 율에 따라 다스리지 않고 갑자기 풀어주면 요망한 무당들이 자신의 죄가 중하다는 것을 알지 못할 것이오니, 율대로 다스려서 그 죄를 알게 하고, 그 다음으로 특별한 은혜로써 등급을 감해서 죄를 결정하여 동서활인원에 소속시키면 어짊[仁]과 위엄이 함께 행해질 것이며, 요망한 무당들도 자연히 없어질 것입니다" 했다. 노한이 말하기를 "전에 금하는 법을 세우지 않았으므로, 죄를 주는 것은 옳지 않습니

---

63) 『대명률』에는 처벌규정이 있지만, 한국의 독자적인 규정이 아직 마련되지 않았다는 의미이다.

다"라고 했다. 임금께서 말씀하시기를 "내가 마땅히 다시 생각해보겠다"고 하셨다. (『실록』)[64]

〔서울과 지방의 요망한 무당을 단속하는 법령〕 세종 18년(1436) 여름 5월 신축(16일), 사헌부에서 아뢰기를 "도성 안에 있는 요망한 무당과 이를 믿고 추종하는 자의 실정을 알고도 고하지 않는 사람이 있으면, 서울에서는 오가 인보(五家隣保)의 관령(管領)[65]을, 지방에서는 각리(各里)의 정장(正長)을 함께 법조문에 따라 죄를 논하십시오. 또 서울에서는 5부 소속의 한성부 관원, 지방에서는 수령으로 하여금 상시로 검찰을 더하게 하여 사특하고 망령된 풍속을 없애도록 하소서" 했다. 임금께서 말씀하시기를 "이전에 금지하는 법을 만들어놓지 않고 만약 갑자기 금지한다면 한갓 요망한 무당과 연좌될 사람이 많을 뿐이니, 서울과 지방에 널리 알려서 백성들로 하여금 다 알게 한 뒤에 7월부터 시작하여 아뢴 대로 통렬히 금하도록 하라" 하셨다. (『실록』)[66]

〔음사를 금하는 조례(條例)〕 세종 25년(1443) 계해(癸亥) 가을 8월 정미(25일), 의정부에서 음사를 금지하는 법을 조목별로 진술하였다.

"1. 조부모나 부모의 혼(魂)을 무당의 집으로 맞아들여 위호(衛護)[67]라 한다거나, 혹은 형상을 그려서, 혹은 신노비(神奴婢)라 칭하면서 이것들을 무당의 집에 바친다든지, 비록 노비는 바치지 아니하여도 혹은 위호를 설치하거나 혹은 조부모나 부모의 신(神)을 무당집에서 제사지내는 자가 퍽 많습니다. 그래서 그 가장은 불효로써 논하여 '부모 봉양을 제대로 하지 않

---

64) 『세종실록』 권 72(국편본 3-676).
65) 조선시대 한성 5부 아래의 각방(各坊)의 우두머리.
66) 『세종실록』 권 72(국편본 3-676).
67) 위호는 오늘날 무속의 말명상자를 연상시킨다. 말명이란 한이 있어 가족의 꿈에 자주 나타나는 조상이나 비정상적인 죽음을 당한 조상을 가리키는데, 이러한 말명은 의복이나 돈을 넣은 말명상자를 굿당이나 무당의 신당에 모셔둔다고 한다. 이용범 『한국무속의 신관에 대한 연구』(서울대 박사학위논문 2001) 117면.

는 데 대한 처벌규정[奉養有闕律]'⁶⁸⁾에 의하여 죄를 주고, 영영 등용하지 아니하며, 그 노비는 모두 관가에서 몰수하게 하소서. 또 병을 구한다는 핑계로 대명노비(代命奴婢)⁶⁹⁾라 칭하고 이를 무당집에 헌납하는 자는 그 가장을 역시 '제서⁷⁰⁾ 위반에 대한 처벌규정[制書有違律]'⁷¹⁾로써 처벌하고, 노비는 역시 관가에 몰수하게 하소서.

1. 야제(野祭) 및 무당 집과 송악(松岳) · 감악(紺岳) · 개성부(開城府)의 대정(大井)과 각 주현(州縣)의 성황(城隍) 등지에 친히 가서 음사를 지내는 자, 양가(良家)의 부녀로서 피병(避病)⁷²⁾한다 하면서 무당집에서 기거하는 자는, 그 집안의 가장을 '제서 위반에 관한 처벌규정[制書有違律]'에 따라 처벌하소서.

1. 금령을 위반한 무녀는 율(律)에 의하여 처벌하되, 서울에서이면 지방으로 쫓고, 지방에서이면 다른 도(道)로 쫓아내소서.

1. 금령을 위반한 부녀는 만약 가장이 없으면 그 장자를, 장자가 없으면 차자(次子)를, 차자가 없으면 장손(長孫)을, 장손이 없으면 차손(次孫)을 죄 주고, 만약 가장과 자손이 아무도 없으면 부녀자 자신을 처벌하소서.

1. 무녀들이 혹은 고금(古今)에 없는 신이라고 칭하던가, 혹은 당대에 사망한 장수나 재상의 신이라고 칭하면서 특별히 신의 이름을 만들어내고,⁷³⁾ 제 스스로 이르기를 '신이 내 몸에 내렸다'고 하여, 요망한 말로 여러 사람을 혹하게 하는 자는 '요망한 말이나 요망한 글을 조작한 데 대한 처벌규정

---

68) 『대명률직해』 권 1, 명례률에 의하면 열 가지 가장 큰 죄악인 십악 중 일곱번째가 불효이며, 불효 가운데 '봉양유궐'이 있다.
69) 일종의 인간 속죄양으로 주인집의 재앙이나 질병을 대신 짊어진 노비.
70) 제왕의 제도에 관한 명령.
71) 『대명률직해』 권 2, 이율 공식에 의하면 이 경우 장 1백대에 처한다.
72) 질병을 옮기는 귀신이 근접하기 어려운 집, 예컨대 무당집이나 장군의 집으로 병을 피하는 것을 말한다.
73) 앞에 나온 두박신의 경우.

[妖言妖書律]'⁷⁴⁾에 의하여 참형에 처하소서.

1. 무적(巫籍)⁷⁵⁾에 올리지 아니하고 중요한 무당이라 하면서 서울에 섞여 사는 자가 퍽 많사오니, 모두 도성 밖으로 쫓아내게 하되, 은닉한 자는 '해서는 안될 일 중에서도 경우가 심각한 데 대한 처벌규정[不應爲事理重律]'⁷⁶⁾에 따라 벌을 주고, 무적에 등록하소서.

1. 위반한 무당과 사람들이 있는데, 그 리(里)의 관령(管領)이나 방(坊)의 별감(別監)·색장(色掌) 등이 검찰하지 못했으면 율(律)에 의하여 처벌하소서.

1. 서울이면 사헌부가, 지방이면 감사(監司)나 수령이 불시에 나가서 항시 적발하고 엄격하게 금지하는 법을 엄히 시행하도록 하고, 이를 불변의 규칙으로 삼으소서."

임금이 이를 승인했다. (『실록』)⁷⁷⁾

4. 성종 때 요망한 무당과 음사를 금하다

〔사헌부에서 음사를 금하는 절목(節目)⁷⁸⁾을 아뢰다〕 성종 3년(1472) 임진년 봄 정월 신축(4일)에 사헌부에서 '음사를 금지하는 절목'을 아뢰었다.

"1. 초상을 당한 사람이 무당의 집에 가서 음사를 행한 경우는 가장과 무녀를 처벌한다.

---

74) 『대명률직해』 형률 도적에 포함되어 있다.
75) 세금 징수, 부역 부과 등을 위해 작성한 무당의 명부.
76) 『대명률직해』 권 26, 형률 잡범의 하나로, '해서는 안될 일을 한 경우[불응위不應爲]'는 태(答) 40에 처하며, 그중에서도 '사리상 중대한 경우[사리중자事理重者]는 태 80에 처한다.
77) 『세종실록』 권 101(국편본 4-505).
78) 규칙의 조목.

1. 신노비라 하여 노비를 무녀에 주어 일을 시키도록 한 경우는 가장과 무녀를 처벌하고, 그 노비는 국가에 귀속시킨다.

1. 공창(空唱)은 사람을 현혹시킴이 심하므로, 이를 믿고 따르는 자는 처벌한다.

1. 관령(管領) 및 이웃이 알면서도 고하지 아니한 자는 함께 처벌한다." 왕이 이를 승인했다. (『실록』)[79]

〔도성 내에서 음사를 금하는 법〕 성종 6년(1475) 을미년 8월 기축(13일), 경연(經筵)에 납시었다. 강의를 마치자 사간(司諫)[80] 박숭질(朴崇質)[81]이 아뢰기를 "도성 안에서 음사를 금지하는 법은 이미 신묘년(성종 2, 1471)에 제정되었으나, 다만 법을 집행하는 관부에서 『경국대전(經國大典)』[82]에 수록되지 않았다는 이유로 금할 수가 없었으니, 청컨대 거듭 확실하게 하소서" 했다. 임금께서 말씀하시기를 "이미 신묘년에 비록 법은 제정하였으나, 신사(神祀)는 세속에서 시행한 지가 이미 오래되었으므로, 갑자기 혁파할 수 없었다"고 했다. 지평(持平)[83] 서근(徐赾)이 아뢰기를 "야사(野祀)[84]에 대한 금령은 『경국대전』에 나타나 있으므로[85] 우리 사헌부에서 모조리 금하고 있지만, 신사(神祀)에 이르러서는 이를 금하는 법령이 없는 까닭에 집집마다 제멋대로 행하고 있습니다. 혹은 성 밑이나 혹은 산기슭에서 인왕(仁王)·소격(昭格)·장의(藏義) 등 골[洞] 같은 데를 신사의 장소로 삼아 거의 거르는 날이 없을 정도이니, 풍속을 더럽힌 것이 이보다 심한 것은 없습니다" 했다. 임금께서 말씀하시기를 "무녀가 도성 안으로 다시 들어오는

---

79) 『성종실록』 권 14(국편본 8-621).
80) 사간원의 종3품 관직.
81) 조선중기의 문신. 생몰년 ?~1507년(중종 2).
82) 조선시대의 기본 법전. 세조 때 편찬에 착수하여 성종 때 완성했다.
83) 사헌부의 정5품 관직.
84) 야제(野祭)와 같은 말로 무당이 주관하는 무속의례가 아닌가 한다.
85) 『경국대전』 권 5, 형전 금제에 야제에 대한 금지 규정이 있다.

것을 단단히 금하게 하라" 했다. (『실록』)[86]

〔**한결같이 『경국대전』에 의거하여 음사를 엄금하다**〕 성종 9년 무술년(1478) 정월 경인(27일), 사헌부(司憲府)에 전지(傳旨)하시기를 "음사를 금하는 법은 『경국대전』에 기재되어 자세하게 나와 있다. 즉 도성 안에서 야제를 행하는 자, 사족(士族)의 부녀로서 친히 야제 및 산천·성황사(城隍祠)의 제사를 행하는 자, 사노비를 사찰이나 무격에게 바치는 자, 임금의 행차 때 길가에서 신에게 제사하는 자, 조부모나 부모의 영혼을 무당의 집에 맞이하여 혹은 지전(紙錢)을 쓰거나 혹은 형상을 그려 제사를 지내는 자, 상인(喪人)이 무격에게 가서 음사를 행하는 자, 공창무격을 믿고 따르는 자 같은 것은 이미 금지했다. 그러나 담당 관청에서 이를 받들어 시행하는데 점점 해이해지고 있으니, 앞으로는 한결같이 『경국대전』에 의하여 엄하게 조사하여 금지하도록 하라" 했다.[87] (『실록』)[88]

『대전회통(大典會通)』[형전(刑典)] [속(續)][89] 신을 제사하는 것을 금한다 [서울 안팎의 대소 음사는 성 밖 10리로 한정한다. 관에 신고하고 제사하는 것은 금하지 않는다].

〔**신사(神祀)의 폐단**〕 성종 9년(1478) 무술 11월 정해(30일), 홍문관 부제학(副提學) 성현(成俔) 등이 상소했는데, 대략을 말하면 다음과 같다. "요즈음 사람들은 귀신을 다투어 믿으며, 무릇 길흉화복에 대해 한결같이 무당의 말만 듣고 화상(畵像)을 그려놓거나 돈을 걸어놓기도 하고, 영혼을 맞이하여 집안에 들이기도 하며, 공창(空唱)을 추종하기도 하며, 직접 성황(城隍)에 제사도 지내며, 노비를 바치기도 합니다. 이런 것들은 모두 우리

---

86) 『성종실록』 권 58(국편본 9-251).
87) 야제 및 개인의 산천·성황 제사 금지, 사찰이나 무격에게 사노비 기진(寄進) 금지는 현재 전하고 있는 『경국대전』 권 5, 형전 금제에 수록되어 있으나. 나머지 조항은 보이지 않는다. 따라서 나머지 조항은 『경국대전』 완성 단계에서 제외된 것이 아닌가 한다.
88) 『성종실록』 권 88(국편본 9-551).
89) 『속대전』에 처음 등장하는 규정이라는 의미이다.

조정에서 금하는 바로서 『속전(續典)』[90]에도 실려 있는 것입니다. 전하께서는 그 폐단을 깊이 아시고, 또 법을 집행하는 관부[91]로 하여금 무당을 모두 찾아내어 도성 밖으로 내쫓게 하셨습니다. 엎드려 보건대 요즈음 금하는 법령이 차츰 해이해짐에 따라, 성 밖으로부터 점점 다시 들어와 부인들을 유혹하고 술과 음식을 낭비시키면서 혹은 액(厄)을 물리친다 혹은 병을 구제한다 하니, 비록 대가(大家)와 거실(巨室)이라 하더라도 이들을 불러들여 다투어가며 올바르지 못한 행위를 하면서도 조금도 부끄러운 줄 모릅니다. 그런데도 이로 인하여 한 사람이라도 죄를 받았다는 것은 듣지 못하였으며, 북 치고 피리 불며 노래하고 춤추는 것이 길거나 저자 사이에 끊이지 않고 있으니, 이것은 신들이 의아하게 생각하는 바입니다. 전(傳)에 이르기를 '행동으로 모범을 보이면서 가르치면 따르고 말로만 가르치면 다투게 된다 했고, 위에서 명령하는 바가 좋아하는 것에 반대되면 백성이 따르지 않는다'고 했습니다. 지금 성수청(星宿廳)이 아직도 도성 안에 있고, 기은사(祈恩使)[92]가 봄가을로 끊이지 않으니, 이렇게 하면서 백성만 못하게 한다면 또한 잘못된 것이 아니겠습니까? 신들이 일찍이 기은사의 행렬을 보니 서울에서 개성까지, 개성에서 적성(積城)·양주(楊州)의 경계까지 가는데, 말을 탄 사람은 수십명이 넘고, 그 노복과 짐꾼은 그 배나 되었습니다. 이들이 혹은 가든지, 혹은 머물면서 머뭇거리고 떠나지 않으면 수령들이 몸을 구부리고 숨을 죽이며 오직 은근하게 맞이하여 혹은 음식물을 후하게 주고, 혹은 뇌물을 주면서 만에 하나라도 견책을 당할까 하여 비록 절하고 무릎 꿇는 것일지라도 사양하지 않습니다. 그러므로 폐단의 큼이 이보다 더할 수가 없습니다. 또 성수청 같은 것은 어떤 귀신이며 어떤 제사입

---

90) 조선시대의 법령집인 『경제육전속전』의 줄임말. 태조 때 편찬된 『경제육전』 이후의 교지·조례 중 법이라고 할 만한 것을 뽑은 것으로 태종 때 편찬되었다.
91) 형조·한성부 등을 가리킨다.
92) 정식 국가제사가 아니라 왕실에서 사사로이 복을 비는 별기은을 위해 파견한 사신.

니까? 귀신도 분명한 귀신이 아니고, 제사도 올바른 제사가 아니니, 이 또한 임금님의 정치를 위해 마땅히 먼저 제거해야 할 것입니다. 삼가 원하옵건대 전하께서는 과단성있는 정치를 행하시어 풍속을 정돈하고 간사스럽고 음란하고 요망한 것들로 하여금 임금님의 고명한 덕 아래에서는 용납되지 않게 하소서. 이 또한 신들의 소망입니다." (『실록』)[93]

〔**공자묘**(孔子廟)**의 뜰에서 무당이 음사를 행하다**〕 성종께서 문선왕묘(文宣王廟)[94]를 배알하고 돌아와서 편찮으셨다. 정희왕대비(貞熹王大妃)[95]는 이를 걱정하여 무당들에게 물었더니, 모두들 "공자묘의 귀신이 빌미입니다"라고 했다. 정희왕대비는 궁녀에게 명하여 무당을 이끌고 대성전(大成殿)[96] 뜰에서 음사를 행하게 하니, 여러 무당들이 번잡을 떨었고 여러가지 기교를 어지러이 부렸다. 성균관 유생 가운데 선비의 기상이 있는 사람이 앞장서서 유생들을 이끌고, 무당들을 내쫓고 장구와 여러 악기를 방망이로 때려 부셨다. 궁녀들이 놀라 흩어졌고, 달려가서 대비에게 이를 고했다. 대비는 크게 노하여, 장차 모든 유생들을 하옥시키고자 하여, 지관사(知館事)[97] 이하 모든 유생들을 대궐 앞에서 명을 기다리게 했다. 대비가 사람을 시켜 성종에게 고하기를 "전하께서 편치 못하셔서 무당들에게 물어보니 모두가 빌미는 공자묘에 있다고 했으므로 궁녀에게 명하여 기도하게 하였는데, 여러 유생들이 대역무도하게도 무녀들을 때리고 궁녀들을 협박해 쫓아내었으며 모든 제구(祭具)들을 발로 차 부수었으니, 이들은 임금도 아비도 없는 놈들입니다. 그래서 나는 이들을 모두 죽이고자 합니다" 했다. 이에

---

93) 『성종실록』 권 98(국편본 9-673).
94) 공자의 사당으로 조선시대 최고 교육기관인 성균관에 있었다. 문묘라고도 한다.
95) 세조의 왕비이며 성종의 할머니. 생몰년 1418(태종 18)~83년(성종 14). 예종 사후, 형 월산대군을 제치고 동생인 성종을 왕으로 옹립하였고, 7년간 수렴청정을 했다.
96) 문묘의 중심 건물로 공자와 4성(聖)·10철(哲)의 위패를 모셔 두었다.
97) 성균관의 총 책임자. 홍문관의 대제학이 겸임.

성종은 베개를 밀치고 벌떡 일어나서 말씀하시기를 "우리 태학98)의 생도들이 이렇듯 의리와 절개가 있구나" 했다. 마침내 사옹원(司饔院)99) 명하여 음식을 준비하게 하고, 지관사 이하 여러 유생들을 들어오게 하여 근정전(勤政殿)100) 뜰에서 잔치를 베풀어주셨다. (『오산설림초고(五山說林草藁)』)101)

5. 중종 때 무격의 음사를 금하다

〔**야제를 금하다**〕 중종 3년 무진년(1508) 3월 정미(10일), 낮 경연[晝講]에 납시었다. 시강관(侍講官)102) 최숙생(崔淑生)103)이 아뢰기를 "요즘 민간에서 후장(厚葬)의 폐단은 없어졌지만, 다만 무당과 음사를 믿어 이를 야제(野祭)라고 일컫습니다. 이것은 마땅히 금해야 하는 것입니다. 반드시 위에 있는 사람이 먼저 스스로 금하고 단절한 후에라야 백성들이 이를 본받을 것입니다"라고 했다. (『실록』)104)

〔**법을 집행하는 관청에 명하여 무격을 금함**〕 중종 9년 갑술년(1514) 11월 계유(15일), 아침 경연[朝講]에 납시었다. 음사 문제에 이르러 임금께서 말씀하시기를 "무격의 풍속이 매우 성행하는 듯하니, 법을 집행하는 관청에

---

98) 성균관.
99) 궁중음식을 담당하는 관청.
100) 경복궁의 정전. 신하들의 조하(朝賀)를 받고, 즉위식 등 국가의 공식적인 대례를 행하던 곳이다.
101) 차천로(1556~1615)의 수필집으로 한국과 중국의 시하(詩話)·일하(逸話) 등을 모은 것이다. 『대동야승』 권 5에 수록되어 있다.
102) 경연에서 임금에게 경서를 강의하는 정4품 벼슬. 홍문관의 전한(典翰)과 응교(應敎)가 겸한다.
103) 조선중기의 문신. 생몰년 1457(세조 3)~1520년(중종 15).
104) 『중종실록』 권 5(국편본 14-237).

서 이를 엄히 금하라" 하셨다. (『실록』)[105]

〔무격이 풍습을 이룬 데 대해 엄히 다스리지 않으면 안됨〕 중종 32년 정유(1537) 정월 신축(21일), 저녁 경연[夕講]에 납시었다. 시독관(侍讀官) 박종린(朴從鱗)이 말하기를 "무격이 풍속을 이루었고, 사대부의 집안에서도 또한 성행하여 거리낌이 없으니, 이런 일들은 삼가 엄하게 하지 않으면 안 되겠습니다" 했다. (『실록』)[106]

〔음사 금지를 청하다〕 중종 32년(1537) 정월 계묘(23일), 홍문관 부제학 유세린(柳世麟)[107] 등이 상소하여 말했다. "다섯째는 음사를 없애십시오. 재앙과 허물은 나 자신에게 있으므로 무당을 섬긴다고 벗어날 수 없는 것입니다. 요즈음 비록 요사하고 허황한 설은 쇠퇴했고 존경하고 높이는 법은 아직 남아 있다고 하나, 송도(松都)에서 부처 공양을 크게 하는 데 대해 사람들은 왕비의 명령이라 합니다. 지금 국무(國巫)가 귀신을 섬겨 괴이한 일을 많이 하는 것이 어찌 자기 뜻이겠습니까? 한 사람이 먼저 부르면 백 사람이 화답하고 가까운 곳에서 북을 치면 먼 곳에서 이에 응하는 것입니다. 서울에서는 중들이 성행하여 거짓으로 꾀고 현혹하여 시주를 권하는 자가 많으며, 여염 사이에는 귀신을 제사하는 일이 한창 벌어져 낮도 없고 밤도 없이 마음대로 행하니, 위에서 좋아하면 아래에서는 더 심하게 좋아하여 사도(邪道)가 정도(正道)를 이겨, 말세의 해독이 이루 말할 수 없게 되지 않을까 신들은 염려합니다" 했다. (『실록』)[108]

---

105) 『중종실록』 권 21(국편본 15-42).
106) 『중종실록』 권 83(국편본 18-19).
107) 조선중기의 문신. 생몰년 1490년(성종 21)~?.
108) 『중종실록』 권 83(국편본 18-21).

제12장
무당을 도성 밖으로 쫓아내다

『조선왕조실록』 중종 28년(1533) 2월 16일(기축)조에[1] '용산강(龍山江)[2] 무녀의 집' 운운이라는 기록이 있고,[3] 근세에는 서울 남대문 밖의 우수현 (牛首峴)과 용산강의 노량진에 무격이 모여서 사는데[정조 때 무격을 강 밖으로 쫓아냈다.[4] 강 밖이란 노량(露梁)을 말한다], 이는 모두 서울에서 쫓겨나 부락을 이룬 것들이다. 조선시대 이래로 유학자들의 무리가 이단을 공격하고 좌도 (左道)[5] 배척을 과업으로 삼아 무격을 쫓아내어 도성 안에 거주하지 못하도

---

1) 『중종실록』 권 73(국편본 17-394).
2) 한강의 한 부분. 노량진에서 마포까지의 구간을 가리킨다.
3) 이때 5, 6세 되는 개춘(開春)이라는 여자아이가 두 발이 잘린 채 버려진 사건이 있었는데, 『중종실록』의 관련 기사에 의하면 이 아이가 발견된 곳이 용산강 무녀의 집 뒤 고개였다. 한성부계왈(漢城府啓曰) 용산강무녀가후령로변(龍山江巫女家後嶺路邊) 오육세소아(五六歲小兒) 단양족기지(斷兩足棄之) 기아시불사운(其兒時不死云) 약부아거(若負我去) 칙단오족지가(則斷吾足之家) 가지의(可指矣).
4) 『정조실록』 권 13, 정조 6년 2월 임진(국편본 45-298).

록 하고, 승려들도 서울에 발을 들여놓지 못하도록 하자는 의견을 개진하면서 '좌도와 이단은 백성들에게 해가 되기 때문에 몰아내자'고 했다. 그렇다면 경성 문밖의 땅은 왕의 땅이 아니며, 경성 문밖의 백성은 왕의 신하가 아니라는 말인가. 이것이 이른바 '유비(有庳)의 백성들에게 무슨 죄가 있는가'[6]라는 것이며, 진실로 가소로운 일이다. 조선시대의 법령이 도성 밖에는 미치지 못했음은 비단 승려와 무당을 쫓아내는 데서 보일 뿐만 아니라, 다른 법령도 이와같은 것이 많았다. 예컨대 고종 을미년(1895)에 내린 단발령[7]이 그런 것인데, 순경으로 하여금 성문을 지키게 하면서 성문 안의 상투 튼 사람은 억지로 머리를 자르게 하였으나, 성문 밖의 백성은 불문에 부쳤다. 흰옷 착용을 금지할 때에도[8] 역시 이와같았으니 성문 안의 백성에 대해서는 이를 금했지만, 문밖의 백성에 대해서는 불문에 부쳤다. 이는 모두 내가 그 상황을 직접 목격한 것이다. 그러므로 이것은 다만 도성 안만 법을 세우고 정치를 행하는 구역이고, 문밖의 8도 360주는 교화의 범위 밖에 두었다는 의미이다. 살피건대 세종 때 무격을 도성 밖으로 내쫓기 시작한 이래[9]

---

5) 옳지 않은 도(道). 이단.
6) 유비(有庳)는 유비(有鼻)라고도 하는데, 순(舜)이 이복동생 상(象)에게 봉지로 내려준 지명. 따라서 이 구절은 중심지가 아닌 곳에 사는 것이 무슨 잘못인가라는 의미가 아닌가 한다.
7) 을미사변(1895년 8월 20일) 직후 김홍집 내각에 의하여 추진된 일련의 개혁운동의 하나로 상투를 자르게 하고 망건의 착용을 금지하였다. 단발령의 강제 시행은 유생을 중심으로 반일 의병운동의 계기가 되었다.
8) 상고에서부터 고려까지는 특별히 흰옷의 착용을 금한 일이 없었지만, 조선왕조에 이르러서 태조 이래『태조실록』권 14, 태조 7년 6월 계유)로 백의금제(白衣禁制)가 빈번하게 내려졌다. 그리고 그 이유로는 흰옷이 상복의 색깔로 불길하다는 점, 오행설에 의하면 흰색은 서방의 색이어서 우리 동방과는 맞지 않는다는 점 등을 들고 있다. 鳥山喜一「鮮民白衣考」,『市村博士古稀記念 東洋史論叢』(富山房 1933) 751~74면; 이선재「조선시대 복식금제의 동인과 양상에 관한 연구」,『논문집』30(숙명여대 1990) 190~91면.
9)『세종실록』권 53, 세종 13년 7월 기묘에 의하면 태종 때에도 요망한 무당을 도성 밖으로 쫓아낸 적이 있었다고 한다. 그러므로 출무(黜巫)가 세종 때 처음 시작된 것이라

이후 여러 세대를 통하여 무당을 내쫓는 명령이 몇백 번인지 알 수 없다. 그러나 도성 안의 무격은 옛날과 같고, 도성 안의 음사도 여전하다. 이로 미루어보건대 법령이 도성 밖에 미치지 못하는 것은 옛날부터 이미 그러했다고 하겠다.

1. 세종 때 무당을 도성 밖으로 쫓아내다

세종 11년(1429),[10] 열성(烈成) 황수신(黃守身)[11]이 감찰장령(監察掌令)[12]이 되었다. 당시 요망한 무당이 도성 안에 많이 모여 살면서 사람들의 화복에 대해 말했으므로, 선비 집안의 부녀자들이 앞을 다투어 몰려갔다. 공이 경전과 소(疏)[13]에 의거하여 논하여 모두 성 밖으로 쫓아냈다. (『대동운부군옥(大東韻府群玉)』)[14]

세종 13년(1431) 7월 기묘(17일), 사헌부에서 아뢰기를 "무당은 본래 도성 안에 섞여 살지 못하게 되어 있고, 도성 밖 멀리 떨어진 '무당 마을[巫覡里]'이라고 일컫는 곳에 구별하여 살도록 한 것은 그 유래가 이미 오래되었는데, 근래에는 성안에 섞여 있어서 매우 옳지 못하옵니다. 청하오니 지

할 수는 없다.
10) 「조선무속고」에서 보충한 연대로 그 근거가 무엇인지 알 수 없다. 그러나 이 연대에는 문제가 있는 것 같다. 왜냐하면 황수신이 사헌부 장령으로 재직한 것은 세종 16년 12월 기사일(己巳日)부터 세종 21년 9월 정미일(丁未日)까지이기 때문이다(『세종실록』).
11) 조선초기의 문신. 생몰년 1407(태종 7)~67년(세조 13). 세종조의 명재상 황희의 아들. 열성(烈成)은 그의 시호이다.
12) 사헌부의 장령(掌令)으로 정4품 관직.
13) 경전의 주석.
14) 조선 선조 때 권문해(權文海)가 편찬한 일종의 백과사전으로 20권 20책. 위 인용문은 권 14, 거성(去聲) 태(泰)에 보인다.

금부터 모두 성 밖에 나가 끼리끼리 모여 살게 하십시오" 했다. (『실록』)[15]

세종 18년(1436) 5월 정축(12일), 승정원에 이르기를 "요망한 무당을 처결하는 데 대한 세 의정(議政)[16]의 논의[17]가 다 좋다. 그런데 너희들의 의견은 어떤가" 했다. 모두 아뢰기를 "요망한 무당들의 범죄는 금령이 서 있기 전에 있었던 것이므로 별안간 죄줄 수는 없습니다만, 그렇다고 해도 이들로 하여금 서울 안에서 살게 하는 것도 불가하옵니다. 그러므로 서울과 경기에 살고 있는 자는 자기가 원하는 데 따라 지방에 정착시키고, 지방에 살고 있는 자는 각기 원래 거주하던 곳에 살도록 하는 것이 좋을 것 같습니다" 했다. 임금께서 말씀하시기를 "마땅히 너희들의 의논대로 따르리라. 그러나 이제 율에 의거하여 법을 제정하고, 이후 범하는 자가 있으면 율의 조문에 따라서 사형에 처하면 처벌이 너무 무거운 것이 되고, 만약에 감등하면 금지법에 어긋남이 있게 되니, 이를 어떻게 처리하면 되겠는가" 했다. 우승지 정갑손(鄭甲孫)[18]이 아뢰기를 "벌을 가볍게 하여 죄를 주는 것도 역시 옳습니다. 율의 조문에 이것이 있어 '마땅히 더하고 마땅히 감할 것은 분부를 받아 시행[應加應減取旨施行]하라' 하였으니, 전하께서 특별하신 은총으로 감등해서 죄를 매기는 것도 역시 율문이오니, 어찌 옳지 않겠습니까" 했다. 임금께서 이를 따르고, 사헌부로 하여금 요망한 무당을 처치할 법과 금지할 계책을 마련해서 아뢰게 하였으며, 요망한 무당들을 지방으로 쫓아냈다. (『실록』)[19]

세종 25년(1443) 가을 8월 정미(25일), 의정부에서 조목별로 음사를 금지

---

15) 『세종실록』 권 53(국편본 3-331).
16) 영의정·좌의정·우의정을 말하며, 당시 삼의정은 황희·최윤덕·노한이었다.
17) 삼의정의 논의란 제11장 「요망한 무당과 음사(淫祀)를 금하다」 3절 '세종 때 요망한 무당과 음사를 금하다' 중 '요망한 무당의 처리를 삼공(三公)과 의논하다'에 나온다.
18) 조선초기의 문신. ?~14511년(문종 1).
19) 『세종실록』 권 72(국편본 3-674).

하는 법을 진술하였다. "하나, 무적(巫籍)에 올리지 아니하고 중요한 무당이라 하면서 서울에 섞여 사는 자가 퍽 많사오니, 모두 도성 밖으로 쫓아내고, 은닉한 자는 '해서는 안될 일 중에서도 경우가 심각한 데 대한 처벌규정[不應爲事理重律]'[20])에 따라 죄를 주고, 무적에 등록하소서." (『실록』)[21])

2. 성종 때 무당을 도성 밖으로 쫓아내다

성종 2년(1471) 6월 기유(8일), 대사헌[22]) 한치형(韓致亨)[23]) 등이 상소했다. "무격이 세상에서 활동한 지는 오래되었으니, 실로 하루아침에 모두 다 없앨 수는 없습니다. 세종대왕께서는 항상 이를 근심하여, 모두 도성 밖으로 몰아서 내쫓아 요망한 풍속을 단절하고 이들로 하여금 마음대로 활동할 수 없게 하였습니다. 그러나 세월이 흐름에 따라 금하는 기강이 조금씩 해이해지면서 무녀들이 다시 서울의 민호(民戶)들 사이에 섞여 살게 되었습니다. 사대부 집안의 부녀에 이르러서는 조금만 아파도 피방(避方)[24])한다면서, 걸핏하면 세월을 보내니 아녀자의 도리가 손상되고 옳은 일이 아닙니다. 하물며 병든 사람을 불러 모으고 있으니, 오늘날 전염병이 여염에 뻗쳐 번지게 하는 것이 아니겠습니까? 그리고 예쁜 소녀들을 불러 모아서

---

20) 『대명률직해』 권 26, 형률 잡범의 하나로 '해서는 안될 일을 한 경우[불응위不應爲]'는 태(笞) 40에 처하며, 그중에서도 '사리상 중대한 경우[사리중자事理重者]'는 태(笞) 80에 처한다고 했다.
21) 『세종실록』 권 101(국편본 4-505).
22) 사헌부의 장관으로, 종2품 벼슬.
23) 조선전기의 문신. 생몰년 1434(세종 16)~1502년(연산군 8). 1504년 갑자사화 때 일찍이 연산군의 생모 윤씨의 폐비에 관련했다 하여 부관참시(剖棺斬屍)되고, 일가가 몰살당했다.
24) 전염병이 돌면 병을 피하기 위해 무당의 집에서 기거하는 풍속.

'현수(絃首)'라 이름하면서 술과 고기가 모이는 장소를 만들어 노래와 춤의 음악을 멋대로 하고, 여염을 떠들썩하게 하고 있으니, 음란함을 가르치는 것을 일삼고 있는 것이 아니겠습니까? 또 공창(空唱)을 하여 영험을 과시함에 놀래어 듣는 이가 있으니, 그 요망하고 허황됨이 또한 심합니다. 비단 이뿐만 아닙니다. 화랑(花郞)이라 칭하는 남자들이 있어 사기 술법을 팔아서 사람들의 재물을 탈취함이 거의 여자 무당과 같습니다. 그러나 술법이 더욱 허깨비 같으며, 기타 이치에 어긋나고 도리를 저버리면서 사대부집 아녀자들을 우롱합니다. 신들은 엎드려 바라옵건대 세종 때의 옛일에 따라서 무릇 무격이 보이면 모두 도성 밖으로 몰아내어, 올바르지 못한 말들은 쫓아내고 삿된 말들은 그치도록 하십시오" 하였다.

6월 기미일(18)에 예조(禮曹)와 사헌부(司憲府)에 전지[25]하시기를 "선대 임금 때에는 무격들이 도성 안에 거주할 수 없었는데, 그뒤로 금령(禁令)이 점점 해이해져 성내에 섞여서 모여 살고 있다. 이는 매우 옳지 못하니 이제부터는 모조리 도성 밖으로 내치도록 하라" 하였다. (『실록』)[26]

『대전회통(大典會通)』 원(原) [형전(刑典)] [금제(禁制)] 서울 내에서 무격이 거주하는 자는 죄를 따진다[원이란 성종 2년(1471)에 반포·시행된 『경국대전』을 말한다].[27]

성종 6년(1475) 8월 계미(7일), 경연(經筵)에 납시었다. 강론하기를 마치자, 사간(司諫) 박숭질(朴崇質)[28]이 아뢰기를 "지난번에 무격을 도성 밖으로 내쫓고 또 신사(神祀)를 금지하라고 명하셨는데, 근래에는 무녀가 점차 다시 도성으로 들어오니 집집마다 그들을 불러와서 음사(淫祀)를 제멋대로

---

25) 임금의 분부를 전하는 것, 또는 그 문서를 말한다.
26) 『성종실록』 권 10(국편본 8-576 및 584).
27) 『경국대전』에 이미 보이는 규정이라는 의미이다. 『경국대전』은 이후에도 수정과 보완을 거쳐 1485년(성종 16)에 완성되었고, 이때부터 조선왕조의 기본법전으로 시행되었다.
28) 조선중기의 문신. 생몰년 ?~1507년(중종 2).

행합니다" 했다. (『실록』)29)

성종 6년(1475) 8월 기축(13일), 경연에 납시었다. 강의가 끝나자 영사(領事)30) 조석문(曹錫文)31)이 아뢰었다. "신들이 젊었을 때에는 무녀들이 도성 문밖에 무리지어 살았는데, 지금은 모두가 도성 안에 들어와서 음악을 벌리고 모여서 술을 마시는 것을 하지 않는 날이 없으니, 실로 가증스럽습니다. 그러나 지금 갑자기 명령을 내려 못하도록 한다면 인심이 시끄럽고 어수선할 것입니다. 그러므로 이보다는 다시 명령을 내리시어 무당들을 색출해서 도성 밖으로 내쫓도록 하고, 이들로 하여금 도성 안으로 들어오지 못하도록 하여 저절로 그 폐단이 없어지게 하는 것이 좋겠습니다" 했다. 지사(知事)32) 홍응(洪應)33)이 아뢰기를 "만약 이 풍속을 제거하고자 한다면 먼저 그 근본을 제거하는 것이 옳을 것이니, 무녀들로 하여금 도성 안에 들어와서 거주하지 못하도록 하는 것이 매우 옳을 것입니다" 했다. 임금께서 말씀하시기를 "도성 안에 다시 들어오는 것을 단단히 금하라" 했다. (『실록』)34)

성종 21년(1490) 8월 을유(5일), 병조판서 이극돈(李克墩)35)이 와서 아뢰기를 "지금 번상(番上)36)한 충청도 보은(報恩) 정병(正兵)37) 김영산(金永

---

29) 『성종실록』 권 58(국편본 9-249).
30) 조선시대 관직의 하나로 경연청(經筵廳)의 수석(首席)이다.
31) 조선초기의 문신. 생몰년 1213(태종 13)~1477년(성종 8).
32) 지경연사(知經筵事)의 준말로 정2품 벼슬.
33) 조선초기의 문신. 생몰년 1428(세종 10)~92년(성종 23).
34) 『성종실록』 권 58(국편본 9-251).
35) 조선전기의 문신. 생몰년 1435(세종 17)~1503년(연산군 9). 훈구파의 거물로서 1498년(연산군 4) 무오사화를 일으킨 장본인이다.
36) 역(役)을 치를 번(番)이 되어 서울로 올라옴. 정병의 경우 8교대로 2개월씩 번상 시위했다.
37) 조선시대 군사제도의 기간을 이루었던 일반 양인 농민 출신의 의무병. 정병의 규모는 1472년(성종 3)의 기록에 의하면 42,500명이고, 이들은 8교대로 2개월씩 번상시위하도록 되어 있었기 때문에 실제로 근무하는 인원수는 5,310명이었다.

山)이 요사스러운 말로 사람들을 홀리자 도성 안의 사대부집 아녀자들이 다투어 점을 치러 가기 때문에, 그가 이르는 곳마다 무리를 이룹니다" 했다. 임금께서 말씀하시기를 "그 요사한 말이란 어떤 것이냐?" 하였다. 이극돈이 대답하기를 "귀신이 공중에 있으면서 능히 지난 일을 말할 수 있다고 핑계를 대니 사대부집 아녀자들이 미혹되어 믿지 않을 수 없습니다" 했다. 임금께서 말씀하시기를 "비록 여자 무당이라 하더라도 법으로 성안에 있을 수 없거늘, 하물며 남자 무당이겠는가. 성 밖으로 내치어 성안에 들어올 수 없도록 하는 것이 어떻겠느냐" 하였다. (『실록』)[38]

3. 중종 때 무당을 도성 밖으로 쫓아내다

중종 4년(1509) 6월 갑자(4일), 아침 경연에서 대사헌 권홍(權弘)이 아뢰기를 "무격은 선대 임금 때부터 도성 밖으로 내쫓았는데, 지금은 남쪽에서 남자들이 무당 일을 하여 나이 젊고 수염이 없는 자가 거짓으로 여장을 해서 사대부의 집에 출입하니, 이 때문에 추한 소문이 있습니다. 안침(安琛)이 관찰사가 되었을 때[39] 모조리 찾아내어 모두 각 고을의 노비로 편입시켰으나 구습이 그대로 남아 있어 다시금 더욱 성해가고 있습니다. 청컨대 모조리 찾아내어 서북방의 빈 땅에 채우도록 하소서" 했다. (『실록』)[40]

---

38) 『성종실록』 권 243(국편본 11-627).
39) 안침(安琛)은 1498(연산군 4)~1499년까지 전라도관찰사를 역임하였다(『연산군일기』 권 31, 연산군 4년 10월 임진 및 권 35, 연산군 5년 12월 정미). 그리고 안침은 전라도 관찰사 재임중 "우리 전라도는 인심이 음란하고 간사하여 남자는 여복으로 변장하고 무당의 버릇을 익혀 사족의 가문을 출입하면서 노래와 춤으로 신을 즐겁게 한다 하며 주야로 그치지 아니하고, 여자는 음탕한 놀이를 좋아하여 산사를 돌아다니므로 풍속을 그르침이 막심하오니, 청컨대 엄중히 금하게 하소서"라는 상소를 올린 바 있다(『연산군일기』 권 33, 연산군 5년 5월 병인).

중종 12년(1517) 9월 정해(14일), 사헌부(司憲府)에서 아뢰기를 "『경국대전』에는 '경성(京城) 안에 사는 무격은 죄를 논한다'는 법이 있습니다.[41] 그런데도 요사한 무리들이 민가에 섞여 살면서 사람들을 속여 재물을 가로채어 살림이 넉넉합니다. 이 때문에 지방에서 무격을 업으로 하는 사람이 경성으로 모여드는데, 빈천한 백성이라면 모르겠거니와, 사대부의 집에도 거리낌 없이 드나들며 요사한 말로 부추겨 유혹하니, 교화를 더럽히는 것이 이보다 심할 수 없습니다. 우리 사헌부에서 소문에 따라 적발하여 도성 밖으로 쫓아내어도 곧 성안으로 들어오는데, 식별하기 어려우므로 막을 길이 없습니다. 동서활인서의 장부에 등록된 무녀와 5부(五部)[42]에서 찾아낸 무격 등을 모두 경성에서 2백리 이상 떨어진 각 고을에, 원하는 데에 따라 배속하고, 소재지 고을의 수령으로 하여금 늘 순찰하여 단속해서 다른 데로 가지 못하게 하소서. 그리고 세초(歲抄)[43] 때마다 명단을 작성하여 우리 사헌부로 이문(移文)[44]하는 것을 항구적인 규칙으로 삼아서 요사하고 음란한 풍습을 아주 끊을 수 있도록 하소서" 했다. 임금께서 승정원에 계하(啓下)[45]했다. (『실록』)[46]

중종 12년(1517) 9월 정해(14일), 임금께서 명령을 내리기를 "대저 무격

---

40) 『중종실록』 권 8(국편본 14-338).
41) 『경국대전』 권 5, 형전(刑典) 금제(禁制).
42) 조선조 태조 3년(1394)에 한성에 설치한 행정구역 및 이를 관할하는 행정 관청. 한성을 동부·서부·남부·북부·중부의 5부로 나누고, 각 부내의 소송(訴訟)·도로·방화·택지 등의 일을 관리하기 위하여 관청을 두고 이것 역시 부(部)라 일컬었다. 고종 31년(1894) 갑오경장 때에 폐지되었다.
43) 해마다 6월과 12월에 이조와 병조에서 관원들의 공과(功過)를 초록(抄錄) 상주(上奏)하여 왕의 분부를 받아 감등(減等) 또는 서용(敍用)하는 것을 말한다.
44) 동등한 관아 사이에 왕래하는 공문서, 또는 그 문서를 보내는 것을 말한다.
45) 임금의 재가를 받는 것을 말한다. 임금의 결재를 받은 문서에는 계(啓)자를 새긴 목인(木印)이 찍힌다.
46) 『중종실록』 권 29(국편본 15-329).

의 무리가 요사한 말에 빙자하여 사대부의 집에 드나드는데, 법을 집행하는 관서[47]가 그 폐단에서 구제하고자 하는 것은 당연한 일이다. 그러나 『경국대전』에 서울에서 살지 못하게 하고 도성 밖으로 내쫓는 법이 있으므로, 법이 엄하지 않은 것은 아닌데도, 만약 특별히 법령을 만들어 모두 지방으로 내쫓고 다른 곳으로 가지 못하게 한다면 억울함이 매우 많을 뿐만 아니라 시끄러울 듯하다. 만약에 사대부의 집에 드나들어 더욱 심하게 방자한 짓을 하는 자를 지방으로 내쫓아서 하나를 징벌하여 백을 경계한다면 더럽혀진 풍습이 저절로 바뀔 것인데, 어찌 조상들께서 만든 법을 버리면서까지 모두 내쫓아서 억울함이 많도록 하겠는가. 또 이는 새로운 법을 만드는 것이므로 의견을 수렴해서 처리해야 하니, 의정부의 낭관(郞官)[48]을 소집하고 대신(大臣)에게 의논하여 아뢰도록 하라" 했다.

정광필(鄭光弼)[49]・신용개(申用漑)・이계맹(李繼孟)・최숙생(崔淑生)[50]이 의논하기를 "서울 안에 사는 무격은 죄를 논한다는 법이 『경국대전』에 실려 있으므로 법이 엄하지 않은 것은 아닌데, 근래 도성 안에 섞여 사는 자가 점점 많아진 것은 실로 법금(法禁)이 해이해진 때문에 드디어 만연하게 된 것입니다. 만약 금지하는 것을 더욱 엄하게 하고, 이를 어기면 반드시 징벌해서 도성 안에 드나들지 못하게 하면 자연히 무술(巫術)이 사그라져 그칠 것이니, 특별히 법조문을 세울 필요는 없습니다" 했다. 이에 사헌부에 명령하기를 "무격을 금지하는 법은 본디부터 있던 것인데, 이제 법을 집행하는 관서에서 하고자 하는 것은 따로 법조문을 세우는 것이었다. 그래서 대신들과 상의하여 의논이 이미 정해졌으니, 대신들의 의논과 같이 하는 것이 마땅하다" 했다. (『실록』)[51]

---

47) 법을 집행하는 관아라는 뜻에서 형조와 한성부를 통틀어 일컫는 말이다.
48) 정3품 통훈대부(通訓大夫) 이하의 당하관(堂下官)의 통칭.
49) 조선전기의 문신. 생몰년 1462(세조 8)~1538년(중종 33).
50) 조선전기의 문신. 생몰년 1457(세조 3)~1520년(중종 15).

중종 12년(1517) 11월 경인(18일), 사헌부가 무격을 내쫓고자 의정부(議政府)에 보고하니, 의정부에서는 이 보고에 의거하여 아뢰었다. 임금께서 명령하시기를 "새 법을 세울 수는 없으니 의정부는 다시 의논하라" 했다. (『실록』)[52]

중종 32년(1537) 2월 계유(24일), 사간원에서 아뢰기를 "또 요망한 무당이 있어 역신(疫神)이 제 몸에 붙었으니 전염병을 앓는 아이가 죽고 사는 것은 다 자기에게 달려 있다고 자칭하면서 거짓된 말을 퍼뜨려 인심을 현혹하니, 집에 전염병이 있으면 재산을 기울여 앞을 다투어 빌붙고 파산하는 것도 헤아리지 않습니다. 비록 사대부의 집이라 하더라도 화를 두려워하여 이 풍습에서 벗어나지 못하니, 이것 역시 조정의 한 가지 수치입니다. 바라옵건대 법을 집행하는 관부에 명령하셔서 '요사한 말로 뭇 사람을 현혹한 데 대한 처벌규정[妖言惑衆律]'에 따라 처리하소서.[53] 대저 무당은 모두 도성 밖으로 내쫓고 두 활인서[동활인서(東活人署)와 서활인서(西活人署)가 있다에 나누어 소속시키고 서울에 드나들지 못하게 한 것은 선대 임금들 때의 아름다운 뜻입니다. 근래 이들이 국법을 무시하고 안팎으로 연줄을 따라 간사한 주둥이를 마음대로 놀리니, 재력이 저절로 넉넉해져서 성안에 집을 따로 두고 늘 춤추고 술 마시고 노래하기를 거리낌 없이 하니, 극히 마음이 아픕니다. 도성 안에 있는 무당의 집은 남김없이 헐고 그 가운데에서 더욱 심한 자는 모두 먼 섬으로 귀양보내소서. 그러나 이러한 일들은 다 지엽적인 것이니, 무릇 모든 사술(邪術)은 마땅히 위에서부터 유념하여서 끊어야 합니다" 했다. 사헌부에 대답하시기를 "윤허한다"고 했다.

을해(26일), 사헌부에서 아뢰기를 "또 요망한 중과 요망한 무당의 일은

---

51) 『중종실록』 권 29(국편본 15-329).
52) 『중종실록』 권 30(국편본 15-358).
53) 『대명률직해』 권 18, 형률 도적(盜賊)에 의하면 요망한 글이나 요망한 말을 조작하여 여러 사람을 현혹케 한 자는 참형에 처한다.

사간원이 아뢴 것에 따라 우리 사헌부에 분부하여 조사하게 하셨으므로, 지금 조사하고 있습니다. 새로 세운 절과 성안에 있는 무당의 집을 허는 일은, 우리 사헌부가 처리할 부분은 도성 안에 있는 것이고 외지에 있는 절은 우리 사헌부 홀로 처리할 수 없습니다. 그러므로 반드시 협조 부서에 공문을 보내야 되니, 임금님의 명령서를 받들기를 청합니다" 했다. 사헌부에 대답하시기를 "윤허한다" 했다. (『실록』)[54]

4. 숙종 때 무당을 도성 밖으로 쫓아내다

숙종 46년 경자년(1720) 정월 임진(25일), 세자[55]가 대신과 비국(備局)[56]의 여러 신하들을 접견했다. 지평(持平)[57] 홍용조(洪龍祚)[58]가 또 말하기를 "백성들 사이에 무속이 날로 성하니, 풍속이 무너지고 어지러워지는 것과 재산의 손실이 여기에서 비롯되지 않았다고 할 수 없습니다. 청컨대 한성부(漢城府)로 하여금 무녀로서 도성 안에 있는 자를 조사해 모조리 도성 밖으로 내쫓도록 하소서" 했다. 세자는 다만 무녀를 내쫓는 일만 따랐다. (『실록』)[59]

숙종 46년(1720) 2월 신축(4일), 우의정(右議政) 이건명(李健命)[60]이 서

---

54) 『중종실록』 권 83(국편본 18-31 및 32).
55) 후일의 경종(景宗).
56) 비변사를 말한다. 비변사는 조선시대 때 군국(軍國)의 사무를 맡아보는 관청. 중종 때 삼포왜란의 대책 마련을 위해 설치한 후 전시에만 임시로 두었다가 명종 10년(1555)에 상설기관이 되었고, 임진왜란 이후로는 의정부를 대신하여 정치의 중추기관의 역할을 했다. 고종 2년(1865)에 폐지되었다.
57) 사헌부의 정5품 관직.
58) 조선중기의 문신. 생몰년 1686(숙종 12)~1741년(영조 17).
59) 『숙종실록』 권 65(국편본 41-95).

울에서 여자 무당을 쫓아버리라는 명령을 중지할 것을 청하였다. 이에 앞서 요망한 무당이 백성들의 집을 마음대로 다니면서 백성의 풍속을 날로 좀먹고 있었으므로, 대각(臺閣)[61]에서 옛 법에 따라 쫓아버릴 것을 청하여 한성부(漢城府)에서 이미 모두 쫓아내었다. 대신이나 된 자가 옛 법을 지켜 무풍(巫風)을 개혁할 것을 생각하지 않고, 도리어 서둘러 불러들여 숭상하고 조장하기에 겨를이 없었으니, 서문표(西門豹)[62]가 무당을 황하에 빠뜨린 면모와 현격한 차이가 있으므로, 한때 소문이 퍼져 웃음거리가 되었다. (『실록』)[63]

5. 정조 때 무당을 도성 밖으로 쫓아내다

정조 4년(1780) 9월 기해(24일), 낮 경연에서 호조판서 김화진(金華鎭)[64]이 아뢰기를 "서울의 무녀는 지난번에 이미 한강 밖으로 축출하였으니, 무녀의 신포(身布)는 쫓겨난 읍에서 징수하도록 하는 것이 옳겠습니다" 하니 모두 그대로 따랐다. (『실록』)[65]

정조 9년 을사(1785)에 편찬된 『대전통편(大典通編)』[66]에 이르기를 "경

---

60) 조선중기의 문신. 생몰년 1663(현종 4)~1722년(경종 2). 노론의 영수로서 연잉군(뒤의 영조)의 왕세자 책봉에 전력하였으나, 이로 인하여 소론의 미움을 받아 1722년(경종 2) 유배지에서 죽임을 당하였다.
61) 언론을 담당한 사헌부와 사간원의 합칭.
62) 중국 전국시대 위나라 업현(鄴縣)의 현령. 당시 업현의 무당들이 하백신(河伯神)에게 아내를 바친다고 하여 여자를 황하에 수장시키는 악습이 있었는데, 무당을 대신 황하에 빠뜨려 악습을 고쳤다. 자세한 내용은 제20장 「부록: 중국 무속사의 대략」 중 '8절 위(魏)나라 무당' 참조.
63) 『숙종실록』 보궐정오 권 65(국편본 41-122).
64) 조선후기의 문신. 생몰년 1728(영조 4)~1803년(순조 3).
65) 『정조실록』 권 10(국편본 45-185).

성의 무녀를 강 밖으로 쫓아낸다"고 했다.[67]

6. 순조 때 무당을 도성 밖으로 쫓아내다

순조 15년(1815), 무격을 도성 밖으로 쫓아내라는 명을 내렸다. (『실록』)[68]

---

66) 1785년(정조 9) 『경국대전』과 『속대전』 및 그뒤의 새로운 법령들을 통합하여 편찬한 법전.
67) 무당을 조선전기에는 사대문 밖으로 쫓아내었으나, 조선후기에는 한강 밖으로 내쫓았다. 이것은 서울이라는 도시의 범위의 확대와 관련 있는 것이 같다.
68) 『순조실록』권 18, 순조 15년 1월 신축(국편본 48-75)의 기사, 즉 영의정 김재찬이 서울의 무녀를 수색하여 쫓아낼 것을 건의하고 왕이 이를 따랐다는 기사를 축약한 것이다.

제13장
무격의 술법

1. 공중에서 소리를 냄[空唱][1]

세종 18년 경진년(1436) 여름 5월 정축(12일), 3정승[2]인 황희(黃喜)·최윤덕(崔閏德)·노한(盧閈) 등을 불러 정사를 논의하였다. "그 둘째로 지금 사헌부에서 신문하고 있는 요망한 무당 7명은 능히 귀신을 부려서 공중에서 소리를 내게 하는데, 사람이 말하는 것 같이하여 사람들을 현혹시키니 법조문에 의거하면 교수형에 해당합니다" 했다. (『실록』)[3]

성종 2년 신묘년(1471) 6월 기유(8일), 대사헌(大司憲) 한치형(韓致亨) 등이 상소하기를 "무격이 세상에서 활동하면서 공중에서 소리를 내어 영험을

---

1) 이능화『조선종교사』(영신아카데미 한국학연구소 1983) 19면에서는 공창을 '귀신이 공중에서 지르는 소리를 무당이 차(此)를 받아서 사람의 화복을 말하는 것'이라 했다.
2) 영의정·좌의정·우의정.
3) 『세종실록』 권 72(국편본 3-676).

과시함에, 놀래어 듣는 이가 있으니, 그 요망하고 허황됨이 또한 심합니다" 했다. (『실록』)[4]

성종 3년 임진년(1472) 봄 정월 신축(4일), 사헌부에서 음사(淫祀)를 금하는 절목을 아뢰었는데, "하나, 공중에서 소리가 나게 하는 무격은 사람을 현혹시킴이 더욱 심하므로, 이를 믿고 따르는 자는 처벌하소서"라 했다. (『실록』)[5]

성종 9년 무술년(1478) 봄 정월 경인(27일), 사헌부(司憲府)에 분부하시기를 "공창(空唱)하는 무격을 믿고 따르는 것은 이미 금지하도록 했는데, 담당 관청이 받들어 행하는 것이 점점 해이해지고 있다. 앞으로는 한결같이 『경국대전』에 의하여 엄하게 금지하라" 했다. (『실록』)[6]

성종 21년 경술년(1490) 8월 을유(5일), 병조판서 이극돈(李克墩)이 와서 아뢰기를 "지금 번상(番)이 되어 서울에 올라와 있는 충청도 보은군(報恩郡)의 정병(正兵) 김영산(金永山)이 요사스러운 말로 사람들을 홀리자, 도성 안의 사대부집 아녀자들이 다투어 점을 치러가기 때문에 그가 이르는 곳마다 무리를 이룹니다" 했다. 임금께서 말씀하시기를 "그 요사한 말은 어떤 것이냐?" 하니, 이극돈이 대답하기를 "귀신이 공중에 있으면서 능히 지나간 일을 말할 수 있다고 평계하니, 사대부집 여자들이 믿고 혹하지 않음이 없습니다" 했다. (『실록』)[7]

---

4) 『성종실록』 권 10(국편본 8-576).
5) 『성종실록』 권 14(국편본 8-621).
6) 『성종실록』 권 88(국편본 9-551).
7) 『성종실록』 권 243(국편본 11-627).

2. 신탁(神托)

세종 25년 계해(癸亥=1443) 가을 8월 정미(25일), 의정부에서 음사(淫祀)를 금지하는 법을 조목별로 진술하였다.

"하나, 무녀들이 혹은 고금(古今)에 없는 신이라 일컫거나, 혹은 당대에 사망한 장수나 재상의 신이라 칭하면서 특별히 신의 이름을 만들어내고, 제 스스로 이르기를 '신이 내 몸에 내렸다'고 하며, 요망한 말로 여러 사람을 혹하게 하는 자는 '요망한 말이나 요망한 글을 조작한 데 대한 처벌규정'에 의하여 참형에 처하도록 하소서."(『실록』)[8]

3. 거울을 걸어둠[掛鏡]

연산군 9년 계해(1503) 여름 4월 을축(29일), (경연에 납시었다.)[9] 지평(持平) 권헌(權憲)이 아뢰기를 "국무(國巫) 돌비(乭非)는 술법이 많아 거울[10]을 방안에 걸어놓고 말하기를 '신이 그 안에 있는데 사람들은 보지 못한다'고 합니다" 했다. (『연산군일기』)[11]

이익(李瀷)의 『성호사설(星湖僿說)』[12]에 이르기를 "시골 무당이 만명신(萬明神)[13]을 숭상하고 받들어, 백성들에게 질병이 있으면 곧 만명신에게

---

8) 『세종실록』 권 101(국편본 4-505).
9) '경연에 납시었다'는 부분은 전날인 갑자일의 기사가 잘못 끼어들어간 것이다.
10) 원형의 청동제 무구(巫具)인 명두 혹은 명도를 말함. 앞면은 배가 부르고 뒷면에는 일(日)·월(月)·칠성(七星) 등의 글자를 새기거나 그 모양을 판 것이다. 명두는 보통 무신도(巫神圖) 상단의 중앙에 걸어 두는데, 굿당에 청배된 신이 머무는 곳으로 여겨진다. 큰 무당인 신어머니가 제자인 신딸에게 대를 물릴 경우 그 상징물로 명두를 준다.
11) 『연산군일기』 권 49(국편본 13-560).
12) 권 4, 만물문 성황묘의 인용이다.

기도했다. 누가 말하기를 '만명(萬明)은 곧 신라 김유신(金庾信)의 어머니인데, 야합해서 서현(舒玄)에게로 달아난 사람'[14]이라 했다. 이를 받드는 자는 반드시 큰 거울을 걸어놓았으며 거울은 반드시 활처럼 휜 모양인데, 이것은 아마 신라 풍속일 것이다. 그러나 그 달아난 여자 귀신 주제에 어찌 천년 동안 힘이 없어지지 않을 수 있겠는가?"

이규경(李圭景)의 『오주연문장전산고(五洲衍文長箋散稿)』[15]에 이르기를 "김유신의 어머니가 만명신이 되었다 하고, 주에서 말하기를 『동국패설(東國稗說)』에 '김유신은 신라 태대서발한(太大舒發翰)[16]이며, 그 어머니 만명 또한 신이 되었다. 지금 무녀가 만명이라 주문을 외우면서 이를 제사하며, 만명을 모시는 신사에는 반드시 구리로 만든 둥근 거울을 걸어놓고 이름하기를 명도(明圖)'라 했다" 한다.

---

13) '말명'을 가리키는 것 같다. 말명은 좁게는 죽은 여자의 영혼, 넓게는 죽은 영혼 모두를 가리킨다. 말명과 혈연관계에 있을 경우 말명은 조상신의 일종이 되기도 한다.
14) 만명부인은 갈문왕 입종(立宗)의 손녀이며, 진흥왕의 아우인 숙흘종(肅訖宗)의 딸이다. 가야 왕족 출신인 서현과 중매도 없이 야합했고, 서현이 만노군(萬弩郡, 지금의 충북 진천군) 태수로 가게 되자 함께 떠나려 했다. 그러나 숙흘종은 두 사람의 결합을 반대하여 만명을 집에 가두고 사람을 시켜 지키게 했으나, 갑자기 벼락이 떨어져 지키는 사람들이 흩어지는 틈에 서현과 함께 도망하여 만노군으로 갔다(『삼국사기』 권 41, 열전 1, 김유신조). 이 만명부인을 간혹 무조(巫祖)라 하고, 또 '말명'으로 이해하기도 하지만 양자를 동일시할 수 있을지는 미상이다.
15) 권 26, 무격변증설(巫覡辨證說)의 인용이다.
16) 김유신의 공을 기리기 위해 신라의 최고 관등인 서발한(각간角干・이벌찬伊伐飡이라고도 함) 위에 특별히 둔 관등.

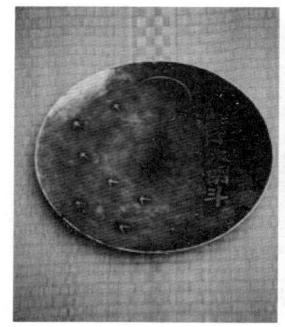

명도와 명도를 걸어둔 모습
사진 제공 홍태한

4. 부적[符呪][17]

연산군 9년(1503) 4월 을축(29일), (경연에 납시었다) 지평 권헌(權憲)이 아뢰기를 "이 무녀[18]는 술법이 많습니다. 놋그릇이 있는데, 이것을 부처님께 공양하는 그릇이라 하고, 또 부적을 가지고 민중들을 미혹시킵니다"라고 했다. (『연산군일기』)[19]

중종 10년 을해년(1515) 윤 4월 무인(21일), 홍문관(弘文館) 부제학(副提學) 신상(申鏛)이 차자(箚子)[20]를 올려 말하기를 "요즈음 날을 정하여 임금께서 처소를 옮기는 일로 매우 분주하십니다. 궁궐의 일은 은밀하여 그 까닭을 알 수 없으나, 장님[21]과 무당으로 재액을 물리치려 하는가 하면 대

---

17) 종이에 글씨, 그림, 기호 등을 그린 주술적 도구로, 악귀를 쫓거나 복을 가져다준다고 믿어진다.
18) 국무 돌비(乭非)를 가리킨다.
19) 『연산군일기』 권 49(국편본 13-560).
20) 일정한 격식을 갖추지 않고 간단하게 사실만 기록하여 올리는 상소문.
21) 소경 독경쟁이를 말한다. 이수광의 『지봉유설』에 '우리나라 사람을 중국 사람이 따르

포를 쏘고 부적(符籍)과 주술로써 재앙을 누르려 하고 있습니다. 이것으로 미루어 반드시 사악하고 괴이한 일이 궁중에서 일어났기 때문이라 아닌가 합니다" 했다.[22] (『실록』)[23]

5. 운명을 점침[卜命]

태종 때 이숙번(李叔蕃)[24]과 칠원부원군(漆原府院君) 윤자당(尹子當)은 같은 배에서 태어났지만, 아버지가 달랐다. 윤자당의 어머니 남씨(南氏)는 어린 나이에 과부가 되어 함양(咸陽)에서 살았다. 윤자당은 일곱 살 때 어머니를 따라 무당집에 가서 운명을 물어보았더니, 무당이 말하기를 "걱정하지 마십시오. 이 아이는 귀한 상입니다. 그러나 이 아이는 반드시 동생의 힘 때문에 귀함을 얻을 것입니다" 했다. 남씨가 말하기를 "과부의 아들이

지 못하는 것이 있으니 말하자면 맹인도 점을 치는 것이다'라고 하였고, 서거정의 『필원잡기』에도 "맹인이 복을 빌고 도액(度厄)하는 것은 옛사람에게서도 볼 수 없었고 중국에서도 행한 일이 없었다"라고 한 것으로 보아, 맹인 독경쟁이는 한국의 독특한 종교전문가라 할 수 있다. 보통 이들은 '판수(判數)' 혹은 '장림(杖林)'이라 하는데, 대개 지팡이를 짚고 다니며 점을 친다는 뜻이다.

22) 이에 대해 중종은 "궁내에 큰일이 잇달아 일어나고(왕비 윤씨가 전달 기미일에 승하했다), 또 병 기운이 있어 궁인들이 연이어 병에 걸리므로 자전(慈殿)을 모시고 어소(御所)를 옮긴 것이다. 또 조종조(祖宗朝) 때부터 궐내에 병기(病氣)로 즉사한 자가 있으면 포를 쏘는 것이 관례로 되어 있다"고 대답했다(『중종실록』 권 22, 중종 10년 윤 4월 무인). 이로 미루어 중종은 왕비가 승하하고 궁중 사람들이 잇달아 병에 걸리자 이를 물리치기 위해 처소를 옮기고, 무당과 판수를 불러 굿을 했으며, 또 포를 쏘았다고 할 수 있겠다.

23) 『중종실록』 권 22(국편본 15-73).

24) 조선초기의 문신. 생몰년 1373(공민왕 22)~1440년(세종 22). 제1차 왕자난과 제2차 왕자난 때 태종을 도와 공을 세웠다. 그러나 자기의 공만 믿고 안하무인으로 행동하다가, 여러차례 대간의 탄핵을 받아 결국 1417년 관작이 삭탈되고 함양에 유배되었다.

어찌 동생을 얻을 수 있겠습니까?" 했다. 그뒤에 남씨는 이씨(李氏) 집으로 시집을 가서 아들을 낳았는데, 이 사람이 바로 재상 이숙번이다. 윤자당은 과연 이숙번의 힘으로 봉작을 얻었고 군(君)에 봉해졌다.[25] (『용재총화(慵齋叢話)』)[26]

6. 쌀점[米卜]

이덕무(李德懋)[27]의 『청장관전서(靑莊館全書)』[28] 「무녀척미조(巫女擲米條)」[29]에서 말했다. "우리나라 무녀들은 흰 쌀을 소반에 쌓아놓고 그 쌀을 조금 집어서 던진 다음, 입으로 주문을 외우면서 손가락 끝으로 던진 쌀을 헤아려서 스스로 길흉을 안다고 말한다. 이 풍속도 유래가 있으니 『요사(遼史)』[30]에 '정월 초하룻날이면 창문으로 올라가 쌀 덩어리[米團]을 던져 홀수가 되면 불리하다고 여겼다' 했으니, 이 쌀 덩어리란 것은 경단[粉團][31]의 일종이 아닌가 한다."

---

25) 윤자당은 태종 원년 좌명공신(佐命功臣)에 봉해졌으며(『태종실록』 권 1, 태종 원년 정월 을해), 세종 4년 칠원부원군(漆原府院君)으로 봉해졌다(『세종실록』 권 16, 세종 4년 4월 병오).
26) 조선전기 성현(1439~1504)의 수필집으로 전 10권. 『대동야승』에 수록되어 있다. 용재는 그의 호. 위의 인용문은 권 4 『대동야승』 본 권 1에 보인다.
27) 조선후기의 실학자. 생몰년 1741(영조 17)~93년(정조 17). 서얼 출신이기 때문에 크게 등용되지는 못했으나 1778년(정조 2) 북경을 다녀와서 북학을 제창한 것으로 유명하다.
28) 이덕무의 시문 전집으로 71권 25책. 청장관은 이덕무의 호.
29) 무녀가 쌀을 뿌려 점을 치는 것에 대해 언급한 조목으로 『청장관전서』 권 56, 앙엽기 3에 수록되어 있다.
30) 중국 요나라의 역사를 기록한 기전체 사서. 전 116권. 원의 탈탈(脫脫) 등이 칙명을 받아 1343~44년에 편찬하였다. 이 부분은 『요사』 권 106, 국어해의 인용이다.
31) 찹쌀가루 따위를 반죽하여 밤톨만한 크기로 빚은 떡.

이규경(李圭景, 이덕무(李德懋)의 손자이다)의 『오주연문장전산고』 가운데 「미서복변증설(米筮卜辨證說)」[32]에는 다음과 같은 말이 있다. "무릇 지금 무당이 쌀을 던져 점을 치는 것은 곧 초서(楚糈)[33]의 전통이 이어진 것이다."[34] "또 고정림(顧亭林)[35]의 『일지록(日知錄)』[36]에서는 『시경(詩經)』의 「좁쌀을 들고 점치러 가다[握粟出卜]」라는 시를 인용하여[37] 말하기를 '옛날에는 돈이 널리 통용되지 않았기 때문에 『시경』이나 『서경(書經)』에 화폐에 대한 문구가 없고, 점치러 가는 사람 또한 좁쌀을 들고 갔다. 한(漢)나라 초기까지도 여전히 그러했다. 그래서 『사기(史記)』 일자전(日者傳)[38]에 점이 맞지 않는다고 해서 (복채로 받은) 쌀을 빼앗기지 않는다는 말이 나오는 것이다'라고 했다. 또 미무제주(米巫祭酒)라는 것도 글 중에 보인다.[39]

---

32) 『오주연문장전산고』 권 43에 보인다.
33) 초나라에서 점치러 갈 때 가지고 가는 쌀. 초나라의 노래인 『초사(楚辭)』, 「이소(離騷)」에 '무함장석강혜(巫咸將夕降兮) 회초서이요지(懷椒糈而要之)', 즉 '무함이 저녁에 내려온다니까 산초향·젯메 갖춰 맞이해야겠네'라는 데서 유래했다.
34) 이 구절은 「미서복변증설」이 아니라 권 26 「무격변증설」의 인용이다.
35) 명말·청초의 학자이며, 청조 고증학의 시조인 고염무(1613~82)를 말한다. 정림은 그의 호.
36) 고염무(顧炎武)의 저서. 전 32권. 저자가 독서하면서 얻은 지식들을 경의(經義)·사학(史學)·이치(吏治)·재부(財賦)·전례(典禮)·여지(輿地)·예문(藝文) 등으로 분류하여 정리하였다.
37) 「악속출복(握粟出卜)」은 『시경』 소아(小雅) 소완(小宛)에 수록된 시이고, 이에 대한 고증은 『일지록(日知錄)』 권 1 하에 보인다.
38) 『사기』 권 127, 열전 67로 유명한 점복자들의 전기가 수록되어 있다. 이 부분은 송충(宋忠)과 가의(賈誼)가 장안(長安) 동시(東市)에서 점을 치는 사마계주(司馬季主)를 만나서 나눈 대화의 일부이다.
39) 송나라 홍적(洪適)의 『예속(隸續)』 권 3에 「미무제주장보제자(米巫祭酒張普題字)」라는 금석문이 있다. 이 금석문은 도교의 초기 형태인 오두미도(五斗米道)에 관한 것으로, 173년(熹平 2) 호구(胡九)라는 사람이 소정의 수속을 거쳐 귀병(鬼兵)에서 제주(祭酒)로 승격한 것을 기념하기 위해 만들어진 것이다. 그리고 제주(祭酒)란 오두미도의 성직자이다(大淵忍爾 『初期の道敎』 創文社 1991, 41~44면). 따라서 '미무제주(米巫祭酒)'는 '오

그러므로 무당이 쌀을 받고 점치고, 쌀을 가지고 점치는 것을 이런 기록들을 통해 알 수 있다. 요즈음 우리나라 무당은 쌀을 받고 점을 치는데, 이것 또한 옛 풍속에서 나온 것이라 할 수 있다. 그러나 쌀을 집어 낟알을 흩어 길흉을 점치는 것이 어느 시대부터 시작되었는지는 모르겠다[지금 무녀들은 흰 쌀을 소반에 쌓아두었다가 조금 집어던지면서 입으로 주문을 외우고, 손가락으로 낟알을 나누어 점괘를 만들어, 좋고 나쁨을 자기가 판단한다. 노강(鷺江, 노량진(鷺梁津)에 있는 무격 거주지)의 몽희(夢曦) 이호영(李昊榮)[40]이 일찍이 『미무복(米巫卜)』이라는 책을 지었는데, 내용이 대단히 자세하다. 여기서 말하기를 '이것은 초서(楚耡)의 전통이 이어진 것인데, 쌀알이 외톨인지 쌍인지, 가로로 누웠는지 세로로 누웠는지를 가지고 점괘를 삼는다'고 했다]. 쌀알이 홀수냐 짝수냐, 가로로 누웠느냐 세로로 누웠는지를 가지고 점을 친다는 것 또한 음양과 홀·짝수의 이치에 의거한 것이다. 그 법은 요나라의 풍습을 따르고, 고려시대의 유풍을 계승한 것 같으니, 『요사(遼史)』에서 말하기를 '정월 초하룻날이면 창문으로 올라가 쌀 덩어리를 던져 홀수가 되면 불리하다고 여겼다'고 했다[이것은 쌀을 둘씩 묶고 하나가 남아서 단지 홀수를 이룬 까닭에 이롭지 못하다고 한 것 같다]. 무격의 술법은 어찌 화제로 삼기에 족하겠는가만, 옛날과 서로 부합됨이 대단히 괴이하다. 그래서 그 괴이함 때문에 '젓가락으로 고리짝[栲栳]을 긁어 주문을 반주하는 것'[41]과 '접살반혼(接煞返魂)'[42]에 대해 변증하고자 한다."

두미도의 무당격인 제주(祭酒)'라는 의미이며, 쌀로 점을 치는 무당과 관련이 없다.
40) 몽희(夢曦)는 이호영(李昊榮)의 호나 자가 아닌가 한다. 이호영이 누구인지는 알 수 없다.
41) 아래의 8절 '고리짝[栲栳] 긁기' 참조
42) 아래의 9절 '접살법(接煞法)' 참조.

7. 무당의 점복[巫卜]

이수광(李睟光)⁴³⁾의 『지봉유설(芝峯類說)』⁴⁴⁾에서 말했다. "이상(二相)⁴⁵⁾ 이장곤(李長坤)⁴⁶⁾은 연산군 때 홍문관(弘文館) 교리(校理)로 있다가 도망을 쳤다.⁴⁷⁾ 처음에는 몇달마다 한 번씩 그의 집에 가서 부인을 보고 갔다. 하루는 집에 도착하니 날이 밝으려 하여, 감히 안으로 들어가지 못하고 집 뒤 대나무 숲에 숨어 있었다. 부인은 올 날짜가 지났는데도 오지 않으므로, 죽은 것이 아닌가 의심하여 무당을 불러 점을 쳤다. 무당이 답하기를 '죽지 않았습니다. 그림자가 뜰 가운데에 있습니다' 하였다. 공이 그것을 듣고 이후 감히 두 번 다시 집에 가까이 가지 않았다. 만년에 그는 항상 말하기를 '무당의 말도 헛된 것이 아니다'라고 했다."

8. 고리짝[栲栳]⁴⁸⁾ 굵기

이규경의 『오주연문장전산고』⁴⁹⁾에서 말했다. "지금 여자 무당들이 신에

---

43) 조선중기의 문신. 생몰년 1563(명종 18)~1628년(인조 6). 임진왜란을 전후해서 몇차례 사신으로 명나라를 왕래하면서 서양 문물과 천주교를 소개함으로, 실학 발전의 선구자가 되었다.
44) 이수광의 지은『기사일문집(奇事逸聞集)』. 전 20권인데, 아래 인용문은 권 18, 『외도부 무격』에 보인다.
45) 좌의정의 별칭.
46) 조선전기의 문신. 생몰년 1474(성종 5)~1519년(중종 14).
47) 1504년 갑자사화에 연루되어 거제도로 유배되었다. 그러나 연산군은 이장곤이 문(文)에다 무(武)까지 겸했기 때문에 변을 일으킬까 두려워하여 처형하려 하자, 이를 눈치채고 함흥으로 달아나 양수척의 무리 속에 숨어 살았다. 중종반정 이후 다시 등용되어 내외의 요직을 두루 거쳤다. 그러나 그가 좌의정이 된 적은 확인되지 않는다.
48) 대나무나 버드나무로 만든 물건을 담는 그릇.

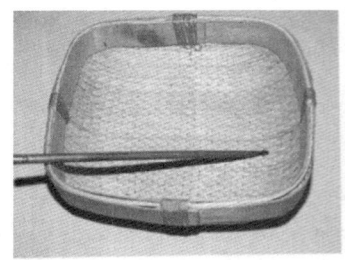 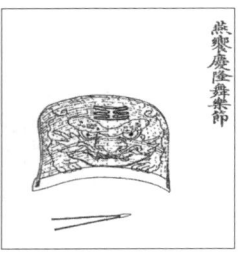

고리짝   연향경륭무악절

게 기도할 때 젓가락으로 고리짝을 긁으면서 노래의 반주로 삼는데,[50] 이것은 여진(女眞)의 풍속에서 유래한 것이다. 청나라 고종[51] 건륭(淸高宗乾隆)시대에 편찬한 『예기도식(禮器圖式)』[52]에서 말하기를 '연향경륭무악절(宴饗慶隆舞樂節)[53](그림 참조)이라는 악기는 본조(本朝=청나라)에서 대궐 뜰에서 연주하는 절(節)[54]로 지정했으며, 대나무를 엮어 만드는데, 그 형태는 키[箕]와 흡사하다. 춤출 때 이를 긁으면서 음악의 장단을 맞춘다'고 했다. 이것은 여진족이 우리 북관(北關)[55]과 서로 접해 있기 때문에 그 풍속에 물들어 그렇게 된 것이다."

---

49) 권 43, 「미서복변증설(米糈卜辨證說)」의 인용이다.
50) 서울·경기 지역의 망자천도굿에서 죽은 이의 넋을 달래기 위해서 한다. 국립문화재연구소 『인간과 신령을 잇는 상징 무구(巫具)―서울시·경기도·강원도』(민속원 2005) 25, 57, 69, 126면 참조.
51) 청나라 제4대 황제. 재위 1735~96년. 재위기간 중 『명사(明史)』 『속문헌통고(續文獻通考)』 『황조문헌통고(皇朝文獻通考)』 『사고전서(四庫全書)』 등 많은 서적의 편찬사업을 일으켰다.
52) 청대 국가의식에 사용되는 각종 기물의 그림과 해설을 묶은 책으로 전 28권. 청 건륭 24년(1759) 장친왕(莊親王) 윤록(允祿) 등이 칙명을 받들어 편찬했으며, 『문연각(文淵閣) 사고전서(四庫全書)』 656에 수록되어 있다. 이 인용문은 권 9, 악기(樂器) 2에 보인다.
53) 청나라 궁중연회에서 연주되는 악기로 겉에 호랑이 얼굴을 그렸다.
54) 키처럼 생긴 타악기의 일종.
55) 함경북도 지역.

9. 접살법(接煞法)[56]

이규경의 『오주연문장전산고』[57]에서 말했다. "『이견지(夷堅志)』[58]에는 '동성이랑(董城二郞)이라는 사람이 죽어서 염습을 마친 다음, 집안 식구들이 당시의 풍습에 따라 부엌 앞에 재를 가늘게 채쳐두고 그 위에 시루를 덮어 두었다. 그것은 죽은 사람이 간 곳을 알아보기 위해서였다. 아침 일찍 시루를 들어보니 재 위에는 거위 발자국 2개가 분명하게 찍혀 있었다'는 설화가 실려 있다. 이것이 지금 접살법이라 하는 것이고, 우리나라 풍속에서는 반혼(返魂)이라 일컫는 것이다.[59] 접살(接煞)이란 비록 억지로 해석하기가 어렵지만, 저영(儲泳)[60]의 『거의설(祛疑說)』[61]에는 다음과 같은 언급이 있다. '사람이 죽으면 죽은 날의 살기(煞氣)를 받는다. 음양가(陰陽家)의 기록한 바에 의하면 자살(雌煞)과 웅살(雄煞)이 있고, 또 살기가 나가는

---

56) 중국인의 장례 풍속의 하나. 사람이 죽으면 대략 사흘 뒤에 살신(煞神; 사자死者의 영혼을 잡아가는 신)과 함께 돌아오는데, 이때 사자와 살신을 잘 대접하여 사자를 좋은 곳으로 천도(薦度)하고 또 후손들에게 해를 끼치지 않도록 하는 의식.
57) 권 43,「미서복변증설(米糈卜辨證說)」의 인용이다.
58) 남송의 홍매(洪邁, 1123~1202)가 편찬한 괴기소설집으로 전 206권. 이 설화는 『이견지(夷堅志)』 지을(支乙)에 「동성이랑(董成二郞)」이라는 제목으로 수록되어 있다.
59) 이능화 『조선종교사』(영신아카데미 한국학연구소 1983) 22~23면에서는 반혼(返魂)을 속칭 '넋두리'라 하면서 다음과 같이 설명했다. "우리 맹속(氓俗)에 무당으로 하여금 신사(神事)를 하여 사자(死者)의 혼을 부르는 일이 있다. 무당이 망인의 말로 생전의 소위사(所爲事)를 일일이 든다. 간혹 제이인(第二人)도 모르는 은밀한 관계를 집어내어 가인(家人)으로 하여금 놀라게 한다." 그렇다고 한다면 이것을 중국의 접살(接煞)과 동일시하는 것은 문제가 있다. 참고로 요즈음은 반혼이라면 장사 후 신주를 집으로 모시고 오는 일을 말한다.
60) 송대 사람. 정확한 생몰년은 알 수 없다. 시명(詩名)이 있었고, 음양오행설에 정통했다.
61) 각종 무술(巫術)의 신비성을 논파하고자 한 저술로 『사고전서』 865, 『신편총서집성(新編叢書集成)』 33에 수록되어 있다. 이 부분은 『거의설(祛疑說)』, 「논남녀지분생살지기(論男女之分生殺之炁)」의 인용이다.

것도 있고 나가지 않는 것도 있다고 한다. 이러한 설은 믿을 수 없지만, 자살이 나가지 않으면 죽은 이의 오른쪽 발이 뒤틀려 왼쪽을 향하고, 웅살이 나가지 않으면 죽은 이의 왼쪽 발이 뒤틀려 오른쪽을 향한다. 그리고 자살과 웅살이 모두 나가지 않으면 오른쪽 발과 왼쪽 발이 모두 뒤틀려 서로 마주보며, 모두 나갔으면 두 발이 모두 바깥을 향하고 뒤틀리지 않는다고 하니, 어찌 이상한 일이 아닌가'라 했다."[이능화가 보건대 접살 반혼은 또한 청혼(聽魂)[62]이라고도 할 수 있겠다.]

10. 칼날 위를 뛰면서 추는 춤[蹈刃舞]

『오주연문장전산고』[63]에서 말했다. "무당이란 비록 천한 기예이지만, 옛날과 지금을 따져서 그 우열을 논한다면 형초(荊楚)[64]·오월(吳越)[65] 지방의 무당이 큰 무당이다[오(吳)나라 장굉(張紘)[66]이 진림(陳琳)[67]에게 준 편지에 대해 진림의 답장에서 '작은 무당이 큰 무당을 보면 신기(神氣)가 소진해버린다'고 했다[68]]. 물동이를 입술에 붙인다든지 맨발로 예리한 칼날을 밟는 것 따위에 이르러서는[요망한 무당이 술법을 행할 때 물동이를 들어 입술에 붙이는데 떨어지지 않으며, 또 물동이 위에 칼날을 세워놓고 맨발로 칼날 위에서 춤을 추어도 발이 끊어지

---

62) 무슨 뜻인지 알 수 없다.
63) 권 26, 무격변증설(巫覡辨證說)에서 인용했다.
64) 중국 호북성·호남성 일대.
65) 중국 절강성·강소성 일대.
66) 중국 삼국시대 오나라의 책사.
67) 중국 삼국시대 위나라의 문학자. 생몰년 ?~217년.
68) 『삼국지』 권 53, 오서 8, 장굉전에 인용된 배송지(裵松之)의 주에 나오는 내용. 장굉(張紘)이 진림(陳琳)의 글을 칭찬하자, 진림은 자신을 낮추면서 장굉을 큰 무당, 자신을 작은 무당에 비교했다.

지 않고 물동이도 깨어지지 않는다. 요사한 귀신을 끼고 있기 때문에 그런 것이리라! 혹시 요사한 귀신을 끼고서 그 기술의 신기하고 이상함을 자랑하는 것이 아닌가 한다. 또 이것은 사람들을 현혹시키는 낚싯밥인데, 사람들로 하여금 그 술법에 빠져서 현혹되어 맹종하도록 하는 것이다."

11. 강신술(降神術)

『천예록(天倪錄)』[69]에서 말했다. "송상인(宋象仁)[70]공은 매우 강직하고 정직했으며, 평생 동안 무당들을 미워했다. 그래서 무당들이 귀신을 핑계로 백성들을 속이고 있으며, 빌거나 축원한다고 하여 오랫동안 음사를 행하면서 사람들의 재물을 허비한 것이 그 수를 헤아릴 수 없으니, 실로 모두가 허망한 것이라 했다. 항상 말하기를 '어떻게 하면 이 무리들을 모두 없애 세상에 다시는 무당이 없도록 할 수 있을까'라 했다. 남원부사(南原府使)가 되자 명령하기를 '만약 우리 고을에 무당이라 이름하는 자가 발각되면 하나도 남김없이 매를 쳐서 죽일 것이니, 경내에 두루 명하여 모두 다 듣고 알게 하라'고 했다. 무당들이 이 명령을 듣고 두려워하여 일시에 달아나 모두 다른 읍으로 옮겨갔다. 송 공은 우리 고을에는 한 명의 무당도 다시는

---

69) 인물의 전기를 중심으로 한 한문설화집. 제목 '천예'는 『장자』 제물편에 나오는 말로 '시비나 대립, 차별을 초월한 경지'를 의미한다. 그러나 이 책의 저자에 대해서는 두 가지 설이 있다. 하나는 이상우(1621~85) 설이고(이신성『천예록연구』, 보고사 1994), 다른 하나는 임방(1640~1724) 설이다(김동욱·최상은 역『완역 천예록』 명문당 1995). 아래에 인용된 설화의 제목은 「광한루영무혹쉬(廣寒樓靈巫惑倅)」이다.
70) 조선중기의 문신. 생몰년 1569(선조 2)~1631년(인조 9). 임진왜란 때 부산진성을 사수하다 순사한 송상현의 아우. 그가 남원부사로 재직한 것은 1629년경(인조 7)이다. 재임 기간 중 살인계(殺人契) 조직자 10여 명을 처형했고, 이에 앙심을 품은 살인계 잔당들이 그의 조상 묘를 파헤치자, 남원부사직을 사임했다(『인조실록』권 21, 인조 7년 9월 정해).

없을 것이라고 생각했다.

하루는 광한루(廣寒樓)[71]에 올라가 바라보니 한 미인이 말을 타고 흙으로 빚은 장구를 메고 가고 있었는데, 무녀 행색이 분명했다. 바로 사령을 보내 붙잡아서 관아의 뜰로 끌고 오게 하여 묻기를 '네가 무당이냐?' 하니 '그렇습니다'라고 했다. 또 묻기를 '너는 관가에서 내린 명령을 듣지 못하였느냐?' 하니 '들었사옵니다'라고 했다. 그래서 말하기를 '너는 죽음이 두렵지 않느냐. 어찌하여 우리 고을 안에 남아 있느냐?' 하니, 무당이 절을 하고 아뢰었다. '소인이 드릴 말씀이 있사오니, 원컨대 굽어 살펴주십시오. 무당에도 진짜와 가짜가 있사옵니다. 가짜 무당이야 죽일 수도 있습니다만, 진짜 무당이야 어찌 죽일 수 있겠습니까? 관가에서 영을 내려 엄금하는 것은 가짜 무당을 얘기하는 것이지, 진짜 무당은 아닐 것이옵니다. 소인은 진짜 무당이옵니다. 관가에서 저를 죽이지 않을 것임을 알고 편안히 있으면서 옮겨 가지 않았사옵니다.' 공이 묻기를 '어찌하여 네가 진짜 무당이라고 하느냐'고 하니, 무당이 '원컨대 시험해보십시오. 영험이 없으면 죽음을 청하겠습니다'라고 했다.

공은 다시 '네가 귀신을 부를 줄 아느냐'고 물으니, 무당은 '부를 수 있습니다'라 했다. 그 당시 공에게는 죽은 지 얼마 안 된 평생의 친구가 있었다. 공은 '내게 죽은 친구가 있는데, 서울에서 아무 벼슬을 하던 아무개이다. 네가 그의 혼령을 부를 수 있겠냐'고 물었다. 무당이 대답하기를 '어렵지 않사옵니다. 당연히 나리를 위하여 불러보겠습니다. 하오나 음식 몇 그릇과 술 한 잔은 꼭 있어야 부를 수 있습니다'라고 했다.

공은 사람 죽이는 것은 중요한 일이라 생각하여, 그의 말을 따라 진위를 실험하고 나서 처리하기로 하고, 곧 명을 내려 음식과 술을 차려주도록 했

---

71) 전북 남원시에 있는 누정. 보물 281호. 조선초 황희가 세워 광통루라 하였으나, 세종 때 중건하면서 정인지가 광한루로 바꾸었다. 원래 건물은 임진왜란 때 불탔고, 현재 건물은 1635년(인조 13)에 다시 지은 것이다.

다. 무당이 말하기를 '나리의 옷을 한 벌을 주시면 그것으로 신령을 청하겠습니다. 옷이 없으면 신이 내리지 않습니다'라고 하니, 공은 전에 입던 옷 한 벌을 주라고 명했다.

무당은 뜰 가운데 한자리를 마련하고 술과 안주를 진설한 다음, 몸에는 준 옷을 걸치고 허공을 향해 방울을 흔들면서 괴상한 말을 늘어놓으며, 신이 내리기를 청했다. 잠시 뒤에 무당이 '내가 왔네'라 하고는 공중을 향해 먼저 유명을 달리하며 결별할 때의 슬픔을 말하였다. 그런 뒤 평생 동안 서로 즐거움을 나누며 사귄 정을 이야기하였다. 대나무로 만든 말을 타고 놀던 일부터 책상을 맞대고 공부하던 일, 과거보러 가던 일, 조정에 나아가 벼슬살이를 하던 일, 모든 행동을 함께 하고 벼슬하고 물러남도 같이하며, 속마음을 터놓고 사귀며 아교와 옻처럼 서로 떨어질 수 없는 사이로 지낸 사정에 이르기까지 또렷이 말했다. 이는 모두 사실로 털끝만큼의 차이도 없이 맞추었다. 또한 공과 이 친구만이 알 뿐 남들은 알지 못하는 일도 털어놓았다. 공은 이를 듣고 자신도 모른 사이에 눈물을 흘렸으며, 슬픔을 이기지 못하여 말했다. '내 친구의 혼령이 과연 왔구나, 의심할 바가 없다.' 공은 곧 좋은 술과 안주를 차리도록 하여 친구에게 대접하였다. 한참 있다가 인사를 하고 서로 헤어져 갔다.

공이 탄식하며 말하기를 '나는 늘 무당들이란 모두 간사하고 거짓된 것으로 간주했는데, 이제 비로소 무당 중에도 진짜가 있음을 알았도다' 하고, 무당에게 후한 상을 주고 무당을 금하는 영을 거두어들였다. 이로부터 다시는 무당을 몹시 배척하는 말이나 의견을 내지 않았다."

『천예록(天倪錄)』[72]에서 또 말했다. "옛날에 이름난 재상이 승지로 있을 때 새벽에 장차 입궐하려고 의관을 갖추고 나가려다가 너무 일러서 돌아와, 베개에 기대어 설핏 잠이 들어 꿈을 꾸었다. 말을 타고 대궐을 향해 가다가

---

72) 아래 설화의 제목은 「용산강신사감자(龍山江神祀感子)」이다.

파자교(把子橋)73) 앞에 이르러 어머니가 혼자서 걸어가고 있는 것을 보았다. 재상은 깜짝 놀라 즉시 말에서 내려와 반기면서 절을 하고, '어머니께서는 어찌 가마도 타지 않고 혼자 걸어오십니까?'고 물으니, 어머니가 '나는 세상을 떠난 사람이다. 살아있을 때와 다르니 걸어서 가는 것이다' 했다. 재상이 '지금 어디로 가시기에 여기를 지나십니까?' 하니, 어머니는 '용산강74) 옆에 사는 우리 집 종 아무개 집에서 지금 굿[神祀]을 차린다기에 음식을 먹으러 가는 길이다'라고 했다. 재상이 말하기를 '저희 집에서 기일(忌日)날 제사·계절마다 제사와 명절이나 초하루·보름의 차례(茶禮)를 다 지내는데, 어머니께서는 어찌하여 노비집의 굿에 음식을 드시러 가는 지경이 되셨습니까?' 하니, 어머니가 말하기를 '제사가 있더라도 신도(神道)에서는 중히 여기지 않고, 오로지 무당의 굿만을 중하게 여길 뿐이다. 굿이 아니면 혼령들이 어찌 한번 배부르게 먹을 수 있겠느냐?'고 했다. 그리고 말하기를 '갈 길이 바빠 오래 머물 수 없다'면서 이별을 고하고 홀쩍 떠났는데, 갑자기 보이지 않았다.

재상이 바로 꿈에서 깨어났는데, 꿈속의 일이 황홀하면서도 너무나 생생했다. 이에 종 한 사람을 불러 명하기를 '너는 용산강에 사는 종 아무개 집에 가서 오늘 저녁에 나를 보러 오라고 해라. 그리고 너는 내가 입궐하기 전에 서둘러 돌아오도록 하라'고 했다. 그러고는 앉아 기다렸다.

잠깐 만에 종이 과연 급히 돌아왔는데, 아직 날이 채 밝기 전이었다. 때가 몹시 추워서 종은 먼저 부엌으로 들어가 숨을 헐떡거리고 떨면서 불을 쬐니, 동료 종이 부엌에 있다가 술이나 한잔 얻어먹고 왔느냐고 물었다. 종이 말하기를 '그 집에서 마침 큰 굿을 벌이고 있었는데, 무녀가 하는 말이 우리 집 상전[우리말에 주인을 상전(上典), 노비를 하전(下典)이라 한다] 대부인의

---

73) 좌포청이 있던 정선방(貞善坊, 오늘날 서울시 종로구 종로3가 단성사 자리) 근처에 있던 다리.
74) 서울의 용산과 노량진 사이를 흐르는 한강의 일부분.

신이 자기 몸에 내렸다고 하더군. 내가 왔다는 말을 듣고는 바로 우리 집에서 심부름 온 종이로구나 하며 앞으로 불러서 큰 잔에 술을 따라주고 음식도 한 그릇 주면서 오는 길에 파자교 앞길에서 우리 아들을 만났다고 하더라' 했다.

재상은 방에 있다가 종들이 하는 말을 듣고는 자기도 모르는 사이에 목을 놓아 통곡하고, 종을 불러 상세히 물었다. 그러고는 마음속으로 어머님이 굿에 가서 흠향한 것을 의심할 바 없이 분명하다고 생각했다. 이에 무녀를 불러 성대하게 굿을 벌려서 어머니가 잡수시도록 했고, 이어서 계절마다 꼬박꼬박 굿을 했다고 한다.

혹은 이것을 최유원(崔有源)[75] 공의 일이라 하는데, 최 공은 효성으로 세상에 알려진 사람이다. 이영(李詠)이 최 공의 죽음을 애도하는 시에서 말했다.

굴원(屈原)[76]이 돌을 품은 것은 충성이 넘친 것이지만,
죽을 때까지 효도를 다한 것은 아니라네.
이 때문에 굴원을 논평하는 사람도 있지만, 그들 역시 효도는 감히 하지 못하는데,
그대를 생각하고 나를 돌이켜보면 내 얼굴이 붉어지네."

유몽인(柳夢寅)[77]의 『어우야담(於于野談)』[78]에서 말했다. "고경명(高敬

---

75) 조선중기의 문신. 생몰년 1561(명종 16)~1614년(광해군 6). 대사성·대사헌 등을 역임했고, 효행으로 이름이 높아 사후 고향에 정문(旌門)이 세워졌다.
76) 전국시대 초나라의 충신. 생몰년 BC 340~278년. 초가 진나라에 망하자 돌을 품고 멱라강(汨羅江)에 투신자살했다. 『초사』에 수록된 그의 작품 「이소(離騷)」「구가(九歌)」 등은 후세 문학에 큰 영향을 미쳤다.
77) 조선중기의 문신. 생몰년 1559(명종 14)~1623년(인조 1). 인조반정 이후 광해군의 복위를 꾀한다는 혐의로 아들 약(瀹)과 함께 사형되었다.

命)⁷⁹⁾이 순창군수(淳昌郡守)로 있을 때 전염병에 걸려 죽었으나 온몸이 따뜻했다. 그래서 하루가 지나도록 염습(殮襲)⁸⁰⁾을 못하고 있었는데, 갑자기 꿈에서 깨어난 듯해서는 말했다. '어떤 사자가 나를 데리고 길을 안내해서 가서, 한 관부(官府)에 다다랐다. 사자가 들어가서 고하니, 관리가 말하기를 끌고 온 사람은 그 사람이 아니다 하고, 사자를 재촉하여 다시 데리고 돌아가라 하더군. 순창의 경내에 들어오니 길가의 민가에서 북소리가 크게 들렸다. 사자는 그곳에 들어가 잠시 쉬면서 술과 음식을 얻어서 가기를 바랐다. 고경명이 그 집에 들어가니 무당이 말하기를 우리 사또께서 오셨구나 하면서, 상좌에 앉히고는 잔을 올리고 음식을 권했으며, 사자를 대접하여 잔뜩 취하게 해서 보냈다. 그러고 나서 관아에 들어오니 갑자기 깨어났다' 마침내 아래 사람을 시켜 길가의 그 집을 가보게 했더니, 아직 밤 굿이 끝나지 않았는데, 무당에게 물었더니 과연 그의 말과 같았다."

12. 죽은 영혼을 위해 길 귀신[禓]을 내리게 하다[下禓亡魂]

이익(李瀷)의 『성호사설(星湖僿說)』⁸¹⁾에서 말했다. "춘관(春官)⁸²⁾에 '사

---

78) 유몽인(柳夢寅)이 지은 한문 야담집. 어우(於于)는 유몽인의 호. 원래 10권으로 편찬되었으나 인조반정 후, 유몽인이 사형되는 바람에 출간되지 못한 채 전사(轉寫)가 거듭되는 과정에서 현재 20여 종의 이본이 전하고 있으며, 이본에 따라 상당한 차이가 있다. 아래 인용된 설화도 만종재본(晩宗齋本) 『어우야담』 권 2, 영혼(靈魂)에는 수록되어 있으나, 이 설화가 빠진 이본도 상당수 있다.
79) 조선중기의 문신. 생몰년 1533(중종 28)~92년(선조 25). 임진왜란 때 의병을 일으켜 왜군과 싸우다 금산(錦山)에서 전사했다.
80) 상례의 한 절차로, 죽은 이의 몸을 씻기고 옷을 입히고 염포로 묶는 일을 말한다.
81) 『성호사설』에서 「하상망혼」은 권 13, 인사문(人事門)에 수록되어 있다.
82) 『주례(周禮)』의 편명으로 국가의 예제(禮制)를 담당하는 관직들에 대해 설명한 부분이다.

무(司巫)[83]는 상사(喪事) 때에 무강(巫降)의 예를 맡는다' 했고, 주(註)[84] 에서는 '강(降)은 내린다는 뜻으로 무당이 신을 내리게 하는 의례이다. 지금 세상에서 사람이 죽어 염습(斂襲)을 한 뒤에 무당에게 가서 길귀신[禓]을 내리게 하는 것이 그 예제의 흔적[遺禮]이다'라 했다. 그러나 아마 이는 성인의 뜻이 아닐 것이다. 내가 보건대 시골 무당이 노래와 춤으로 혼령을 부르고 망혼(亡魂)의 말을 흉내내면서 어리석은 풍속을 속이고 재물을 빼앗으니, 나라에서 마땅히 법으로 금지하여 없애야 하는 것인데, 어찌 도리어 경전에 수록했겠는가. 또 보건대 우리나라 풍속이 귀신 섬기기를 좋아하여, 그중에 만명(萬明)이라는 것이 있는데, 곧 신라 김유신의 어머니이다. 이것은 반드시 가운데가 볼록한 큰 거울이다. 또 왕신(王神)[85]이 있다고 하는데, 왕신이란 수로왕(首露王)[86]을 가리키는 것 같다. 이는 왕이 가장 영험하고 신이함을 나타내었기 때문이다. 신을 섬기는 자가 반드시 철익의(綴翼衣)[87]를 입는데, 철익이란 지금 무사들이 입는, 저고리와 바지가 서로 연결된 것으로, 허리춤에 주름이 있는 것은 현단(玄端)[88]과 같고, 양쪽 겨드랑은 한데 꿰매어져 있는 것이 심의(深衣)[89]와 같고, 넓은 소매에는 끝동이

---

83) 무관(巫官)의 장으로 무사(巫事)를 총괄한다.
84) 후한(後漢)의 경학자 정현(鄭玄, 127~200)의 주석.
85) 서대석「한국인의 무속적 신관」,『제2회 한국학국제학술회의논문집』(인하대 1995) 247~48면에 의하면 왕신신앙은 충남지역에서 주로 확인되는 것으로, 왕신은 일종의 가신(家神)이라 한다. 그러나 모든 가정에서 모시는 것은 아니고, 모시는 가정이 따로 있다고 한다. 왕신은 집안의 길흉화복을 관장하기 때문에 집안의 대소사를 반드시 먼저 왕신에게 고해야 한다. 왕신의 신체는 주로 곡식이나 옷감을 넣은 항아리나 단지이다.
86) 금관가야의 시조. 재위 42~199년.
87) 철릭이라고 하며, 천익(天翼)이라고도 쓴다. 조선시대 무신들이 입던 공복(公服)이며, 전시에 왕을 호종(扈從)할 때에는 문신들도 입었다. 저고리와 치마가 붙은 형태의 겉옷으로 길이가 길고 허리에는 주름을 잡았다. 소매는 두리소매이고 고름을 달았으며, 곧은 옷깃을 왼쪽에서 오른쪽으로 교차시켜서 앞을 여미었다. 당상관(堂上官)은 남색을, 당하관(堂下官)은 홍색을 입었다.
88) 검은색 상의. 소매가 정직단방(正直端方)하다는 데서 유래한 명칭.

철릭을 입은 무녀
출전 『무당내력(巫黨來歷)』

없는 것은 난삼(襴衫)[90]과 같다. 이 거울과 옷은 반드시 당시의 제도로서 지금까지 전해온 것일 것이다. 그러나 이와같은 종류의 신들이 어찌 수천년이 지나도록 없어지지 않고, 영험과 괴이함을 나타낼 이치가 있겠는가. 기도하고 제사하여 혹시 감응을 얻었다는 것도 장난꾸러기 마귀의 농락[戲魔]이 아닌 것이 없으며, 어리석은 백성들이 속은 것이다. 밝고 지혜있는 자는 스스로 알아야 한다.

---

89) 상의와 하의가 연결된 웃옷. 흰 천으로 만들고 옷 가장자리에 검정 비단으로 선을 둘렀다. 조선시대에는 주로 유학자들이 선호했으니, 심의를 착용한 초상화가 많이 남아 있는 것도 이 때문이다.
90) 남색이나 옥색 비단으로 만든 웃옷으로 깃이나 소매 끝에 청흑견(靑黑絹)으로 단을 둘러댔다. 유생·진사·생원들이 주로 입었다.

제14장

무고(巫蠱)
[저주(詛呪)]

우리말에 무고(巫蠱)[1]나 저주하는 일을 '방자(方子)'라고 하는데, 저주로

---

1) 다른 사람에게 위해를 주는 데 사용하는 흑주술(black magic)의 일종. 고(蠱)란 그릇 속에 벌레가 여러 마리 들어 있는 형상으로 인공 배양된 벌레를 의미한다. 즉 그릇 속에 여러 마리의 벌레를 넣어두었을 때 서로 잡아먹고 마지막까지 살아남은 벌레가 고이다. 그리고 고가 되면 사람이나 동식물을 해칠 수 있는 특별한 능력을 가지게 되므로, 이를 이용하면 다른 사람이나 동식물을 해칠 수 있는 것으로 여겨졌다. 여기서 의미가 확대되어 흑주술 일반을 무고라 일컫게 되었다.

고란 글자는 갑골문에 이미 등장하는 것으로 미루어, 그 역사가 매우 오래되었다. 그리고 무고의 방법 역시 다양한데, 크게 세 가지로 나누어볼 수 있다. 鄧啓耀 『中國巫蠱考察』(上海文藝出版社 1999).
  ① 고독(蠱毒), 곤충이나 파충류 등을 고로 만들어 그 독을 이용하여 남을 해치는 주술.
  ② 고술(蠱術), 상대방의 상징물이나 대체물(예컨대 인형, 이름)에 위해를 가함으로써 또는 저주의 말을 퍼부음으로써 궁극적으로 상대방에게 위해가 전이되도록 하는 주술.
  ③ 고혹(蠱惑), 상대방을 유혹하는 주술.

번역되는 것이 이른바 무고이다. 무고의 뜻은 『한서석의(漢書釋義)』[2]에 보이는데, "여자로서 눈에 보이지 않는 것을 섬기고 춤을 추어서 신을 내리게 하는 자를 무(巫)라 하고, 그릇된 도로써 정사를 어지럽게 하고 사람들을 미혹케 하는 것을 고(蠱)라 한다"는 것이 그것이다. 한(漢)나라 무제(武帝) 때 궁중에 무고(巫蠱)의 변이 있었고,[3] 우리나라에서도 고려 충렬왕 때 어떤 사람이 무고의 일을 원나라 공주에게 몰래 고했기 때문에 대관(大官) 김방경(金方慶)이 억울하게 잡혀 심문을 당했으나, 그런 사실이 없다고 하여 마침내 무죄로 밝혀진 적 있었다.[4] 조선시대 여러 임금 때도 궁중에 또한 무고의 변괴가 많았고, 그때마다 당쟁에 이용되었다. 또 일반 백성들 사이에도 늘 저주하는 일이 있었는데, 이는 모두 여자 무당들의 짓이었다.

장유(張維)[5]의 『계곡만필(谿谷漫筆)』[6]에서 말했다. "저주의 일은 그 유래한 지가 오래되었다. 당(唐)나라 공씨(孔氏)[7]가 말하기를 '신을 청해서 재앙을 내리게 하는 것을 저(詛)라 하고, 말로써 신에게 고하는 것을 축(祝)이라

---

[2] 『한서(漢書)』에 대한 주석서 같으나, 어떤 책인지는 알 수 없다.
[3] BC 91년 한 무제가 늙어 병들자 강충(江充)이라는 자가 병의 원인을 무고(巫蠱) 때문이라 하면서 범인 수색에 나섰다. 그래서 호무(胡巫)를 앞세워 궁중 이곳저곳을 파헤치고 다니다, 결국 태자를 범인으로 지목했다. 이에 태자는 군대를 일으켜 강충을 죽이고, 호무를 화형에 처했지만, 황제의 허락 없이 군대를 동원한 죄로 태자 역시 죽었다. 이 사건은 태자와 불화하던 강충이 한 무제 사후 태자의 보복을 두려워하여 조작한 것이라 한다.
[4] 제5장 「고려시대의 무속」 중 4절 '무고사건(저주)' 참조.
[5] 조선중기의 문신. 생몰년 1587(선조 20)~1638년(인조 16).
[6] 장유(張維)의 수필집으로, 1635년(인조 13)에 완성되었다. 전 2권인데, 아래 인용문은 권 1에 있다.
[7] 공영달(孔穎達)을 가리킨다. 공영달은 당나라의 학자로, 생몰년 574~648. 당 태종의 명을 받들어 안사고(顏師古) 등과 함께 『오경정의(五經正義)』를 편찬하였는데, 이 인용문은 『상서(尙書)』 무일편(無逸篇)의 "선왕지정형(先王之正刑) 지우대소(至于大小) 민부칙궐심위원(民否則厥心違怨) 부측궐구저축(否則厥口詛祝)"에 대한 『상서정의(尙書正義)』의 주석이다.

하는데, 무릇 남을 몹시 원망하여 신에게 고하기까지 해서 재앙을 내리도록
하는 것이다'라 했다. 『서경(書經)』에 '그 마음속에 원한이 맺히면 입에서
저주가 나온다' 했고,[8] 『시경(詩經)』[9]에서는 '이 세 가지를 잡아서[10] 너를
저주하겠다'라는 말이 있다. 제나라의 경공(景公)[11]이 학질을 앓았는데, 해가
지나도록 낫지 않았다. 그래서 경공은 축관(祝官)인 고(固)와 사관(史官) 은
(嚚)을 죽이려 하니,[12] 안자(晏子)[13]가 말하기를 '백성들이 병에 시달리고 부
부가 모두 저주를 하는데, 아무리 능력있는 축관과 사관이라 하더라도 어찌
수많은 사람들의 저주를 막을 수 있겠습니까?' 했다.[14] 한나라 무제(武帝) 때
벌써 궁중에 무고의 변(變)이 있었고, 제후나 왕이 황제에 대한 저주에 연좌
되어 부도죄(不道罪)[15]로 처형을 당한 자가 역사책에 끊이지 않고 나온다.
송나라[16]의 원흉소(元兇劭)[17]는 무당 엄도육(嚴道育)[18]과 함께 무고를 하면

---

8) 『서경(書經)』, 즉 『상서(尙書)』 무일편에 나오는 주공(周公)의 말.
9) 『시경(詩經)』 소아(小雅), 절남산지십(節南山之什)의 하나인 하인사(何人斯)란 시의 한
   구절. 떨어짐이 없던 사이였는데 이제 날 모른 척하면 짐승을 잡아 저주하겠다는 의미
   이다.
10) 돼지·개·닭.
11) 춘추시대 제나라의 군주. 재위 BC 547~490년. 세금을 많이 거두었고 형벌을 무겁게
    했으며 사치가 심했다.
12) 축관과 사관은 제사와 기도를 담당하던 관직. 양구거(梁丘據)와 예관(裔款)이 자주 문
    병을 와서 제 경공에게 축관과 사관의 책임을 물어 죽이기를 권했다.
13) 춘추시대 제나라의 정치가인 안영(晏嬰, ?~BC 500)을 말한다. 안영은 경공을 섬기면
    서 많은 간언을 했던 것으로 유명하며, 그의 행적과 간언을 후대 사람이 모은 것이 『안자
    춘추(晏子春秋)』이다.
14) 안자의 말은 신이 복을 내리고 화를 내리는 것은 군주의 정치가 잘되고 못된 데 따른
    것이다. 그러므로 정치가 잘못되어 백성들의 원망이 커지면 축관과 사관의 기도도 효험
    이 없을 수밖에 없으니, 먼저 정치를 바르게 하라는 것이다.
    이 기사의 출전은 『춘추좌전(春秋左傳)』 소공(召公) 20년 8월조이며, 『안자춘추(晏子
    春秋)』 외편, 중이이자(重而異者)에도 비슷한 내용이 보인다.
15) 정도에 어긋나는 범죄.
16) 남북조 시대의 송나라. 즉 유송(劉宋).

서 옥을 쪼아 송나라 황제의 인형을 만들어 궁중 안에다 묻었고, 당나라 때 여용지(呂用之)[19]는 오동나무로 인형을 만들어[20] 그 가슴에 못을 박고 (등에는) 고병(高騈)[21]의 성명을 써서 땅에 묻었는데, 이런 이야기는 매우 많다. 그리고 민간의 염승(厭勝)[22]·금주(禁呪)의 술법으로 소설에 보이는 것은 이루 다 기록할 수 없을 정도이다.

우리나라에서도 이러한 풍속이 대단히 성행했는데, 남의 집의 종이나 첩들이 조금이라도 원한이 있으면 곧 새나 짐승, 썩은 뼈나 허수아비 등의 물건을 사용하여 온갖 술법을 꾸며서 담 밑이나 부엌과 굴뚝에 묻어서 다른 사람에게 병이 전염되도록 한다. 이를 급히 치료하지 않으면 가끔 죽게 되

---

17) 남조 송 문제(文帝)의 태자. 생몰년 426~453년. 평소 과실이 많아 이것이 부왕에게 알려질까 두려워하던 차에 무녀 엄도육(嚴道育)을 알게 되어 기도를 부탁했고, 나아가 부왕을 무고하기에 이르렀다. 그러나 무고 사실은 탄로되어 겨우 용서를 받았지만, 이후에도 엄도육과 계속 연락을 취하는 것이 알려지면서 태자에서 폐위될 위기에 몰리자 453년 송 문제를 시해하고 스스로 제위에 올랐다. 그러나 3개월 만에 피살되고 말았다.
18) 남조 송나라 때의 무녀. 스스로 통령(通靈)했으며 귀물(鬼物)을 부리는 능력이 있다고 했다. 송 문제의 태자 소(劭)의 신임을 받아 천사(天師)로 불렸고, 마침내 소(劭)·준(濬) 형제와 함께 옥을 쪼아 황제의 형상을 만들어 궁중에 묻고 송 문제를 저주했다. 이 사실이 발각되자 여승으로 변장하고 피신하여 준의 보호를 받았다(『송서』 권 98, 열전 59 이흉二凶).
19) 당나라 말기의 관리. 도사에게서 귀신을 부리는 술법을 전수받고, 고병(高騈)에게 발탁된 뒤에도 이를 통해 고병의 총애를 받아 막강한 권력을 휘둘렀다. 후일 고병을 저주한 것이 발각되어 죽임을 당했다(『신당서』 권 224 하, 반역전叛逆傳, 고병高騈).
20) 동인(銅人)의 잘못.
21) 당나라 말기의 관리. 생몰년 822?~887년. 황소(黃巢)의 난을 진압했는데, 신라의 최치원이 그 유명한 「토황소격(討黃巢檄)」을 쓴 것도 이때 그의 휘하에서이다. 말년 한 지방을 장악한 군벌이었지만, 신선술에 심취하여 정사를 돌보지 않다가 부하들에게 피살되었다.
22) 압승(壓勝)이라고도 한다. 사악한 기운을 내리누르는 주술. 일반적으로 마력(魔力)이 있는 물품을 사용하는 예가 많으나, 집을 짓거나 종을 만들 때 사람을 넣는 것도 일종의 압승이라 할 수 있다.

며, 혹은 다른 사람에게 전염되어서 시주병(尸疰病)[23] 같은 것이 되기도 한다. 이러한 사실이 발각되어 사형을 당하는 자가 잇달아도 오히려 줄거나 없어지지 않는다. 무격 가운데 저주를 잘 다스리는 자는 남의 집에 들어가면 바로 흉물(凶物)[24]이 있는 곳을 알아 끄집어내서 없애버리며, 또 범인의 이름을 말하기도 하는데, 혹은 맞기도 하고 혹은 맞지 않기도 한다.

전에 내가 중국 사람 주좌(朱佐)를 만났더니 그가 말하기를 중국에도 이런 일이 많다 했으며, 술법으로서 저주를 풀면 거꾸로 범인에게 저주가 돌아가는데, 그 사람도 저주를 푸는 법을 안다고 했다. 내가 시험 삼아 그 술법을 묻자 주좌가 말하기를 자기는 지금 이국에서 떠도는 신세로 이 술법을 팔아 살아가는데, 이 술법을 남에게 전해주면 나는 곧 영험이 없어지기 때문에 함부로 남에게 보여주기 싫다고 했다."

1. 중종 때 궁중의 무고(巫蠱, 작서灼鼠의 옥獄)

이긍익(李肯翊)의 『연려실기술(燃藜室記述)』의 「중종조고사본말(中宗朝故事本末)」 가운데 '박경빈(朴敬嬪)[25]과 복성군(福成君)[26]의 옥사(獄事)' 조[27]에서 말했다. "경인년(1530, 중종 25)[28]에 경빈 박씨와 그의 아들 복성군 미(嵋)를 폐하여 서인으로 삼고, 함께 상주(尙州) 고향으로 귀양보냈다.

---

23) 죽은 사람의 혼이 딴 사람의 몸에 붙어서 생기는 병.
24) 저주에 사용된 물건.
25) 중종의 후궁. ?~1533년(중종 28). 경상도 상주 출신으로 미색이 있어 1505년(연산군 11) 채홍사(採紅使)에 의해 뽑혔으나, 이듬해 중종반정이 일어났기 때문 중종의 후궁이 되었다.
26) 중종의 아들. 생몰년 ?~1533년(중종 28).
27) 『연려실기술』 권 9.
28) 중종 22년(1527)의 잘못이다.

처음 정해년(1527, 중종 22) 2월 26일, 동궁의 해방(亥方=북서)에 불태운 쥐 한 마리가 매달려 있었고, 물통 조각으로 만든 방서(榜書)[29]도 함께 걸려 있었다. 이때 인종(仁宗)이 동궁에 거처하고 있었는데,[30] 인종은 해(亥)년에 태어났고[31] 2월 26일이 생일이며, 해(亥)는 돼지에 해당하고 쥐는 (생김새가) 돼지와 비슷하므로, 당시 동궁을 저주한 것이라는 이야기가 있었다. 궁중에서는 경빈의 소행이라 지목하는 바람에 경빈의 시녀와 당성위(唐城尉) 홍려(洪礪)[32]의 종들이 많이 매 맞아 죽었고, 또 그중에는 거짓 자백한 사람도 있었던 까닭에 자진하라는 명령이 내려지는 데까지 이르게 되었던 것이다. (『당적보(黨籍補)』[33])

인종은 효성을 타고 난 분이었으나 문정왕후(文定王后)[34]는 조금도 보호해주려는 마음이 없었고,[35] '작서의 옥'[36] 때 박숙의(朴淑儀)[37]와 그 아들에

---

29) 글씨를 적기 위한 목패(木牌).
30) 세자로 있었다는 의미이다.
31) 인종은 1515년(중종 10) 을해생이다.
32) 경빈 박씨의 소생인 당성옹주 혜정의 남편. 생몰년 ?~1533년(중종 28). 작서(灼鼠)의 변이 있은 지 6년 뒤인 1533년 5월에 발생한 동궁 저주사건(후술)의 주모자로 지목되어 신문을 받던 중 고문을 이기지 못하고 죽었다.
33) 『연려실기술』을 비롯한 조선시대의 여러 문헌에 인용문이 있으며, 인용문으로 미루어 기묘사화 때 화를 당한 이들에 대한 기록으로 추측되나, 저자와 현전 여부는 미상이다.
34) 중종의 계비이며, 명종의 어머니. 생몰년 1501(연산군 7)~65년(명종 20). 1517년(중종 12) 왕비에 책봉되었으며, 1545년 명종이 12세의 나이로 왕위에 오르자 8년간 수렴청정을 했다.
35) 문정왕후의 자식이 아니라, 전비(前妃)인 장경왕후의 소생이기 때문이다.
36) 1527년(중종 22) 불태운 쥐로 말미암아 일어난 옥사. 불태운 쥐가 궁중에서 발견된 것은 두 차례였다. 첫번째는 2월 26일 세자궁 북쪽 동산의 한 나무에 꼬리가 잘리고 눈·입·귀 등을 불로 지진 쥐가 삼끈에 매달려 있는 것이 발견되었다. 그리고 두번째는 3월 1일 임금이 거처하는 강녕전(康寧殿) 근처에서 네 발이 끊어지고 꼬리와 주둥이를 불로 지진 쥐가 중종에 의해 발견되었다.
 이 사건을 처음에는 왕실에서도 대수롭지 않게 넘어가려 했으나, 대신들이 조사를 요구했고, 마침내 사건의 성격을 세자 저주를 위한 무고(巫蠱)로 규정함에 따라 사건이 확

게 죄를 씌워 마침내는 죽게까지 만들었으니 사람들이 모두 이를 원통해했다.

가정(嘉靖)[38] 임진년(1532, 중종 27)에 동궁 근처에서 쥐를 태워 저주한 일이 있었고, 또 인형을 만들고 나무로 만든 패에 도리에 어긋난 말을 써서 걸어놓은 일이 있었다.[39] 이에 의심스러운 자들을 잡아들여 국문(鞫問)[40]을 하니 박빈(朴嬪)이 한 짓이라 자백했으므로, 박빈과 복성군 미(嵋)에게는 죽음을 내렸고, 박빈 소생의 두 옹주[41]는 폐하여 서인으로 삼았다. 또 당성위 홍려는 곤장을 맞다 죽었고, 광천위(光川尉) 김인경(金仁慶)은 외지로 귀양 보냈으며, 좌의정 심정(沈貞)[42]은 박빈과 결탁했다고 하여 죽음을 내렸다. 이밖에도 연루되어 죄를 받은 자가 아주 많았다.[43] (『동각잡기(東閣雜記)』)[44]

대되었다. 그래서 경빈 박씨와 경빈의 소생 복성군에게 혐의가 돌아가, 결국 이들을 경빈의 고향인 경상도 상주로 귀양을 보내는 것으로 사건을 일단락 지었다.

그러나 6년 뒤인 1533년(중종 28) 5월 17일 동궁의 빈청(賓廳) 울타리 위에서 왕·동궁·문정왕후를 저주하는 글이 쓰인 인형이 발견되어, 다시 옥사가 일어났다. 그래서 주범으로 몰린 경빈의 사위 당성위(唐城尉) 홍려(洪礪)는 범행을 부인하며 고문을 버티다 죽었고, 경빈과 복성군 역시 배후세력으로 몰려 죽임을 당했다.

무고(巫蠱)사건의 경우 과연 그것이 피고들에 의해 저질러졌는지 불확실할 때가 많지만, 작서사건(灼鼠事件)의 경우도 미심쩍은 면이 있다. 피고들이 무고한 사실을 부정한 점도 그렇지만, 처음 작서사건의 진상조사를 강력히 요구했던 심정(沈貞)이 마침내 경빈의 일당으로 몰려 죽는다는 점도 일종의 역설이기 때문이다.

37) 경빈 박씨를 말한다.
38) 명나라 세종 때의 연호로 1522~66년. 임진년은 가정 11년.
39) 쥐를 태워 저주한 것은 중종 22년(1527)이며, 후자의 사건은 중종 27년(1532)이 아니라 이듬해인 중종 28년의 일이다. 『중종실록』 권 74, 중종 28년 5월 기미(28일)조에 의하면, 이날 동궁 빈청의 남쪽 울타리에서 머리만 있는 인형이 목패에 매달린 채 발견되었고, 목패에는 중종·세자·문정왕후를 저주하는 글이 적혀 있었다고 한다.
40) 죄인을 국청에서 신문한다.
41) 혜정옹주와 혜순옹주.
42) 조선중기의 문신. 생몰년 1471(성종 2)~1531년(중종 31). 중종반정에 참여한 정국공신으로 공신을 위협하는 조광조 일파를 몰아내기 위해 기묘사화를 주동하였다. 경빈 박씨의 동궁 저주사건에 관련했다 하여 강서로 유배되었다가 결국 사사되었다.
43) 경빈 박씨·복성군·당성위 홍려의 죽음과 두 옹주의 폐서인 등은 작서사건이 일어난

2. 광해군 때 궁중의 무고[45]

광해군 5년(1613년) 계축 6월 계묘(16일), 궁궐 내의 저주사건으로 해서 수련개(水連介, 국무녀(國巫女)라 했는데, 나이 70세였다. 다른 무녀의 소개로 임금

지 6년 뒤인 1533년(중종 28)의 사실이다.
44) 이정형(1549~1607)의 저술로 조선 태조의 창업에서 임진왜란 때까지 국가의 정치와 명신(名臣)의 행적을 다룬 야사. 『대동야승』에도 수록되어 있다.
45) 1613년(광해군 5) 광해군과 대북측(大北側)이 영창대군(永昌大君)과 김제남을 몰아낼 때 구실의 하나가 된, 영창대군의 생모 인목대비의 광해군 저주사건이다. 광해군은 후궁 소생이지만 부왕 선조에게 적자가 없었고 임진왜란 때 공을 세워 세자로 책봉되었으며, 선조의 뒤를 이어 왕위를 계승했다. 그러나 서출의 광해군에게 상당한 심리적 위협이 된 것은 선조가 만년에 김제남의 딸 인목왕후를 계비로 맞이하여 낳은 영창대군이었다. 따라서 광해군과 광해군의 집권 기반인 대북측은 영창대군 세력의 제거를 노리고 있었다.
　이런 차에 박응서·서양갑 등 양반의 서출들이 무륜당을 조직하고 강도짓을 하다가 1613년 4월 체포된 사건이 일어났다. 그래서 이이첨 등 대북측은 이 사건을 김제남의 사주에 의한 영창대군 추대 모의로 조작하여, 많은 사람들을 이 사건에 연루시켰으며, 결국 그해 6월 1일 김제남을 사사했다. 다음으로 영창대군 제거를 위해 인목대비측이 각종 무고(巫蠱)를 한다는 혐의를 씌웠다.
　인목대비가 무고를 한다는 소문은 이전부터 있었다. 1607년(선조 40) 선조가 병들자 그 원인이 죽은 의인왕후에 있다 하여 의인왕후의 무덤인 유릉(裕陵)에 대해 저주를 했다든지, 1612년(광해군 4) 강아지와 쥐를 불로 지져 광해군을 저주했다든지, 이이첨의 사위 박자홍에게 베개를 선사하면서 사람의 뼈나 관 조각을 넣었다든지(『계축일기』) 하는 소문이었다. 그러나 사건화되지 않고 있다가, 이때 의인왕후의 조카인 박동량(朴東亮)이 인목대비측의 유릉 저주를 문제로 제기했고, 김제남의 측근으로부터 인목대비측이 고성이라는 소경 점쟁이와 교통한다는 사실을 확인했다. 그래서 고성을 집중 추궁하고, 또 많은 무녀와 궁녀들을 조사하여 인목대비측이 광해군을 저주했다는 자백을 얻어내었다. 그래서 영창대군을 강화도로 유배하는 한편, 인목대비를 서궁에 유폐했다.
　이 사건에 대해 인목대비측은 날조라 주장한다. 예컨대 『계축일기』 권 1에서는 결정적 증인인 고성부터가 광해군의 장인 유자신의 사주를 받아 자백한 것이라 했다. 그러나 고성이 끝내 처형되고 마는 것을 보면 인목대비측의 주장이 그대로 사실이라 하기는 어렵다. 그러나 아래 기록에서 보는 것처럼 많은 무당들이 고문에도 저주 사실을 부인하고 있는 점으로 미루어 미심쩍은 점이 많은 것도 사실이다.

의 장인인 김제남(金悌男)⁴⁶⁾의 집에 드나든 자이다)의 원정(元情)⁴⁷⁾을 받았다. 수련개가 공초(供招)⁴⁸⁾하기를 "저는 박본궁(朴本宮)⁴⁹⁾의 무비(巫婢)로 의인왕후(懿仁王后)⁵⁰⁾의 3년상을 입었습니다. 박동량(朴東亮)⁵¹⁾은 그 전에 신이 유릉(裕陵)⁵²⁾을 저주한 것으로⁵³⁾ 의심하고 체포하여 관청에 가두었으나, 그러한 사실이 없었으므로 방면되었습니다. 궁궐의 저주에 대한 일을 어떻게 알 수 있겠습니까" 했다.⁵⁴⁾

○ 임자(25일), 천진(天眞, 고성高成)⁵⁵⁾의 양아버지인 천진의 딸로 부녀의 이름이 같다)을 국문했는데, 고문을 하니 횡설수설하며 승복하기를 "고성(高成)

---

46) 선조의 장인이며 인목대비의 아버지. 생몰년 1562(명종 17)~1613년(광해군 5). 인목대비의 소생인 영창대군을 옹립하려 한다는 혐의로 죽임을 당했다.
47) 사정을 아뢰는 글.
48) 죄인이 범죄 사실을 진술하는 말.
49) 의인왕후 박씨의 친정.
50) 선조의 왕비이며 박응순의 딸. 1569년(선조 2) 왕비로 책봉되었으나 1600년(선조 33) 46세로 승하.
51) 조선중기의 문신이며 의인왕후의 조카. 생몰년 1569(선조 2)~1635년(인조 13). 선조로부터 영창대군을 잘 보호하라는 유교 7신의 한 사람이기 때문에 광해군 당시의 실세인 대북파의 미움을 받았다. 그래서 기축옥사 때도 모반 혐의로 심문을 받았는데, 이 과정에서 인목대비가 의인왕후의 유릉을 저주했다고 함으로써 많은 무당들이 잡혀가 고초를 겪게 되었다. 인조반정 후 인목대비를 모함했다는 죄목으로 유배되었다.
52) 의인왕후의 능.
53) 선조가 병중에 있을 때 인목대비가 그 원인을 의인왕후의 귀신 탓으로 여겨 유릉에 허수아비를 묻고 의인왕후의 이름을 쓰고 활을 쏘아 의인왕후를 저주했다고 한다. 그러나 이것은 박동량이 인목대비 집안과 원수임을 주장하기 위해 꾸며낸 이야기일 가능성도 있다. 왜냐하면 박동량은 선조로부터 인목대비의 소생 영창대군 보호를 부탁받았기 때문에 당시 영창대군 일파로 몰려 처형될 위기에 있었기 때문이다.
54) 『광해군일기』(정족산성본) 권 67(국편본 32-205).
55) 황해도 배천 출신의 소경 점쟁이. 18세 때인 1613년(광해군 5) 상경했는데, 잘 맞힌다 하여 대궐 사람들이 고객이 되었다. 그래서 인목대비측도 영창대군에 대해 점을 쳤고, 이 때문에 계축년(1613)의 옥사에 연루되어 광해군 저주에 동원되었음을 자백하고 처형되었다.

이 유모[56]의 집에서 점을 치고 이르기를 '대군(大君, 광해군의 동생 영창대군 의璜)[57]이 11세가 되면 마땅히 왕이 된다'고 했습니다. 그뒤 두 번 가고 세 번 갔을 때에도 모두 대군의 운명을 칭찬하였습니다"라고 했다. 천진이 또 말하기를 "무녀 6, 7명이 저주에 함께 참여했습니다"라고 했으므로, 옥에 갇혀 있는 여자 무당 11명을 대면시켜놓고 각각의 성명과 거주지에 대해 물었다. 천진이 말하기를 "이 사람은 아무개 무녀로 어느 동네에 살고 있으며, 저 사람은 아무개 무녀로 어느 마을에 살고 있는데, 모두가 고성의 집에 왕래했습니다"라고 했다.[58]

○7월 갑자(8일), 임금께서 전교(傳敎)하시기를 "앞으로 국문해야 할 무녀를 의논하여 보고하라" 하니, 추국청(推鞫廳)[59]에서 아뢰었다. "저주에 참여한 무당을 조사하였지만 증거가 불충분하여 여러 무녀를 잡아다가 가두어둔 지만 오래되었습니다. 그러나 아직도 어떤 무녀가 저주를 행한 자인지 분명하게 가려내어 고문하면서 조사하지는 못하고 있습니다. 전날 한성판윤(漢城判尹) 유공량(柳公亮)[60]과 활인서(活人署) 제조(提調) 남근(南瑾)이 무녀들의 명단을 뽑아 올렸지만, 단지 자기들 부류에게 물어서 각처에 출입한 자의 명단만 뽑아 올렸을 뿐이고, 이들마저도 처음 역적의 공초에서 나오지 않았기 때문에 아직도 고문하면서 조사를 하지 못하고 있습니다. 대체로 이번 저주사건은 고성(高成)이 황금(黃金)과 이비(李非)[61]를 끌어대어 말을 하므로, 여러 무녀들을 잡아다가 가둔 일이 있게 된 것입니다" 했다. (『광해군일기』)[62]

---

56) 영창대군의 유모라고 추측된다.
57) 선조의 적자로 인목대비 소생. 생몰년 1606(선조 39)~14년(광해군 6). 1613년 역모사건의 주모자로 몰려 서인으로 강등되어 강화도에 안치되었다가 이듬해 증살(蒸殺)되었다.
58) 『광해군일기』(정족산성본) 권 67(국편본 32-214).
59) 추국을 담당하는 곳. 추국은 의금부에서 왕명에 의해 중죄인을 국문하는 일.
60) 조선중기의 문신. 생몰년 1560(명종 15)~1624년(인조 2). 인목대비를 유폐하는 데 앞장섰던 인물이다.
61) 황금(黃金)과 이비(李非)는 고성이 저주의 공범으로 처음 지목한 무녀들이다.

3. 인조 때 궁중의 무고[63]

『연려실기술(燃藜室記述)』 인조조고사본말(仁祖朝故事本末)[64]에서 말했다. "기묘년(1639, 인조 17)에 임금께서 병으로 자리에 누워 있을 때 궁중에서 무고(巫蠱)의 변이 있었다. 임금께서 한 외척 중신(重臣)을 최명길(崔明吉)[65]의 집에 보내어 이르기를 '나의 병이 날이 갈수록 점점 심해지고 가히 의심스러운 단서가 이미 드러났다. 부득이 장차 바깥 조정[外庭]으로 사건을 넘겨서 조사하도록 하겠으니 경은 마땅히 이러한 뜻을 알라'고 했는데, 대개 임금의 뜻은 정명공주(貞明公主)[66]를 의심한 것이었다. 최명길이 대답하기를 아뢰기를 '선왕(先王=선조宣祖)의 골육으로 남은 것은 다만 정명공주가 있을 뿐인데, 지금 옥사(獄事)를 일으키신다면 오늘날 반정(反正)[67]한 뜻이 어디 있다 하겠습니까? 또 무고(巫蠱)의 일은 예로부터 애매

---

62) 『광해군일기』(정족산성본) 권 67(국편본 32-219).
63) 1639년(인조 17) 8월 궁중 여러 곳에서, 심지어 인조가 즉위하기 전에 살았던 향교동 본궁에서까지 흉측한 물건(예컨대 질그릇에 사람의 뼛가루를 담은 것)들을 묻은 것이 발견되었다. 당시 인조는 장기간에 병석에 있었다. 그래서 이것은 왕에 대한 저주로 여겨졌고, 왕의 병도 저주 때문이라 하여 조사에 착수했다. 그 결과 혐의를 받은 사람은 인목대비의 궁인이거나 인목대비의 딸 정명공주와 관련된 사람들이었다. 이와 유사한 사건은 1632년(인조 10)에도 있었다. 이때에도 왕은 병환중이었고, 혐의자는 인목대비의 궁녀들이었다. 따라서 이번에도 정명공주가 배후로 지목되면서 정명공주 주변 인물들이 다수 체포되어 고문을 받다가 죽었다.
64) 권 27에 있으며, 「인조조고사본말」 중에서도 '정명공주'의 내용이다.
65) 조선중기의 문신. 생몰년 1586(선조 19)~1647년(인조 25).
66) 선조의 딸이며 인목왕후의 소생. 생몰년 1603(선조 36)~85년(숙종 11). 인목대비가 폐출되어 서궁에 감금될 때 역시 폐서인되어 서궁에 감금되었다가, 인조반정 후 공주로 복권되었다. 그러나 1639년(인조 17) 궁중의 무고사건의 배후로 지목되어 곤욕을 치렀다. 숙종이 즉위하자 다시 종친으로 후대를 받았다.
67) 1623년 서인 일파가 중심이 되어 인목대비 유폐 등을 이유로 광해군을 몰아내고 인조를 옹립한 인조반정.

해서 밝히기 어려운 것입니다'라고 했다. 며칠 뒤에 과연 임금이 그 일로 명을 내려 공주의 집에 있는 계집종을 잡아들여 다스리려 하니 최명길이 빈청(賓廳)[68]에 들어가 아뢰기를 '다만 별궁(別宮)으로 거처를 옮기시고[69] 궁인들을 잡아 문초하소서'라 했다. 임금께서 엄한 비답(批答)[70]을 내려 허락하지 않았다. 최명길이 여러번 그 일로 청하자 임금께서 크게 노했고, 마침내 특명을 내려 차례를 뛰어넘어 심양(瀋陽)[71]에 사신으로 파견했다.[72] 또 옥당(玉堂)[73]에서 올린, 여자 무당을 쫓아버리자고 청하는 차자(箚子)[74]에 대한 비답에서 '상신(相臣)[75] 한 사람이 겉으로는 큰소리를 치나 속으로는 옳지 못한 마음을 품어 황급하게 옥사(獄事)를 처리하고 마침내 국문하는 데도 참여하지 않았으니 그 뜻을 헤아리기 어렵다. 그런데도 전후로 대관(臺官)[76]들은 이를 잘못이라 하지는 않고, 오직 어리석은 여인에 대해 양사(兩司)[77]가 함께 분을 풀려고 합동으로 아뢰는 지경까지 이르렀으니, 닭 잡는데 어찌하여 소 잡는 칼을 쓰는가' 했다. 최명길이 용만(龍灣)[78]에 이르러 차자(箚子)[79]를 올려 말하기를 '이번 궁중의 저주사건은 온 나라의 백성들이 함께 분노하는 것이지만, 어리석은 신의 소견으로는 쥐를 잡으려

---

68) 비변사의 대신이나 당상관이 정기적으로 모여 회의하는 곳이다.
69) 저주를 피하기 위해 거처를 옮기기를 청한 것이다.
70) 신하의 상주문에 대한 임금의 대답이다.
71) 당시 후금(후일의 청)의 서울.
72) 인조 17년 11월 무인(25일)에 사은사로 파견되었으나, 용만에서 병이 나서 심양에 가지 못하고 돌아왔다.
73) 홍문관의 별칭.
74) 일정한 형식을 갖추지 않고, 간단히 필요한 사실만을 기록하여 올리는 상소.
75) 영의정·좌의정·우의정의 총칭이며, 이 경우는 최명길을 가리킨다.
76) 사헌부의 대사헌 이하 지평(持平)까지의 벼슬.
77) 언론을 담당한 사헌부와 사간원의 합칭.
78) 지금의 평안북도 의주.
79) 일정한 형식을 갖추지 않고 간단히 사실만을 기록하여 올리는 상소.

다가 그릇만 깰 의혹이 있어 좋게 처리하기를 바랐는데, 이것이 도리어 처리를 어렵게 만든 것임을 깨달았습니다. 선조대왕의 자녀가 비록 많다고는 하나 정명공주와 영창대군은 가장 늦게 태어났으므로 미처 성장하기도 전에 선조께서 세상을 떠나셨습니다. 지나간 일을 말할수록 마음이 편하지 아니하나, 지금은 정명공주 한 분만 남았습니다. 이제 만일 애매하고 밝히기 어려운 일을 가지고 이리저리 연루시켜 정명공주로 하여금 놀라게 하고 근심하게 해서 마음을 상하게 함으로써 타고난 수명을 다 누리지 못하고 돌아가시게 한다면 현재 재상의 우두머리를 맡고 있는 자[80]로서 어찌 그 책임을 면할 수 있을 것이며, 또한 장차 지하에서 어떻게 선왕(先王=宣祖)을 뵈올 수 있겠습니까. 지난번에 만약 어리석은 신으로 하여금 헛되이 남김없이 사실을 밝히려는 마음만 품고 가벼이 큰 옥사를 일으켜 선조대왕의 혈육을 마음 내키는 대로 하면서 어려운 일이 아니라고 생각했더라면, 이는 곧 믿을 수 없는 신하나 하는 생각이며 다른 날에 전하를 저버리는 것도 역시 이와같을 것이니 전하께서 이런 신하를 어디에 쓰겠습니까" 하였다. (「지천행장유사합록(遲川行狀遺事合錄)」)[81]

이때에 영안위(永安尉)[82]의 궁인(宮人)이 고문으로 많이 죽었고, 화가 장차 어디까지 미칠지 예측할 수 없었는데, 이식(李植)[83]이 이들을 구하자는 논의를 힘써 주장하였다. 어떤 사람이 훈척(勳戚)[84]의 집에서 와서 말하기를 '영안위의 궁인이 흉하고 더러운 물건을 대나무 통 속에 몰래 감추어 대궐로 들어갔다'고 하니, 이식이 노하여 꾸짖어 말하기를 '내가 있는 동안

---

80) 최명길을 가리킨다.
81) 지천은 최명길의 호이며,「지천행장유사합록(遲川行狀遺事合錄)」은 최명길의 약력과 행적을 기록한 것이다.
82) 정명공주의 남편으로 이름은 홍주원. 1623년(인조 1) 정명공주와 혼인했다.
83) 조선중기의 문신이며 뛰어난 학자. 생몰년 1584(선조 7)~1647년(선조 25).
84) 공신이나 왕실의 외척.

에는 영안위를 죽이지 못할 것이니, 네가 아무개와 공모해서 먼저 나를 죽여야 할 것이다' 했다. (「택당시장(澤堂諡狀)」)^{85)"}

4. 효종 때 궁중의 무고[86]

효종(孝宗) 3년(1652) 임진년 3월 을해(4일), 이때 역적을 토벌하는 일은

---

85) 택당(澤堂)은 이식(李植)의 호이며, 시장(諡狀)은 시호를 내리기 위해 대상이 되는 사람의 행적과 공적을 적은 행장. 「택당시장(澤堂諡狀)」은 송시열이 지은 것이다. 『송자대전(宋子大典)』 권 203, 시장(諡狀).
86) 인조의 후궁인 조소원(趙昭媛, 귀인)이 효종과 인조의 계비 장렬대비를 저주한 사건. 조소원의 딸 효명옹주(孝明翁主)는 김자점(1588~1651)의 손자 김세룡과 혼인을 했다. 김자점은 광해군 때 대북세력에 맞섰고, 인조반정에 참여하여 정사공신(靖社功臣) 1등에 녹훈되었으며, 인조 때에는 영의정에까지 올랐다. 그러나 효종이 즉위하자 송준길·송시열 등의 탄핵을 받아 조정에서 쫓겨나 광양으로 유배되었다. 이로 말미암아 김자점 일당은 밖으로는 청나라에게 새 왕이 옛 대신들을 몰아내고 청나라를 치려한다고 고자질을 했고, 안으로는 아들 김식이 군대를 동원하여 효종을 몰아내려는 역모를 추진했다.
   이때 조소원과 효명옹주는 무녀와 승려를 동원하여 왕과 대비를 저주했다. 그래서 온갖 흉측한 물건들을 모아 왕과 대비의 처소에 묻거나 뿌렸다. 이러한 사실은 조소원의 여종 영이에 의해 알려졌다. 즉 영이는 조소원의 아들 숭선군의 비첩으로 들어갔는데, 숭선군의 부인과 사이가 좋지 않았다. 그런데 숭선군의 부인은 대비의 여동생의 딸이었으므로, 대비가 영이를 불러 꾸짖자, 영이가 조소원의 저주를 실토했다. 그래서 1651년(효종 2) 11월, 이것이 사건화되어 조소원의 측근들이 조사를 받았다. 이 과정에서 조소원의 사촌 조인필이 김자점과 역모를 꾀한다는 고변(告變)이 있게 되고, 마침내 조사범위는 김자점 일파에게로 확대된다. 그 결과 김자점·김식·김세룡 3대가 처형되고, 조소원은 자진하도록 했으며, 효명옹주는 통천으로 유배를 당했다.
   이 사건을 마무리하는 과정에서 왕과 대비는 저주를 피하기 위해 처소를 옮겼고, 또 궁중의 흙을 새것으로 바꾸기도 했다.
   김세봉 「효종초 김자점옥사(金自點獄事)에 대한 일 연구」, 『사학지』 34(단국사학회 2001); 김호 「효종대 조귀인 저주사건과 동궐 개조」, 『인하사학』 10(인하역사학회 2003) 참조.

일단락되었으나,[87] 청나라가 의심하는 단서가 될까 염려하여 전후에 걸친 옥사의 상황을 모두 청나라에 보고하였는데, 주문(奏文)[88]의 내용은 다음과 같다.

"우리나라가 불행하여 변란이 근친들 사이에서 일어났으므로 그 전말을 두루 진술하겠습니다. 다음은 의정부에서 장계(狀啓)한 내용입니다. 신들이 조소원(趙昭媛)[89]의 여종인 겸선(兼先)의 고발장을 접수하였는데, 거기에 말하기를 소원 조씨가 안으로는 여자 종들과 결탁하고 밖으로는 승니(僧尼)들과 교통하며 왕의 처소에 저주를 하여 왕의 몸을 해치려 꾀하고 있다고 했습니다. 이에 근거하여 사건의 진상을 조사해본 결과 역모의 진상이 모두 드러났으므로 조소원을 별소(別所)에 안치시킴과 동시에 안팎의 흉한 무리들을 잡아들여 그 정황을 추궁하였습니다. 그 결과 조씨의 시비 영이(英伊)가 공초하기를 '하루는 조소원이 소비(小婢) 및 반비(班婢)인 가음춘(加音春)·덕향(德香) 등을 불러 술과 음식을 대접하고는 등을 두드리면서 말하기를 나에게 한 계책이 있다. 장차 국왕 부자를 모해하고 낙성위(洛城尉) 김세룡(金世龍)[90]을 임금으로 추대하려 하는데, 너희들 말고 누구와 일을 이루겠는가. 다행히 성사가 되면 나에게 큰 이익이 있을 뿐만 아니라 너희들도 장차 안락한 생활을 누릴 것이며, 족당(族黨)에 이르기까지 부귀를 누리지 않는 자가 없게 될 것이다. 너희들은 기꺼이 따르겠는가 했습니다. 여종들이 목숨을 걸고 명을 따르겠다고 대답하자 귀에 입을 대고 말하기를 힘들이지 않고 성공하는 방법으로는 저주만한 것이 없다. 여자 무당 가운데에 반드시 이 술법에 능한 자가 있을 것이니, 네가 그녀와 깊이 관계를

---

87) 김자점(金自點, 1588~1651)의 반역사건을 마무리 지은 것을 말한다.
88) 중국 황제에게 올리는 글.
89) 인조의 후궁. 생몰년 ?~1651년(효종 2). 사돈인 김자점이 몰락하자 이를 원망하여 효종을 무당·승려와 결탁하여 저주하다가 발각되어 자진했다.
90) 조소원의 딸인 효명공주의 남편이며 김자점의 손자.

맺어두는 것이 좋겠다고 하면서 백금(白金)과 무늬있는 비단 등의 물건을 내주었습니다. 이에 따라 여종들은 요망한 무당인 앵무(鸚鵡)에게 후하게 선물을 주고 그와 함께 조소원의 모녀를 보러 갔더니, 소원이 술잔을 받들어 축수(祝壽)하고는 같이 일을 해나가기로 약조하였습니다. 그뒤로 그 무당이 늘 후문으로 몰래몰래 드나들면서 방술(方術)을 가르쳐주었는데, 이루 다 말할 수 없을 정도였습니다. 이에 조소원은 친히 믿는 하인배들을 시켜 죽은 사람의 두개골·수족·이빨·손톱·발톱·머리카락 및 벼락 맞은 나무·무덤 위에 있는 나무 등의 물건을 몰래 구해오게 하고, 또다른 사람의 무덤을 파헤쳐 시체의 살점을 떼어 오고 관목(棺木)의 조각을 찾아오게 하였으며, 시체에서 흘러나온 즙을 적신 솜, 마른 뼈다귀를 갈아 만든 가루, 심지어는 햇빛에 바짝 말린 닭·개·고양이·쥐 등 저주하고 기도하는 용도에 필요한 물건이라면 모아들이지 않는 것이 없었습니다. 그러고는 늘 덕향 등을 시켜 이것들을 상자 속에 숨겨 가지고 왕의 처소에 들어가 야음을 틈타 왕대비 및 국왕께서 거처하는 방과 다니시는 길에 두루 파묻게 했습니다. 또 그의 딸 효명옹주(孝明翁主)로 하여금 죽은 사람의 이빨을 속옷 띠에 매달거나 뼛가루를 화장품 상자에 넣어두었다가, 왕의 처소에 드나들 때 방과 뜰에 몰래 묻거나 몰래 뿌리게 하여 거의 빠진 곳이 없었습니다. 또 승니(僧尼)들로 하여금 절을 창건하고 불상을 만들게 하여 자신의 복을 기원하게 하고 국가에 화를 끼치려고 했는데, 흉악한 행동을 자행하면서 못하는 짓이 없었습니다.' … 여자 무당 앵무와 늙은 비구니(比丘尼) 설명(雪明), 승려 법행(法幸)·보상(普祥)·자운(慈運) 등은 법에 따라 분명하고 바르게 처리하도록 하였습니다."(『실록』)[91]

---

91) 『효종실록』 권 8(국편본 35-535).

5. 숙종 때 궁중의 저주[92]

숙종 27년(1701) 신사 9월 기유(25일), 비망기(備忘記)[93]를 내리시기를 "내사(內司)[94]에 갇혀 있는 죄인 축생(丑生)·설향(雪香)·시영(時英)·숙영(淑英)·철생(鐵生) 등 모두를 의금부(義禁府)로 하여금 도사(都事)[95]를 보내 잡아오도록 하라. 내일 인정문(仁政門)[96] 밖에서 내가 친히 국문(鞫問)[97]할 것이다"라고 했다. 축생 등은 모두 궁녀이다.

9월 경술(26일), 임금께서 인정문으로 행차하셔서 궁녀 축생 등을 친히 국문하였다. 임금께서 축생 등에게 하교(下敎)하시기를 "축생 등은 내전(內殿)[98]을 질시하고 원망하여 원수처럼 여겼다. 남몰래 신당(神堂)을 설치하

---

92) 숙종 27년(1701) 8월 인현왕후가 승하하자, 이를 장희빈(張嬉嬪)의 저주 탓이라 하여 장희빈을 자진케 한 사건. 이 사건에 대한 자료로는 『숙종실록』과 『인현왕후전』이 있는데, 양자가 장희빈이 궁중 내 신당까지 설치하여 인현왕후를 저주했음을 사실로 기록한 점에서는 같지만, 구체적인 부분에 있어서는 상당한 차이가 있다. 즉 『인현왕후전』에서는 9월 7일 숙종이 꿈을 통해 장희빈의 저주를 알아차리고, 장희빈의 처소로 찾아가 저주를 위해 마련한 신당을 확인했다. 그리고 다음날부터 장희빈의 측근을 심문하여 저주 사실을 확인하고 이들을 처형했다고 한다. 그러나 『숙종실록』에서는 9월 23일 처음으로 장희빈의 저주에 대한 언급이 보이고, 27일부터 관련자들에 대한 심문이 시작되어 10월 3일 장희빈의 저주했다는 쪽으로 사건을 종결한다.

이처럼 관련 자료간에 다른 점이 있을 뿐만 아니라 장희빈의 측근들은 궁중 내 신당 설치는 장희빈 소생의 세자의 건강을 기원하기 위한 것이라 하면서 인현왕후를 저주를 부인한 점 등으로 미루어, 이 사건은 조작된 것이라는 견해도 있다. Boudewijn Walraven 「장희빈 저주사건의 신해석」, 『제1회 한국학국제학술회의론문집』(인하대 1987) 205~17면.

93) 임금의 명령을 적어 승지에게 전하는 문서.
94) 내수사. 궁중에서 사용하는 쌀·베·잡물·노비 등에 관한 사무를 맡아보는 관청.
95) 의금부는 왕명을 받아 죄인을 심문하는 관청이며, 도사는 종 5품 벼슬.
96) 창덕궁의 정전인 인정전의 문.
97) 죄인을 신문하는 일을 말한다.
98) 왕비에 대한 존칭.

여 사람들의 출입을 막고 기도하면서 국모(國母)를 해치고 도모한 자취가 분명하게 드러나 숨기기 어렵다. 그러나 내전에서 이를 물으면 혹은 인경왕후(仁敬王后)[99]를 위한다고 일컫기도 하고, 혹은 세자의 두창(痘瘡)[100]을 위한다고 일컫기도 하면서 말을 꾸며 속였으니, 지극히 통절(痛切)한 일이다"라고 하셨다. 그리고 임금께서는 곧바로 이 하교를 언문(諺文)으로 풀이하여 물었다.

설향이 말하기를 "세자께서 천연두를 앓으셨을 때 매양 신증(神甑, 신에게 재앙을 물리쳐주기를 기원하는 떡이다)을 진설(陳設)하였는데, 갑자기 철거하기가 어려워서 그대로 두고 때때로 이런 일을 하였습니다. 또 세자께서 두창을 앓으신 뒤 안질(眼疾) 때문에 양쪽 가장자리에 검은 상을 설치하고 손을 모으고 기도하고 축원하였는데, 병이 조금 낫자 곧 정지하였습니다"라고 했다.

또 시영에게 물으니 대답하기를 "저는 본래 대전(大殿)[101]의 궁인(宮人)이었는데 세자궁(世子宮)으로 이속(移屬)되었으므로, 궁중 내 신당의 배설(排設) 여부에 대해서는 진실로 알지 못합니다. 무녀가 설치한 신당은 대개 인경왕후께서 두창으로 승하하셨으나, 세자께서는 두창을 잘 넘겼기 때문에 그 음즐(陰騭)[102]을 위하여 이것을 설치하고 기도하였던 것입니다. 상이나 탁자 따위의 물건들은 장희빈[103][희빈 장씨는 경종의 어머니이다]의 시녀 일

---

99) 숙종의 첫번째 왕후. 김만기의 딸로 현종 3년(1671) 세자빈이 되었고, 숙종이 즉위하여 왕비가 되었으나, 숙종 6년(1680) 승하한다.
100) 천연두.
101) 임금이 거처하는 궁전.
102) 하늘이 은연중에 내리는 화복.
103) 숙종의 후궁. 역관 집안 출신으로, 처음에는 궁녀로 입궁했으나 왕의 총애를 독점했고, 원자를 낳아 숙종 15년(1689)에는 희빈으로 올랐다. 그리고 인현왕후가 폐비된 다음에는 왕비로까지 책봉되었으나, 숙종 20년 인현왕후가 복위됨에 다시 희빈으로 강등되었다. 그리고 바로 이 인현왕후 저주사건으로 말미암아 숙종 27년(1701) 사사되었다.

렬(一烈)이 주로 마련하였습니다. 장희빈이 저에게 말하기를 '무녀가 항상 세자께 액(厄)이 있다고 하기 때문에 이렇게 기양(祈禳)하는 것이다'라 하였습니다. 저는 처음에 신당에 가지 아니하였는데, 장희빈이 권하였기 때문에 뒤에 한번 가서 술과 과일을 진설하고 절을 한 뒤에 돌아왔습니다. 그뒤 일렬이 저를 보고서 신당을 배설하는 일을 스스로 말하였는데, 무녀가 죽자 용동(龍洞) 근처에 있는 장희빈의 본궁(本宮)[104]으로 옮겨서 배설하였습니다"라고 하였다.

또 임금께서 설향에게 물었던 것을 숙영에게 물으라고 명하니, 숙영이 말하기를 "장희빈 처소의 비자(婢子) 철생(鐵生)이 무녀의 집에 왕래하였는데, 무녀가 죽자[105] 떠돌이 무당[游巫, 무당 가운데 일정한 거처가 없는 자를 유무라고 한대[106]에게 물어보고, 신당을 장희빈의 본궁으로 옮겨 설치하였습니다.[107] 떠돌이 무당의 이름은 철생이 알고 있을 것입니다. 신당은 대개 인경왕후를 위하여 설치하였는데, 비단조각으로 종이의 표면을 싸고 두신(痘神)의 이름을 써서 벽에 끼워 두었습니다.[108] 기도하고 축원하는 글에 대해서는 참여하여 듣지를 못하였으나, 대개 세자께서 두창을 잘 넘겼으므로 장희빈이 무녀의 말을 믿었습니다"라고 했다.[109]

---

104) 친정.
105) 장희빈이 처음 거래한 태자방이라는 무녀인데, 사건이 일어나기 1년 전인 숙종 26년에 죽었다.
106) 이름은 오례(五禮). 태자방이라는 여무가 모시던 왕신(王神)을 받았다고 하면서 태자방의 신당을 차지하고 장희빈과 거래를 했다. 그러나 태자방의 남편에게 쫓겨났고, 장희빈 무고사건에 연루되어 참형에 처해졌다.
107) 태자방의 신당을 차지하고 있던 오례가 쫓겨나자 신당이 비게 되었기 때문이다.
108) 이 사건에 연루된 신선방이라는 무녀(이름은 열이烈伊)에 의하면 종이를 벽에 붙이고 비단 따위의 물건을 그 사이에 끼워서 왕신을 받드는 것을 고비(高飛)라 한다고 했다. 『숙종실록』 권 35, 숙종 27년 9월 계축.
109) 『숙종실록』 권 35(국편본 39-612).

6. 영조 때 궁중의 무고[110]

영조 21년(1745) 을축 2월 갑인(12일), 우의정 조현명(趙顯命)[111] 등이 청대(請對)[112]하였다. 조현명이 말하기를 "듣자옵건대 독갑방(獨甲房)이라는 무녀[113]는 중부동(中部洞)에 사는데 그 남편은 유가(柳哥)[114] 성을 가진 양반이라 합니다" 했다.

13일(을묘), 임금께서 조징(趙徵) 등을 숙장문(肅章門)[115]에서 친히 국문하였다. 죄인 이경중(李敬中)을 문초하니 공초(供招)[116]하기를 "지난번 천재(天災)가 혹심하여 상하가 두려워하고 있을 즈음에 신의 팔촌 이득중(李得中)이 말하기를 '듣건대 요사스런 무당 독갑방이라는 자가 매흉(埋凶)[117]의 방술에 능하여 대궐 안을 출입하면서 곧바로 동궁[118]을 해치고 조빈(趙嬪)[119]에게 책임을 전가하려고 한다' 하였습니다"라고 했다. (『실록』)[120]

---

110) 사족 출신의 조징·이희 등이 국가 전복을 모의하고, 그 일환으로 독갑방(獨甲房)이라는 무녀를 사주하여 동궁인 사도세자를 저주한 사건이다.
111) 조선후기의 문신. 생몰년 1690~1752년. 영조 즉위에 공이 컸고, 또 영조시대 전반기에는 노소론의 탕평책을 주도하였다.
112) 긴급한 사유가 있을 때 임금에게 뵙기를 청함.
113) 이름은 차섬(次暹). 처음에는 호구방(虎口房)이라 하다가 독갑방(獨甲房)으로 바꾸었다. 궁중을 출입하는 국무(國巫).
114) 이름은 유명복(柳明復), 독갑방을 첩으로 거느렸다.
115) 창덕궁에 있는 문 이름.
116) 죄인이 범죄 사실을 진술한다.
117) 해골 등 흉한 것을 묻어 다른 사람을 저주하는 술법.
118) 영조의 아들인 사도세자.
119) 영조의 맏아들 효장세자의 부인. 그러나 효장세자가 요절했으므로 이때는 홀로 되어 있었다.
120) 『영조실록』 권 61(국편본 43-172).

제15장

무축(巫祝)의 용어와 의식(儀式)

1. 어라하만수(於羅瑕萬壽)

　무가(巫歌)[1]를 시작할 때 '어라만수'를 하는데, 그 발음을 한자로 옮기면 '어라하만수(於羅瑕萬壽)'이며, 이는 백제 때의 풍속이 전래되어온 것이 아닌가 한다. 백제의 고유어에 왕을 어라하(於羅瑕, 어라ㅎ, Orah)라 하고, 왕후를 어륙하(於陸何, 어루ㅎ, oruh)라 하는데,[2] 당시 무격이 왕과 왕후의 장수를 노래로 기원하면서 '어라하만수, 어륙하만수(於陸瑕萬壽)'라 하던 것이 상상되며, 이것은 곧 우리 임금님 만세·우리 왕비님 만세란 뜻이다. 조선시대 광해군 때의 문인 유몽인(柳夢仁)이 『어우야담(於于野談)』을 지었는데, 여기서 이르기를 "지금 무격들이 반드시 '아왕만수'를 부르는 것은 요양(遼

---

1) 무당이 부르는 노래라는 뜻으로 신의 행적, 인간과의 대화, 신의 찬양, 인간의 바람 등을 기술하고 있다.
2) 『주서』 권 49, 백제전·『북사』 권 94, 백제전이 전하는 사실이다. 그러나 두 책 모두 왕비는 '어육(於陸)'이라고만 했다.

陽), 심양(瀋陽) 지방으로 이주한 고려 유민들이 옛날의 왕을 축수(祝壽)하는 풍속"이라 했으니, 대개 우리 임금님을 어라하라 한 것과 그 뜻이 서로 부합된다. 원문을 인용해서 이를 뒷받침한다.

『어우야담』[3])에서 말했다. "사람들이 언어를 발하는 것은 모두 감정에서 비롯된 것이다. 예전부터 아프거나 슬플 때 부모를 부르는 것은 천성에서 나온 것이다. 중국인들은 '야야(爺爺)'라 하는데, 야야라는 것은 아버지이다. 우리나라 사람들은 '아마(阿媽)'라 하는데 이것은 어머니를 말한다. 어머니가 먼저이고 아버지가 뒤인 습속은 중국의 정도(正道)를 잃어버린 것이니, 가소로운 일이다. 지금 무격이 반드시 아왕만수(我王萬壽)를 부르는 것은 중국 요동의 동령위(東寧衛)[4])에서 나온 것이다. 고려 때 심왕(瀋王)이 중국으로 간 뒤 본국에 대해 죄를 지어 돌아올 수 없게 되자 원나라에서는 이를 심양의 왕으로 봉했다.[5]) 당시 심왕을 따라간 수백명도 모두 심양에 거주하고 돌아오지 못했으니, 지금의 심양 동령위가 바로 그곳이다. 그곳

---

3) 『어우야담』 권 3, 문예의 인용이다.
4) 명나라 때 지금의 요양 지역에 두었던 군정기관.
5) 심왕은 심양왕이라고도 하는데, 원나라의 봉작이다. 원나라 때 심양 지역에는 고려의 전쟁포로나 유이민들이 많이 살았으므로, 원에서는 이들을 통치하기 위해 심왕을 두었다. 최초의 심왕은 충선왕인데, 그는 즉위 7개월 만에 부왕(父王)인 충렬왕에게 왕위를 반납하고 원나라에 머물다가 무종을 원나라 황제에 오르게 하는 데 공을 세워 처음으로 심양왕의 봉작을 받았다. 충선왕은 고려의 왕으로 복위한 뒤에는 물론 왕위를 아들인 충숙왕에게 물려준 뒤에도 심왕의 작위를 유지했다. 그러나 후일 심왕의 위(位)는 조카인 연안군 고(暠)에게 물려주었고, 이것은 다시 연안군의 손자 탈탈불화(於陸)에게 계승되었다. 그러나 충선왕 이후부터 심왕은 명예직에 불과했다. 그 대신 심왕은 원나라에 의해 고려를 견제하는데 이용되었으며, 그 결과 고려의 왕위를 노리는 등 본국과 상당한 마찰을 일으켰다.
  그렇다고 할 때 『어우야담』에서 심왕이 중국에 들어가 본국에 죄를 지었다는 것은 충선왕 이후의 일이며, 또 지은 죄란 고려의 왕위를 노린 것을 의미하는 것이라 할 수 있다.

풍속에는 아들을 낳으면 먼저 우리말을 가르치며, 귀신에게 제사할 때 먼저 아왕만수라 하는데, 이것은 그 근본을 잊지 않았기 때문이다. 지금 서반(序班)⁶⁾에 모두 동령위 사람들을 등용하는 것은 그들이 우리말을 잘 알았기 때문이다.

2. 강남조선(江南朝鮮)

무가에 강남조선이라는 말이 있다. 대개 무당들은 무가에서 강남이라는 말을 많이 쓴다. 예컨대 천연두의 신을 '강남호구별성마마(江南戶口別星媽媽)'라 하는 유인데, 본디 무당들의 용어에서 나온 것이다. 이것이 비록 무당의 말이기는 하나 역시 연구할 가치가 있다. 대개 중국의 강남(江南) 일대는 옛날의 여묘(黎苗)⁷⁾의 유족들이 많아, 풍속은 무격을 숭상하고 귀신 섬기기를 좋아했다. 또 구려(九黎)의 임금인 치우씨(蚩尤氏)⁸⁾는 탁록(涿鹿)⁹⁾[지금의 직예(直隸)¹⁰⁾ 지역이대에 도읍하고, 옛날 구이(九夷)¹¹⁾의 땅과 연접해 있었다. 그러므로 한국의 무속은 치우(蚩尤)의 유풍이 전해진 것이 아닌가 하며, 그렇다고 한다면 무당이 강남이라는 말을 부르는 것은 어떤 흐름이 있어서 서

---

6) 명·청대의 외교 담당 관직명. 청대에는 회동사역관(會同四譯官)에 소속되어 각국의 문자를 가르치고 번역하는 일을 담당했다.
7) 구려(九黎)와 삼묘(三苗). 상고시대 중국 남방에 거주하던 종족명. 구려가 삼묘가 되었고, 삼묘가 다시 서융(西戎)이 되었다고 한다.
8) 5가지 병기를 발명한 전쟁의 신이며, 구려의 군장이고 삼묘의 조상. 황제(黃帝)와 패권을 다투다 패배하여 죽임을 당한 것으로 전한다. 段寶林「蚩尤考」,『民間文學硏究』1998-4, 10~17면.
9) 지금의 중국의 하북성 탁록현 동남부로, 치우가 황제에게 죽임을 당한 곳이다.
10) 명·청대 경사(京師)에 직속된 지역으로, 지금의 북경·천진·하북성 일대.
11) 하·상·주 시대 동방에 있던 아홉 이민족. 즉 견이·우이·방이·황이·백이·적이·원이·풍이·양이가 그것이다.

로 전해진 것이라 하겠다.

3. 일출세계(日出世界)·월출세계(月出世界)·사해세계(四海世界)

무가에 "일출세계·월출세계·사해세계, 조선의 한양은 무학(無學)[12]과 나옹(懶翁)[13]이 터를 점을 쳐서 정했고 5부(五部)를 두었으며, 종묘를 건립하고 사직을 세웠으며, 궁궐을 건축하고 관서를 설립했다"[14] 등의 말이 있다. 대개 조선의 태조가 도읍을 정할 때 왕사인 무학[이름은 자초(自超)]이 이를 점쳐서 한양에 도읍함에 따라 부서가 정비되고 사해가 한집 같고 일월이 명랑하다는 말은 태평의 기상을 형용한 것으로, 이로부터 무녀가 노래하고 송축하는 말이 되었다. 일출세계·월출세계 등의 말은 신라시대에 일월신을 숭배하던 옛 풍속이[15] 무가에 전해진 것이 아닌가 한다.

---

12) 고려말·조선초의 고승 자초(自超). 생몰년 1327(충숙왕 14)~1405년(태종 5), 무학은 그의 호. 나옹 혜근의 제자이며, 왕사(王師)로 봉해지는 등 태조와 밀접한 관계를 유지했다. 그래서 태조의 꿈풀이를 통해 왕이 될 것을 예언했다든지, 한양 정도에 결정적 역할을 했다는 설화가 전해지고 있다. 그러나 한양 정도 과정에서 무학은 물론 풍수지리설이 크게 영향력을 발휘하지 못했다는 것이 역사적 사실이다.
13) 고려말의 고승인 혜근. 생몰년 1320(충숙왕 7)~76년(우왕 2), 임제선풍을 도입하여 고려 불교계에 새로운 바람을 일으켰다.
14) 서울지역에서 채록된 「진오귀」 무가 중에 다음과 같은 구절이 있다.
"해 뜬 세계 달 뜬 세계 사해 세계
한양 조선국 내 설립(設立) 배판(配判) 하옵실제
터 잡으시기는 무웅 나옹이 지으신 나라로
한성부 오부장내(五部掌內) 경덕궁 창덕궁 경의궁
종묘사직 위툭을 받아 왔으니"
김태곤 『한국무가집』 1(원광대 민속학연구소 1971) 60.
15) 『수서』 권 81, 신라전에 의하면 신라에서는 해마다 정월 원단에 일월신을 제사했다고 한다.

4. 만신(萬神)

무가 중에 만신이란 말이 있으며, 대개 우리 풍속에서는 무당을 일컬어 만신이라 한다. 만신이라는 명칭의 유래를 살펴보면 그것이 아주 오래되었으니, 『포박자』[신선에 관한 책 이름][16]에서 "황제(黃帝)가 동쪽으로 청구(靑丘)에 이르러 풍산(風山)을 지날 때 자부(紫府) 선생을 뵙고 「삼황내문(三皇內文)」[도교서적]을 받아 만신(萬神)을 소집하여 검열했다"고 했다.[17] 이는 선가(仙家)의 말인데, 일이 막연하여 믿기에는 충분하지 않다. 그렇지만 연구할 가치는 있으니, 만신이라는 동이 민족의 고대 신사(神事)의 기록이 아닌가 한다. 또 이른바 자부 선생이라는 것도 신들에 대한 제사를 주관하는 무당인 듯하니, 예를 들면 이익(李瀷)의 『성호사설』[18]에서 "이른바 신선이란 신을 잘 섬기는 자이다"라고 한 유이며, 청구는 곧 조선이다. 이로 미루어 조선의 단군[제단을 설치하고 천신에게 제사했으므로, 단군이라 한대]은 자부 선생의 계통인 것 같으나, 이 또한 알 수는 없다. 세상에서는 우리 동방을 가리켜 신선이 사는 선선의 소굴·신들의 집[仙窟神宅]이라 하는데, 대개 그 근거가 있는 것이라 하겠다. 그러므로 만신이라는 이름이 무축에 전해져 예로부터 그 이름이 변하지 않은 것이 아닌가 한다. 조선의 무속은 원시적 종교가 전해진 것이므로, 옛것을 연구하는 사람들에게 가장 좋은 연구자료가 된다 하겠다.

---

16) 내편 권 18, 지진(地眞)의 인용문.
17) 『포박자』의 이 구절은 제1장 제2절 '무격의 다른 이름'에서 이미 인용된 바 있으며, 그 문제점에 대해서는 제1장 주 34에서 언급했다.
18) 권 6, 만물문, 신선이유(神仙二酉)에 보이는 구절이며, 권 4, 만물문, 기선(箕仙)에도 유사한 내용이 있다.

5. 삼신(三神)

무가 중에 삼신제석(三神帝釋)[19]이라는 말이 있는데, 이는 삼성(三聖)을 가리키는 것이다. 삼성이란 단군의 삼대인 환인(桓因, 제석帝釋으로 와전됨)·환웅(桓雄)·왕검(王儉)을 말하며, 황해도 구월산(九月山)[20]에 있는 삼성사(三聖祠)[21]가 이것이다. 대개 이 삼성이란 고조선 신권시대(神權時代) 때의 단유(壇壝)[22]의 임금으로, 하늘의 신에게 제사를 지내던 사람이다. 그러므로 그 계통이 무당에 전해졌고, 무당은 원시적 풍속을 보존하여 조금도 변화가 없는 까닭에 도리어 현재 사회에서 천대를 받고 있다.

6. 시왕(十王)

무가에서 시왕세계(十王世界)란 말이 나오며, 또 신위(神位)를 배설하는데도 시왕[23]이 있으니,[24] 이는 무속이 도교화 혹은 불교화한 것이다. 시왕에

---

19) 불교의 천신. 원명 사카라 데바남 인드라(Sakara-devanam Indra), 즉 석제환인타라(釋提桓因陀羅)의 약칭. 수미산(須彌山) 꼭대기인 도리천(忉利天) 중앙에 있는 선견성(善見城)의 주인으로 4천왕과 32천을 거느린다.
20) 황해도 은율군과 안악군의 경계에 있는 산.
21) 환인·환웅·단군을 모신 사당. 고려시대까지 구월산의 대증산 동남쪽에 있었으나 조선초에 소증산으로 옮겨졌다(박진욱·안병찬 「구월산의 단군사터에 대하여」, 『조선고고연구』 1994-3, 7~11면). 1412년(태종 12) 평양에 단군사가 건립되면서 한때 국가제사가 폐지되었으나 1472년(성종 3)부터 다시 국가제사가 거행되었다.
22) 단(壇)은 제단, 유(壝)는 제단을 둘러싼 담을 말한다. 따라서 단유란 제사의 장소이다.
23) 저승에서 인간의 생전의 선악을 심판하는 심판관 10명으로 시왕이라 읽는다. 사람이 죽으면 각왕 앞에서 한 번씩 모두 열 차례 심판을 받는데, 처음 진광왕에서 일곱째 태산왕(泰山王)까지는 7일에 한 번씩, 나머지 평등왕(平等王)·도시왕(都市王)·오도전륜왕(五道轉輪王)에게는 각각 1백일·1년·3년 뒤에 심판을 받으며, 그 결과에 따라 가운데 한곳에 다시 태어난다고 한다. 10왕 신앙은 중국에서 성립된 것으로 당나라 말기 불교도

대해 살펴보면 불교서적에는 염마라천자(閻摩羅天子)[25]가 있어 명계(冥界)를 주관한다는 설이 있다. 지금은 아홉 대왕을 덧붙여 함께 명부의 10대왕이라 하는데, 대개 후세에 덧붙인 것이다. 10대왕의 칭호는『범음집(梵音集)』[26][조선 사찰의 불사의식에서는 반드시 이 책을 사용한다]에 보인다.[27]

들 사이에서 처음 등장했으며, 이후 도교에서도 이를 받아들였다. 단 도교에서는 10왕의 이름, 탄일, 역할 등이 추가되었다. 불교에서 49재(칠칠재)를 지내는 것도 이와같은 10왕 신앙에 근거한 것이다. 즉 재판이 진행되는 49일 동안 후손들이 재를 올리면 저승의 심판에 좋은 영향을 미쳐 조상이 극락왕생할 수 있다는 것이다.

10왕 신앙에 대해서는 다음과 같은 상세한 연구가 있다. Stephen F. Teiser *The Scripture of the Ten Kings and the Making of Purgatory in Medieval Chinese Buddhism* (University of Hawaii press 1994).

24) 망자의 천도를 위한 진오귀굿이나 새남굿 무가에 흔히 등장한다.
25) 염마왕・염라왕이라고도 하는데, 야마 라자(yama raja)의 음역이다. 야마(夜摩)는 원래 인도의 천신이며, 남녀 쌍둥이 신이었다. 그런데 인도에서는 인간이 죽으면 하늘로 올라간다는 믿음이 있었고, 이에 따라 야마가 사후세계의 지배자란 관념이 생기게 되고, 또 남신으로 단일화되었다. 중국에서 10왕 신앙이 등장하면서 10왕 중 다섯째 왕이 되었지만, 그래도 명계의 심판자를 대표하는 것은 역시 염라왕이다. 山邊習學『地獄の話』(講談社 1981) 77～92면 참조.
26) 불교의례의 절차와 방법을 규정한 책. 한국의 불교의례 자료를 집성한 박세민 편『한국불교의례자료총서』(삼성암 1993)에는 두 종류의『범음집』이 수록되어 있다. 즉 하나는 지선(智禪)이 편찬하여 1661년(현종 2)에 간행한『오종범음집』이고, 다른 하나는 지환(知還)이 편찬한『천지명양수륙재의범음산보집(天地冥陽水陸齋儀梵音刪補集)』인데, 후자는 1723년(경종 3)에 간행된 3권본과 1739년(영조 15) 이를 다시 수정하여 간행한 2권본이 있다. 특히 지환의『범음집』은 의식서 범패의 기능을 중시하고 이를 바로잡는 데 목적을 두고 편찬된 것이라 한다. 홍윤식「조선후기 불교의 신앙의례와 민중불교」,『한국불교사의 연구』(교문사 1988) 313면.
27) 그러나『한국불교의례자료총서』에 수록된『범음집』에서는 10왕의 이름을 확인하지 못했다. 그런데 역자는 오래 전에「조선무속고」교감을 위해『범음집』의 일부를 복사한 적이 있었는데, 여기에는 10왕의 이름이 열거되어 있다. 그러나 역자의 잘못으로 이『범음집』의 서지사항을 기억하지 못하고 있다. 참고로 복사한 부분을『한국불교의례자료총서』와 대조해보면 10왕의 이름이 없는 것을 제외하고는『천지명양수륙재의범음산보집』중 3권본의「재후작법절차(齋後作法節次)」(권 중)・2권본의「대례왕공양문(大禮王供養文)」(권 상)의 내용과 같다.

제1 진광대왕(秦廣大王), 제2 초강대왕(初江大王), 제3 송제대왕(宋帝大王), 제4 오관대왕(五官大王), 제5 염라대왕(閻羅大王), 제6 변성대왕(變成大王), 제7 태산대왕(泰山大王), 제8 평등대왕(平等大王), 제9 도시대왕(都市大王), 제10 오도전륜대왕(五道轉輪大王).

『후한서(後漢書)』[28]를 살펴보면 "중국에서 죽은 사람은 혼령이 대산(岱山, 대산은 곧 태산泰山이다)으로 돌아간다"라 했고, 이에 대한 주석에서는 『박물지(博物志)』[29]를 인용하여 말하기를 '태산은 천제(天帝)의 손자로 사람의 혼백을 부르는 일을 주관한다. 동방은 만물이 시작하는 곳이기 때문에 사람의 수명을 주관한다'고 했다.[30] 그러므로 여기서 말하는 태산대왕은 근거가 있는 바이지만, 나머지 8대왕은 출처를 알지 못하며, 이는 도가에서 만든 칭호가 아닌가 한다.[31] 또 제3 송제대왕이라는 것은 송나라 휘종황제(徽宗皇帝)[32]가 도교를 좋아했으며 자칭 도군황제(道君皇帝)라 했으므로,[33] 혹자는 이 황제를 지목하여 죽은 뒤에 명부대왕이 되었다고 한다. 그러나 명부 10대왕의 명칭은 조송(趙宋)[34] 때 처음으로 등장한 것 같은데, 송나라 황제를 어찌 대

---

28) 남조 송의 범엽(范曄, 398~445)이 편찬한 후한시대(25~220) 196년간의 역사를 기록한 기전체 사서. 이 부분은 권 90, 오환선비전(烏桓鮮卑傳)의 인용이다.
29) 중국 서진시대의 장화(張華, 232~300)가 저술한 기문(奇聞)・전설집. 이 부분은 권 1, 지(地)의 인용이다.
30) 중국에서는 태산의 산신, 즉 동악대제(東岳大帝)・동악부군(東岳府君)를 사후세계의 심판자로 여겼으며, 또 태산 아래에 명부(冥府)가 있다고 믿었다.
31) 시왕 신앙은 불교에서 시작하여 도교에까지 영향을 주었다고 보는 것이 일반적이다.
32) 송나라 제8대 황제로 재위 1100~25년. 1125년 장자 흠종(欽宗)에게 양위하고 태상황(太上皇)으로 있다가 1127년 금나라의 포로가 되었고, 1135년 금에서 세상을 떴다.
33) 도사 임영소(林靈素)가 휘종을 상제의 장남 장생대제군(長生大帝君)으로 인간세상을 구하기 위해 하강했다는 말 등에 현혹되어 1117년 스스로를 교주도군황제(教主道君皇帝)라 칭했다.
34) 조광윤(趙匡胤)에 의해 건국된 송나라(960~1279년). 남북조시대의 유송(劉宋)과 구분하기 위해 조송(趙宋)이라고 한다.

왕이라 했겠는가. 대개 음사의 신을 대왕이라 많이 칭하는데, 예를 들면 고려 왕조 때 송도에 국사당 신사가 있었는데[35] 그 신을 국사대왕(國師大王)이라 칭했다는 것이 『동국이상국집』[백운거사 이규보(李奎報) 문집][36]에 보인다. 그러므로 송제대왕이라는 것도 국사대왕과 같은 류라 하겠다.

7. 삼불(三佛)

무당이 노래할 때 사용하는 부채[그림 부채로 부채살이 50개이다]에는 세 부처가 그려져 있다. 대개 이 세 부처는 극락세계의 아미타불(阿彌陀佛)[37]과 좌보처(左補處)[38]인 관세음보살(觀世音菩薩),[39] 우보처(右補處)인 대세지보살(大勢至菩薩)[40]이 아닌가 한다. 무당은 때때로 또한 부처를 노래하면서 기원을 하는데, 이는 신과 불이 혼합된 증거이다.

무당 부채
인하대 박물관 소장

---

35) 개성 송악산에 있었다. 『신증동국여지승람』 권 5, 개성부 사묘조에 의하면 개성 송악산에는 송악산사(松嶽山祠)가 있고, 송악산사는 5개의 신당으로 구성되었는데, 그중 세 번째가 국사신(國師神)을 모신 신당이라 한다.
36) 『동국이상국집』 권 37, 애사(哀詞) 제문에 「우기우국사대왕문(又祈雨國師大王文)」이 있다.
37) 서방정토 극락세계를 주재하는 부처, 아미타불이란 아미타유스(Amitayus) · 아미타바(Amitabha)의 음역으로, 그 뜻을 번역한 것이 무량수 · 무량광이다.
38) 보처란 일생보처(一生補處)의 준말로, 이전의 부처가 입멸(入滅)한 뒤에 성불해서 그 자리를 보충할 예정인 자, 즉 부처의 후보자를 말한다.
39) 아미타불의 교화를 도우며 중생들의 현세 고통을 구원하는 대자대비(大慈大悲)의 보살.
40) 아미타불의 오른쪽 협시보살로 서방 극락세계에 있는 지혜와 광명이 으뜸인 보살이다.

8. 만명(萬明)[41]

　만명이란 신라 김유신의 어머니 만명부인을 신으로 삼아 만명이라 말하는 것이다. 소운거사 이규경의 『오주연문장전산고』[42]에 이르기를 "『동국여지승람』[43]에서 '영남의 군위현(軍威縣) 서악(西岳)에는 신라 김유신의 사당이 있다' 했고, 그의 어머니 만명 역시 신이 되었으니, 지금 무녀들이 주문에서 만명을 부르면서 제사한다. 만명신을 모신 곳에는 반드시 구리로 만든 둥근 거울을 걸어놓고 이를 이름하여 명도라 한다"는 것이 곧 그것이다.

9. 칠금령(七金鈴)[44]

　지금 풍속으로는 무녀들이 숫자가 일곱인 금속제 방울을 손에 들고 노래하다 흔든다 한다. 또 그림이 그려진 부채를 들고 접었다 폈다 하면서 비틀비틀 춤을 추며 재잘재잘 주문을 왼다. 한국의 고대를 살펴보면 마한(馬韓)에서는 귀신을 섬기면서 소도(蘇塗)[45]에 나무를 세우고 방울을 매다는 신앙이 있었고, 부여의 제천에 또 영고(鈴鼓)[46] 의례가 있었으니, 무녀가 방울을

---

41) 만명에 대해서는 제13장 「무격의 술법」 중 3절 '거울을 걸어둠[掛鏡]' 참조.
42) 권 43, 「화동음사변증설(華東淫祀辨證說)」의 내용이다.
43) 『신증동국여지승람』 권 25, 군위현 사묘조의 인용이다.
44) 무당의 방울에는 군웅방울, 칠성방울(칠쇠방울), 대신방울, 상쇠방울 네 가지가 있는데, 방울이 7개가 달린 것은 칠성방울이다.
45) 마한의 신성지역. 방울과 북을 매단 큰 나무를 세우고 귀신을 섬기던 곳으로 도망자가 피난하면 처벌을 피할 수 있는 아실럼(asylum)의 역할도 했다.
46) 부여에서 해마다 은정월에 거행하는 제천행사이다. 그런데 『삼국지』 권 30, 동이전 부여조 등에 의하면 영고의 한자 표기는 '영고(迎鼓)'이다. 따라서 「조선무속고」에서 영고(鈴鼓)라 한 것은 잘못이며, 따라서 방울의 사용이 고대란 주장의 근거로 '영고(迎鼓)'를 제시하는 것은 잘못이다.

사용하는 것은 대체로 오래되었다고 할 수 있겠다. 일본의 신관(神官)[47]이나 만주의 살만(薩滿)[48]도 신에게 제사지낼 때 금속 방울을 사용하는데, 그것들은 모두 같은 근원에서 나온 것인 듯하다.

칠금령

10. 신단(神壇)

무당이 굿을 행할 때 그 무가 중에 초단(初壇)·이단(二壇)·삼단(三壇)이라는 말이 있는데, 이것 또한 불교의례에서의 상·중·하 삼단[49]의 규정을 모방한 것이다[불교 의례에서 상단은 불·보살위이며, 중단은 신중위(神衆位)[50]이고, 하단은 인귀위(人鬼位)이다].

무가에서 초단은 '신길'[의역을 하면 신로(神路)] 혹은 '지노귀'[번역하면 지로귀

---

47) 일본 신궁이나 신사의 제관.
48) 샤먼의 한자 음역.
49) 한국의 사찰에서는 불단을 신앙대상의 위계질서에 따라 3단으로 구분한다. 즉 상단은 불·보살을 모시는 단으로 법당의 중앙에 두며, 중단은 신중(神衆)을 모시는 단으로 대개 상단의 좌측에 신중정화(神衆幀畵)를 걸어둔 곳이 그것이다. 그리고 하단은 지장보살을 중심으로 영가(靈駕)의 위패를 모시는 영단(靈壇)이며, 상단의 우측에 있다. 이러한 불단의 3단 분단은 불교가 마찰 없이 토착신앙을 포용할 수 있는 이론적 토대가 되었다. 홍윤식 「한국불교의식 삼단분단법과 불화」, 『한국불화의 연구』(원광대출판부 1980) 59~74면.
50) 신중은 불법을 수호하고, 사찰을 호위하는 불교의 신으로 범천·제석천·사천왕 등이 여기에 속한다.

指路鬼[51])가 된다더라 하는데, 이것은 불교의례에서 인로왕보살(引路王菩薩)[52])
이 있어 극락세계로 왕생하는 길을 가리켜주는 것과 같고, 무속으로 말하면
'시왕에게 가는 길을 가리켜준다'라는 것이 이것이다. '진녁위'는 또 뜻을
번역하면 망령위(亡靈位)가 되는데, 대개 세속에서는 죽음을 '진'[예를 들면 초
상집에서 무녀를 불러 하는 굿을 진부정가심이라 하고, 번역하면 죽음에서 비롯된 부정
을 씻어낸다는 뜻]이라 하고, '넉'이란 우리말로 영혼이다.[53])

무가에서 2단은 '새남'이라 하는데, 이것은 산음(散陰)이 와전된 것이
다.[54]) 즉 불교에서 말하는, 사람이 죽으면 처음에는 중음신(中陰身)[55])이 되

---

51) '길을 가르쳐주는 귀신'이라는 의미이다.
52) 죽은 사람을 서방정토로 안내하는 보살. 불경에는 나오지 않는 것으로 미루어 처음에
    는 지장(地藏)이든 관세음(觀世音)이든 정토로 안내하는 보살을 가리키는 일반명사였으
    나, 당중기(唐中期) 이후에는 이 일을 전담하는 특정 보살이 상정되고 그 보살에 대한 고
    유명사가 된다. 특히 한국에서는 인로왕보살 신앙이 강하여, 이를 그린 번(幡)을 대재(大
    齋) 때나 장례 등에 앞장세운다. 塚本善隆 「引路王菩薩信仰と地藏十王信仰」, 『塚本善
    隆著作集 7—淨土宗史・美術篇』(大東出版社 1975); 沙武田 「敦煌引路王菩薩畵考」, 『敦煌硏究』
    2006-1, 38~42면 참조.
53) 「조선무속고」에서는 '진녁'을 죽은 영혼으로 해석한다는 것이다.
54) 「조선무속고」에서는 새남의 어원을 불교에서 유래한 산음(散陰), 즉 중음신(中陰身)을
    흩어 극락왕생시키는 것으로 보았다. 그러나 산음은 불교에서 사용하는 표현이 아니다.
    그래서 새로 태어난다는 의미로 해석하는 설이 있는데(김선풍 「서울 새남굿」, 『서울새남
    굿』 무형문화재 공예 종목 발굴 기・예능조사 연구보고서 227, 1996, 39~40면), 이것
    이 그럴 듯하다. 참고로 새남이란 말은 이미 1728년(영조 4)에 나온 『청구영언』에 "금두
    텁 화랑이 즌하고 새남갈(김두꺼비란 이름의 남무男巫가 진오귀 새남 갈 때)"라 보이며,
    유만공의 『세시풍요』 10월 20일조에도 "초한영거새남신(初寒迎去賽南神) 손석강풍정뇌
    인(孫石罡風正惱人) 경도군낭호대사(競渡群娘胡大事) 무촌여시노량진(巫村如市鷺梁津)
    주(註) 새신왈(賽神曰) 새남(賽南) 선공손석원사지일(船工孫石寃死之日) 매다한풍(每多寒
    風) 위지손석풍(謂之孫石風) (첫 추위에 새남신(賽南神)을 맞이하러 가는데 손돌의 강한
    바람이 정말 사람을 괴롭히네. 다투어 건너가는 저 아가씨들 무슨 큰 일이 있는지 노량
    진 무당 마을은 시장과 같구나. [주] 굿하는 것을 새남이라 한다. 뱃사공 손돌이 억울하
    게 죽은 날에는 매번 찬바람이 많이 부는데 이를 손돌바람이라 한다)"이라 보인다.
55) 사람이 죽은 뒤에 다음 삶을 받아 다시 날 때까지의 몸. 극선(極善)・극악(極惡)한 사

어 허공을 헤매고 갈 곳이 없기 때문에 칠칠재(七七齋)[56] 및 백재(百齋)[57]를 베풀어 어둠속에 있는 중음신이 흩어져 바로 좋은 길로 왕생하도록 한다는 것과 같은 것이다. 그러므로 무속에서 불교 의례를 본떠 '진녁위새남'을 거행한다고 하겠으며, 그 취지는 망령을 좋은 곳으로 보내는 굿이다.

무가에서 3단은 법식(法食) 받기라 하는데, 역시 불교 의례에서 나온 것으로, 법식이란 법공양을 말한다[승가에서 공양은 두 가지 뜻이 있는데, 물품을 바치는 것을 재공양(財供養)이라 하며, 불교의 가르침에 따라 기도하는 것을 법공양(法供養)이라 한다].[58]

람의 경우 죽으면 바로 다음 생을 받지만, 보통사람은 중음신의 기간을 거쳐 다음 생이 결정된다. 그렇지만 중음신의 기간은 생전의 행위에 따라 7일 단위로 차이가 있어, 첫번째 7일에 벗어나기도 하지만, 보통은 7주인 49일이다.

56) 사람이 죽어 중음신(中陰身)으로 있는 동안 망자의 추선(追善)을 위해 첫 7일에서 일곱번째 7일까지 거행하는 불교의례. 49재라고도 한다.
57) 사람이 죽은 지 1백일 되는 날 거행하는 불공.
58) 삼단에 대한 언급은 주로 망자 천도를 위한 무가에서 등장하는데, 몇가지 예를 제시하면 다음과 같다.
"압흐로는 황천강, 뒤로는 류사강
까치여울 피바다에 주줄이 써오는 배는 무슨 배뇨
그 배는 전생에 잇슬 적에
부모에게 효자 되고 나라에 츙신 되고
동생에 우애 잇고 일가에 화목하고
초단에서 선행자 밧고 이단에서 진부정 받고
삼단에서 사재삼성 바다
쇠설문(鐵門), 대설문(竹門), 蓮柱堂, 쌍갯(雙蓋) 새람 받고
은젼 금젼 밧고 서방정토 극락세계로
염불하고 가는 배로성이다." (赤松智城・秋葉隆 「바리공쥬」, 『朝鮮巫俗의 硏究』 上, 大阪屋號書店 1937, 48~49면)
"초단에는 서남자에 이단에는 초삼성이요 삼단 법식 지노기 새남
사십구제 칠제 백제 받으시구…
초단에 신길 벗고 이당에 새남받고 삼당에 법식 받아
선황제 사십구제 일제 받아 상신구 연화대요

월정사 현왕탱화

통도사 사명암 현왕탱화(1775년)

무당이 말하는 '선왕재'[59]란 불교의 이른바 '현왕재(現王齋)[60]'이다. 불서

지연불 선문으로 승어재청하소서…
초단에 사제삼성 지노기 받고 이단에 새남 받고 삼단에 법식 바다." (김태곤「지노귀무가」,『한국무가집』1, 원광대 민속학연구소 1971, 57·60·81)
"초단에는 서낭자요 절에 올라 답다라니
이단에 자리거지 넋거지 삼단 법식에 진노귀 새남을 받고…" (예능민속연구실「서울 새남굿 신가(神歌)」,『서울 새남굿』(국립문화재연구소 1998, 264면 등).
    이상에서 보는 바와 같이 삼단의 내용은 무가에 따라 서로 다르며, 그중에서 김태곤 채록본이「조선무속고」와 가장 비슷하다. 그렇지만 극락왕생을 위해 필요한 의식이라는 점에서는 대체로 일치하는 것 같다. 그러나 삼단의 내용이 무엇인지를 정확히 알 수 없다.
59) 위의 주 58 인용의 김태곤 채록본「진오귀 무가」에서 "선황제 사십구제 일제 받아 상신구 연화대요, 지연불 선문으로 승어재청하소서"라 한 것으로 미루어, 선왕재는 망자의 극락왕생을 비는 의례라 추측된다.
60) 죽은 지 사흘 뒤에 사자를 심판하는 현왕(現王), 즉 보현(현)왕여래에게 올리는 불교의식. 현재는 거의 행해지지 않으나, 신도가 죽었다고 하면 사찰에서 탑타라니(塔陀羅尼)를 걸어놓고 현왕불공을 드린 뒤 탑다라니를 상가에 보냈다고 한다.
    염라대왕이 다음 생에 깨달음을 얻어 보현왕여래가 된다고 하며, 조선후기부터 신앙의 증거가 확인된다. 즉 영가(靈駕)의 극락왕생을 위해 제작된 현왕도(現王圖)의 존재(홍윤식 편『조선불화화기집』1, 가람사연구소 1995, 436면), 각종 불교의식집에 보이는

(佛書)에 『현왕경(現王經)』⁶¹⁾이 있는데, 대개 죽은 영혼의 천도를 위한 가르침이다.

11. 강신(降神)

무축의 노래에 '강림도령'⁶²⁾이라는 말이 있는데, 살펴보면 이 또한 불교의 례에서 나왔다. 불교에서는 의식을 집전하는 승려가 의문(儀文)을 염송하면서, 불·보살이 도량[道場]에 강림하여 이 공양받으시기를 청한다. 무속에서는 이 도량을 와전하여 도령(徒領)이라 했다. 대개 도령이란 신라 때 화랑이 무리를 수백 또는 수천을 거느렸으므로 이를 도령이라 한 것이다[도령가(徒領歌)가 『삼국사기』 신라의 악지(樂志)에 보인다].⁶³⁾ 지금 우리 풍습에 귀한 집안의 묘세(卯歲)⁶⁴⁾의 동자를 도령이라 하는 것은 신라 때의 말이 전해진 것이다.

현왕청·현왕단의 존재(1827년=순조 27에 편찬된 긍선의 『작법귀감(作法龜鑑)』 권 상에 현왕청(現王請)이 보인다. 박세민 편 『한국불교의례자료총서』 3, 삼성암 1993, 400~401면; 『한국불교전서』 10, 동국대 1989, 571~72면) 등이 그것이다. 그러나 현왕에 대한 언급은 불교경전에서는 잘 나타나지 않는다. 따라서 현왕신앙은 한국의 독특한 내세신앙이 아닌가 한다.

61) 정토왕생의 법식과 다라니를 전하는 『현행경』 『현행서방경』(1531년=중종 26 칠불암에서 개간했고, 1710년=숙종 36 석실명안石室明眼이 중간)을 가리킨다는 설이 있다(조흥윤 「한국지옥 연구」, 『샤머니즘 연구』 1, 한국샤머니즘학회 1999). 그러나 역자는 아직 『현행경』을 보지 못했고, 염라왕이 다음 생에 보현왕여래가 될 것임을 예언한 『염라왕수기경』 계통의 경전이 아닐까 생각하고 있다(酒井忠夫 「十王信仰に關する諸問題及び閻羅王授記經」, 『齋藤先生古稀祝記念論文集』 刀江書院 1937, 632면 참조).

62) 일직사자(日直使者)·월직사자(月直使者)와 함께 다니면서 저승으로 인간을 잡아가는 저승사자로 성격이 몹시 포악하다고 한다. 강남도령·강임도령·강님사제라고도 한다.

63) 악지(樂志)는 삼국시대의 음악 기사를 정리한 것으로 『삼국사기』 권 32에 있다. 그리고 여기서는 도령가(徒領歌)를 진흥왕 때의 작품이라 했다.

64) 무슨 의미인지는 알 수 없다. 20세 안팎의 젊은이를 뜻하는 묘년(妙年)·묘령(妙齡)과

또 요즈음 떠돌아다니는 말 가운데 "산의 으뜸은 곤륜산(崑崙山)[65]이요, 물의 으뜸은 황하수요, 아이들의 으뜸은 강림도령"이라는 것이 있는데, 이것은 무가가 와전된 탓으로, 도량[道場]을 도령(徒領)이라 이해하는 것은 대단히 웃기는 일이다.

12. 어비대왕(魚鼻大王)과 바리공주[鉢里公主][66]

『성신말법(聖神語法)』[무축의 책 이름이다][67]에 이렇게 씌어 있다. "왕후가 혼인을 한 다음[산호궁(珊瑚宮)의 어비대왕(魚鼻大王)은 삼국을 통치했는데, 길대공주(吉大公主)를 간택하여 왕후로 삼았다] 점쟁이에게 물으니[점쟁이의 칭호는 천화궁(天華宮)의 가리박사(加利博士)・지화궁(地華宮)의 다지박사(多智博士)・제석궁(帝釋宮)의 소소락씨(蘇昭樂氏)・명도궁(明圖宮)의 주역박사(周易博士) 혹은 천문박사(天文博士)이다] 점쟁이가 쌀을 던져 점을 쳤다. 연거푸 딸 일곱을 낳았는데, 일곱번째 딸을 바리공주[鉢里公主]라 한다[딸만 많이 낳았으므로 왕이 노하여 서해에 버리라고 했던 까닭에 이름을 바리공주라 한다. 우리말에 버리는 것을 바리(鉢里)[68]라고 한

같은 것이 아닌가 한다.

65) 중국의 전설에 나오는 서방의 신성한 산으로 서왕모(西王母)가 살고 불사의 물이 흐르는 곳으로 전한다.
66) 바리공주에 대한 연구는 체계적으로 되어 있다. 현재까지 채록 보고된 바리공주의 내용만도 52편에 이르며 채록자 또한 민속연구자・국어학자・무용가 등으로 나타난다. 보다 상세한 설명은 김진영・홍태한 편『바리공주』전집 1・2권(한국무가총서, 민속원 1997) 9~15면 참조.
67) 이능화의『조선종교사』(영신아카데미 한국학연구소 1983) 25면에 의하면『성신말법』은 서울시 노량진의 한 무가(巫家)에서 소장하고 있던 전 1권의 책자로 지노귀새남굿 무가를 순 한글로 기록한 것이라 한다. 이로 미루어『성신말법』은 바리공주 무가를 필사한 무당 문서인 것 같다.
68) '버리다'를 한자로 표기한 것이다.

다."⁶⁹⁾

 생각해보건대 어비대왕과 바리공주는 비록 이야기에 불과하지만, 반드시 근거한 바가 있을 것이다. 그래서 늙은 무녀에게 자세히 물었는데, 무녀의 말에 근거한다면 바리공주라는 것은 그 남편이 처용대감(處容大監)이다. 나는 여기서 안개처럼 흐릿하던 의문의 갑자기 사라지면서, 이른바 어비대왕이라는 것은 『삼국유사』에 기재된 처용랑의 일이라는 것을 바로 깨달았다. 처용의 일은 신라가 삼국을 통일한 이후 헌강왕(憲康王)⁷⁰⁾ 때 있었으므로, 어비대왕이 '삼국을 통치했다'는 말이 『성신말법』에 나오는 것이다. 또 신라 때 사람들은 처용의 형상을 문에 그려 붙여서 벽사(辟邪)를 했는데, 그 형상이 괴이했다. 그런데 우리말에 무서운 것을 '어비'라 하는데, 어비대왕이라는 이름은 여기서 나온 것이다. 바다의 용왕은 산호를 궁궐로 삼아 산다고 하는데, 이것이 산호궁이라는 말의 근원이다. 처용은 부인을 역신에게 빼앗겼으나, 처용은 이를 보면서 물러갔다고 하니, 바리공주라는 이름이 나온 유래이다. 지금 『삼국유사』의 처용 기사와 무속의 설화를 대조해보면 모든 명칭이 나온 근원을 가히 알 수 있겠다.

 『삼국유사』, 「처용랑(處容郎) 망해사(望海寺)」조⁷¹⁾에서 말했다. "제49

---

69) 바리공주 무가의 내용은 채록 지역에 따라 약간씩 차이가 있다. 그런데 『성신말법』은 바리공주 부왕의 이름을 어비대왕이라 한 점, 문복과정과 점복자에 대한 설명이 자세한 점, 바리공주의 베필을 무장선이라 한 점, 마지막이 염불로 끝나는 점 등에서 중부지역 바리공주 무가의 특성을 보여준다.
 바리공주 무가에 대해서는 최근 상세한 연구와 방대한 자료집이 출간되었다. 홍태한 『서사무가 바리공주 연구』(민속원 1998); 김진영·홍태한 『서사무가 바리공주 전집』 1·2(민속원 1999); 홍태한·이경엽 『서사무가 바리공주 전집』 3(민속원 2001).
70) 신라 제49대왕. 재위 875~886년.
71) 『삼국유사』 권 2, 기이(紀異) 제2에 수록되어 있다. 그리고 망해사는 울산광역시 청량면 율리 산16-2번지에 절터가 남아 있다. 이곳에는 신라 하대, 더 구체적으로는 9세기 후반의 작품으로 추정되는 부도 2기(보물 173호)가 있어(경상남도 문화체육과 편 『경남

대 헌강왕대에 신라는 서울에서부터 동해바다에 이르기까지 집과 담장이 잇달아 있었으며, 초가는 한 채도 없었다. 악기와 노랫소리는 길거리에 끊이지 않았고, 바람과 비는 사철 순조로웠다. 그때[72] 대왕이 개운포(開雲浦, 지금의 울주蔚州에 있다)[73]에 놀라갔다가 바야흐로 어가(御駕)를 돌리려고 했다.[74] … 동해의 용이 기뻐하여 일곱 아들을 거느리고 어가 앞에 나타나 대왕의 덕을 칭송하며 춤을 추고 음악을 연주했다. 그중 한 아들이 어가를 따라 서울로 와서 국왕의 정치를 보좌했는데, 이름하기를 처용(處容)이라 했다. 왕은 미녀를 아내로 삼게 하여 그 마음을 붙잡아두려 했으며, 또 급간(級干)[75]의 벼슬을 주었다. 그의 아내가 매우 아름다웠기 때문에 역신(疫神)[76]이 이를 흠모하여, 사람으로 변해서 밤에 그 집에 들어가 몰래 동침하였다. 처용은 밖에서 집으로 들어왔다가 잠자리에 두 사람이 있는 것을 보고, 노래를 부르고 춤을 추면서 물러났다. 이때 역신이 원래의 모습으로 돌아와 꿇어앉아 말하기를 '내가 공의 아내를 사모하여 방금 범해버리고 말았는데, 공은 이를 보고도 화를 내지 않으니, 감동했을 뿐만 아니라 정말

문화재대관─도지정편』 경상남도 1995, 64면), 헌강왕대(875~886) 창건설을 뒷받침하고 있다.
72) 『삼국유사』에서는 연대를 적시하지 않았으나, 『삼국사절요』 권 13에서는 헌강왕 2년이라고 했다.
73) 울주는 지금의 울산광역시. 개운포는 『신증동국여지승람』 권 22, 산천조에 의하면 군 남쪽 25리에 있다고 하는데, 지금의 외황강 하류 처용리 일대를 가리키는 것 같다.
74) 생략된 부분의 내용은 다음과 같다.
  "낮에 물가에서 쉬는데, 갑자기 구름과 안개가 자욱해져 길을 잃게 되었다. 왕이 이상히 여겨 좌우에게 물으니, 일관(日官)이 아뢰기를 '이것은 동해용이 변괴를 일으킨 것이오니 마땅히 좋은 일을 해주어서 이를 풀어야 합니다'라고 했다. 이에 유사(有司)에게 명령하기를 용을 위하여 불사(佛寺)를 창건하라고 했다. 명령이 내려지자마자 구름이 걷히고 안개가 흩어졌는데, 이로 말미암아 이곳을 개운포(開雲浦)라 했다."
75) 신라 17관등 중 아홉번째 관등으로 급벌찬(級伐飡)·급간(級干)이라고도 한다. 6두품 이상의 신분만이 될 수 있다.
76) 병을 퍼트리는 신.

아름답게 여깁니다. 맹세하건대 앞으로는 공의 모습을 그린 것만 보아도 그 문에는 들어가지 않겠습니다' 했다. 이로 말미암아 나라 사람들은 처용의 형상을 문에 붙여서 사기(邪氣)를 물리치고 경사스러운 일들을 맞이하려 했다."

이것으로 미루어보건대 처용은 곧 어비대왕이고, 어비대왕이 거처하는 산호궁은 곧 바다의 용궁이며, 처용의 아내라고 하는 미녀는 곧 바리공주이다. 더구나 처용은 노래와 춤을 잘했는데, 이것은 곧 무당이 하는 행위이다.

복사(卜師)와 박사(博士)는 곧 모두 옛날의 사무(師巫)를 이르는 말이다. 우리 풍속에 남무를 '박사'라 하는 것은 복사 혹은 박사가 와전된 것이다. 신라 때에 천문박사가 있었는데『삼국사기』에 보인다,[77] 이것 또한 사무를 이러한 이름으로 칭하는 것 같다.

『성신말법』에서 또 이르기를 "바리공주는 무상선(無上仙)에게 시집가, 일곱 아들을 대동하고 영약[동해용왕의 여의주 등]을 가지고 와서, 이미 죽은 아버지를 회생시켰다" 했다. 이 부분의 일곱 아들도 동해용왕이 일곱 아들을 거느리고 어전에 나타나서 춤을 바치고 풍악을 연주한 일과 대응된다. 또 용의 여의주로 아버지의 병을 구했다는 것은 『삼국사기』, 「김유신전(金庾信傳)」[78]에 이른바 '동해 용왕의 딸이 심장병이 있었는데, 토끼의 간을 구해 치료하려

---

[77] 『삼국사기』권 9, 「신라본기」경덕왕 8년 3월에 천문박사 1명을 두었다고 했으며, 권 39 「직관지」중에서는 후에 천문박사를 사천박사(司天博士)로 개명했음을 전한다.

[78] 『삼국사기』권 41, 「김유신전」상에 의하면 고구려 왕의 총신 선도해(先道解)가 김춘추에게 한 이야기이다. 642년(선덕여왕 11) 김춘추의 딸과 사위가 백제군에 잡혀 죽자 김춘추는 이들의 복수를 위해 고구려에 청병하러 갔다. 그러나 고구려는 과거 신라에게 빼앗긴 영토를 되돌려달라고 하면서 오히려 김춘추를 억류했다. 이에 김춘추가 살 길을 찾기 위해 선도해에게 뇌물을 바치자, 선도해가 '거북과 토끼의 이야기[귀토지설龜兎之說]'을 들려준다. 이를 통해 선도해는 김춘추에게 토끼처럼 행동할 것을, 즉 영토를 돌려주겠다고 해서 일단 신라로 달아나고 보라는 점을 암시한 것이다.

했다'는 설화에 나오는 것이다.

『성신말법』에서는 망령을 천도하는 무가의 끝맺는 말로

"시방원불법상원융(十方願佛法相圓融) 48팔원[79]도제중생(四十八願渡濟衆生) 유원왕생극락세계(唯願往生極樂世界) 상상구품연화지대(上上九品蓮花之臺)[80] … 나무아미타불(南無阿彌陀佛)"

이라 한다. 이 무당 책을 보면 순 한글로 되어 있는데, 기도와 축원의 목적은 이 신귀(神鬼)를 편안하게 하는 것이고, 신앙의 대상은 불타에 귀의하는 데 있다. 지금 그 자세한 사정과 본말을 살펴보면 그것은 정도의 문제에 속한다. 대개 무축은 아직도 원시상태에 있어 유치함을 면하지 못한다. 이에 비해 불교는 자체에 조직적인 교리가 있고 능히 자기와 타인을 모두 이롭게 할 수 있다. 때문에 무속이 불교에 끌리는 것은 마치 자석이 바늘을 끌어당기는 것과 같고 우유가 물에 섞이는 것과 같다. 불교의 시타림(屍陁林) 의식[81]에서는 신라 의상대사(義相大師)[82]의 「법성계(法性偈)」[83]를 염송하는데, 무당 또한 이와같이 한다. 또 불교의 「결도량의문(結道場儀文)」,[84] 즉 '첫째,

---

79) 아미타불이 과거세에 법장보살이었을 때에 세웠던 서원(誓願)을 말하는 것으로, 극락에는 악한 세계가 없고 모든 사람이 악한 곳에 빠지지 않기를 바라는 등의 내용으로 되어 있다.
80) 가장 좋은 연화대를 타고 극락왕생하라는 의미이다. 죽어서 서방정토로 갈 때는 마중 나온 성중(聖衆)들이 가지고 온 연화대를 타고 가는데, 연화대는 왕생자의 품위에 따라 9종이 있다. 이 중 상상품의 왕생자가 타고 가는 연화대는 금강대(金剛臺)이다.
81) 범어 시타바나(sitavana)의 음역. 원래 인도에서는 왕사성 밖에 시신을 버리는 의식이었으나 한국에서는 상가에 가서 염불 등의 의식을 집전해주는 것을 말한다. 우리말의 시달림이라는 말이 여기서 유래했다는 견해도 있다.
82) 신라시대 화엄종의 고승. 생몰년 625(진평 47)~702년(성덕왕 1).
83) 의상이 『화엄경』의 내용을 알기 쉽게 요약하여 게송(gatha)으로 읊은 것.
84) 도량의 결계(結界), 즉 불교 행사를 하는 일정 공간을 속계와 구분하여 청정한 공간으

동방에 물 뿌리니 도량이 깨끗하고'[85] 운운하는 것을 무속에서도 또한 사용한다. 모두가 이와같으니 이런 것은 한 가지만이 아니다. 그렇다면 신을 모시는 종교가 불교에 포섭되는 것은 과연 어느 때부터인가. 대개 승려의 분수(焚修, 『삼국유사』 신라 비처왕毗處王[86] 대의 「사금갑射琴匣」조에 보이는 내전內殿의 분수승이 그런 유이다)[87]나 무당의 기축(祈祝)은 이름만 다를 뿐 실상은 같다. 그러므로 승과 무의 접근, 신과 불의 혼합은 이미 신라 때부터 있었던 것이 아닌가 한다. 신라 승려들은 향가를 잘 지었는데, 지금 민속의 「놀부가」, 이른바 「제비 다리」와 「용궁가」, 이른바 「토끼의 간」(「토끼타령」) 등은 모두가 신라 승려의 손에서 나오지 않았는지 의심된다. 무당의 기원하는 축문도 일종의 노래이므로 그 노래의 근본도 반드시 승려에게서 나왔으나, 전승된 지 이미 오래되었으므로 다소간 변화가 없지는 않았을 것이다. 대개 승려가 지은 노래는 게송(偈頌)에서 나왔고, 노래는 범패(梵唄)를 통해 익혔으므로 향가와 무가를 창도하는 데 능했다고 할 수 있지 않았을까 한다.

13. 법우화상(法祐和尙)

무녀가 굿을 할 때면 한 손으로는 금속 방울을 흔들고 한 손에는 그림 부채를 가지고, 웅얼웅얼 주문을 외우고 빙글빙글 춤을 추면서, 불타를 부르고 또 법우화상(法祐和尙)을 부르는데, 여기에는 유래가 있다. 세상에 전하기를 지리산의 옛날 엄천사(嚴川寺)[88]에 법우화상이 있었는데, 불법의 수행이 대

로 전환시키기 위해 염송하는 글을 말한다.
85) 『천수경』의 사방찬(도량의 사방이 청결히 되었음을 찬탄)의 첫부분이다.
86) 신라 제21대 왕. 소지왕이라고도 한다. 재위 479~500년.
87) 「사금갑(射琴匣)」은 『삼국유사』 권 1에 수록되어 있으며, 내전의 분수승이 궁주(宮主)와 간통하다 죽임을 당했다는 내용이다.

단하였다. 하루는 한가로이 있는데, 갑자기 산의 개울이 비가 오지 않았는데도 물이 불어난 것을 보고, 물이 흘러온 곳을 찾아 천왕봉[89] 꼭대기에 올랐다가 키가 크고 힘이 센 여인을 보았다. 그 여인은 스스로를 성모천왕(聖母天王, 성모천왕은 곧 지리산智異山의 산신이다.[90] 고려시대 박전지朴全之[91]의 「용암사중창기龍巖寺重創記[92]에 보인다)이라 하면서 인간세계에 유배되어 내려왔는데 그대와 인연이 있어 물의 술법을 사용하여 스스로를 중매하고자 한다고 말했다. 드디어 부부가 되어 집을 짓고 살면서 딸 여덟을 낳았고 자손이 번성했다. 이들에게 무당의 술법을 가르쳤는데, 금속 방울을 흔들고 그림 부채를 들고 춤을 추면서, 또 아미타불을 창하고 법우화상을 부르면서 방방곡곡을

---

88) 『신증동국여지승람』 권 31 함양군, 불우조에 의하면 엄천사(嚴川寺)는 '엄천(嚴川)의 북안(北岸)'에 있다 했고, 동 산천조에서 엄천은 '함양군의 남쪽 25리에 있으며 용유담의 하류'라 했다. 또 영조 때 사람인 추파홍유선사(秋波泓有禪師, 1718~74)의 『추파집』 권 3, 「엄천사종각상량문」,(『한국불교전서』 10, 동국대출판부 1989, 80면)에 의하면 엄천사는 법우화상에 의해 창건되었다고 한다.

89) 지리산의 최고봉. 해발 1,915m.

90) 『신증동국여지승람』 권 31, 함양군 사묘조에 의하면 지리산 성모는 고려 태조의 어머니 위숙왕후라 했고, 성모를 모신 성모사는 두 곳이 있는데, 하나는 천왕봉 위에 있고, 다른 하나는 함양군 남쪽 지역인 엄천리에 있다고 했다. 이 중 천왕봉 성모사는 민속종교의 대표적인 성지로 유명했지만, 한편으로는 여러차례 수난을 당했다. 고려말에는 남원에서 이성계 군에 패배한 왜구들이 지리산을 넘어 도망가면서 성모의 석상의 목을 칼로 쳤다고 하며, 일제 때에도 일인들이 사당을 부수고 성모상을 절벽 아래로 던졌다고 한다. 이것을 한 무녀가 천왕봉에 다시 사당을 짓고 모셨는데, 1972년 이번에는 기독교인들이 우상숭배라 하여 지리산 골짜기에 버렸다. 이것이 다시 혜범이라는 승려가 천왕봉이 먼발치로 보이는 중산리 계곡에 1986년 천왕사를 짓고 이 석상을 모시고 있다. 김영수 「지리산 성모사에 대하여」, 『한국불교사상논고』(원광대출판부 1984) 457~89면; 이형권 「한민족의 산악숭배 사상과 지리산의 여신, 성모」, 『지구촌 책정보』 1999-3호 (교보문고) 4~11면.

91) 고려후기의 재상. 생몰년 1250(고종 37)~1325년(충숙왕 12). 충선왕의 개혁정치에 동참했다.

92) 『동문선』 권 68에 수록되어 있으며, 제19장 「지방의 무풍과 신사」 6절 '경상도 무풍과 신사'에 관련 원문이 인용되어 있다.

다니면서 무당의 일을 했다[지리산 아래에는 무당촌이 1백여 개가 있다고 한다]. 이 때문에 세상의 큰 무당은 반드시 한번 지리산 꼭대기로 가서 성모천왕에게 기도하고 접신(接神)을 한다고 한다.

제16장
무당이 행하는 신사(神事)의 명칭

　무당이 행하는 신사를 통칭해서 '굿'이라 하는데, 대개 우리의 속어에는 흉하고 험한 일을 가리켜 '굿'이라 한다. 예를 들면 하늘에서 비가 오는 날을 '궂은 날'이라 하고, 초상이 나면 '궂은 일'이라 한다. 이로 미루어 무당이 신사를 행하는 것은 그 목적이 흉사나 재난을 기원을 통하여 물리치려는데 있다 하겠고, 그런 까닭에 이를 이름하여 '굿'이라 하지 않았는가 한다. '굿'의 다른 이름은 '풀이'[1] 혹은 '석'이라 한다. 생각하건대 '풀이'를 뜻으로 번역하면 '해(解)'인데, 곧 죄를 풀어주고 복을 구하는 일이다. 이제『장자익(莊子翼)』[2]을 인용하여 그 뜻을 증명하고자 한다.

　『장자(莊子)』의 인간세편(人間世篇)[3]에서 말하기를 "해(解)[4]라는 제사

---

1) 원한이나 살(煞) 같은 것을 풀어버리는 일을 말한다. 예컨대 살풀이나 액풀이의 풀이는 해괴(解怪)·발양(跋禳)의 의미, 즉 살을 풀고 맺힌 액(厄)을 풀어버린다는 뜻이다.
2)『장자』에 대한 주석서의 하나로 명대 초굉(焦竑, 1541~1620)의 저술이다.

때에는 이마가 흰 소와 코가 위로 젖혀진 돼지와 치질을 앓는 사람은 제물로 삼아 강으로 보낼 수 없다. 이러한 것은 무당은 이미 잘 알고 있는데 상서롭지 못한 것이기 때문이다. 그러나 바로 그렇기 때문에 신인(神人)은 크게 상서롭지 못한 것이 아니라고 하는 것이다.[5] ['해(解)'는 제사의 일종으로 죄를 풀어버리는 제사라는 의미이다. '강으로 보낸다'는 것에 대해 사마표(司馬彪)[6]는 "사람을 강에 빠트려 제사한다는 의미로 서문표(西門豹)의 고사[7]와 같은 것"이라 했다. 또 나면도(羅勉道)[8]는 "옛날 천자는 봄에 해 제사(解祠)를 지냈는데, 이에 대해 『한서(漢書)』 교사지(郊祀志)[9]에서는 '죄를 풀고 복을 구하는 것이라 했다'라 말했다.]

'석'의 음을 한자로 옮기면 '석(釋)'인데, 이는 곧 석방과 해탈이라는 의미이다. 대개 인간의 운명은 본래부터 재난과 고통에 속박되어 있으므로 신에 대한 제사의 힘을 빌려 석방·해탈의 길을 얻는다는 말이다. '석'이라는 말의 근본은 불교의 용어에서 나왔다. 대개 우리 한국의 사찰에서는 새벽에 종을 치고 범패(梵唄)[10]를 창하는데, 이를 이름하여 석(釋)[11]이라 한다. 그 뜻

---

3) 『장자』는 전국시대의 사상가인 장주(莊周, BC 369~286)의 사상을 담은 책이고, 「인간세편」은 『장자』 내편의 하나로 인간세상을 살아가는 처세술을 언급한 것이다.
4) 제사의 일종. 봄에 황하에서 지내는 제사로 죄를 씻고 복을 비는 것이 목적이다.
5) 불필요한 것이기 때문에 오래 살아남을 수 있고, 그것이 오히려 다행이라는 의미이다.
6) 진대의 학자로 『장자』에 대한 주석 52권을 남겼으나 송대에 산일되었다.
7) 전국시대 위나라 문후 때의 사람. 업 지방의 수령으로 있으면서 하백에게 부인을 바친다는 핑계로 부녀자를 산채로 황하에 던지는 악습을 없앴다(『사기』 권 126, 골계열전). 자세한 것은 제20장 「부록: 중국 무속사의 대략」 중 8절 '위(魏)나라 무당' 참조.
8) 『장자』에 대한 주석가로 『장자순본(莊子循本)』이라는 저술이 있다.
9) 반고(班固)가 편찬한 『한서』 중 전한대의 제사 관계 기록을 정리한 것으로 『한서』 권 25에 수록되어 있으며, 해제에 대한 언급은 「교사지」 상에 "후인복유언(後人復有言) 고천자(古天子) 상이춘해사(常以春解祠)"라 보인다.
10) 불덕을 곡조를 부처 찬양하는 불교의식 음악.
11) 아침 예불을 드리기 전에 목탁을 치면서 송주(誦呪) 또는 그에 준하는 금문을 외우고 도량을 도는 불교의식. 집전자는 법당 정문에서 목탁을 세 번 올린 뒤 두루 도량을 돌고

은 곧 지옥의 중생이 이 종소리와 범패를 들으면 해탈과 석방을 얻고, 그 고뇌를 면한다는 것이다. 지금 그 문장을 제시하면 다음과 같다.

> 원컨대 이 종소리 법계에 두루 퍼져
> 철위산(鐵圍山)[12]의 어둠에서 벗어나 모두 다 밝아지소서.
> 삼도(三途)[13]의 고뇌를 여의고 칼산지옥[14]을 깨뜨려서
> 모든 중생이 함께 올바른 깨달음을 이루도록 하소서.

비로자나(毘盧遮那)[15] 교주, 화장세계(華藏世界)[16]의 자비로운 어른께 귀의합니다. 보배로운 게송의 가르침을 부연하시고, 옥상자 속의 경전을 두루 펴시어 우주 만유의 모든 세계를 원융(圓融)하게 하옵소서. 10조9만5천4십8자이며, 일승의 원교(一乘圓敎)[17]인 『대방광불화엄경(大方廣佛華嚴經)』[18]의 제1게(第一偈)[19]입니다. "사람이 3세(三世)[20]의 모든 부처님의

마지막에 법당 정문에서 목탁을 세 번 내린 뒤 마친다. 도량을 돌 때는 대개의 경우 정구업진언(淨口業眞言)으로부터 시작하여 본주(대다라니·사방찬·도장찬·참회게 등에 이어 발원이귀명례삼보(發願已歸命禮三寶)로 끝나는 천수경(千手經)을 송주하는데, 간혹 화엄경약찬게(華嚴經略纂偈)나 의상조사법성게(義相祖師法性偈)를 염송하기도 한다. 이는 사찰 내의 대중에게 기상시간을 알리는 한편, 송주로써 도량을 결계(結界)하여 청정하게 하는 의식이다. 석의 의미에 대해서는 석(夕)에서 유래했다는 설(석의 시간이 전일의 저녁에 해당), 석방이라는 설(지옥의 중생들이 종소리를 들으면 잠시 고통에서 해방)이 있다(김월운 『일용의식수문기』 중앙승가대학출판국 1991, 22면 참조).

12) 세상을 둘러싸고 있는 9산 중에서 가장 바깥쪽에 있는 온통 쇠로 이루어진 산.
13) 지옥·아귀·축생의 세계.
14) 도산지옥이라고도 한다. 칼이 솟아 있는 산을 밟고 지나가야 하는 형벌을 받았다.
15) '비로자나불(vairocana)'의 음역이며, 종파에 따라 해석을 달리하나 대체로 부처의 법신(法身)을 가리킨다.
16) 연화장세계(蓮花藏世界)의 줄임말로 법신불인 비로자나불(毘盧遮那佛)의 정토.
17) '일승(一乘)'은 모두가 부처가 될 수 있다고 하는 입장을 말하며, '원교(圓敎)'는 궁극적 가르침이라는 의미이다.

실상을 깨닫고자 한다면 마땅히 법계(法界)의 성품이 모두 마음에서 지어진 것임을 알지니라."

지옥을 파하는 진언(眞言)[21]. 옴 가라지야 사바하[22]
극락세계의 열 가지 장엄(莊嚴)[23]
법장비구(法藏比丘)[24] 서원(誓願) 세워 인연을 닦아 장엄하고, 나무아미타불
마흔여덟 원력으로 거룩하게 장엄하고, 나무아미타불
아미타불 명호(名號)로서 무량수명 장엄하고, 나무아미타불
아미타불 불국토는 안락으로 장엄하고, 나무아미타불
맑고 맑은 강물은 공덕수로 장엄하고, 나무아미타불[25]
여의주 보배들로 누각궁전 장엄하고, 나무아미타불
낮과 밤의 시간을 길고 길게 장엄하고, 나무아미타불
세분 스승 큰 성인네 보배상호 장엄하고, 나무아미타불
스물네 가지 즐거움 극락정토 장엄하고, 나무아미타불

---

18) 약칭인 『화엄경』으로 널리 알려진 불교경전, 석존(釋尊)이 정각(正覺)을 이룩한 뒤 그 자리에서 정각의 내용을 설한 것이라 한다.
19) 제일게는 통상 화엄경 사구게(四句偈)라 하며, 화엄경의 사상을 사구게로 요약한 것이다. 그러나 제일게는 제목이므로 쇳송에서 읽지 않는다.
20) 과거 · 현재 · 미래.
21) 불교의 주문(呪文).
22) 현재 사용되고 있는 각종 불교의식집에 의하면 아침 쇠송[조례종송朝禮鐘頌]의 파지옥진언(破地獄眞言)은 "나무 아따 시지남 삼먁삼못다 구치남 옴 아자나 바바시 지리지리 훔"이다. 그리고 「조선무속고」에 보이는 것은 저녁 쇳송의 파지옥진언(破地獄眞言)이다.
23) 장엄염불의 예문은 그 계통이 다양하고 찬자도 불분명하며, 상황에 따라 신축적으로 염송을 하지만, 종송에서는 특히 지옥 · 아귀 · 축생 · 수라 대중의 이고득락(離苦得樂)을 염원하는 예문이 포함되는 것이 일반적이다.
24) 아미타불이 부처되기 전 보살 때의 이름이다.
25) 「조선무속고」에서는 빠져 있으나, 현재 유통되고 있는 각종 불교의례집들에 의거하여 삽입하였다.

서른 가지 이익으로 공덕 장엄했나이다. 나무아미타불
　지옥도(地獄途)에 떨어져 고통받는 중생들은 이 종소리를 듣고 고통에서 벗어나 즐거움을 얻어라.
　아귀도(餓鬼途)에 떨어져 고통받는 중생들은 이 종소리를 듣고 고통에서 벗어나 즐거움을 얻어라.
　축생도(畜生途)에 떨어져 고통받는 중생들은 이 종소리를 듣고 고통에서 벗어나 즐거움을 얻어라.
　수라도(修羅途)에 떨어져 고통받는 중생들은 이 종소리를 듣고 고통에서 벗어나 즐거움을 얻어라.
　아미타 부처님이시여, 어느 곳에 계십니까?
　마음속에 깊이 새겨 한시라도 잊지 말지니
　생각과 생각 끝에 무념처(無念處)에 이른다면
　어느 때나 온몸에서 자색금빛 빛나리라. 나무아미타불
　법계의 모든 중생 다 함께 뜻을 세워
　아미타의 원력으로 가득 찬 바다로 다함께 들어가서
　모든 중생 너나없이 불도를 이룩하세.
　아미타불본심미묘진언(阿彌陀佛本心微妙眞言). 옴[26] 다냐타 아리다라 사바하

　무속에서는 신사를 행할 때 혹은 염불을 하면서 무당이 채색된 부채를 흔드는데, 여기에는 세 부처의 그림이 있다. 이것은 무속의 '풀이'나 '석'이라는 것이 『장자』에서 말하는 '해(解)', 불교에서 말하는 '석(釋)'과 뜻이 같다는 것을 뒷받침한다. 무속 의례의 명칭을 열거하면 다음과 같다.

---

[26] 현재 유통되고 있는 각종 불교의식집에는 '옴'이 없다.

1. 성주신사(城主神祀)

세상에서 말하는 성주굿 혹은 성주풀이[호남에서는 도신(都神)굿이라 한다]는 해마다 10월 농사가 끝나면 대부분 무오(戊午)일, 속칭 무오 말의 날에 이 신사를 행한다.[27] 대개 아득한 옛날부터 전해 내려오는 풍속이다[성주(城主)는 혹은 성조(成造)라고도 한다. 아래의 해석에 자세히 보인다].[28]

2. 낙성신사(落成神祀)

흔히 말하는 낙성굿이다. 방이나 집을 다 짓고 나면 신사를 행하여 낙성을 한다. 여자 무당이 「지리가(地理歌)」[29]를 부르는데, 이를 통해 지덕이 좋음을 찬양하고, 또 기도와 축원을 하여 복이 들어오게 하는 행사이다.

3. 제석신사(帝釋神祀)

속칭 '제석굿'[30] 혹은 '제석풀이'[31]라 한다. 우리 풍속에 집집마다 제석을

---

27) 최고의 가신(家神)인 성주신(城主神)에게 가정의 재앙을 물리치고 행운이 있게 해달라고 비는 굿. 집을 신축했거나 이사했을 때, 또는 정기적으로 거행하며, 날짜는 10월 말날[午日]을 택하여 거행한다.
28) 제18장 「서울의 무풍과 신사」 중 11절 '가택신' 부분을 말하는 것 같다.
29) 어떤 무가를 가리키는지는 알 수 없다. 그런데 무가 중에는 명당을 잡아 집을 짓는 과정을 노래한 것이 있다. 예컨대 赤松智城·秋葉隆 편 『朝鮮巫俗の硏究』 上(大阪屋號書店 1937) 223~49면에 수록된 「황제푸리」가 그것이며, 이 경우 황제는 토목(土木)과 관계하는 신이라 한다(252면). 따라서 「지리가」도 이런 계통의 무가가 아닌가 한다.
30) 제석은 원래 불교의 천신(天神)이나 무속에서는 가신(家神)·농경신이며, 삼신과 같은 신으로 여겨지기도 한다. 이러한 제석신에게 올리는 것이 제석굿인데, 이때 무녀는 고깔

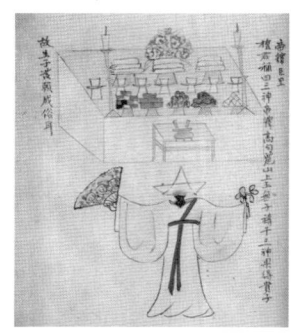
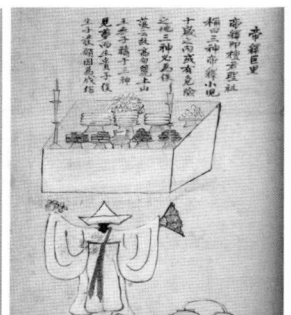

『무당내력』에 수록된 제석거리 그림

받들어 곡식을 주관하는 신으로 삼는다. 그래서 농사가 끝난 뒤 신사를 행하는데[성주신사와 같은 시기에 거행한다], 그 의례의 상세한 사항은 제석조에 자세히 보이므로,[32] 여기서는 중복해서 설명하지 않겠다. 제석신사는 또 부루제석신사(夫婁帝釋神祀)라고도 한다. 『삼국유사』에서 이르기를 "단군에게 아들이 있는데 해부루(解夫婁)[33]라 한다" 했고, 또 "단군의 할아버지는 하늘의 상제인 환인(桓因)"이라 했는데,[34] 환인은 불교에서 말하는 제석천왕(帝釋天王)[35]의 이름이다. 그러므로 이것은 부루와 제석이 서로 뒤섞여 와전된

을 쓰고 장삼을 입고 염주를 걸고 굿을 진행하거나, 비린 제물을 쓰지 않는다. 이것은 무속에서도 제석이 불교 기원의 신임을 의식한 것이라 할 수 있다. 그러나 현재 제석굿은 독립된 굿이 아니고, 큰 굿의 부속거리의 하나로 거행되고 있다.

31) 굿의 일부분을 의미하는 동시에, 제석신의 내력을 설명하는 서사무가(敍事巫歌)를 가리키기도 한다. 무가 제석풀이는 제석거리에서 가창(歌唱)되는데, 도승(道僧)과 당금아기 사이에서 태어난 삼형제가 삼불제석으로 좌정하는 과정을 설명하고 있다. 서대석 「제석본풀이 연구」, 『한국무가의 연구』(문학사상사 1980); 홍태한 『서사무가 당금애기 연구』(민속원 2000).
32) 제18장 「서울의 무풍과 신사」 중 11절 '가택신' 부분.
33) 부여국의 전설적인 왕으로도 전한다.
34) 『삼국유사』에서 단군의 아들이 해부루라는 사실은 권 1 「고구려」조에 나오며, 할아버지가 환인이라는 사실은 같은 책 권 1 「고조선」조에 보인다.

것이다[고증하고 설명하는 것은 단군조[36]에 자세하게 보인다]. 이 부루제석신사는 아득한 옛날 이래로 무당들 사이에 전해져 지금도 변하지 않고 있는 것이다.

4. 칠성신사(七星神祀)

속칭 「칠성풀이」[37]라 한다. 한국의 무풍은 비록 상고시대부터 전해져온 것이나, 후세[삼국시대]에 이르러 도교와 불교 두 종교가 섞이게 되었다. 때문에 무격이 행하는 신사에서 도교와 불교 두 종교가 신이라 하는 것을 또한 많이 받들게 되었으니, 제석과 같은 것은 불교서적에서 말하는 것이며, 칠성이라는 것은 도교서적에서 말하는 바이다.

---

35) 도리천(忉利天)의 지배자이며 불교의 수호신.
36) 단군조가 『조선무속고』의 어느 부분을 가리키는지 알 수 없다.
37) 칠성신에게 올리는 무속 의례로 칠성굿이라고 한다. 단 굿이라 했을 때는 기복과 재앙을 예방한다는 의미가 강조된 것이고, 풀이는 발생한 재앙을 푼다는 의미가 강조된다. 칠성신은 북두칠성을 신격화한 것으로, 인간의 탄생과 수명장수 등을 관장하는 신이다. 칠성신의 내력에 대해서는 이를 설명한 「칠성본풀이」가 전해지는데, 그 내용은 후처의 모해를 받아 위기에 처한 전처소생의 일곱 아들이 천우신조로 살아나서 후처를 응징하고 칠성신이 되었다는 것이다. 한편 제주도에서는 칠성이 북두칠성이 아니라 사신(蛇神)이며 재물의 신으로 여겨지며, 이 신의 내력을 설명한 「칠성본풀이」가 있다. 즉 처녀가 중의 자식을 잉태하여 버림받고 뱀 일곱마리를 낳았는데, 이들이 칠성이 되었다는 것이다.
  칠성굿은 집안에서 하는 개인 굿으로 전국적으로 행해졌던 것이지만, 현재는 독립된 굿이 아니라 큰 굿의 한 부분, 즉 칠성거리로 주로 행해진다. 이규창 「칠성굿고」, 『전라민속론고』(집문당 1994) 325~88면; 서대석 「칠성풀이 연구」, 『한국신화의 연구』(집문당 2001) 323~65면; 현용준 『제주도 무속 연구』(집문당 1986) 157면.

5. 조상신사(祖上神祀)

속칭 '조상굿'[38]이라 한다. 이것은 무녀를 이용하여 조상신을 청하고 대접하는 신사로, 아마 고려 이래의 위호(衛護)[39][조상의 신주를 무당의 집에 의탁하는 것]의 풍습이 전해진 것 같다.

6. 삼신신사(三神神祀)

속칭 '삼신풀이'[40]라 한다. 대개 민속에서 태(胎)를 지켜주는 신을 삼신이라 한다. 그러나 우리말에 태를 삼이라 하므로,[41] 이른바 삼신이라는 것은 태신(胎神)을 말하는 것이라 할 수 있다. 세속에서는 삼신의 '삼'을 숫자로 간주하는데 이는 잘못이다.

---

38) 무속에서 조상은 부계 친족의 존속만을 의미하는 것이 아니라 외척·인척 등 혈연관계·친척관계에 있는 모든 죽은 자들이 포함된다. 이 조상신들은 무속의례에서 가장 핵심적인 위치에 있지만, 조상만을 위한 독립된 굿은 없고, 큰 굿의 개별 거리로서 모셔진다.
39) 제11장 「요망한 무당과 음사(淫祀)를 금하다」 참조.
40) 삼신은 자식을 점지하고, 또 15세까지의 양육을 담당하는 여성 신으로, 삼불제석의 어머니인 당금애기를 삼신으로 여기는 지역이 많다. 이러한 삼신에 대한 무속의례를 삼신굿 또는 삼신풀이라 하는데, 그 목적은 ① 집안에 새로 삼신을 모시기 위해, ② 아기 점지를 위해, ③ 아기의 치병을 위해, ④ 산모의 건강과 젖이 잘 나오도록 하기 위해 등이다. 특히 출산이 안되거나 출산한 아이가 잦은 병치레를 할 때는 삼신의 노여움을 푼다는 의미에서 삼신굿을 삼신풀이라고 한다. 삼신굿은 과거에는 전국적으로 행해졌지만, 현재는 일부 지역을 제외하고는 거의 행해지지 않는다. 이규창 「삼신굿고」, 『전라민속론고』(집문당 1994) 284~324면.
41) 탯줄을 삼줄이라 하고, 이 삼줄 자르는 것을 삼 가르기라 하는 것 참조.

7. 지신석(地神釋)[42]

이것은, 즉 토지신을 위안하기 위한 신사이다.

8. 성황제(城隍祭)[43]

이것은 성황당[44]에서 행하는 신사이니, 이규경(李圭景)의 「화동음사변증설(華東淫祀辨證說)」[45][『오주연문장전산고』에 보인다]에서 말한 것과 같은 것이다. 즉 "우리나라 팔도 고개에는 선왕당(仙王堂)이 있는데, 이것은 곧 성황

---

42) 석이란 전라도 지방에서 흔히 사용되는 무속 용어로, 굿의 거리를 가리킨다. 따라서 지신석은 지신, 즉 터주에게 올리는 거리라 하겠으며, 전북 순창·고창 등지에서 확인된다. 김태곤 『한국무가집』 2(집문당 1971) 63~66면; 김태곤 『한국무가집』 3(집문당 1978) 352~53면.

43) 「조선무속고」에서는 성황제(서낭제)를 동구의 돌무더기 서낭당에서 지내는 동제(洞祭)로 이해하고 있다. 그런데 성황당에는 조선시대 읍치(邑治) 성황사에서 출발한 것도 있고, 자연촌락의 서낭당에서 비롯한 것도 있다. 이 중 읍치 성황사는 처음부터 신사 형태였을 것이며, 자연촌락의 서낭당의 경우도 돌무더기만 있는 것이 아니라, 신수(神樹)나 당집만 있는 것이 있다. 이렇듯 형태는 다양하지만, 여기서 행해지는 의례를 성황제 내지 서낭제라 했을 가능성이 크다. 村山智順의 『部落祭』(朝鮮總督府 1937) 123~24면에 의하면 5백여 개소의 동제를 조사한 결과, 명칭이 성황제인 곳이 48개소로 2위, 제신(祭神)이 성황신인 곳이 68개소로 3위라는 점도 이를 뒷받침한다. 따라서 성황제를 「조선무속고」처럼 돌무더기 서낭당에서의 의례만으로 한정할 수는 없을 것 같다.

44) 성황당은 서낭당이라고도 한다. 이곳을 지날 때는 그 위에 돌 세 개를 얹으며, 침 세 번을 뱉고 지나가면 재수가 좋다는 속설이 있다. 서낭신을 모신 서낭당은 신역으로서 신앙의 장소로 내왕하는 사람들은 돌·나무·오색천 등 무엇이든지 놓고 지나다녔으며 그곳의 물건을 함부로 파거나 헐지 않는 금기가 지켜졌다. 서낭당은 현실적인 소망을 기원하는 곳이며 외부에서 들어오는 액·질병·재해 등을 막아주는 부락 수호의 역할을 한다.

45) 중국과 한국의 음사에 대해 변증한 것으로 『오주연문장전산고』 권 43에 수록되어 있다.

(城隍)의 잘못된 표기이며, 옛 총사(叢祠)⁴⁶⁾의 뜻을 계승한 것이 아닌가 한다. 이것은 중국에서 고개 위에 둔 관색묘(關索廟)⁴⁷⁾와 같은 것이다. 혹은 건물을 세워 제사하는 곳도 있고, 돌과 모래를 쌓아 수풀 속 고목나무 아래에 돌무더기를 만들어 제사하는 곳도 있다. 지나가는 행인은 반드시 돌무더기에 절을 하고 침을 뱉고 가며, 혹은 실이나 천을 매달고 혹은 종이나 끈을 걸어서 마치 머리를 여러번 땋은 듯이 한다. 이처럼 돌을 쌓아 제사하는 것은 『통전(通典)』⁴⁸⁾의 '마한(馬韓)에서는 귀신을 제사하고 소도(蘇塗)를 세운다'는 것에서 말미암은 유풍이 아닌가 한다[『연번로(演繁露)』⁴⁹⁾에 말했다. '『통전』에 의하면 마한에서는 귀신을 제사하는데 소도를 마련하고 큰 나무를 세워 방울과 북을 걸었다고 한다. 그리고 이에 대한 주에서는 소도(蘇塗)는 부도(浮塗),⁵⁰⁾ 즉 부도(浮圖)와 비슷한데, 부도(浮圖)란 곧 탑을 말한다고 했다'].

---

46) 나무가 우거진 중심에 세운 사당.
47) 중국 귀주성 관색령(관령현의 동, 진령현의 서쪽) 위에 있는 사묘. 관우의 아들 관색이 제갈량을 따라 남방 원정 도중 이곳에 이르렀을 때 신의 영험이 있었다. 그래서 후세 사람들이 이곳에 사묘를 세운 것이 관색묘라 한다(1555년에 편찬된 『가정귀주통지(嘉靖貴州通志)』 권 7, 사사(祠祀) 참조). 그러나 『삼국지』에는 관우에게 평(平)·흥(興) 두 아들이 있다고 했을 뿐 색(索)에 대한 언급은 없다. 그러나 민간 전설에서는 관색이 자주 등장하며 그를 주인공으로 한 『화관색전』이라는 소설도 있다.
48) 당나라 두우(杜佑, 735~812)가 801년에 완성한 중국 역대의 전장(典章)제도에 관한 책. 전 2백권인데, 소도에 관한 인용문은 권 185, 변방문 1 동이(東夷) 상에 보인다.
48) 송나라 정대창(程大昌, 1123~95)이 저술. 동중서(董仲舒)의 『춘추번로』의 체제에 따라 편찬했으며, 전 16권인데, 『신편총서집성』 11(상무인서관) 등에 수록되어 있다. 아래 구절은 권 7, 「소도(蘇塗)」의 인용문이다.
50) 소도에 대한 가장 오랜 기록인 『삼국지』 권 30, 「위서」 동이전에서는 '부도(浮屠)'라 했다.

9. 당신신사(堂神神祀)

속칭 '당신굿'이라 한다. 각 주군(州郡)이나 각 촌락의 진산(鎭山)[51]에 신당이 많이 있어 산신에게 제사지내는 것이 바로 이것이며, 또 도당제(都堂祭)[52]라고도 한다. 이규경의 『오주연문장전산고』[53]에서 이르기를 "우리나라 시골 풍습으로는 호랑이와 표범의 재난이 많아 밤이면 나다니지 않으며, 또 어리석은 백성들은 돈을 거두어 제물과 술을 마련하고 마을 진산에 있는 산신을 제사한다. 이때 무격은 어지럽게 북을 두드리고 춤을 추면서 신을 위로한다고 하는데, 이름을 도당제라 한다"고 했다.

10. 별신사(別神祀)[54]

속칭 별신(別神)이라 이르는 것이다. 한국의 옛 풍속에는 각 지역의 시장과 도회지 곳곳에서 해마다 봄이 여름으로 바뀔 때 날짜를 택하여[사흘 혹은 닷새] 성황신사를 거행한다. 이때 사람들이 모두 모여 밤낮으로 술을 마시고 도박을 마음대로 해도 관에서는 이를 금하지 않았다. 이것을 이름하여 별신

---

51) 국도나 고을 뒤에 위치하면서 그 지역을 진호(鎭護)한다고 여기지는 주산(主山).
52) 마을굿의 명칭의 하나로 주로 서울·경기 지역에서 사용된다.
53) 권 24, 「사호변증설(祠虎辨證說)」의 내용이다.
54) 별신굿의 성격은 지역에 따라 상당한 차이가 있어 일률적으로 규정하기는 힘들다. 그런데 村山智順의 『釋奠·祈雨·安宅』(朝鮮總督府 1938) 201~10면에서는 별신제를 ① 해마다 연중행사로 거행되는 동제(洞祭)와 별도로 거행하는 의례, ② 한 마을의 행사가 아니라 마을연합제적 성격이 강한 의례, ③ 도박도 마음대로 하는 등 축제적 성격이 강한 의례, ④ 이러한 성격 때문에 시장제로 발전한 의례라 규정했다. 이러한 설명은 「조선무속고」와 통하는 점이 많으므로 별신제의 원초적 성격을 이해함에 있어 상당한 참고가 될 것 같다.

이라 했는데, 대개 특별 신사의 줄임말이다. 그 의식은 큰 나무를 세우고 신위(神位)를 설치하며, 떡·과실·술·밥을 탁상 위에 차려놓고, 무격을 모아서 노래와 춤으로 신을 즐겁게 하는 것이다[무격은 산과 강의 신을 부른다]. 대개 무격이 노래와 춤으로써 신에게 비는 것을 타령(妥靈)이라 하는데, 지금은 속칭 노래를 타령(打令)이라 하는 것도 여기서 근원한 것이리라[타령(打令)과 타령(妥靈)은 음이 서로 같다].

남효온(南孝溫)의 『추강집(秋江集)』[55]에서 말했다. "영동의 민간 풍속에서는 해마다 3·4·5월 중에 택일을 하고 무당을 맞이해서, 산해진미를 극진히 차려놓고 산신에게 제사한다. 이때 부자는 말에 싣고 가난한 자는 등에 지고 가서 음식을 차려놓으며, 즐겁게 피리 불고 거문고를 켜면서 연 사흘 술에 취하고 배불리 먹은 다음 집으로 돌아간다. 돌아온 다음 처음으로 사람들과 매매를 하며,[56] 제사를 안 드리면 천 한 조각도 남에게 주지 않는다고 한다." 이것을 살펴보면 곧 별신사이다.

11. 도액신사(度厄神祀)

속칭 액막이굿으로 해마다 정월 보름 전에 이 신사를 행하여 1년의 재액

---

[55] 호가 추강(秋江)인 남효온의 문집으로 전 8권 5책이다. 아래 인용문의 전거를 「조선무속고」에서는 『추강냉화(秋江冷話)』라 했으나, 『추강냉화』에는 이런 기사가 없다. 대신 권 5, 「유금강산기(遊金剛山記)」(『한국문집총간』 16, 101면)에 이 기사가 있다. 따라서 이는 「조선무속고」의 잘못된 인용이다.

이 인용문은 강릉단오제를 전하는 가장 오래된 기사로 일찍부터 주목되어왔다. 그러나 이 기사를 인용한 대부분의 학자들은 전거로 『추강냉화』를 제시하고 있다. 예컨대 秋葉隆 「강릉단오제」, 『조선민속지』(육삼서원 1954) 163면 등이 그것이다. 따라서 이것은 원 사료를 확인하지 않고, 「조선무속고」를 안이하게 재인용한 탓이라 할 수밖에 없다.

[56] 의례 기간 동안 정상적인 상거래가 중단되었음을 의미하는 것이 아닌가 한다.

을 예방한다.[57]

12. 예탐신사(豫探神祀)

속칭 여탐굿[58]이다. 남녀가 약혼을 한 뒤 흉살성(凶煞星)[59]이 있으면 무당을 불러 신사를 해서 재액을 예방하는 것이다.

13. 마마신사(媽媽神祀)

속칭 천연두 신을 마마(媽媽)[60]라 한다. 마마는 존칭으로 낭낭(娘娘)[61]과

---

[57] 횡수(橫數) 예방을 위한 홍수막이와 비슷한 것이 아닌가 한다. 홍수막이(매기)는 1년간의 재액(災厄)의 예방을 위해 정초(보통 3~15일 사이)에 무당에게 의뢰하여 지내는 푸닥거리의 일종이다(赤松智城·秋葉隆『朝鮮巫俗의 研究』下, 大阪屋號書店 1937, 154~55면. 한편 다른 설명도 있다(김태곤「계절제」,『한국민간신앙연구』집문당 1983, 38면. 즉 신수를 보아서 새해에 횡수(橫數)가 있는 것을 알게 되면 무당을 불러 정월 14일 밤 달이 뜰 무렵 사람의 왕래가 많은 사거리나 삼거리 한가운데 짚단을 깔고 제물을 진설하고 본인의 옷 동정과 신 한 켤레를 놓고, 액운이 물러가기를 비는 의례가 홍수매기라는 것이다.

[58] 환갑이나 결혼식같이 집안의 기쁜 일이 있을 때 조상에게 알리는 굿, 조상에게 환갑 또는 혼인한다는 사실을 알리고 행복하게 살도록 해달라고 축원을 한다. 무당은 평상복 차림으로 안방에서 제의에 임하며, 제상에는 메와 삼색과실과 술을 올린다.

[59] 흉한 운수 또는 흉한 귀신을 일컫는 말. 즉 점복 용어의 하나로 매우 불길한 운수를 가리킨다.

[60] 마마는 속칭이며, 천연두·두창·포창이라고도 한다.

[61] 중국의 태후나 왕후, 여성신에 대한 존칭. 예컨대 태산낭낭·두진낭낭 등. 奧村義信『滿洲娘娘考』(滿洲事情案內所 1940) 143~45면. 그러므로 마마나 낭낭은 존칭이라는 점에서는 같다는 의미이다.

같다. 세간에서는 천연두 신이 강남에서 왔기 때문에 또한 손님이라 한다고 전하며,[62] 뜻을 번역하면 성사(星使)이다. 어린애가 천연두에 걸리면 종이로 깃대를 만들고 거기다가 「강남호구별성사명기(江南戶口別星司命旗)」[63]라는 글을 써서 문 앞에 꽂아 천연두를 앓는 집이라는 것을 표시한다. 10여 일이 지나서 옴(疥)이 떨어지면 여자 무당을 불러 천연두 신을 보내는데, 이를 배송(拜送)이라 한다. 이때 짚으로 말을 만들어 마부가 이를 끌며 무녀는 마부타령[노래를 이름하여 타령이라 한다]을 부르는데, 관중들은 돈을 던져 무녀에게 보상한다.

14. 용신신사(龍神神祀)[64]

세칭 '용신굿'이다. 이 신사는 배에서 행하며, 또 수부석(水府釋)[65]이 있다. 이 신사들은 밤과 쌀로 밥을 지어 물속에 던져 고기들에게 공양하는데, 이름하여 어보시(魚布施)라 한다. 세간에서 와전하여 '어부심'[66]이라 한 것

---

62) 제18장 「서울의 무풍과 신사」 중 12절 '천연두 신' 참조.
63) 사명란 본래 조선시대 각 영(營)에서 절도사나 통제사 등이 휘하에 있는 군대를 지휘할 때 쓰던 깃발인데, 후일에는 무당들이 신이 내리기를 빌 때, 또는 불교에서 영산재나 수륙재와 같은 대규모 법회 때 엄숙한 분위기를 만들기 위해 사용하게 되었다. 백영자 『조선시대의 어가행렬』(한국방송통신대출판부 1994) 31, 83면; 홍윤식 『불교의식구』(대원사 1998) 52~53면 참조.
64) 바닷가 어민들이 해상의 안전과 풍어를 기원하기 위해 지내는 것도 있고, 내륙지방에서도 행해진다. 즉 서울의 경우 용신맞이라고 하여 정월 14일 낮부터 밤까지 한강변의 용궁당이나 강 위에 배를 띄워 지냈는데, 용왕에게 바치는 공물을 한강 속에 던지는 행사였다. 赤松智城・秋葉隆 『朝鮮巫俗の研究』 下(大阪屋號書店 1937) 55면.
65) 수부(水府)란 물귀신 또는 수신(水神)・용궁(龍宮) 등을 뜻한다.
66) 흰 종이에 성명과 생년을 쓰고 백반을 싸서 물고기에게 주면서 도액(度厄)하는 것을 어부식(魚付食)이라 한다는데, 어부심과 같은 것이 아닌가 한다.

이 바로 이것이다.

15. 초혼석(招魂釋)[67]

무릇 큰 신사를 행할 때 첫머리에 초혼석(招魂釋)을 한다. 세속에서는 초안석(招安釋)이라 하는데 그렇게 말해도 그 뜻은 이해할 수 있으니, 대개 혼신을 불러 편안하게 하며 영혼을 위로한다는 뜻이다. 또 내림석이 있는데, 이는 신사를 행할 때 신들을 초청하여 도량에 내림토록 하여 공양을 드린다는 의미이다.

16. 지로귀산음신사(指路歸散陰神祀)

속칭 '지노귀새남'[68]이다. 이는 곧 망령을 추천(追薦)[69]하는 신사이다. 사람이 죽은 뒤에는 혼이 공중으로 가나 그것이 너무 넓고 끝이 없어 갈 바를 모르는데, 불가에서는 이를 중음신(中陰身)[70]이라 한다. 그렇기 때문에 칠칠재(七七齋)[71] 및 현왕재(現王齋)[72]를 베풀어 영혼을 추천(追薦)하여 속히 왕

---

67) 부정거리를 통해 굿을 하는 장소를 정화한 다음 신을 불러들이는 감응(感應)청배·가망거리 절차를 말하는 것 같다.
68) 망자의 극락천도를 위한 굿. 그런데 새남굿이라면 상류층이나 부유층의 망자천도굿이며, 중류층을 위한 것은 얼새남, 하류층을 위한 것은 평진오기라 한다. 예능민속연구실 『서울새남굿』(문화재연구소 1998) 7면.
69) 추선(追善)·추복(追福)이라고도 하는데, 죽은 이를 위해 산 사람들이 현세에서 좋은 일을 하고 이를 망자에게 돌리는 행위이다[迴向]. 그럼으로써 죽은 이는 고통을 덜고 극락으로 왕생할 수 있다는 것이다. 추천(追薦)에는 당탑(堂塔) 건립·사경(寫經) 등 여러가지 방법이 있지만, 사후 매 7일마다 거행하는 7·7재(49재)가 대표적이다.
70) 불교에서 말하는, 사람이 죽어 다음 생을 받기까지의 과도기이다.

생토록 한다. 대개 우리 무속은 불교와 혼합되었기 때문에 이러한 신사를 행하며, 염불로서 끝을 맺는다.

---

71) 사람이 죽은 뒤 매 7일마다 한 번씩 일곱 번을 지내는 불교의례. 이것은 망자가 저승에서 생전의 행위에 대해 7일마다 한 번씩 일곱 번의 재판을 받고, 또 1백일·1년·3년 뒤에 각각 한 번의 재판을 받기 때문에, 재판이 집중적으로 행해지는 기간에 후손들이 열심히 추선하여 망자를 극락왕생하도록 하기 위한 것이다.
72) 사람이 죽은 지 사흘째 되는 날 현왕탱화 앞에서 영혼을 천도하는 의례. 부처님이 염라대왕에게 멀지 않은 장래 성불하여 보현왕여래가 될 것이라 했는데, 현왕이란 보현왕여래의 줄임말이다. 그리고 현왕탱화는 염라대왕을 주존으로 하고, 주위에 판관(判官)·녹사(錄事)·사자(使者)·동자(童子) 등을 그린 그림이다.

제17장

성황(城隍)

이능화가 말한다. 성황을 살펴보면

(1) 해자(垓字)와 같은 말이니, 『역경(易經)』 태괘(泰卦)에서 "성이 다시 황(隍)이 된다[城復于隍]"[1])라 한 것이 그것이다.

(2) 신의 이름이다. 『예기(禮記)』에 팔사(八蜡)가 있고,[2]) 수용(水庸)[3])이 그 중 일곱번째인데, 수용은 곧 성을 뜻하므로, 이것이 성황을 제사하는 시초이다.

『북제서(北齊書)』[4])에는 모용엄(慕容儼)이 성황의 도움을 받았다는 기록[5])

---

1) 황(隍)이란 물 없는 해자를 말한다. 황의 흙을 파서 성을 만들었는데, 성벽이 무너져서 다시 황이 된다는 뜻. 태평의 시대가 다하고, 쇠운(衰運)의 징조가 나타난다는 의미이다.
2) 『예기(禮記)』 교특생(郊特牲)에 의하면 팔사(八蜡)란 12월에 천자가 사람들의 생활에 도움을 주는 여덟 신들을 모아 지내는 제사로 선색(先嗇)·사색(司嗇)·농(農)·우표철(郵表畷)·묘호(猫虎)·방(坊)·수용(水庸)·곤충(昆蟲)에 대한 제사이다.
3) 도랑, 구거(溝渠)를 뜻한다.

이 있으며, 당나라의 장열(張說)⁶⁾과 장구령(張九齡)⁷⁾에게는 모두 성황에 대한 제문이 있다.⁸⁾ 후당(後唐)⁹⁾ 청태(淸泰)¹⁰⁾ 중에 처음으로 왕의 작위를 봉했고,¹¹⁾ 송나라 이후에는 그 제사가 천하에 두루 퍼졌다. 명나라 초에는 수도와 군현에서 모두 제단을 만들어 제사하고 봉작(封爵)을 더했으니, 부(府)의 성황은 공(公)·주(州)의 성황은 후(侯)·현(縣)의 성황은 백(伯)이라 했다. 홍무(洪武)¹²⁾ 20년(1387) 묘우(廟宇)를 고쳐 지었는데 관청처럼 했고, 판사(判事)¹³⁾의 자리를 마련했는데 마치 장리(長吏, 아전)의 모습과 같았다. 청나라도 이를 따라 사전(祀典)에 수록했다(『사원(辭源)』¹⁴⁾을 보라).

---

4) 중국 남북조시대 동위(東魏)·북제(北齊)의 역사를 기록한 정사로, 당 정관 10년(636) 이백약 등에 의해 완성되었다.
5) 『북제서』권 20, 모용엄전(慕容儼傳)에 보이는 사실로, 555년 북제의 모용엄(慕容儼)이 양(梁)의 후진(侯瑱)으로부터 고립된 영주성(郢州城, 지금의 호북성 무창)을 지키면서, 성황신에게 빌어 적군을 격퇴했다고 한다. 『북사』권 53, 모용엄전에도 같은 내용이 보인다.
6) 당나라 때의 정치가, 문장가. 생몰년 667~731년. 하남 낙양 출신으로 측천무후(則天武后) 때 관계로 진출하여 좌승상(左丞相)을 역임했다.
7) 당나라 때의 정치가, 문장가. 생몰년 673년 또는 678~749년. 이림보·안록산 등을 탄핵하다 지방관으로 좌천되는 등 강직한 성품의 소유자였다.
8) 장열(張說)에게는 형주대도독(荊州大都督) 재임하면서 717년에 지은 「제성황문(祭城隍文)」(『전당문』권 233), 장구령(張九齡)에게는 홍주자사(洪州刺史)로 있으면서 733년에 지은 「제홍주성황문(祭洪州城隍文)」(『전당문』권 293)이 전하고 있다.
9) 중국 5대 10국 시대의 국가. 사타부(沙陀部) 출신의 이존욱(李存勗)이 923년 건국했으며, 936년 후진(後晉)에 의해 멸망되었다.
10) 후당(後唐) 말제(末帝)의 연호, 934년 4월부터 936년 윤 11월까지 사용되었다.
11) 청태 원년 11월 항주성황신(杭州城隍神)을 순의보령왕(順義保寧王)으로, 호주성황신(湖州城隍神)을 부속안성왕(阜俗安城王)으로, 월주성황신(越州城隍神)을 흥덕보인왕(興德保鄰王)으로 봉했다. 『오대회요(五代會要)』권 11, 봉악독(封嶽瀆).
12) 명 태조의 연호. 1368년에서 1398년 사이에 사용되었다.
13) 성황신의 부관인 판관(判官)을 가리키는 것 같다.
14) 1915년 상무인서관(商務印書館)에서 간행한 한자사전. 이상의 내용은 토부 7획 '성(城)'자 항목에 보인다.

이상은 중국 성황의 역사이며, 우리나라는 고려 문종(文宗) 때 신성진(新城鎭)[15]에 성황신사를 설치하고 숭위(崇威)라는 봉호를 주었는데,[16] 이는 중국 당·송의 영향이다. 조선시대에 이르면 성황신사를 관과 민간에서 모두 제사했으니, 가장 널리 퍼진 것이며, 무격들이 모여 음사(淫祀)[17]를 행하는 곳이었다.

1. 나라에서 지내는 성황제[國行城隍祭]

『문헌비고(文獻備考)』[18]에서 말했다. "본조(本朝)의 성황단은 풍(風)·운(雲)·뇌(雷)·우(雨)의 신과 단(壇)을 같이하고, (이곳에서) 성황신을 제사했다.[19] 성황신의 자리는 풍·운·뇌·우의 신의 오른쪽에 있으며, 모두 남향하게 한다. 의례의 규정[祀儀]은 풍운뇌우단에 대한 규정을 참고할 것이며, 여제(厲祭)[20] 때에는 먼저 발고제(發告祭)[21]를 성황단에서 거행한다. 또 여제

---

15) 지금의 함경남도 정평군 선덕면.
16) 『고려사』 권 63, 예지 5, 잡사에 의하면 문종 9년(1055)의 사실이다.
17) 사전(祀典)에 수록되지 않은 올바르지 못한 제사.
18) 우리나라 상고로부터 대한제국 말기에 이르기까지의 모든 문물제도를 망라한 종합 자료집. 1770년(영조 46) 홍봉한(洪鳳漢)이 왕명을 받들어 처음 편찬했고, 이를 1782년(정조 6) 이만운(李萬運)이 보완했으며, 1903년(고종 7) 찬집청(撰集廳)이 다시 증보하여 총 16고 250권으로 간행했다. 이하의 내용은 『증보문헌비고(增補文獻備考)』 권 61, 예고 8, 제단 성황조의 인용이다.
19) 조선왕조는 명나라의 제도에 따라 서울의 남쪽에 남단(南壇)을 두고, 이곳에서 성황·산천·풍운뇌우의 신을 함께 모셨다. 즉 남단의 중앙에 풍운뇌우를 모시고, 서쪽에 성황, 동쪽에 산천의 신위를 두었다. 남단의 위치에 대해서는 서울시 청파1동에 있었다는 설과 용산 미군기지인 캠프 코이너에 있었다는 설이 있다.
20) 천재지변·전쟁·도적·기근 등으로 말미암아 비정상적으로 죽었으며, 또 제사를 받지 못하는 귀신, 즉 여귀(厲鬼)에게 지내는 제사. 여제(厲祭)는 명 태조 때 처음 제도화되었으며, 조선왕조에서도 이를 받아들여 정기적으로는 연 3회(청명일·7월 15일·10월 1

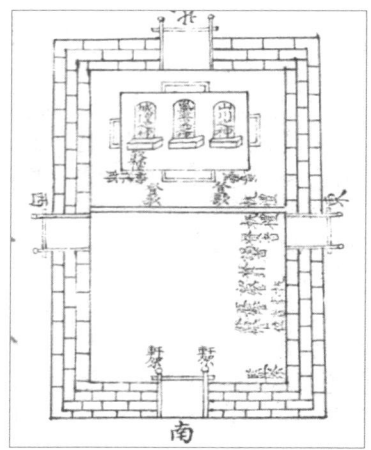

풍운뇌우, 산천, 성황단
출전『춘관통고(春官通考)』

를 지내는 날에는 성황위판(城隍位版)을 모시고 가서 여단(厲壇)[22]에서 제사를 지낸다."

영종(英宗)[23] 20년(1744)[24]에 편찬된『속대전(續大典)』[25] 제례조(祭禮條)[26]에서 이르기를 "성황발고제를 먼저 남단(南壇)[27]에서 지내고, 사흘

일), 전염병 등의 재앙이 있을 때는 수시로 제사를 거행했다.
21) 여제에 앞서 성황신에게 여제의 거행을 알리는 의례. 이것은 성황신이 사후세계의 관리자이며 심판자란 관념에서 나온 것이다.
22) 여제를 거행하는 제단. 서울시 종로구 평창동 1번지에 있었다.
23) 조선 제21대 영조(1724~76)를 말한다. 원래의 묘호는 영종이었으나 고종 27년(1890) 영조로 고쳤다.
24)『속대전』이 간행된 것은 영조 22년(1746)이다.
25) 조선 영조 22년(1746) 김재로 등이 왕명을 받아 편찬한 법전. 조선초기에 편찬한『경국대전』을 보완한 것이다.
26)「조선무속고」에서는 제사조(祭祀條)라 했으나 잘못이다. 제례조는『속대전』예전의 한 부분이다.

뒤에 북쪽 교외에서 여제를 거행하는데, 성황신을 모시고 가서 함께 제사한다"라 했다.

성황신사는 곳곳에 모두 있으며, 무격들이 기도하거나 축원할 때 반드시 성황신에게 하니 이런 까닭에 세상 사람들은 이를 가리켜 음사(淫祀)라 한다. 비록 그렇지만 성황신을 탐구해보면 모두 국도와 주(州)·부(府)·군(郡)·현(縣)의 진산(鎭山)의 신이므로, 그 신의 호칭에 '호국(護國)'이라는 두 글자를 덧붙이는 것이다.

2. 태조 때의 여러 산천과 성황신의 봉호(封號)

『조선왕조실록』에서 말했다. "태조(太祖) 원년 임신(1392년) 8월 경신(庚申=11일),[28] 예조 전서(禮曹典書)[29] 조박(趙璞)[30] 등이 글을 올려 말하기를 '… 여러 신묘(神廟)와 여러 주군(州郡)의 성황은 국가에서 제사하는 곳이니, 다만 모주(某州)·모군(某郡) 성황의 신이라 일컫고, 위판(位板)을 설치하여 각기 그 고을 수령에게 매양 봄가을에 제사를 지내도록 하소서'라고 했다."[31]

---

27) 풍운뇌우·산천·성황신을 함께 모신 제단.
28) 「조선무속고」에서는 '경신(庚申)'이 빠져 있다.
29) 전서(典書)는 6조(曹)의 장관. 태종 5년(1405) 판서(判書)로 고쳤다.
30) 고려말 조선초의 문신. 생몰년 1356~1408년. 태종 이방원과 동서지간으로 조선왕조 건국과 태종의 즉위에 많은 공을 세웠다.
31) 종전에는 성황신을 '~대왕'으로 칭하거나 각종 작호를 붙여 칭했으며, 또 성황사에는 신상을 모셔둔 경우가 많았다. 이것은 중국의 경우에도 마찬가지였다. 그래서 명나라에서는 1369년(홍무 3) 성황신의 미호(美號)나 봉호(封號)를 폐지하고, 신상을 철거하고 대신 신주(神主)를 모시기로 결정한다. 그러므로 조박(趙璞)의 건의는 명나라 제도에 따라 성황제도의 개혁을 주장한 것이라 할 수 있다. 명의 제도에 대해서는 다음 글 참조.

○2년 계유(1393) 봄 정월 정묘(21일), 이조(吏曹)에서 경내(境內)의 명산·대천·성황·해도(海島)의 신을 봉(封)하기를 청하니, 송악(松岳)의 성황은 '진국공(鎭國公)'이라 하고, 화령(和寧)·안변(安邊)·완산(完山)의 성황은 '계국백(啓國伯)'이라 하고, 지리산(智異山)·무등산(無等山)·금성산(錦城山)·계룡산(鷄龍山)·감악(紺嶽)·삼각산(三角山)·백악(白嶽)의 여러 산과 진주(晉州)의 성황은 '호국백(護國伯)'이라 하고, 그 나머지는 '호국(護國)의 신'이라 했다.[32]

○4년 을해(1395) 9월 병신(5일), 이조(吏曹)로 하여금 동산(東山)을 봉(封)하여 호국신(護國神)으로 삼게 하였다.[33]

○겨울 12월 무오(29일), 이조(吏曹)에 명하여 백악(白岳)을 '진국백(鎭國伯)'으로 삼고 남산(南山)을 '목멱대왕(木覓大王)'으로 삼아, 경대부(卿大夫)와 사(士)와 서인(庶人)은 제사를 올릴 수 없게 했다.[34]

3. 태종 때의 성황(城隍) 사전(祀典)

태종 6년 병술(1406) 봄 정월 무술(7일), 백악(白嶽)의 성황신에게 녹(祿)을 주었다. 이전에는 송악(松嶽)의 성황신에게 녹을 주었는데, 한양으로 도읍을 정하였기 때문에 옮겨서 준 것이다.[35]

○6월 계해(5일),[36] 예조에서 아뢰기를 신도(新都)[37] 성황신을 예전 터에

濱島敦俊 「明初城隍考」, 『榎一雄博士頌壽記念 東洋史論叢』(汲古書院 1988). 이 기사는 『태조실록』 권 1(국편본 1-26).
32) 『태조실록』 권 3(국편본 1-40).
33) 『태조실록』 권 8(국편본 1-82).
34) 『태조실록』 권 8(국편본 1-88).
35) 『태조실록』 권 11(국편본 1-347).
36) 「조선무속고」에서는 '계해(癸亥)'가 빠져 있다.

사당을 세우고서 제사하기를 바랍니다" 하니, 그대로 따랐다. (이곳은 고려시대) 한양부(漢陽府) 성황당의 옛 터였다.[38]

○ 12년(1412) 11월 을사(24일), 의정부에 명하여 신(神)·불(佛)의 일을 의논하게 하였다. … 성산군(星山君) 이직(李稷)[39]이 아뢰기를 "성황은 비록 높은 산에 있으나, 이미 성황에게 제사지낸다고 일컫고 있은즉, 이른바 산천에 제사지낸다는 것과는 같지 않은 듯하니, 이것도 담당 관청으로 하여금 고전을 참고해서 시행하게 하소서" 했다. 또 무관 5, 6명이 "신사(神事)와 불사(佛事)는 이미 오래된 일이니, 갑자기 혁파함은 불가합니다" 하니, 이 일[40]을 드디어 정지하였다.[41]

○ 13년 계사(1413) 6월 을묘(8일), 사전(祀典)을 개정하여 예조에서 아뢰었다.

"삼가 『문헌통고(文獻通考)』[42]를 살펴보건대 산천에 작(爵)을 봉해준 것은 무후(武后)로부터 시작하였고,[43] 송나라 진종(眞宗) 때에 이르러 5악(五岳)[44]을 모두 봉하여 제(帝)로 삼았으며, 또 각각에 대해 후(后)를 봉했습니다.[45] 진무(陳武)가 말하기를 '제(帝)는 단지 하나 상제(上帝)가 있을

---

37) 새 도읍지, 즉 한양.
38) 『태조실록』 권 11(국편본 1-359).
39) 고려말 조선초의 문신, 생몰년 1362~1431년. 1392년 조선왕조 건국에 참여하여 성산군에 봉해졌으며, 제2차 왕자난 때도 태종을 도와 좌명공신(佐命功臣)이 되었다. 조선왕조 최초의 금속활자인 계미자 주조에도 관여했다.
40) 민속종교와 불교를 금지하는 일.
41) 『태조실록』 권 24(국편본 1-655).
42) 중국 송말·원초의 인물인 마단림(馬端臨, 1254~?)이 1317년에 완성한 일종의 백과전서. 전 348권. 고대에서 남송시대까지의 여러 제도를 24부분으로 나누어 서술했다.
43) 무후는 당나라 측천무후(則天武后, 624~705)이며, 무후가 수공 4년(688) 낙수신(洛水神)을 현성후(顯聖侯)로, 숭산신(嵩山神)을 신악천중왕(神嶽天中王)으로 봉한 것이 중국에서 신기(神祇)에게 봉작을 수여한 최초의 사례이다. 『당회요』 권 47, 봉제악독(封諸嶽瀆)과 『문헌통고』 권 83 교사고 16.
44) 국토의 동·서·남·북·중앙에 있는 큰 산으로 천자나 왕이 순수(巡狩)하는 곳이다.

뿐인데, 어찌 산을 제(帝)라 부를 수 있겠는가. 또 후전(后殿)을 그뒤에다 세운다 하나, 어느 산이 그 배필이 되는지 모르겠다' 하였습니다.[46] 『홍무예제(洪武禮制)』[47]에서는 악(岳)·진(鎭)·해(海)·독(瀆)[48]을 제사하는데, 모두 모악(某岳)·모해(某海)의 신이라 했을 뿐 봉작의 이름을 가진 것은 없었습니다. 전조(前朝)[49]는 경내의 산천에 대하여 각각 봉작(封爵)을 가하고, 혹은 처첩·자녀·생질의 상(像)을 설치하여 모두 함께 제사했으니 진실로 불편했습니다. 우리 태조(太祖)께서 즉위하신 초에 우리 예조에서 건의하기를 '각 지방 성황신의 작호를 없애고, 단지 모주(某州) 성황지신(城隍之神)이라 부르게 하소서' 하여, 즉시 허락을 받아 이미 확실한 법령이 되었습니다. 그러나 해당 관청에서 지금까지 구습을 따르고 이를 실행하지 않아 작호와 신상의 설치가 아직도 그전 대로여서 음사(淫祀)를 행합니다. 엎드려 바라옵건대 태조께서 이미 내린 교지를 거듭 밝혀, 단지 '모주(某州)의 성황지신(城隍之神)'으로 일컫게 하고, 신주 1위(位)만 남겨 두되 그 처첩(妻妾) 등의 신은 모두 다 없애버리게 하소서. 산천·해도(海島)의 신 역시 주신(主神) 1위만 남겨두고, 모두 목주(木主)[50]에 쓰기를 '모해(某

---

45) 진종(眞宗)은 송나라 제3대 황제로 998~1022년 재위. 진종은 대중상부(大中祥符) 5년(1012) 5악과 그 부인을 다음과 같이 봉했다. 『문헌통고(文獻通考)』 권 83, 교사고(郊祀考) 16.
   동악(東嶽), 천제인성제(天齊仁聖帝), 동악숙명후(東嶽淑明后)
   남악(南嶽), 사천소성제(司天昭聖帝), 남악경명후(南嶽景明后)
   서악(西嶽), 금천순성제(金天順聖帝), 서악숙명후(西嶽肅明后)
   북악(北嶽), 안천원성제(安天元聖帝), 북악정명후(北嶽靖明后)
   중악(中嶽), 중천숭성제(中天崇聖帝), 중악정명후(中嶽正明后)
46) 진무(陳武)는 송대의 학자로 『춘추(春秋)』에 정통했으며, 『강동지리론(江東地理論)』 등의 저술이 있다. 진무의 말 역시 『문헌통고』 권 83, 교사고 16에 보인다.
47) 명초 홍무년간(1368~98)의 예제를 규정한 책, 저자나 반행(頒行)연도는 알 수 없다.
48) 악(嶽)과 진(鎭)은 산, 해(海)는 바다, 독(瀆)은 강을 의미한다. 강을 독이라 하는 것은 흘러가면서 더러운 것을 씻어내기 때문이다.
49) 고려왕조.

海)·모산천지신(某山川之神)'이라 하고, 그 신상은 모두 다 철거하여 사전(祀典)을 바르게 하시옵소서."

임금께서 그대로 따랐다.[51]

4. 세종 때의 산천단묘(山川壇廟)의 제도

세종 6년 갑신(1424) 2월 정사(11일), 임금께서 상정 제조(詳定提調) 성산부원군(星山府院君) 이직(李稷) 등에게 명했다.

"여러 곳의 성황과 산신을 흔히 태왕(太王)·태후(太后)·태자(太子)·태손(太孫)·비(妃)라고 칭하는 것은 무리가 심하며, 이것들은 진실로 요망한 신이다. 옛날에는 단(壇)을 산 밑에 설치하고 제사하였는데, 이제 감악(紺嶽) 등과 같은 산에는 사당을 산 위에 세워서 그 산을 밟으며 그 신에게 제사를 지내고 있으니, 난잡하고 불경스럽다. 또 옛날 예제(禮制)에는 오직 국왕만이 영토 안에 있는 산천에 제사할 수 있도록 했으나,[52] 지금은 서민도 모두 제사하고 있으니, 구분이 엄하지 못하다. 나의 생각으로는 단(壇)을 산 밑에 설치하고 신판(神板)[53]을 두되, 다만 '어느 산의 신[某山之神]'이라고만 쓰고, 오직 국가에서만 제사하고, 민간의 음사(淫祀)는 금지하여 사람의 마음을 바르게 하려 한다. 그러니 경들은 모두 산천에 봉작과 사당을 세우는 데 대한 옛날 법제를 상고하여 아뢰어라."

이에 이직이 대제학(大提學) 변계량(卞季良),[54] 이조판서 허조(許稠),[55]

---

50) 위패 또는 신주.
51) 『태조실록』 권 25(국편본 1-673).
52) 『예기』 왕제의 '천자제천하명산대천(天子祭天下名山大川) … 제후제명산대천재기지자(諸侯祭名山大川在其地者)'라는 구절 참조.
53) 위패나 신주.

예조판서 신상(申商)[56] 등과 함께 고전을 살펴보고 아뢰었다.

"산신에게 작(爵)을 봉하는 것은 당·송 때 시작되었고, 우리나라에서도 산신에 작을 봉하고 산 위에 사당을 세워 윗사람이나 아랫사람이 두루 제사한 것은 그 유래가 이미 오래되었습니다. 또 귀신에게 배필이 있는지 없는지도 억측하기 어렵습니다. 그래서 신(臣)들은 예전처럼 하는 것만큼 좋은 것이 없다고 생각합니다."

처음에 허조와 신상은 기어이 없애려고 하였으나, 이직과 변계량의 말을 듣고서 마침내 의견을 조율하여 아뢴 것이다.[57]

○ 19년(1437) 3월 계묘(13일), 예조에서 제도순심별감(諸道巡審別監)의 계본(啓本)[58]에 의거하여, 악(嶽)·해(海)·독(瀆)·산천의 제단 및 사당[壇廟]과 신패(神牌) 제도를 심사하여 결정했다.

"… 함길도(咸吉道); 나라에서 제사하는 … 영흥부(永興府) 영흥 성황사(永興城隍祠)의 위판은 '영흥성황지신(永興城隍之神)'이라 쓰고, … 함흥부의 함흥 성황(咸興城隍祠)의 위판에는 '함흥 성황 호국백신(咸興城隍護國伯神)'이라고 썼는데, '호국백(護國白)'이라는 세 글자는 삭제하기를 청합니다. …

"충청도; 나라에서 제사하는 덕산현(德山縣)의 가야갑묘(伽倻岬廟)의 위판은 '가야갑지신(伽倻岬神)'이라고 썼는데, 위의 신위판과 성황위판(城隍位版)을 함께 배설하고 고을 사람들이 모여서 음사를 행하니, 단을 산기슭

---

54) 조선초기의 문신. 생몰년 1369~1430년. 문장에 능하여 집현전이 설치되면서부터 거의 20년간 대제학을 역임했다.
55) 고려말 조선초의 문신. 생몰년 1369~1439년. 조선초기 예악제도 정비에 공이 많았고, 이조판서에는 1422년 임명되었다.
56) 고려말 조선초의 문신. 생몰년 1372~1435년. 1424년에 이어 1426년에도 예조판서에 임명되었다.
57) 『태조실록』 권 23(국편본 2-580).
58) 임금에게 올리는 글월을 말한다.

에 조성하여 제사할 것을 청합니다. …

　전라도; 나라에서 제사하는 … 전주 성황단 위판은 '전주성황지신(全州城隍之神)'이라고 씁시다. …" 운운했다.[59]

5. 이익(李瀷)이 성황을 논함

『성호사설(星湖僿說)』[60] 성황묘조(城隍廟條)에서 말했다.
"나에게 성황의 뜻을 묻는 사람이 있었으나 나도 그 유래를 몰랐다. 『오례의(五禮儀)』[61]를 살펴보니 여제축사(厲祭祝辭)[62]에 '제사를 받지 못하는 귀신에게 제사한다. 사람이 죽고 사는 것은 만이면 만, 모두 같지 않으므로 옛날부터 지금까지 죽음을 제대로 하지 못한 자가 한둘이 아니었다. 혹은 전쟁에서 나라를 위해 죽기도 하고, 혹은 싸우다 맞아 죽기도 하고, 혹은 물이나 불·도적 때문에, 혹은 배고픔과 추위·돌림병 때문에 죽기도 한다. 혹은 담과 집이 무너져서, 혹은 벌레와 짐승에 물려서, 혹은 죄도 없이 사형을 당해서, 혹은 재물 때문에 협박을 받아 죽기도 한다. 혹은 처첩으로 인해 목숨을 잃기도 하며, 혹은 위급해서 스스로 목을 매기도 하고, 혹은 죽어 자손이 없으며, 혹은 난산으로 죽는다. 혹은 벼락을 맞아 죽고, 혹은 떨어져 죽기도 하는데, 이와같은 류가 얼마나 되는지 모르겠다. 외로운 혼이 의탁할 곳이 없어 제사마저 받아먹지 못하면, 죽은 혼이 흩어지지 않고 맺혀서 요망한 것

---

59) 『태조실록』 권 76(국편본 4-58).
60) 성호 이익의 저술. 이익이 40세 전후부터 생각이 미치는 대로 그때그때 적어둔 것을 모은 것이다. 천지문·만물문·인사문·경사문·시문문 다섯 부분으로 이루어져 있으며, 여기에 인용된 성황묘조는 만물문의 한 부분이다.
61) 『국조오례의(國朝五禮儀)』를 말한다. 『국조오례의』는 국가 예제의 기본을 길례·가례·군례·빈례·흉례로 나누어 정리한 것으로 1474년(성종 5) 신숙주, 정척 등이 완성했다.
62) 여제 때 사용하는 축문.

이 된다. 이런 까닭에 성황신에 고하여 여러 영혼들을 소집해서 맑은 술과 여러가지 음식을 권해드리니, 너희들 여러 귀신은 와서 이 음식을 흠향하고 전염병과 재앙으로 사람들의 화기(和氣)를 해치지 마라'라고 했다.

또 「성황발고축(城隍發告祝)」[63]에서는 '오는 모월 모일 북쪽 교외[北郊]에 제단을 설치하여 제사를 받아먹지 못하는 모든 경내(境內)의 귀신을 제사하려 합니다. 그래서 성황신의 힘을 빌려 이들을 불러 모아 제단으로 나가게 하려고 합니다'라고 하였다. 그런즉 성황이라는 것은 곧 여제의 큰 것이라 하겠다. 그러므로 뭇 귀신을 불러 모아서 함께 흠향하도록 한 것이다.

정자(程子)[64]가 말하기를 '지금 성황신 따위에게 제사하는 것은 모두 부당한 일이다'라고 했다. 또 말하기를 '성황이란 옳은 것이 아니며, 토지의 신으로는 사직(社稷)[65]이 있을 따름이다. 그러므로 어찌 사직 이외에 또 토지신이 있겠는가'라고 하였다. 여기서는 비록 성황을 제사하는 것이 예가 아니라고 말했고, 성황을 후토신(后土神)[66]의 일종으로 지목한 듯한데, 이것은 우리나라 축사에 보이는 것과 조금 다르다.

성황이라는 글자는 본디 『주역』의 태괘(泰卦) 상육(上六) 효사(爻辭)[67]에서 나온 것으로, 성지(城池)를 말하는 것이며, 전(傳)에 이른바 '해자의 흙을 파서 높이 쌓아 성을 만든다'라 한 것이 이것이다. 추측하건대 성지란 사람들이 모여 사는 곳이며, 성지의 신에게 제사를 지내서 이로 하여금 옳게 죽지 못한 귀신들을 이끌도록 한 것인 듯하다.

살피건대 육유(陸游)[68]의 「진강부성황충우묘기(鎭江府城隍忠祐廟記)」[69]

---

63) 만제(萬祭)에 앞서 여제의 거행을 성황신에게 고하는 제사의 축문.
64) 북송시대의 성리학자 정이(程頤, 1033~1107)를 말한다. 아래 인용문은 정이가 하남부 하청현위로 부임하는 제자 범문보(范文甫)와 나눈 이야기이다. 『하남정씨유서』 권 22 상.
65) 토지와 곡물의 신.
66) 토지신. 후(后)란 군(君)을 뜻하므로, 후토(后土)는 토지의 주군이라는 의미가 된다.
67) 괘(卦)의 육효(六爻) 각각의 의의·성질을 서술하고 길흉화복을 단정하는 말이다.
68) 남송인. 생몰년 1125~1210년. 시사(詩詞)에 능했으며, 『위남문집(渭南文集)』 『검남

에 이르기를 '한나라 장수 기신(紀信)[70]이 그곳(진강부)의 성황신이 되었다'고 했다. 이미 성황이라 해놓고, 어찌 다시 다른 귀신(기신)을 가지고 성을 주관한다고 할 수 있겠는가. 또 「영성현성황사기(寧城縣城隍祠記)」[71]에서는 '성이라는 것은 백성을 보호하고 간통을 금하여 내외를 절도있게 하는 것이니, 사람들에게 공이 있음이 가장 크다. 그러므로 당나라 때부터 군현에서 모두 성황을 제사하고, 다른 신사의 위에 두었으니, 그 예가 또한 중요하지 않으랴?'라고 하였으니, 육유의 말에 앞뒤가 맞지 않는 것이 이와같다.

『동국여지승람』[72]에 '장절공(壯節公) 신숭겸(申崇謙)[73]이 죽어서 곡성현(谷城縣) 성황신이 되었고, 김홍술(金洪術)[74]은 의성(義城) 성황신, 소정방(蘇定方)[75]은 대흥(大興) 성황신이 되었다'고 했는데, 이와같은 것은 이루 다 기

시고(劍南詩稿)』 등의 저술이 있다.
69) 『위남문집』 권 16(『사부총간정편(四部叢刊正編)』 59, 상무인서관)에 수록되어 있다. 진강부(鎭江府)는 지금의 강소성 진강현.
70) 전한의 장군. 생몰년 ?~BC 204년. 한 고조를 따라 많은 전공을 세웠으며, 한 고조의 군대가 형양에서 항우의 군대에게 포위당하여 위기에 빠졌을 때, 항우 군의 주의를 분산시켜 한 고조를 피신시키기 위해 한 고조로 가장하여 항우에게 항복했다가 죽임을 당했다. 송대 이후 중국 각지에서 성황신으로 모셔졌다.
71) 『위남문집』 권 17(『사부총간정편』 59, 상무인서관)에 「영덕현중수성황묘기(寧德顯重修城隍廟記)」라는 제목으로 수록되어 있다. 그러므로 영성현이란 영덕현의 잘못이다. 영덕현은 지금의 복건성 영덕시 지역이다.
72) 노사신(盧思愼) 등이 1486년(성종 17)에 편찬한 지리서. 이를 이행(李荇) 등이 1530년(중종 25) 증보·간행한 것이 『신증동국여지승람』이다. 이때 증보된 부분은 「신증」으로 표시한 다음에 기록하였으므로 원래의 내용과 쉽게 구별할 수 있다.
73) 고려 태조 때의 장군. 생몰년 ?~927년. 918년 궁예를 몰아내고 왕건을 추대하여 고려 건국의 공신이 되었으며, 927년 후백제와 공산 동수에서 싸우다 전사했다. 태조는 그의 죽음을 아주 슬퍼하여 장절(壯節)이라는 시호를 내렸다.
74) 신라 진보성의 장군으로 고려에 투항하여 태조로부터 의성부성주에 임명되었으나, 929년(태조 12) 후백제 군과 싸우다 전사했다.
75) 당나라의 장수. 생몰년 592~667년. 돌궐과의 싸움에서 누차 전공을 세웠으며, 660년 백제를 멸망시켰다.

록할 수 없다. 이것은 기신이 진강부 성황신이 된 예와 같으나, 그 일은 괴이하다.

대개 사직이라는 것은 토지와 곡식의 신이다. 『좌전(左傳)』[76]에 '공공씨(共工氏)[77]에게 구룡(句龍)이라는 아들이 있어 후토(后土)가 되었는데, 후토란 사(社)이다. 또 열산씨(烈山氏)[78]의 아들 주(柱)는 직(稷)이 되었는데, 이들을 하(夏)나라 이전에는 사직신으로 제사했다. 주(周)의 기(棄)[79]도 역시 직(稷)이 되었는데, 상(商)나라 때부터 이를 제사지냈다'라 하였다. 이것은 구룡과 기가 죽어서 사직의 신이 되었다는 것 같은데, 기실은 배식(配食)[80] 했을 뿐이고 진짜로 토지와 곡식의 신이 된 것은 아닌 듯하다. 추측하건대 위에 말한 기신 같은 무리도 처음에는 성황신에게 배향한 것인데, 후세 사람들이 본래의 사실을 모르고 함부로 말하기를 사람이 죽어서 된 귀신이 성황신이 되었다고 한 것이다.

내가 안산군(安山郡)에 살았는데, 하루는 군수 아무개가 향좌수(鄕座首)[81]를 보내어 묻기를 '여제 날짜가 임박하기에 위패를 조사한즉 절충장군(折衝將軍)[82]이라 씌어 있어 어찌할지 모르겠습니다'라고 했다. 나는 다만 현재의

---

76) 춘추시대 말기에 노국(魯國)의 사관(史官)이었던 좌구명(左丘明)이 저술한 춘추시대의 역사책. 『춘추좌씨전(春秋左氏傳)』이라고도 한다. 이하의 인용문은 『춘추좌씨전』 소공(召公) 29년조에 보인다.
77) 중국 신화상의 인물. ① 염제(炎帝)의 후손으로 전욱(顓頊)과 제위(帝位)를 놓고 다투었던 인물. ② 요순시대의 대신으로 수관(水官)의 임무를 맡았다. 그러나 행동이 사악하여 당시 4흉(凶)의 하나로 일컬어졌다. 여기서 공공(共工)은 후자를 가리키는 것 같다.
78) 중국 신화시대의 제왕인 신농씨(神農氏)의 별칭.
79) 주족(周族)의 시조인 후직(后稷)을 말한다. 그의 어머니 강원(姜嫄)이 거인의 발자국에 발을 맞춰 보다가 임신하여 낳았다. 그래서 상서롭지 못하다 해버렸기 때문에, 이름을 기(棄)라 했다. 농사짓기를 좋아하여 요(堯)가 농사(農師)로 임명하여 백성들에게 농사짓는 법을 가르치게 했다.
80) 다른 신에 붙여 제사하면서 음식물을 받도록 함. 배향(配享)과 같은 의미이다.
81) 지방 향청의 우두머리. 6방 중 이방이나 병방을 맡아보았다.
82) 무신의 위계의 하나, 조선시대에는 정3품 당상관.

전거[時典]로 삼고 있는 『오례의(五禮儀)』에 의거하여 답하기를 '절충이라는 칭호는 잘못된 것을 답습한 듯싶다'고 했는데, 그뒤에 그 사람이 과연 어떻게 처리했는지는 알지 못한다. 이것은 반드시 곡성이나 의성의 규례를 따라 잘못한 것임에도 고치지 않은 것이리라. 가령 죽어서 배향한다 할지라도 어찌 성황신의 위패에다 바로 쓸 리가 있겠는가."

6. 음사(淫祀) 성황

(1) 중종(中宗) 때의 지방 성황

조선 중종 11년(1516) 6월[83] 계축(3일) 낮 경연[晝講]에 참석하셨다. … 참찬관(參贊官)[84] 김안로(金安老)[85]가 아뢰기를 … "음사란 지방의 성황당 같은 것이 그것입니다. 때때로 성황신이 내려왔다는 말이 나면 큰 길을 메우도록 사람들이 몰려드니, 어찌 이와같이 이치에 없는 일이 있을 수 있습니까?"고 했다.

기사관(記事官)[86] 유성춘(柳成春)[87]은 아뢰기를 "… 김안로가 아뢴 것처럼 지방의 성황당의 일은 매우 허망한데도, 성황신이 내려온다고 할 때에는 비록 사족(士族)의 남녀라 하더라도 모두 모여듭니다. 그중에서도 나주(羅州) 금성산(錦城山)의 성황이 더욱 심합니다"라고 했다.[88]

---

83) 「조선무속고」에서는 5월이라 했으나, 『중종실록』에 의거하여 6월로 바로잡았다.
84) 경연관의 하나로 정3품 당상관이 임명되었다.
85) 조선 중종 때의 권신(權臣). 생몰년 1481~1537년. 기묘사화로 조광조 일파가 몰락한 뒤 발탁되어 권력을 장악하고 정적이나 뜻이 맞지 않는 사람들을 몰아내는 옥사를 여러 번 일으켰다. 1537년(중종 32) 문정왕후 폐위를 기도하다 발각되어 사사(賜死)되었다.
86) 조선시대 춘추관에 둔 벼슬로 시정기(時政記)를 기록했다. 정6품에서 9품까지 있었다.
87) 조선중기의 문신. 생몰년은 알 수 없다. 춘추관 기사관을 거쳐 이조정랑에 이르렀으나, 1519년 기묘사화에 연좌되어 파직되었다.

(2) 이성호가 성황을 논함

이익(李瀷)의 『성호사설(星湖僿說)』[89]에 이르기를 "우리나라 풍속은 귀신 섬기기를 좋아하여 혹은 꽃 장대[花竿]을 만들고 여기에 지전(地錢)을 어지럽게 걸고, 마을마다 무당이 돌아다니면서 성황신이라 하면서, 백성들을 속이고 재물을 빼앗을 계책으로 삼고 있으나, 어리석은 백성은 이것이 두려워서 앞을 다투어 재물을 바친다. 그런데도 관에서는 금령을 만들지 않으니 괴이하구나" 하였다.

(3) 이규경(李圭景)이 성황을 논함

이규경의 「화동음사변증설(華東淫祀辨證說)」[90]에서 말했다. "우리나라 전국의 재나 고개에는 선왕당(仙王堂)이 있는데, 이는 성황(城隍)의 잘못이며 옛 총사(叢祠)의 유제(遺制)이다. 이것은 중국의 고개 위에 있는 관색묘(關索廟)와 같은 것이다. 혹 집을 지어 사당을 삼기도 하고, 모래나 돌을 쌓거나, 숲의 오래된 나무 아래서 자갈을 쌓아 이를 제장(祭場)으로 삼기도 한다. 지나가는 사람은 반드시 무릎을 꿇고 절을 하고 침 뱉고 지나가며, 혹은 실을 걸거나 혹은 종이나 다리[髢髮]을 겹겹이 걸어놓는다. 그리고 돌을 쌓아 제장으로 삼는 것은 혹 『통전(通典)』의 '마한(馬韓)에서는 귀신을 제사하고 소도(蘇塗)를 설립한다'고 한 것의 유속(遺俗)에 따른 것이 아닌가 한다[『연번로(演繁露)』에서 말했다. 『통전(通典)』에 의하면 마한에서는 귀신을 제사하며 소도를 설치하고 여기에 큰 나무를 세우고 방울과 북을 늘어뜨렸다고 했고, 그 주에서는 소도는 부도(浮塗), 즉 부도(浮圖)와 유사하다고 했는데, 부도(浮圖)는 곧 탑이다"].

---

88) 『중종실록』 권 25(국편본 15-187).
89) 앞에서 인용한 만물문 성황묘조에 보이는 내용이다.
90) 이규경의 『오주연문장전산고』 권 43에 수록되어 있다. 이 부분은 제16장 8절 '성황제'에서 나온 바 있다.

(4) 『동국여지승람』과 『읍지(邑誌)』에 수록된 각 군(郡)의 성황

○해주(海州) 성황사는 3칸으로, 주(州) 앞의 남산에 있으며 바다에 임해 있다. 동쪽은 대왕대비(大王大妃)의 신위를 모셨으며, 북쪽은 상실성황(上室聖皇)의 신위, 남쪽은 산당(山堂)의 신위·중실(中室)의 신위·하실(下室)의 신위·12제신(諸神)의 신위, 서쪽은 고부인(姑婦人)의 신위·하당무신(下堂巫神)의 신위를 모셨다. 제기는 보(簠)[91]가 8이며, 작(爵)[92]이 8인데 주의 관리가 제사한다. (『해주구읍지(海州舊邑誌)』)[93]

○괴산(槐山) 성황신. 『인물고(人物考)』[94]에 전하기를 "박세무(朴世茂)[95]는 호가 소요당(逍遙堂)이며, 감찰(監察)[96]이었던 의손(義孫)의 증손

보(簠)
출전 『세종실록』 오례의

작(爵)
출전 『세종실록』 오례의

---

91) 제기의 일종. 동으로 주조하는데, 밖은 네모나며 안은 둥글다. 뚜껑이 있으며, 기장이나 피를 담는다.
92) 제사에 사용하는 술잔.
93) 1899년(고종 광무 3)에 편찬된 『황해도각군읍지』 중 「해주지」에 같은 기사가 보인다. 해주의 읍지는 1596년(선조 29)에 초찬이 있었고, 1700년(숙종 26)에 증수가 있었다고 하는바 『구읍지』란 둘 중 하나라고 추측된다.
94) 『국조인물고』를 말한다. 『국조인물고』는 조선 태조에서 숙종 때에 이르는 역대 인물들의 전기를 모은 것으로 이 부분은 권 45 기묘당적인 박세무조에 보인다. 따라서 괴산 성황신 기사는 전거가 『동국여지승람』이나 『읍지』가 아니다.
95) 조선중기의 문신. 생몰년 1487~1554년. 『동몽선습』의 저자이다.
96) 조선시대 사헌부의 정6품 관리.

이다. 괴산의 시골집에 있었는데, 그곳의 풍속이 음사에 빠져 성황신이라는 것을 받들고 마을을 두루 다녔다. 박세무는 그 깃대와 파란 구슬을 빼앗아 모두 불태워버렸다. 이로부터 그 폐단이 마침내 없어졌다."

○현풍(玄風) 성황사는 비슬산(琵瑟山)[97]에 있다. 세간에서 전하기를 (성황신은) 정성대왕신(靜聖大王神)[98]이라 한다. 무릇 장마나 가뭄, 전염병이 돌 때 기도하면 바로 효험이 있기 때문에, 이를 제사하려는 사람들이 모여들며, 제사에 사용한 종이와 베는 활인서(活人署)로 보냈다. (『동국여지승람』 권 27 현풍현玄風縣 사묘조祠廟條)

○양산(梁山) 성황사. 세간에 전하기를 김인훈(金忍訓)이 고려 태조를 도와서 벼슬이 문하좌시중(門下左侍中)[99]에 이르렀는데, 그가 죽어서 성황사의 신이 되었다고 한다. (『동국여지승람』 권 25, 양산군 사묘조)

○의성(義城) 성황사는 현의 북쪽 3리에 있다. 세간에서 전하기를 김홍술(金洪術)은 모습이 고려 태조와 비슷했는데, 후백제 견훤(甄萱)과 싸우다가 패배해서 죽었으므로, 이 때문에 여기서 제사를 지낸다고 한다. (『동국여지승람』 권 25, 의성현 사묘조)

○밀양(密陽) 성황사는 추화산(推火山)[100]에 있다. 세간에 전하기를 밀양부(密陽府)의 아전이었던 손긍훈(孫兢訓)이 고려 태조를 도와 공이 있으므로 삼중대광(三重大匡)[101] 사도(司徒)로 추증(追贈)하고 광리군(廣利君)

---

97) 『동국여지승람』 권 27, 경상도 현풍현 산천조에 의하면 비슬산은 포산(苞山)이라고도 하며, 현의 동쪽 15리에 있다고 한다.
98) 『삼국유사』 권 5 포산이성조(包山二聖條)에도 포산, 즉 비슬산의 산신이 정성대왕(靜聖大王)이라는 기사가 보인다. 이에 의하면 정성대왕은 일찍이 가섭불(迦葉佛) 시대에 부처님의 부탁에 따라 이 산 중에서 수도자 1천명이 출현하기를 기다려 남은 업보를 받겠다고 맹세했다 한다.
99) 고려시대 수상직. 『고려사』 권 76, 백관지 1에 의하면 1369년(공민왕 18)에 처음 설치했다고 한다. 따라서 고려 초의 인물이 문하좌시중이 되었다는 것은 사실과 다르다.
100) 『신증동국여지승람』 권 26, 밀양도호부 산천조에 의하면 밀양부 동쪽 5리에 있는 산.
101) 고려시대의 문산계의 하나로 정1품. 『고려사』 권 77, 백관지 2에 의하면 삼중대광

에 봉하였는데, 이 이가 곧 성황신이라 한다. (『동국여지승람』권 26, 밀양도호부 사묘조)

○ 전주(全州) 성황사는 기린봉(麒麟峯)[102]에 있다. 이규보(李奎報)의「몽험기(夢驗記)」[103]가 있다. …. [신증新增][104] 관찰사 이언호(李彦浩)[105]가 흙으로 빚은 신상[塑像]을 헐고 위판으로 대신하였다. (『동국여지승람』권 33 전주부 사묘조)

○ 고성(固城) 성황사는 현 서쪽 2리에 있다. 그 지방 사람들은 항상 5월 초하루에서 5일까지 서로 모여서 2대(隊)로 나눈 다음, 사당의 신상을 메고 푸른 깃발을 세우고 여러 마을을 두루 돌아다닌다. 그러면 사람들은 다투어 술과 찬으로써 이를 제사하며, 광대들이 모두 모여서 온갖 놀이를 베푼다.[106] (『동국여지승람』권 32, 고성현 사묘조)

(5) 함산(咸山)의 성황사

허균(許筠)[107]의 『성소부부고(惺所覆瓿藁)』[108]에 수록된 「임신(林神)을 책

(三重大匡)은 1308년(충렬왕 34)에 처음 둔 것이라 한다.
102)『동국여지승람』권 33, 전주부 산천조에 의하면 기린봉(麒麟峯)은 부(府)의 동쪽 6리에 있다고 한다.
103) 이규보가 1234년(고종 21)에 지은 글. 이규보가 전주 장서기로 있을 때 성황신을 만나 대화하는 꿈을 꾸고, 그 꿈의 영험함을 기록한 것이다. 『동국이상국집』권 25에 수록되어 있다.
104)『동국여지승람』편찬 이후, 1530년(중종 25)에 새로 증보한 부분이라는 의미이다.
105) 조선중기의 문신. 생몰년 1477~1519년. 1518년(중종 13) 전라도관찰사로 임명되었으나, 재임 중에 사망했다.
106) 이상의 내용은 1530년(중종 25)「신증(新增)」된 것이다.
107) 조선중기의 문신. 생몰년 1569~1618년. 1594년(선조 27) 과거를 통해 관계로 진출하여 좌참찬 등을 역임했으나 1618년(광해군 10) 모반혐의로 능지처참형을 당했다. 『홍길동전』의 저자로 유명하다.
108) 허균의 문집. 모두 26권으로 시부(詩部) · 부부(賦部) · 문부(文部) · 설부(說部)로 구성되어 있다.

망한다[譴加林神]」109)에서 말했다.

"함산(咸山)110) 꼭대기에 널쩍하게 자리잡은 사당이 있어
이를 일러 성황이라 하는데, 백성들이 정성스레 제사를 모시네.
하루는 갑자기 안개와 먼지 하늘을 덮더니
흙비 쏟아지고 회오리바람 거세게 일어나
수풀을 헤치고 지붕을 뒤흔들며 신상의 이마에 불어 닥쳤다.
이튿날 아침 무당이 와서 신의 자리 정돈하고
머리를 손질하고 옷도 단장했는데 바람이 또다시 불어 닥치네.
이렇게 하길 세 차례라, 나는 너무도 괴이하게 여겨
무당에게 그 까닭을 물었더니, 무당이 절을 하고 말했다.
'함신(咸神)은 남편이고, 임신(林神)은 아내랍니다.
함신이 첩에 빠져 아내를 못났다고 했습니다.
부인은 그 첩 때문에 화가 나서 찾아와 닥치는 대로 짓밟고
비바람을 몰고 와서 욕설을 퍼붓고
남편의 저고리 잡아 찢고 첩의 머리털을 뽑았습니다.
갔다가는 곧 돌아와 밤에도 언뜻, 낮에도 언뜻
무당의 영험도 소용없고 힘으로도 싸움을 말릴 길이 없기에
갓이나 의상만 고쳐주고 흙으로 빚은 신상을 꾸밀 뿐입니다.'
내가 말하기를 '허허! 거참 신이 감히 남편에게 발악하다니
내 신의 허물을 열거하여 북두성에게 저주해야겠구나' 하고,

---

109) 『성소부부고(惺所覆瓿藁)』 권 12, 문부 9에 수록되어 있다. 허균은 1610년(광해군 2) 전시(殿試)의 시관(試官)으로 있으면서 조카와 사위를 합격시켰다는 혐의로 탄핵을 받아 함열로 유배된 적이 있는바 「견가림신(譴加林神)」은 함열 유배생활 중에 지은 것이라 짐작된다.
110) 전라북도 함열에 있는 함라산. 『신증동국여지승람』 권 34, 함열현조에 의하면 함라산은 함열현의 진산으로 현 서쪽 2리에 있으며, 함열현 성황사가 이곳에 있다고 한다.

향을 피우고 축문을 불사르며 뜰아래에서 허리를 굽히고
'아뢰옵건대 우리 신령님께서는 땅을 나누고 고을을 구획하시고
맡은 신을 각각 두어 백성들을 보살피도록 하셨는바
햇볕도 쪼이고 비도 잘 내려 농사를 잘 짓게 하셨습니다.
진실로 그 책임을 다하지 못하면 하늘이 반드시 벌을 내려
사당을 욕보이고 쳐서 신의 수치가 되게 하셨습니다.
이제 이 두 신은 한 쌍의 금슬 좋은 부부로
한줄기 시냇물을 경계로 하여 땅을 나누어 주인이 되어
서로 바라보며 향기로운 제사받기를 천년.
마땅히 복을 내려 그 땅을 풍요롭게 하고
바람이 순조롭고 비는 골고루 내려 기장 이삭 잘 자라도록 해야 할 터인데
어찌하여 총애를 다투고 눈동자는 노하여 번득입니까?
뇌신(雷神)을 잡아타고 번개 창 손에 쥐고는
안개를 헤치고 바람을 밟고서 들어와 신의 휘장 베어버리고
그 허리를 잘라버리고 또 신의 깃발 망가뜨립니다.
날뛰며 물어뜯고 내동댕이치니 그 위세 등등하고
금슬 좋은 부부가 서로 으르렁거리며 좋아하던 이를 원수로 여깁니다.
이로 말미암아 요기(妖氣)가 찾아와 가축이며 꿀도 해치고
우리 농사 망쳐버리니 백성들의 근심거리가 되었습니다.
한 번도 지나친데 세 번 다섯 번 그치지 않습니다.
상제께서는 매우 밝으시니 그들의 죄를 잘 살피시고
그들의 죄를 성토할 때 나를 목구멍과 혀로 삼으십시오.'
말을 마치고 두 번 절한 다음, 무릎 꿇고 하명을 기다렸다.
조금 후 머리에 투구 쓰고 붉은 도포 붉은 신발에
신령 깃발 앞세우고[111] 내려와 내 귀를 끌어당기며
말하기를 '무당의 속임수요, 신의 잘못이 아니라오,

가림신도 여자가 아니요, 그 역시 남자라오.
신이 신을 공격하다니, 어찌 이런 이치 있겠는가.
바람과 안개로 인한 재앙, 오직 백성들이 초래한 것
사납고 요사스런 백성들이 무당을 숭상하고 올바르지 못한 제사지내며
불경하고 오만하여 더러운 것만 일삼네.
충성도 아니하고 효도도 아니하며, 신의도 없고 의리도 없어라.
간사한 거간꾼들 기교로 이익을 노리고
지방관으로 내려온 자, 그 또한 올바른 관리가 없구나.
속으로는 음흉하고 밖으로는 꾸며서 명예를 팔고 아름다움을 훔친다.
함부로 큰소리나 치고 협박을 일삼으며, 교만하기만 하고 수치를 모른다.
교화가 베풀어지지 않으니 위아래가 서로 헐뜯네.
이런 태도로 신을 섬기니 신이 노하는 것은 마땅하다.
요기와 재앙이 내리는 것은 모두가 이것 때문인데
제 허물은 생각지 않고 도리어 업신여겨 희롱하기를
질투하여 싸운다 하고 거리낌 없이 소문을 내니
신은 더욱 노기 품어 재앙도 더욱 거듭 일어난다.
천둥으로 벌을 내리는 것은 오직 무당만을 징계하기 위한 것인데
그대 같은 명석한 선비도 역시 여기에 미혹되거늘
하물며 세상의 어리석은 자들이야 진정 현혹되기 쉬우리.'
내 절하고 머리 조아리며 슬기롭지 못함을 사죄하고
머리 들어 바라보니 신은 이미 훌쩍 올라가
먼 하늘 우러러보았지만 간 곳을 모르겠네."

---

111) 원문 '아유개책(俄有介幘) 강포주리(絳袍朱履) 도이영번(導以靈幡)'을 「조선무속고」
에서는 '아유령강(俄有靈降, 조금 후 신령이 내려와)'으로 압축하였다.

제18장

서울의 무풍(巫風)과 신사(神祠)

우리나라 풍속에 무릇 사람이 노래와 춤을 하면서 흥을 북돋우면 '신이 있다'고 하는데, 이것은 대개 무당에서 비유를 취한 것이다. 여자가 장차 무당이 되려면 먼저 수십일 병을 앓는데, 약으로도 치료할 수 없고, 반드시 펄쩍펄쩍 뛰면서 춤을 춘 다음에야 마음이 시원하게 되며, 이것으로 무신(巫神)이 있어 그렇게 시키는 것임을 알게 된다. 그러면 여러 집을 다니면서 쌀을 얻어다가[1] 떡과 과자를 갖추고 무당에게 스승이 되어줄 것을 청하는데, 이를 불러 신어미라 하고, 큰 굿을 행하는데 이를 몸굿[2]이라 한다. 이 여자가 한바탕 펄쩍펄쩍 뛰면서 춤을 추면 무신이 접하고 병은 씻은 듯이 나으며, 이때부터 신어미로부터 무업(巫業)을 배운다. 서울에서는 무당을 만신(萬神)이라 하는데, 대개 빌지 않는 신이 없음을 비유한 것이다. 서울 무당이 받

---

1) 이것을 걸립(乞粒)이라 하며, 걸립에는 쌀걸립뿐만 아니라 쇠걸립도 있다. 이두현 「내림무당의 쇠걸립」, 『한국무속과 연희』(서울대출판부 1996) 3~50면
2) 내림굿이라고도 한다.

드는 신에는 부군신(府君神)·군왕신(君王神)·대감신(大監神)·전내신(殿內神)이 있으며, 또 남산 국사당(國師堂)·인왕산(仁王山)·칠성당(七星堂) 등이 있다. 그밖에 가택신(家宅神)과 천연두의 신이 있는데, 역시 모두가 무당이 신사(神祀)를 하는 곳이다.

1. 부근당(付根堂)[3]

(1) 〔**부근신**(付根神)〕『조선왕조실록』에 이르기를 "중종 12년(1517) 정축 8월 병진(13일), 우리나라 풍속에 각 관청 안에 모두 신을 모시고 제사를 하니 이를 일컬어 부근(付根)이라 했다. 행해온 지 이미 오래되어 혁파하려는 자가 없었는데, 이때에 이르러 사헌부가 먼저 지전(紙錢)[4]을 태워버리고, 각 관청에 관(關)[5]을 보내어 모두 불살라버리고 그 제사를 금지하도록 하니 많은 사람들이 속이 시원하다고 했다."[6]

이규경(李圭景)이 지은 『오주연문장전산고(五洲衍文長箋散稿)』 중 「화동음사변증설(華東淫祀辨證說)」[7]에서 말했다. "지금 서울에는 관청마다 신사

---

3) 부군 또는 부근신을 모신 신당. 부군신의 성격은 확실하지 않다. 때문에 최남선은 '붉은'의 한자 표기로 보아 광명신의 의미로 해석했고, 김태곤은 부군당에 목제 남근을 봉안하는 풍습을 근거로 생산과 관련된 성기신앙으로 이해했다. 또 아래 기록에서는 조선시대 관청의 부속시설로서의 부군당만 언급하고 있으나, 서울·경기에는 마을 제당으로서의 부군당도 현재 많이 남아 있다. 최남선 「불함문화론」, 『육당 최남선전집』 2(현암사 1973) 52면; 김태곤 「성기신앙」, 『한국민간신앙연구』(집문당 1983) 157~59면; 서울시 문화재위원회 편 『서울민속대관』 1-민간신앙(서울시 1990) 67~176면.
4) 한지나 창호지를 길게 잘라 다발을 만들어 묶어서 엽전이 이어진 것처럼 보이게 한 무구(巫具). 신에게 바치는 예물이란 의미를 지닌다.
5) 상급 관청에서 하급 관청으로 내리는 공문서.
6) 『중종실록』 권 29(국편본 15-313).
7) 『오주연문장전산고』 권 43에 수록되어 있다.

나무로 만든 남근
강화 교동 부군당

(神祠)가 있으니 이름하여 부근당(付根堂)이라 한다. 이것이 와전되어 부군당(府君堂)이라고도 하는데, 한 번 제사하는 비용이 수백 금이나 된다. 혹은 말하기를 부근(付根)이라고도 하는데, 송씨(宋氏) 처녀가 실린 것이라 한다. 네 벽에 남자의 성기처럼 나무로 만든 막대기를 많이 매달아놓았는데, 심히 음란하고 외설적이었으며 정도에서 벗어난 것이었다[혹은 누가 말하기를 부근이라는 것은 관청의 뿌리가 되는 것이다. 그리고 남자의 성기처럼 만든 나무 막대기를 매다는 것은 사람의 뿌리가 음경임에 비견하여, 그래서 나무 막대기를 만들어 상징한 것이라 했다. 지방의 고을에서도 역시 그것을 제사하였다. 중종 기묘년(1519)[8]에 각 관청의 부근신사(付根神祠)를 혁파했다. 이보다 앞서 나라 풍속에서 각 관청의 부근은 그 유래가 이미 오래되었는데, 이때에 이르러 먼저 지전(紙錢)을 태워버리고 각 관청에 관(關)을 보내 이를 모두 태우고 그 제사를 금하게 하니, 속이 시원하다고 하는 사람이 많았다."

이능화가 생각하건대 나무 막대기는 송씨(宋氏) 아가씨를 위하여 만든 것이며, 부근(付根)이라는 명칭은 나무 막대기로 말미암아 생겨난 것이다. 송씨 아가씨라는 것은 이른바 손각씨(孫閣氏)가 이것이 아닐까 한다. 세속에서는 시집을 못가고 죽은 처녀를 일컬어 손각씨라 하는데, 손과 송은 음이 비슷하여 서로 통하기 때문이다.

---

8) 위 기록에서는 중종 12년 정축이라 했다.

(2) 〔**부군신**(府君神)〕『증보문헌비고(增補文獻備考)』[9]에서 말했다. "우리나라 풍속에 서울 소재의 관청에는 으레 작은 집을 지어두고, 지전(紙錢)을 빽빽하게 걸어놓는데, 이를 불러 부군(府君)이라 한다. 서로 모여 난잡하게 제사하였으며, 새로 부임한 관원은 반드시 정중하게 이를 제사했고, 비록 법을 집행하는 관청[10]이라 해도 역시 이와같이 했다. 어효첨(魚孝瞻)[11]이 집의(執義)[12]가 되자 하인들은 관례라 하면서 이를 고하였다. 어효첨이 '부군이 대체 어떤 물건이냐' 하면서 지전을 거두어 태워버리도록 했고, 그가 전후로 거쳐 간 관부(官府)에서는 부군을 모신 사당을 거의 모두 불태워버렸다."

이능화가 생각하건대 모든 부군당(府君堂)은 받들어 제사하는 신이 각기 다르다. 예를 들어 형조(刑曹)의 부군은 송씨부인(宋氏夫人)[13]이고, 전옥서(典獄署)[14]의 부군은 동명왕(東明王)이며, 기타 제갈무후(諸葛武侯)[15]·문천상(文天祥)[16] 등의 신도 있다. 그리고 고려 공민왕(恭愍王)을 받드는 곳 또한

---

9) 권 64, 예고 음사조의 인용이다.
10) 사헌부·형조·한성부를 가리킨다.
11) 조선전기의 문신. 생몰년 1405(태종 5)~75년(성종 6). 어효첨이 사헌부 집의가 된 것은 1449년(세종 31)이다.
12) 사헌부의 종3품 관직.
13) 어떤 신인지 미상이나, 포도청과 사역원의 부군신도 송씨부인이었다고 한다. 그런데 사역원에는 한말까지 부군당이 있었고, 여기에는 나무로 만든 남자 성기가 공양되어 있었는데, 이것을 사역원 부군당이 철거될 때 영어교사 영국인 할치신(轄治臣)이 연구자료로 가지고 갔다 한다. 이능화『조선종교사』(영신아카데미 1983) 32~34면.
14) 옥수(獄囚)를 관장하는 관청.
15) 중국의 삼국시대 촉나라의 정치가이며, 촉나라를 위해 동분서주하다 과로로 숨진 제갈량(諸葛亮), 즉 제갈공명(181~234)을 말한다. 제갈무후란 그가 223년 무향후(武鄕侯)로 봉해진 데서 유래한다. 제갈량은 형조의 부군신이었다고 한다. 이능화, 앞의 책 32면.
16) 중국 남송의 충신. 생몰년 1236~83년. 몽고군과의 강화를 거부하고 끝까지 저항하다가 포로가 되었으며, 몽고의 회유에도 지조를 지키다 죽었다. 문천상은 병조에서 부군신

많았는데, 혹자가 생각하기를 고려말의 유민들로서 각 관청의 직원이 된 사람이 많아, 항상 옛 나라의 왕을 생각하여 사당을 지어 제사했다고들 한다. 나는 말하기를 부군신(府君神)이라는 이름은 지명[17]에서 유래한 것이 아닌가 한다. 왜냐하면 각 군(郡)에도 또한 부군당이 있었고, 그 신은 대개 수령으로 임지에서 죽은 이가 많았으며, 그리고 지방 수령을 또한 부군(府君)이라 칭하기 때문이다[부군(府君)이란 한나라 때 태수(太守)의 칭호이다].

(3) [**부군**(附君)] 이수광(李晬光)의 『지봉유설(芝峯類說)』[18]에서 말했다. "오늘날 풍속에 관아에는 으레 비는 곳을 두었는데, 이름하여 부군(附君)이라 한다. 새로 부임하는 관원은 반드시 이를 제사했는데, 복을 빌기 위한 것이라 한다. 이것은 대개 무격의 도리에 어긋난 짓거리에서 유래한 것이다. 옛날 어효첨은 거쳐 가는 관부마다 그곳의 부군의 사당을 모두 불태워 없애버렸다. 그래도 후에 벼슬은 1품에까지 이르렀고, 아들 세겸(世謙)[19] 또한 정승의 지위에 올랐으니, 빈다는 뜻이 어디에 있는가?"[20]

이능화가 생각하건대 부군의 사당은 관청에 부속(附屬)된 것이며, 기도하는 대상은 신군(神君)이었다. 그래서 지봉(芝峯) 이수광은 그 이름을 부군(附君)이라 한 것이 아닌가 한다.[21]

으로 모셨다고 한다(같은 책, 32면).
17) 관명(官名)의 잘못이 아닌가 한다. 그래야 다음 설명과 자연스럽게 연결되기 때문이다.
18) 권 17, 인사부 제사조의 인용이다.
19) 조선전기의 문신. 생몰년 1430(세종 12)~1500년(연산군 6). 연산군 때 우의정·좌의정을 역임했다.
20) 어효첨이 부군당을 불태워버린 사실은 그의 증손인 어숙권의 『패관잡기』 권 1(『대동야승』 권 4)에도 언급되어 있으며, 그것을 1450년의 일이라 했다.
21) 관청의 부군당에 대해서는 『동국여지비고』 권 2, 한성부 사묘조(서울시사편찬위원회 2000, 134면)에 다음과 같은 기록도 있다.

2. 군왕신(君王神)

군왕신(君王神)은 속칭 군웅(君雄)이라고도 하는데, 이것은 군왕(君王)이 와전된 것이다. 혹은 고려 군왕의 신이라 하고, 혹은 군왕으로서 정상적인 죽음을 하지 못한 자라고도 한다. 예를 들면 조선시대 영조의 아들 장헌세자(莊憲世子)[22]가 뒤주[큰 나무 궤짝을 뒤주라 한다] 속에서 원통히 죽었기 때문에 속칭 뒤주대왕이라 하는데, 이것이 곧 군왕신이다. 내가 늙은 무당에게 군왕이란 어떤 신이냐고 물었더니, 무당이 말하기를 "무릇 관직에 있으면서 임지에서 죽은 자를 군왕신이라 한다"고 했다. 민가에서 군왕신사를 행할 때는 여자 무당이 군복을 착용하고 마치 무장처럼 행동하기 때문에 부녀자들이 이를 두려워한다.[23]

3. 대감신(大監神)

무당에 의하면 대감신은 모두 10여 가지가 있다. 전내대감(殿內大監)은 곧 관장무(關壯繆)[24]이다. 토주대감(土主大監)은 혹은 지신대감(地神大監)

"부군사: 각 관청 아전들의 청방 곁에 있으며, 해마다 10월 1일에 제사지낸다. 세상에서 혹 말하기를 고려 시중 최영이 관직에 있을 때, 재물에 깨끗하고 징수를 하지 않아서 이름을 떨쳤으므로, 아전과 백성들이 사모하여 그 신을 모시고 숭배한다고 한다."
이를 통해 부군은 부군으로도 표기된 점, 부군사의 위치, 제사 날짜, 최영도 부군신으로 모셔진 점 등을 알 수 있다. 또 『통문관지』에 의하면 사역원의 부군당은 1707년(숙종 33) 중건하면서 원래보다 규모를 더 늘렸다고 한다. 부군당은 관청뿐만 아니라 궁궐인 창덕궁에도 있었다.
22) 조선시대 영조의 둘째 아들이며 정조의 생부. 사도세자로 더 잘 알려져 있다. 생몰년 1735(영조 11)~1762년(영조 38). 정신질환으로 말미암은 포악한 성격과 시파(時派)・벽파(僻派)의 대립에 휘말려 부왕 영조에게 미움을 받아 뒤주에 갇혀 죽고 말았다.
23) 군왕 또는 군웅은 장군신의 일종으로 보는 것이 일반적이다.

라고도 한다. 수문장대감(守門將大監)은 즉 문신(門神)이다. 왕래대감(往來大監)이란 떠돌아다니는 귀신을 말한다. 부군대감(府君大監)·군왕대감(君王大監)·건립대감(建立大監)·업왕대감(業王大監, 곧 재신財神이다)이 있으며, 용궁대감(龍宮大監)은 수신(水神), 호구대감(戶口大監)은 곧 천연두의 신이고, 성주대감(城主大監)은 곧 성주신(城主神)이다.[25] 이 대감들은 모두 무당들이 말하는 것으로 부녀자들을 유인하여 신사(神祀)를 행하고 그래서 재물을 빼앗는다.

4. 망량신(魍魎神)

우리말에서는 망량을 도깨비라 하는데, 무당은 도깨비를 대감이라 한다. 세속에서 말하기를 도깨비가 장난을 쳐서 사람들의 골치를 많이 썩이는데, 혹은 돌을 던져서 창이나 문을 부수기도 하고, 혹은 물건을 훔쳐다가 나뭇가지에 걸기도 하고, 혹은 불을 질러 집을 태운다고 한다. 이런 경우 무격을 불러 신사(神祀)를 행하면서 기도를 했다. 서울에 전등을 밝히고 나서부터 이른바 도깨비라는 것이 일시에 자취를 감추었는데, 어둡고 음지를 좋아하는 귀신이 광명을 두려워하기 때문이다.

---

[24] 중국 삼국시대 촉나라의 장군 관우(?~214)를 말하며, 장무란 229년(후주 건흥 7) 관우에게 내려진 시호이다.
[25] 대감은 주로 집안에 재복을 가져다주는 신을 높여 부르는 말이다. 이밖에도 많은 대감들이 있으며, 새로운 문화와 더불어 대감의 수는 계속 증가하고 있다. 예컨대 자동차 대감, 암 대감 등이 그것이다.

5. 전내신(殿內神)

서울 안의 늙은 여인네 무리가 관성제군(關聖帝君)[26]이 자기에게 내렸다고 자칭하면서 사당을 짓고 신상(神像)을 받들었다. 이들은 점을 묻는 사람이 가거나, 푸닥거리를 하려는 사람이 가면 금전을 받아 생계를 영위하였다.[27]

6. 손각씨(孫閣氏) 귀신

세속에 전하기를 손씨 집안에 규수가 있었는데 출가하지 못하고 죽었는데, 이를 일컬어 손각씨 귀신이라 했다 한다. 이 귀신을 섬기는 집에서는 처녀가 있어 출가시키고자 한다면 먼저 여자 무당에게 부탁하여 예탐신사(預探神祀, 여탐굿)을 행하였다. 이는 대개 신의 뜻을 미리 알아본 뒤에 출가시킨다는 것이다. 혼인 예복을 만들 때에는 옷감의 한쪽 끝을, 마치 양복점의 옷감 견본처럼 조금 잘라서 신을 모시는 상자 속에 넣어두며, 무릇 음식과 새로운 물건이 생기면 반드시 먼저 진상하였다. 대개 각시란 규수에 대한 명칭이며, 손은 곧 손님이라는 뜻으로 외부로부터의 침해를 말하는 것이다. 손각씨를 모시는 방법은 여자 인형을, 마치 여자아이들이 가지고 노는 자고(紫姑)[28]처럼 만들고, 연두색 저고리에 다홍치마를 입히고, 화장

---

26) 중국 삼국시대 촉나라의 장수 관우를 신으로 받들 때 부르는 이름이다. 관우 신앙이 유행함에 따라 송에서는 왕으로 봉했고(1123년 의용무안왕으로 봉한 것이 시초), 명에서는 1614년 '삼계복마대제신위원진천존'이라 하여 제(帝)로 봉했다. 그래서 관우를 관왕, 관제라고 한다.
27) 관우를 전내신이라 하는 이유에 대해서는 제7장 주 98 참조.
28) 자고(紫姑)란 중국의 측신(廁神), 즉 화장실의 신이다. 당나라 수양자사(壽陽刺史) 이경(李景)의 첩으로 이름은 하미(河媚). 본처에 의해 변소에서 살해당했으므로 영혼이 변

도구를 모두 생시에 쓰는 것과 똑같이 만들어 종이상자에 넣어 대나무 그릇에 간직하고, 수시로 무녀를 불러 신사(神祀)를 행하여 이를 달랜다. 우리 한국의 지방풍속에 처녀가 출가 전에 죽으면 그 장례방법이 자못 기이했으니, 메밀과 밀가루 떡으로 신체의 일곱 군데 구멍[29]을 막고, 또 양손에는 떡을 쥐어주고 남자 옷을 입힌 다음, 베로 자루를 만들어 그 속에 신체를 넣고, 십자로의 가운데에 묻는다. 이것은 대개 손각씨 귀신이 되는 것을 방지하기 위한 것이다.

7. 목멱산신사(木覓山神祠)[30] [남산(南山)의 국사당(國師堂)]

『조선왕조실록』[31]에 의하면 태조 4년(1395) 겨울 12월 무오(29일)에 이조(吏曹)에 명하여 남산을 목멱대왕(木覓大王)으로 봉하고, 경대부(卿大夫) 및 선비와 서민들은 제사하지 못하게 했다.

『신증동국여지승람』[32]에 의하면 목멱신사(木覓神祠)는 목멱산 꼭대기에 있고, 해마다 봄과 가을로 초제(醮祭)[33]를 행한다.

『오주연문장전산고』[34]에서 이르기를 "서울의 목멱산 잠두봉(蠶頭峰)의

소를 떠나지 않는다고 한다. 신에 대한 의례는 정월 보름날 신의 인형을 만들어 바치는 것이다. 여기서 인형을 가지고 노는 소꿉장난을 자고놀이라 하게 되었다. 이규경 『오주연문장전산고』 권 55, 「자고희변증설」; 馬書田 『中國民間諸神』(團結出版社 1997) 275~76면.
29) 사람 머리에 있는 7개의 구멍. 즉 귀·눈·입·코 등을 말한다.
30) 서울 남산의 다른 이름. 남산을 인경산이라고도 했다.
31) 『태조실록』 권 8(국편본 1-88).
32) 권 3, 한성부 사묘.
33) 도교식 제사.
34) 권 43, 「화동음사변증설」의 일부이다.

국사당(國師堂) 음사(淫祀)는 다음과 같다. 목멱산신을 제사할 때 전사청
(典祀廳)[35]에서는 이를 국사당(國師堂)이라 사칭(私稱)하고, 고려 공민왕·
본조(本朝)의 승려 무학(無學)·고려 승려 나옹(懶翁)·서역(西域) 승려 지
공(指空)[36]의 상(像) 및 기타의 여러 신상을 걸어놓았다.[37] 또 맹인의 상과
여자아이의 상도 있는데, 여자아이를 천연두의 신이라 하면서 신 앞에 화
장품 종류를 놓아두었고, 대단히 추악했다. 그러나 기도가 자못 성행하여
나라에서도 금하지 못했다."[38]

8. 백악산(白岳山) 정녀부인묘(貞女夫人廟)

『천예록(天倪錄)』[39]에서 이야기했다. "석주(石洲) 권필(權韠)[40]이 어렸
을 때, 일찍이 백악산(白岳山)[41]에 놀러간 적이 있었다. 그 산꼭대기에 한
신당이 있었는데, 곧 세상에서 말하는 정녀부인(貞女夫人)의 사당이었다.
그 안에는 영정을 모셔놓았으며, 기도하는 사람들이 길을 이었다. 석주가

---

35) 1472년(성종 3) 각종 국가제사의 제물 주관 등을 위해 설치한 관청.
36) 인도 출신의 승려로 1326년(충숙왕 13) 고려에 와서 대단한 각광을 받았고, 나옹화상
혜근에게 법을 전했다.
37) 조선 정조 때 편찬된 『한경지략』 사묘조(서울시사편찬위원회 2000, 71면)에 의하면
춘추로 목멱신사를 치제할 때는 무학의 화상을 지각(池閣)에 옮겨놓는다고 했다.
38) 목멱신사, 일명 국사당은 현재 남산 정상 팔각정이 있는 곳에 한강을 향해 서남향으로
지었다고 한다. 그리고 창건에 대해서는 조선 태조가 잠저 시에 왕위에 오를 것을 예언
했던 함경도 영흥의 노파 모녀의 영혼을 위로하기 위해 지은 것으로 전한다. 목멱신사는
1925년 일제가 그 아래에 조선신궁을 지으면서 이건(移建)을 강요해 지금의 서울시 서
대문구 현저동 산1번지로 옮겼으니, 서울의 대표적인 굿당인 국사당이 이것이다. 서울시
사편찬위원회『서울육백년사』문화유적편(서울시 1987) 627면.
39) 제43화「훼열영정종건보(毀裂影幀終見報)」의 인용이다.
40) 조선중기의 시인. 생몰년 1569(선조 2)~1612년(광해군 4). 석주는 그의 호.
41) 서울 경복궁의 뒷산. 북악이라고도 한다.

분개하면서 말하기를 '저것이 어떤 계집이기에 이리도 괴이하고 황당무계한가. 하늘과 땅의 귀신들이 밝게 두루 늘어서 있거늘, 어찌 네까짓 여자 귀신이 제멋대로 하면서, 맑고 밝은 세상에 위엄을 부리며 복을 줄 수 있단 말인가' 하고는 그 영정을 찢어버렸다. 석주는 그날 밤 꿈을 꾸었는데, 한 부인이 흰 저고리 푸른 치마를 입고 노기를 머금고 나타나 말하기를 '이 몸은 천제(天帝)의 딸인데, 천제를 모시는 국사(國士)에게 시집을 와서 정녀부인이라는 칭호를 받았다. 고려의 운이 이미 가고, 하늘이 이씨[42]를 도와 한양으로 도읍을 옮기도록 하면서, 천제께서는 국사에게 명하여 목멱산에 내려가 동쪽 땅을 지키도록 했다. 때문에 이 몸이 국사를 그리워하는 마음을 어쩌지 못하게 되니, 천제께서 그 마음을 불쌍히 여겨 백악으로 내려가는 것을 허락하셔서, 목멱산과 마주볼 수 있도록 했다. 이 몸이 이 땅에 산 지 3백년이나 되었는데, 결국에는 네까짓 어린놈에게 능멸을 당하였으니, 내 장차 천제께 하소연할 것이며, 수십년 뒤에 마땅히 돌아와서 너를 위태롭게 할 것'이라 했다. 그뒤 마침내 석주는 시로 인해 화를 입고,[43] 체포되어 고문을 당하였으며, 결국 북새(北塞)[44]로 귀양을 가게 되었다. 저녁에 서울 동쪽의 여관에서 유숙하는데, 한 부인이 머리맡에 서 있었으니 곧 전날 꿈에 나타난 그 사람이었다. 부인은 석주의 귀에 대고 말하기를 '그대는 나를 모르겠느냐? 내가 바로 정녀부인이다. 내가 오늘 한번 보복을 하겠다'고 했다. 그날 저녁 석주는 결국 죽고 말았다."

---

42) 조선왕조를 건국한 태조가 이씨라는 것을 말한다.
43) 광해군의 처남 유희분 등 유씨 일당이 세력을 휘두르는 것을 풍자한 「궁류시」를 지었다가 광해군의 분노를 싸서 해남으로 귀양가는 도중 동대문 밖에서 행인들이 동정으로 주는 술을 폭음하고 이튿날 44세를 일기로 세상을 떴다.
44) 함경도. 그러나 권필이 유배가기로 된 곳은 전라도 해남이다.

9. 숙청문(肅淸門)의 신상[숙청문은 본래 숙정문(肅靖門)이다]

유득공(柳得恭)[45]의 『경도잡지(京都雜誌)』[46]에서 이르기를 "서울 도성의 북문을 숙청문(肅淸門)[47]이라 하는데, 늘 닫아 두고 사용하지 않아서 시내와 골짜기가 깨끗하고 조용했다. 상원(上元)[48] 전에 여염집 부녀자들이 이 문에 세 번 놀러 가는데, 액을 막기 위해서라고 말한다" 했다.

이규경의 『오주연문장전산고』[49]에서 이르기를 "숙청문은 국도의 북문으로, 금기에 구애되어 닫아두고 열지 않는다. 만일 이 문을 열면 도성 안에 상중(桑中)[50] 하간(河間)[51]의 변고가 많이 일어나기 때문에 굳게 닫아두고 사용하지 않는다고 한다. 문기둥에 여러 신상을 걸어놓았으며, 연초에는 여염집 부녀자들이 모여들어 복을 빌었다"고 했다.

---

45) 조선후기의 실학자. 생몰년 1749(영조 25)~?.
46) 서울의 문물제도와 풍속·행사를 기술한 책. 아래 인용문은 권 2, 세시 상원의 일부이다.
47) 백악의 동쪽 마루턱에 위치한 도성의 북문으로, 도성의 다른 문들과 같이 1396년(태조 5)에 건립되었다. 그러나 1413년(태종 13)부터 풍수지리설적인 이유 때문에 항상 닫아 두고 통행을 금지했다.
48) 음력 정월 보름날.
49) 권 43, 「화동음사변증설(華東淫祀辨證說)」의 일부이다.
50) 상중(桑中)은 『시경』 국풍 가운데 용풍(鄘風)에 수록된 시의 제목으로, 위나라 지배층의 음란함을 풍자한 것이다. 따라서 숙청문을 문 열면 사람들이 음란해진다는 의미이다. 그것은 이 문이 북문이며, 북은 음양 중 음에 해당하기 때문에 음기가 도성에 밀려온다는 논리인 것 같다.
51) 지금의 하북성 헌현(獻縣) 하간시(何間市) 일대에 대한 옛 지명. 그러나 여기서 하간이 어떤 의미로 사용되었는지는 알 수 없다.

10. 인왕산(仁王山)의 칠성당(七星堂)

『오주연문장전산고』52)에서 이르기를 "서울 도성 안 인왕산 칠성암(七星菴)에는 신당이 있는데, 기도하러 사람들이 날마다 온다. 선비가 만약 재계하고 기도를 하면 반드시 과거에 급제한다고 하는 까닭에 유생들이 종종 가서 기도한다"고 했다.

11. 가택신(家宅神)

예(禮)에는 오사(五祀)가 있으니, 2월에는 호(戶)를 제사하고, 5월에는 부엌을 제사하고, 6월에는 땅을 제사하고, 8월에는 문을 제사하고, 11월에는 우물을 제사했는데, 모두 불변의 법도가 있었다.53) 이로 미루어 집에는 호신(戶神)이 있고, 부엌에는 조신(竈神)이 있으며, 땅에는 토신(土神)이 있고, 우물에는 우물신이 있으니, 집안 내에 신이 없는 곳이 없다. 이들을 합쳐서 말하면 모두 가택신이다. 그리고 우리나라 풍속에서 집집마다 받드는 신의 이름으로는 성주신(城主神) · 토주신(土主神) · 제석신(帝釋神) · 업왕신(業王神) · 수문신(守門神) · 조왕신(竈王神)이 있다.

(1) 성주신(城主神)

성주(城主)란 가택의 신을 모두 관할하는 신의 명칭이다. 민속에는 10월

---

52) 권 43, 「화동음사변증설」의 일부이다.
53) 5사에 대한 설명은 『예기』에 자세히 보인다. 즉 『예기』, 「제법」에는 제후가 나라를 위해 사명(司命) · 중류(中霤) · 국문(國門) · 국행(國行) · 태려(泰厲)를 제사한다 했다. 또 「월령」에서는 계춘에 호(戶), 계하에 조(竈), 중앙토(中央土)에 중류(中霤), 맹추(孟秋)에 문(門), 맹동(孟冬)에 행(行)을 제사한다고 했다. 이 중 후자가 「조선무속고」에 가까우나 다른 점도 있다. 그러므로 「조선무속고」의 5사는 어디에 근거한 것인지 모르겠다.

[10월을 상달이라고 한다]에 무당을 시켜 기도하는 것을 안택(安宅)이라 한다. 안택신사의 한 부분으로 성주석(城主釋, 속칭 성주풀이며, 풀이를 의역하면 석釋이 된다)이 있으며, 혹은 '성주받이 굿'이라고도 하는데, 그 뜻을 번역하면 성주신을 받들어 위안하는 일이 된다.[54] 성주받이는 지방에 따라 풍속이 다른데, 서울에서는 흰 종이에 동전을 싸고 첩절(帖折)[55]을 만들어 여기에 깨끗한 물을 부어서 대들보에 붙여놓고 마르기 전에 흰쌀을 던져 그 위에 붙인다.[56] 충청북도는 서울식과 같으나 다만 상주(上柱, 세속에서 가옥의 가운데 기둥을 상주라 한다)에 붙인다. 평안도와 함경도에서는 쌀을 항아리에 담아 대들보 위에 봉안한다.

인가(人家)에서는 10월을 상달이라 하여 무당을 데려다가 성조신(成造

---

54) 성주신에 대한 신사는 크게 두 가지가 있는데, 하나는 성주신을 처음 봉안하는 것이며, 다른 하나는 해마다 정기적으로 거행하는 것이다. 성주신을 처음 봉안하는 의례를 '성주받이' '성주맞이'라 하는데, 집을 새로 지었거나 이사했을 때 거행한다. 한편 정기적 의례를 안택 · 고사라 하는데, 안택은 정월 중에 고사는 10월 중에 많이 행해진다. 김태곤 「성주신앙」, 『한국민간신앙연구』(집문당 1983) 50~77면.
55) 종이를 접은 것이 아닌가 한다.
56) 서울지역의 성주 봉안에 대해서는 다음과 같은 기록이 참고가 된다.
"성조(成造) 봉안(奉安)의 행사인데, 우선 흰 종이 석 장을 포개고, 여기에 남성조(男成造)를 위해 엽전 3매, 여성조(女成造)를 위해 삼색 실을 넣어서 싸고, 물을 탄 술로 그 종이를 적셔 대청 대들보에 붙인 다음, 쌀을 세 번 던진다. 이때 처음에는 '일천 석이요'라 외치고, 두번째는 '이천 석이요', 세번째는 '삼천 석이요'라고 외친다. 다음에는 흰 종이 석 장을 태우고, 술 석 잔 · 쌀밥 세 그릇을 바치며, 마지막으로 성조대도감상(成造大都監床) 앞에 있는 솥을 받들고 절하면서 성조 봉안의 행사를 바친다." 赤松智城 · 秋葉隆 『朝鮮巫俗の硏究』 下(大阪屋號書店 1938) 162면.
"무녀는 생솔가지 가운데쯤에 백지 1매를 잡아맨 '성주대'를 잡고 뜰에 나가 성주신을 맞아들여 놀리고 나서 성주신의 좌정처를 그 대가 지적하게 되면 대에 매달았던 백지를 풀어 동전을 넣고 접어 뭉쳐서 청수(淸水)에 적시어 성주대가 가리킨 상량(上樑) 밑의 벽이나 양주(樑柱)의 상부에다 붙이고 쌀을 손으로 한줌 집어 세 번 뿌리며 재복을 많이 점지해달라는 내용의 주언(呪言)으로 '천석 만석 불려 줍소사'라고 한다." 김태곤 「성주신앙」, 『한국민간신앙연구』(집문당 1983) 53면.

神)을 맞이하는데, 떡과 과일을 차려놓고 집안의 평안을 빈다. (홍석모洪錫謨57)가 지은 『동국세시기(東國歲時記)』)58)

요즈음 민가에서는 해마다 10월 농사가 끝나면 햇곡식으로 큰 시루떡을 찌고 이와 함께 술과 과일을 차려놓고 굿하는 것을 성조(成造)라 한다. 성조란 것은 나라를 조성한다는 뜻이다. 이것은 단군이 백성들에게 처음으로 거처의 제도를 가르쳤고 궁실을 조성하였으므로, 인민이 그 뿌리를 잊지 않기 위해 반드시 단군이 단목(檀木)에 내려온 달59)에 신의 공로에 보답하는 굿을 한다. (대종교에서 편찬한 『신단실기(神檀實記)』)60)

이능화가 말한다. 지금 성주풀이 무가를 가지고 시험삼아 그 뜻을 풀어 보면 '안동(安東)의 제비원61)은 신의 본향일세. 소나무를 심었구나, 저 높은 언덕에. 태어나고 자라서 마룻대와 대들보가 되었다. 나무를 베었구나, 위 산의 남쪽에서. 뗏목을 만들었구나, 아래 물 다리에서'[이 아래는 횡설수설하고 갈팡질팡하여 뜻이 통하지 않으므로, 번역을 여기서 그친다62) 등의 말이 있는

---

57) 조선후기의 학자. 생몰년 1781(정조 5)~1850년(철종 1).
58) 한국의 세시풍속을 정리한 책. 그 서문을 이자유가 쓴 연대가 1849년(헌종 15)인 점으로 미루어 그 전에 완성되었다고 짐작된다. 조선시대에 저술된 세시기 중 가장 자세하나, 한국의 풍속의 연원을 설명하면서, 중국에 견강부회한 흠도 있다. 위의 인용문은 「십월 월내」의 기사이다.
59) 대종교에서는 단군이 10월 3일 단목(檀木), 즉 박달나무를 통해 지상에 내려왔다고 한다.
60) 대종교의 2대 교주 김교헌(1868~1923)이 편찬하여 1914년에 간행한 단군 관계 자료집. 위 기사는 『신단실기』 중 「고속습유(古俗拾遺)」의 인용이다.
61) 경북 안동 서북방 니천동에 있는 지명. 이곳에는 고려시대에 조성된 높이 15m의 거대한 자연석 미륵불(보물 115호)이 있는데, 이 미륵불 옆에서 자라난 소나무 씨가 전국에 퍼져 성주의 본향이 되었다는 전설이 있다. 그리고 미륵불 옆에는 연미사라는 절이 있는데, 이에 대해서는 절을 완성하지 못하고 죽은 목수의 넋이 제비가 되어 날아갔다는 전설이 있다. 오숙자『제비원 성주풀이』(전원문화사 1995) 43~62면.
62) 성주신의 본풀이 무가는 두 가지가 전한다. 하나는 주인공 황우량이 천하궁에 집을 지으러 간 사이에 소진랑이라는 악한이 그의 부인을 빼앗으려 했는데, 이를 황우량이 물리

데, 대개 집을 조성하는 뜻이 있다 그렇지만 신 이름 성주(城主)나 토주(=터주土主)는 다음과 같이 해석하는 것이 마땅하다. 대개 주(主)란 성지(城池)와 인민을 주관하는 것을 말하는 것이니, 곧 성황신과 의미가 같다. 그러므로 무당의 타령(妥靈, 무가를 속칭 타령이라 하는 것은 대개 성주신사에서 유래한다)은 산천의 신들을 불러 청하는 데 주안점을 둔다. 이것을 가지고 추측해보면 그 뜻을 알 수 있다.[63] 또 조상의 분묘가 있는 고향이면 그 군수에 대하여 성주(城主)라 칭하고, 만약 조상의 분묘는 없고 주택만 있다면 그 군수에 대하여 토주(土主)라 칭하니, 대개 성주의 뜻은 넓고 토주의 뜻은 좁다. 가택신을 성주·토주라 칭하는 것 또한 이와같을 따름이다.

(2) **토주신(土主神)**[64]

우리 풍속에서는 인가에서 토주신(土主神)을 받드니, 그 방법을 보면 쌀과 베를 볏짚에 넣어 부엌 뒷벽에 놓아 둔다. 무릇 가정에서는 비단을 한 필 사와서 그 앞부분[속명 토꼇을 잘라 신을 모신 볏짚에 매달아 두는데, 마치 국수가게의 사지(絲紙) 모양과 같다[요즈음 풍속에 국수가게에서는 종이를 잘라 걸어놓는데, 이 사지를 가리켜 초패(招牌)라 한다]. 10월에 농사가 끝난 뒤 안택신사(安宅神祀)에서 무녀는 먼저 성주를 모시고, 나중에 토주를 모신다. 그러므로 토주풀이를 '뒷전풀이'라 한다.

치고 재결합하면서 부부가 각각 성주신과 터주신으로 좌정했다는 내용이다. 다른 하나는 주인공 성조가 부인을 구박한 죄로 귀양을 갔다 왔는데, 그동안 심어둔 소나무가 자라 집을 짓고 내외가 성주신이 되었다는 것이다. 서대석 「성주풀이 연구」, 『한국신화의 연구』(집문당 2001) 289~321면.
63) 무슨 의미인지 이해가 안된다.
64) 보통 터주신이라고도 하며, 집터를 주관하는 가신(家神)이다. 주로 여신으로 여겨지고 있으며, 성주신의 부인이라는 전승도 있다.

(3) 제석신(帝釋神)

제석신[65]의 근원을 따져보면 불교 풍습에서 유래했다. 대개 『삼국유사』가 인용한 「고기(古記)」의 '환국(桓國)'이라는 말에 대해 일연선사(一然禪師)[66]『삼국유사』의 저재가 주를 달기를 '제석을 말한다'고 했다. 이 글자를 근본으로 여기면서 잘못이 잘못을 낳아, 마침내는 환국(桓國)의 신시(神市)란 지명이 천왕(天王)인 제석으로 탈바꿈했다.[67] 그런데 요즈음 무당의 부채에는 세 부처가 그려져 있는데, 말하기를 삼불제석(三佛帝釋)이 바로 이것이라 한다. 제석신을 받드는 것은 성주신·터주신을 받드는 것과 그 방법

---

65) 제석은 고대 산스크리트어 사카라 데바남 인드라(Sakara devanam indra), 한역(漢譯) 석제바인타라(釋迦提婆因陀羅)의 약칭. 제석은 원래 인도의 리그 베다(Rig-Veda)시대의 최고 신이며 벼락을 무기로 하는 인드라(Indra)였는데, 불교에서 이를 흡수하여 수미산 꼭대기에 있는 도리천의 왕으로 4천왕과 32천을 통솔하고 불법을 보호하는 신으로 신앙했다.

한국의 민속종교에서도 일찍부터 제석을 신앙대상으로 수용했지만, 그 성격은 불교의 그것과 상당히 다르다. 이에 대해 제석은 단군인 동시에 자식을 점지하는 삼신이라는 설명도 있지만(『무당내력』 서울대 규장각 1996, 33·51면), 농경신 내지 생산신으로 보는 것이 일반적이다. 또 제석신의 유래를 설명하는 서사무가도 전해지는데, 「제석본풀이」가 그것이다. 이것은 당금애기가 도승의 자식 삼형제를 낳아, 당금애기는 삼신이, 삼형제는 삼불제석이 되었다는 것이다. 서대석 「제석본풀이 연구」, 『한국무가의 연구』(문학사상사 1980); 홍태한 『서사무가 당금애기 연구』(민속원 2000).

66) 고려후기의 승려. 생몰년 1206(희종 2)~89년(충렬왕 15). 처음 법명은 견명(見明)이며, 사후 보각국존(普覺國尊)이라는 시호가 내려졌다.

67) 『삼국유사』권 1, 기이(紀異) 고조선조에서는 『고기(古記)』라는 책을 인용하여 단군신화를 전하고 있다. 그런데 그 첫 문장이 '석유환국(昔有桓國, 옛날에 환국이 있었다)'이고, 환국에 대한 주석이, '위제석야(謂帝釋也, 제석을 말한다)'이다. 이에 대해 「조선무속고」에서는 이 주석을 잘못된 것으로 보고 있다. 즉 나라 이름인 환국을 신 이름인 제석으로 주석한 것은 잘못이라는 것이다. 나아가 '위제석야(謂帝釋也)'란 잘못된 주석 때문에, 안정복 같은 이는 환국(桓國)을 제석의 일명인 환인(桓因)의 오자로 간주하였고, 안정복의 잘못 때문에 후세 사람들은 환국을 무비판적으로 환인으로 오해하게 되었다는 것이다(이능화 「조선신사지」, 『이능화전집 속집』 영신아카데미 1978, 3면). 그러나 사실은 환인이 옳고, 환국이 『삼국유사』 정덕본의 오자이다.

또한 다르다. 즉 쌀을 흰 항아리[68]에 담아 다락방에 안치하였다가, 해마다 가을에 곡식이 익으면 햅쌀로 바꾸고, 헌 쌀로는 백설기를 쪄서 나물 반찬·술과 함께 제석신에게 바친다. 여자 무당은 노래로 흥을 돋우는데, 이를 제석거리[69]라 한다. 거리란 노랫가락이라는 뜻이다. 제석을 곡식의 주재 신으로 여기는 것은 불교 민속에서 유래한 것이다. 불교 사찰에서는 섣달 그믐날 사찰 사람들이 각자 재미(齋米)[70]를 가지고 모두 곳간[71]으로 와서 제석신의 위패를 만들어 안치하는데, 위패는 다음과 같다.

< 석제환인위(釋提桓因位)

이에 대해 승려들은 세 번 절하고 쌀을 곡간에 바친다. 정월 초하루부터 시작해서 사찰의 별좌(別座, 별좌란 재에 쓰는 쌀을 관장하는 승려, 곧 미두米頭이다)는 매일 아침저녁으로 재[쌀을 가져다가 밥을 지을 때를 할 때면 먼저 석제환인의 위패에 세 번 절을 한 다음에 쌀을 가져다가 밥을 짓는다.[72] 이것은 석제환인이라는 이름이 단군의 할아버지와 서로 혼동되어 있고, 단군은 본래 곡식을 주재하는 자였기 때문에 변하여 제석신이 된 것이다.

---

68) 이를 제석단지 또는 제석항아리라 한다.
69) 큰 굿의 한 부분으로 치러진다. 이때 무녀는 흰 고깔을 쓰고, 장삼과 금란가사를 입으며 염주를 걸고 진행한다. 또 제물도 고기류를 쓰지 않는다. 이렇듯 제석거리는 불교적 색채가 강한 점으로 미루어, 무속에서도 제석신이 불교에서 유래한 신임을 인식했다고 할 수 있다. 이 과정에서 제석신의 유래를 설명하는 서사무가 「제석본풀이」가 가창된다.
70) 재(齋)란 부처님에 대한 공양, 성대한 불공 등 다양한 의미로 사용되고 있으나, 이 경우는 식사를 뜻한다. 예컨대 아침식사를 개재(開齋), 식당을 재당(齋堂)이라 하는 것도 같은 용례이다.
71) 이능화 「조선신사지」, 『이능화전집 속집』(영신아카데미 1978) 3면에 의하면 곳간을 뒤주라 했다.
72) 불교에서도 제석을 주곡신(主穀神)으로 여기는 것은 ① 사찰 주방에 제석신의 위패를 모시는 것이 흔한 일이었다는 점, ② 밥을 먹다가 흘리면 제석신이 흘린 밥풀 앞에 와서 주워 먹을 때까지 눈물을 흘린다는 말 등을 통해 짐작할 수 있다. 편무영 「한국 불교민속의 형성론―제석신앙을 중심으로」, 『한국불교민속론』(민속원 1998) 77면.

(4) 업왕신(業王神)

업왕이란 재물의 신을 말한다. 세속에서는 업양(業樣)이라고도 하는데, 양은 곧 왕이 변한 것이다. 예컨대 세속에서 시왕세계(十王世界)를 십양세계(十樣世界)라 부르는 것과 같다. 세속에서 업왕으로 받드는 것에는 세 가지가 있는데, 인업(人業, 속칭 인업은 그 모습이 작은 갓난아기와 같다)·사업(蛇業)·유업(鼬業, 유鼬는 속칭 족제비이다)이다.[73]

집안 내에 땅을 가려 단을 쌓고, 토기에 벼를 담아 단 위에 둔 다음, 짚을 엮어 지붕처럼 덮은 것을 부루단지(扶婁壇地), 혹은 업주가리(業主嘉利)[74]라 한다[우리 풍속에 쌀을 쌓아둔 것을 노적가리라 한다]. 이것은 곧 재산을 관장하는 신이다 단군의 아들 부루(扶婁)가 현명하고 복이 많았으므로 나라 사람들이 재물의 신으로 받들었다 한다. (『신단실기(神檀實記)』)[75]

이능화가 말한다. 업왕가리(業王嘉利)[76]는 그 뜻이 보통때 보던 것에서 벗어나지 않는다. 다시 말해서 곡물을 쌓은 곳에서는 뱀이 서려 있거나 족제비가 사는 것을 흔히 볼 수 있으므로, 사람들은 이를 곡식 지키는 신이라 여겼고, 마침내는 업왕으로 부르게 된 것이 아닐까? 사업(蛇業)에 대한 이야기는 다음 글과 같다.

「금강산영원암[77]이적기(金剛山靈源庵異蹟記)」에서 말했다. "영원조사

---

73) 이밖에 두꺼비 업도 있다. 김명자 「업신고」, 『두산김택규박사화갑기념 문화인류학논총』(1989) 410~11면.
74) 업주가리를 「조선무속고」에서는 업왕가리(業王嘉利)로 잘못 보았기 때문에, 업주가리를 업왕의 신체로 이해했다.
75) 「삼신상제(三神上帝)」라는 항목의 인용이다.
76) 업주가리를 잘못 인용한 것이다.
77) 강원도 회양군 장양면 장연리 20번지에 있는데, 유점사의 말사인 장안사의 부속 암자

(靈源祖師)⁷⁸⁾의 성은 김씨(金氏)요, 경주 사람이다. 어려서 출가하여 동래(東萊) 범어사(梵魚寺)의 명학선사(明學禪師)에게서 머리를 깎았으며, 여러 해 동안 명학선사를 모셨다. 하루는 홀연히 발심(發心)하고서 길을 떠나 여러 산을 유람하면서 유적이 오래된 것은 반드시 찾아보았으며, 승려로서 고명한 사람은 반드시 찾아뵈었다. 마침내 이곳에 이르러 숨어서 선업(禪業)을 닦았다. 하루는 참선을 하는 중 갑자기 남혈봉(南穴峰) 아래에서 죄를 다스리는 소리가 들렸는데, 천지를 진동시켰다. 조사는 참선중에도 귀를 기울여 자세히 들어보니, 염라대왕이 스승 명학을 빨리 위로 올라오게 하여 죄를 열거하면서 문초하고 있었다. 조금 있다가 금빛 뱀이 되는 업보를 받도록 명령하고, 업경대(業鏡臺)⁷⁹⁾에 가두었다. 조사가 선정에서 나와 잘 생각해보니, 스승이 속세에 있을 때 탐욕이 많아 마침내 이 지경에 이른 것이었다. 이로부터 하루에 세 번씩 금사굴(金蛇窟) 앞에 가서 머리를 조아리고 눈물을 흘리면서 신주(神呪)⁸⁰⁾를 외웠다. 어느 날 갑자기 금빛 뱀이 보이지 않았는데, 조사가 다시 참선에 들어보니, 전세의 탐욕에 대한 업보가 아직 없어지지 않아 범어사 창고의 물건을 가서 지키고 있었다. 조사는 마침내 짐을 챙겨 남쪽으로 가서 스승을 위하여 범어사에서 49재⁸¹⁾를 베풀었다. 49재를 올리는 저녁에 문도가 죽 한 그릇을 끓이자, 이를 직접 높이 받들고 가서 창고 문을 열었더니, 과연 큰 뱀이 눈물을 흘리며 머리를 조아리고 있었다. 조사가 위로하여 말하기를 '우리 스승께서 인색하고 욕심이 많아 베풀지를 아니했고 인과를 믿지 않아 지금 이 업보를 받고 있으니, 원컨대 법

이다. 신라 때 영원조사가 창건했다고 전한다.
78) 신라시대의 승려이며 영원암을 개창한 것으로 전한다. 권상로 편 『한국사찰전서』 하 (동국대 1979) 832면.
79) 생전의 죄를 비추어보는 거울.
80) 타라니(陀羅尼)를 번역한 말로, 신험(神驗)을 나타내기 위해 외우는 주문.
81) 불교의 망자 천도재. 7일마다 한 번씩 일곱 번 개최한다.

340

식(法食)⁸²⁾을 받고 속히 해탈을 얻으십시오'라 했다. 뱀은 법어(法語)를 듣자 일주문(一柱門) 밖으로 기어 나가, 몸을 일으켜 돌에 머리를 세 번 부딪쳐 죽어버렸다. 조사는 스승의 영혼을 모시고 돌아오는데, 도중에 혹 짐승들이 교미하는 것을 보면 매번 따라 들어가려 했으나, 조사가 대단히 근엄하게 지켰다. 강원도 삼척(三陟) 경내에 이르자 조사는 갑자기 전씨(全氏)의 태중(胎中)에 스승의 영혼을 투입시켰다. 다음날 아침에 조사는 전씨를 방문하여 말하기를 '열 달 후에 반드시 귀한 아들을 낳을 것인데, 일곱 살이 되면 출가하여 수도를 할 것입니다. 그때에 내가 꼭 다시 와서 데리고 가겠습니다' 하고, 말을 마치자 돌아갔다. 7년 후에 약속한 대로 데리고 돌아가 밤낮 육시(六時)⁸³⁾로 선의 이치를 강구하게 했으나, 옛날부터의 습관이 장애가 되어 끝내 깨달음을 얻기가 어려웠다. 이에 조사는 방편(方便)을 사용했는데, 후원(後院) 밀실(密室)에 두고 바늘로 창호지에 구멍을 뚫어놓고 말하기를 '반드시 큰 소가 이곳으로 들어와 너의 생명을 해칠 것이다. 있는 힘을 다해 잘 보고 있다가 들어오지 못하게 하라' 했다. 아이가 이를 확신하고 힘써 노력한 지 어느덧 7년이 흘렀다 하루는 큰 소리로 울면서 말하기를 '창 밖에 소가 있어 창구멍으로 들어오려고 한다' 했다. 조사가 기회가 무르익은 것을 알고 다시 가르치기를 '힘을 다해 지켜서 들어오지 못하게 하라' 했다. 아이는 더욱 용맹을 다해 지켜본 지 7일 만에 소는 창구멍을 통해 들어왔고, 아이는 드디어 대오(大悟)했다. 그래서 아이를 후원조사(後院祖師)라 일컬었다고 한다. 골짜기에는 시왕봉(十王峰)·업경대(業鏡臺)·황천강(黃泉江)·금사굴(金蛇窟)·사자봉(使者峰) 등이 있다."

이 전설은 영원암(靈源庵)과 범어사(梵魚寺)에서 옛날부터 있던 것인데,

---

82) 정해진 계율에 따라 먹는 음식.
83) 하루 낮 하루 밤을 여섯 때로 나누어 신조(晨朝), 일중(日中), 일몰(日沒), 초야(初夜), 중야(中夜), 후야(後夜)라 한다.

대개 재물을 아꼈기 때문에 뱀이 되어 창고를 지켰다는 것이다. 이것은 불교
의 윤회(輪廻)와 인과(因果)의 설이다. 지금도 세상에서는 부유하면서도 인
색한 사람[수전노(守錢虜)]을 일러 "이 사람이 죽으면 꼭 뱀이 되어 재물 창고
나 지킬 것이다"라 하는데, 모두 이와같은 전설에서 유래한 것이다. 대체로
한국에서 신을 섬기는 풍속에는 세 가지 계통이 있으니, 하나는 고대로부터
전해진 무풍(巫風)이고, 둘째는 도교의 기도하고 제사하는 부적과 주문이고,
셋째는 불교의 인과 교리이다. 이들이 혼합되어 풍속을 이루었으므로, 오늘
날에는 어떤 것이 도교의 설이고, 어떤 것이 불교의 설이며, 어떤 것이 무속
의 설인지를 분간하기가 심히 어렵다.

(5) **조왕신**(竈王神)[84]

『논어(論語)』에 "부엌에 아첨한다"는 말이 있다.[85] 대개 부엌이라는 것
은 음식을 삶고 만드는 곳으로 생활상 가장 중요하다. 그래서 신으로 제사
하는 것도 대개 이 때문이다. 이수광(李睟光)의 『지봉유설(芝峯類說)』[86]에
서 말했다. "범치능(范致能)[87]의 「제조사(祭竈詞)」[88]에서 이르기를 '사내
아이가 잔을 올리면 계집아이는 피한다'고 했다. 『패사(稗史)』[89]에 이르기
를 '부엌을 제사할 때는 반드시 부인은 물러나게 한다'라 했고, 또 '부엌신

---

84) 가신의 하나로 부엌을 관장하는 신. 부엌의 솥 뒤쪽 벽에 물을 담은 오지 뚝배기를 신
체로 삼는 경우가 많다.
85) 『논어』, 「팔일(八佾)」에 보이는 구절로 위나라 대부 왕손가(王孫賈)가 공자에게 한 말
이다.
86) 권 17, 인사부 제사의 인용문이다.
87) 송나라 범성대(范成大, 1126~93)를 말하며, 치능(致能)은 그의 자이다.
88) 범성대의 시집인 『석호거사시집(石湖居士詩集)』 권 30(『사부총간정편』 56, 163)에 수
록되어 있으며, 조왕신(부엌의 신)에게 제사하는 제문이다.
89) 전해들은 잡다한 일을 기록한 책이라는 의미로 원나라 구원(仇遠) 『패사(稗史)』, 원나
라 서현(徐顯) 『패사집전(稗史集傳)』 등이 있다. 이 중 『패사집전』(『신편총서집성』 102,
사지류)을 확인했으나, 이와같은 인용문은 없었다.

은 항상 그믐날 하늘로 올라가 사람의 죄상을 사뢰고, 또 기축일(己丑日) 묘시(卯時)에도 하늘의 관청으로 올라가는데, 이날에 제사지내면 복을 얻는다'고 하였다. 중국 사람들은 모두 부엌을 제사하기 때문에, 주자(朱子)[90]에게도 「부엌신을 제사하는 제문(祀竈神文)」이 『가례의절(家禮儀節)』[91]에 수록되어 있는데, 마땅히 이를 본받아 행해야 할 것이다."

이능화가 말한다. 지봉 이수광은 신을 제사하는 일들에 대해 모두 옳지 못한 일이라고 배척하면서 오직 부엌신에 대해서만 중국 사람들이 제사했고, 주자도 이를 제사했다고 하여 당연히 모방하여 행해야 한다고 운운했다. 이는 자기 정견 없이 중국인들이 남긴 먼지만 헛되이 받드는 것이다. 이러한 폐단은 비단 이수광만이 그런 것이 아니라 조선의 유학자들 역시 모두 그렇지 않은 자가 없다. 우리 풍속에서는 부엌에 제사할 때 단지 당반(鐺飯, 속칭 노구메)[92]을 사용했고, 또 혹은 장등(長燈)을 밝혔는데 이를 일컬어 인등(因燈)이라 한다. 인등이란 곧 신등(神燈)을 말한다. 단군의 아버지 환인천왕(桓因天王)[93]이 신시(神市)의 제사 주관자였으므로, 인(因)을 신이라 하는 것은 분명히 신시로부터 전해진 것이라 하겠다.

(6) 수문신(守門神)

『산해경(山海經)』[94] 대황북경(大荒北經)에서 이르기를 "대황(大荒) 가

---

90) 남송시대의 학자로 성리학을 집대성한 주희(朱熹, 1130~1200)를 높여서 부르는 칭호이다.
91) 명나라 구준(丘濬)이 『주자가례』에 대해 주석한 책이다.
92) 노구란 놋쇠나 구리쇠로 만든 작은 솥을 말하며, 노구메란 신령에게 제사하기 위하여 노구솥에 지은 메밥을 뜻한다.
93) 환웅천황이라고 해야 한다.
94) 중국 고대의 지리서인 동시에 신화·전설집. 저자와 저술 연대는 미상이나, 전국시대에서 전한 초기에 걸쳐 초(楚, 지금의 호북·호남성) 지역의 여러 사람들에 의해 지어졌

운데 산이 있는데 이름을 형천(衡天)이라 한다. 또 선민산(先民山)이 있는데, 가지가 천리에 뻗친 나무가 있다" 했다. 이에 대한 학의행(郝懿行)[95]의 주석은 다음과 같다. "학의행의 생각에는 『대대례기(大戴禮記)』[96] 「오제덕편(五帝德篇)」에서 '동쪽으로는 반목(蟠木)에 이르렀다'라 했고,[97] 『사기(史記)』[98] 「오제기(五帝紀)」에도 같은 말이 있는데, 이것이 『산해경』에서 말하는 천리에 뻗친 나무가 아닌가 한다. 유소(劉昭)[99]의 예의지(禮儀志)[100]에서 이 경을 인용하여 이르기를 '동해 중에 도삭산(度朔山)이 있고, 그 위에는 큰 복숭아나무가 있는데 꼬불꼬불 서린 것이 3천리이다. 그 낮은 가지에 난 문을 일컬어 동북귀문(東北鬼門)이라 하는데, 온갖 귀신이 출입한다. 문 위에는 신인(神人)이 둘 있는데, 하나는 신도(神荼)라 하고, 다른 하나는 울뢰(鬱儡)라 한다. 주로 귀신의 무리들이 사람들에게 해악을 끼치는 것을 가려내고 다스려서 갈대로 만든 새끼에 묶어서 호랑이의 먹이로 썼다. 황제(黃帝)[101]가 이것을 본받아서 귀신을 쫓아낸 다음에는 대문 위에

다는 설이 유력하다.
95) 청나라 중기의 학자. 생몰년 1755~1823년. 아래의 주란 그의 저술인 『산해경전소(山海經箋疏)』의 일부이다.
96) 전한시대 대덕(戴德)이 편찬한 예에 관한 문헌. 그의 조카 대성(戴聖)이 편찬한 『소대례기(小大禮記)』(즉 『예기』)와 구별하기 위한 명칭이다.
97) 중국의 전설적 제왕인 5제의 한 명인 전욱(顓頊)이 용을 타고 순행한 범위를 말하면서 동쪽으로는 반목까지 갔다고 했다. 이 반목(蟠木)은 『산해경』의 반목, 즉 '가지가 천리에 뻗친 나무'와 글자는 다르지만 음이 같으므로 동일시할 수 있다는 논리이다.
98) 전한시대 사마천(司馬遷, BC 145?~86?)이 저술한, 오제에서 한 무제까지의 역사를 기술한 기전체 사서.
99) 남조 양나라의 학자. 범엽(范曄, 398~445)의 『후한서』에 최초로 주를 붙였다. 뿐만 아니라 『후한서』에 지(志)가 없는 것을 보충하기 위해 사마표(司馬彪)의 『속한서』 중 8편의 지를 30권으로 나누어 범엽의 『후한서』에 포함시키고, 이에 대해서도 주석하여 전 180권의 『집주후한서(集注後漢書)』을 완성했다.
100) 유소(劉昭)가 증보한 『후한서』 예의지(禮儀志)를 말하며, 아래 인용문은 『후한서』 지 권 5, 예의(중), 대나조에 대한 주석이다.

도경(桃梗)¹⁰²⁾을 세우고 신도와 울리가 갈대로 꼰 새끼를 가지고 흉한 귀신을 막는 모습을 그렸으며, 또 호랑이를 문에 그려 귀신을 잡아먹게 했다' 한다. 『논형(論衡)』¹⁰³⁾의 「정귀편(訂鬼篇)¹⁰⁴⁾에서 이 경을 인용하였는데 내용은 대체로 같다.¹⁰⁵⁾ 왕충과 유소가 인용하고 있는 것을 보면 『산해경』의 이 구절은 없어진 것이 아닌가 한다.¹⁰⁶⁾ 『태평어람(太平御覽)』¹⁰⁷⁾ 권 967에서도 「한구의(漢舊儀)¹⁰⁸⁾를 전재(轉載)하면서 이 경을 인용하였는데, 역시 왕충·유소와 같다. 육기(陸機)¹⁰⁹⁾가 지은 「만가시(挽歌詩)」¹¹⁰⁾에

---

101) 중국의 전설적인 제왕. 중국의 역사는 황제에서 시작된다는 인식이 있어, 중국인의 시조로 여기기도 한다.
102) 복숭아나무를 깎아 만든 인형. 도경에 대한 기록이 『전국책(戰國策)』 제책 3에 처음 보이는 점으로 미루어, 도경을 세워 악귀를 막는 풍습은 전국시대에 이미 유행하고 있었던 것으로 짐작된다. 中村喬 「春聯と門神」, 『中國歲時史の硏究』(朋友書店 1993) 2〜4면.
103) 후한의 학자 왕충(王充, 27〜97?)의 저술. 합리적 정신에 입각하여 저술한 사상서로 전 30권.
104) 『논형』 권 22에 수록되어 있으며, 귀신은 환상에 불과한 것임을 논증하고 있다.
105) 『논형』 난용편(亂龍篇)에도 유사한 기록이 있다. "상고지인(上古之人) 유신도울루자 곤제이인(有神荼鬱壘者昆弟二人) 성능집귀(性能執鬼) 거동해도삭산상(居東海度朔山上) 입도수하(立桃樹下) 간열백귀(簡閱百鬼)."
106) 현재 유통되고 있는 『산해경』에는 보이지 않는 문장이므로 원래 있었던 것이 『산해경』이 전해지는 과정에서 빠졌다는 의미이다.
107) 송나라 이방(李昉) 등이 태종의 명령을 받아 태평흥국 2〜8년(977〜983)에 편찬한 일종의 백과전서. 천부(天部)에서 백훼부(百卉部)까지 모두 55부로 구성되어 있으며, 모두 1천권이다. 이 중 제967권은 「과부果部 4, 도桃」이다.
108) 후한 위굉(衛宏)이 지은 한대의 관제를 정리한 책이다. 원본은 산일되었으나 청나라 손성연(孫星衍)에 의한 집본(輯本)이 『한관육종(漢官六種)』(중화서국 1990)을 통해 전해지고 있다.
109) 서진시대의 시인이며 관리. 생몰년 261〜303년. 자인 사형(士衡)으로도 널리 알려져 있다.
110) 『문선(文選)』에는 육기(陸機)가 지은 「만가시」가 모두 세 편이 수록되어 있는데, 그중 두번째 시의 '금탁만귀향(今託萬鬼鄕)'이라는 구절의 주석에 『산해경』 인용이 보인다. 그

대한 이선(李善)¹¹¹⁾의 주에서도 이 글을 인용하여 '『해수경(海水經)』¹¹²⁾에 이르기를 동해 중에 산이 있는데 이름이 도색(度索)이다. 산 위에는 큰 복숭아나무가 있고 동북으로 뻗은 가지를 일컬어 귀문(鬼門)이라 하는데, 온갖 귀신이 모여드는 곳이다'라고 했다. 『사기』, 「오제본기(五帝本紀)」의 주¹¹³⁾에서도 역시 이 글을 인용하였는데, 이를 「해외경(海外經)」에서 인용했다 한 것은 대체로 잘못이다."

『유서(類書)』¹¹⁴⁾에 이르기를 "황제(黃帝) 시절에 형제 두 사람이 있었는데, 형의 이름은 신도(神荼)이고 동생의 이름은 울루(鬱壘)인데 귀신을 죽이기를 잘했다. 후세 사람이 바다 가운데의 도삭(度朔) 방면에 이르러 보니, 큰 복숭아나무가 있는데, 3천리에 걸쳐 서려 있었다. 그 아래 두 신이 있었는데, 나란히 풀로 엮은 새끼를 쥐고서 상서롭지 못한 것들을 잡아 묶고 있었다. 이러한 까닭으로 섣달 그믐날 도부(桃符)¹¹⁵⁾를 만들어 문에 붙

러나 여기서는 『산해경』을 『해수경(海水經)』이라 했다.
111) 당나라 문신. 생몰년 ?~689년. 남조 양나라 소명태자(昭明太子) 소통(蕭統)이 당시까지 전해지던 대표적인 시문을 모은 『문선(文選)』에 주석을 붙였다. 아래 인용문도 『문선주(文選注)』 권 28, 「만가(輓歌)」에 보인다.
112) 『산해경』을 가리킨다.
113) 남조 송나라 배인(裵駰)의 『사기집해(史記集解)』의 전욱본기(顓頊本紀)에 대한 주이다.
114) 유서(類書)란 비슷한 사항을 모은 책이라는 의미로, 기존 서적으로부터 관련 기사를 항목에 따라 모아 편집·정리한 도서의 총칭이다. 예컨대 하늘에 관한 기사는 천부(天部)에, 동물에 관한 기사는 수부(獸部)에 모아 정리한 것이다. 이러한 서적은 원전의 사상이나 정신을 사상(捨象)하고 모두 동열에 놓는다는 문제점도 있지만, 고사의 검색 등 참고자료로서 유용한 면이 많다. 대표적인 유서로는 『통전(通典)』『태평어람(太平御覽)』『문헌통고(文獻通考)』 등이 있다. 木万尾武 「類書の研究序說(1)」, 『成城國文學論集』 10, 1978 참조.
　그런데 「조선무속고」에서 인용한 유서(類書)는 어느 책을 가리키는지 미상이다. 단 『오주연문장전산고』 권 57, 「두역유신변증설」에 유서를 인용하여 아래 문장을 전하고 있는 바 「조선무속고」의 이 부분도 이능화가 직접 유서를 본 것이 아니라 『오주연문장전산고』에서 재인용한 것이 아닌가 한다.

이고, 아울러 문에 신상을 그려놓고 이를 문신이라 하는데, 나쁜 귀신을 물리치기 위한 것이다."

도부(桃符)와 애인(艾人)[116]의 이야기[117]는 다음과 같다. "도부가 애인을 위로 쳐다보면서 욕하기를 '너는 풀에 불과하면서 어찌 내 위에 있는가'라 하자, 애인이 내려다보면서 도부에게 말했다. '너는 절반이 땅에 들어가 있으면서 어찌 감히 나와 함께 높고 낮음을 비교하는가'라 했다. 문신(門神)이 옆에 있다가 웃으면서 말리기를 '너희들은 지금 사람의 문호에 기대어 있는 주제에 쓸데없는 일로 다투는가'라 했다." 『주례(周禮)』의 도열(桃茢)에 대한 주석에서[118] "도(桃)는 귀신이 두려워하는 것이고, 열(茢)은 풀로 만든 빗자루로 상서롭지 못한 것을 쓸어버리는 것"이라 했다. 또 곽씨(郭氏)의 주석에서는 "도경(桃梗)과 도부(桃符)는 귀신을 물리치는 것으로, 다른 말로 나무인형이라고 한다"고 했다.[119]

---

115) 연초에 대문 앞에 세우는, 복숭아나무로 만든 판자. 여기에 신도(神荼)·울루(鬱壘)의 신상이나 사자상 등을 그려서 악귀의 침입을 막았으며, 5대 시대부터는 관련 문자를 써 놓기도 했다.

116) 쑥으로 만든 인형. 양나라 종름(宗懍)의 『형초세시기(荊楚歲時記)』에서 "5월 5일 쑥을 뜯어서 사람 모양을 만들어 문 위에 걸어놓음으로써 독기를 피한다"고 했다.

117) 이 이야기의 출전이 무엇인지 알 수 없으나 송대 소식(蘇軾)의 『동파지림(東坡志林)』 권 12에 같은 내용이 있다. 그리고 『전국책』 권 10, 제책(齊策)에는 토우인(土偶人)과 도경(桃梗)이 다투는 이야기가 있어, 이런 유의 설화가 오래된 것임을 짐작하게 한다.

118) 도열(桃茢)이란 복숭아나무 가지와 빗자루를 뜻하는데, 맹세의식이나 장례 때 부정한 기운을 막기 위해 사용했다. 그리고 주란 『주례(周禮)』 하관(夏官) 융우(戎右)의 "찬우이 도렬(贊牛耳桃列)"에 대한 후한 정현(鄭玄)의 주석이다.

119) 문신의 변천에 대해서는 中村喬의 「春聯と門神」, 『中國歲時史の硏究』(朋友書店 1993)의 설명이 흥미롭다. 이에 의하면 문신의 상징은 도봉(桃棒)→도경(桃梗)→도부(桃符)→춘련(春聯)으로 변천했다고 한다. 여기서 도봉이란 복숭아나무로 만든 막대기로 악령의 침입을 막기 위한 나례 등에 사용한 것이다. 이것을 버리지 않고 악령 침입의 재발 방지를 위해 문 앞에 세워 두고, 나아가 사람의 모습을 새긴 것이 도경(桃梗)이다. 이것이 발전하여 도부(桃符) 또는 도판(桃板)이 되는데, 도부·도판이란 당나라 때부터 시작된 것으로 신의 모습을 그리고 길상어(吉祥語)를 쓴 것이다. 여기서 다시 글씨만을 쓴 춘

『조선왕조실록』[120] 태종 11년(1411) 신묘년 5월 병인(6일), 경사(經師)[121]란 자리를 없애라고 명했으나, 시행되지 못했다. 임금께서 대궐 내의 문들에 써 붙인 단오(端午) 부적(符籍)을 보시고 대언(代言)[122]들에게 이르기를 "이것은 반드시 재앙을 물리치려는 술법일 터인데, 어찌하여 그 글이 한결같지 않은가" 했다. 대언들이 경사로 있는 승려에게 물으니, 그 승려가 대답하기를 "다만 스승께서 전수하신 것뿐이지, 실은 전거가 없습니다" 했다. 임금께서 말씀하시기를 "앞으로는 서운관(書雲觀)[123]으로 하여금 이를 관장하게 하고, 경사의 자리는 없애는 것이 좋겠다" 했다. 대언들이 말하기를 "이 승려가 비록 올바른 술법은 가지지 못하였다 하더라도, 장례를 치르는 사람들은 여기에 의지하여 온 지가 오래되었습니다" 하니, 임금께서 말씀하시기를 "아직은 그대로 두라" 했다.

유득공(柳得恭)이 지은 『경도잡기(京都雜志)』[124]에서 말했다. "5월 5일, 관상감(觀象監)[125]에서는 주사(朱砂)[126]로 벽사문(辟邪文)을 찍으며, 이를 문설주에 붙이는 것이 풍속으로 되어 있다. 벽사문에서 이르기를 '5월 5일 천중지절(天中之節)[127]에 위로는 하늘의 녹(祿)을 얻고, 아래로는 땅의 복

련(春聯)이 오대부터 등장한다. 이러한 변화와 함께 이들의 의미가 벽사(辟邪)에서 예축(豫祝)으로 변한다. 즉 외부로부터 악귀의 침입을 방지하는 소극적인 데서부터 복을 맞아들이는 적극적인 것으로 변한다는 것이다.

120) 『태종실록』 권 21(국편본 1-581).
121) 경문(經文)을 독송하는 데 능한 승려.
122) 고려시대부터 조선초에 왕명의 하달을 담당하는 직책. 1433년(세종 15) 이후 승지(承旨)로 고정되었다.
123) 천문・지리・역수(曆數)・측후(測候) 등의 일을 담당하는 관청. 세종 때 관상감(觀相監)으로 개칭했다.
124) 권 2, 세시(歲時), 단오(端午)의 인용이다.
125) 조선시대 천문・지리・역수(曆數)・측후(測候) 등을 담당한 관청.
126) 붉은색 광물로, 정제하여 염료나 약으로 사용한다.
127) 단오의 다른 이름으로 송대부터 사용되었다. 5가 1・3・5・7・9의 가운데 숫자인 데서 유래한다.

을 얻으며, 치우(蚩尤)¹²⁸⁾ 신은 구리 머리·쇠 이마·붉은 입·붉은 혀로
404가지 병¹²⁹⁾을 일시에 소멸시켜라. 이는 율령처럼 빨리빨리 시행할지니
라'고 했다."¹³⁰⁾ 또 이르기를¹³¹⁾ "수성(壽星)¹³²⁾과 선녀(仙女), 직일신장도
(直日神將圖)¹³³⁾를 일러 세화(歲畵)라고 한다. 또 황금빛 갑옷을 입은 두
장군의 상을 그렸는데, 길이는 1장(丈)가량이다. 이 중 하나는 도끼를 들고
있고, 다른 하나는 절(節)¹³⁴⁾을 쥐었는데, 이를 대궐 문의 좌우 문짝에 붙이
며, 이것을 일러 문배(門排)라 한다. 또 붉은 도포와 검은 모자의 상을 대궐
의 겹대문에 붙이기도 한다. 외척이나 민간에서도 그림을 얻어다가 이렇게
했는데 그림은 문짝에 따라서 작게도 만든다. 문설주에는 귀신의 머리를 그
려 붙이기도 한다. 세상에서는 황금빛 갑옷을 입은 자를 위지공(尉遲恭)과
진숙보(秦叔寶), 붉은 도포에 검은 모자를 위정공(魏鄭公)¹³⁵⁾이라 한다. 살

---

128) 중국신화에 등장하는 동두철액(銅頭鐵額)의 군신(軍神). 염제(炎帝)의 자손으로 황제
 (黃帝)와 싸우다 패했던 것으로 전한다.
129) 병의 종류를 404가지라고 한 것은『의학대전』과 같은 전통 의서에서 등장하는 표현
 이다.
130) 중국의 민간에서도 단오에 주사로 "오월오일천중절(五月五日天中節) 적구백설(赤口
 白舌) 진소멸(盡消滅)"이라는 글을 써서 기둥에 붙였다고 한다. 王景琳·徐匋 편『中國
 民間信仰風俗辭典』(中國文聯出版公司 1992) 499면.
131) 이하는 권 2 세시 중 원일조의 내용이다.
132) 남극노인성(南極老人星)이라고도 하며, 28수 중 동방[창룡] 7수인 각(角)·항(元) 두
 별자리를 가리킨다. 처음에는 국가의 성쇠를 관장하는 신으로 여기다가 점차 개인의 수
 요(壽夭)를 주관하는 신으로 변화했다.
133) 매일의 당직신. 60갑자를 주기로 돌아가는 날 중에서 하루를 담당하는 신. 張君房『雲
 笈七籤』권 14, 黃庭遁甲緣身經(『中華道藏』29, 華世出版社 145~46면) 참조.
134) 대장이 가진 표.
135) 위지공(尉遲恭, 자는 경덕敬德, 585~658)과 진숙보(秦叔寶, 본명은 진경秦瓊이며
 숙보는 자. ?~638)는 모두 당나라의 장군이며, 특히 당 태종이 형인 건성(建成)을 제거
 하고 황제로 즉위하는 데 결정적인 공을 세웠다. 또 위정공(魏鄭公)은 당나라 위징(魏徵,
 580~643)을 말하며, 위정공이란 그가 정국공(鄭國公)에 봉해진 데서 유래한다. 그런데
 이들이 문신이 되었다는 사실은 명대 오승은(吳承恩)의 작으로 전하는『서유기』제10회

펴보건대 송민구(宋敏求)[136]의 『춘명퇴조록(春明退朝錄)』[137]에서는 '「도가주장도(道家奏章圖)」에 하늘의 문을 지키는 자는 황금빛 갑옷을 입고 있는데, 갈(葛)장군은 장수 기를 들고 주(周)장군은 절을 잡고 있다'라 했다.[138] 지금의 문배는 갈·주 두 장군과 비슷하다. 그러므로 세속에서 전기(傳奇)의 설을 토대로 당나라 문황(文皇)[139] 때의 일이라 하는 것은 견강부회이다."[140]

「노용왕졸계범천조(老龍王拙計犯天條) 위승상유서탁명리(魏承相遺書托冥吏)」에 처음 보인다. 즉 비를 마음대로 내리게 한 벌로 위징(魏徵)에게 죽임을 당하게 된 경하(涇河)의 용왕이 당 태종에게 도움을 구한다. 당 태종은 살려주겠다는 약속을 하고, 위징을 불러 바둑을 두었다. 위징에게 용왕을 죽일 틈을 주지 않기 위해서였다. 그러나 바둑을 두는 동안 위징이 잠시 졸았는데, 이때 위징의 혼이 용왕의 목을 베었다. 이후 용왕의 귀신이 약속을 지키지 않은 것을 책망하며 당 태종을 괴롭혔고, 당 태종은 잠을 제대로 자지 못한다. 그래서 당시의 명장 위지공과 진숙보를 불러 문을 지키게 했더니 귀신이 나타나지 않아 편히 잠을 이룰 수 있었다. 그러나 당 태종은 잠을 자지 못하고 자신을 지켜주는 두 장군이 안쓰러워, 화공을 시켜 이들의 화상을 그리게 하고 이를 문에 붙였더니 효과가 있었다. 얼마 후 후문 쪽에서 문제가 발생했다. 두 장군 때문에 앞으로 들어올 수 없는 귀신이 후문을 통해 들어온 것이다. 그래서 이번에는 위징으로 하여금 후문을 지키게 하여 귀신의 출몰을 막고자 했다. 이러한 설화가 『서유기』의 인기와 함께 널리 퍼지면서 위지공·진숙보·위징이 문신으로 확고한 위치를 차지하게 된다. 王子今『門祭與門神崇拜』(上海三聯書店 1996) 117~20면.
136) 북송의 학자. 생몰년 1019~79년.
137) 저자 송민구가 간의대부(諫議大夫)로 있을 때 춘명리에 살면서 퇴근(退朝) 후 매일 조금씩 써내려간 수필집으로 1074년에 완성했다. 아래 인용문은 권 하(『송원필기소설대관(宋元筆記小說大觀)』 1, 上海古籍出版社 2001, 993면)에 보인다.
138) 이것은 당시 상서(尙書)였던 장안도(張安道)가 일찍이 본 구본(舊本) 『도교주장도(道敎奏章圖)』의 내용을 전하는 것으로, 이에 의하면 하늘의 문을 세 장군이 지키고 있는데, 그중 두 장군은 갈(葛)·주(葛)이며, 나머지 한 장군은 잊어버렸다는 것이다. 이 세 장군들은 주나라 여왕(厲王 혹은 유왕幽王) 때의 간신인 갈옹(葛雍)·주무(周武 또는 주빈周斌, 주실周實)·당굉(唐宏)이라 한다. 王子今『門祭與門神崇拜』(上海三聯書店 1996) 128면.
139) 당나라 2대 황제인 당 태종(재위 626~649)을 말하며, 시호가 문황제(文皇帝)였다.
140) 문신을 당 태종 때의 위지공과 진숙보로 보는 것은 잘못이라는 의미이다. 위지공과

홍석모(洪錫謨)가 지은 『동국세시기(東國歲時記)』[141]에서 말했다. "한나라 제도에서는 도인(桃印)[142]을 가지고 악기(惡氣)를 방지한다 했고, 『포박자』에서는 적령부(赤靈符)[143]를 만든다고 했는데, 이것은 모두 단오의 옛 제도이며, 요사이 부적을 붙이는 것도 여기서 나온 것이다." 또 이르기를[144] "세상에서 황금빛 갑옷을 입은 자를 사천왕(四天王)[145]의 신상(神像)이라 하며, 혹은 위지공(尉遲恭)과 진숙보(秦叔寶)라고도 한다" 했다. 또 이르기를 "원일(元日)[146]에 도화서(圖畵署)[147]에서는 수성(壽星)·선녀(仙女)·직일신장(直日神將)의 그림을 그려서 왕에게 바치고, 또 서로 선물을 하는데 이를 일컬어 세화(歲畵)라고 한다. 또한 종규(鐘馗)[148]가 귀신을 잡

진숙보가 문신이 되었다는 설화는 『서유기』 제10회 「노룡왕졸계범천조(老龍王拙計犯天條) 위승상유서탁명리(魏丞相遺書托冥吏)」에 처음 등장하는 설화이므로, 여기서 전기(傳奇)란 『서유기』와 같은 소설류를 가리키는 것이 아닌가 한다.

141) 5월 단오조의 내용이다.
142) 복숭아나무를 깎아 만든 도장으로, 사기(邪氣)를 물리치는 데 사용했다. 『후한서』 예의지 중에 의하면 5월이 되면 음기가 자라기 시작하는데, 이 때문에 만물이 성장하지 못할까 염려하여 도인을 만들어 문에 붙인다고 했다. 중하지월(仲夏之月) 만물방성(萬物方盛) 일하지(日夏至) 음기맹작(陰氣萌作) 공물불무(恐物不茂) … 이도인(以桃印) 장육촌(長六寸) 방삼촌(方三寸) 오색서문여법(五色書文如法) 이시문호(以施門戶).
143) 도교의 부적. 이에 대한 언급은 『포박자』 내편 권 15, 잡응에 보이는데, 5월 5일 적령부를 만들어 가슴에 차고 있으면(이오월오일以五月五日 작적령부作赤靈符 저심전著心前), 도(刀)·궁(弓)·시(矢)·검(劍)·노(弩) 다섯 가지 병기에서 오는 위해를 막을 수 있다고 했다.
144) 이하의 내용은 정월 원일조의 내용이다.
145) 수미산 중턱에 거처하는 불교의 수호신인 지국천왕(持國天王)·증장천왕(增長天王)·광목천왕(廣目天王)·다문천왕(多聞天王)의 합칭. 도리천의 주인인 제석천의 명령을 받아 인간들의 행위를 감시하고 보고한다.
146) 정월 초하루.
147) 조선시대 때 그림 그리는 일을 맡아보던 정6품 아문.
148) 전염병을 일으키는 귀신을 잡아먹는 신. 북송대 심괄(沈括, 1031~95)의 『몽계보필담(夢溪補筆談)』 권3(『신편총서집성』 11, 295면)에 의하면 당나라 현종이 학질에 걸려 한 달 넘게 고생했는데, 하루는 꿈에서 종규가 나타나 귀신을 잡아먹는 꿈을 꾸고 병이

는 형상을 그려서 문에 붙이고, 귀신의 머리를 그려서 문설주에 붙여서 사기(邪氣)와 돌림병을 막는다. 여러 왕가와 외척들도 모두 이를 걸며, 백성들도 또한 많이 이를 본받았다."

김매순(金邁淳)[149]이 지은 『열양세시기(洌陽歲時記)』[150]에서 이르기를 "원일에 도화서에서는 세화를 올린다. 황금 갑옷을 입은 신장(神將) 그림은 궁전 문에 붙이고, 선인(仙人)·닭·호랑이 그림은 맞은편 벽에 붙인다. 또 외척이나 가까운 신하에게 하사하기도 한다"고 했다.

이능화가 말한다. 문신의 상은 기록에 의거하면 혹은 신도·울루라 하고 혹은 위지공·진숙보라 하고, 혹은 갈·주 두 장군이라 한다. 또 세화에는 수성과 선녀·직일신장 혹은 종규와 귀신머리를 그렸는데, 그 신들의 이름을 보면 모두가 중국인이고 이것들은 모두 도가의 풍속에서 유래한 것이다. 그 유래한 근원을 살펴보면 고려 중엽에 우리나라에서 처음 유행한 것임에 틀림없다. 대개 고려 예종 때 송나라의 도교를 수용하여 도관(道觀)[151][복원궁(福源宮)[152]]이 그것이대을 세우고 도사를 두었으니, 문신상을 설치한 것도 당연히 이 시기일 것이다. 우리의 풍속에 입춘일[153]이면 일반 민가에서는 신도·울루라는 네 글자를 크게 써서 문짝에 나누어 붙였는데, 이는 글씨로써

나왔다. 이에 현종은 화가 오도자(吳道子)를 불러 종규의 상을 그리게 했다고 한다. 이에 세모(歲暮)에는 황제가 종규의 상을 대신들에게 하사하는 것이 예가 되었고, 민간에서도 종규의 상을 문 위에다 걸어놓았다.
149) 조선후기의 문신. 생몰년 1776(영조 52)~1840년(헌종 6).
150) 김매순이 1819년(순조 19)에 지은 책으로 열양, 즉 한양의 세시풍속 80여 종을 월별로 구분하여 정리한 것이다. 아래는 정월 원일조의 인용이다.
151) 도교의 사원.
152) 이중약(李仲若, ?~1122)의 건의에 의해 1111~18년(예종 6~13) 사이에 건립된 도교 사원. 송도의 북쪽 태화문 안에 있었으며, 천황당 등의 건물이 있었다. 양은용 「복원궁 건립의 역사적 의의」, 『도교와 한국문화』(아세아문화사 1988).
153) 24절기의 첫번째로 양력 2월 4일경.

　　　　　중국의 수성노인도　　　　　　　　　종규도

그림을 대신한 것이다. 신도와 울루는 황제(黃帝) 때에 시작되었는데, 황제는 신선술을 수련한 사람이기 때문에 도가들이 이와같이 갖다 붙인 것이다.
　우리의 풍속에 글을 써 붙여 귀신을 막고 그림을 붙여서 사악한 기운을 막은 것은 신라시대에서 시작된 것이다. 『삼국유사』의 비형랑(鼻荊郞)과 처용랑(處容郞)의 일이 그것이다. 이것은 우리 고유의 풍속이라 할 수 있고 도교와 아무런 관계가 없는 것이다. 이제 『삼국유사』를 인용하여 참고자료로 삼는다.

　『삼국유사』 도화녀(桃花女)와 비형랑(鼻荊郞)조[154]에서 말했다. "제25대 사륜왕(舍輪王)[155]의 시호는 진지대왕(眞智大王)이며, 성은 김씨이고, 왕비는 기오공(起烏公)의 딸 지도부인(知刀夫人)[156]이다. 대건(大建)[157] 8

---

154) 『삼국유사』 권 1, 기이에 수록되어 있다.
155) 재위 576~579년. 이름이 사륜(舍輪)이며, 금륜(金輪)이라고도 한다. 신라 제24대 진흥왕의 둘째 아들로, 형인 동륜태자가 일찍 죽었기 때문에 부왕의 뒤를 이어 즉위했다.
156) 『삼국사기』 권 4, 신라본기 4, 진지왕 즉위전기(卽位前紀)에서는 지도부인(知道夫人)

년 병신년(576)에 왕위에 올랐다. 나라를 다스린 지 4년에 정치가 어지럽고 음탕하기까지 했으므로, 나라 사람들이 그를 폐위시켰다. 이에 앞서 사량부(沙梁部)[158] 서민의 딸이 얼굴이 곱고 아름다워서 당시 사람들이 도화랑(桃花娘)이라 불렀다. 왕이 이 소문을 듣고 궁중으로 불러들여 욕심을 채우려 하니, 여인이 말하기를 '여자가 지켜야 할 바는 두 남편을 섬기지 않는 것입니다. 그런데 남편이 있는데도 다른 사람에게 가는 것은 비록 만대의 수레를 동원할 수 있는 위엄을 가진 천자라 할지라도 끝내 마음대로 하지 못할 것입니다'라고 했다. 왕이 말하기를 '너를 죽인다면 어찌하겠느냐' 하니, 여인이 말하기를 '차라리 저자에서 참형을 당한다 하더라도 다른 데로 가기를 원치 않습니다' 했다. 왕이 희롱하여 말하기를 '남편이 없으면 되겠는가?' 하니, 대답하기를 '되겠습니다' 하였다. 왕은 그녀를 놓아 보냈다. 그 해(579년)에 왕은 폐위되어 죽었고, 3년 후에 그녀의 남편 또한 죽었다. 열흘이 지난 어느 날 밤중에 갑자기 왕이 평시와 같이 여인의 방에 들어와 말하기를 '네가 지난날 허락한 것이 있는데, 지금 네 남편이 없으니 되겠느냐' 했다. 여인은 쉽게 허락하지 아니하고 부모에게 고하니, 부모가 말하기를 '임금의 말씀인데 어찌 피할 수가 있겠느냐' 하고는, 딸을 방으로 들여 보냈다. 왕이 7일 동안 머물렀는데, 항상 오색구름이 집을 덮었고 향기가 방안에 가득하였으며, 7일 후에 홀연히 자취가 사라졌다. 여인은 이로 인해 임신하게 되었고, 달이 차서 출산을 하려니까 천지가 진동했다. 한 사내아이를 낳았는데 이름을 비형(鼻荊)이라 했다. 진평대왕(眞平大王)[159]이 이를 듣고 기이하게 여겨, 데려다가 궁중에서 길렀다. 15세가 되자 집사(執事)라는 벼슬을 주었는데, 밤마다 멀리 도망가서 놀곤 하였다. 왕이 용사 50명을

으로 표기했다.
157) 진나라 선제의 연호.
158) 신라 왕경 6부의 하나. 대체로 경주의 남쪽 지역이 이에 해당한다.
159) 신라 제26대 왕, 재위 579~632년. 동륜태자의 아들로 진지왕이 폐위된 뒤 즉위했다.

시켜 지키도록 했으나, 언제나 월성(月城)¹⁶⁰⁾을 날아서 넘어 서쪽으로 가서 황천(荒川)¹⁶¹⁾ 언덕 위에서 뭇 귀신들을 거느리고 놀았다. 용사들이 숲속에 엎드려 엿보았더니, 귀신의 무리들은 여러 절들의 새벽 종소리를 듣고서 각기 흩어지고, 비형랑 또한 돌아오는 것이었다. 용사들이 이 사실을 아뢰니, 왕이 비형을 불러 말하기를 '네가 귀신들을 거느리고 논다는데 믿을 만한 것인가' 하니, 비형랑이 '그렇습니다'" 했다. 왕이 말하기를 '그렇다면 너는 귀신의 무리를 부려 신원사(神元寺)¹⁶²⁾ 북쪽 개천에 다리를 놓도록 해라' 했다. 비형은 칙명을 받들어 그 무리들을 부려 돌을 다듬게 하고, 하룻밤에 큰 다리를 완성하였다. 그래서 이 다리를 귀교(鬼橋)¹⁶³⁾라 했다. 왕이 또 묻기를 '귀신의 무리들 가운데 인간세상으로 나와서 조정의 정사를 도울 자가 있는가?' 하니, 대답하기를 '길달(吉達)이라는 자가 있는데 국정을 도울 만합니다' 해서, 왕이 "데리고 오라" 했다. 이튿날 비형랑이 길달과 함께 왕을 뵈니, 집사(執事) 벼슬을 주었는데, 과연 둘도 없이 충직하였다. 당시 각간(角干)¹⁶⁴⁾ 임종(林宗)은 아들이 없었는데, 왕이 명령하여 길달을 아들로 삼게 했다. 임종은 길달을 시켜 흥륜사(興輪寺)¹⁶⁵⁾ 남쪽에 다락문을 세우게 했는데, 밤마다 가서 그 위에서 잤고, 그래서 이 문을 길달문이라 했다. 어느 날 길달이 여우로 변하여 도망치니, 비형랑이 귀신을 시켜

---

160) 신라의 궁성. 경주 인왕동에 위치하고 있으며, 반월성이라고도 한다.
161) 『신증동국여지승람』 권 21, 경상도 경주부, 산천조에 의하면 황천은 사등이천(史等伊川)이라고도 하는데 토함산에서 발원하여 서천과 합류한다.
162) 『신증동국여지승람』 권 21, 경상도 경주부, 고적조에 의하면 경주부의 남쪽 월남리에 있다고 했으며, 경주시 탑동에 사지(寺址)가 있고 당간지주가 남아 있다.
163) 『신증동국여지승람』 권 21, 경상도 경주부, 고적조에 의하면 신원사 곁에 있다고 했는데, 현재 오릉의 서남쪽이다.
164) 신라 17 관등 중 첫번째 관등인 이벌찬(伊伐湌)의 다른 이름.
165) 신라 최초의 사찰로, 『신증동국여지승람』 권 21, 경상도 경주부, 고적조에 의하면 경주부의 남쪽 2리에 있다고 한다. 현재 경주에는 흥륜사가 있지만, 이곳이 과연 신라시대의 흥륜사터인지에 대해서는 논란이 있다.

잡아 죽였다. 그러므로 귀신의 무리들은 비형이라는 이름만 들어도 두려워 달아났다. 당시 사람들이 노랫말을 지었는데, '거룩한 임금의 혼이 낳은 아들 비형랑의 집이 이곳일세. 날고뛰는 모든 귀신의 무리들아 이곳에서는 머물지 말라' 했다. 우리나라 풍속에는 이 가사를 붙임으로써 귀신을 내쫓았다."

『삼국유사』, 「처용랑(處容郞) 망해사(望海寺)」조[166]에서 말했다. "제49대 헌강대왕(憲康大王)이 개운포(開雲浦)[167][학성(鶴城)[168]의 서남쪽에 있으며, 지금의 울주(蔚州)이다]에서 놀다가 돌아가는 길에 낮에 물가에서 쉬었는데, 갑자기 구름과 안개가 자욱해져 길을 잃었다. 왕이 괴이하게 여겨 좌우에게 물어보니, 일관(日官)이 아뢰기를 '이것은 동해의 용이 일으킨 변괴인데, 마땅히 좋은 일을 행하여 풀어야 합니다' 했다. 이에 해당 관원에게 명하여 용을 위해 근처에 절을 세우도록 했는데, 명령이 떨어지자 말자 구름이 걷히고 안개가 흩어졌다. 그래서 그곳을 개운포라 이름하였다. 동해 용은 기뻐하여 아들 일곱을 데리고 왕 앞에 나타나 왕의 덕을 찬양하고 춤을 추며 음악을 연주하였다. 그중 한 아들은 왕을 따라 서울로 들어와 왕의 정사를 도왔는데, 이름을 처용(處容)이라 했다. 왕은 미녀로서 처를 삼게 하여 그의 마음을 붙잡아두고자 했으며, 또한 급간(級干)[169]의 벼슬을 주었

---

166) 권 2, 기이에 수록되어 있다.
167) 『신증동국여지승람』 권 22, 경상도 울산군, 산천조에 의하면 고을 남쪽 25리에 있다고 했다.
168) 고려 성종 때 지어진 울산의 별호(『고려사』 권 57, 지리지 2). 그런데 학성이라는 이름의 유래에 대해서는 두 가지 전설이 기록에 보인다. 하나는 901년(효공왕 5) 한 쌍의 학이 전금신상(全金神像)을 물고 계변성(戒邊城) 신두산(神頭山)에서 울었기 때문이라는 것이고(『경상도지리지』 울산군), 다른 하나는 계변신(戒邊神)이라는 천신이 학을 타고 신두산(神頭山)에 하강했기 때문이라는 것이다(『신증동국여지승람』 권 22, 경상도 울산군, 고적).
169) 신라 17관등 중 아홉번째 관등으로, 6두품 이상이 임명될 수 있었다. 그러므로 이를 통해 처용의 신분을 추정해볼 수 있다.

다. 그의 아내가 매우 아름다웠으므로, 전염병을 일으키는 귀신이 이를 흠모하여 사람으로 변해서 밤에 그 집에 가서 몰래 동침하였다. 처용이 밖으로부터 집에 돌아와 두 사람이 누워 있는 것을 보고 노래를 부르고 춤을 추며 물러 나왔다. 이때 귀신이 모습을 나타내어 그 앞에 꿇어앉아 말하기를 '내가 공의 아내를 사모하여 지금 범하였는데도 공은 노여움을 나타내지 않았으니, 감격했고 아름답게 여기는 바입니다. 맹세하건대 이제부터는 공의 모습을 그린 것만 보아도 그 문에는 들어가지 않겠습니다'라고 했다. 이로 인해서 나라 사람들은 문에 처용의 모습을 붙여서, 사악한 것을 물리치고 경사스러운 것을 맞아들이고자 했다."

정동유(鄭東愈)[170]의 『주영편(晝永編)』[171]에서 말했다. "정월 14일 민간에서는 짚으로 인형을 만들어 그 속에 약간의 돈을 넣는데, 머리·배·팔·다리 어디에 넣는지는 정해진 바가 없다. 또 어린아이의 속옷과 바지 등의 옷을 몸에다 입히는데, 이런 인형을 이름하여 처용이라 하고, 이로써 액운을 제거하는 방법으로 여겼다. 황혼이 되면 거리에는 아이들이 여럿이 떼를 지어 집집마다 다니면서 처용이 있는지 없는지를 묻는다. 처용이 있는 집에서는 그것을 던지는데, 문 밖의 여러 아이들은 각기 머리와 다리를 잡고 좌우로 찢고 결국 조각조각 낸다. 그래서 각자가 잡은 인형의 몸뚱이를 살펴서 돈이 있으면 그것을 가지는데, 이것을 일컬어 타처용(打處容)[172]이라 한다. 이 일은 떳떳한 도리가 있는 것은 아니지만, 역시 행해온 지가 오래되었다. 그러나 그 시초는 알지 못하며, 원나라 때의 유습이 아닌가 한다. 『원사(元史)』[173]에 이르기를 '해마다 12월 하순이 되면 진국사(鎭國寺) 담

---

170) 조선후기의 학자. 생몰년 1744(영조 20)~1808년(순조 8).
171) 낮이 길어 무더운 여름을 이기기 위해 지었다는 책으로, 천문·역상(曆象)·풍속·제도·언어 등 여러 분야에 걸쳐 고증하고 비판을 가한 만필집(漫筆集). 한글에 대한 저자의 해박한 지식을 엿볼 수 있다.
172) 처용 치기 또는 처용 때리기라는 의미인 것 같다.
173) 원나라의 역사를 정리한 기전체 정사. 명의 송렴(宋濂) 등이 편찬했으며, 전 219권.

아래에서 짚을 엮어 인형을 만들고 여러 색깔의 비단조각을 오려서 창자와 위를 만든다. 현달한 관리나 명문 집안 중에서도 귀하고 중요한 자를 선발하여 교대로 이를 쏘게 하여, 완전히 문드러지면 양과 술로 제사한다. 제사가 끝나면 황제와 황후·태자와 태자의 부인들과 아울러 활을 쏜 자들은 각기 입은 옷을 벗어서 몽고의 무격으로 하여금 축복을 하도록 한다. 축복을 마치면 이를 돌려주었는데, 이를 일러 탈재(脫災)라 한다'고 했다. 이러한 방법과 처용은 거의 비슷하다."

12. 천연두 신

이능화가 말한다. 우리 한국에 천연두가 있는 것은 그 시원을 살펴보면 대략 4백여 년 전에 중국 방면으로부터 전염되어 들어온 것이며, 몇천만의 인명이 이 때문에 희생되었는지 알 수가 없다. 한국에는 예전에 인구의 출생과 사망에 대한 통계를 내는 법규가 없었기 때문에 천연두로 인한 사망자를 헤아려볼 수가 없다. 비록 그러하나 천연두로 말미암아 인구가 늘지 않고 줄었다는 것은 당연한 사실이다. 대개 천연두에 대한 여러 설을 종합해보면 천

아래 기사는 권 77, 제사지 국속구례(國俗舊禮)의 인용이며, 『원사(元史)』의 원문은 다음과 같다.

"매세십이월하순(每歲十二月下旬) 택일(擇日) 우서진국사내장하(于西鎭國寺內牆下) 쇄소평지(灑掃平地) 태부감공채폐(太府監供彩幣) 중상감공세전침선(中尙監供細氈針線) 무비사공궁전환도(武備寺供弓箭環刀) 속간초위인형일(束秆草爲人形一) 위구일(爲狗一) 전잡색채단위지장위(剪雜色彩段爲之腸胃) 선달관세가지귀중자교사지(選達官世家之貴重者交射之) 비별속(非別速) 찰랄이(札剌爾) 내만(乃蠻) 망고(忙古) 태렬반(台列班) 탑달(塔達) 산죽(珊竹) 설니등씨족(雪泥等氏族) 부득여렬(不得與列) 사지미난(射至糜爛) 이양주제지(以羊酒祭之) 제필(祭畢) 제후급태자빈비병사자(帝后及太子嬪妃幷射者) 각해소복의(各解所服衣) 비몽고무격축찬지(俾蒙古巫覡祝贊之) 축찬필(祝贊畢) 수이여지(遂以與之) 명왈탈재(名曰脫災) 국속위지사초구(國俗謂之射草狗)."

연두의 근원은 마원(馬援)[174]이 교지(交趾)[175]를 정벌할 때 그 군대가 이 병에 전염된 데 있으며, 이로 말미암아 중국 본토에까지 유포되었고, 또 중국에서 한국으로 전염된 것이다.

청나라 원매(袁枚)[176]의 『수원시화(隨園詩話)』[177]에서 말했다. "천연두신에 대한 설명은 경전에는 보이지 않는다. 소주(蘇州)의 명의(名醫) 설생백(薛生白)[178]이 말하기를 '서한(西漢)[179] 이전에는 어린아이가 천연두 때문에 부스럼이 난다는 이야기가 없었는데, 복파장군 마원이 교지를 정벌할 때부터 군인들이 그 병을 지니고 돌아왔으며, 이를 이름하여 노창(虜瘡)이라 했지 두(痘)라고 하지는 않았다'고 했다. 이 말은 『의통(醫統)』[180]에도 보인다."

조선시대 이수광의 『지봉유설(芝峰類說)』[181]에 이르기를 "『격치총서(格

---

174) 후한 초기의 장군. 생몰년 BC 14~AD 49년. 40년(건무 17) 복파장군(伏波將軍)에 제수되어 교지(交趾)지역의 이민족을 정벌하여 큰 공을 세웠고, 이로 말미암아 신식후(新息侯)에 봉해졌다.
175) 한 무제 때 설치된 주(州)의 하나로, 지금의 중국 광동(廣東)·광서성(廣西省) 대부분과 월남의 승천(承天) 북부·중부 지역이다.
176) 청나라 때의 시인이자 문인. 생몰년 1716~89년. 남경(南京)의 소창산(小倉山) 아래에 수원(隨園)을 꾸미어 생활했으므로, 별호를 수원이라 했다.
177) 아래는 권 2의 인용문이다.
178) 청나라 때의 의학자. 본명은 벽설(薜雪)이며, 생백은 그의 자이다. 생몰년 1681~1770년.
179) 전한(前漢)을 말한다.
180) 어떤 책인지 확실하지 않으나 명나라 서춘보(徐春甫)의 『고금의통(古今醫統)』 100권을 말하는 것이 아닌가 한다.
181) 1614년(광해군 6)에 이수광이 편찬한 백과사전적 문헌. 20권 10책. 주로 고서와 고문에서 뽑은 기사일문집(奇事逸聞集)으로 그가 죽은 뒤에 그의 아들 성구(聖求)와 민구(敏求)에 의하여 1634년 출간되었는데 이것을 숭정본(崇禎本)이라 한다. 총 3,435조목을 25부분, 182항목으로 나누고 있으며 인용한 서적은 육경을 비롯하여 근세소설과 여러 문집에 이르기까지 348가(家)의 글을 참고하였으며 기록한 사람의 성명은 2,265명이다.

致叢書)』[182]에서 '천연두는 한나라 광무제(光武帝)[183] 때 마원이 남쪽을 정벌하면서 오랑캐의 병에 전염되어 얻은 것이 시초'라 했고, 또 우리나라 의방(醫方)에서는 '천포창(天疱瘡)[184]은 정덕(正德)[185] 연간 이후 중국으로부터 전파되어온 것이며, 중국에서도 옛날에는 역시 이런 질병이 없었으니, 서역으로부터 온 것'이라 했다."

이규경의 『오주연문장전산고(五洲衍文長箋散稿)』[186]에서 말했다. "천연두에 대해 논하자면 삼고(三古)[187]에는 나타나지 않았던 까닭에 『내경(內經)』[188]에는 보이지 않는다. 위(魏)나라 이래로 이것이 처음 있었는데, 수(隋)나라 소원방(巢元方)[189]은 「두론(痘論)」에서 약이 없다고 했고, 당나라 진인(眞人)[190] 손사막(孫思邈)[191]이 처음으로 치료방법을 제시했다. 혹은 말하기를 진(秦)나라 때 만든 글자에 두(痘)자가 있는데, 그 부스럼이 콩 모양과 같은 것을 형상화한 것이라 한다. 진(秦)나라 편작(扁鵲)[192]의 처방

이 책에서는 천주실의를 비롯한 서양문물을 소개하고 있으며 실용·실리·실증의 정신을 역설하고 있다. 아래는 권 17, 인사문(人事門), 질병(疾病)의 인용이다.

182) 명나라 호문환(胡文煥)이 편찬한 책으로, 37 항목에 대한 관련 기사를 모으고 고증했다.
183) 후한의 창건자. 재위 25~57년.
184) 천연두.
185) 명나라 무종(武宗)의 연호로 1506(중종 1)~1521년(중종 16).
186) 권 12, 「종두변증설(種痘辨證說)」의 인용이다.
187) 중국의 상고시대를 상고(上古)·중고(中古)·하고(下古)로 나누어 말한 것이다. 복희(伏犧)를 상고·주나라 문왕(文王)을 중고·공자를 하고라 한 설도 있고, 복희를 상고·신농(神農)을 중고·오제(五帝)를 하고라 한 설도 있다.
188) 현재 전하고 있는 가장 오래된 중국 의학이론서인 『황제내경(黃帝內經)』을 말하는 것 같다.
189) 수나라 때 사람으로 의술에 정통하여 수 양제 때 태의박사(太醫博士)를 역임했다. 저서로 『제병원후론(諸病源候論)』(610년)이 있다.
190) 천지의 도를 체득한 사람.
191) 당나라 때의 의학자. 생몰년 581?~682년. 일생 관직에 나가지 않고 의약 연구에 힘을 기울여 『천금방(千金方)』『천금익방(千金翼方)』 등의 저술을 남겼다.
192) 전국시대에서 진나라 때의 명의. 원래 성은 진(秦), 이름은 월인(越人)이였으나 황제

에 삼두탕(三豆湯)이 있는데 이것으로 능히 천행두(天行痘)를 면할 수 있다고 한다. 그러므로 천연두는 진나라 시대에 처음으로 있었지만, 특별히 후세의 어린이가 반드시 겪어야 하는 것과는 같지는 않았으므로, 언급하지 않은 것이다. 『격치총서』에 의하면 천연두는 한나라 광무제 때 마원이 남쪽을 정벌하면서 오랑캐의 병에 전염되어 얻은 것이 시초이다."

우리 한국에서는 천연두가 혹은 한 해 걸러서 혹은 해마다 발생하고 퍼져서 인명을 해친다. 대개 처음 천연두에 걸리면 처음 아프기 시작할 때부터 자국이 잡히고 부스럼이 일어나고 고름이 배어나오며 부스럼이 줄어들고 딱지가 떨어질 때까지 각각 사흘이 걸리니, 10여 일이 지나야 비로소 병이 나간다. 천연두가 유행하면 세상에서는 매우 두려워하며, 신이 있는 것으로 생각해서 기도와 축원을 하면서 하지 않은 바가 없다. 어린아이의 천연두가 발병한 날에는 즉시 종이로 기를 만들어 「강남호구별성사명기(江南戶口別星司命旗)」라고 써서 문짝 위에 걸어놓으며, 딱지가 완전히 떨어지기를 기다렸다가 무당을 불러 신을 보낸다. 여기서 강남(江南)이란 대개 무당의 말에 중국을 강남이라 하므로, 천연두의 신이 중국에서부터 온 것을 말하는 것이다. 호구(戶口)라는 것은 천연두의 신이 집집마다 사람마다 쫓아다니면서 하나도 빼놓지 않고 모두 천연두를 전염시키는 것을 말하는 것이다. 별성(別星)[193]이라는 것은 사명을 지닌 특별한 객성(客星)[194]을 말하는 것이다. 세속에서 천연두 신을 손님이라고 하는데, 이것을 번역하면 곧 객성이 된다. 별성의 뜻풀이는 『목민심서(牧民心書)』[195]에 다음과 같이 보인다. "「다산필담

(黃帝) 때의 명의 편작에 비견된다고 하여 편작으로 칭호를 삼았다.
193) 중앙에서 사명을 띠고 지방으로 파견되는 대소 관원. 이 경우 성(星)은 사자라는 의미이다.
194) 늘 출현하는 별이 아니라 한 번씩 나타나는 별을 말한다.
195) 공전육조(工典六條), 도로(道路)에 보인다.

(茶山筆談)』에 이르기를 임금이 행차하는 길 가운데 황토를 까는 것이 언제
부터 시작되었는지는 알 수 없다. 혹은 말하기를 태양의 황도(黃道)[196]를 본
뜬 것이라 하나 그런지 아닌지는 알 수 없다. 임금의 명령을 받든 사신이 고
을에 들어올 때면 특별히 황토 한 삼태기를 길 양쪽 가에 뿌리는데, 역시 오
리정(五里亭)[197]에서부터 관사까지만 그렇게 한다. 무당이 천연두 신을 보낼
때도 이 방법을 썼으므로, 그 이름을 별성이라 하는 것이다.' 또 우리 속어에
천연두 신을 역신(疫神)마마라고도 하는데, 마마란 낭낭(娘娘)[198]을 이르는
말이다. 또 여기서 사명이란 천연두 신이 사람의 생명을 맡았다는 의미이다.
신을 보내는 의식에서는 말과 마부로 신이 탈것을 갖추며, 기타의 의장(儀
丈)[199]은 벼슬아치들이 외출할 때와 같이 한다. 말이 없으면 짚으로 만든 말
로 대신하였다. 무당이 창부가(倡夫歌)[200]를 부르면 구경꾼들이 담처럼 둘러
서 있다가 다투어 돈을 던져 상으로 주었다. 가난한 선비의 집에서는 대부분
무당을 부르지 못해 제문을 지어 신을 배송했다. 천연두 신에 대한 설명은
아래의 여러 기록에 자세히 보이는데, 이를 통해 우리의 풍속에서 천연두를
두려워했음을 알 수 있다.

〔**어숙권(魚叔權)의『패관잡기(稗官雜記)』**〕[201] 우리나라 풍속에서는 천연두
신을 중히 여기는데 그 금기의 골자는 제사·초상집 출입·연회·성생활·

---

196) 태양이 운행하는 궤도.
197) 빈객의 영송(迎送)을 위해 고을 밖 5리 정도 지점에 세운 정자. 이 때문에 5리 정도
   의 거리라는 의미로도 사용되었다.
198) 중국에서 여성의 존칭으로, 태후나 황후, 여성 신을 낭낭이라 했다.
199) 굿에 사용되는 무기·기·부채 등.
200) 광대의 신인 창부를 청해서 재수 좋게 해달라고 비는 굿의 한 제차(祭次)인 창부거
   리에 불리는 무가. 원래 한강 이북 무당의 무가였으나 점차 민요화했다.
201) 조선 명종 때의 학자 어숙권의 수필집. 전 6권인데,『광사(廣史)』에는 6권이 전부 수
   록되어 있고,『대동야승(大東野乘)』에는 4권까지 수록되어 있다. 아래 인용문은 권 2의
   내용이다.

외부 사람·기름과 꿀·비린내와 누린내·더러운 냄새를 금기하는 것이며, 이것들은 의방(醫方)에도 기재되어 있다. 대개 천연두는 누에처럼 사물에 따라 변화하는 것이기 때문이다. 세속에서는 대단히 조심하면서 이를 잘 지켰지만, 이밖에 꺼리는 것은 이루 다 기록할 수 없다. 어쩌다가 그것을 범하면 죽거나, 아니면 열에 여섯, 일곱은 위태하다는 것이다. 만약 목욕하고 기도하면 거의 죽었다가도 다시 살아난다. 이 때문에 사람들은 더욱더 그것을 믿고 지성으로 받든다. 심지어 나가고 들어오는 때는 반드시 의관을 갖추고 고하기까지 했으며, 천연두가 끝난 지 1, 2년 뒤에도 제사를 꺼렸다. 비록 선비라 하더라도 풍속에 구애되어 심지어 제사를 폐하기까지 했다. 대개 천연두 신에 대한 금기는 옛날에는 이렇지 않았는데, 근년에 와서 더욱 복잡해지고 있으니, 만약 4, 50년이 지나면 어떻게 될지 알 수가 없다.

〔어숙권의『고사촬요(攷事撮要)』중 **두창경험방(痘瘡經驗方)**〕[202] 신이 있는지 없는지는 비록 알 수 없지만, 생각해보면 사람의 마음이란 본디부터 텅 비어 있는 것인데, 시방 열이 오른 까닭에 보이지 않는 것을 보고, 들리지

---

202)『고사촬요』는 1554년(명종 9) 어숙권이 편찬한 것으로, 조선시대의 사대교린에서 일상생활에 이르기까지 당시의 필수불가결한 일반상식 따위를 뽑아 엮은 책이다. 이 책은 실용성으로 말미암아 이후 1771년(영조 47) 서명응(徐命膺)이 이를 대폭 개정·증보한『고사신서(攷事新書)』가 나올 때까지 무려 10차에 걸쳐 속찬(續撰)과 개수(改修)가 이루어졌다. 여기서 인용한「두창경험방(痘瘡經驗方)」은 효종·현종 때의 두과의(痘科醫)로 공이 많았던 박진희(朴震禧)의 저작으로, 1674년(현종 15)에 교서관(校書館)에서 증보·간행한 3권본『고사촬요』에 처음 부록으로 첨가된 것이다(김치우『고사촬요의 책판목록 연구』민족문화 1983, 25~27면). 따라서「두창경험방」은 어숙권이 지은 것은 아니며, 1674년『고사촬요(攷事撮要)』를 증보하면서 박진희의 저술을 부록으로 첨부한 것이라 할 수 있다.「두창경험방」은 두창치료의 대표적인 의학서로 인정받아 여러차례 중간되었고 언해본도 널리 보급되었다. 또『고사촬요』뿐만 아니라 서명응의『고사신서』(1771), 홍만선(洪萬選)의『산림경제』에도 수록되었다. 조선시대 천연두에 대해서는 다음 글 참조. 정연식「조선시대의 천연두와 민간 의료」,『인문논총』14(서울여자대학 2005) 97~116면. 이번 번역에는 언해본『두창경험방』(아세아문화사 1973, 17~20면)이 많은 도움이 되었다.

않는 것을 듣게 된다. 그런데도 여자 무당들이 제멋대로 천연두 신이 하는 일이라 하니, 나라의 풍속에서 무당을 믿는 것은 실로 이 때문이다. 진실로 만약 신이 있다면 증세가 무겁거나 가볍거나를 막론하고 바깥에서 일어난 일을 모두 분명하게 말할 수 있어야 할 터인데, 증세가 무거운 자는 알지 못하면서, 가벼운 자가 혹 아는 일이 있으니, 어찌된 일인가.[203] 세상에는 신에게 상을 차리지 않고도 천연두를 잘 넘기는 사람이 있는가 하면, 상을 차리고 비단과 명주로 옷을 해 입히고 보화를 끝없이 늘어놓아도 결국에는 죽는 자가 있다. 이것 역시 천연두를 앓는 집에서 반드시 알아야 할 일이다. 더욱 심한 것은 오로지 무당의 말만 듣고 겨울에 냉수로 목욕하고 밤낮으로 기도해도, 끝내 신의 도움을 얻지 못해 결국 아이를 잃을 뿐만 아니라, 그 자신 작으면 평생토록 병을 얻고 크면 질병으로 인해 죽기도 하니, 미혹됨이 심하다 하겠다. ○대개 천연두는 열이 심하므로 스스로 생선이나 고기를 생각지 않는데, 여자 무당은 승려의 신이라 하여 온 집안이 채식을 하게 하니, 늙고 병든 부모에 이르기까지 모두 맛있는 음식을 폐하게 한다. 심한 경우는 병이 든 아이가 생선이나 고기를 찾더라도, 여자 무당에게 물으면 반드시 천연두 신이기 때문에 시험을 하는 것이니, 먹도록 하면 반드시 위태롭다 한다. 그래서 온 집안이 두려워하여 감히 조금이라도 생선이나 고기를 주지 않으니, 기력이 점점 허해져서 새로운 증상이 뒤섞여 나타나 마침내 구하기 어려운 지경에까지 이른다. 습속이 사람을 그르치는 것이 이와같다."

〔유몽인(柳夢寅)의 『어우야담(於于野談)』〕[204] 세속에서 아이들의 질병에는 신이 관계한다 하여 받들어 섬기는 것이나 꺼리고 피하는 것이 많으며, 오로지 기도만 일삼고 약을 쓰지 않는다. 그러므로 사람의 목숨이 요절하는

---

203) 따라서 천연두에 걸려 하는 말은 신의 말이 아니고, 고열 중에 하는 헛소리라는 것이다.
204) 만종재본(萬宗齋本)『어우야담』권 2, 속기(俗忌)의 인용이다.

것이 슬플 뿐만 아니라, 영특한 호걸의 재주라도 병 하나 때문에 쓰러지고 마니 참으로 애석한 일이다. 사람들이 모두 말하기를 '이 질병에서 어떤 일은 영이(靈異)하고 어떤 일은 괴상하고 놀라우니, 귀신이 아니고 무엇이겠는가'라고 하는데, 비단 부녀자들뿐만이 아니라 비록 학식있는 사대부라 하더라도 겁내고 미혹됨을 면치 못하여 무당이나 판수를 찾아가니 어찌 한심한 일이 아니겠는가. 내가 생각하기에 병은 열이며, 열은 불이다. 불은 밝음을 본성으로 하면서 불은 마음을 주관하는데, 마음이란 본래 텅 빈 것이다. 그러므로 열이 날 경우 허함은 귀신과 같고, 밝음은 불과 같아져서 듣지 않아도 들리게 되고 보지 않아도 보이게 되니, 컴컴한 밀실에 앉아 있어도 바깥일을 능히 맞추고 혹은 헛소리와 어지러운 말을 발해서 사람들을 놀라게 하고 미혹하게 한다. 이것은 다름이 아니다. 마음의 불이 열을 일으키는 것인데, 마치 사물을 거울에 비추면 그 모습을 나타나는 것과 같다. 어떻게 그렇다는 것을 알 수 있는가. 그것은 선(仙)이요 불(佛)이어서, 마음을 밝게 해서 망상에 들어가지 않도록 하기 때문에, 비록 방장(方丈)[205]에 앉아 있어도 산 밖의 일을 알 수 있고 다른 사람의 마음을 꿰뚫을 수 있으니, 이는 마음의 불을 밝힌 까닭에 불과한 것이다. 병을 앓는 아이도 이것과 다를 바 있겠는가.

〔**남하정(南夏正)**[206]의『**동소만록(桐巢漫錄)**』〕[207] 우리 고향에 홍씨(洪氏) 어른이 있는데, 만년에 아들 삼형제를 얻어 사랑과 보호가 지극하였다. 천연

---

205) 신선이 사는 삼신산의 하나인 방장산(方丈山)이라는 의미와 사방이 1장(약 3m)의 방이라는 뜻으로 사찰이라는 의미가 있다.
206) 조선후기의 학자. 생몰년 1678(숙종 4)~1751년(영조 27). 호가 동소(桐巢)이며, 세도정치의 어지러움을 보고 은거생활을 했다.
207) 1740년대 후반 남하정이 저술한 붕당(朋黨)에 관한 책. 3권 2책. 남인계열의 결속을 강화하고자 하는 동기로 저술했다. 숙종 전반기까지는 타인의 저술을 인용하고 이후에는 본인이 견문한 것을 수록했는데, 붕당에 관한 통사적 체계를 갖춘 최초의 저술이다.『조선당쟁관계자료집』14 등에 수록되어 있다. 이 인용문은 권 2에 보인다.

두가 집안에 들어오자 온 집안이 심신을 깨끗이 하고 부정을 멀리했다. 그
래서 고기를 먹지 않고 술을 마시지 않았으며, 상을 차려 기도하고 하루에
도 두세 번씩 몸을 씻으면서, 이런 일을 감히 조금도 게을리 하지 않았다.
그런데도 얼마 후 한 아들이 요절하니 홍 어른은 그 성의가 미진했던 것이
아닌가 하면서, 더욱더 신을 받들고 근신했다. 얼마 지나지 아니하여 또 한
아들이 요절하니, 홍 어른은 이에 크게 분노해 말하기를 '내가 신에게 실수
한 것이 없음에도 신은 나에게 화를 내렸다. 내게 본디 세 아들이 있었지만
두 아들이 이미 죽었으니, 남은 한 자식이 반드시 생명을 보전한다고 어찌
기약할 수 있겠는가. 신이여, 신이여. 이 아이를 죽이든지 살리든지 마음대
로 하소서'라 하고, 마침내 상을 부수고 병든 아이를 행랑채로 내쫓았으며,
소를 잡고 술판을 벌려 밤낮으로 취해 있었고 아이의 병세가 가벼운지 무
거운지 어떤지에 대해서는 묻지를 않았다. 그러나 그 아이는 열흘이 못되
어 나았고 얼굴에는 조금도 곰보 자국이 없었다. 그래서 지금은 자식과 손
자를 얻어 대대로 제사를 이어가고 있다. 진실로 신이 있다면 받들 때는 보
답이 없고 등한히하면 도움을 얻을 수 있었다니 이것이 도대체 어찌된 이
치인가. 진실로 신이란 본디 없는 것인데, 사람이 억지로 그것을 있다고 한
것이 아닌가. (『백야기문(白野記聞)』)[208] ○ 천연두에서 가장 꺼리는 것이 제
사와 상장(喪葬)이다. 그러므로 민간에서는 천연두에 걸리면 바로 제사를
폐지하고 상가에 가지 않는다. 자기가 가지 않을 뿐만 아니라 또한 상가에
갔던 사람이 오는 것도 금했다. 지난 정미년(1667년, 현종 8) 봄, 외할아버지
의 하관(下棺) 날짜를 점쳐 잡은 뒤 묘지기 하인 집에 천연두가 크게 성하
여 죽는 사람이 많았다. 그러나 낭령(郎令)[209]으로 있던 외숙부가 여기에

---

208) 조선후기의 문신으로 호가 백야(白野)인 조석주(趙錫周, 1641~1716)가 조야(朝野)
에서 견문한 것을 적은 명인 일화집. 『패림(稗林)』 8(탐구당), 『대동패림(大東稗林)』(국
학자료원) 7 등에 수록되어 있다. 그러나 여기에 인용된 부분은 『백야기문(白野紀聞)』의
원문과 자구에 있어서 약간 차이가 있다.

구애되지 않으니, 하인 역시 감히 말하지 못하여서 발인(發靷)²¹⁰⁾과 매장을 그 집에서 했고, 제사와 곡(哭)은 한결같이 예의 규정에 따랐다. 묘지기 하인의 자녀들은 나이가 20세 가까이 되었는데, 서너 사람이 매우 가까운 곳에서 앓아누워 있었다. 그러나 증상이 모두 대단히 가벼워서 먹고 남은 밥과 반찬을 얻어다가 먹였더니, 부스럼이 난 곳의 딱지가 떨어지고 약속이나 한 듯이 나았다. 위의 두 가지 이야기를 종합해보면 천연두의 신이란 없는 듯하다. 비록 혹 있다 하더라도 더불어 겨룰 수 없다는 것을 알면 감히 해를 끼치지 못하는 듯하다. 장수(長水) 권심(權諶) 어른이 일찍이 말하기를 '천연두를 앓는 집안에서 상을 차리고 음식을 벌려두어 밤낮으로 기도하면 반드시 잡스러운 요괴가 붙어 괴이함을 부르고 재앙을 만들어서, 순리를 거스르고 산 사람을 죽게 만드니, 실로 슬픈 일이다. 이치를 아는 자는 마땅히 이를 못하게 해야 한다' 했다. (위와 같음)²¹¹⁾

〔이규경(李圭景)이 지은 『오주연문장전산고(五洲衍文長箋散稿)』의 「두역유신변증설(痘疫有神辨證說)」〕²¹²⁾ 무릇 질병이란 안으로는 7정(七情)²¹³⁾이 상하고 밖으로는 6기(六氣)²¹⁴⁾에 감응하여 생기는 것인데, 어찌 신이나 귀신이 그 사이에 개입할 수 있겠는가. 그러하나 어떤 이는 돌림병에 귀신이 있다고 하는데, 역사책에도 때때로 보이며, 의학서적에도 근거가 될 수 있는 것이 많다. 그런데 그중에서도 천연두만을 귀신의 탓이라 하므로 괴이하다고 여겨 그 대략을 변증한다. 천연두에 대해『의학입문(醫學入門)』²¹⁵⁾에서

---

209) 조선시대 육조(六曹)의 정5품 관직인 정랑(正郎).
210) 장례 때 상여가 집을 떠나는 것.
211) 기사의 출전이 역시 『백야기문(白野記聞)』이라는 의미이다.
212) 『오주연문장전산고』 권 57에 수록되어 있으며, 천연두 신이 있다는 데 대해 변증한 것이다.
213) 사람의 여섯 가지 기질로 희(喜)·노(怒)·애(哀)·락(樂)·애(愛)·오(惡)·욕(慾)을 말한다.
214) 음양의 여섯 가지 기운으로 한(寒)·서(暑)·조(燥)·습(濕)·풍(風)·우(雨)를 말한다.

는 "태고에는 천연두란 없던 것인데, 주나라 말기나 진나라 초기에 이르러 나타났다"고 했다. 진나라 편작(扁鵲)의 처방에 삼두탕(三痘湯)이 있는데, "능히 천행두(天行痘)를 면할 수 있다"고 했다. 그러나 옛날부터 있었던 것이 아니므로 내경(內經)[216]에도 보이지 않으며, 후한(後漢)의 장중경(張仲景)[217] 역시 그것에 대해 논하지 않았다. 그러나 위나라 이래로 그것이 출현했고, 수나라 소원방(巢元方)은 비록 병에 대해서는 언급했으나 약 처방은 없었는데, 당나라 고종(高宗)[218] 때 진인(眞人) 손사막(孫思邈)이 비로소 처방을 내놓았다. 여기에서 천연두는 뒤에 나타난 병임을 알 수 있다. 우리나라 양평군(陽平君) 허준(許浚)[219][선조 때의 어의(御醫)로 『동의보감(東醫寶鑑)』[220]을 지었다]은 어의인데, 임금의 명령을 받들어 『언해두창집요(諺解痘瘡集要)』[221] 상하 두 권을 지었는데, 그 자서(自序)에 이르기를 "사람이 태중(胎中)에 있을 때 더럽고 나쁜 기가 명문(命門)[222]에 쌓여 있다가 화(火)의 기운이 하늘을 지배하는 해를 만나, 안팎에서 서로 감응하면 곧 천연두가 된다. 무릇 혈기(血氣)가 있는 종류는 모두 그렇지 않은 것이 없다. 어려서부터 늙을 때까지 반드시 한 번은 걸리므로 천연두를 백세창(百歲瘡)이라고도 한다. 사람이 만약 천연두에 감염되면 부모는 기도만을 할 뿐 감

---

215) 명나라 이천(李梴)이 편찬하여 1575년에 간행한 종합 의학서.
216) 중국에서 가장 오래된 의서의 하나인 『황제내경(黃帝內經)』을 가리킨다.
217) 후한 사람으로 본명은 장기(張機). 의술에 뛰어나 『상한론(傷寒論)』 10권 등을 지었다.
218) 당나라 제3대 황제. 재위 649~683년.
219) 조선중기의 명의. 생몰년 1546(명종 1)~1615년(광해군 7).
220) 허준이 편찬한 조선시대 최고의 의학서적. 선조의 명으로 1597년(선조 30) 편찬에 착수하여 1611년(광해군 3)에 완성했다. 전 25권 5책이다.
221) 1601년(선조 34)에 허준이 왕명을 받아, 조선초기의 내의 임원준이 지은 『창진집(瘡疹集)』을 언해한 것으로, 1608년(선조 41) 내의원에서 간행했다. 언해본의 제목은 『힝역고틸죵요모혼방문』이다. 상권에서는 천연두의 원인·예방법 및 그 증상·해독법을, 하권에서는 천연두의 여러 증상에 대해 설명했다.
222) 가슴의 한가운데 오목하게 들어간 곳으로 명치라고도 한다.

히 약을 쓰지 못하므로, 이제 성상(聖上)께서 마음을 정하시어 백성들을 구제하기로 결심하시어서 궁중에서부터 시작하여 먼저 종애(鍾愛)[223]에게 시행하도록 하셨다" 했다. 또 의학서적[224]에도 "태중에 독한 기운이 명문(命門)에 들어 있다가 소양(小陽)과 소음(小陰)이 천운을 지배하는 해를 만나 군화(君火)와 상화(相火) 두 화의 기운이 너무 과도하여[225] 열독(熱毒)이 유행하는 해가 되면 나타난다"고 했다. 송나라 진종(眞宗)[226] 때 왕단(王旦)[227]이 그의 아들 소(素)[228]를 위해 강남(江南)의 여자 도사[아미산(峨嵋山)[229]에 거주하며, 신두지술(神痘之術)을 발명했다]에 청하여 소가 천연두를 잘 넘기도록 했는데,[230] 이것이 곧 지금의 종두법(種痘法)[231]이다. 일찍이 장염(張琰)의 『종두신서(種痘新書)』[232]를 보니, "천연두가 시작되려고 하면

---

223) 지극히 사랑한다는 의미인데, 여기서는 공주를 뜻한다.
224) 『언해두창집요』 상에 인용된 『의학정전(醫學正傳)』의 내용이 이와 똑같다. 따라서 여기서 의학서적이란 명나라 우박(虞搏)이 1515년에 지은 『의학정전』을 말하는 것 같다.
225) 『언해두창집요』 상권(아세아문화사 영인본 145면)에 인용된 『의학정전』에 의하면 자(子)·오년(午年)에는 소음(少陰)과 군화(君火)가, 인(寅)·신년(申年)에는 소양(少陽)과 상화(相火)가 하늘의 기운을 지배한다고 했다.
226) 송나라 제3대 황제. 재위 997~1022년.
227) 송나라의 재상. 생몰년 957~1017년.
228) 송대의 문신. 생몰년 1007~73년. 왕단의 막내아들이다.
229) 중국 사천성에 있는 명산.
230) 종두법의 발명이 왕단(王旦)과 관련이 있다는 점에서는 같지만, 세부적인 면에 있어서는 다른 전승도 있다. 즉 청나라 주혁량(朱奕梁)의 『종두심법(種痘心法)』 중 「논두원류(論痘原流)」(『신편총서집성(新編叢書集成)』 44)의 소전(所傳)이 그것인데, 이에 의하면 왕단의 아버지가 천연두로 계속 자식을 잃다가 왕단을 낳자 백방으로 예방법을 찾고 좋은 일을 많이 하자, 하늘에서 천모(天母)가 내려와 예방법을 알려주었다는 것이다.
231) 우두(牛痘)가 아닌 인두(人痘)를 말하는 것 같다. 인두란 중국에서 발명한 것으로 천연두 환자에게서 약해진 천연두 균을 채취하여 인체에 주입함으로써 면역력이 생기게 하는 방법이다.
232) 청나라 장염의 저술. 한국에는 1826년(순조 26)에 수입되었다.

먼저 신위를 설치하는데 여인의 모습으로 하고, 옷을 입혀서 달래고 기도를 하는데, 이를 두신낭낭(痘神娘娘)233)이라 부른다"고 했다. 이것은 아미산의, 종두법을 발명한 여자 도사로 말미암아 부회한 일이다. 우리 동방에서는 천연두의 신을 호귀마마(胡鬼媽媽)[이능화가 말한다. 호귀(胡鬼)가 아니라 호구(戶口)가 옳다. 위에서 설명했다] 또는 손님[이능화가 말한다. 손님이란 별성(別星)이다. 위에서 설명했다]이라 하며, 영남에서는 서신(西神)[호남에서도 서신이라 한다]이라 한다. 아이가 천연두에 걸리면 깨끗한 소반에 정화수 한 사발을 놓고 매일 솥으로 지은 밥과 시루떡을 바치면서 기도를 하며, 천연두가 끝나면 종이로 만든 깃발·싸리나무로 만든 말 등 신에게 드릴 물건을 모두 실어 신을 전송하는데, 이를 일러 배송(拜送)이라 한다. 처음 앓기 시작할 때는 모든 일에 꺼리는 것이 많고, 부모가 합방하는 것도 금한다. 천연두를 앓는 아이에게 혹 다른 질병이 있으면 신이 원인이 되었다거나 영험이 있는 것으로 여겼다. 세간에서는 노봉(老峰) 민상공(閔相公)234)이 천연두를 맡은 신이 되었다고 하는데, 이는 황당한 말이다. 또 아이가 장차 천연두에 걸리려 하면 부모가 꿈에서 귀인(貴人)이 집에 들어오는 것을 보며, 아이에게 반드시 부스럼이 돋는다고 한다. 그러나 이러한 사실은 옛날 책에서는 보이지 않는다. 『화한삼재도회(和漢三才圖會)』235)를 보면 "일본 쇼우무천황(聖武天皇)236) 덴표우(天平) 7년(735)에 천연두가 처음 유행했다. 어떤 책에서는 수이코천황(推古天皇)237) 34년(626) 일본에서 곡식이 여물지 않자 삼한(三韓)에서 배 170척에 실어 쌀과 조를 보냈는데, 그것이 나니와(浪華)238)

---

233) 중국에서는 천화낭낭(天花娘娘)·두진낭낭(痘疹娘娘)이라고도 한다.
234) 조선중기의 문신 민정중(閔鼎重, 1628~92)을 말한다. 노봉은 그의 호이다.
235) 에도시대 오오사까(大阪)의 의사였던 데라지마료우안(寺島良安)이 편찬한 백과사전. 1712년경 완성했다.
236) 일본 제45대 천황. 재위 724~749년.
237) 일본 제34대 천황. 재위 592~628년. 민달천황(敏達天皇)의 계비(繼妃)였으며, 이복 동생인 숭준천황(崇峻天皇) 사후 즉위했다.

에 정박했다. 그때 그 배 안에는 포창(疱瘡)를 앓는 세 소년이 있었는데, 한 소년에게는 할아버지가, 한 소년에게는 부녀자가, 한 소년에게는 승려가 붙어 있었다. 어느 나라에서 왔는지를 몰라 사람들이 그 이름을 묻자 붙어 있던 자가 대답하기를 우리들은 역신(疫神)의 무리로 천연두를 맡았다. '우리들 역시 이 병으로 죽어 역신이 되었다'고 했다. 이 해부터 나라 사람들이 포창을 앓기 시작했다고 하는데, 포창이란 왜에서 천연두를 부르는 이름이다. 또 이르기를 천연두에 걸려 처음 발열(發熱)할 때 부모 혹은 유모가 꿈에서 낯선 사람을 보는 경우가 있는데, 늙은 여인이 보이면 길하고 젊은 여인이 보이면 흉하며, 승려나 선비가 보이면 중간인데 이들 모두가 역신이라고 했다" 그 세속의 이야기가 우연하게도 우리와 같으니, 누가 1백리 밖이면 풍속이 같지 않다고 했던가.

13. 태자귀(太子鬼) 혹은 명도귀(明圖鬼)

우리 동방의 풍속에 일종의 신령한 노파가 있는데, 신에 의탁해서 말을 전하고 점을 치는 것을 업으로 하였다. 이를 서울에서는 '태주'라 일컫는데, 곧 태자(太子)가 와전된 것이다. 남쪽에서는 이름하여 '명두'라 하는데, 곧 명도(明圖)가 와전된 것이다.[239] 민간에서는 "세속에서 말하기를 어린아이 때 천연두에 걸려 죽은 자의 영혼이 여자 노파에 붙은 것이라 한다."[240] 휘파람 같은 소리를 내고, 들릴 듯 말 듯 희미한 소리에 의거하는데, 그 말은 알아들을 수 있는 것과 알아들을 수 없는 것의 중간쯤 된다. 무릇 사람이 점치러 가면 일체의 대답을 모두 노파가 대신해서 말한다. 노파는 그 귀신을

---

238) 지금의 오오사까시(大阪市) 일대의 옛 지명.
239) 이밖에 세튼이, 공징이라도 한다.
240) 굶어 죽은 아이의 혼령이라고도 한다.

아가씨라 하는데, 이는 대개 어린 여자의 호칭이다. 그것이 말한 사람의 길흉은 혹 맞기도 하고 혹 틀리기도 하며, 또 조상 무덤의 풍수의 길흉을 말하기도 하는데, 갑자기 "나는 지금 그대의 조상 무덤을 보러 간다" 하고 잠시 후 돌아와서 크게 입을 벌려 말하기를 "길도 멀고 산 또한 높고 험하여, 내 한바탕 고생을 했다" 한다. 그런 연후에 보고하기를 "그대의 조상 무덤의 좌향(坐向)은 어떠한데, 어떤 곳은 길하고 어떤 곳은 흉하다" 한다. 어떤 때는 또 "나는 서천서역(西天西域)에 가서 거룩한 신에게 물어봐야겠다"라고도 한다. 이 귀신은 남자를 꺼리는데, 만약 남자가 곁에서 몰래 듣고 있으면 귀신은 "이곳에 남자의 기운이 있으니 속히 내보내라"고 설명한다. 노파는 규중처녀의 몸이므로 남자를 대하기가 부끄럽고 또 말하지 않으려 하는 것이라 한다. 대개 남자는 이치에 밝은 자가 많아 속이고 유혹하기가 어려우므로, 이런 말을 만들어 남자들은 사절하고, 어리석은 아낙네들만 이것으로 더욱 미혹하게 하는 것이다.

명도의 출전은 아래와 같다.

『동국패설(東國稗說)』[241]에 이르기를 "김유신(金庾信)은 신라의 태대서발한(太大舒發翰)[242]이며, 어머니는 만명(萬明)인데 그 또한 신이 되었다. 지금 무녀가 만명을 부르면서 이를 제사하며, 만명을 모신 사당에는 반드시 구리로 된 둥근 거울을 거는데 이를 명도(明圖)라 한다" 했다.

태자귀(太子鬼)의 출처는 아래와 같다.

성현(成俔)의 『용재총화(慵齋叢話)』[243]에서 말했다. "요즈음 공중에서

---

241) 『동국패설』이 어떤 책인지는 확인하지 못했다. 그러나 이 내용은 『오주연문장전산고』 권 26, 「무격변증설(巫覡辨證說)」에 보이는바, 「조선무속고」도 여기서 재인용한 것으로 추측된다.
242) 신라의 관등명. 신라의 최고 관등은 서발한(舒發翰), 이벌찬(伊伐湌), 각간(角干)인데, 김유신의 공에 보답하기 위해 특별히 태대서발한이라는 관등을 만들어 수여하였다.
243) 성현이 지은 필기잡록류(筆記雜錄類)에 속하는 책으로 전 10권. 아래 인용문은 권 3

소리를 내며 무격에 붙어서 지나간 일을 알아서 말하는 자가 있는데, 이를 일러 태자(太子)라 한다. 장득운(張得云)이라는 맹인이 있었는데 점을 잘 쳐서 사람들은 모두 명경수(明鏡數)[명경수란 예로부터 전해오는 유명한 술수(術數)와 점복에 관한 책이다]를 가지고 있다고 했다. 조정에서 이를 구했으나, 맹인은 본디부터 그런 것은 없다고 답했다. 그래서 감옥에 가두고 고문을 하면서 신문했으나, 여전히 내놓지 않았다.[244] 안효례(安孝禮)[245]가 태자에게 물으니, 태자가 말하기를 '장 맹인이 그 책을 친척 아무개에게 주고, 우봉현(牛峰縣)[246]으로 가서 민가에 감추도록 했다. 그 집은 동쪽으로 향하여 싸리문이 있고, 집 앞에는 큰 나무가 있으며 집안에는 독이 있는데 독 위는 소반으로 덮어 두었다. 만약 소반을 들어 그 안을 보면 그 책이 있을 것인데, 네가 가서 찾게 되면 그 나무를 향해 나를 불러라. 내가 응당 응해주리라' 했다. 안효례가 맹인 집에 가서 물으니 과연 우봉현에 사는 친척이 있었다. 안효례는 크게 기뻐하여 바로 이 사실을 임금께 아뢰니, 임금께서 안효례에게 찾아오라는 명령을 내렸다. 안효례는 역마를 타고 몇 기(騎)를 이끌고 밤낮없이 달려 그 집에 도착하였는데, 과연 싸리문과 큰 나무가 있었고 집에 들어가 보니 독도 있었으나, 소반을 열고 독 안을 보니 텅 비어 있었고 아무 물건도 없었다. 안효례는 나무를 향해 태자를 부르니 대답이 없었다. 안효례가 원망하면서 돌아와 태자에게 물으니, 태자가 말하기를 '너는 항상 거짓말로 사람을 속였으니, 나 역시 거짓말로 너를 속인 것이다' 했다."

  이규경이 지은 『오주연문장전산고(五州衍文長箋散稿)』의 「태자귀변증

(『대동야승』본)에 보인다.
244) 『세조실록』 권 7, 세조 3년 3월 임진조에 황해도관찰사에게 명령하여 황해도 토산(兎山)·우봉(牛峯) 등 고을에서 거주하던 맹인 장득운(張得雲)이 소장한 음양서(陰陽書)를 찾아내어 안효례(安孝禮)를 통해 서울로 보내도록 했다는 기사가 있다.
245) 조선 세종부터 성종대의 풍수가.
246) 황해도에 있는 고을.

설(太子鬼辨證說)」247)에서 말했다. "우리 동방에는 무격 외에 또 한 종류로 태자귀(太子鬼)라는 것이 있는데, 곧 어린아이의 죽은 혼이 여자 무리에게 붙어 대낮에 말을 만들어 사람들의 화복을 이야기한다. 그 소리는 가냘프게만 들리는데, 마치 채찍을 휘두르는 소리 같다. 어떤 말을 하는지는 알 수 없으나, 귀신이 붙은 노파는 하나하나 알아듣고 말해준다. 만약 물었는데 대답하기 힘들면 반드시 말하기를 '이 몸이 서천서역국(西天西域國)에 가서 상세히 알아보고 오겠다'고 한다[이른바 서역국이란 곧 부엌 굴뚝이다. 미리 물건으로 견고하게 부엌과 굴뚝을 막아놓으면 영험을 나타내지 못하는데, 그러면 묵묵히 있다가 가버린다. 이때부터 그 집은 재앙이 있게 된다. 『사기(史記)』248)를 보면 한나라 무제(武帝)249) 때 방사(方士)250)인 오리장군(五利將軍) 난대(欒大)251)와 이소군(李少君)252)의 무리가 부엌신에게 제사하여 그 귀신을 불렀는데, 부엌신의 형상은 부인으로 붉은 옷을 입었다는 기록이 있다. 술가(術家)에게는 '연조군연법(煉竈君鳶法)'이 있는데 이것은 부엌신을 제사하면 사람의 귀에다 대고 인간의 길흉을 말하는 것이다. 『오잡조(五雜俎)』253)에 의하면 '풍속에서 12월 24일 부엌신에게 제사하는데, 부엌신은 바로 이날 밤 하늘에 올라가 한 가족이 행한 바의 선악을 하늘에 아뢴다. 이날이 되면 부인들은 매사를 조심한다. 요사이 듣건대 바른 말을 잘하고 숨기지 않는 사람을

---

247) 권 26에 수록되어 있다.
248) 권 28, 「봉선서(封禪書)」에 보이는 내용이다.
249) 한나라 제7대 황제. 재위 BC 140~87년.
250) 선도(仙道)·연단술(煉丹術) 등을 통해 불로장생을 추구하는 무리.
251) 한 무제 때의 방사. 생몰년 ?~BC 112년. 방술을 가지고 한 무제의 총애를 얻었으나, 거짓이 탄로되어 요참(腰斬)당했다. 그런데 『사기』에는 그가 부엌신을 제사했다는 기록은 없다. 다만 그와 동문수학했던 문성장군 소옹(少翁)이 부엌신을 제사했다는 기록이 있으므로 난대까지 부엌신을 모신 것으로 유추한 것이 아닌가 한다.
252) 한 무제 때의 방사(方士). 부엌신을 제사하여 귀신을 부르고, 이들을 부려 단사(丹砂)를 황금으로 만들고, 이를 그릇으로 만들어 사용하면 불로장생을 누릴 수 있다고 하여, 한 무제에게 커다란 총애를 받았다. 그러나 성과가 없었고, 결국에는 병사하고 말았다.
253) 명나라 말기에 사조제(謝肇淛)가 지은 책이며, 이 부분은 권 2 천부(天部) 2에 있다.

세속에서는 조공(竈公)이라 한다'고 했다. 『회남만필술(淮南萬畢術)』[254]에 이르기를 '부엌신은 그믐날 하늘에 돌아가 사람들의 죄와 허물을 고한다' 했다. 무릇 부엌신은 집안사람들의 선악을 바로 말할 수 있으므로, 태자귀는 필시 부엌신에게 물어서 그 집안의 일을 상세히 알 수 있는 것이다. 이 귀신은 예전에는 없던 것이므로 그 실상을 알 수 없으나, 성호(星湖) 이익(李瀷)이 그 정상에 대해 자못 잘 설명하고 있다.[255] 그의 설명은 다음과 같다.

'세상에 태자귀라는 것이 있는데, 이는 곧 어린아이가 죽어 그 혼백이 다른 사람에게 들어붙어서 마치 죽은 혼이 요상한 말을 하는 듯하게 된 것이다. 이것은 인간의 길흉과 먼 곳의 사정을 판단하여 묻는 대로 대답해준다. 태자라고 이름 한 것은 혹 진(晉)나라 태자 신생(申生)[256]을 가리키는 것 같다. 혼백이 의탁할 곳 없이 떠돌아다니다가 인가(人家)를 지나면 동생아! 아들아! 하고 부르는데, 대답하는 자가 있으면 붙어서 떠나지 않으려고 한다. 만약 대답이 없으면 괴롭더라도 오랫동안 부르다가 끝내는 멀리로 떠난다. 옛날에 들은 바로는 나의 친척 부인이 우연히 그 부르는 소리를 듣고 장난삼아 대답을 했더니, 마침내 귀신이 와서 붙어 떠나지 않았다. 그래서 온갖 방법으로 기도하여 물리치려 했으나, 끝내 효과가 없었고, 마침내 이것이

---

254) 전한시대에 만들어진 실용적 무서(巫書). 서명 중 회남은 저자로 전하는 회남왕(淮南王) 류안(劉安, BC 180~123)을 가리키며, 만필은 무당의 이름. 따라서 『회남만필술』은 회남왕이 지은 만필의 술법이라는 의미이다. 그러나 일찍이 산일(散逸)되어 현재는 『태평어람(太平御覽)』『예문유취(藝文類聚)』 등을 통하여 일문(逸文)이 전해진 뿐이다. 아래 인용문 역시 『태평어람(太平御覽)』 권 186, 거처부(居處部) 14를 통해 전하는 일문(逸文)이다.
『회남만필술』에 대해서는 다음과 같은 연구가 있다. 高國藩 「漢代淮南萬畢術巫術」, 『中國巫術史』(上海三聯書店 1999) 157~80면.
255) 『성호사설』 만물문, 소아귀(小兒鬼)에서의 설명을 말하는데, 여기 인용문은 『성호사설』 원문과 약간 차이가 있다.
256) 춘추시대 진 헌공(獻公)의 태자. 생몰년 ?~BC 656년. 그의 서모 여희(驪姬)에게 모함을 당하여 자살했다.

빌미가 되어 일어나지 못하고 일찍 죽었으니, 역시 경계해야 할 일이다. 「봉선서(封禪書)」[257]에서 이르기를 한나라 무제(武帝) 때 장릉(長陵)[258]의 여자가 자식을 낳다가 죽었는데, 그 혼령이 그녀의 선후(先后)[259]인 완약(宛若)에게 나타났다. 완약이 집안에서 그 신을 제사하니, 많은 사람들이 찾아와 제사를 지냈다. 평원군(平原君)[260]도 찾아가 제사한 뒤 그 자손이 존귀해졌으므로, 지금의 황제[261]가 즉위하자 정중하게 예우하고 궁중에서 모셨다. 그러나 단지 그(=신군) 말만 들릴 뿐 사람은 보이지 않았다고 했다.[262] 그러므로 태자귀는 대개 옛날부터 있었다고 할 수 있지만, 우리나라만큼 많지는 않았던 것 같다. 의서(醫書)를 보면 기귀(魃鬼)라는 것이 있는데, 곧 어린아이 귀신이다. 이 귀신은 여전히 젖 먹기를 좋아해, 그 어머니가 또 임신을 하면 이 귀신이 질투를 해서 아이가 병이 들게 된다고 하는데, 혹 지금의 태자라는 것과 같은 것으로 기귀가 흩어지지 않은 것이 아닌가 한다. 그 수명이 다하지 않았는데 주어진 수명보다 일찍 요절하면, 이치로 보아 당연히 이런 일이 있음직하다. 『장자(莊子)』 천운편(天運篇)[263]의 동

---

257) 사마천이 지은 『사기』 팔서의 하나로 권 28을 이루고 있으며, 역대 천자・제후들의 봉선(封禪)과 제사에 관한 내용을 수록했다.
258) 옛 고을 이름으로 한 고조 유방(劉邦)의 무덤인 장릉이 있는 데서 유래한 지명이다. 지금의 섬서성 함양(咸陽) 동북지역.
259) 형제의 처, 즉 동서라는 의미이다.
260) 한 무제의 외할머니. 처음 왕중(王仲)에게 시집을 가서 왕황후(王皇后, 무제의 어머니)를 낳고, 왕중 사후 장릉의 전씨(田氏)에게 개가했다. 무제 즉위 후 높여서 평원군이라 했다.
261) 한 무제를 가리킨다.
262) 『사기』 봉선서의 원문은 다음과 같다.
신군자(神君者) 장릉녀자(長陵女子) 이자사(以子死) 견신어선후완야(見神於先后宛若) 완야사지기실(宛若祠之其室) 민다왕사(民多往祠) 평원군왕사(平原君往祠) 기후자손이존현(其後子孫以尊顯) 급금상즉위(及今上卽位) 칙후례치사지내중(則厚禮置祠之內中) 문기언(聞其言) 불견기인운(不見其人云).
263) 천운편은 『장자』 외편의 하나이며, 이 구절은 공자의 말로, 동생이 생기면 젖을 얻어

생이 있으면 형이 운다는 말이 이와 비슷한데, 바로 이런 것이 아닌가 한다. 또 초나라 영왕(靈王)[264]은 백공자장(白公子張)[265]이 자주 간하는 것을 걱정거리로 여겨 말하기를 내가 왼손으로는 귀신의 몸을 잡고 오른손으로는 상궁(殤宮)[266]을 잡고 있기 때문에 무릇 간하는 말이라면 내가 다 듣고 있다고 했는데,[267] 상궁이라는 것 역시 어린아이 귀신을 말하는 것이며, 다만 지금처럼 태자라고 부르지 않았을 뿐이다.' 이익의 설명은 아주 긴데, 나는 그것이 제대로 된 설명이라 생각한다. 의서(醫書)의 어린애 귀신, 『장자』 천운편의 '동생이 있으면 형이 운다'는 말·백공자장의 자주 간함에 대한 귀신과 상궁(殤宮) 등은 이익의 설명을 강력하게 뒷받침하고 있다. 그러나 그가 인용한 바에 또한 빠진 것도 있기 때문에 내 다시 이어서 이 문제를 풀어보겠다. 장형(張衡)[268]은 「동경부(東京賦)」[269]에서 '팔방의 신령은 이로[270] 말미암아 두려워 떠는데 하물며 기역(魖蜮)[271]과 필방(畢方)[272] 정도

먹지 못해 형이 우는 것이 자연의 이치이며, 곧 도라는 것이다.
264) 춘추시대 초나라의 왕. 재위 BC 540~529년.
265) 초나라의 대부(大夫). 백(白)은 지명으로 지금의 하남성 식현(息縣)의 동부지역이며, 공(公)은 초나라의 현의 장관의 명칭. 따라서 백공자장(白公子張)은 백현(白縣)의 장관인 자장(子張)이라는 의미이다.
266) 상(殤)은 20세가 되기 전에 요절한 미성년자의 영혼을 말하며, 궁(宮)은 궁(躬)의 가차(假借)로 몸을 뜻한다.
267) 『국어』 권 17, 초어(상)에 보이는 사실로, 초 영왕이 간언을 자주하는 백공자장을 어떻게 하면 좋겠느냐고 물으니, 사로(史老)라는 사람이 이렇게 대답하라고 시켰다. 즉 귀신을 지배하고 심지어 요절한 사람의 귀신까지 다 지배하고 있으니, 간언은 필요없다고 대답하게 했다.
268) 후한시대의 인물. 생몰년 78~139년. 문장도 뛰어났으며, 또 천문, 역산(曆算)에 통하여 혼천의(渾天儀)·후풍지동의(候風地動儀) 등을 발명했다.
269) 동경은 낙양(洛陽). 천하의 태평이 계속되자 귀족들이 사치 방일(放逸)에 빠진 것을 경계하기 위해 장형은 「동경부(東京賦)」와 「서경부(西京賦)」를 지었다고 한다. 「동경부」는 『문선』 권 3에 수록되어 있다.
270) 연말에 행하는 귀신 쫓는 추나(追儺)의례.
271) 어린아이 귀신.

쯤이야'라 했고, 이에 대한 주(注)[273]에서는 기(魃)를 어린아이 귀신이라 했으니, 요즈음 태자라고 하는 것은 바로 기이다. 예전에 들으니 천연두로 죽은 어린이는 반드시 태자가 된다고 한다. 그런데 이익(李瀷)은 신생(申生)을 인용하여 증거하나, 무격과 어리석은 아낙네가 어떻게 신생을 알아 태자란 이름을 붙였겠는가. 나의 생각으로는 이 귀신이 붙은 사람은 먼저 신의 그림을 만들어 귀신이 의탁할 바로 삼았을 것이고, 이를 탱자(撐子)라 불렀다. 우리말에 그림을 탱자라고 하는데, 이것이 와전되어 태자가 되었으니, 탱자와 태자는 음이 서로 비슷하기 때문이다. 『사기』의 장릉(長陵) 여신에 대해 성호가 인용한 바는 대단히 소략하다. 그래서 이제 상세히 기록하여 다른 사람들로 하여금 쉽게 알 수 있도록 하겠다. 『사기』의 이 여인에 대해 맹강(孟康)[274]은 '자식을 낳다가 죽었다. 형제의 처를 서로 선후(先后)라 하며, 완약(宛若)이란 자(字)이다'라 했고, 『색은(索隱)』[275]에서는 '(선후는) 지금의 동서'라 했다. 서광(徐廣)[276]은 '평원군(平原君)은 무제(武帝)의 외할머니인 의비장공주(儀比長公主)다'라고 했고, 『색은』에서는 '평원군을 이름이 장아(臧兒)'라 했다. 『사기』의 주석인 『정의(正義)』[277]에서는 '『한무제고사(漢武帝故事)』[278]에 이르기를 백량대(栢梁臺)[279]를 지어 신군(神君)을 머물게 했는데 장릉(長陵)의 여자였다. 앞서 그녀는 시집가 남의 아내가 되

---

272) 노귀(老鬼). 새처럼 날개가 있고, 다리가 둘인데, 늘 불을 머금고 있으면서 인가에 괴화(怪火)를 일으킨다고 한다.
273) 삼국시대 오나라 사람인 설종(薛綜)의 주이다.
274) 『한서』의 주석가. 아래는 『한서』(상) 권 25, 교사지(郊祀志)에 보이는 주석이다.
275) 당나라 사마정(司馬貞)이 『사기』에 대한 기존 주석을 종합 정리한 책.
276) 동진시대의 학자. 생몰년 352~425년. 『진기(晉紀)』『사기음의(史記音義)』등의 저술이 있다.
277) 당나라 장수절(張守節)이 편찬한 『사기』주석서이다.
278) 한 무제의 일생에 있었던 잡다한 사실을 소설적으로 꾸민 책. 저자에 대해서는 후한의 반고(班固)설, 남제의 왕검(王儉)설이 있다.
279) 한무제가 BC 115년(元鼎 2) 장안성 미앙궁 북문 밖에 세운 대(臺).

어 한 사내아이를 낳았는데, 몇살 안되어 죽었다. 여자는 이를 애통해하다가 같은 해에 역시 죽어 신령이 되었고, 완약(宛若)이 이를 제사하였다. 들리는 말에 의하면 완연히 살아있는 것 같아 많은 사람들이 찾아가 복을 구했으며, 사람들에게 소소한 일들을 말하면 영험이 있었다. 평원군 역시 이를 모셨는데, 이후 그 자손이 존귀함에 이르고 천자가 즉위하자 태후(太后)가 궁중에 모시다가 제사했다. 그 말은 들을 수 있었으나 그 사람은 보이지 않았는데, 이때에 이르러 신군(神君)을 나오도록 부탁하여, 백량대를 지어 머물게 하였다. 예전에 곽거병(霍去病)[280]이 미천할 때 직접 신군에게 빌었더니, 신군이 형태를 드러내었고 자신을 예쁘게 꾸며서 곽거병과 더불어 교접하려 했다. 곽거병이 이를 거부하면서 신군에게 말하기를 나는 신군을 정결히 여기어 재계(齋戒)하고 기도했는데, 지금 음탕한 짓을 하려 하니, 이것은 올바른 일이 아니라고 하면서 스스로 발을 끊고 다시는 가지 않았다. 신군도 이를 부끄러워하여 가버렸다고 했다.' 성호(星湖)가 신군의 일을 이것저것 끌어들였지만, 이것은 우리 풍속에서 말하는 태자가 아니다. 특히 귀신이 사람과 더불어 서로 이야기하는 것을 가지고 태자임을 증명하려 했으나, 태자는 곧 어린애 귀신이고 장릉의 여자는 시집간 사람이므로, 그것이 기귀(魑鬼)임을 증명할 수 없다. 내가 호서·호남 지역 사람들 말을 들으니, 호남에는 태자를 모신 사당이 많고 시골 노파들 가운데 간악하고 교활한 자는 어린애 시체에서 손을 잘라 귀신이 붙도록 방법을 쓴 다음, 몰래 주머니에 차거나 가슴에 달고 다니는데, 그렇게 하면 저절로 영이 나타난다고 생각한다. 이를 훔쳐서 그 노파를 위협하면 목숨만 살려달라고 애걸한다고 한다. 이러한 술법으로 간혹 귀신이 붙은 사람도 있다고 한다. 그러나 이치를 아는 군자라면 가족을 엄히 단속하여 대문 안에 들어오지 못하게 해야 한다."

---

280) 전한의 명장. 생몰년 BC 140~117년. 흉노를 격파하는 데 큰 공을 세웠으나, 요절했다.

제19장
지방의 무풍(巫風)과 신사(神祠)

    지방 무풍(巫風)은 개성과 서북 일대가 가장 성하였다.[1] 개성 사람들은 무당을 선관(仙官)이라 하는데, 대개 고려 의종(毅宗) 때 양경(兩京, 개성과 평양)의 양반 중에서 자산이 있는 자를 택하여 선가(仙家)라 이름하고 대대로 팔관(八關)의 신[2]을 제사하게 했는데,[3] 그 명칭이 서로 전하여 지금까지 옛

---

1) 이러한 주장을 그대로 받아들여야 할지는 의문이다. 왜냐하면 당시는 무속에 관한 현지조사가 충분하지 않았기 때문이다. 따라서 이러한 주장은 이 지역들에 대한 문헌자료가 비교적 많이 전하기 때문에 나온 것이 아닌가 한다.
2) 고려 때 개경과 서경에서 각각 11월과 10월에 거행된 국가적 행사.『고려사』권 2, 태조 26년 4월조에 의하면 팔관회에서는 천령(天靈)・오악(五嶽)・명산(名山)・대천(大川)・용신(龍神) 등의 신을 제사했다고 한다.
3) 의종은 서경의 관풍전(觀風殿)에서 혁구정신(革舊鼎新)을 위한 교서를 내렸는데, 그 다섯번째로 선풍(仙風)을 장려하도록 하라고 했다. 즉 신라시대에는 선풍이 진작되어 국가가 안정되었으므로, 이제부터 선가(仙家)를 정해 팔관회를 주관하도록 하라는 것이다.『고려사』권 18,「세가」18 의종 22년=1168 3월 무자.

관습을 따르고 있으므로, 선관이라는 명칭이 무당에게 붙여진 것이 아닌가 한다.[4] 북도(北道)[5]에서는 무당을 '스승[師]'이라 하는데, 대체로 그 지역이 만주에 가깝기 때문에 만주 풍속에 물든 것이다. 만주에서는 살만(薩滿)[6]을 사무(師巫)라 하는데, 이는 곧 고구려의 유속이다.[7] 대개 사무라고 칭한 것은 『삼국사기』고구려본기에 보인다.[8] 무릇 우리 한국 땅에서 신사(神祠)가 있는 곳에는 반드시 무격들이 모여 신사(神祀)를 행하므로, 다음과 같이 모두 기록한다.

1. 경기도의 무풍과 신사

(1) 〔서울〕[9] 신익성(申翊聖, 선조宣祖 때 사람)[10]의 『낙전당집(樂全堂集)』[11]에 실린 「영신잡사(迎神雜詞)」에서 말했다.

---

4) 조흥윤『한국의 무(巫)』(정음사 1983) 95~96면에 의하면 한국의 무당에는 다섯 등급이 있고, 그중에서 가장 높은 등급이 하늘·땅·바다의 여러 신령을 모시는 '선관 및 보살계급'이라 한다. 그러나 「조선무속고」처럼 의종 때의 팔관회 선가와 무당으로서의 선관을 바로 연결시키는 것은 무리가 아닌가 한다.
5) 함경도를 말하는 것 같다.
6) 샤먼의 한자 음역.
7) 『삼국사기』권 15, 차대왕 3년(148년) 조에 무당을 사무(師巫)라 한 것이 보인다. 본서 제2장 「고구려의 무속」 중 2절 '무당이 여우의 변괴를 말하면서 왕에게 덕 닦기를 권하다' 참조.
8) 『삼국사기』권 15, 차대왕 3년조.
9) 서울의 무속에 대해서는 제18장에서 언급했는데, 여기서 다시 서울에 대한 항목을 설정한 이유가 무엇인지 알 수 없다.
10) 조선중기의 문신. 생몰년 1588(선조 21)~1644년(인조 22). 호는 낙전당(樂全堂). 병자호란 때 청과의 강화를 반대했고, 심양으로 끌려가 억류생활을 하기도 했다.
11) 신익성의 시문집. 전 15권 7책인데, 이 시는 그중 권 1에 수록되어 있다.

"높은 집 위에 좋은 자리 마련하였는데
맑은 술도 맛있고 제물도 진미로다.
좋은 손님은 자리에 가득하고 온갖 풍악소리 울리는데,
신령스런 거문고 타며 뭇 신들을 맞이하네.
신이 오는구나. 바람소리 들리는데
다투어 나아가 절해도 신은 말이 없구나.
가운데 한 무당이 춤을 잘 춘다고 하는데
기다란 소맷자락 돌리고 또 나부끼네.
아름다운 모습의 섬세하고 요염함은 얼굴에 따라 변하고
고운 자태의 날씬하고 아리따움은 어디서 나오는지 알 수가 없네.
땅을 구르며 노래하고 뛰면서 장단 맞추는 것이 원숭이처럼 민첩하고
노래의 중간에 이르니 빠르기가 놀란 기러기 같구나.
좌우를 돌아보며 맑은 휘파람 소리내고
얼굴 펴고 팔뚝 들며 길흉을 말하네.
위태롭고 괴로운 말 분간하지 못하니
다시 말하기를 바로 가장에게 액운이 있다 하네.
주인은 아찔하여 정신을 잃었다가
천금을 들여 신을 섬겨도 신은 대답이 없네.
신은 말없는데 노래와 춤은 끝이 나고
술잔과 그릇 어지러운데 하루 역시 다지나니.
남자가 지고 온 것, 여자가 이고 온 것이 무당에게 돌아가니
무당은 부자 되고 굿한 집은 빈털터리 된다.
신이여, 혹시라도 믿을 것이 있다면
어찌 무당에게는 후하게 대하면서 백성들은 상심하게 하는가."

(2) [개성 송악산(松岳山)의 신사(神祠)] [12]

태종 11년 신미(1411) 5월 계미(23일), 예조(禮曹)에서 보사(報祀)의 제도에 대해 아뢰었다. 임금이 예조에 명하기를 "송악(松岳)·덕적(德積)·감악(紺岳) 등 명산의 신에게도 축문을 쓰고, 신하를 보내어 분향(焚香)하게 하는 것이 예이다. 전조(前朝=고려) 이래로 내행기은(內行祈恩)이라 하면서 계절이 돌아올 때마다 왕과 왕비가 내신(內臣)·사악(司鑰)·무녀들로 하여금 몰래 명분에 맞지 않는 제사를 행해 왔는데, 오늘날에 이르기까지도 그만두지 아니하니 예법에 맞지 않는다. 너희들은 전조의 사전(祀典)에 실린 것을 상고하여 시종(始終)과 본말(本末)을 모두 써서 아뢰어라. 내가 마땅히 예에 따라 행하겠다" 했다. ○가을 7월 갑술(15일), 예조에서 아뢰기를 "근자에 송악·백악·감악 등에 별감(別監)으로 하여금 향을 받들고 가서 제사토록 하라는 명령이 있었습니다. 그런데 우리 예조의 월령(月令)을 살펴보면 백악 등지에 봄가을로 제사지내는 것이 있는데, 또 별기은을 한다면 이중으로 제사하는 것이 됩니다"라고 했다. 임금께서 말하시기를 "별기은은 행한 지가 오래되었으니, 폐지할 수 없다"고 했다. (『조선왕조실록』) [13]

○송악신사(松岳神祠); 산 위에 건물이 다섯 채 있는데, 첫째는 성황(城隍), 둘째는 대왕(大王), 셋째는 국사(國師), 넷째는 고녀(姑女), 다섯째는

---

12) 송악신사가 기록에 처음 등장하는 것은 1123년(인종 1)에 고려를 다녀간 송나라 서긍(徐兢)의 『고려도경』 권 17, 사우(祠宇)조이다. 이에 의하면 송악신사는 숭산묘(崧山廟)라고도 하는데, 1011년(현종 2) 거란족이 침입하여 개경을 점령하자, 그 신이 수만 그루의 소나무로 변하여 사람 소리를 내어 거란을 물리쳤다고 한다. 그래서 백성들은 질병이나 재앙이 생기면 옷을 시주하고 말을 바치며 기도했고, 사신이 오면 치제(致祭)하기도 했다고 한다.

한편 송악신사에 대한 흥미로운 기록으로는 유호인(兪好仁, 1445~94)의 『뇌계집(㵢溪集)』 권 7, 「유송도록(遊松都錄)」이 있으며, 이에 의하면 송악산의 북봉에는 대왕당(大王堂), 남봉에는 성모당(聖母堂)이라는 신당이 있으며, 각각 신상 6구씩을 모셔놓았다고 했다.

13) 『태종실록』 권 21(국편본 1-583) 및 권 22(국편본 1-595). 그리고 이상은 본서 제11장 「요망한 무당과 음사를 금하다」 중 2절 '태종 때 음사를 금하다'에 이미 나온 내용이다.

부녀(府女)를 모신다. 그러나 모두 무슨 신인지 알 수 없다.[14] (『동국여지승람』)[15]

○ 명종 병인 21년(1566) 정월, 개성부의 유생들이 송악산의 음사(淫祠)를 불태웠다. 왕대비(王大妃)[16]가 환관으로 하여금 가서 만류하도록 하였으나 유생들이 듣지를 않았다. 이에 임금께서 의금부에 명하여 유생들은 잡아오도록 하고, 그 죄를 다스리려고 했다. 그러자 많은 조정의 신하들이 이에 대해 간했고, 심지어 관학(館學)[17]의 생도들까지 상소하여 간쟁하니, 이에 풀어주라고 명령했다. 당초 민간의 풍속이 신도(神道)를 좋아하여 송악산에 사당을 세워 대왕사(大王祠)라 일컬었는데, 온 나라에서 몰려와 섬기기를 매우 정성껏 했고, 낭비하는 비용도 이루 헤아릴 수 없었다. 뿐만 아니라 남녀가 섞여 머무는 바람에 추악한 소문까지 많았다. 이에 유생들이 분개하여 사당을 불태워 버리고 신상을 깨뜨려 버렸는데, 식자(識者)들은 이를 통쾌하게 여겼다. (이이(李珥)[18] 『석담일기(石潭日記)』)[19]

○ 송도의 선비인 김이상(金履祥)[20]은 벼슬이 사예(司藝)[21]에 이르렀으

---

14) 일제시대 자료에 의하면 송악산에는 상산당·별상당·제석당·대흥당·가망당 등이 있었다고 한다. 秋葉隆「三神山」, 『朝鮮民俗誌』(六三書院 1954) 250면.
15) 권 4, 개성부(하) 사묘조의 인용이다. 『세종실록』, 「지리지」에 의하면 송악산의 성황당·대왕당·국사당을 조선왕조에서는 중사(中祀)에 올리고 춘추로 국제(國祭)를 거행했다.
16) 바로 아래에 보이는 김육(金堉)의 『잠곡필담(潛谷筆談)』에서 명종의 모후인 문정왕후라 했다. 그러나 이 사건이 발생하기 바로 전 해인 1565년(명종 20)에 세상을 떠났다. 따라서 1566년 싯점에서 대비라 할 수 있는 사람은 인종의 왕비 인성대비 박씨(1519~82) 뿐이다.
17) 성균관과 사학(四學, 서울의 중앙과 동서남북에 설치된 학교).
18) 조선중기의 대표적인 성리학자. 생몰년 1536(중종 31)~84년(선조 17). 호는 율곡.
19) 이이가 당시 경연의 기사 및 시사(時事)를 수시로 기록하여 평론한 책이다. 『대동야승』 『패림(稗林)』 등에 수록되어 있으며, 『율곡전서』에서는 「경연일기」라는 제목으로 수록되어 있다. 이상의 내용은 『석담일기』 권 상의 일부이다.
20) 조선중기의 문신. 생몰년 1498(연산군 4)~1576년(선조 9).

며, 호는 심적당(心適堂)이다. 월정(月汀)²²⁾이 개성유수(開城留守)²³⁾로 있을 때 그의 문집의 초고(初稿)에 발문(跋文)²⁴⁾을 썼다.²⁵⁾ 또 김이상의 아우 이도(履道)는 효자 박성림(朴成林)과 서로 친했다. 명종 때 무격이 성행하여 사람들은 병에 걸려도 의약을 구하지 않고 오로지 기도만을 일삼았다. 송악(松岳)·대정(大井)²⁶⁾·대곡(大谷)·덕물(德物)²⁷⁾ 등 일곱 곳의 신사(神祠)에는 왕족에서부터 뭇 백성에 이르기까지 진수성찬을 지거나 싣고 온 사람들로 길을 가득 메우니, 사람들이 감히 배척하는 말을 하지 못했다. 이에 김이도와 박성림 두 사람이 분개하여 말하기를 "이것을 태워 버리지 않는다면 어찌 밝은 세상에 우리 성현의 도를 밝힐 수 있겠으며, 기나긴 밤에 요사한 기운을 없앨 수 있겠는가" 하고, 생도 2백여 명을 이끌고 우선 송악에 올라가서 그 신당을 불태우고, 이른바 대왕과 대부인(大夫人)이라는 두 나무 신상을 끌어내어 깨부수고, 천 길 낭떠러지 아래로 밀어 떨어뜨렸다. 그러고는 다른 곳으로 옮겨 그곳의 사당들을 모두 불태워버렸다.²⁸⁾ 문정왕후(文定王后)²⁹⁾가 크게 노하여, 주모자 20여 명을 체포하여 국문하

---

21) 조선시대 성균관의 정4품의 관직으로 성균관 유생들에게 음악을 가르쳤다. 정원은 3명.
22) 조선중기의 문신인 윤근수(尹根壽; 1537~1616)의 호.
23) 유수(留守)는 조선시대 개성을 비롯하여 강화·광주(廣州)·수원·춘천 등 요긴한 곳을 다스리던 정3품의 관직.
24) 책의 끝에 그 책에 관하여 적은 글이다.
25) 김이상의 문집으로『심적당송암경승재유고합편(心適堂松巖敬勝齋遺稿合編)』이 전한다.
26) 고려 태조의 할머니인 용녀(龍女)가 친정인 용궁을 드나들던 우물인 개성대정(開城大井). 이곳에는 개성대정묘(開城大井廟)라는 신당이 있었고, 북벽에는 신상, 동북벽에는 여러 무신도를 모셨던 것으로 전한다.『세종실록』권 76, 세종 19년 3월 계묘.
27) 개성의 덕물산을 말한다.
28) 이때 개성부 유생들은 개성의 여러 신사 중 성황당(城隍堂)·월정당(月井堂)·개성당(開城堂)·대국당(大國堂)·덕적당(德積堂)을 소각했다(『명종실록』권 32, 명종 21년 1월 병진). 그러나 국사당은 국행제의 대상이라 하여 지붕의 기와를 깨뜨리는 정도에서 그쳤다(『명종실록』권 32, 위의 기사 및 명종 21년 1월 무오).
29) 조선 중종의 계비. 생몰년 1501(연산군 7)~65년(명종 20). 1517년(중종 12)에 왕비에

고, 나머지 2백여 명은 모두 개성부에 가두라고 명하였다. 김이도 등이 서울에 도착하자, 의정부[30]와 6조(六曹)[31] 이하 각 관청에 이르기까지 모두 사람을 보내어 안부를 물으며 말하기를 "오늘날 뜻밖에도 여러 군자들이 기풍을 바로잡는 것을 보았습니다" 하며, 음식을 잘 차려서 보내주었다. 양사(兩司, 사헌부와 사간원)는 승정원(承政院)[32]이 임금의 측근의 위치에 있으면서 성급하게 임금의 교지를 받들었다고 탄핵하여 여섯 승지(承旨)[33]가 모두 파직되도록 했다. 또 의정부와 옥당(玉堂)[34]은 함께 "여러 유생들이 한 행동은 기풍을 바로잡고자 한 것이므로 죄 주는 것이 불가하니, 빨리 석방할 것을 청합니다" 하면서 연일 간쟁하니, 마침내 왕이 이를 윤허하였다.
(김육金堉[35]의『잠곡필담(潛谷筆譚)』)[36]

책봉되었으며, 소생인 명종이 1545년 12세로 즉위하자 8년간 수렴청정을 했다. 문정왕후와 그의 동생 윤원형의 송악신당에 대한 신앙은 각별했던 것 같다. 문정왕후는 수시로 내시를 파견하여 제사했고, 신상에 비단옷을 해 입혔다. 또 윤원형은 자신을 대간들이 탄핵하자 대간의 우두머리인 사헌부와 사간원의 장관이 죽게 해달라고 송악신당에 빌었고, 송악신당의 수입을 차지하기도 했다. 『명종실록』 권 32, 명종 21년 정월 정사.
그러나 문정왕후는 1565년 4월 6일에 이미 승하했으므로, 이 싯점에서 유생들을 처벌하라고 명령할 수는 없다. 그러므로 유생들은 문정왕후가 죽고 윤원형의 세력이 꺾인 것을 기화로 신당을 파괴한 것이 아닌가 한다.
30) 조선시대 국왕을 보좌하며 정무를 총괄하던 최고 행정기관.
31) 조선시대 주요한 국무를 처리하였던 실무관청인 이(吏), 호(戶), 예(禮), 병(兵), 형(刑), 공조(工曹)의 합칭.
32) 조선시대 국왕의 비서실.
33) 승정원에 소속되어 왕명의 출납을 맡아보던 도승지・좌우승지・좌우부승지・동부승지를 말한다.
34) 궁중의 서적・문서를 관리하고 국왕을 자문하는 홍문관의 별칭. 또는 청요직의 상징인 홍문관 관리의 통칭.
35) 조선후기의 문신. 생몰년 1580(선조 13)~1658년(효종 9). 대동법 시행・상평통보 유통 등 제도개혁에 힘썼으며, 실학에도 영향을 주었다.
36) 호가 잠곡(潛谷)인 김육의 견문록으로 인물에 관한 일화가 많다. 전 1책이며 필사본이 서울대 규장각(규 6685) 등에 소장되어 있는데, 그중 후손의 소장본을 성균관대 대동문

(3) [개성 덕물산(德物山)의 최영장군사(崔瑩將軍祠)] [37]

송도의 성 동남쪽 10여 리 밖에 덕적산(德積山, 덕물산德物山이라고도 한다)이 있는데, 산 위에는 최영(崔瑩)의 사당이 있고, 사당 안에는 흙으로 빚은 신상이 있다. 그 지방 사람들이 와서 기도하는 데 영험이 있다. 사당 곁에는 침실을 만들어 두었는데, 그 지방 사람들은 민간의 처녀를 데려다가 사당을 모시게 했으며, 처녀가 늙거나 병들면 다시 나이 어린 처녀로 사당을 모시게 한다. 이렇게 한 지 지금까지 1백여 년[38]이 되었다고 하는데, 모시는 여자가 스스로 말하기를 밤이면 최영의 영혼이 내려와 서로 교접한다고 했다. 이것은 이중환(李重煥)[39]이 기록한 것이나,[40] 지금은 아무런 영험이 없는데도 무녀들은 매번 이 신의 영험함과 신이함을 과장하고 있다. (이규경李圭景 『오주연문장전산고』)[41]

화연구소에서 『잠곡전집(潛谷全集)』에 포함시켜 간행한 바 있다.
37) 덕물산은 개성 동남 2리 정도에 있는 해발 200m 정도의 야산. 『신증동국여지승람』 권 13, 경기도 풍덕군 산천조에 의하면 군의 동쪽 30리에 있다고 했다. 일제시대까지도 덕물산 정상에는 산상동이라는 무당촌이 있었고, 이곳에는 최영을 모시는 장군당(3칸 기와집)·장군의 부인을 모시는 부인당·창부당 등이 있다고 한다. 그리고 이 신당들에는 신을 소상(塑像) 또는 화상(畵像)으로 봉안했다고 한다. 이곳은 우리나라 중부지방 무당들의 최고의 성지였다.
최영사당과 그곳에서 행해지는 제의에 대해서는 다음 글 참조. 이기백 「덕물산이야기」, 『연사수록』(일조각 1994); 秋葉隆 「三神山」, 『朝鮮民俗誌』(六三書院 1954); 秋葉隆 『朝鮮巫俗の現地研究』(養德社 1950).
38) 이 기사의 원전인 이중환의 『택리지』에서는 3백여 년이라 했다.
39) 조선후기의 실학자. 생몰년 1690(숙종 16)~1752년(영조 28). 관직에서 쫓겨난 뒤 30여 년간 방랑생활을 했고, 이 경험을 토대로 인문지리서인 『택리지』를 저술했다.
40) 『택리지』, 「팔도총론」, 경기에 수록되어 있다.
41) 권 43, 「화동음사변증설(華東淫祀辨證說)」에 보이는 내용이다.

(4) [개성의 삼성(三聖), 주작(朱雀) 및 대국신(大國神)]

태종 11년(1411) 가을 7월 갑술(15일), 주서(注書)[42] 양질(楊秩)을 해풍(海豊)[43]에 보내어 전직 총제(摠制)[44] 김첨(金瞻)[45]에게 삼성(三聖)·주작(朱雀)·대국(大國)의 신을 제사하는데 대해 물으니, 김첨이 대답했다. "주작은 전조 고려 때에는 송도 본궐(本闕)의 남훈문(南薰門)[46] 밖에 제단을 설치하여 주작칠숙(朱雀七宿)[47]를 제사했습니다. 그런데 지금은 한경(漢京)[48]에 도읍해 있으면서 여전히 옛 곳에서 제사하니 실로 불편합니다. 그러므로 다시 현재의 궁궐의 남쪽에 제단을 마련하는 것이 좋습니다. 삼성은 전조의 충렬왕이 원나라 세조(世祖) 황제의 딸에게 장가들면서[49] 중국 남방에 있는 신을 모셔다가 제사한 것인데, 대개 수도(水道)의 화복을 주관합니다.[50] 대국은 중국 북방의 신인데, 역시 충렬왕이 청하여 제사한 것입

---

42) 조선초 문하부의 정7품 관직.
43) 경기도 풍덕군의 옛 이름.
44) 조선초기 군정과 군령을 총괄하던 삼군부의 부사령관.
45) 고려말에서 조선초의 문신. 생몰년 1354(공민왕 3)~1418년(태종 18) 의례에 조예가 깊어 조선초기 사전 정비과정에서 많은 자문을 했고, 특히 도교 부흥에 노력하였다. 그는 1406년(태종 6) 우군총제(右軍摠制)를 역임했으나『태종실록』권 12, 태종 6년 8월 을사, 이때는 민무질(閔無疾) 형제의 여당으로 몰려 관직에서 쫓겨나 있는 상태였다.
46) 본궐은 고려시대의 법궁(法宮), 즉 정궁(正宮). 그러나 명칭이 무엇인지는 전하지 않는다(장지연 「정치와 행정의 중심지, 궁궐과 관청」,『고려의 황도 개경』창비 2002, 44~46면). 그러나 고려 본궐에서 남훈문(南薰門)은 다른 기록에서 확인되지 않는다. 따라서 남훈문이 어느 문인지 미상이지만, 본궐 중 황성(皇城)의 남문인 주작문(朱雀門)을 가리키는 것이 아닌가 한다.
47) 28수를 4방위로 나누었을 때 남서쪽에 있는 7 별자리로, 정(井)·귀(鬼)·유(柳)·성(星)·장(張)·익(翼)·진성(軫星)을 말한다.
48) 지금의 서울.
49) 충렬왕은 원나라 세조 쿠빌라이(재위 1260~94)의 딸 제국대장공주(齊國大長公主, 1259~97)와 1274년(원종 15)에 혼인하였다.
50) 항해의 안전을 주관한다는 의미가 아닌가 한다. 삼성의 성격에 대해서는 기왕에 "몽고지방에서 신봉되고 있는 호선묘(狐仙廟) 중 관왕묘(關王廟) 계통의 신격"이라는 견해

니다.[51] 옛날 주공(周公)[52]이 신읍(新邑)을 건설하고[53] 예(禮) 문헌에 없는

(김동욱「시용향악보(時用鄕樂譜) 가사(歌詞)의 배경적 연구」,『한국가요의 연구』을유문화사 1961, 223면), 관성제군(關聖帝君)·문창제군(文昌帝君)·부우제군(孚佑帝君) 혹은 옥황상제·노자·염라왕과 같은 3위의 도교계 신격이라는 견해(정재호「시용향악보(時用鄕樂譜)의 삼성대왕 소고」,『국어국문학논문집』5, 동국대 1964), 환인·환웅·단군을 가리킨다는 견해(최용수「시용향악보의 삼성대왕 연구」,『한국시가연구』9, 한국시가학회 2001) 등이 있다. 그러나 삼성은 중국 남방의 신이라 했으므로, 몽고의 신이나 도교계 신격, 또는 단군신화의 삼성과 연결시키기는 어렵다. 그래서 역자는 이 삼성을 중국의 해신 마조(媽祖, 천비天妃라고도 함)라 생각하고 있는데, 그 근거는 다음과 같다. ① 삼성은 뱃길의 안전을 주관했다는데, 마조 역시 해양의 여신인 점, ② 삼성은 중국 남방의 신이라 했는데 마조의 고향이 중국에서는 남쪽인 복건성인 점, ③ 마조는 천리안(千里眼)·순풍이(順風耳), 혹은 용왕(마조의 보좌역)·소성(小聖, 용왕의 사위)과 함께 3위(位)로 모셔지기도 했다는 점(홍익한『조천항해록(朝天航海錄)』천계 4년(1624) 8월 19일조:『국역 연행록선집』Ⅱ, 166면), ④ 원의 공주가 가져왔다고 하는데 마조신앙이 널리 퍼진 것이 원대라는 점 등이다.

중국 남방의 해신으로 3이라는 숫자와 관련되는 신에는 마조뿐만 아니라, 광서성 지역의 삼파파(三婆婆)가 있다(宗力·劉群『中國民間諸神』河北人民出版社 1987, 402~403면). 그러나 삼파파는 중국에서도 널리 보급된 신앙이 아니며 시대도 다르기 때문에, 고려에까지 전파되었다고 보기는 어렵다.

바다의 신인 마조는 한국에 수용된 이후, 상당한 변화를 일으킨다. ① 성황신으로 여겨졌다.『신증동국여지승람』권 13, 풍덕군(豊德郡) 사묘(祠廟)에 의하면 삼성을 모신 삼성당사(三聖堂祠)는 풍덕군의 성황사로 간주되었다. ②『시용향악보』에는「삼성대왕」이라는 노래가 있는데, 이에 의하면 삼성은 습하고 더운 곳에서 생기는 장독(瘴毒)을 몰아내는 능력을 가진 신이다. 장이라는 질병은 중국의 서남 혹은 남방의 풍토병인데, 삼성(三城)이 삼성(三聖)과 같은 신이라면, 삼성은 전염병을 치료하는 신으로 여겨지기도 했다.

51) 대국에 대해서는 세 가지 설이 있다. 하나는 이슬람교의 신이라는 설이고(최남선「고사통(故事通)」,『육당 최남선전집』1, 현암사 1973, 154면), 다른 하나는 원말·명초 촉한에서 칭제하던 명옥진(明玉珍)의 아들 명승(明昇)이라는 설(김동욱「시용향악보 가사의 배경적 연구」,『한국가요의 연구』을유문화사 1961, 225~27면), 또하나는 천연두 신이라는 설(박경신「대국과 별상굿 무가」,『울산어문논집』8, 1992)이다. 이 중 첫번째 설은 근거가 무엇인지 알 수 없다. 이에 비해 두번째 설은 나름대로 근거를 제시하고 있는데,『신증동국여지승람』개성부조가 그것이다. 즉 개성 서쪽 오정문(五正門) 밖에는 대국신당이 있고, 이 안에는 회회세자(回回世子)의 상이 있다는 기사가 근거이다. 그래서 대국신이라는

신도 모두 제사하였으니,[54] 위의 두 신은 비록 올바른 신은 아니지만 사전에 실려 있으므로 제사를 폐지할 수 없습니다" 했다. 임금이 말하기를 "주작은 신위를 현재 궁궐의 남쪽에 신설하고, 삼성도 또한 여제(厲祭)[55]의 취

회회세자이며, 회회세자란 명 태조에게 잡혀 1372년(공민왕 21) 고려에 유배를 온 명승(明昇)이라는 것이다. 그러나 후자의 설 역시 따르기 어렵다. 왜냐하면 ① 대국신앙은 충렬왕 때 도입되었는데 명승은 이보다 후대의 인물이며, ② 명 태조에 반항하다 유배된 사람을 고려나 조선에서 국가제사의 대상으로 삼았을 리가 없기 때문이다. 뿐만 아니라 『신증동국여지승람』에는 근거로 제시한 기사가 없고, 대신 임창택(林昌澤, 1682~1723)의 『숭악집(崧岳集)』 권 4 「신상설(神像說)」과 1782년(정조 6)에 간행된 『송도지(松都誌)』(국편본 『輿地圖書』 상, 965면)에 보인다. 세번째 설은 천연두 신이 원의 공주에 의해 처음으로 수용되었다는 사실과 어떻게 연결지을 수 있을지 의문이다. 따라서 대국신의 정체는 현재로서는 미상이라 할 수밖에 없다. 『시용향악보(時用鄕樂譜)』에는 대국신에 대한 노래를 3수 전하는데, 이 대국을 문자 그대로 큰 나라, 대국 노래는 '대국 사신을 맞이하는 연회에서 사신과 천자의 성덕을 칭송하면서 양국의 우호를 증진하려는 연회악'이라는 견해도 있다(임재해 「시용향악보 소재 무가류시가연구(巫歌類詩歌硏究)」, 『한민족문학연구』 14 한민족문학연구회 1987).
52) 주나라 무왕의 동생으로, 무왕이 은나라를 정복하는 데 공을 세웠으며, 어린 조카 성왕이 즉위하자 섭정으로서 주나라의 기초를 다졌다.
53) 주공은 동방을 제압하기 위해 낙읍(雒邑, 지금의 하남성 낙양)에 동도를 건설한 사실을 말한다.
54) 원문은 '함질무문(咸秩無文)'이며, 이는 『서경(書經)』, 「낙고(洛誥)」에 나오는 표현이다. 즉 낙읍 건설 후 주공이 성왕에게 충고한 말 중에 나온다. 그러나 이에 대해서는 여러가지 해석이 있다. 그중 제사를 모두 질서있게 해서 문란하지 않도록 한다는 의미로 보는 것이 일반적이나, 이 경우는 사전(祀典)에 없는 신도 모두 제사했다는 의미로 해석해야 앞뒤가 맞는다.
55) 여귀(厲鬼)에 대한 제사. 여귀란 제사를 받지 못해 떠돌아다니는 귀신[無祀鬼神]이나 제 명을 다하지 못하고 비명횡사한 귀신 등을 말하며, 이런 귀신이 원통함 때문에 일으킬 수 있는 재앙이나 전염병을 방지하기 위해 지내는 위령제이다. 여귀에 대한 제사는 『예기(禮記)』, 「제법(祭法)」 등에 이미 규정이 있으나, 여제가 독립된 제사로 시행된 것은 명초인 1370년부터이다. 조선왕조에서도 이 영향을 받아 태종 때부터 중앙과 지방에 여단을 마련하여 국가제사의 하나로 여제를 실시했다. 그러나 후대로 가면서 민속제의의 장소가 되기도 했다.
여제에 모셔지는 신위는 원래 12위였는데, 1444년(세종 26) 난산(難産)으로 죽은 자,

지를 모방하여 이전과 같이 제사하라" 했다.[56] 12월 을미(9일), 주작을 남방에 제사하는 것을 중지하였다. 예조에서 아뢰기를 "사전(祀典)을 살펴보면 주작의 신을 홀로 남방에서 제사하는 옳지 않습니다" 하니 이를 중지하도록 명령했다. (『조선왕조실록』)[57]

○『동국여지승람』 풍덕군(豊德郡) 사묘조(祠廟條)[58]에서 말하기를 "삼성당사(三聖堂祠)[59]는 고려 충숙왕(忠肅王) 6년(1319) 왕이 덕수현(德水縣)에서 사냥을 하다가 해동청(海東靑)[60]과 궁중 마굿간의 말이 죽으니, 성황신사(城隍神祠)를 불사르게 했다는데, 바로 이것이다"[61] 했다. 또 "주작신당(朱雀神堂)은 속칭 당두산(堂頭山)이라고도 하는데, 옛 장원정(長源亭)[62] 서남쪽 2리 바닷가에 있다"고 했다.

벼락 맞아 죽은 자, 떨어져 죽은 자 3위가 추가되어 15위가 되었다. 그런데 유몽인의『어우야담』(만종재본) 권 2에 난산으로 죽은 여인이 한성부윤의 꿈에 나타나 제사지내 줄 것을 요청해서 여제에 포함시켰다는 설화가 있다.

여제에 대해서는 다음 글 참조. 이욱「여귀의 재앙과 여제」,『유교 기양(祈禳)의례에 관한 연구』(서울대 박사학위논문 1999); 나경수「진도의 여제고」,『전남의 민속연구』(민속원 1994); 和田博德「里甲制と里社壇・鄕厲壇」,『西と東と』(汲古書院 1985).

56)　이상은『태종실록』권 22(국편본 2-5~6)의 인용이다.
57)　『태종실록』권 22(국편본 2-5).
58)　『신증동국여지승람』권 13.
59)　삼성신(三聖神)을 모신 사당.
60)　사냥용 매(鷹)의 일종. 함경도가 해동청의 산지로 널리 알려져 원·명에서 공납을 요구했다.
61)　『고려사』권 34, 충숙왕 6년 8월 임자조에 보이는 사실이다.
62)　1055년(문종 10)『도선비기(道詵秘記)』의 설에 따라 고려의 기업 연장을 위해 예성강변에 지은 정자.

(5) [풍천(豊川)의 망덕령사(望德靈祠)] [63]

『동국여지승람』 풍천도호부(豊川都護府)의 「팔경(八景)」[64]에서 노래했다.

산은 깊고 사당 그윽하여 신령하기도 한데,
이곳 사람 몇몇이서 애써 가며 영험 비는구나.
신령 있다면 근년에는 마땅히 부끄러워해야 하느니,
백성들의 고통 어인 일로 아직 가시지 않기 때문.[65]

(6) [적성(積城)의 감악산(紺岳山) 신사(神祠)] [66]

태조 2년 계유(1393) 정월 정묘(21일), 이조(吏曹)에서 국토 내의 명산·대천에게 봉작을 주기를 청하니, 감악·삼각산·백악은 '호국백(護國伯)'이라 했다.[67]

○ 태종 11년(1411) 가을 7월 갑술(15일), 예조(禮曹)에서 아뢰기를 "근자

---

63) 「조선무속고」에서는 '풍덕망덕령사(豊德望德靈祠)'라는 제목으로 『동국여지승람』의 이 자료를 인용하였다. 그러나 이 시는 풍덕이 아니라 황해도 풍천도호부(豊川都護府)조에 수록되어 있다. 따라서 이 자료는 경기도가 아니라, 황해도의 무풍과 신사를 전하는 자료라고 해야 한다. 풍천의 현재 지명은 송화군.
64) 『신증동국여지승람』 권 43, 풍천도호부 제영조에 보이는 것으로, 서거정(徐居正, 1420~88)이 풍천의 8경을 읊은 것이다. 이 시는 서거정의 문집인 『사가집(四佳集)』 보유(補遺) 권 3에 「풍천팔경시병서(豊川八景詩幷序)」라는 제목으로 수록되어 있다.
65) 『신증동국여지승람』 권 43, 풍천도호부 사묘조에 망덕령사는 보이지 않는다. 그런데 풍천의 성황사가 망덕산에 있다는 것으로 미루어, 망덕령사란 풍천의 성황사를 가리키는 것이 아닌가 한다.
66) 감악사는 현재 경기도 양주군 남면 신암리 산122번지로 비정한다. 파주시와 양주군의 경계를 이루는 해발 675m의 감악산 정상부에 위치해 있는데, 사지가 있었던 정상부는 상당부분 군부대 설치로 인해 훼손되었으며, 정상부로 올라가는 경사면에 상당히 많은 기와편이 발견된다. 와편은 대체 고려시대에서 조선시대의 것이 주종을 이루고 있다. 양주군·한국토지공사 토지박물관 『양주군의 역사와 문화유적』(1998) 367면.
67) 『태조실록』 권 1(국편본 1-40).

에 송악·백악[68]·감악 등지에 별감(別監)[69]으로 하여금 향을 받들어 제사를 행하게 하라는 임금님의 명령이 있었습니다만, 우리 예조의 월령(月令)[70]을 보면 백악 등지에 춘추로 제사하게 되어 있는데, 또 별기은(別祈恩)을 지내면 제사를 이중으로 하는 것입니다" 하니, 임금이 "별기은은 행한지 오래이니 폐할 수 없다"고 했다.[71]

○ 연산군(燕山君) 6년(1500) 경신년 2월 정유(13일), 의정부에서 아뢰기를 "청하옵건대 감악산 신당을 짓는 일은 중지하십시오" 했다. 임금이 명령하기를 "감악에 신당을 짓는 일은 신에게 제사 드리는 것이니 중지할 수 없다"고 했다.[72] (이상은 모두 『조선왕조실록』에 나온다.)

○ 『동국여지승람』 적성현(積城縣) 사묘조(祠廟條)[73]에서 말하기를 "감악사는 항간에 전해오기를 당나라 장수 설인귀(薛仁貴)[74]가 산신이라 한다. 조선왕조에서는 명산으로 중사(中祀)에 등재하고 봄과 가을로 향과 축문을 내려 제사했다" 했다.

---

68) 백악신사는 국도 북쪽 북악에 있던 성황당이다. 고려시대에는 한성부 성황당이었다. 조선 개국 후 한양으로 재천도 한 이듬해인 1406년(태종 6) 여기에 과거 개성 송악의 성황사에 주었던 녹(祿)을 지급했으며, 또 신당을 다시 건립한다. 이러한 점으로 미루어볼 때 처음에는 백악성황당이 국도에 대응하는 성황당으로서의 위치를 가졌던 것 같다. 이후에 국도 성황당으로서의 의미는 상실하였지만 백악신사(白嶽神祀)라는 이름으로 명맥을 유지하였다.
69) 조선시대 궁중 액정서(掖庭署)에 소속된 관원. 임금이나 세자가 행차하면 어가(御駕) 옆에서 시위한다.
70) 매월 행해야 할 정령(政令)을 규정한 행사계획표.
71) 『태종실록』 권 22(국편본 1-595).
72) 『연산군일기』 권 36(국편본 13-401).
73) 『신증동국여지승람』 권 11에 수록.
74) 중국 당나라의 장군. 생몰년 614~683년. 가난한 농민 출신으로 645년 고구려 침공에 참전했고 668년 고구려가 망한 뒤 평양에 설치된 안동도호부(安東都護府)의 도호(都護)를 역임했다.

(7) [양주(楊州)의 양진사(楊津祠)][75]

『동국여지승람』 양주목(楊州牧) 사묘조(祠廟條)[76]에서 말하기를 "양진사(楊津祠)는 광나루 아래쪽에 있다. 용에게 제사하는 단이 있는데 봄가을에 나라에서 향과 축문을 내린다. 신라 때에는 북독(北瀆)[77]이라 하여 중사(中祀)에 올렸는데, 지금은 사전에 소사(小祀)로 등재되어 있다."

2. 황해도의 무풍과 신사

(1) [해주(海州)의 구성산(鳩城山) 신사(神祠)]

『해주읍지(海州邑誌)』[78]에서 말했다. "구성현(鳩城峴)에는 옛날 신사(神祠)가 있었는데, 이름하여 상실(上室)이라 한다. 고을 사람들이 정성껏

---

75) 서울시 광장동 용당산(龍堂山) 위에 있던 신당. 광나루를 통해 오가는 뱃길의 안전과 용왕의 진노를 사지 않도록 하기 위해 용왕제(龍王祭)를 지내던 곳이다. 용왕제의 과정은 다음과 같다. "음력 2월과 8월에 제사를 지내는데 먼저 축문을 읽을 때 왕의 성과 이름을 일컫는다. 여기에 연주되는 음악은 없으며, 폐백과 지방의 토산물로 흑색을 쓴다. 그리고 끝이 나면 축문과 폐백을 물에 가라앉힌다." 그러나 양진사 용신제는 광진교가 들어서고 이어 천호대교·올림픽대교가 들어서면서 중요성이 약화되어 이제는 흔적만 남아 있다.
76) 『신증동국여지승람』 권 11에 수록되어 있다.
77) 국가에서 제사하는 동서남북의 큰 강 중 북쪽에 있는 강. 국가제사의 대상은 인민에게 공덕이 있기 때문인데, 강은 더러운 것을 씻어내기 때문이다. 그래서 강을 더럽다는 것을 뜻하는 독(瀆)이라 한다. 4독에 대한 제사는 신라시대에 이미 시작되었는데, 『삼국사기』 권 32, 제사지(祭祀志)에 의하면 신라에서는 북독으로 한산하(漢山河)를 제사했다고 하며, 한산하는 지금의 한강이다.
78) 『해주읍지(海州邑誌)』는 1596년(선조 29)에 처음 편찬되었으며, 이후 여러차례 증수(增修)가 있었다. 아래 인용문은 1899년(광무 3) 편찬 『해서읍지』(한국인문과학원 『조선시대사찬읍지』)에 수록된 『해주지』 상·하 2권 가운데 권 하, 고적조에 보인다. 그런데 이 『해주지』는 초찬(初撰)의 내용을 '구지(舊志)', 이후 증보된 내용을 '증(增, 1700)' '보(補, 1893년경)로 표시하였는데, 아래의 인용문은 '구지'의 일부이다.

섬겼는데, 맑은 날이나 비오는 날, 가뭄이나 홍수 때 기도하지 않음이 없었으며, 영험이 있었다고 한다. 경신년[79]간에 품관(品官)[80]들이 말하기를 '아전(衙前)[81]이 강성하고 품관이 쇠잔하는 것은 실로 구성사[82]가 주(州)의 진산(鎭山)[83]을 누르고 있기 때문'이라 했다. 이에 신사를 다른 산으로 옮기고자, 시험삼아 신에게 기도하고 종이를 날려 징험(徵驗)하려 했는데, 그 종이가 수양산(首陽山)[84] 남쪽에 떨어졌다. 그래서 떨어진 곳에 사당을 세우고 제사하였다."

(2) [연안(延安)[85]의 음사(淫祠)]

정약용(丁若鏞)의 『목민심서(牧民心書)』[86]에서 말했다. "이정악(李挺岳)[87]이 연안부사(延安府使)가 되었는데, 연안부에는 평소 묵은 폐단이 많았다. 이정악이 부임하여 한꺼번에 이를 없애니, 며칠 안되어 깨끗이 씻어졌다. 예전부터 음사가 있어 기도하는 백성이 몰려들어 매일같이 재화를 낭비했다. 이정악은 곧 이를 헐어버리며 말하기를 '저것이 능히 빌미가 될

---

79) 1596년(선조 29)에 편찬된 '구지'의 내용이므로, 1560년(명종 15)에 해당한다.
80) 원래 조정의 품계를 가지고 있는 벼슬아치라는 의미이나, 이 경우는 양반을 뜻한다.
81) 중앙과 지방의 주부군현(州府郡縣)의 관청에 속해 있던 하급관리. 수령이 집무하는 정청(政廳)의 바로 앞에 그들이 근무하는 청사가 있었기에 아전(衙前)이라 하게 되었다.
82) 『신증동국여지승람』 권 43, 해주목 부분에는 구성현이나 구성산사가 보이지 않는다. 대신 고을 동쪽 20리에 지성산(池城山)이 있고, 관에서 제사하는 지성산사가 있다. 따라서 구성신사란 지성신사를 가리키는 것이 아닌가 한다.
83) 주산(主山)이라고도 하는데, 나라나 도읍 또는 고을을 보호하는 것으로 여겨지는 신령스런 산으로, 고을의 뒤쪽에 있는 것이 일반적이다. 해주의 진산(鎭山)은 고을 북쪽 2리에 있는 용수산이다. 『신증동국여지승람』 권 43, 해주목 산천조.
84) 고을 동쪽 5리에 있는 산. 『신증동국여지승람』 권 43, 해주목 산천조.
85) 1914년 배천군과 합쳐져 연백군이 되었으며, 현재는 북한의 황해남도 연안군이다.
86) 「예전육조」 제사에 보이는 내용이다.
87) 조선중기의 문신. 생몰년 1610(광해군 2)~74년(현종 15). 그가 연안부사가 된 것은 1672년(현종 13)이다.

수 있다면 당연히 내 몸에 가해질 것이다'했다. 고을 백성들이 크게 깨닫고 '처음에는 미혹하여 알지 못했다'고들 하였다."

(3) [평산(平山)의 3태사사(三太師祠)]

『상산록(象山錄)』[88]에서 말했다. "가경(嘉慶)[89] 기미년(1799, 정조 23) 봄에 청나라의 국서(國書)를 맞이하기 위해 평산부(平山府)에 머물고 있으면서, 여가를 이용하여 풍천(豊川)군수 이민수(李民守)·장연(長淵)[90]군수 구강(具絳)과 함께 태백산성(太白山城)[91]에 놀러갔다. 성안에 3태사(三太師)의 사당[92]이 있어 함께 배알하기로 약속하였다. 3태사란 태사 신숭겸(申崇謙)[93]·태사 복지겸(卜智謙)[94]·태사 유금필(庾黔弼)[95]을 말한다. 사당의

---

88) 『상산록』은 정약용이 황해도 곡산부사(1797~1799)로 있으면서 쓴 행정기록으로 추정되며(다산연구회 역주 『역주 목민심서』 Ⅰ(창작과비평사 1978, 68면 참조), 상산은 고려 성종 때 제정한 황해도 곡산의 별호(別號)이다(『고려사』 권 58, 지리지, 곡주谷州). 현재 『상산록』은 전해지지 않지만, 정약용의 『목민심서』, 「예전육조」 제사에 인용문이 보이는바, 「조선무속고」의 이 부분도 여기서 인용한 것 같다.
89) 청나라 인종의 연호로, 1796~1820년간 사용되었다.
90) 현재 지명은 강령(康翎).
91) 성황산성(城隍山城)이라고도 하며, 평산부치(平山府治)의 동쪽 5리에 있던 석성이다. 1864년(고종 1)에 편찬된 『대동지지』 권 18, 성지조에 의하면 762년(신라 경덕왕 21)에 쌓았다고 하나, 여기서 발견된 기와편으로 미루어 고구려 때 이미 축성된 것으로 추측된다. 『신증동국여지승람』 권 41, 평산도호부 고적조에 폐성으로 나오는 것으로 미루어 15세기에는 사용되지 않다가 영조 때 다시 수축·사용되었다. 채희국 「태백산성답사기」, 『고고민속』 1965-2(사회과학원출판사) 53~58면 참조.
92) 상충사(尙忠祠)라고도 하는데, 고려 건국과 후삼국 통일에 공이 많았고, 994년(성종 13)에 태사(太師)로 추증되었던 신숭겸(申崇謙)·유검필(庾黔弼)·복지겸(卜智謙)·배현경(裵玄慶)을 모신 사당으로, 태백산성 동문에서 서쪽으로 약 500m 골짜기에 있다. 건립 시기는 미상이나, 1636년(인조 14) 신숭겸 후손들이 대대적으로 수축했고, 1796년(정조 20)에는 사액(賜額)되었으며, 1797년에는 재실(齋室)을 지어 서원처럼 학생들을 가르쳤다. 이 신당은 1960년대에도 남아 있었고, 안에는 철상 5구가 있었다고 한다. 채희국 「태백산성답사기」, 『고고민속』 1965-2(사회과학원출판사) 53~58면 참조.

문을 열고 보니 철로 만든 신상 3구가 있는데 모두 치졸하여 본모습을 잃었다. 그 사이사이에 흙으로 빚은 여인상 2구가 있는데 노랑 저고리에 붉은 치마를 입었으며, 얼굴에는 분을 바르고 입술은 붉게 칠하여 요괴스럽고 바른 것이 못되었다. 이민수가 말하기를 '이게 무엇인가. 절할 수 없다' 하고, 마침내 문을 닫고 나와 버렸다."

(4) [장산도(長山島)의 천비(天妃)]

김상헌(金尚憲)[96]의 『청음집(淸陰集)』[97]에 수록된 「장산도 천비[98]께 드리는 제문[長山島天妃祭文]」[99]은 다음과 같다. "모년 모월 모일에 천비(天

---

93) 고려 태조 때의 무장. 생몰년 ?~927년(태조 10). 궁예를 몰아내고 왕건을 추대하여 고려 개국에 큰 공을 세웠으며, 927년 후백제와의 대구 공산전투에서 전사했다.
94) 고려 태조 때의 무장. 생몰년은 알 수 없다. 궁예를 몰아내고 왕건을 추대하여 고려 건국에 큰 공을 세웠다.
95) 고려 태조 때의 무장. ?~941년(태조 24). 고려의 개국공신이며, 후백제를 멸망시키고 후삼국을 통일하는 데 큰 공을 세웠다.
96) 조선 인조·효종 때의 문신. 생몰년 1570~1652년. 호는 청음(淸陰). 신흥 청나라와의 대결을 주장했으므로, 청나라로 압송되어 6년간 억류생활을 했고, 이 때문에 효종 때에는 북벌정책의 이념적 상징이 되었다.
97) 김상헌의 시문집. 전 40권. 「장산도천비제문(長山島天妃祭文)」은 『청음집(淸陰集)』 권 9, 조천록에 수록되어 있다.
98) 항해의 안전을 지켜주며, 해난(海難)을 구제해주는 바다의 여신. 원래 중국 복건 보전(莆田)의 향토신에 불과했으나, 원나라 때 해운의 발달과 함께 전국적인 신이 되었다. 원래 신 이름은 마조(媽祖)이며, 원대에는 천비(天妃), 청대에는 천후(天后)로 봉해졌다. 愛宕松男「天妃考」, 『中國社會文化史』(三一書籍 1987) 67~171면; James L. Waston Standardizing the Gods: The Promotion of T'ien Hou(Empress of Heaven) Along the South China Coast. *Popular Culture in Later Imperial China* (ed. by David Johnson etc, University of California Press 1982) 292~324면; 李獻璋 『媽祖信仰の硏究』(泰山文物社 1979); 李天順 『媽祖と中國の民間信仰』(平和出版社 1996); 李露露 『媽祖神韻』(學苑出版社 2003); 馬書田·馬書俠 『全像媽祖』(江西美術出版社 2006); 徐曉望 『媽祖信仰史硏究』(海風出版社 2007); 蔡相輝 『媽祖信仰硏究』(秀威資訊科技股份有限公司 2007) 참조.
99) 김상헌이 1626년(인조 4) 성절겸사은진주사(聖節兼謝恩進奏使)가 되어 명의 등주(登

妃) 신께 경건하게 제사합니다. 무릇 작은 나라로서 큰 나라를 섬기는 것은 천지의 떳떳한 도리이며, 음(陰)으로써 양(陽)을 구제하는 것은 귀신의 성대한 덕(德)입니다. 그런 까닭에 우왕(禹王)께서 도산(塗山)에 제후들을 소집하면서, 나중에 도착한 자를 주살함은 실로 천자의 위엄을 보인 것이며,[100] 한나라 고조(高祖)를 휴수(睢水)에서 모래를 날려 구한 것은 참으로 신명의 힘에 의한 것입니다.[101] 생각하건대 저 주랑(周郞)[102]을 적벽(赤壁)[103]에서 하루 동안 도와주셨으며,[104] 남창(南昌)[105]에서는 왕발(王勃)[106]

州로 가는 도중 장산도에서 풍랑을 만나 지은 제문의 하나. 그런데 이것은 황해도의 무속과 관련이 없다. 왜냐하면 장산도(長山島)는 중국에 있는 섬이기 때문이다. 아마 이능화는 이 장산도를 황해도의 장산곶과 혼동한 것이 아닌가 한다. 그런데 중국에는 장산도란 이름의 섬이 산동성 봉래시(蓬萊市) 북쪽에도 있고(북장산도·남장산도), 요동반도의 남쪽에도 있다(대장산도·소장산도). 이 가운데 「장산도천비제문(長山島天妃祭文)」의 장산도는 후자일 가능성이 크다.

이 제문에 대해서는 다음 글 참조. 안동준 「해상 사행문학과 천비신앙」, 『도교문화연구』 11(1997) 345~46면.

100) 원문을 직역하면 "이로 말미암아 도산(塗山)에 옥을 가지고 왔고, 이로서 늦게 도착하여 죽임을 당하는 것을 경계했습니다"이다. 여기서 도산에 옥을 가지고 왔다는 것은 하나라 우왕이 도산에서 제후들을 소집했을 때, 옥백(玉帛)을 가지고 참석한 나라가 만여국이었다는 의미이다. 또 늦게 도착하여 죽임을 당했다는 것은 방풍씨(防風氏)라는 거인이 도산의 제후회의에 늦게 왔다가 처형당한 것을 말한다. 임방(任昉) 『술이기(述異記)』 권 상.

101) 기원전 204년 한 고조는 초패왕(楚覇王) 항우(項羽)에게 패하여 퇴각하다가, 회수에서 세 겹으로 포위되었다. 이때 서북쪽에서 대풍이 불어 나무가 꺾이고 모래와 돌이 날렸으며, 하늘이 깜깜해졌다. 그래서 초나라 군대가 어지러워졌고, 이 틈을 타서 한 고조는 탈출에 성공했다. 『사기』 7, 항우본기.

102) 중국 삼국시대 오나라 주유(周瑜, 175~210). 당시 오나라에서는 주유를 주랑(周郞)이라 했다.

103) 중국 호북성 포기(蒲圻) 서북에 있는 산 이름. 주유가 조조의 군대를 격파한 곳으로 유명하다.

104) 208년 오와 촉의 연합군이 조위(曹魏)의 군대와 적벽에서 싸울 때, 강한 바람이 불어 화공(火攻)이 대성공을 거두었다. 『삼국지』 권 54, 오서(吳書), 주유노숙여몽전(周瑜魯肅呂蒙傳).

에게 힘을 빌려주셔서 이름을 떨치게 하셨습니다.[107] 후대로 내려오면서 이와같은 자취가 더욱 뚜렷하십니다. 하물며 우리 대명(大明)[108]으로 말하자면 덕은 하후씨(夏后氏)[109]에 짝하고 위엄은 한나라 왕실을 능가하여 사해(四海)와 육합(六合)[110]이 모두 영역으로 들어왔으며, 구이(九夷)와 팔만(八蠻)[111]에 길을 트지 않음이 없사오니, 어찌 신첩(臣妾)의 억조(億兆)[112]만 통한다고 하겠습니까? 더욱이 신명을 대단히 공경하고 있습니다. 삼가 생각하옵건대 신께서는 태음(太陰)[113]의 으뜸 되는 정기[元精]로 순양(純陽)의 큰 세계를 주장하시며, 거룩함을 드러내 보이신 데 대해 역대를 통해 칭송되는 바이오, 사랑을 받으심은 현재로 올수록 융성합니다. 곤(坤)[114]의 덕으로 건(乾)을 계승하는 것은 이치가 하나로 되어 어긋나지 않는 것이고, 하늘과 더불어 짝이 되니 존귀함은 백 가지 신령과 비할 바 없사옵고, 그

---

105) 지금 중국 강서성의 수도 남창시(南昌市).
106) 당대의 시인. 생몰년 649~676년. 초당사걸(初唐四傑)의 한 사람이라 할 정도로 문재(文才)가 뛰어났다.
107) 원문을 직역하면 '반범(半帆) 위에 오르게 했다'이다. 그런데 반범은 바람을 잘 받기 위해 돛을 비스듬히 올린 것을 말하므로, 잘 나가게 했다는 의미로 풀이했다. 그리고 구체적으로는 왕발이 등왕각에서 열리는 문회(文會)에 날짜를 맞추기 어려웠을 때, 바람이 배를 휘몰아서 마당(馬當)에서부터 남창현까지 하루 만에 도달할 수 있도록 해주었으므로, 제때에 도착하여 「등왕각시서(滕王閣詩序)」를 지어 문명(文名)을 떨친 것을 말한다.
108) 명나라를 말한다.
109) 하나라 우왕(禹王)을 가리킨다.
110) 천지와 사방. 곧 우주와 세계를 뜻한다.
111) 상고(上古)에 동방에 있는 아홉 오랑캐와 남방에 있는 여덟 오랑캐. 구이는 견이(畎夷)·우이(于夷)·방이(方夷)·황이(黃夷)·백이(白夷)·적이(赤夷)·현이(玄夷)·풍이(風夷)·양이(陽夷)이고, 팔만은 구지(狗軹)·담이(儋耳)·방척(旁脊)·천축(天竺)·천흉(穿胸)·초요(僬僥)·파종(跛踵)·해수(咳首)를 말한다. 여기서 구이와 팔만은 천하의 모든 국가와 종족을 의미한다.
112) 우리나라 백성.
113) 천비가 여성임을 의미하는 것 같다.
114) 역시 신이 여성임을 의미한다.

숭상해 받드는 법도를 밝히심은 실로 멀고 가까운 차이가 없습니다. 엎드려 생각하옵건대 저는 삼한 땅의 늙은 신하로 한낱 사신에 불과하오는데, 바람과 파도에 시달리다 보니 본래 품은 커다란 뜻도 잃었습니다. 그런데도 해를 바라보고 구름을 따르는 것은 오직 역대 임금님에 대한 마음이 간절한 탓이옵니다. 조각배를 타고 아득히 왔으나 외딴 섬에서 곤경에 처하여 나가기도 어렵고, 파도를 보고 놀란 가슴은 약수(弱水)[115]의 천리 길을 믿게 되었사오며, 몸에는 날개가 없어 진실로 봉래산(蓬萊山)[116]이 만 겹이나 된다는 것을 깨달았사옵니다. 감히 어설픈 예를 갖추어 얄팍한 정성을 바치오니, 다시 한번 밝게 살피시어 자비로운 은혜를 내려주소서, 바라옵건대 좋은 날에 성스러움을 축복할 수 있도록 해주셔서,[117] 저희 임금의 명을 완수하지 못하는 일이 없도록 하소서. 아무개가 감히 재개(齋戒)하지 않고 마음으로 기도하고 머리를 조아려 귀의하옵니다. 제문을 지었지만,[118] 문장의 필법이 부끄럽습니다. 하오나 삼가 청구(靑丘)[119]의 무리가 자비를 입어 신령의 감응을 받았다는 말이 영원히 전해지도록 하옵소서. 상향(尙饗)."[120]

---

115) 곤륜산을 둘러싸고 있는 강으로, 이곳에서는 기러기의 털조차 가라앉는다고 한다.
116) 동해에 있다는 삼신산(三神山)의 하나.
117) 사행의 임무인 명나라 황제의 성절(聖節)을 축하할 수 있도록 해달라는 의미이다.
118) 원문은 "황릉(黃陵)의 신묘한 말을 닦음에"이다. 여기서 황릉이란 중국의 순임금의 아내이며 요임금의 딸인 아황(娥皇)과 여영(女英)이 묻혔다고 전하는 곳이다. 그리고 이들에 대해서는 당나라 한유(韓愈, 768~824)의 제문「제상군부인문(祭湘君夫人文)」(『전당문(全唐文)』권 568)이 있다. 그래서 이 문장을 "제문을 짓다"로 의역했다.
119) 우리나라.
120) 제물을 받으시기를 원한다는 뜻으로, 제문 끝에 쓴다.

3. 함경도의 무풍과 신사

(1) ○홍양호(洪良浩)[121]의 『이계집(耳溪集)』[122]에서 읊기를

"북쪽의 풍속은 귀신을 좋아하며
남자 무당을 일러 스승이라 하네.
스승이란 여러 사람들로부터 존경을 받는데,
너는 이름을 어찌하여 여기서 취했나"

라 했다.

○또『북관기사(北關記事)』[123]에서는 "이 지역의 풍속이 무격을 좋아하며 의약이 없어 모든 질병에 소를 잡아 기도를 올린다"고 했다.
○이유원(李裕元)[124]의 『임하필기(林下筆記)』[125]에서 말하기를 "북청(北靑)의 풍속에는 딸 셋을 낳으면 하나는 농가로 시집보내고, 하나는 교방(敎坊)[126]으로 보내고, 하나는 무당으로 팔아버린다. 때문에 기생의 수가 3,

---

121) 조선후기의 문신. 생몰년 1724(경종 4)~1802년(순조 2).
122) 호가 이계(耳溪)인 홍양호의 시문집으로, 38권 17책. 아래의 시는『이계집(耳溪集)』권 2에 수록된「북새잡요(北塞雜謠)」중 한 수이며, 제목이 '북속(北俗)'이다.
123) 북관이란 마천령 이북의 함경도를 말하며, 『북관기사』는 홍의영(洪儀泳, 1750~1815)이 북평사(北評事)로 있으면서 함경도 일대를 돌아본 뒤, 1783년(정조 7) 북관의 연혁과 정황 및 자신의 개혁안을 엮어 임금에게 바친 책이다. 1책으로 된 필사본인데, 이 기사는「풍토민속(風土民俗)」에서 인용한 것이다.
124) 조선말기의 문신. 생몰년 1814(순조 14)~18년(고종 25).
125) 이유원(李裕元)이 경전에서부터 풍속・기용(器用) 등에 이르기까지 다양한 주제에 대해 생각한 바를 기록한 책. 1871년(고종 8) 우거지(寓居地)인 천마산록(天馬山麓) 임하려(林下廬)에서 탈고하였다고 하며, 39권 33책이다. 이 기사는 권 27.「춘명일사(春明逸史)」3 중 '북청교방(北靑敎坊)'에서 인용한 것이다.

4백명이나 되고 무당 또한 그만큼 되었다"고 했다.

(2) [상선(上仙)]

서북 일대의 강을 끼고 있는 지역에서는 10월 초하루부터 그믐까지 농공제(農功祭)[127]를 행하였는데, 이를 상선(上仙)이라 한다. 밥과 떡, 물고기와 고기를 풍성하게 차릴수록 좋다고 하고, 집 밖에 자리를 마련하여 볏짚을 깔고, 무당을 불러 굿을 하는데, 이것은 여진족의 옛 풍속이 남아서 전해진 것이 아닌가 한다.

(3) [함경신당(咸鏡神堂)]

『조선왕조실록』에서 말했다.[128] "중종 2년 정묘(1507년) 봄 정월 정해(13일), 좌의정 박원종(朴元宗)[129] · 우의정 유순정(柳順汀)[130] · 이조판서 성희안(成希顔)[131] · 도승지 홍경주(洪景舟)[132] 등이 아뢰기를 '또 함경도 신당을 다시 세우라고 명령하셨는데, 이것이 안팎의 인심이 놀라 동요하고 안정을 얻지 못하는 까닭입니다'라고 했다. 임금이 명령하기를 '이것을 영영 폐지할 수는 없는 일이다. 그러나 경들이 여러번 아뢰고 멈출 것 같지 않으니, 우선은 그대로 허락한다.'"

---

126) 기생들을 가르치고 관장하던 기관이다.
127) 농사를 마친 뒤 추수 감사를 위해 지내는 의례.
128) 『중종실록』 권 2(국편본 14-112).
129) 연산군을 쫓아내고 중종을 옹립한 반정공신. 생몰년 1467(세조 13)~1510년(중종 5).
130) 조선중기의 문신. 생몰년 1459(세조 5)~1512년(중종 7). 중종반정의 공신이며, 삼포왜란(三浦倭亂) 진압에 공을 세웠다.
131) 박원종과 함께 중종반정을 주도한 공신. 생몰년 1461(세조 7)~1513년(중종 8).
132) 조선중기의 문신. 생몰년 ?~1521년(중종 16). 중종반정의 공신이며, 기묘사화를 일으킨 장본인이다.

(4) [안변(安邊)의 선위대왕신(宣威大王神)]

『동국여지승람』[133]에서 말하기를 "안변의 성황사(城隍祠)는 학성산(鶴城山)[134]에 있는데, 속칭 선위대왕신(宣威大王神)이라 한다." ○"상음신사(霜陰神祠)는 상음현[135]에 있는데, 속설에 (모시는 신은) 선위대왕의 부인이라 한다. 그 풍속에서는 해마다 단오에 선위대왕을 맞이다가 함께 제사한다."

(5) [덕원(德源)[136]의 산사(山祠)]

『동국여지승람』[137]에서 "덕원부(德源府)의 소의달산사(所依達山祠)[138]는 봄가을로 본읍(덕원부)에서 제사한다"고 했다.

(6) [경원(慶源)의 두만강신사(豆滿江神祠)]

『동국여지승람』[139]에서 말하기를 "경원부(慶源府)의 두만강; 여진말로는 만(萬)을 '두만(豆滿)'이라 하는데, 여러 갈래의 물이 여기에 합류하기 때문에 이렇게 이름 붙였다. 사전(祀典)에서는 북독(北瀆)을 여기서 제사하며 중사(中祀)에 등재되어 있다"[140]고 했다. 또 "두만강신사는 동림성(東林城)[141] 안에 있는데, 봄가을로 나라에서 향과 축문을 내려 제사한다"고 했다.

---

133) 『신증동국여지승람』 권 49, 「안변도호부」 사묘.
134) 안변도호부치의 동쪽 5리에 있는 안변의 진산(鎭山).
135) 안변도호부 치소(治所)의 동쪽 30리에 있으며, 원래는 독립된 현이었으나, 고려 현종 때 안변에 병합되었다.
136) 현재의 함경남도 원산.
137) 『신증동국여지승람』 권 49, 「덕원도호부」 사묘.
138) 부치(府治)의 북쪽 20리에 있는 소의달산에 위치한다.
139) 『신증동국여지승람』 권 50, 「경원도호부(慶源都護府)」 산천 및 사묘.
140) 북독은 국가제사의 대상이 되는 북쪽의 강을 말하며, 두만강이 중사(中祀)에 편입되는 것은 1437년(세종 19)부터이다. 『세종실록』 권 76, 세종 19년 3월 계묘.
141) 두만강가에 있는 석성(石城)으로 1401년(태종 1)에 축조했다.

(7) [**숙신각씨(肅愼閣氏)**]

관북(關北)[142]지방에서는 대개 숙신각씨(肅愼閣氏)를 받드는데, 이는 숙신씨(肅愼氏)[143]의 옛터이기 때문에, 그 신사(神祀)가 남아서 지금까지 전해지는 것이 아닌가 한다. 마츠다 류우따께시(松田劉猛)씨가 일찍이 이곳에 가서 민속을 시찰했는데, 나를 위해 이와같이 말해주었다.

4. 충청도의 무풍과 신사

(1) [**충주(忠州)의 월악신사(月岳神祠)**]

『동국여지승람』[144]에서 말하기를 "충주목의 월악사는 월악산(月岳山)[145]에 있다. 고려 고종 43년(1256), 몽고 군사가 주성(州城)을 함락하고 이어서 산성을 공격하니, 관리들이 늙고 약해서 능히 막아내지 못할 것을 두려워했다. 그래서 신사에 올라갔더니, 갑자기 구름과 안개・바람과 비・천둥과 번개가 동시에 크게 일어났다. 몽고 군사들은 신이 돕는 것이라 여겨 공격하지 않고 물러갔다"고 했다.[146]

---

142) 함경도의 다른 이름이다.
143) 상고시대 중국 동북에 거주하던 민족이다.
144) 『신증동국여지승람』 권 14, 「충주목」 사묘.
145) 충북 제천시 한수면과 덕산면의 경계에 있는 산. 해발 1,093m.
146) 같은 사실이『고려사』권 24, 고종세가 43년 4월 경인조에 보인다. 그런데 2년 전인 1254년(고종 41)에도 몽고군이 충주산성을 침공했다가 갑작스런 풍우 때문에 물러간 일이 있었고(『고려사』권 24, 고종세가 24, 고종 41년 9월 계축), 이를 고려에서는 월악대왕의 신조(神助)로 여겼다(『고려사』권 24, 고종세가 24, 고종 41년 12월 갑신). 따라서 월악사의 주신은 월악대왕, 즉 월악산 산신이라 하겠는데, 조선후기 어느 때부터인가 이것이 김부대왕(金傅大王, 신라 경순왕敬順王)으로 인식되었다(신종원「갑둔리 오층석탑 명문과 관련한 역사해석의 문제」,『인제 갑둔리 일대 석탑 조사보고서』강원대박물관 1996, 80~86면). 월악신사는 일제 때 없어졌다고 한다.

(2) 〔진천(鎭川) 길상산(吉祥山)의 김유신사(金庾信祠)〕

『동국여지승람』 진천현(鎭川縣) 산천조(山川條)[147]에서 말했다. "길상산은 일명 태령산(胎靈山)[148]이라고도 한다. 고을의 서쪽 15리에 있다. 신라 진평왕(眞平王) 때, 만노군(萬弩郡)[149] 태수 김서현(金舒玄)의 아내인 만명(萬明)이 임신한 지 20개월 만에 아들을 낳아[150] 유신(庾信)이라 했다. 태(胎)를 이 산에 묻었고,[151] 이로 말미암아 길상이라 이름했다"고 한다.

○ 사묘조(祠廟條)에서는 이렇게 말했다. "김유신사는 길상산에 있는데, 신라 때에 사당을 세우고, 봄가을로 향과 축문을 내려 제사했다. 고려에서도 이를 따랐으나, 조선 태조 8년(1399)에 처음으로 이를 중지하고, 그 고을의 관원으로 하여금 제사지내도록 했다."[152]

---

147) 『신증동국여지승람』 권 16.
148) 충북 진천군 진천읍 상계리의 뒷산. 해발 436m. 태령산이라는 명칭의 형성과정과 그것의 신이성에 대해서는 다음과 같은 글이 있다. 이필영 「민속의 지속과 변동: 출산의례 중의 안태를 중심으로」, 『제44회 전국역사학대회 발표요지』(역사학회 2001).
149) 충북 진천군의 신라 때 이름.
150) 595년(진평왕 17)의 일이다.
151) 태령산 정상부에는 자연석으로 둥글게 기단을 쌓고 봉토를 한 태실(胎室)이 있고, 이 주위를 둘레 216m의 돌담을 돌려놓아 신성한 구역임을 표시하고 있다. 정영호·조익현 『진천 김유신장군사적 학술조사 보고서』(한국교원대박물관 1999) 36~39면.
152) 현재 진천군 벽암리 도당산성 내에 김유신의 사당인 길상사가 있다. 그러나 이것은 원래 있던 서발한사당(舒發翰祠堂)을 1926년에 재건한 것이며, 길상사의 원 위치는 아니다. 따라서 길상사의 원 위치가 문제인데, 이에 대해서는 태령산(길상산)으로 보는 견해가 유력하다. 단 태령산 정상부를 차지하는 태령산성 내로 보는 견해와 태령산 기슭의 상계리로 보는 견해 차이가 있다. 차용걸·양기석 「진천의 도당산성과 길상사」, 『변태섭박사 화갑기념 사학논총』(삼영사 1985); 정영호·조익현 『진천 김유신장군사적 학술조사 보고서』(한국교원대박물관 1999) 55~60면; 김경표 「진천군의 고건축」, 『진천군의 문화유적』(충북대박물관 1998) 300면.

(3) 〔진천(鎭川)의 **용왕신(龍王神) 및 삼신당(三神堂)**〕

홍석모(洪錫謨)의 『동국세시기(東國歲時記)』[153]에서 말했다. "진천 풍속에서는 3월 3일부터 4월 8일까지 여자들이 무당을 데리고 우담(牛潭)[154] 위에 있는 동서 용왕당(龍王堂) 및 삼신당(三神堂)으로 가서 아들 낳게 해달라고 빌었다. 그 행렬이 끊이지 않았고, 사방의 여인들이 모두 와서 기도하므로 보는 사람들이 시장을 이룬 것 같았는데, 해마다 늘 있는 일로 여겼다."

(4) 〔청안(淸安)의 **국사신(國師神)**〕

홍석모(洪錫謨)의 『동국세시기(東國歲時記)』[155]에서 말했다. "청안(淸安)[156] 풍속에 3월 초가 되면 현(縣)의 아전의 우두머리가 읍의 사람들을 거느리고 국사신(國師神) 부부[157]를 동면(東面) 장압산(長鴨山)[158] 위에 있

---

153) 이것은 「삼월 삼일」조에 보이는 내용이다.
154) 속칭 '소두머니'라고 하는데, 현재 진천군 문백면 은탄리의 자연촌락인 도룡골 동남쪽에 있는 못이다. 몇해 전에 진천군 주관으로 『동국세시기』에 나오는 용왕당과 삼신당을 재현하기도 했다.
155) 이하는 「삼월 월내」조에 보이는 내용이다.
156) 현재의 충북 괴산군 청안면.
157) 청안의 국사신 부부에 대해서는 다음과 같은 민간 전승이 있다.
"옛날 삼국시대에 국사 부부가 이곳을 지나가다가 마침 임신한 부인이 입덧이 나 고기가 먹고 싶어 개울에서 가재 한 마리를 잡았다. 국사가 이를 알고 불법을 어기고 살생을 했다고 야단을 친 뒤, 장압산 봉우리 큰 나무 아래에서 열반을 하니, 마을사람들이 국사의 인격을 기리고 가재를 잡아먹다 야단맞고 죽은 부인의 원한을 달래기 위하여 국사제를 지내게 되었다."
한편 더 구체적으로 국사신 부부를 고려 태조의 할아버지인 작제건(作帝建)과 할머니인 용녀(龍女) 부부라고도 한다. 이것은 『고려사』, 「고려세계」의 "작제건이 만년에 속리산 장압사(長鴨寺)에 머물면서 늘 불교경전을 읽다가 죽었다"는 기사에서 나오는 장압사를 청안의 장압산과 연결시키면서 나온 후대적 해석이 아닌가 한다.
또 장압산의 여산신과 거북인 남자 수신(水神)의 부부로 보는 견해도 있다. 김영진 「청안 국사제의 성격고」, 『두산 김택규박사화갑기념 문화인류학논총』(논문집간행위원회

는 큰 나무로부터 맞이하여 읍내로 들어온다. 이때 무격들로 하여금 술과 음식을 갖추어놓고, 징을 울리고 북을 치며 떠들썩하게 하면서 현의 관아와 여러 관청에서 그 신에 대한 제사를 행한다. 20여 일 뒤에 그 신을 다시 큰 나무로 돌려보낸다. 이런 행사를 2년 만에 한 번씩 거행한다."[159]

(5) [속리산(俗離山)의 대자재천왕신(大自在天王神)][160]

『동국여지승람』[161]에서 말하기를 "보은(報恩)의 속리산 마루에 대자재

1989) 317~19면.
158) 장압산은 좌구산(坐龜山)의 이칭이며,『신증동국여지승람』권 16,「청안현 산천」조에 의하면 관아에서 남쪽으로 10리 떨어져 있다고 했다. 따라서 청안의 국사제 때 국사신 부부는 장압산에서 10리 떨어진 관아로 옮겨졌던 것이라 하겠다.
159) 청안의 국사제는 화기(火氣) 예방을 위한 의례라는 견해가 있다. 즉 청안은 남산이 높아 화기가 강하기 때문에, 이를 예방할 목적으로 국사제가 거행되었다는 것이다. 김영진, 앞의 글 317~20면.
한편 옛 청안현 동면 지역이었던 청안면 운곡리 장압·압항 등의 마을에서는 지금껏 해마다 동제를 지내고 있다. 현재의 동제는 ① 제일이 3월 초가 아니라 정월 14일 밤이며, ② 무당이 참여하는 것이 아니라 생기복덕에 맞는 제주와 축관이 마을을 대표하여 지내는 유교식 제의이며, ③ 신령을 모셔오는 것이 아니라 뒷산인 장압산 봉우리 있는 국사당에 올라가서 두 그루의 신목 앞에 촛불을 켜고 제사한다(같은 글 316~17면). 따라서 현재의 동제를 과거 읍치의 제의였던 국사제와 동일선상에 두고 논하기는 어렵다. 그러나 국사신 부부 설화에 따라 동제 때는 고기를 제물로 쓰지 않고 3되 3홉의 쌀로 만든 떡시루와 오색 과일만을 올린다든지, 가재를 먹으려다 야단맞고 죽은 국사부인의 넋을 달래기 위하여 제주는 북어 한 마리를 소매 속에 감추고 있다가 국사제를 끝내고 나서 국사부인의 신목(神木) 옆에 가만히 놓아두고 내려온다는 사실 등은 읍치 제의를 이해하는 데도 많은 시사를 줄 수 있겠다.
160) 불교의 호법신으로 범어 마하 이스바라(Maha-i'svara, 摩醯首羅摩醯首羅)의 의역이다. 그런데 마하 이스바라는 브라만교와 힌두교의 최고신의 하나인 시바(Siva)신이다. 이 신은 파괴신임과 동시에, 파괴는 창조의 전제라는 인도적 사고 때문에 창조의 신으로 여겨지기도 한다. 그리고 창조라는 점과 관련하여 남성 생식기 형상의 링가(linga)로 상징된다. 한편 밀교에서는 이를 대흑천(大黑天)이라 한다. 馬書田『中國佛教諸神』(團結出版社 1994) 310~11, 379~74면.
161)『신증동국여지승람』권 16.「보은현」사묘.

천왕사(大自在天王祠)가 있다. 그 신이 해마다 10월 인일(寅日)에 법주사
(法住寺)에 내려오면 산중 사람들은 음악을 연주하며 신을 맞이하다가 제사
한다. 신은 45일 동안 머물다가 돌아간다"고 했다.[162]

이능화가 법주사 승려에게 들으니, 대자재천왕에 대한 신사는 대단히 음
란하고 외설적이었다고 한다. 음력 섣달 그믐날이면 승려들이 큰 모임을 갖
고 제사를 행했는데, 많은 나무 방망이로 남자 성기 모양[163]을 만들고 거기
에 붉은 칠을 해서, 한바탕 놀이를 벌려 신을 위로했다. 그렇게 하지 않으면
절에 재난이 발생하기 때문에 반드시 이를 행한다고 했다. 그러나 이 신사는
근년에 이르러 비로소 중단되어 행하지 않는다.[164]

살펴보면 자재천왕이란 불교에서 말하는 욕계(欲界)의 마왕(魔王)[165]이다.

---

162) 법주사의 대자재천왕사에 대해서는 다음과 같은 연구가 있다. 김영진 「속리산 대자
재천왕제고」, 『인문과학논집』 7(청주대 1988) 43~57면; 김영진 「보은 속리산 산신제」,
『보은 속리산의 민속문화』(민속원 1999) 25~74면.
163) 옥경, 옥근. 이를 최남선은 '송이'로 표현하고 있다. 최남선 「조선어 남녀근명칭 어
원고」, 『괴기』 2, 『육당최남선전집』 110(현암사 1974) 512면.
164) 이밖에도 최남선과 김영수가 '송이놀이'라는 이름으로 이 행사를 보고하고 있다. 최
남선은 「조선어 남녀근명칭(男女根名稱) 어원고」, 『육당최남선전집』 11(현암사 1974)
512면에서 해마다 설날 사중(寺衆)들이 나무로 큰 남근을 만들어 이를 떠 매고 가서 신
에게 바친다고 했다.
한편 김영수는 「지리산성모사에 대하여」, 『한국불교사상논고』(원광대 1984) 487면에
서 제사 후의 놀이로 군수가 이방으로부터 남성기 모형을 받아 대부인에게 전하는 연극
이 행해졌음과 이는 승려를 짝사랑하다 죽은 궁녀의 넋을 달래기 위한 것이라는 근원설
화를 전하고 있다.
그런데 보고에 따라 제사 시기는 조금씩 다른데, 『신증동국여지승람』에서는 10월 인
일, 이능화는 섣달그믐, 최남선은 설날이라 했다.
165) 불교에서는 세계를 욕계·색계·무색계로 나누는데, 이 중 욕계는 욕망을 끊어버리
지 못하는 존재들이 사는 세상이다. 욕계에는 육욕천(六欲天)이라 하여, 욕망을 단절하지
못한 천신(天神)의 세계도 여섯이나 있는데, 마왕은 이 중 최상층인 타화자재천(他化自
在天)에 있으면서 올바른 가르침을 파괴하기 위해 힘쓴다.

부처가 성도(成道)할 때 마왕이 이를 막고 희롱했다고 하는데, 이것은 모두 불교 전적에 실려 있다.[166] 법주사에서 이 신을 제사하는 것은 그것이 마력을 가지고 있기 때문에 음탕한 놀이로써 이를 위로한다고 하나, 실상은 그 신을 욕보이는 것이다.[167]

(6) [청풍(淸風)의 목우신상(木偶神像)]

『동국여지승람』[168] 청풍군 명환(名宦)[169] 김연수(金延壽)[170]조에서 말했다. "처음에 고을 사람이 나무로 된 인형을 얻어서 신이라 하고, 해마다 5·6월 사이에 객사(客舍) 대청에 받들어 두고 크게 제사를 벌리니, 한 지방이 모두 모여들어서 폐단이 된 지 오래였다. 김연수가 고을에 부임하여 곧 무당 및 주동자들을 잡아 곤장을 때리고, 마침내 나무인형을 불태워버리니, 요망한 제사가 이로부터 끊어졌다."[171]

(7) [제천 등지의 김부대왕신(金傅大王神)]

김부대왕(金傅大王)이란 신라 마지막 임금인 경순왕(敬順王)[172]인데, 제천·청풍 및 강원도 원주 등지의 사람들 가운데 신으로 받드는 자가 있다.[173] 이규경(李圭景)의 『오주연문장전산고』 중 「김부대왕변증설(金傅大

---

166) 마왕 파순(波旬)이 석존의 성도를 저지하기 위해 딸들을 보낸 것은 널리 알려진 사실이지만, 마왕을 대자재천이라 한 자료는 역자의 과문 탓인지 보지 못했다.
167) 김영진「보은 속리산 산신제」54면에서는 속리산 여산신을 위로하기 위한 의례로 이해했다.
168) 『신증동국여지승람』 권 14.
169) 명성이 높은 관리라는 뜻이며, 『신증동국여지승람』, 「명환(名宦)」이라는 조목은 그 지방을 잘 다스린 지방관의 행적을 언급한 것이다.
170) 조선 중종 때의 문신. 생몰년 ?~1515년(중종 10). 김종서의 외손이며, 청백리로 이름이 높았다.
171) 같은 내용이 어숙권의 『패관잡기』 권 2에 보인다.
172) 신라 제56대왕이며 마지막 왕. 재위 927~935년. 성은 김씨이고, 이름이 부(傅)이다.

王辨證說)」[174]에서 말했다. "세상에 잘못 전해져 의심스럽고 알기 어려운 것에 대해, 이를 밝힐 수 있는 자료를 보고도 한번쯤 고증하지 않는다면 이 또한 어리석은 일이 된다. 그래서 가까스로 증거를 하나 얻었기에 대략 그 실상을 밝혀보려 한다.

내가 일찍이 충원(忠原)[175] 덕산면(德山面) 성암리(城巖里)와 삼전리(森田里)[176]에 살면서 청풍부(淸風府) 아래에 자리잡은 신륵사(神勒寺)[177]에 놀러간 적이 있었다. 그때 늙은 승려가 말하기를 '이 지역은 바로 옛날 김부대왕이 피난했던 곳이요, 월악산 뒤편의 덕주사(德柱寺, 주(柱)를 주(周)라고도 한다)[178]가 있는데, 이 절은 덕주부인(德周夫人)이 창건한 것이다'[179]

---

173) 김부대왕, 즉 경순왕은 사후 신격화되어, 『오주연문장전산고』에 등장하는 충청도 충주·청풍·제천, 강원도 원주, 경상도 경주 이외에도 곳곳에 전설과 신앙의 흔적을 남기고 있다. 예컨대 경주, 포항지역에서는 경순왕이 용으로 변하여 강물이 바다로 빠지는 것을 가로막던 형산과 제산을 갈라놓아 홍수를 막았다고 하여, 형산의 옥련사(玉蓮寺)에서 경순왕을 신으로 모신다. 또 경북 영주시 영주동 99번지 소재 자인전(慈仁殿)에서는 경순왕의 영정을 봉안하고 있으며, 경북 문경시 가은읍 원북리 485번지 소재 봉암사의 극락전은 경순왕이 피난할 때 원당(願堂)으로 사용한 것이라 전한다. 그리고 경기도 시흥시 군자봉 꼭대기에 있던 서낭당 역시 김부대왕을 신으로 모셨다고 전한다. 서영대 편 『시흥 군자봉 성황제』(시흥문화원 2005) 참조.

이밖에 김부대왕 신앙에 대한 종합적 연구로는 신종원 『한국 대왕신앙의 역사와 현장』 (일지사 2008) 194~256면이 있다.

174) 『오주연문장전산고』 권 60에 수록되어 있다.

175) 충주의 옛 지명. 1613년(광해군 5) 역모사건과 관련하여 충주목에서 충원현으로 강등된 이래, 이 지역이 역모 또는 부도죄와 연관될 때마다 충원현으로 강등되었다.

176) 덕산면은 충주의 동남쪽에 있던 면이며, 성암리와 삼전리는 덕산면에 소속된 리로 충주성에서 각각 동쪽으로 70리·90리 거리에 있었다. 『여지도서』(충청도 충원현).

177) 충북 제원군 덕산면 월악리 소재 월악산 기슭에 있는 사찰. 『여지도서』, 「청풍부 사찰」조에 의하면 이 절은 오랫동안 폐사(廢寺) 상태에 있었는데, 인근의 무림사가 화재로 없어지면서 이곳 승려들이 재건했다고 한다. 또 흥미로운 사실은 부근의 월악신사(月嶽神祠)가 일제강점기에 폐지된 뒤 주변 마을에 흉년이 거듭되자, 신륵사 승려가 월악신사의 폐지 때문이라 하여 신륵사 경내에 국사당을 짓고 월악산신을 봉안했다고 한다.

178) 충북 제원군 한수면 송계리 월악산 남쪽 능선에 있는 사찰.

했다. 그리고 이 절 뒷산 꼭대기에는 김부대왕이 피난했던 성이 있는데,[180] 여러 책을 상고해보았으나 근거를 찾을 수 없었다. 그래서 문득 고려 공민왕(恭愍王)이 홍건적의 난을 피해 복주(福州)로 가면서[181] 이 절을 경유하였기 때문에, 옛 노인들이 서로 전하면서 잘못 김부대왕이라 말했던 것으로 생각하였다. 그러다가 최근 한 책을 얻어 살펴보니, 비로소 그 사실을 상세하게 알 수 있었다. 살펴보건대 관동(關東)[182]의 인제현(麟蹄縣)에 신라 경순왕이 살던 곳이 있어 이곳을 김부대왕동(金傅大王洞)이라 불렀으며,[183] 읍지(邑誌)에 많은 사적이 실려 있는데, 경순왕이란 곧 고려에 항복했던 신라의 김부이다. 그가 후백제 견훤(甄萱)의 난을 당하여 국원소경(國原小京)[184]을 내왕하였기 때문에 충주·청풍·제천·원주 등지에 유적이

---

179) 덕주부인 창건설은 『신증동국여지승람』 권 14, 「충주목」 불우에도 보인다. 그런데 덕주부인은 마의태자의 누이인 덕주공주라 한다. 즉 덕주공주가 마의태자와 함께 이곳에 들러 덕주사를 창건했다는 것이다. 한편 1158년(의종 12)에 제작된 고려 법상종 승려 「최관오묘지(崔觀奧墓誌)」에 의하면 이곳은 최관오의 원당이기도 했다(김용선 편 『고려묘지명집성』 한림대 1993, 166면).
　덕주사에 대해서는 다음 보고서 참조. 충주공업전문대박물관 『덕주사 마애불과 덕주산성 지표조사보고서』(1992).
180) 덕주산성을 가리키는 것 같다. 『신증동국여지승람』 권 14, 「충주목」 고적에 의하면 덕주산성은 고을 동쪽 45리에 있던 석축성인데, 이미 폐성(廢城)이 되었다고 한다.
181) 복주는 경북 안동의 고려시대 지명이며, 1361년(공민왕 10) 홍건적의 침입으로 개경이 함락되면서 공민왕이 이곳으로 피란을 왔다.
182) 대관령의 동쪽이라는 의미로 강원도의 별칭.
183) 김부대왕이 와 있었다고 전하는 곳인데, 1916년 행정구역 개편에 따라 백자동 등과 합쳐져 김부리가 되었다. 김부리에는 현재 대왕각이 있다. 그러나 6·25 전만 하더라도 인근 상단지골과 항병골에도 대왕각이 있어 해마다 단오와 중양절(9월 9일)에 김부대왕을 제사했으며, 제사상에는 김부대왕이 즐겨 드시던 미나리적과 취떡이 반드시 올라갔다고 한다. 그런데 대왕각에 모셔진 김부대왕을 현지에서는 경순왕이 아니라, 그의 아들 마의태자로 여기고 있다.
　인제군의 김부대왕 신앙에 대해서는 다음과 같은 연구가 있다. 신종원 「강원도 인제군 남면일대의 석탑」, 『고문화』 42·43(한국대학박물관협회 1993) 145~47면.

많아 이같이 전하고 있다. 지금 그 유적들을 가지고 김부대왕이라 칭한 것은 그때 일컬을 만한 존호(尊號)가 없었기[185] 때문에 곧바로 이름을 불렀고, 이것이 전하여 오늘날에 이르렀다. 그러므로 우리나라 역사에 미숙한 후세 사람들은 어느 시대 어느 임금인 줄 몰랐던 것이다.

관동(關東) 원주의 용화산(龍華山)[186]에 학수암(鶴樹菴)[187]이 있는데, 이것이 바로 경순왕의 원당(願堂)[188]이다. 경순왕이 처음 제천의 길지에 이궁(離宮)을 짓자, 하늘에서 돌부처를 내려 보내 용화산 꼭대기에 우뚝 세워 놓았으므로, 경순왕이 제천에서 이곳으로 이주하여 매양 백운산(白雲山)[189] 남쪽 고개에 올라 돌부처를 향해 절을 하곤 했다. 그러다가 이 산 아래에 원당을 짓고 황산사(黃山寺)[190]라 이름했으며, 또 산 위에 고자암(高自庵)을 지었는데, 일명 태고사(太古寺)라고도 한다. 고자암에는 경순왕의 영정

---

184) 충북 충주의 신라시대 때 지명, 국원(國原)을 소경이라 한 것은 557년(진흥왕 18)이고, 757년(경덕왕 16) 중원경으로 개명했다.
185) 국원소경 내왕 당시에는 아직 경순왕이라는 시호가 없었다는 의미이다. 경순왕은 고려에 항복한 뒤 정승공·상부령 등으로 불렸고, 979년(경종 4) 세상을 떠나자 경순이라는 시호가 주어졌다.
186) 강원도 춘천과 화천의 경계에 있는 산.
187) 학수사는 경상남도 하동군 청암면 중이리 567번지에 있다. 일명 경천묘(敬天廟)라고도 하는데, 경순왕이 신라의 국권을 고려에 넘기고 강원도 원주 용화산 학수사에서 여생을 보내다 세상을 뜨자 백성들은 왕의 경천애민(敬天愛民)의 의(義)를 추모하기 위하여 학수사에 사우(祠宇)를 세워 봉안하여 오던 중, 후손 감찰 성행(聖行)과 인태·기찬 등이 고종 6년(1902) 일남산 밑에 장소를 정하여 1903년 이곳으로 이건하고 해마다 2월에 제사를 지내고 있다.
188) 사자(死者)의 넋을 기리기 위해 창건한 사찰이나 사당.
189) 강원도 원주와 충북 충주의 경계에 있는 산.
190) 『여지도서』의 「원주목 사찰」조에 의하면 "주치의 남쪽 50리에 있고, 본래 경순왕의 영당(影堂)이며, 지금도 경순왕의 소상(塑像)이 있다고 했다. 그리고 황산사 마애불에 대해서는 경순왕의 공주가 이 절에 와서 부왕의 상을 산정 석벽에 조각하게 했으며, 그뒤 경순왕이 직접 이곳에 와서 존상을 보고 서울로 돌아간 뒤부터 산명을 대왕산이라 하게 되었으며, 귀한 분이 왔다 하여 동리 이름을 귀래라 했다는 전설이 있다.

(影幀)[191]이 봉안되어 있으며, 보덕(寶德)[192] 14년 가을 8월 어느 날에 추종종손(追從從孫)[193] 신(臣) 김신륜(金信倫)이 영정의 발문(跋文)을 지었다. 정조(正祖) 때에는 법당 왼쪽 북쪽에 영당(影堂)[194]을 고쳐 짓고 경천묘(敬天廟)라는 이름을 국가에서 하사했다. 또 인제에는 경순왕이 살던 곳이 있어 이로 말미암아 김부대왕동(金傅大王洞)이라 했는데, 읍지에 많은 사적이 실려 있다. 호남의 순천 송광사(松廣寺)[195]에도 영정 1본이 있었는데, 일찍이 왜놈들이[196] 자기 나라로 모셔가서 모사(模寫)하고는 다시 가져와 봉안했다고 전한다. 문경(聞慶) 양산사(陽山寺)[197]에도 또 초상화 1본이 있고, 경주 황남전(黃南殿)[198]에도 있는데, 경주에서는 수호하는 참봉(參奉)[199]을 정하여 지키도록 했다. 거기서 10리 밖에 영지(映池)가 있는데 황

---

191) 초상화.
192) 어떤 연호인지 알 수 없다. 보덕이라는 연호는 1449년부터 1451년까지 일본에서 사용된 것이 확인되나, 3년간밖에 사용되지 않았으므로, 여기서 말하는 보덕이 아니다. 따라서 보덕 14년이 몇년인지 알 수 없다.
193) 무슨 의미인지 알 수 없다.
194) 초상화를 모셔둔 사당.
195) 전남 승주군 송광면 신평리에 있는 한국의 대표적인 승보사찰(僧寶寺刹).
196) 『오주연문장전산고』의 원문에는 '왜노(倭奴)'인데 「조선무속고」에서 '왜인(倭人)'으로 고쳤다. 「조선무속고」가 일제시대에 나온 때문일 것이다.
197) 경북 문경군 원북리 485에 있는 사찰로, 봉암사(鳳巖寺)로 더 잘 알려져 있다. 『여지도서(輿地圖書)』, 「문경현」 사찰조에 의하면 876년(憲康王 2)에 진정(眞靜)·지증(智證) 등에 의해 창건되었으며, 사찰의 동쪽의 극락전은 경순왕이 지었다고 전한다.
198) 경북 경주시 황남동 216번지(천마총 부근)에 있는 경순왕 사당. 원래는 월성 내에 있었는데, 임진왜란 때 불탔고, 1627년(인조 5) 동천동에 새로 사당을 지어 동천묘(東泉廟)라 하고 경순왕의 위패를 모셨다. 1723년(경종 3) 경순왕전(敬順王殿)으로 이름을 고쳤다가, 1794년(정조 18) 지금의 위치로 옮기면서 황남전이라 했다. 1887년(고종 24)에는 신라 미추왕, 1888년에는 문무왕을 함께 모시면서 이름도 숭혜전(崇惠殿)으로 바꾸어 현재까지 이어지고 있다. 『여지도서』, 「경주부, 단묘」조에 의하면 조선시대에는 명절 때마다 주의 수리(首吏)가 3반을 거느리고 제사했다고 한다.
199) 조선시대의 종9품 관직의 총칭으로, 원(園)·능(陵) 등을 지키는 임무를 담당하기도

경기도 장단의 신라 경순왕릉

남전의 건물들이 길게 비친다. 또 계림의 불곡사(佛谷寺)²⁰⁰⁾에는 당혜(唐鞋)²⁰¹⁾ 한 켤레, 수정과 옥 패물로 만든 갓 끈, 금라배(金羅杯)²⁰²⁾ 등이 있다. 경순왕이 송악산 아래서 노닐면서 별도로 전각 하나를 지어놓고 죽었으며, 경기도 장단(長湍) 고랑동(高浪洞)의 북북동쪽 언덕에 김부대왕릉(金傅大王陵)²⁰³⁾이 있다."

했다. 경순왕 영당을 지키는 참봉을 둔 것은 1723년(경종 3)이다. 『여지도서』, 「경주부, 단묘」.
200) 계림이 경주를 가리키므로, 경주 소재의 사찰로 추측되나, 아직 확인하지 못했다.
201) 신발 앞뒤에 당초문(唐草文) 등을 새긴 가죽신.
202) 금으로 만든 소라 모양의 술잔.
203) 현재 지명으로는 경기도 연천군 장남면 고랑포리에 있으며, 사적 244호로 지정되었다.

5. 강원도의 무풍과 신사

(1) [원주의 치악산사(雉嶽山祠)]

『동국여지승람』[204]에서 이르기를 "원주목(原州牧) 치악산사(雉嶽山祠)는 치악산[205]의 꼭대기에 있는데, 속칭 보문당(普門堂)[206]이라 한다. 봄가을로 중앙에서 향과 축문을 내려 제사한다"[207]고 했다.

(2) [고성신사(高城神祠)]

홍석모(洪錫謨)의 『동국세시기(東國歲時記)』[208]에 이르기를 "고성(高城)의 풍속에서는 군(郡)의 사당[209]을 매월 초하루와 보름에 관(官)에서 제사한다. 비단으로 신의 가면을 만들어 신당 안에 모셔 두었다가, 납월(臘月)[210] 20일 그 신이 읍에 내려오면 사람들이 그 가면을 쓰고 춤을 추며 관아 안과 읍내 마을들을 도는데, 집집마다 맞이하여 이를 즐겁게 해준다. 정월 망전(望前)[211]에 신은 신당으로 돌아오는데, 이를 연례행사로 여긴다. 이것은 귀신을 쫓는 의식의 일종이다"라고 했다.

---

204) 『신증동국여지승람』 권 46, 「원주목, 사묘」.
205) 원주의 진산으로, 원주·횡성·영월에 걸쳐 있다.
206) 현재 국형사(國亨寺) 오른쪽 70m 지점에 동악단(東岳壇)을 설치하여 놓았는데, 이곳을 치악산사(雉岳山祠)의 옛 터라고 한다. 그리고 국형사에서 계곡 위로 올라가면 보문사가 있는데, 이것은 치악산사의 일명인 보문당을 연상하게 한다.
207) 치악산이 국가제사의 대상이었다는 의미이다. 치악산은 1414년(태종 14) 이래 조선왕조의 사전(祀典)에서 소사(小祀) 명산(名山)의 하나로 치제(致祭)되었다. 『태종실록』 권 28, 태종 14년 8월 신유 참조.
208) 이 기사는 「12월 월내」.
209) 『신증동국여지승람』 권 45에서 고성군치의 동쪽 2리에 있다는 읍치 성황사를 가리키는 것 같다. 그렇다면 그 위치는 현재의 군청 뒤 주차장 자리이다.
210) 음력 12월의 다른 이름.
211) 음력 보름날 전.

(3) [삼척의 오금잠신(烏金簪神)][212]

『동국여지승람』 삼척도호부 풍속조(風俗條)[213]에서 말했다. "무당과 귀신을 믿으며, 오금잠(烏金簪)[214]에게 제사한다. 읍(邑)에 사는 사람들이 비녀를 작은 함에 담아 치소(治所)[215] 동쪽 구석의 나무 아래에 묻었다가, 해마다 단오(端午) 때가 되면 아전과 백성들이 꺼내어놓고 음식을 차려 제사하고는, 다음날 다시 묻는다. 민간에 전하기를 '고려 태조 때의 물건'이라 하지만, 그렇게 제사지내는 의미는 불확실하다. 예전부터 전해오는 일이므로 관(官)에서도 금하지 않는다."

○『남명선생[조식(曺植)]별집(南冥先生別集)』[216] 중 「김성암[효원(孝元)]유사(金省庵遺事)」에서 말했다. "김효원(金孝元) 공[217]은 삼척의 장으로 부임하여 백성을 편안케 하고 폐단을 제거함을 제일의 업무로 삼았다. 읍에는 금비녀 한 개가 있었다. 신라 때부터 전하는 것으로, 백 겹으로 싸서 성황사에 두었는데, 이곳 사람들이 신명(神明)과 같이 받들었고, 무릇 마을의 크고 작은 일은 반드시 먼저 고한 뒤에 행하였다. 그러므로 무격들이 날마다 그 아래에서 소란을 피우는 것이 마치 완구(宛丘)의 풍속[218]과 같았고,

---

212) 삼척의 오금잠(烏金簪)에 대해서는 다음과 같은 연구가 있다. 이창식 「삼척지역의 오금잠제」, 『삼척지역의 민속문화』(삼척문화원 2000).
213) 『신증동국여지승람』 권 44에 수록되어 있다.
214) 오금, 즉 쇠로 만든 비녀.
215) 그 지방을 다스리는 관아가 있는 곳.
216) 조선중기의 대학자 남명 조식(曺植, 1501~72)의 문집으로 전 9권이다. 아래 기사는 그 가운데 권 8, 「사우록(師友錄)」에서 인용한 것이다.
217) 조선중기의 문신. 생몰년 1532(중종 32)~90년(선조 23). 호는 성암이며, 퇴계와 남명의 문인. 1575년(선조 8) 심의겸(沈義謙)과의 대립으로 동서 분당(分黨)의 원인을 제공했고, 이 때문에 결국 지방관으로 나가게 되었다. 처음에는 경흥부사에 제수되었으나, 변방이라는 이유로 다시 삼척부사에 임명되었고, 이 해 12월부터 1578년(선조 11) 4월까지 삼척부사를 지냈다.
218) 완구(宛丘)는 지명으로, 지금의 하남성 회양현(淮陽縣)이다. 『시경』, 「국풍, 진풍」에 '완구(宛丘)'라는 시가 있다. 이에 대해 주자(朱子)는 주 무왕의 딸이 이곳으로 시집을

천수백년 동안 세상을 미혹하게 함이 매우 심해도 그 폐단에서 빠져 나오기가 어려운 지경에 이르렀다. 공이 분개하여 이를 없애기로 결심했다. 그래서 좋은 날을 택하여 제물을 갖추고 강직한 선비 몇 사람을 불러, 몸소 그 부정한 사당에 가서, 비녀를 깨부수고 불에 던졌다. 한 지방이 노소를 불문하고 급히 모두 불려 나왔고 놀라서 이것이 화가 되느니, 복이 되느니 했다. 공은 동요하지 않고 의연하게 사당을 청소한 다음 성황(城隍)의 위판(位版)[219]을 모셔다놓고, 의관을 정제한 다음 친히 제사지냈다. 구경하던 사람들이 두려워하면서도 탄복하지 않는 자가 없었다. 삼척은 산맥과 바다 사이에 있어 가장 시골 구석이고, 습속은 귀신을 좋아하며 사람들은 촌스러워, 다스리기가 어려운 곳이었다. 그러나 공은 옛 제도를 일신하고 부세와 요역에 대한 규정을 정했으며, 선비 재목으로 가르칠 만한 사람들을 뽑아서 시와 예를 가르치고 이들로 하여금 닦도록 하니, 모두 크게 바뀌지 않는 것이 없었다. 그래서 오늘날에 와서는 문헌(文獻)이라 칭하며,[220] 혼례와 상례는 한결같이 『가례(家禮)』[221]를 따르고, 아전과 백성들이 윗사람을 친히 하면서 부리기 쉽게 됨은 모두가 공으로부터 비롯되었다."

○ 허목(許穆)[222]의 『기언(記言)』[223]에서 말했다. "오금잠(烏金簪)은 오래되어 대개 그 시작을 모르지만, 해마다 5월 5일에 여러 무당을 모아 사흘간 크게 제사를 지낸다. 호장(戶長)[224]이 이를 주관하는데, 제사에 앞서

갔으나, 자식을 낳지 못해 무속을 숭상하면서 이 지역의 풍습이 되었다고 했다. 따라서 완구는 무속이 성행한 지역을 대표하게 되었다.
219) 위패(位牌). 제상대상의 이름을 적어놓은 나무 패. 제사대상을 상징한다.
220) 문화와 학문이 발달한 곳이라는 의미이다.
221) 주자가 가정의례에 대해 정한 의례집, 곧 『주자가례(朱子家禮)』를 말한다.
222) 조선중기의 문신. 생몰년 1595(선조 28)~1682년(숙종 6). 호는 미수(眉叟). 효종의 상에 인조의 계비 조대비의 복제(服制)를 둘러싼 예송(禮訟)에서 패하여 삼척부사로 좌천되었다. 1660년(현종 1) 9월부터 약 2년간 삼척부사로 재직하였다.
223) 허목(許穆)의 문집. 아래의 기사는 권 37, 「척주기사」 중 '오금잠'의 인용이다.
224) 향리(鄕吏)의 우두머리. 읍치의 성황제를 향리들이 주도한 사례이다.

반드시 부정을 금하고 매사를 조심하니, 나그네는 재우지 않으며, 사람이 죽어도 곡을 하지 않는다. 제사를 주관하는 몇 사람이 경쟁적으로 재물을 바치는데 이렇게 해야 복을 받는다고 여기며, 공경하지 않으면 재앙이 바로 들이닥친다고 하면서, 두려워하며 섬기지 않는 사람이 없다. 관아에서도 금지시키지 못했는데, 부사(府使) 정언황(丁彦璜)[225]이 그 제사를 금하고 석실(石室)[226]에 그 비녀를 가두었다"고 했다.

○ 채제공(蔡濟恭)[227]의 『번암집(樊巖集)』[228]에 수록된 「삼척 오금잠가(烏金簪歌)」에서 말했다.

"오금잠은 고려 때부터 전하여 지금에까지 이르렀다고 하는데,
삼척 사람들이 이를 높여 신으로 제사한다.
사당은 옛 성의 뒤에 있는데
해마다 5월 5일이 되어
비녀 신이 나와 돌면 다투어 먼저 보려고 하네.
늙은 무당 고운 무늬 옷 입고 앞에서 인도하며,
큰 부채 펼쳐 들고 나풀나풀 춤추는데
척주(陟州)[229] 안의 수 백호 가운데
엎드려 절하지 않는 자 한 사람도 없구나.
구슬픈 음악 소리 끊어졌다 다시 이어진다.
비녀는 스스로 말하지 못해 무당이 대신 전하는데

---

225) 조선중기의 문신. 생몰년 1597(선조 30)~1672년(현종 13). 1652년(효종 3) 8월에 삼척부사로 왔다가 1653년(효종 4) 윤 7월에 떠났고, 이때 선정비를 세웠다고 한다.
226) 허목의 『척주지(陟州誌)』 상에 의하면 두랑당(杜郎堂) 석실에 감추었다고 하며, 두랑당은 비녀를 모셨던 사당이다.
227) 조선후기의 문신. 생몰년 1720(숙종 46)~99년(정조 23). 호는 번암(樊巖).
228) 채제공의 시문집으로, 60권 27책. 아래의 시는 권 7 「시」에서 인용한 것이다.
229) 삼척의 별호(『고려사』 지리지 삼척현조).

'네 집 식구가 모두 몇명인가.
복을 주고 재앙을 내림은 모두 나의 권한이로다.'
우매한 백성은 아까운 것 없이 무릎을 꿇고 바치니
종이와 베·곡식·돈이 쌓인다네.
오호라! 오금잠아!
사람들로부터 후하게 받았는데 장차 어떻게 보답할래.
하늘이 위에 계시고 신들이 줄을 지어 있으니,
아마도 네 마음대로 하기는 어렵지 않겠느냐?
병든 이 낫기를 구하고 가난한 자 부자 되기 바라는데
네 책임과 걱정이 많을 것이고 나도 이 때문에 걱정이로다.
비녀야! 비녀야!
신당의 신이 되지 않은 것만 못하니
신의 지위 도랑에 던져버리려 해도 마음 편치 않겠구나.
삼가고 어리석음을 배우지 마라.
소인이 맡은 임무 그르치면서
인민을 저버리고 고기만 낭비한다."

이능화가 말한다. "오금잠은 단지 하나만 있을 뿐인데, 부사 김효원은 불속에 던졌고, 정언황은 석실에 가두었으며, 허미수[230]는 그 일을 기록했고, 정조 때 채제공은 여전히 그 음사를 보았다. 대개 그 유래가 길고 사람들이 믿고 받드니. 정부나 관에서도 비록 이를 제거했을지라도, 떠난 뒤에 다시 제사하였던 것이다."[231]

---

230) 허목을 가리킨다. 미수는 허목의 호.
231) 삼척의 오금잠에 대해서는 이밖에도 유몽인『어우야담』권 4(시귀선·이월영 번역본, 한국문화사 1996, 128~30면); 허목『척주지』상; 김구혁(金九爀, 1798~1859)『척주선생안(陟州先生案)』(이상은 강원대 강원문화연구소 역 『완역 척주집』삼척시 1997에 수

(4) [영동의 산신제(山神祭)]

남효온(南孝溫)의 『추강집(秋江集)』[232)]에서 이르기를 "영동의 민간 풍

록)에 관련 자료가 보인다.
『어우야담』 역시 김효원이 삼척부사로 부임하여 오금잠을 없앴다는 것이지만, 독특한 내용이 있다. 즉 김효원이 부임하기 전에 전임 삼척부사들이 연이어 죽었고, 이로 인해 관아도 황폐해졌다. 부임한 김효원은 아전들이 만류하는데도 관아에 들어갔는데, 첫날밤 꿈에 한 남자가 나타났다. 그는 원래 삼척의 성황신이었는데, 신라왕의 셋째 공주가 나타나는 바람에 삼척 사람들이 이를 제사하고 자신의 위패는 관아의 시렁 위에 방치하여 욕 보이고 있다고 하소연했다. 이튿날 김효원은 성황사로 가서 휘장과 깃발 등을 불태우게 했다. 그러나 아전들은 두려워하면서 숨거나 도망했다. 이에 김효원은 유생들을 시켜 휘장을 불태우게 하고, 타지 않는 순금 비녀와 순금 방울은 부수어 조각을 만들었다. 이것은 이때 참여했던 유생 이오(李墺)의 목격담이다. 이에 의하면 삼척 성황사에서는 원래 남성의 성황신을 모셨는데, 언제부터인지 신라공주라는 여성 신으로 교체되었다는 것이다.
『척주지』에도 오금잠 제사에 대한 기록이 있다. 이에 의하면 삼척에서는 제사에 앞서 4월 1일부터 금기를 지키기 시작했으며, 단오 3일 전부터 단오날까지 사흘간 오금잠을 제사했다. 그런데 효종 4년(1653) 삼척부사 정언황이 이를 금지시키고, 오금잠을 사랑당(社郞堂)이라는 석실에 가두어버렸다. 그리고 원래 있던 오금잠은 임진왜란 때 잃어버렸고, 사랑당에 가두어둔 것은 뒷날 다시 만든 것이라 했다.
『척주선생안』 역시 김효원의 오금잠 파괴를 전하는 것인데, 여기서 독특한 것은 혼례를 행하는 집에서는 오금잠에 옷을 만들어 입히는 풍습이 있었으며, 오금잠의 크기가 커서 시신과처럼 보였다는 점이다. 오금잠에 대한 전승들 사이에는 약간 차이가 있지만, 이상의 내용을 종합하면 오금잠 신앙은 대체로 다음과 같은 것이라 하겠다.
① 오금잠은 신라 공주 신이며, 원래 의 신체(神體)는 금비녀였으며, 크기도 상당했던 것 같다.
② 오금잠은 원래 삼척의 읍치성황당에 모셔졌으나, 모시는 신이 올바르지 못하다는 이유로 여러차례 삼척부사에 의해 파기되었으며, 마침내 정언황에 의해 사랑당으로 옮겨졌다. 사랑당은 두랑당(杜郞堂)이라고도 하는데, 중간에 이마저 없어지고 지금은 성내동 천주교회가 들어섰다.
③ 제의는 4월부터 시작하며, 이때부터 여러가지 금기를 지킨다. 그리고 본격적인 제의는 단오 3일 전부터 단오까지이다.
④ 제의는 향리들이 주도하며, 제의 형태는 무당이 사제하는 무속적 의례이다.
⑤ 유학자들은 성황신 자체를 부인한 것이 아니며, 성황신의 상징인 오금잠을 없애고 위패를 모시려 했다.

속에서는 해마다 3·4·5월 중에 택일을 하고 무당을 맞이해서, 산해진미를 극진히 차려놓고 산신에게 제사한다. 이때 부자는 말에 싣고 가난한 자는 등에 지고 가서 음식을 차려놓으며, 즐겁게 피리 불고 거문고를 켜면서 연사흘 술에 취하고 배불리 먹은 다음 집으로 돌아간다. 돌아온 다음 처음으로 사람들과 매매를 하며,[233] 제사를 안 드리면 천 한 조각도 남에게 주지 않는다고 한다"고 했다.

(5) [**태백신사**(太白神祠)]

○ 성현(成俔)의 『허백당집(虛白堂集)』[234] 「신당퇴우설(神堂退牛說)」에서 말했다. "『예기(禮記)』[235]를 살펴보면 '천자(天子)는 천지(天地)에 제사하고, 제후(諸侯)는 산천(山川)에 제사하며, 대부(大夫)는 종묘(宗廟)[236]에 제사하고, 서인(庶人)은 할아버지와 아버지의 사당에 제사한다'고 했으니, 그 직위와 등급에 따라 각각 차례가 있어 서로 문란하지 않았다. 또 산천에 제사할 때는 반드시 큰 산이나 큰 강, 무덤 중에서 국가에는 보탬이 있으며 백성에게는 공이 있는 것을 선택하여 제사했고, 그 사이에 털끝만큼도 분수를 넘기는 것을 용납하지 않았다. 우리나라에서는 사전에 실려 있는 산천에 대해서는 해마다 봄과 가을에 향과 축문을 내리고 관리를 파견해서 선대왕들이 제정한 농제(醴齊)[237]·희생·폐백·변(籩)[238]·두(豆)[239]·뢰

---

232) 추강(秋江) 남효온(南孝溫)의 시문집. 이 기사의 출전에 대해 「조선무속고」에서는 「추강냉화(秋江冷話)」라 했으나, 이는 잘못이다. 즉 이것은 권 5 「유금강산기(遊金剛山記)」의 일부이다.
233) 의례기간 동안 정상적인 상거래가 중단되었음을 의미하는 것이 아닌가 한다.
234) 성현(成俔)의 문집. 시집 14권·보집(補集) 5권·풍아록(風雅錄) 2권·습유 1권·문집 14권, 합 8책(608판) 활자본.
235) 「왕제(王制)」편에 보이는 규정.
236) 송대 이후에는 왕실의 조상 사당만 종묘라 했으나, 이전에는 조상의 사당을 통칭하여 종묘라 했다. 이 경우도 후자에 해당한다.
237) 진한 술.

(豆)²⁴⁰⁾·작(爵)²⁴¹⁾의 예로써 이를 제사한다. 그래서 제사는 절차가 있었고 때문에 신이 제물을 받는 것도 빨랐으며, 섬김은 후했고 때문에 신의 보답도 풍족했다.

태백산신이란 것은 무슨 신인가. 태백산은 동쪽으로 큰 바다로 들어가다가 삼척(三陟)이 되고, 서쪽으로 꺾으면서 영춘(永春)²⁴²⁾이 되고, 남쪽으로 서려서 죽계(竹溪)²⁴³⁾ 및 여러 주와 경계를 이룬다. 산은 비록 높으나 사전(祀典)에 실리지 않은 것은 백성과 국가에 공덕과 보탬이 없기 때문이다. 3도(三道) 사람들이 산꼭대기에 신당을 짓고, 신상을 설치하여 제사지내는데, 해마다 왕래하는 사람들이 어깨를 부딪치고 발꿈치를 밟을 정도로 줄을 잇는다. 제사를 마치면 각자 신이 앉은자리 앞에 소를 매어놓고 허겁지겁 뒤도 돌아보지 않고 간다. 말하기를 '만약 돌아보면 신이 공손치 않은 것으로 알고 죄를 준다'고 한다. 사흘 뒤에 고을에서 이를 거두어 쓰는데, 이를 일컬어 퇴우(退牛)라 한다. 해마다 4월 8일에 그 신이 읍의 성황에 내려온다고 하여, 읍 사람들이 성대히 깃발을 갖추고 북과 피리를 연주하며 이를 맞이하여 읍의 아전 집에 모셔둔다. 온 읍에서 앞 다투어 모여서 제사하는데, 쉬는 날이 없다. 5월 5일이 되면 신은 산으로 되돌아가는데, 보내기를 맞이할 때처럼 한다. 이 기간 중 신선한 음식이 조금만 생겨도 반드시 먼저 제사하며, 그냥 먹는 법이 없다. 그렇게 하지 않으면 화가 있다고 한다. 그러므로 비록 도랑에 고기가 뛰어도 그물질하지 않는다. 심하도다! 신이 사람을 미혹함이여! 공자가 말하기를 '귀신을 공경하되 멀리한다'²⁴⁴⁾ 했

---

238) 과일이나 포를 담는 대나무로 만든 제기.
239) 식혜나 김치 등을 담는 나무로 만든 제기.
240) 제기의 일종으로, 술 그릇.
241) 제기의 일종으로, 술잔.
242) 충북 단양군에 있는 지명이다. 원래 독립된 행정구획이었으나, 1914년 단양으로 통합되었다.
243) 순흥부에 위치하며, 풍기군에서 북쪽으로 23리 떨어져 있다.

고, 또 '그 귀신이 아닌데 제사함은 아첨이다'[245]고 하였다. 대저 사람은 은혜와 사랑을 받았기 때문에 마땅히 맨 처음 보답해야 하는데, 어버이 같은 사람은 없다. 그러나 그 어버이에 대해서는 간혹 제사를 빠뜨리기도 하면서, 도리어 바깥 귀신을 집안으로 끌어들여 존경하고 받든다. 이것은 박해야 될 데에는 반대로 후하고, 마땅히 제사할 데가 아닌데 도리어 제사하는 것이니, 비단 선왕의 제도에 어긋날 뿐만이 아니라 도리어 또 조정의 큰 법에도 맞지 않는다. 옛날 서문표(西門豹)가 업(鄴)의 현령이 되었을 때, 업 지방 사람들의 고충은 하백(河伯)이 부인을 취하는 것이었는데, 여자 무당과 삼로(三老)를 강물에 빠뜨린 연후에야 고충이 해결되었다.[246] 또 적인걸(狄仁傑)[247]과 범중엄(范仲淹)[248]은 음사를 모두 파괴하고 불 질러 버림으로써 음란하고 괴이한 습속을 바꾸었다. 지금 지방의 수령에 임명된 자들이 과연 모두 이 세 군자가 한 바를 본받는다면 그 퇴폐하고 썩은 풍속이 어찌 크게 변할 때가 없겠느냐? 애석하다. 세상에 사람이 없음이여."

○ 허목(許穆)의 『기언(記言)』,「지괴(誌怪)」조[249]에서 말했다. "민간의 풍속에서 서로 전하기를 백두옹(白頭翁)[250]은 태백산의 신령이라 한다. 태백사(太白祠)는 원근에서 기도하고 제사하는데 길흉이 바로 따른다고 여긴다. 전에 태수로서 죽은 자가 몇 사람 있었는데, 모두가 '백두옹이 빌미가

---

244) 『논어』,「옹야(雍也)」에 나오는 말이다.
245) 『논어』,「위정(爲政)」에 나오는 말이다.
246) 서문표의 고사에 대해서는 제20장 8절 '위(魏)나라 무당' 참조
247) 당나라의 관리. 생몰년 607~700년. 688년 강남안무사(江南安撫使)로 부임하여 두 달 남짓 동안 오초(吳楚)지방의 음사(淫祠) 1700여 개소를 없앴다. 이에 대해서는 다음과 같은 연구가 있다. 김상범「국가예제와 민간 신앙의 충돌—당초 적인걸의 음사철폐 조치를 중심으로」,『중국사연구』17(중국사학회 2002) 69~108면 참조.
248) 북송시대의 정치가. 생몰년 989~1052년. 흉년이 든 강, 회지역 안무사로 가서 백성들을 구휼하는 한편 음사를 금지했다. 『송사』권 314, 범중엄전.
249) 『기언(記言)』권 37,「척주기사(陟州記事)」의 한 부분이다.
250) 백발의 노인이라는 의미이다.

되었다'고 하니, 인심이 더욱 두려워하고 꺼린다. 혹 말하기를 '꿈에서 백두옹을 본 자는 모두 죽는다'고 한다. 대개 풍속에 귀신을 믿는 것이다."[251]

○ 또 「퇴우(退牛)」조[252]에서 이르기를 "원근에서 태백의 신을 경쟁적으로 섬기는데 무릇 재액 때문에 기도하는 사람은 반드시 소를 신당 아래에 바치고 기도를 끝낸 뒤, 곧 바로 일어서 뒤돌아보지 않고 달아난다. 뒤돌아 보면 소를 아끼는 마음 때문이라 하여 귀신이 흠향하지 않는다고 한다. 소가 신당 아래에 가득 차면 산 아래 사람은 죽여서 먹어도 재액이 없었는데, 이를 퇴우라 한다. 관부에서 이를 듣고 감고(監考)[253]를 정하여 날마다 관에 바치게 하니, 읍 사람들이 소에 대하여 염증을 느꼈다. 지금은 산승(山僧) 충학(沖學)이 그 사당을 불 질러 버려 요망한 사당이 없어졌다. 이로 말미암아 소를 바치는 일이 없어졌고, 감고 또한 폐지하였다"고 했다.

○ 정약용(丁若鏞)의 『목민심서(牧民心書)』[254]에서 "김치(金緻)[255]가 영남의 관찰사로 있으면서 태백산(太白山) 신사(神祠)를 허물었다"고 했다.

---

251) 유몽인의 『어우야담』 권 1(시귀선·이월영 역, 한국문화사 303~304면)에도 삼척 백두옹 설화가 전한다. 이에 의하면 고려 공양왕이 삼척에서 죽은 뒤부터 백두옹이 나타나기 시작했고, 백두옹이 나타나면 삼척부사가 죽는다고 했다. 이밖에 문수보살이나 단종이 태백산신이라는 설도 있다.
252) 『기언(記言)』 권 37, 「척주기사(陟州記事)」의 한 부분이다.
253) 각 관청에서 금·은·곡식의 출납이나 물품을 보살피며, 잡무도 맡아보는 사람을 말한다.
254) 「예전육조(禮典六條)」 제사(祭祀)의 인용이다.
255) 조선중기의 문신. 생몰년 1577(선조 10)~1625년(인조 3). 김치는 1625년 3월 경상 감사로 부임했다가 그해 6월에 죽었다. 조선후기 야담집인 『기문총화(記文叢話)』 제294화에 의하면 김치는 사후 염라대왕이 되었다고 한다.

(6) [명주(溟州=강릉)의 대령산신(大嶺山神)][256]

허균(許筠)의 『성소부부고(惺所覆瓿藁)』[257] 「대령산신찬(大嶺山神贊) 및 서문」에서 말했다. "계묘년(癸卯年)[258] 여름에 내가 명주(溟州)[259]에 있을 때 주(州)의 사람들이 5월 길일을 맞아 대령신(大嶺神)[260]을 맞는다고 하기에 수리(首吏)[261]에게 물었다. 수리가 말하기를 '대령신은 곧 신라대장군 김공 유신(金公庾信)입니다. 공은 어렸을 때 명주(溟州)를 돌아다니면서 배웠는데 산신이 검술을 가르쳤습니다. 검(劍)은 명주의 남쪽 선지사(禪智寺)에서 주조(鑄造)하였는데 90일이 지나 용광로에서 나왔는데, 발산하는 빛이 태양을 제압하는 듯하였습니다. 공이 이를 차고, 노하면 칼집에서 뛰어나오니 이로써 고구려를 멸하고 백제를 평정하였습니다. 죽어서 대령(大嶺)의 신이 되어 지금에 이르기까지 영험과 신이가 있으므로 명주 사람들이 이를 제사하는데 해마다 5월 초 길일에 번개(旛蓋)[262]와 향화(香花)를 갖추고 대령에서 맞이하여 부(府)의 사당에 받들어 둡니다. 닷새가 되는 날 갖은 놀이를 베풀어 신을 즐겁게 합니다. 신이 기뻐하여 종일 개(蓋)가 기

---

256) 대령산신, 즉 대관령 산신을 제사하는 강릉단오제에 대한 기록이다. 그런데 여기서는 강릉단오제의 주신(主神)을 김유신이라 했지만, 이밖에 다른 전승도 있다. 즉 고려초 왕순식(王順式)이 남쪽으로 출정할 때 꿈에 나타나 승리를 도운 승려와 속인 두 사람이라는 전승(『강릉지』 권 2, 풍속)과 조선초기 강릉 굴산사의 승려 범일국사(泛日國師)란 전승이다. 그리고 범일국사는 신라말 선종 9산파의 하나인 사굴산파(闍堀山派)의 개산조 통효대사(通曉大師) 범일(梵日, 810~889)과 동일 인물로 여겨지기도 한다. 이규대「강릉 국사성황제와 향촌사회의 변화」, 『역사민속학』 7(민속원 1998); 김선풍·김경남『강릉단오제연구』(보고사 1998) 국립문화재연구소 편『강릉단오제』(1999).
257) 허균의 문집 모두 26권으로, 시부(詩部)·부부(賦部)·문부(文部)·설부(說部)로 구성되어 있다. 이 글은 권 14 문부 11에 실려 있다.
258) 1603년(선조 36).
259) 지금의 강릉.
260) 대관령 산신.
261) 각 지방 관아의 수석 아전.
262) 깃발.

울어 넘어지지 않으면 그해는 곧 풍년이 들 것이며, 노하면 개가 넘어져 반드시 풍수의 해가 있답니다'라고 하였다. 나는 이를 이상히 여겨 그날이 되어 가서 살펴보니 과연 기울지 않으니 명주 사람들과 부로(父老)가 모두 환호하고 구가(謳歌)[263]하며 서로 기뻐하여 손뼉을 치며 춤을 추었다. 내가 생각하건대 공이 살아서는 왕실에 공을 세우고 삼국을 통일하는 위업을 성취하였고, 죽은 지 수천년에 오히려 사람들에게 화복을 줄 수 있는 신으로 나타날 수 있으니 이는 기록할 만하다. 이에 찬하여 말한다."

(7) [양구의 성황신]
성현(成俔)의 『허백당집(虛白堂集)』[264]에 수록된 「영신곡(迎神曲)」[265]에서 말했다.

"맑은 새벽 북과 피리 소리, 화산(花山)[266]도 아름다운데
단오날 성황신이 인가로 내려오네.
바람을 만난 듯 다투어 나아가 번갈아 춤을 추는데[267]

---

263) 여러 사람이 은덕을 칭송하여 제창한다.
264) 성현의 문집. 아래의 시는 이 중 시집 권 10에 수록되어 있다. 그런데 「조선무속고」에서는 이 시의 제목을 「제양구동헌운(題楊口東軒韻) 식방천역정(息方川驛亭)」라 했고, 이 속에 「영신곡(迎神曲)」과 「송신곡(送神曲)」이 포함된 것처럼 인용했다. 그러나 「제양구운(題楊口韻)」과 「게방천역정(憩方川驛亭)」은 별개의 시이며, 「영신곡」과 「송신곡」은 이 시들에 이어서 수록되어 있지만, 역시 별개의 시이다. 다만 방천역(方川驛)이 양구(楊口) 옆 낭천현(狼川縣)에 소속된 역이라는 점에서 「영신곡」과 「송신곡」 역시 이 지역의 풍속을 읊은 시일 가능성은 크다.
265) 신을 맞이하는 노래.
266) 양구군 방산면 금악리와 칠전리 경계에 화봉산(花峰山)이 있는데, 이 산의 일명이 화산이다.
267) 원문은 '상전파(相傳芭)'인데, 이는 『초사(楚辭)』, 「구가(九歌)」 중 '예혼(禮魂)'의 '전파혜대무(傳芭兮代舞)', 즉 '파초(무당이 춤출 쥐는 풀) 서로 건네주며 번갈아 춤춘다'라는 의미이다.

남녀 많은 사람 어지러이 덩실덩실.
　　늙은 무당은 낯빛을 변하여 신의 말씀 내리니
　　좋은 아침, 어서 가서[268] 함께 배불리 먹으세.
　　술 거르고 밥 지으러 왔다 갔다 하다 보니
　　돌아가는 길 밤은 깊어 긴 수풀 가로막네.
　　강물은 출렁이고[269] 작약은 붉은데
　　우연히 서로 만나 농지거리 주고받네.
　　신과 만남의 자리 때문에 만나 취하고 즐거우니
　　다시 편지를 주고받을 약속 필요없다네."

또 「송신곡(送神曲)」[270]은 다음과 같다.

　　"수풀 푸르고 키 큰 나무 많은 곳에
　　서까래 동여매고 대들보에 지붕 올려 작은 집 엮었네.
　　둥둥치는 북소리 깊은 골짜기를 울리는데
　　맑은 술 떠로 거르고 누런 송아지 고기 저미었네.
　　다투어 무릎 꿇고 엎드려 온갖 복을 기원하니,
　　음사(淫祀)는 해마다 습속을 이루었구나.
　　사흘 동안 취해 즐겨도 아직 부족하여
　　또 부잣집에 곡식을 팔러 온다.
　　지전(紙錢) 태우다 꺼지니 바람이 한기를 낳고

---

268) 원문은 '곡조종매(穀朝籘邁)'인데, 이는 『시경(詩經)』, 「진풍(陳風)」의 '동문지분(東門之枌)' 중 '곡단우서(穀旦于逝) 월이종매(越以籘邁, 날씨 마침 좋은 아침, 모두모두 어서가세)'에서 유래한 표현이다.
269) 원문은 '진류환환(溱流渙渙)'인데, 이는 『시경』, 「정풍(鄭風)」 중 '진유(溱洧)' 중 '진여유방환환혜(溱與洧方渙渙兮, 진수와 유수의 봄 물 출렁이고)'에서 유래한 표현이다.
270) 신을 보내는 노래.

떠나는 신령님을 붙잡을 수 없네."

6. 경상도의 무풍과 신사

(1) [**합천 정견대왕사**(正見大王祠)]

『동국여지승람』 합천군(陜川郡) 사묘(祠廟)조[271]에서 말하기를 "정견천왕사는 해인사(海印寺) 안에 있다.[272] 세상에서는 대가야국(大伽倻國)의 왕후 정견(正見)[273]이 죽어서 산신이 되었다"고 한다.

(2) [**울산의 계변신**(戒邊神)]

『동국여지승람』 울산군(蔚山郡) 고적(古跡)조[274]에서 말하기를 "신학성(神鶴城)은 곧 계변성(戒邊城)으로, 군치(郡治)[275]의 동쪽 5리에 있다. 김극기(金克己)[276]가 계변신(戒邊神)은 학을 타고 신두산(神頭山)에 내려왔다고 한 것[277]이 이를 말하는 것이다. 지금은 단지 옛 터만 남아 있다"고 했다.

---

271) 『신증동국여지승람』 권 30에 수록되어 있다.
272) 해인사 천왕문 내에 있는 국사단(局司壇)이 그것이다. 김영수 「지리산 성모사에 대하여」, 『한국불교사상논고』(원광대 1985) 461면.
273) 『신증동국여지승람』 권 29, 고령현(高靈縣) 건치연혁(建置沿革)조에 인용된 최치원의 「석이정전(釋利貞傳)」에 의하면 정견은 가야산신이라 한다. 나아가 천신(天神) 이비가(夷毗訶)와 혼인하여 대가야의 시조 뇌질주일(惱窒朱日)과 금관가야의 시조 뇌질청예(惱窒靑裔, 수로왕)를 낳았다고 한다.
274) 『신증동국여지승람』 권 22에 수록되어 있다.
275) 군을 다스리는 관아가 있는 곳이다.
276) 고려 무인집권기의 시인. 생몰년은 알 수 없다. 전국을 주유하며 명승고적을 주제로 한 많은 시를 지었고, 방대한 분량의 문집(135권설, 150권설 등이 있음)을 남겼다. 그러나 그의 문집은 일찍이 산일되었는데, 최근 여러 책에 산재된 김극기의 작품을 모은 『김극기유고(金克己遺稿)』(한국정신문화연구원 1997)가 나왔다.
277) 『신증동국여지승람』 권 22, 「누정(樓亭)」 '대화루'조에 인용된 「대화루병서(大和樓

(3) [동래의 여러 신사]

『동국여지승람』동래현(東萊縣) 사묘(祠廟)조[278]에서 말하기를 "절영도신사(絕影島神祠)[279]와 모등변신사(毛等邊神祠)[280]는 모두 동평현(東平縣)[281] 남쪽 1리에 있다.[282] 고지도신사(古智島神祠)[283]는 현의 남쪽 23리에 있다. 돌로 단을 쌓았고, 옛날에는 비를 빌면 영험이 있었으나 지금은 없어졌다"고 했다.

○고적(古跡)조에서 말하기를 "형변부곡(兄邊部曲)은 동래현의 남쪽 바닷가에 있다. 신라에서는 남해신(南海神)을 이곳에서 제사했으며, 중사(中祀)에 올려져 있다"[284]고 했다.

幷序」)에 보이는 내용이다. 이에 의하면 계변천신(戒邊天神)이 학을 타고 신두산(神頭山)에 내려와 인간들의 수명과 복록(福祿)을 주관했다고 한다. 그런데 1432년(세종 14)에 편찬된 『경상도지리지』, 「경주도」 '울산군'조에는 901년(효공왕 5) 학 두 마리가 이 전금신상(全金神像, 순금 신상?)을 물고 계변성 신두산에 내려와 울었기 때문에, 계변성을 신학성이라 했다는 전승을 전하고 있다.

한편 이규보의 『동국이상국집』 권 38에는 계변천신에게 올리는 제문이 세 편, 즉 「울주계변성천신제문(蔚州戒邊城天神祭文)」 「계변천신사제문(戒邊天神謝祭文)」 「계변천신전복제문(戒邊天神前復祭文)」이 수록되어 있다.

278) 『신증동국여지승람』 권 23에 수록되어 있다.
279) 절영도는 동평현의 남쪽 8리에 있으며(『신증동국여지승람』 권 23, 동래현, 산천), 현재는 부산항 앞바다에 있다.
280) 모등변은 섬으로, 동평현 남쪽 15리에 있다. 같은 책.
281) 동래현의 속현(屬縣)으로, 동래현의 남쪽 10리에 있었다. 『신증동국여지승람』 권 23, 동래현, 속현.
282) 이 두 신사는 1429년(세종 11)에 지방의 수령이 제사하는 곳으로 지정되었다. 『세종실록』 권 46, 세종 11년 11월 계축.
283) 고지도는 동평현 남쪽 30리에 있다. 『신증동국여지승람』 권 23, 동래현, 산천.
284) 국가제사의 등급을 대·중·소사로 나눌 때의 중사(中祀). 『삼국사기』 권 32, 「제사지(祭祀志)」에 중사 중 남해는 거칠산군(居柒山郡)의 형변(兄邊)에서 제사한다고 했다.

(4) [영해 팔령신(八鈴神)][285]

『동국여지승람』 영해도호부(寧海都護府) 명환(名宦)조[286]에서 말하기를 "우탁(禹倬)[287]이 사록(司錄)[288]으로 있었는데, 백성들이 팔령신(八鈴神)에 현혹되어 받들어 제사함이 아주 더러웠다. 우탁이 부임하여 부수어 바다에 버리자 음사(淫祀)가 마침내 끊어졌다"고 했다.

(5) [군위 김유신사(金庾信祠)]

『동국여지승람』 군위현(軍威縣) 사묘(祠廟)[289]조에서 말했다. "김유신

---

[285] 팔령신에 대해서는 다음과 같은 전승이 있다. 영덕군 창수면 인량리 앞 속칭 팔풍정(八風亭)에 큰 느티나무 두 그루가 있었다. 옛날 고려시대에 팔령신이라는 방울소리를 내는 여덟 요귀(妖鬼)가 이 큰 나무 위에 있었는데, 형체는 보이지 않고 방울소리만 났다. 지붕 위에 방울소리가 나기만 하면 그 집은 폭패를 당했다고 하는데, 당시 오서면(烏西面, 지금의 미곡 오촌)과 서면(西面, 벽수碧水 신리) 쪽에 피해가 많았다고 한다. 이때 영해 부사나 사록(司錄)이 부임하면 미리 일주일 전부터 이 팔풍정 앞에서 큰 소 몇마리를 눕히고 술을 빚고 음식을 준비한 다음 여러 무당을 불러 굿을 하는데, 부사나 사록이 정성껏 치성을 드려야 재직하는 동안 무사히 지낼 수 있었다고 한다. 지금부터 약 8백여 년 전 우탁(禹倬) 선생이 영해 사록으로 부임하자 영해부의 벼슬아치들이 앞에서처럼 굿을 시작하려 하였다. 그러나 우탁은 치성 드림을 거절하고 사자를 시켜 두서너 줄의 문자를 써 보내어 팔령신들을 제압한 뒤 그중 한 신은 영양에서 울티재(읍령泣嶺)로 넘어 오는 잡귀를 막게 하고, 다른 한 신은 인량리 팔풍정을 수호하고, 또 한 신은 동해에서 들어오는 잡귀를 막게 하기 위해 관어대 입구를 지키게 하고, 나머지 다섯 요귀는 바다에 던져 없애 버렸다. 이후 팔령신의 행패로부터 벗어나 모두 무사히 생업에 종사하였다 한다. 일설에는 요귀 1명만 살려주어 동해로 들어오는 잡귀를 관어대 입구에서 막으라는 명령을 내린 다음 나머지 일곱 요귀를 모두 수장(水葬)했다고 한다(『영덕군지』). 또다른 현지의 구전설화에 의하면 팔령신은 8개의 바위이고, 우탁이 바다에 집어넣고 하나 남은 것이 당고개 서낭바위라고 한다. 조동일 『인물전설의 의미와 기능』(영남대 1979) 66~82면.
[286] 『신증동국여지승람』 권 24에 수록되어 있다.
[287] 고려말의 유학자. 생몰년 1263(원종 4)~1342년(충혜왕 복위 3). 역학에 조예가 깊어 역동(易東) 선생으로 일컬어지기도 했다.
[288] 고려시대 경·도호부·목의 수령을 보좌하던 관직으로, 정7품.
[289] 『신증동국여지승람』 권 25에 수록되어 있다.

사는 효령현(孝寧縣)²⁹⁰⁾의 서악(西岳)에 있다. 속칭 삼장군당(三將軍堂)이라고도 한다. 해마다 단오날 현 아전의 우두머리가 고을 사람들을 거느리고 역기(驛騎)²⁹¹⁾와 깃발과 북으로 신을 맞이하여 거리를 누빈다. ○허추(許樞)²⁹²⁾의 시에서는

'사람들은 옛날 장수가 서성(西城)을 관장했다고 하면서,
풍속이 지금까지 전해져 제사가 분명하구나.
해마다 5월 5일 단오날 어김이 없이
깃발 들고 북을 치며 신의 마음 위로하네.'

라 했다."

(6) [진주 지리산 성모사(聖母祠)]²⁹³⁾

『동국여지승람』 진주목(晉州牧) 사묘(祠廟)조²⁹⁴⁾에서 말하기를 "성모사(聖母祠)는 지리산 천왕봉(天王峰) 정상에 있다. 성모상(聖母像)이 있으며,

---

290) 군위현의 속현으로, 군위현의 서남 35리에 있었다. 『신증동국여지승람』 권 25, 군위현 속현.
291) 역참(驛站)에서 관할하는 말.
292) 조선전기의 문신. 생몰년 1403(태종 3)~65년(세조 11).
293) 지리산 성모사는 두 군데 있었다. 하나는 아래에서 언급할 천왕봉에 있는 것이고, 다른 하나는 함양군 남쪽 엄천리에 있는 것이다(『신증동국여지승람』 권 31, 함양군 사묘). 또 천왕봉 아래에는 향화사(香火寺)가 있었는데, 이는 성모사의 향화(香火)를 위한 사찰이라 한다. 『신증동국여지승람』 권 30, 진주목(晉州牧) 불우(佛宇).
지리산 성모사에 대해서는 다음과 같은 논문이 있다. 김영수 「지리산 성모사에 대하여」, 『한국불교사상논고』(원광대 1984). 한편 이규보의 『동국이상국집』 권 38에는 「지리산대왕전원문(智異山大王前願文)」이라는 제문이 있는데, 이를 통해 지리산신을 대왕이라고도 했다는 것을 알 수 있다.
294) 『신증동국여지승람』 권 30에 수록되어 있다.

그 이마에는 칼자국이 있다. 전하는 말로는 왜구들이 우리 태조에게 패하여 쫓기게 되자,[295] 천왕(天王)이 도와주지 않았다고 여겨 그분을 이기지 못하고 이를 치고 돌아갔다고 한다"라 했다.

○『고려명신전(高麗名臣傳)』[296]에서 말했다. "정지(鄭地)[297]가 왜구를 막으려고 남해에 이르렀는데[298] 마침 비를 만났다. 정지는 사람을 보내 지리산신사(智異山神祠)에 기도하기를 '나라의 존망이 이 일거에 달려 있습니다. 부디 저를 도우셔서 신의 수치가 되지 않도록 하소서' 하니, 과연 비가 그쳤다."[299]

○고려의 박전지(朴全之)[300]가 지은 「영봉산용암사중창기(靈鳳山龍巖寺重創記)」[301]에 이르기를 "옛날 개국조사(開國祖師) 도선(道詵)[302]은 지리산신 성모천왕(聖母天王)의 '만약 삼암사(三巖寺)를 창건한다면[삼암사란 선암사(仙巖寺)·운암사(雲巖寺)·용암사(龍巖寺)이다], 삼한(三韓)이 하나가 될 것입니다'라는 은밀히 부탁에 따라 이 절을 지었다고 했는데, 성모는 곧 지리산 산신이다" 했다.

---

295) 1380년(우왕 6) 왜구들이 남원 부근 인월역(引月驛) 전투에서 이성계가 이끄는 고려군에게 대패한 사실을 말한다. 이들이 지리산을 넘어 패주하면서 성모상에 상처를 내었다.
296) 고려시대의 충신·효자·열녀·일민(逸民)에 관한 전기로, 1822년(순조 22) 남공철(南公轍)이 지었다. 전 12권 6책인데, 아래 기사는 권 10, 명환 정지전(鄭地傳)에서 인용한 것이다.
297) 고려말의 무신. 생몰년 1347(충목왕 3)~91년(공양왕 3). 왜구를 물리치는데 공을 세웠으며, 위화도 회군에도 참여하였다.
298) 1383년(우왕 9)의 일이다.
299) 『고려사』권 113, 「정지전(鄭地傳)」이 원 사료이다.
300) 고려후기의 문신. 생몰년 1250(고종 37)~1325년(충혜왕 12).
301) 『동문선(東文選)』권 68, 「기(記)」에 수록되어 있다.
302) 신라말의 선종 승려. 생몰년 827(흥덕왕 2)~898년(효공왕 2). 풍수지리설의 대가로, 고려의 건국을 예언했으며, 태조에게 가르침을 주었던 것으로 여겨졌다. 그래서 고려 왕조를 통하여 존경의 대상이 되었고, 그의 저술로 전하는 『도선비기(道詵秘記)』 『도선답산가(道詵踏山歌)』 등이 당시 사회에 큰 영향을 미쳤다.

○김종직(金宗直)[303]의 『점필재집(佔畢齋集)』[304] 중 「성모묘에서 비를 빌었는데, 돌아오는 길에 비를 만나다. 4월 초 7일[禱雨聖母廟 歸途遇雨 四月初七日]」에서 말했다.

단비 촉촉이 내려 옷을 적시니
신모(神母)가 음기(陰氣)를 마음대로 한다는 의심 사라지네.
마을마다 웃으며 이야기하는 소리에 부끄러움 줄어들어
태수는 오늘 아침 비를 맞으며 돌아가누나.

○또 김종직(金宗直)은 「유두류록(遊頭流錄)」[305]에서 말했다. "성모사(聖母廟)의 사당 건물은 겨우 세 칸으로, 엄천리(嚴川里)[306] 사람들이 고쳐 지은 것인데 역시 판잣집이며 못질을 매우 견고하게 했다. 이처럼 하지 않으면 바람에 날아가기 때문이다. 두 승려가 벽에 그림을 그리고 있었으며, 이른바 성모는 석상(石像)인데 눈썹과 눈 및 머리에는 모두 화장을 했다. 이마에는 금이 가 있어서 이에 대해 물어보니 '태조가 인월(引月)에서 이겼을 때 왜구들이 이 봉우리에 올라와 치고 간 것이며, 뒷사람들이 붙여놓은 것'이라 했다. 동쪽 구석 움푹 파인 돌무더기에는 해공(解空)[307]

---

303) 조선전기의 문신. 생몰년 1431(세종 13) ~ 92년(성종 23). 호는 점필재(佔畢齋). 정몽주와 길재의 도학을 이어받아 의리와 절의를 중시했고, 이를 바탕으로 김굉필·정여창 등 많은 제자를 배출했다. 또 중앙정계에 진출하여 훈구세력과 대립함으로써 사림세력 형성의 토대가 되었다.
304) 김종직의 문집. 이 시는 시집 권 10에 수록되어 있으며, 김종직이 함양군수 시절에 지은 것이다.
305) 김종직이 함양군수로 재직중이던 1472년(성종 3) 8월 14일부터 18일까지 닷새 동안 조위·유호인·승려 해공 등과 함께 관내의 두류산, 즉 지리산을 유람한 기록이다. 이것은 『점필재집(佔畢齋集)』 문집 권 2, 『속동문선』 권 21에 수록되어 있다.
306) 함양군에 소속된 고을 이름.
307) 덕봉사의 승려로, 김종직 일행의 지리산 유람에 길 안내를 맡았다.

등이 희롱하던 부처[308]가 있었는데, 이것을 국사(國師)라 하며, 민간에서는 성모의 정부(情夫)라 전한다. 또 묻기를 '성모란 세상에서 어떤 신이라 하느냐' 하니, '석가의 어머니인 마야부인(摩耶夫人)이라 합니다'라고 답했다. 내 일찍이 이승휴(李承休)[309]의 『제왕운기(帝王韻記)』[310]를 읽었는데 '성모가 도선(道詵)에게 명령했다'는 구절이 있고, 이에 대한 주에서는 '성모란 지금의 지리산 천왕이며, 곧 고려 태조의 어머니 위숙왕후(威肅王后)'[311]라 했다. 고려 사람들은 선도성모(仙桃聖母)[312]의 설을 익히 들었기에, 그 임금의 계통을 신성화하기 위해 이런 이야기를 만들어낸 것이다."

○김일손(金馹孫)[313]이 지은 「속두류록(續頭流錄)」[314]에서 말했다. "천

---

308) 김종직 일행이 천왕봉에 올랐을 때 날씨가 몹시 흐렸다. 그래서 해공(解空) 등이 이 부처에게 비가 개이도록 해달라고 빌었다. 처음 김종직은 부처를 희롱하는 것으로 여겼으나, 해공 등은 이렇게 하면 비가 갠다는 속설이 있다고 했다.
309) 고려후기의 문신. 생몰년 1224(고종 11)~1300년(충렬왕 26).
310) 이승휴가 중국과 한국의 역사를 시로 읊은 사서(史書). 1280년(충렬왕 6) 왕을 간하다 쫓겨나 삼척현 두타산 구동에서 저술했다. 이 기사는 권 하, 「동국군왕개국연대(東國君王開國年代)」 중 '본조군왕세계연대(本朝君王世系年代)'에 보인다.
311) 고려 태조의 어머니로 성은 한씨이며, 919년(태조 2) 위숙왕후로 추존했다.『고려사』「세계(世系)」에 인용된 김관의(金寬毅)의 『편년통록(編年通錄)』에 의하면 태조의 아버지 왕륭이 꿈에서 한 여인을 만나 부부가 되기로 약조했는데, 뒷날 송악에서 영안성으로 가다가 바로 그 여인을 만나 혼인하여 태조를 낳았다고 한다. 그런데『제왕운기』원문에는 도선에게 명령한 성모를 지리산 천왕이라 했을 뿐 위숙왕후란 말은 없다.
312) 경주 선도산의 여산신으로, 원래 중국의 공주였고, 우리나라로 와서 박혁거세와 알영을 낳았다고 한다(『삼국유사』 권 5, 「선도성모수희불사(仙桃聖母隨喜佛事)」). 그런데 선도성모가 신라 시조를 낳았다는 전승은 1116년(예종 11) 송나라에 사신으로 갔던 김부식이 그곳에서 처음 듣고 온 것이다. 즉 김부식은 우신관(佑神館)이라는 도관(道觀)을 방문했는데, 그때 송나라 왕보(王黼)라는 사람이 한 신상을 가리키며 이러한 전승을 알려줬다고 한다(『삼국사기』 권 12, 「신라본기(新羅本紀)」 마지막의 사론(史論). 송대 수도 개봉(開封)의 모습을 전하는 맹원로(孟元老)의 『동경몽화록(東京夢華錄)』 권 2를 통해 우신관의 존재가 확인되는바, 김부식의 이야기가 거짓은 아닌 것 같다. 그러나 경주 출신이며 신라사에 정통한 김부식조차 모르는 전승을 중국인이 알고, 김부식에게 전했다는 것은 아무래도 이상하다.

왕봉 꼭대기에 올라가면 판잣집이 있는데, 이것이 성모사이다. 사당 안에는 돌로 만든 상(像) 하나가 안치되어 있는데, 흰옷을 입은 여인상이다. 성모가 어떤 사람인지 알 수 없으나, 혹자는 '고려 태조의 어머니인데, 현명한 왕을 낳고 길러서 능히 삼한을 통일하게 했으므로, 받들어 제사하고 지금까지 왔다'고 말한다. 영남과 호남 사이에서 복을 구하는 자들이 이곳에 모여들어 음사(淫祀)를 거행하여, 곧 초(楚)·월(越)에서 귀신을 숭상하는 것과 같은 풍속을 만들었다. 원근의 무격들이 이를 빙자하여 입는 것과 먹는 것을 해결했다."

○ 정홍명(鄭弘溟)[315]의 『기옹만필(畸翁漫筆)』[316]에서 말했다. "천연(天然)은 남중(南中)[317] 출신의 승려인데, 키가 8척이며 담력이 뛰어났다. 일찍이 지리산을 지나가는데, 그 옆에 이른바 천왕봉 음사(天王峰淫祠)가 있었다. 이것은 예전부터 신령스럽고 괴이한 것으로 유명했는데, 만약 지나가는 사람이 경건히 기도하지 않으면 몇 걸음 못 가서 사람과 말이 상하고 넘어져 죽는다고 했다. 이 때문에 지나는 사람들이 두려워하고 공경하지 않음이 없었다. 천연은 괴상하고 요망하다고 여기며 팔을 걷어붙이고 지나가는데, 갑자기 탄 말이 땅에 쓰러졌다. 천연은 크게 노하여 죽은 말을 사당 안에서 잡아 사당의 벽을 피로 더럽혔다. 이어서 다시 주먹을

---

313) 조선초기의 문신. 생몰년 1464(세조 10)~98년(연산군 4). 호는 탁영(濯纓). 김종직(金宗直)의 제자이며, 무오사화 때 다른 사람들과 함께 화를 당했다.
314) 김일손(金馹孫)의 문집인 『탁영집(濯纓集)』 권 5 및 『속동문선(續東文選)』 권 21 등에 수록되어 있다. 그러나 이와같은 인용문은 없다.
315) 조선중기의 문신. 생몰년 1582(선조 15)~1650년(효종 1). 송강(松江) 정철(鄭澈)의 아들.
316) 정홍명(鄭弘溟)이 1643년(인조 21)에 지은 수필집으로, 역사·유학(儒學) 관계의 자료 및 선비들의 일화를 모은 책이다. 기옹이라는 '기암(畸庵) 노인'이란 뜻인데, 기암은 그의 호이며, 노인이라 한 것은 완성 당시 그의 나이 62세였기 때문이다. 『대동야승(大東野乘)』『패림(稗林)』 등에 수록되어 있다.
317) 넓게는 서울의 이남, 좁게는 호남을 가리킨다.

쥐고는 신상을 때려 부수고, 불을 질러버리고 갔다. 이후 마침내 신의 괴이함은 끊어지고 상인들은 마음 편히 왕래했다."

○유몽인(柳夢寅)의 『어우야담(於于野談)』[318]에서 말했다. "천연선사(天然禪師)는 기상이 늠름했고, 벼슬아치들과 어울리면서도 항상 교만하며 기가 꺾이지 않았다. 지리산 천왕봉에 돌로 된 신상이 있어 성황신이라 했는데, 원근의 무격들이 높이어 받들어 소굴이 되었으며, 남쪽에서는 귀신을 숭상하여 백성들이 많이 재산을 기울여 여기에 쏟아 붓는다는 말을 듣고, 천연은 혼자 손으로 그 신상을 때려 부수었다 이로부터 모든 무당들이 기가 꺾여, 감히 다시 요망한 일로 백성을 속이지 못하였다. 양응정(梁應鼎)[319]은 「천연(天然)」이라는 제목의 시에서 '주먹 불끈 쥐고 산봉우리 바위를 한 번에 깨뜨리니 도깨비들 의지할 곳 없어, 대낮에도 슬퍼우네'라 했다."

○숭양(崇陽) 김선신(金善臣)[320]의 『두류지(頭流志)』[321]에서 말했다. "성모사는 천왕봉 꼭대기에 있다. 세 칸짜리 판잣집으로 못질을 매우 단단하게 했는데, 바람에 흔들리는 것을 염려해서이다. 성모는 곧 돌로 된 신상이며 화장을 해두었는데, 칼자국이 남아 있다. 태조 강헌대왕(康獻大王)이 인월역(引月驛)[322]에서 왜구를 섬멸하자, 남은 무리들이 궁하고 위

---

318) 아래의 설화는 만종재본 『어우야담』 권 2,「승려」에 수록되어 있다.
319) 조선중기의 문신. 생몰년 1519(중종 14)~81년(선조 14). 호남 사람을 대표하는 인물로, 민간 신앙에 매우 부정적인 입장을 보였다. 그래서 1563년(명종 2) 순창군수로 부임하여 무당이 주제하는 성황제를 유교식으로 고쳤음이 「순창성황대신사적기」에 전한다. 서영대 「한국·중국의 성황신앙사와 순창의 성황대신사적」,『성황당과 성황제』(민속원 1998) 472면.
320) 조선후기의 인물인 것 같으나, 정확한 생몰년과 행적은 알 수 없다.
321) 지리산을 중심으로 주변의 여러 산과 강·지명·사찰 등에 관해 설명한 지리서. 『두류전지(頭流全志)』라고도 하며, 상·하 2권 1책이다. 이 인용문은 권 하 「범천총표(梵天摠表)」의 일절이다.
322) 남원 부근 운봉(雲峰)에 있던 역참(驛站).

축되어 산에 올라가서는 신이 자기들을 돕지 않았다고 하면서 이를 친 것이다. 이승휴의 『제왕운기』에서는 '성모가 도선 스님에게 명령했다'라는 구절에 대해 주를 달기를 '지금의 지리산 천왕이다. 성모는 곧 고려 태조의 어머니 위숙왕후를 가리킨다'고 했다. 고려 사람들은 선도성모의 설을 익히 들었기에 그 임금의 계통을 신성화하기 위해 이런 이야기를 만들어 낸 것이다. 이승휴도 이를 믿고 『제왕운기』에 기록하였으니, 이것이 결정적 증거는 아니다. 승려 천연은 시를 잘하는 관서(關西)[323]의 승려로, 용기와 힘은 뛰어났으며, 시의 격조는 맑고 높았다. 묘향산에서 출발하여 지리산의 많은 골짜기를 두루 보다가, 성모묘(聖母廟)에 이르러서는 그 음사를 분히 여겨 곧 신상을 끌어내어 바위 아래에서 깨뜨렸다. 또 밤에는 신이 있던 자리에서 잤으며, 깃발을 찢어 신을 만들어 신고 남쪽 의신사(義神寺)로 내려갔다. 성여신(成汝信)이 그 일을 기록했다.[324] 그러나 그뒤 어리석은 백성들이 신상을 다시 만들어 음사가 예전같이 되었다."[325] 『진양구지(晉陽舊志)』[326]

---

323) 평안도.
324) 성여신(成汝信)은 조선중기의 학자로 생몰년 1546(명종 1)~1632년(인조 10). 1622년(광해군 14) 진주의 읍지인 『진양지(晉陽誌)』 편찬에 착수하여, 1632년(인조 10)에 완성했는데, 이 읍지의 권 1, 「단묘(壇廟)」 성모사조에 천연에 대한 자세한 기록이 보인다. 한국인문과학원 『조선시대 사찬읍지』 22(한국인문과학원 1989) 328~29면.
325) 지리산 성모신상의 수난은 근대에도 계속되었다. 일제시대에는 일본인이 사당을 부수고 절벽 아래로 던져버렸는데, 이것을 성모신의 강신(降神)을 받은 무녀가 천왕봉에 다시 신당을 짓고 모셨다고 한다. 그러다가 또 1972년에는 기독교인들이 우상숭배라 하면서 지리산 골짜기에 버렸고, 이것을 혜빔이라는 승려가 몸통과 두상을 각각 찾아내어 1986년 천왕봉 자락에 천왕사를 지어 모시고 있다. 최회수 『지리산』(대원사 1993) 72~74면; 이형권 「한민족의 산악숭배사상과 지리산의 여신 성모」, 『지구촌 책정보』 1999-3(교보문고 1999) 10~11면 참조.
326) 『진양지』는 성여신(成汝信) 등이 1632년(인조 10)에 처음 편찬한 이래 1730년(영조 6)·1802년(순조 2)에 계속 증보되었다고 한다. 그러나 여기서 말하는 『진양구지(晉陽舊志)』는 어느 것을 가리키는지 미상이다.

(7) 〔웅천의 웅산신당(熊山神堂)〕

『동국여지승람』 웅천현(熊川縣) 사묘(祠廟)조[327]에서 말하기를 "웅산신당은 웅산[328]의 꼭대기에 있다. 그 지역 사람들은 해마다 4월과 10월에 신을 맞이하여 산에서 내려오는데, 이때 반드시 종과 북을 치며 여러 가지 오락을 펼치며, 원근의 사람들이 경쟁적으로 와서 이를 제사한다"고 했다.

(8) 〔완구신당(宛丘神堂)〕[329]

김성일(金誠一)[330]이 지은 『학봉집(鶴峰集)』[331]의 「선고성균생원부군행장(先考成均生員府君行狀)」에서 말했다. "돌아가신 부군(府君)[332]께서는 이름이 진(璡)이고 성은 김으로 의성 사람이다. 일찍부터 세상에서 무격을 받들고 믿는 데 분개했고, 집안에서는 이를 더욱 엄격히 배척해서 마치 더러운 것을 멀리하듯 했다. 당시의 크고 작은 무당들은 부군의 이름을 들으면 두려워 떨지 않는 자가 없었으며, 부군이 살고 있는 마을에는 모두 사양하고 들어오지 않았다. 신당은 현의 남산 높은 곳에 있는데, 세속에서는 고려 염흥방(廉興邦)[333]이 그 신이라 한다. 무격의 무리들이 이에 의탁하여 요망한 짓을 하여 풍속을 해치는 일이 날이 갈수록 더욱 심했다.

---

327) 『신증동국여지승람』 권 32에 수록되어 있다.
328) 웅천현의 진산(鎭山)으로 현치(縣治)의 북쪽 1리에 있다. 『신증동국여지승람』 권 32, 웅천현, 산천조.
329) 완구란 의성(義城)을 말한다.
330) 조선중기의 문신. 생몰년 1538(중종 33)~93년(선조 26). 호는 학봉(鶴峰).
331) 김성일(金誠一)의 시문집. 아래의 기사는 권 7, 「행장(行狀)」에 수록되어 있으며, 김성일이 아버지 김진(金璡, 1500~80)의 행장을 기록한 것이다.
332) 돌아가신 아버지나 가까운 조상에 대한 존칭이다.
333) 고려후기의 간신. 생몰년 1304(충렬왕 30)~82년(우왕 8). 임견미(林堅味)와 함께 청렴한 문신을 많이 몰아내고 매관매직을 자행하며 토지와 노비를 강탈, 양민을 괴롭히고 국유지까지 강점하였다. 그러나 그와 그의 일당은 최영·이성계에 의해 모두 처형되었다.

하루는 부군이 그 죄를 낱낱이 헤아리며 말하기를 '너는 전조(前朝)의 큰 간신으로 죽었어도 죄가 남아 있어 천지간에서 용납할 수 없는 바이다. 너는 몸은 이미 죽었고 그 귀신도 신령스럽지 않는데, 어찌 높은 곳에 위치하여 아래에 군림하면서 우리 백성들을 현혹하는가' 하고 곧 무너뜨릴 것을 명령했다. 완구의 풍속도 이로 말미암아 조금씩 바뀌었다."

(9) [안동의 오금잠신(烏金簪神)]

정약용의 『목민심서』[334)에서 말했다. "정언황(鄭彦璜)이 안동부사가 되었는데, 고려 때부터 신라 공주인 오금잠신이 있어 영험과 괴이함이 많아서, 사람들이 이를 받들고 믿었다. 성암(省庵) 김효원(金孝元)이 태수로 있으면서, 그 사당을 불태워버린 적이 있었는데, 그뒤 아전과 백성들이 다시 받들고 믿어서, 해마다 5월 5일이면 무당과 광대들이 그 신을 받들고 수십명이 한 무리가 되어 관리들과 함께 경내를 두루 돌아다녔는데, 이를 단오사(端午使)라 불렀다. 백성들도 뒤질세라 따라다녀 파산하고 본업을 잃게 되어도 오히려 후회할 줄 몰랐다. 그래도 앞뒤의 태수들이 금지시킬 수가 없었는데, 공이 유생들을 크게 불러 모아 그 괴이한 옷[335)을 불태우니 그 요망한 것이 마침내 사라졌다[이능화가 말한다. 안동의 오금잠신은 삼척부에도 보이며, 정언황과 김효원이 그 요괴한 것을 불태웠다는 사실 또한 같다. 대체로 삼척이라는 것이 옳다].[336)

---

334) 『목민심서』, 「예전육조」중 '제사(祭祀)'조에 보이는 기사이다.
335) 오금잠신에게 비단으로 옷을 만들어 입혔던 사실은 앞서 인용한 『척주선생안(陟州先生案)』에도 보인다.
336) 정언황과 김효원은 삼척부사를 역임했던 인물로서 안동지역과는 관련이 없다. 그러므로 「조선무속고」의 설명처럼 오금잠은 삼척의 독특한 신앙이며, 『목민심서』에서 안동의 풍속이라 한 것은 잘못이다.

(10) [경주의 두두리신(豆豆里神)]337)

『동국여지승람』 경주부(慶州府) 고적(古跡)조에서 말했다. "왕가수(王家藪)는 경주부의 남쪽 10리에 있는데, 경주 사람들이 목랑(木郞)을 제사하는 곳이다. 목랑을 속칭 두두리(豆豆里)라고 하는데, 비형랑(鼻荊郞) 이후로 세속에서 두두리를 섬기는 것이 매우 성했다338)[비형랑은 신라 진지왕

---

337) 두두리에 대해서는 다음과 연구가 있다. 박은용「목랑고(木郞攷)」, 『한국전통문화연구』 2(효성여대 1986); 강은해 「두두리(목랑) 재고」, 『한국학논집』 16(계명대 1989); 강은해 『한국난타의 원형, 두두리 도깨비의 세계』(예림기획 2003).
338) 두두리에 대해서는 이밖에 다음과 같은 기록들이 있다.
① "이의민(李義旼) 불회문자(不會文字) 전신무격(專信巫覡) 경주유목매(慶州有木魅) 토인호위두두을(土人呼爲豆豆乙) 의민(義旼) 기당어가(起堂於家) 요치지(邀置之) 일사기복(日祀祈福) 홀일일(忽一日) 당중유곡성(堂中有哭聲) 의민괴문지(義旼怪問之) 매왈(魅曰) 오수호여가구의(吾守護汝家久矣) 금천장강화(今天將降禍) 오무소의(吾無所依) 고곡(故哭) 미기패(未幾敗) 유사주청(有司奏請) 거벽상도형(去壁上圖形) 조만지(詔墁之)."『고려사』 권 128,「이의민전」.
② "고종(高宗) 18년 10월 을축(乙丑) 동경치주(東京馳奏) 유목랑언(有木郞言) 아이도적영(我已到敵營) 원수모모인야(元帥某某人也) 아등오인(我等五人) 욕여교전(欲與交戰) 기이십월십팔일(期以十月十八日) 약송병장안마(若送兵仗鞍馬) 아등편당보보(我等便當報報) 인이시(因以詩) 기최우왈(寄崔瑀曰) 수요재상비일관(壽夭災祥非一貫) 인인거차미증지(人人居此未曾知) 제재치복시난사(除災致福是難事) 천상인간사아수(天上人間捨我誰) 우경언(瑀傾言) 사비화첨안마(私備畵韂鞍馬) 수내시김지석송지(授內侍金之席送之) 기후무험(其後無驗) 목랑즉목매(木郞卽木魅)."『고려사』 권 54,「오행지」 2.
③ "영묘사(靈妙寺) 본대택(本大澤) 두두리지중(豆豆里之衆) 일야전지(一夜塡之) 수건차전(遂建此殿)."『신증동국여지승람』 권 21, 경주부(慶州府) 불우(佛宇).
④ 비형이 귀신을 동원하여 귀교를 완성했다는 설화를 소개한 다음 "차동경두두리지시(此東京豆豆里之始)."『신증동국여지승람』 권 21, 경주부 고적)
이상의 기록을 통해 다음과 같은 사실을 짐작할 수 있다.
① 두두리 신앙은 경주지역의 독특한 민속종교이다.
② 두두리 신앙은 신라시대부터 있었으며, 그 기원을 설명하는 것이 비형랑 설화이다.
③ 두두리 신앙의 대상은 두두리(豆豆里, 두두을豆豆乙)로, 목랑(木郞) 또는 목매(木魅)라고 한다.
④ 목매는 나무 도깨비란 의미이며, 두두리는 두드린다와 관련이 있는 것 같으므로, 신

(眞智王)의 죽은 혼령이 도화랑(桃花娘)과 교접하여 아들을 낳고 비형랑이라 했다는 것으로 『삼국유사』에 보인다."339)

(11) [영남과 호남 일대 지방의 영동신(靈童神)]340)

조선 정조 9년 을미(1785년) 4월 무자(9일), 장령(掌令)341) 유하원(柳河源)342)이 상소하기를 "영남에서 영동(靈童)의 설은 50년 전에 바다와 가까운 한 고을에서 처음 시작되었는데, 지금은 상주(尙州)·선산(善山) 일대에까지 풍속이 쏠려서 집집마다 받들어 제사하니, 신과 인간이 뒤죽박죽이 되며 요망하고 허황합니다. 마땅히 도의 관찰사로 하여금 알아듣게 타일러 금지토록 해야 합니다" 했다. 왕이 답하시기를 "영남의 일은 마땅히 금지시켜야 한다. 그러나 백성들을 소란스럽게 하는 것은 경계해야 하므로, 관찰사에게도 이러한 취지를 알리지 않을 수 없다"고 했다. 『실록』343)

○조선 정조 때의 사람 신광수(申光洙)344)의 『석북집(石北集)』345)에 「성

체(神體)는 나무 방망이 같은 것이 아닌가 한다.
⑤ 두두리를 제사하는 장소는 왕가수(王家藪)란 수풀이다. 왕가수는 오릉에서 포석정 사이의 어느 곳으로 추정된다.
⑥ 두두리 신은 무격을 통해 자신의 의사를 전달한다.
⑦ 두두리 신은 지역 차원을 넘어 국가의 안위에 관계하기도 했다.
⑧ 두두리 신앙집단은 각종 토목공사에서 중요한 역할을 담당한다.
그러나 아직 두두리 신앙의 실체는 제대로 밝혀져 있지 않다.

339) 『삼국유사』 권 1, 기이 1, 「도화녀 비형랑」조에 보이며, 본 역서 제18장 「서울의 무풍과 신사」 중 11절 '가택신'에 전문이 인용되어 있다.
340) 영동신에 대해서는 다음과 같은 연구가 있다. 송석하 「풍신고」, 『한국민속고』(일신사 1960); 三品彰英 「ヨンドン神小考」, 『増補 日鮮神話傳説の研究』(平凡社 1972).
341) 사헌부의 정4품 벼슬.
342) 조선후기의 문신. 생몰년 1747(영조 23)~?.
343) 『정조실록』 권 19(국편본 45-522).
344) 조선후기의 문인. 생몰년 1712(숙종 38)~75년(영조 51). 호는 석북(石北). 1764년(영조 40) 의금부도사로 제주도로 가다가 표류하여 제주도에서 약 40일 동안 머물게 되었

에 오르다(登城)」[제주도의 풍속에 2월을 영등월(迎燈月)이라 하며, 조천관(朝天館)³⁴⁶⁾은 제주성의 동북에 있다]라는 제목의 시가 있다. 이 시에서 말했다.

돌로 쌓은 성의 동북에 조천관이 있는데
봄 색깔과 봄바람이 아득하여 애처롭다.
외로운 섬 부평초처럼 물 위에 떠 있고
멀리 돛단배는 푸른 안개 속으로 사라진다.
오늘 아침으로 영등월은 이미 끝났고
어사(御使)를 태운 배도 먼저 돌아가는구나.
나뭇잎처럼 남쪽을 떠도는 나그네
머리만 하얗게 되어 한라산 신선을 부끄러워한다.

이능화가 살펴보건대 영등(迎燈)과 영동(嶺童)은 발음이 서로 비슷하기 때문에 혼용한 것이다.³⁴⁷⁾

○홍석모(洪錫謨)의 『동국세시기(東國歲時記)』³⁴⁸⁾에서 말했다. "2월 초하루 영남 지방의 풍속에서는 집집마다 신에게 제사하는데, 이 신을 영등신(靈登神)이라 한다. 이 신이 무당에게 내려 마을을 다니면 사람들은 서로 맞이했고, 이를 즐겼다. 2월 초하루부터는 사람을 꺼려 접촉하지 않는

는데, 이때 그곳의 풍토·지리·해운 등 상황을 조사하여 『탐라록(耽羅錄)』을 지었다.
345) 신광수(申光洙)의 시문집이며, 이 시는 권 7 「탐라록」에 수록된 97수 가운데 하나다.
346) 『신증동국여지승람』 권 38, 「제주목」 관방조에 의하면 육지에서 제주도로 들어오는 관문이다.
347) 제주도에서 영등신은 '영등할망'이라는 여신으로, 2월 1일에 입도(入島)하여 15일에 나가는 내방신이다. 영등신이 이 기간 동안에 섬 주변 바다의 소라·전복·미역 등 해녀 채취물을 증식(增殖)시켜주며, 어로(漁撈) 일반까지 보호해준다고 여긴다. 그래서 이 기간 동안에 택일하여 (주로 1일·13일·14일·15일)에 당굿을 하는데, 이를 '영등굿'이라 한다.
348) 「2월 삭일」조의 내용이다.

데, 15일 또는 20일까지 간다"고 했다.

○윤정기(尹廷錡)³⁴⁹⁾의 『동환록(東寰錄)』³⁵⁰⁾에서 "영등신(嶺登神); 영남에서는 2월에 풍신(風神)을 제사하는데, 이를 영등신이라 한다"고 했다.³⁵¹⁾

이능화가 살펴보건대 하나의 신을 세 가지로 각각 다르게 부르는데,³⁵²⁾ 어떤 것이 옳은지 알 수 없다. 대개 영동신(靈童神)은 영남에서부터 호중(湖中)³⁵³⁾에 이르기까지 농가에서 받드는 신이다. 이 신의 기원에 대해서는 여러 설이 같지 않는데, 어떤 사람은 영동군(永同郡)의 지인(知印)³⁵⁴⁾[속칭 통인(通印)]의 화신이기 때문에 영동(永同)이라 했고, 그래서 영동(永同)과 영동(靈童)은 음이 서로 같다고 했다. 어떤 사람은 경산군(慶山郡)의 전동신(田童神)이기 때문에 영동(嶺童)이라 하는데, 이 신을 제사하면 농사가 잘된다고 하여 농가에서 많이 신봉하고 있으며, 그래서 마침내 전파되었다고 했다. 또 세속에서 말하기를 영등신(靈登神)이 딸을 데리고 내려오면 그해에는 바람이 많이 분다고 하고, 며느리를 데리고 내려오면 그해에는 비가 많이 온다고 하는데, 그래서 바람 영등[風靈登]·비 영등[雨靈登]이라는 명칭도 있다. 세속에서는 또 이 신은 화를 잘 낸다고 하기 때문에, 노여움을 잘 타는 사람을 영등 할머니라고 한다. 대개 이 신을 할머니라 칭하는 것은 마고(麻姑)³⁵⁵⁾의

---

349) 조선후기의 학자. 생몰년 1814(순조 14)~79년(고종 16). 정약용의 외손이다.
350) 한국의 역사지리를 사전식으로 편찬한 책. 서문으로 미루어 1859년(철종 10)경에 완성되었다. 아래 기사는 권 4, 「팔도주현(八道州縣)」 중 '경상도 김해'조의 인용이다.
351) 『동환록(東寰錄)』에는 이 문장에 이어서 "낙하생금관죽지사운(洛下生金官竹枝詞云) 중춘지순영등천(仲春之旬嶺登天)"이라는 기사가 있다.
352) 영동(靈童)·영등(靈登)·영등(嶺登)을 말한다.
353) 어디를 가리키는지 알 수 없다.
354) 지방 관아에서 잔심부름을 하는 사람이다.
355) 중국의 여자 신선으로 장수의 상징이다. 이와 달리 한국에서는 거인의 여성신이며, 창조주·산신·해신으로 신앙되고 있다.

고(姑)[356]와 같은 것이므로, 남자 신이 아님을 알 수 있다.『삼국유사』[357]와
『동국여지승람』[358]을 살펴보면 백제 무왕은 어릴 적 이름이 서동(薯童)이므
로 서동대왕이라고도 한다. 혹은 말통대왕(末通大王)이라고 하며, 말통대왕
이 다시 와전되어 영통대왕(永通大王)이라 하는데, 영통(永通)과 영동(靈童)
과 음이 서로 비슷하다. 또 서동의 일이 익산군(益山郡)에서 있었는데,[359]
이곳은 바다와 가까운 고을이다.[360] 그러므로 영동신(靈童神)은 곧 영통신(永
通神)이다. 혹자는 '만일 그렇다면 그 신을 고(姑)라 하는 것은 잘못'이라 하
지만, 대개 신으로 받드는 것은 할머니인 경우가 많으므로, 신을 할머니라고
하는 것 역시 흔히 있는 일이다. 예컨대 우리 풍속에서는 천연두 신을 별성
마마(別星媽媽)라 하는데, 마마란 부인의 존칭이다. 별성이란 사신으로, 결코
여신에게 마땅한 이름이 아닌데도 속칭이 이와같다. 또 우리나라 사람이 왕
전하를 상감마마라 하고, 경대부(卿大夫)를 대감마마라 하는데, 이것은 남자
인데 부인의 존칭을 가지는 것으로, 모두 이와같은 종류이다.

○ 채제공(蔡濟恭)의 『번암집(樊巖集)』에 수록된 「풍신가(風神歌)」[361]
에서 말했다.

---

356) 고(姑)는 시어머니나 고모 같은 연장의 여성을 뜻한다.
357) 『삼국유사』 권 2, 기이 2 「무왕」조.
358) 『신증동국여지승람』 권 33, 「익산군」 '고적' 중 쌍릉조.
359) 「조선무속고」에서는 서동, 즉 무왕이 태어나고 자란 곳을 익산으로 본 것 같다. 그러
나 『삼국유사』 권 2, 「무왕」조에 의하면 서동의 어머니는 백제 서울의 남지(南池)가에
살면서 지룡(池龍)과 관계하여 서동을 낳았다. 이 기록을 따른다면 서동은 당시 백제의
수도인 부여 출신이다. 그런데도 이런 혼동이 생긴 것은 무왕이 익산에 미륵사란 대사찰
을 창건했으며, 사후 익산의 쌍릉에 묻혔다는 전승 때문이 아닌가 한다.
360) 위에서 인용한 정조 9년 유하원(柳河源)의 상소에 영동신앙은 50년 전에 바닷가 한
고을에서 시작되었다고 했다.
361) 『번암집(樊巖集)』 권 3, 「시(詩)」에 수록되어 있다.

신부는 떡 만들고 아이는 고기를 사오며
할아버지와 할머니는 두 번 절하고 신 앞에 엎드리네.
신이 와서 잡수실 때 가난타 말하지 마라
지난날 관에서 나누어준 쌀[分糶] 네 또한 얻지 않았는가.
황토 뿌린 뜰에 북소리 둥둥
시골 사람 소원이 진실로 사치한 것 아니네.
집에 있는 소와 양은 번갈아 새끼를 낳아
아들들에게 나누어주어 생계수단 삼게 하소서.
동쪽 언덕에 심은 벼에 새와 참새 많사오니
신께서 새들 몰아내어 우리 곡식 많게 하소서.
추수 때는 세금을 제때 내어
내 살갗이 채찍질을 면하도록 하소서.
두세 살짜리 손자들이 있으나
다만 장정으로 등록될까 두렵습니다.[362]
신이여 우리 식구를 도와주소서.
그러면 내년 2월에 다시 신을 맞이하겠습니다.

---

362) 조선시대에는 첨정(簽丁) 또는 첨괄(簽括)이라 하여 군정(軍丁)에 결원이 생기면, 결원을 해당 군현에서 보충하도록 했다. 이때 군정의 총액을 채우기 위해 5세 미만의 어린이를 군적(軍籍)에 올리기도 하는데, 이를 황구첨정(黃口簽丁)·황구충정(黃口充丁)이라 하여 커다란 사회문제의 하나가 되었다.

7. 관서(關西)[363] 지방의 무풍

(1) [관서의 무술(巫術)]

조선 순조 12년 임신(1812년) 6월 임인 초하룻날, 교지를 내리시기를 "관서 지방에 중과 무당·점쟁이가 서로 뒤섞여 잡술(雜術)이 성행하는데, 이는 모두 세상을 다스리는데 방해가 되고 민간의 풍속을 그르치는 것이니, 아울러 마땅히 모두 금하도록 하라"고 했다. 『실록』[364]

8. 전라도의 무풍과 신사

(1) [광주의 무등산신사(無等山神祠)]

『동국여지승람』 광산현(光山縣) 사묘(祠廟)[365]조에서 말했다. "무등산(無等山) 신사(神祠)는 현의 동쪽 10리에 있는데, 신라 때는 소사(小祀)[366]였고, 고려 때도 국가에서 제사를 지냈다. 동정원수(東征元帥)[367] 김주정(金周鼎)[368]이 각 고을의 성황신에게 제사하고 차례로 신의 이름을 불러 영험이 있는지를 시험했는데, 이 고을의 성황신이 군기에 달린 방울을 세

---

363) 마천령(摩天嶺)의 서쪽 지방으로 지금의 평안남·북도와 황해도 북부 지방을 두루 일컫는 말이다.
364) 『순조실록』 권 16(국편본 48-25).
365) 『신증동국여지승람』 권 35에 수록되어 있다.
366) 『삼국사기』 권 32, 제사지에 실린 소사(小祀) 가운데 무진악(武珍岳, 무진주武珍州)이 있다.
367) 제2차 일본 원정군의 지휘관.
368) 고려후기의 관리. 생몰년 ?~1290년(충렬왕 16). 1281년(충렬왕 7) 김방경(金方慶)과 함께 여몽(麗蒙)연합군의 일본 원정에 군사를 이끌고 합포(合浦)에 집결, 그해 5월 몽골군과 함께 일본으로 항해하다가 대명포(大明浦)에서 태풍을 만나 병선이 전복되는 바람에 많은 군사를 잃고 되돌아왔다.

번이나 울렸으므로, 김주정이 이 사실을 조정에 알려 작위를 봉했다.[369] 우리 조선왕조에서는 광산현으로 하여금 봄가을로 제사를 올리게 했다."[370]

(2) [나주 금성산신사(錦城山神祠)][371]

---

369) 무등산신에 대한 봉작은 이번이 처음이 아니다. 8년 전인 1273년에도 삼별초 난 진압에 도움을 주었다고 하여 봉작을 받은 바 있다(『고려사』 권 27, 세가世家 27, 원종元宗 14년 5월 경진). 그런데도 김주정은 무등산신의 봉작을 더욱 높이려고 했다. 그것은 김주정이 광주를 본관으로 하는 인물이기 때문이다. 그리고 광주 출신이 무등산신의 가봉(加封)을 위해 애쓰는 것은 지역신의 봉작이 올라갈수록 지역의 위상도 높아지고, 나아가 지역세력의 권위도 강화된다고 여겼기 때문이다. 변동명「고려후기의 무등산 신앙과 광주」,『동아연구』 38(서강대 2000); 변동명「고려후기의 금성산신과 무등산신」,『한국중세의 지역사회연구』(학연문화사 2002) 참조.

370) 『세종실록』 권 151,「지리지」'무진군(茂珍郡), 영이(靈異)'에서는 이것을 지정(至正) 원년(1341)의 사실이라 했다. 그러나 김주정은 1290년(충렬왕 16)에 사망했으므로, 이것은 1281년의 사실로 보아야 한다.

371) 나주 금성산 일대에 있던 신당. 금성산신이나 금성산 신당이 기록에 등장하는 것은 고려후기부터이다.

① 고종 24년(1237) 초적 무리에 의해 나주성이 포위되었을 때 전라도지휘사(全羅道指揮使) 김경손(金慶孫)이 금성산신에게 제사하고 출전하여 승리를 거두었다고 한다. 이것은 금성산신이 나주인의 단합을 뒷받침하는 정신적 구심점이었음을 시사한다(『고려사』 권 103, 김경손전).

② 충렬왕 3년(1277) 삼별초난 진압에 공이 있다 하고 금성산신을 국가에서 정령공(丁寧公)으로 봉하고 제미(祭米)를 지급했다. 포상은 금성산신이 무당을 통해 요청한 것이며, 이를 나주 출신의 관리 정가신(鄭可臣)이 앞장서서 실현시킨 것이다(『고려사』 권 63 예지 5 길례 잡사 및 권 105 정가신전). 이를 통해 금성산신이 고려시대에는 국가제사의 대상이었음을 알 수 있고, 또 고장의 위상과 관련하여 지역 세력들이 지역 신의 봉작을 높이는 데 앞장섰음을 알 수 있다.

그런데 금성산신이 삼별초난 때 공을 세웠다는 것은 원종 11년(1260) 금성산을 중심으로 나주인이 삼별초와 7일간 치열한 전투 끝에 승리하여, 전라도지역이 삼별초의 수중에 떨어지는 것을 막았던 사실을 가리키는 것 같다(『고려사절요』 권 18, 원종 11년 9월). 그렇다면 봉작은 군공을 세운지 한참 뒤에 이루어진 셈이며, 여기에는 나름대로 지역의 사정이 있겠다. 지역의 사정으로는 경쟁관계에 있던 광주 무등산신사의 위상이 올라가는 데 따른 위기의식의 발로를 생각해볼 수 있겠다.

『조선왕조실록』에서 말했다. "성종 22년 신해(1491년) 9월 병술(13일), 경연에 납시었다. 강의가 끝나자 헌납(獻納)[372] 정탁(鄭鐸)[373]이 아뢰기를 '신이 일찍이 전라도도사(全羅道都事)[374]가 되어 전라도의 풍속을 살펴보니, 음사(淫祀)를 숭상합니다. 금성산에 기도하는 자는 가까운 곳에 사는 백성들뿐만 아니라 비록 먼 곳 사람이라 하더라도 양식을 지고 왕래하였으며, 사족(士族)의 부녀 또한 처녀를 데리고 밤을 지내고 돌아갑니다. 이 때문에 혹 부부가 서로 헤어지고 추한 소문이 파다하니 풍속의 훼손됨이 이보다 심함이 없었습니다. 수령이 이를 금지하려고 하지만, 능히 하지 못하는 것은 그 사당에서 거두는 쌀을 해마다 귀후서(歸厚署)[375]에 납부하는

③ 충렬왕 초년, 금성산신을 몸주로 모시는 무녀가 세상을 떠들썩하게 하다, 공주부사였던 심양(沈諹)에게 처벌받았다. 그런데 나주 출신 관리들은 왕에게 이 무당을 영접하라고 권했다(『고려사』 106 심양전). 이를 통해 한강 이남에도 강신무가 있었음이 확인되며, 여기서도 지방세력들이 지역신앙의 위상을 높이는 데 앞장섰음을 알 수 있다.

조선시대에도 금성산은 나라에서 제사하는 명산의 위치를 유지했다. 태조 2년(1393)에는 호국백(護國伯)으로 봉해졌으며(『태조실록』 권 3, 태조 2년 정월 정묘), 태종 14년(1414)에는 소사에 편제되었다(『태종실록』 권 28. 태종 14년 8얼신유). 그리고 신당도 하나가 아니라, 상실사(上室祠)·중실사(中室祠)·하실사(下室祠)·국제사(國祭祠)·예조당(禰祖堂) 다섯으로 이루어져 있었으니(『신증동국여지승람』 권 35 나주목 사묘), 그 위상을 짐작할 수 있다. 그렇지만 금성신당은 처음부터 무당들과 밀접하게 연결되어 있었고, 따라서 음사라는 비판을 면하기 어려웠다. 「조선무속고」에서 인용된 금성산 신당 관련 기사는 이러한 사실을 반영한다.

나주 금성산신사에 대해서는 다음 글 참조. 임형 「금성산제에 대한 일고찰」, 『향토문화』 15(향토문화개발협의회 1996) 31~43면; 오종근 『금성당와 성황사』(동신대학교 박물관 2000); 변동명 「고려시기의 나주 금성산 신앙」, 『전남사학』 16(전남사학회 2001); 변동명 「고려후기의 금성산신과 무등산신」, 『한국중세의 지역사회연구』(학연문화사 2002).

372) 사간원의 정5품 벼슬.
373) 조선전기의 문신. 생몰년 1452(문종 2)~96년(연산군 2).
374) 각 감영에서 관찰사를 보좌하는 벼슬. 종5품으로 관찰사 다음의 관직.
375) 1406년(태종 6)에 설치한 종6품 아문(衙門)으로, 관곽(棺槨) 제조 등 장례에 필요한 물품 공급을 담당했다.

까닭이니, 청컨대 혁파시켜서 풍속을 바르게 하소서' 했다. 임금이 좌우에게 물었으니, 홍응(洪應)[376]이 대답하기를 '이 폐단에 대해서는 신 역시 들은 바 있습니다. 다만 그 내력이 오래되었으므로 전부 없앨 수는 없습니다. 당초에는 사람들이 모여 음사(淫祀)를 지내는 자가 반드시 많을 것으로 여겼던 까닭에, 세금을 거둠으로써 이를 막으려 했던 것입니다. 그러나 근본원인을 제거할 수 없다면, 세미(稅米) 징수도 또한 폐지할 수 없습니다'라고 했다. 임금께서 말씀하기를 '그렇다. 세금 징수의 법은 비록 하루아침에 없애는 것이 부당하다 하더라도, 음사만은 철저하게 금함이 옳겠다'고 했다. 그래서 승정원에 명령하시기를 '나주 금성산의 음사는 감사에게 명하여 철저히 금지하도록 하라'고 했다.[377]

○ "10월 기미(16일), 전라도 관찰사 김극검(金克儉)[378]이 급히 상주(上奏)하기를 '여러번 명령을 내리셨기 때문에, 나주 금성산 음사에 대해서는 항상 금지하도록 했습니다. 그러나 그 신미(神米)[379] 60석은 해마다 귀후서로 보내야 하기 때문에, 본 나주읍 수령은 다만 사족의 부녀만 금지시키고, 서인들에 대해서는 금지하지 않습니다. 현재 법령에 기재되어 있는 신포(神布)와 신미(神米)와 같은 류는 우리나라에서 이단을 물리치고 음사를 금지하는 뜻과 크게 서로 모순되고 있습니다. 바라옵건대 신미를 거두는 법을 혁파하십시오'라 했다. 왕이 대신들에게 의논하도록 하니, 심회(沈澮)[380]· 윤필상(尹弼商)[381]· 이극배(李克培)[382]· 이철견(李鐵堅)[383]· 어세겸(魚世

---

376) 조선전기의 문신. 생몰년 1428(세종 10)~92년(성종 23).
377) 『성종실록』 권 257(국편본 12-94).
378) 조선전기의 문신. 생몰년 1439(세종 21)~99년(연산군 5).
379) 신당에 부과하여 거두는 신당퇴미세(神堂退米稅).
380) 조선전기의 문신. 생몰년 1418(태종 18)~93년(성종 23).
381) 조선전기의 문신. 생몰년 1427(세종 9)~1504년(연산군 10).
382) 조선전기의 문신. 생몰년 1422(세종 4)~95년(연산군 1).
383) 조선전기의 무신. 생몰년 1435(세종 17)~96년(연산군 2).

謙)³⁸⁴⁾·이숭원(李崇元)³⁸⁵⁾·이극돈(李克墩)³⁸⁶⁾·여자신(呂自新)³⁸⁷⁾·권건(權健)³⁸⁸⁾·김우신(金友臣)³⁸⁹⁾이 의논하기를 '음사를 금하는 것은 『경국대전』에 실려 있습니다. 금성산의 음사에 대해 여러번 교지(敎旨)를 내려 엄하게 금하였지만, 어리석은 백성들이 사설(邪說)에 현혹되어 법을 어기고 행하니, 이는 수령이 살펴서 단속하지 않았기 때문입니다. 그러므로 어찌 다시 새 법을 만들 필요가 있겠으며, 그 신미(神米)는 곧 금지 규정을 어긴 물건이므로, 마땅히 관에서 몰수해야 할 것입니다. 청컨대 옛날대로 하게 하소서' 하니, 그대로 따랐다."³⁹⁰⁾

○"중종 11년(1516) 6월 계축(3일), 임금이 낮 경연에 납시었다. 기사관(記事官)³⁹¹⁾ 유성춘(柳成春)³⁹²⁾이 말하기를 '지방의 성황당의 일은 매우 괴상한데도, 성황신이 내려온다는 때에는 비록 사족의 남녀라 하더라도 달려와 몰려들지 않는 것이 아닙니다. 그중에서도 나주 금성산의 성황이 더욱 심합니다. 신의 장인 김숭조(金崇祖)³⁹³⁾가 나주목사(羅州牧使)로 있다가 갈려 온 뒤, 금성산 성황사에서 바치는 쌀 60여 석을 거두지 말 것에 대한 요청을 윤대(輪對)³⁹⁴⁾에서 아뢰었는데, 아직도 시행되지 않고 있습니다. 나라에서 성황당사로부터 쌀을 거두면서 어찌 민속의 폐단을 금할 수 있겠습

---

384) 조선전기의 문신. 생몰년 1430(세종 12)~1500년(연산군 6).
385) 조선전기의 문신. 생몰년 1428(세종 10)~91년(성종 22).
386) 조선전기의 문신. 생몰년 1435(세종 17)~1503년(연산군 9). 무오사화를 일으킨 장본인이다.
387) 조선전기의 무신. 생몰년은 알 수 없다.
388) 조선전기의 문신. 생몰년 1458(세조 4)~1501년(연산군 7). 권람(權擥)의 아들이다.
389) 조선전기의 문신. 생몰년 1424(세종 6)~1510년(중종 5).
390) 『성종실록』권 258(국편본 12-101).
391) 춘추관에 속한 벼슬아치로 시정기(時政記)를 작성했다.
392) 조선중기의 문신. 생몰년은 알 수 없다.
393) 조선중기의 문신. 생몰년은 알 수 없다.
394) 관리들이 차례대로 시정(時政)의 득실(得失)을 아뢰는 일.

니까?' 하니, 왕이 대답하지 않았다."³⁹⁵⁾

○ 김종직(金宗直, 성종 때 사람)의 「복룡으로 가는 도중(伏龍途中)」[복룡은 금성산에서 30리 떨어진 지점]이라는 시에서 말했다.

읍내 개는 사람보고 짖고 울타리에는 구멍이 뚫렸구나.

시골 무당이 귀신을 맞이하면서 종이가 돈이 되네.³⁹⁶⁾ 『점필재집(佔畢齋集)』³⁹⁷⁾

(3) [전주의 용왕제(龍王祭)]

조선 정조 때 사람 김종정(金鍾正)³⁹⁸⁾의 『운계만고(雲溪漫稿)』³⁹⁹⁾에 수록된 「전주도중(全州道中)」에서 다음과 같이 말했다.

전주의 4월에는 잡화(雜花)도 향기롭고

등불은 집집마다 한양과 같구나.

봄나들이⁴⁰⁰⁾ 나온 가인(佳人)들 다투어 장래를 약속하고

물 가에선 병풍 치고 용왕에게 굿을 하네[전주의 풍속에 4월 8일이면 물 가에 병풍을 치고 함께 먹고 마시고 놀면서 용왕에게 제사한다.⁴⁰¹⁾

---

395) 『중종실록』 권 25(국편본 15-187).
396) 지전(紙錢)을 말한다.
397) 이 시는 『점필재집(佔畢齋集)』 권 21, 「시」에 수록되어 있다.
398) 조선후기의 문신. 생몰년 1722(경종 2)~87년(정조 11) 호는 운계(雲溪).
399) 권 1, 「시」에 수록되어 있으며, 아래에서 인용한 시는 「전주도중(全州道中)」 가운데 '기이(其二)'이다.
400) 원문은 '습취(拾翠)'인데, 봄나들이 나와 꽃을 따는 것을 말한다. 그리고 이것은 두보의 「추흥시(秋興詩)」 중 '가인습취춘상문(佳人拾翠春相問)'에서 유래한다.
401) 이규보의 『동국이상국집』 권 37에 「전주제룡왕기우문(全州祭龍王祈雨文)」이라는 제문이 있어, 일찍부터 전주에는 용왕신앙의 있었음을 알 수 있다. 그러나 『동국이상국집』의 자료는 해마다 거행되는 정기적 용왕제에 관한 것이 아니라, 특별한 경우에 거행하는 임시제란 점에서 차이가 있다. 최근 전주의 뜻있는 인사들에 의해 전주용왕제의 복원이 추진되고 있다.

(4) [고군산도(古群山島)⁴⁰²⁾의 최고운신사(崔孤雲神祠)] ⁴⁰³⁾

전라북도 옥구군(沃溝郡)에 자천대(紫川臺)⁴⁰⁴⁾가 있는데, 세상에서는 최고운(崔孤雲) 선생⁴⁰⁵⁾이 노닐던 유적이라 전한다. 군의 남쪽 바다 가운데 섬이 있으니, 고군산 군도이다[세상에서는 이 섬이 옛 두주(杜州)⁴⁰⁶⁾ 땅에 있었다고 전한다]. 주위는 2백여 리나 되며, 섬에는 금저굴(金猪窟)⁴⁰⁷⁾이 있는데, 그 깊이는 알 수 없고, 금저굴 앞의 바다를 금저양(金猪洋)이라 한다. 옛 노인들이 서로 전하기를 '옛날에 금빛 털을 가진 돼지가 살던 굴로서 자못 신통함이 있었다'고 한다. 『요재지이(聊齋志異)』⁴⁰⁸⁾에서 말하는 강남 오통(五通)⁴⁰⁹⁾의 일과 서로 비슷하다. 신라말 최충(崔冲)이 이 고을 태수였는데,

---

402) 전북 군산시 남쪽 50km 해상에 위치한 섬들로, 선유도를 비롯한 유인도 12개와 무인도 50여 개로 구성되어 있다. 원래 이름이 군산이었으나, 이곳 선유도에 있던 수군만호영(水軍萬戶營)을 세종 때 지금의 군산으로 옮기고 지명까지 옮아가면서 고군산도라 일컬어지게 되었다.

403) 고군산군도(古群山群島)의 민간 신앙에 대해서는 다음과 같은 보고서가 있다. 국립문화재연구소 편 『고군산군도』(2000).

404) 『신증동국여지승람』 권 34, 옥구현, 누정조에서는 자천대(紫遷臺)라 표기했으며, "서해안에 위치하는데, … 세상이 전하기는 최치원이 놀던 곳이다"라고 했다. 이로 미루어 자천대에는 누정(樓亭)이 있었던 것 같으나, 1872년경에 편찬된 『호남읍지』에서는 자천대라 표기하면서, 옥구현의 고적조에서 언급하고 있다(아세아문화사 편 『읍지』 4, 1983, 662면). 따라서 이 누정은 『신증동국여지승람』 이후 없어졌다고 하겠는데, 이것을 일제 때 옥구면 선연리에 재건했다. 그러나 이곳이 일제의 군용비행장으로 편입되면서 당시 유림들이 발의하여 옥구향교 경내로 옮겨 오늘날까지 이어지고 있다.

405) 신라말의 대학자 최치원을 말하며, 고운(孤雲)이란 최치원의 호이다.

406) 어느 곳을 가리키는지는 알 수 없다.

407) 금돼지굴이라는 의미이다. 옥구군 미면 내초도리에 있는 금도시굴이 이것인 것 같다.

408) 명말·청초 포송령(蒲松齡, 1640~1715)의 저술로, 괴이한 설화들을 모은 것이다. 요재(聊齋)란 포송령의 호이며, 지이란 기이한 일을 기록한다는 의미이다. 오통(五通)에 대한 언급은 권 10에 보인다.

409) 중국 북방의 여우에 비견되는 남방지역의 요괴. 당대 기록에서부터 나타나며, 송대 요신신앙(妖神信仰)이 성행하면서 더욱 확대되었다. 이를 잘 모시면 부자를 만들어준다고도 하지만, 발이 하나이며 손가락·발가락이 각각 셋으로 갈라진 요괴로 여겨진다. 『요재

최충의 처가 아들을 낳아 이름을 치원(致遠)이라 했다.[410] 어려서부터 총명하고 지혜로워 보통사람과 달랐다. 섬의 옛 이름은 문창군(文昌郡)[411]이며, 고기가 많이 잡혀 당나라 상선이 왕래하고 무역하는 곳이었다. 당나라 상인이 최치원을 보고 기뻐하여, 마침내 배에 태우고 당나라에 들어갔다. 최치원은 과거에 급제하여 벼슬을 지낸 뒤 고국에 돌아와 산천을 방랑했는데, 그 섬에 있는 일영대(日影臺)는 선생이 거문고를 타던 곳이라 한다. 지금도 섬사람들은 선생의 인격을 사모하여, 사당을 세우고 천신처럼 받들고 있다 [이상은 고군산의 전설이다].

내가 『삼국사기』, 「최치원전」[412]을 살펴보니 선생은 "왕경(王京)[413] 사량

지이(聊齋志異)』 권 10, 「오통(五通)」에서는 오통은 미인이 있으면 나타나 겁탈하며, 부모나 남편이 있어도 어찌지 못하는 사악한 존재라 하면서, 다음과 같은 설화를 소개하고 있다. 오(吳)의 전상(典商) 조홍(趙弘)의 처 염씨(閻氏)가 미인이었는데, 오통 중 하나가 수시로 나타나 부인을 겁탈했다. 이에 조홍의 표제(表弟)인 만생(萬生)이 오통을 차례로 죽였는데, 정체가 말·돼지 등의 동물이었다.

오통신에 대해서는 다음과 같은 연구가 있다. 趙杏根 「五通考述」, 『蘇州大學學報』 1993-2, 60~64면; 馬曠源 「論五通神」, 『楚雄師專學報』 1994-2, 24~29면; Richard von Glahn; The Enchantment of Wealth-the god Wutong in the social history of Jiangnan, *Harvard Journal of Asiatic Studies* 51-2(1991) 651~714면; 今井德幸 「宋代の五通神信仰と賣廟」, 『立正史學』 76(立正大 1995) 21~40면.

410) 고소설 『최치원전』(이본에 따라 『최고운전』 등이라고도 함)이나 구전설화에서는 최치원의 출생을 대체로 다음과 같이 전한다. 즉 신라 때 문창현(文昌縣)에서는 현령이 부임할 때마다 부인이 납치되는 사건이 있었다. 최충 역시 원으로 부임하자마자 부인을 납치당했는데, 부인의 손목에 명주실을 감아두었기 때문에 이를 따라 부인을 찾아 나섰다. 그래서 금돼지에게 잡혀간 부인을 되찾아 왔고, 부인은 최치원을 낳았다는 것이다. 이것은 지하국대적제치(地下國大賊除治) 설화와 야래자(夜來者) 설화를 합친 것인데, 「조선무속고」에서 금돼지와 오통신을 관련짓고 있는 것도 이러한 전승을 전제로 한 것이라 하겠다. 최치원 전승에 대해서는 다음과 같은 연구가 있다. 한석수 『최치원전승의 연구』 (계명문화사 1989).

411) 1872년경에 편찬된 『호남읍지』에 의하면 옥구현 내초도의 신라 때 이름이 문창현이었다고 한다.

부(沙梁部) 사람인데, 역사 기록이 없어져서 그 세계(世系)를 알 수 없다"고 했다. 그렇다면 두주(杜州)⁴¹⁴⁾ 태수 최충이 아들을 낳았다는 등의 설은 자연히 허황된 것이 된다. 그렇다면 이런 전승의 뜻은 선생이 당시에 이 섬에 와서 노닐었고, 섬사람들이 이로 말미암아 교화되어, 선생이 죽은 뒤에도 사당을 세워 제사하면서 기념하고자 했던 것이 아닌가 한다. 마산포(馬山浦)⁴¹⁵⁾의 옛 이름도 문창군인데, 또한 월영대가 있어 역시 최고운 선생의 유적이라 하는 것이⁴¹⁶⁾ 고군산과 같다. 그러나 어느 쪽이 사실인지 알 수 없다. 고려 초엽에 선생을 문창후(文昌侯)로 봉했는데,⁴¹⁷⁾ 어떤 사람은 선생이 문창에서 태어났기 때문에 그렇게 한 것이라 한다. 또 선생이 문장을 잘했으므로 이러한 아름다운 호를 부여했다고 하는 사람도 있다.⁴¹⁸⁾ 조선 정조 때 사신(祠臣)

---

412) 『삼국사기』 권 46에 수록되어 있다.
413) 신라 당시의 수도라는 의미로 지금의 경주.
414) 어느 지역인지는 알 수 없다. 그러나 여기서 소개하는 최치원 설화의 배경이 고군산도이기 때문에 조선시대 옥구현, 지금의 군산지역으로 추측된다.
415) 지금의 경상남도 마산시. 그러나 마산·창원의 옛 지명이 문창(文昌)이라는 것은 다른 기록에서 확인하지 못했다.
416) 마산의 월영대는 마산시 해운동 8-4에 있고, 이것이 최치원 유적이라는 사실은 『신증동국여지승람』 권 32, 창원도호부 고적조에 이미 언급이 보인다. 그리고 이와 관련해서는 다음과 같은 설화가 전한다. 옛날 소녀나 젊은 부녀자의 납치를 일삼던 금돼지가 돝섬(猪島)으로 쫓겨가 요괴를 부렸는데, 월영대에서 제자를 가르치던 최치원이 활을 쏘아 이를 물리쳤다는 것이다(한석수; 『최치원전승의 연구』 계명문화사 1989, 77면). 여기서는 금돼지가 최치원의 아버지가 아니라, 오히려 최치원에 의해 퇴치된 것으로 나온다.
417) 『삼국사기』 권 46, 「최치원전」에 의하면 고려 현종 13년(1022)에 문창후(文昌侯)로 증시(贈諡)했다 한다.
418) 문창은 원래 별이름으로, 큰곰자리에 속하는 6개의 별이다. 그런데 중국 사천성의 지방신인 재동신(梓潼神)이 북송말에서 남송초에 과거를 관장하는 신으로 여겨지고, 원대인 1316년에 문창제군(文昌帝君)으로 봉해지면서, 문창이 문학과 밀접한 관련을 가지게 되었다. 그렇다고 할 때 최치원이 중국에서 과거에 급제하여 문명을 떨쳤기 때문에 문창후로 봉해진 사실과 고군산의 옛 지명이 문창인 사실이 결부되면서, 최치원이 고군산에서 출생했다는 전승이 나온 것이 아닌가 한다.

서(徐) 아무개가 최치원을 위해 전기를 지으면서 고군산 사람이라 했는데, 어디에 근거한 것인지 모르겠다. 그러나 추측하건대 이와같은 전설들로 말미암아 기록한 것일 것이다.

9. 제주의 무풍과 신사

(1) [광양당(廣壤堂)]

『동국여지승람』제주목(濟州牧) 사묘(祠廟)[419]조에서 말했다. "광양당은 제주 남쪽에 있으며, 한라호국신사(漢拏護國神祠)이다. 민간에서 전하기를 이 신은 한라산신(漢拏山神)의 동생으로 성스러운 덕을 가지고 태어났고, 죽어서는 신이 되었다고 한다. 고려 때 송나라 호종단(胡宗旦)[420]이 와서 이 땅을 압승(壓勝)[421]하고 바다를 건너 돌아가는데, 이 신이 매로 변하여 돛대 위로 날아올라가니, 갑자기 북풍이 크게 불어 호종단의 배를 부수고 서쪽 경계의 비양도(飛揚島)의 암석 사이에서 죽게 했다.[422] 조정에서

문창제군에 대해서는 다음과 같은 연구가 있다. 森田憲司 「文昌帝君の成立」, 『中國近世の都市と文化』(梅原郁 편, 京都大 1984) 389~418면; 王興平・黃枝生 편 『中國文昌文化』(巴蜀書社 2004).

419) 『신증동국여지승람』권 38에 수록되어 있다.
420) 원문은 호종조(胡宗朝)인데, 이는 조선 태조의 이름 단(旦)을 피휘(避諱)하기 위해, '단(旦)'을 '조(朝)'라 한 것이다. 호종단은 송나라 사람으로, 고려에 귀화하여 예종 때에는 보문각대제(寶文閣待制), 인종 때에는 기거사인(起居舍人)이 되었다.
421) 기를 꺾어 눌러버리는 것을 말한다.
422) 호종단의 압승에 대해서는 『신증동국여지승람』권 38, 제주목 산천조에도 보인다. 즉 두천(斗泉)에 대한 전승이 그것인데, 이 물을 마시면 100보까지 날 수가 있었으나, 호종단이 이 샘의 기를 눌러 신비한 힘이 사라지게 되었다는 것이다.
이러한 전설은 제주도 전역에 퍼져 있는 소위「고종달형 전설」이다. 여기에는 다양한 변이형이 있지만, 대체적인 내용은 다음과 같다. 즉 중국의 왕은 천하를 지배할 왕이 제주도에서 태어날 것이라는 것을 알고, 풍수사 고종달을 제주로 보내어 인물이 날 만한

『탐라순력도(耽羅巡歷圖)』 중
신당을 불태우는 장면

는 그 신령스러움을 포상하기 위해 식읍(食邑)을 하사하고 광양왕(廣壤王)으로 봉했으며, 해마다 향과 폐백을 보내어 제사했다고 한다. 우리 조선왕조에서도 본읍(제주)으로 하여금 제사를 지내게 했다. 살펴보건대 호종단은 고려에 귀화하여 벼슬을 했고, 관직이 기거사인(起居舍人)에 이르렀다가 죽었다고 한다. 그러므로 제주에 와서 압승을 하다가 배가 침몰되었다고 하는 설은 믿을 수 없을 것 같다."

○『목민심서(牧民心書)』[423]에서 말하기를 "이형상(李衡祥)[424]이 제주목

곳의 맥을 끊었다. 그 결과 제주에는 인물도 나지 않고 샘도 마르게 되었다. 그러나 고종달도 한라산신의 노여움으로 중국에 돌아가지 못하고 죽는다. 현길언 「단혈과 인물」, 『제주도의 장수설화』(홍성사 1981) 67~108면; 진성기 「호종단과 차귀섬」, 『신화와 전설』(제주민속연구소 2005) 295~96면.

[423] 이 기사는 『목민심서』, 「예전육조」 중 '제사'조의 인용이다.

[424] 조선후기의 문신. 생몰년 1653(효종 4)~1733년(영조 9). 1702년(숙종 28) 제주목사로 부임하여, 신당 129개소를 불태웠고, 무격 285명을 농업에 종사하도록 하는 등 많은 업적을 남겼다. 이형상의 명에 의해 제작되었으며, 제주도에서의 이형상의 대표적 업적

사가 되었는데, 제주에는 광양당이 있어 지방민들이 여기에 기도하는 것이 풍속으로 되어 있었다. 공이 이를 불살라버리니 이 말을 들은 사람들은 모두 시원하게 여겼다"고 했다.

(2) [**차귀당**(遮歸堂)]

『동국여지승람』에서 말하기를[425] "차귀사(遮歸祠)는 주치(州治)[426] 서쪽에 있고, 초춘사(楚春祠)는 주치의 동쪽 70리에 있으며 정의현(旌義縣)과 접경 지역에 위치한다"고 했다.[427]

을 그린 『탐라순력도(耽羅巡歷圖)』, 「건포배은(巾浦拜恩)」에도 신당들이 불타는 모습이 있다(그림 참조).

이형상의 신당 파괴는 제주 지역사회에 커다란 충격이었다. 그래서 제주도에는 이형상과 관련하여 다양한 전설이 전해진다. 이형상이 덕수리 광정당과 토산리 사신당의 신인 큰 뱀을 죽였다든지, 또 당신(堂神)의 복수로 그의 아들들이 죽었다든지 하는 것 등이다. 그러나 신당 파괴를 이형상 목사의 치적으로 평가하는 관변의 기록과는 달리, 현지의 전승에서는 이형상을 부정적 인물로 묘사되고 있다. 이것은 같은 사실은 두고 중앙과 지방의 담론이 달랐음을 보여주는 흥미로운 사례이다.

현길언 「역사적 사실과 문학적 인식 — 이형상 목사의 신당 철폐에 대한 설화적 인식」, 『탐라문화』 2(제주대 탐라문화연구소 1983) 95~125면; 하순애 「18세기 초 제주인의 신앙생활과 신당파괴사건」, 『탐라순력도연구논총』(제주시 2000).

425) 『신증동국여지승람』 권 38, 「제주목」 사묘조에 수록되어 있다.
426) 주의 치소(治所), 즉 관아가 있는 중심지.
427) 차귀사는 『신증동국여지승람』 권 38 「대정현」 '사묘'조에 의하면 제주의 대정현에도 있었다. 즉 여기서는 대정현의 성황사의 일명이 차귀당(遮歸堂)이며, 차귀는 곧 사귀(蛇鬼)로 뱀을 제사한다고 했다. 또 지금도 제주도 한경면·한림읍 등지에는 차귀당이 분포해 있으며, 이곳은 제일(祭日)이 축일이다. 그리고 차귀신 신화인 「차귀당 본풀이」도 알려져 있는데, 이에 의하면 차귀당은 바닷가에 떠내려 온 상자 속의 뱀들을 모시면서 시작되었고, 차귀신의 성격은 목축·농경신이라 했다.

제주도의 뱀 신앙에 대해서는 다음과 같은 연구들이 있다. 현길언 「사신전설(蛇神傳說)의 고찰」, 『석주선박사고희기념 민속학논총』 Ⅱ(기념논총간행위원회 1982) 309~26면; 문무병 「제주도 사신신앙 연구」, 『현용준박사화갑기념 제주도언어민속논총』(제주문화 1992) 421~22면; 진성기 「뱀신앙과 제주도민」, 『무속학』(제주민속연구소 2005)

○『해동잡록(海東雜錄)』[428]「김정전(金淨傳)」[429]에서 말했다. "충암(沖庵)[430]이 제주로 귀양가서 제주의 풍속을 기록했는데, 물산(物産)에 대한 서술은 사마상여(司馬相如)[431]의 「자허부(子虛賦)」[432]와 같았다(『수언(粹言)』).[433] 제주 사람들은 회색 뱀을 보면 조심하고 죽이지 않으며, 이를 차귀신(遮歸神)이라 불렀다. 충암의 「풍토록(風土錄)」에서 말하기를 '풍속이 뱀을 매우 꺼려하여 받들어 신으로 여겼다. 뱀을 보면 주문을 외우고 술을 올리며, 감히 쫓아내거나 죽이려 하지 않는다. 봄가을로 남녀가 술과 음식을 마련하여 차귀당에 모여 그 신을 제사한다. 차귀는 곧 사귀(蛇鬼)라는 글자의 잘못이다. 집의 벽·대들보·주춧돌을 가리지 않고 여러 마리가 똬리를 틀고 있는데, 제사 때에는 보이지 않는 것을 상서로운 것으로 여겼다' 했다."(『동국여지승람』)[434]

○『김충암집(金沖庵集)』[435]의「제주풍토록(濟州風土錄)」[436]에서 말했

219~44면.
428) 권별(權鼈, 1589~?)이 편찬한 인물사전으로, 고조선에서 조선전기까지 인물들의 전기를 수록했다. 아버지 권문해(權文海)가 편찬한 『대동운부군옥(大東韻府群玉)』의 인물부분을 보완한다는 의미를 가지고 있다. 전 14권 7책이며, 『대동야승(大東野乘)』에는 권 6까지만 수록되어 있다. 충암(沖庵) 김정(金淨)에 관한 기사는 권 11에 수록되어 있다.
429) 김정(金淨)은 조선중기의 문신. 생몰년 1486(성종 17)~1521년(중종 16). 호는 충암(沖菴). 사림파의 일원으로 정계에서 활동했으나, 기묘사화(己卯士禍)로 말미암아 1520년 8월에 제주로 유배되었고, 1521년 10월 다시 신사무옥에 연루되어 사사되었다.
430) 김정(金淨)의 호.
431) 전한의 문학가. 생몰년 BC 179~117년.
432) 중국 전한 사마상여(司馬相如)의 작품. 초나라 자허(子虛)와 제나라 오유(烏有) 선생이 서로 자신의 나라의 부강함을 자랑하는 내용이다.
433) 어떤 책인지 확인하지 못했다.
434) 『신증동국여지승람』 권 38,「대정현」'사묘'조에 같은 내용이 보인다.
435) 김정의 문집.
436) 김정이 기묘사화로 말미암아 1520년(중종 15) 8월 제주도에 유배되어, 제주성 동문밖 금강사 옛 터에서 저술한 제주도 풍토기.『충암집』권 4에 수록되어 있으며, 이에 대해서는 다음과 같은 연구가 있다. 양순필「16·17세기 제주풍토록과 풍토기의 대비」,『현용

다. "사당의 귀신[437]을 몹시 숭배하며, 남자 무당이 매우 많아 사람들을 재앙과 화로써 위협하여 재물을 마치 흙을 담듯이 모은다. 명절이나 초하루와 보름·77일[7일, 17일, 27일]에는 반드시 짐승을 잡아 음사를 했는데, 음사를 하는 사당은 거의 3백여 곳에 이른다. 해마다 더하고 달마다 증가하여 요망하고 그릇된 것이 기승을 부려, 병이 들어도 약을 먹기를 매우 두려워하는데, 귀신의 노여움을 사게 되기 때문이라고 하며 죽음에 이르러도 이를 깨닫지 못한다. 풍속에서는 뱀을 몹시 꺼려하여 받들어 신으로 여기며, 뱀을 보면 주문을 외고 술을 올리며 감히 쫓아내거나 죽이려 하지 않는다. 그리고 끝내 뱀은 당연히 죽여야 한다는 것을 알지 못하니, 미혹됨이 매우 가소롭다. 나는 옛날에 이곳은 뱀이 매우 번성하여, 하늘에서 비가 내리려면 뱀이 나란히 성 밖으로 머리를 쳐들고, 이것이 성을 여러 겹으로 둘러싼다고 들었는데, 이곳에 와서 살펴보니 모두 거짓말이고, 다만 뱀이 육지보다 많을 뿐이었다. 그렇지만 이것은 이 지방 사람들이 뱀을 숭상함이 지나치다는 것을 뜻하는 것이리라."

(3) [신 깃발과 귀신 쫓는 놀이]

『제주지(濟州誌)』[438]에서 말했다. "제주의 풍속에서는 음사를 숭상한다. 그래서 산이나 숲·강이나 연못·구릉이나 평지·나무와 바위에서 모두 제사를 한다. 해마다 초하루부터 정월 보름까지 무격들이 함께 신의 깃발[神纛][439]을 들고 귀신 쫓는 놀이[儺戲]를 한다. 이때 징과 북을 앞세워 마을을

준박사화갑기념 제주도언어민속논총』(제주문화 1992).
437) 본향당(本鄕堂)·칠일당(七日堂)·팔일당(八日堂) 등 마을의 신당에서 모시는 당신(堂神)을 가리키는 것 같다.
438) 이하의 기사는 『신증동국여지승람』 권 38, 「제주목」 '풍속'조에 등장한 이래, 각종 『제주읍지(濟州邑誌)』 '풍속'조에 항상 등장한다. 따라서 「조선무속고」에서 인용한 『제주지(濟州誌)』가 어느 읍지를 가리키는지 모르겠다.
439) 독(纛)이란 군기(軍旗)이나, 이 경우는 깃발을 의미한다.

돌아다니면, 사람들은 재물과 곡식을 아끼지 않고 내고 이를 제사한다. 또 2월 초하루에는 귀덕(歸德)·금령(金寧) 등지에서는 나무 장대 12개를 세우고 신을 맞이하여 제사한다. 애월(涯月)에 사는 사람들은 말머리와 비슷한 모양의 나무 막대기를 구해서 채색 비단으로 장식하고. 말이 뛰는 모양의 놀이[躍馬戱]를 하면서 신을 즐겁게 해주다가, 보름이 되면 이를 파했는데, 이것을 연등(燃燈)이라 했다[이상은 『동국여지승람』이다]. 이 행사가 있는 달에는 배타는 것을 금했다. 또 봄가을에는 광양당(廣壤堂)과 차귀당(遮歸堂)에 남녀가 모여 술과 고기를 차려놓고 신에게 제사했다. 또 그곳에는 뱀과 독사·지네가 많은데, 그중에서도 회색 뱀만 보면 차귀신으로 여겨 꺼리어 피하고 죽이지 않았다."[440]

○이익(李瀷)의 『성호사설(星湖僿說)』[441]에서 말했다. "섬사람들은 특히 음사를 숭상하는데, 제주 같은 곳은 음사의 사당이 없는 마을이 없다. 이를 관리하는 자는 이익이 많았기 때문에, 관에 바치는 세금 또한 무거웠다. 참의(參議) 이형상이 이를 한꺼번에 불태워버리니, 사람들이 모두 놀라고 두려워했다. 이형상이 돌아갈 때 모두들 말하기를 반드시 물에 빠져 죽을 것이라고 했으나, 그가 무사히 바다를 건너자 의아하고 괴이하게 여기지 않는 사람이 없었다."

(4) [가상명혼(嫁殤冥婚)][442]

제주도 풍속에서는 시집 못간 처녀가 죽으면 장가 못간 총각을 구하여 혼인을 맺어주고 같은 무덤에 묻는다. 이 풍속은 이미 『주례(周禮)』[443]에도

---

440) 이상도 역시 『신증동국여지승람』에 나오는 내용이다.
441) 권 4, 「만물문」 '성황묘'조에 보이는 기사이다.
442) 가상(嫁殤)이란 '상(殤)을 혼인시킨다'는 의미인데, 상이란 19세 이하의 미혼으로 죽은 자를 말한다. 따라서 가상명혼(嫁殤冥婚)이란 미성년자로 죽은 자의 혼인이라는 의미이다.
443) 중국 최고의 행정법전(行政法典)으로, 국가 제도를 천(天)·지(地)·춘(春)·하(夏)·

보이며, 한나라와 위(魏)나라 때에 여전히 행해졌다. 그렇지만 탐라와 같은 외딴 섬에 어찌 이런 풍속이 있었을까를 생각해보면 이는 원나라 때 제주도에 말을 키우는 목장을 만들었기 때문에, 몽고인들의 왕래가 잦았다. 그러므로 이 풍속도 혹시 원나라 사람들이 영향이 아닌가 한다.

○이규경(李圭景)의「가상명혼변증설(嫁殤冥婚辨證說)」[444]에서 말했다. "무릇 이미 죽었는데 관직을 높여주고 집을 하사하는 것은 혹 이상하지 않다고 할 수 있지만, 가상명혼은 더욱 의미가 없다. 옛날에 시작되었다고 해서 어찌 반드시 취할 것이 있겠는가. 천지는 광대하여 모든 것을 다 갖추고 있기 때문이다.『주례』를 살펴보면 '매씨(媒氏)[445]는 천장(遷葬)[446]과 가상(嫁殤)을 금지시킨다'고 했고, 이에 대한 주석[447]에서는 '천장이란 살아서 부부가 아니었는데 죽어서 매장이 끝난 다음, 옮겨서 서로 만나게 하는 것이다. 상(殤)이란 19세 이하의 혼인을 못하고 죽은 사람이다. 살았을 때 예를 갖추어 서로 만나지 못했는데, 사후에 서로 합하게 하는 것은 인륜을 어지럽히는 것이다. 정사농(鄭司農)[448]이 말하기를 가상이란 죽은 사람을 시집보내는 것인데, 지금의 취회(聚會)가 곧 이것이다'라 했다. 이것이 무슨 좋은 풍속이라고 3대[449] 때부터 내려왔는가[공씨(孔氏)의 지괴(志怪)[450]에 노충

추(秋)·동(冬)의 6관으로 나누어 서술했다. 저자와 저작시기에 대해서는 논란이 많으나, 선진시대(先秦時代)의 저작일 가능성이 많다. 또 특정 국가에서 실재 시행하기 위해 만들어진 것이라기보다, 국가의 이상을 제시한 이념법전(理念法典)의 성격이 강하다. 따라서 후대로 오면서 초월적 권위를 가지게 되고, 나아가 현실의 행정에 대해 비판하는 기준이 되기도 했다.

444)『오주연문장전산고』권 28에 수록되어 있다.
445)『주례』에 의하면 지관 사도에 소속된 관직으로, 혼인 문제를 관장한다.
446) 부부가 아닌 사람을 함께 묻는 것.
447) 후한의 경학자 정현(鄭玄, 127~200)의 주이다.
448) 후한시대의 경학가 정중(鄭衆, ?~83)을 말하며, 사농(司農)이라 한 것은 정중이 장제(章帝) 때 대사농(大司農)이라는 벼슬을 했기 때문이다.
449) 중국의 하·은·주 3왕조. 이규경은 가상명혼(嫁殤冥婚)이『주례』에 보이기 때문에,

(盧充)의 유혼(幽婚)에 대해 이야기했는데,[451] 유혼은 반절(反切)로 온휴(溫休)이다. 즉 온휴(溫休)는 유(幽)가 되고, 휴온(休溫)은 혼(婚)이 된다.[452] 유혼은 곧 명혼을 말한다. 『삼국지(三國志)』[453]에 의하면 '위(魏)나라 무제(武帝)[454]는 사랑하는 아들 창서(倉舒)가 병으로 죽자[455] 사공연(司空掾)[456] 병원(邴原)[457]의 죽은 딸과 혼인시켜 합장을 하려 했다. 그러나 병원이 합장은 예가 아니라고 사양함에, 무제가 이를 중지하고, 다시 견씨(甄氏)의 죽은 딸에게 장가들게 하여 합장시켰다'고 한다. 이런 풍속은 한나라나 위나라 때까지도 있었기 때문에, 위 무제가 이를 실행한 것이다. 또 『구당서(舊唐書)』[458]에 의하면

주대에도 이런 풍습이 있는 것으로 여긴 것이다.
450) 공씨(孔氏)는 진대 사람으로 추측되고 있으며, 그의 저술인 『지괴(志怪)』도 산일되어 현재 전하지 않는다. 다만 魯迅의 『古小說鉤沈』(『魯迅輯錄古籍叢編』 1, 人民文學出版社 1999)에 그 집본(輯本)이 수록되어 있다.
451) 공씨의 『지괴(志怪)』는 산일되었지만, 그 노충(盧充)의 명혼설화(冥婚說話)의 일문(逸文)이 유송(劉宋) 유의경(劉義慶)의 『세설신어(世說新語)』 방정편(方正編)의 주(양대梁代 유효표劉孝標의 주)에 인용되어 있다. 이에 의하면 노충(盧充)이라는 사람이 최소부(崔少府)의 죽은 딸과 혼인했다 헤어졌는데, 4년 뒤 다시 만났을 때 그녀가 아이를 주었다. 그래서 노충이 아이를 데려와 길렀으며, 아이의 자(字)를 온휴(溫休)라 했다는 것이다. 이 설화는 간보(干寶)의 『수신기(搜神記)』 권 16에도 소개되어 있다.
452) 반절이란 한자로 한자의 음을 표시하는 방법이다. 즉 쉬운 두 글자로 글자의 음을 표시하는 방법인데, 두 글자 중 첫 글자에서는 초성을 취하고, 두번째 글자에서 중성과 종성을 취하여 결합한다. 즉 음을 온휴(溫休)으로 표시했다면, 온에서 초성 'ㅇ'을 취하고, 휴에서 중성 'ㅠ'를 취해 결합하여 발음이 유(幽)가 된다. 또 휴온(休溫)에서 휴의 'ㅎ', 온의 'ㄴ'을 결합하면 혼(婚)이 된다.
453) 진(晉)의 진수(陳壽, 233~297)가 편찬한 중국 삼국시대의 정사. 아래 기사는 『삼국지』 권 20 「위서(魏書)」 '무문세왕공전(武文世王公傳)' 중 '등애왕충(鄧哀王沖)'조 및 권 11 「위서」 '병원전(邴原傳)'에 보이는 내용이다.
454) 중국 삼국시대 위나라의 토대를 구축했던 조조(曹操, 155~220)를 말한다.
455) 창서(倉舒)는 자이며, 본명은 조충(曹沖). 어릴 때부터 총명하고 인자하여 조조가 후계자로 점찍었으나, 208년 13세로 죽고 말았다.
456) 벼슬 이름.
457) 후한 말의 관리. 조조가 오나라를 칠 때 참전했다가 죽었다.

'의덕태자(懿德太子)[459]는 어려서부터 부모에 대한 효성과 형제간의 우애로 이름이 났다. 그러나 억울하게 죽자 당시 사람들이 크게 슬퍼하고 애석해했다. 중종(中宗)[460]이 복위하여 황태자로 추증하고 시호를 의덕(懿德)이라 했다. 나아가 국자감승(國子監丞) 배수(裴粹)의 죽은 딸과 명혼을 시켜 합장을 했다'고 한다. 또 '건령군왕(建寧郡王) 담(倓)[461]은 대종(代宗)[462]이 깊이 그의 억울함을 생각하여 시호를 승천황제(承天皇帝)라 하는 한편, 흥신공주(興信公主)의 열네번째 딸 장씨(張氏)와 명혼을 시키고 시호를 공순황후(恭順皇后)라 했다. 이때 해당 관청에서는 법식에 따라 택일하여 책명(冊命)하고 순릉(順陵)에 개장했다'고 한다.[463] 이 방법은 제왕가에서부터 옛날부터 행해지던 것이지만, 민간에서는 들은 바가 없다. 대개 『주례』에서 금지하도록 한 것도 왕자(王者)의 정치였다."

---

458) 후진(後晉) 유구(劉昫) 등이 칙명에 따라 편찬한 당나라에 대한 정사. 945년에 완성했고, 전 200권이다. 아래 내용 중 의덕태자(懿德太子)에 관한 것은 『구당서(舊唐書)』 권86 「고종중종제자전(高宗中宗諸子傳)」, 건령왕담(建寧王倓)에 관한 것은 권 116 「숙종대종제자전(肅宗代宗諸子傳)」에 보인다.
459) 당 중종(中宗)의 장자. 생몰년 682~701년. 이름은 이중윤(李重潤). 무측천(武則天)의 총애를 받는 장역지(張易之) 형제를 비판하다가, 할머니인 무측천(武則天)에게 죽임을 당했다.
460) 당나라 제4대 황제, 당 고종(高宗)의 제7자로 부왕 사후 683년 즉위했다가 재위 3개월 만에 어머니인 무측천(武則天)에게 폐위되었다. 무측천 사후 복위하여 705~710년까지 재위했다.
461) 당나라 숙종(肅宗)의 제3자. 부왕의 총애를 받고 있던 장양제(張良娣)와 환관 이보국(李輔國)을 제거하려다가 오히려 이들에게 모함을 받고 죽임을 당했다.
462) 당나라 제10대 황제. 재위 762~779년. 당 숙종의 장자이며, 건령군왕(建寧郡王) 담의(倓) 형.
463) 이밖에도 문헌에는 중국의 명혼 사례가 많이 보이는데, 이에 대해서는 다음과 같은 연구가 있다. 内田智雄 「冥婚考」, 『支那學』 11-3(1944) 311~73면; 岡本三郎 「冥婚說話考」, 『東洋史會紀要』 4(1944) 135~63면.

제20장

부록
중국 무속사의 대략

중국의 여러 기록을 살펴보면 모두 은(殷)나라의 무당인 무함(巫咸)[1]을 무격의 원조라 했다. 그리고 『상서(尙書)』 이훈(伊訓)에서는 "늘 궁중에서 춤추고 방에서 술 취해 노래하는 것이 바로 무풍(巫風)"이라 했으며, 이에 대한 주석[疏]에서는 "무당은 춤과 노래로 신을 섬기기 때문에 춤추고 노래하는 것을 무격의 풍속이라 한다"고 했다. 그러므로 중국 고대 갈천씨(葛天氏)[2]의 팔결(八闋)[3]이라는 위대한 음악이나 헌원씨(軒轅氏)[4]의 청구(靑丘)에

---

[1] 중국 고대 무격의 원조. 『서경(書經)』이나 『초사(楚辭)』에서는 은 중종(中宗, 태무太戊) 때의 인물이라 했고, 은대 갑골문에 보이는 함무(咸戊)와 동일인으로 파악하고 있다. 그러나 활동시기에 대해서는 황제(黃帝) 때라는 설, 신농(神農) 때라는 설, 요 임금 때라는 설 등도 있으며, 『산해경(山海經)』에서는 아예 영산(靈山)에 사는 신적 존재로 묘사하고 있다. 이러한 사실로 미루어 무함은 개인의 이름이라기보다 무격을 뜻하는 일반명사인 것 같고, 또 무함의 '함'은 동북아시아 민족의 신을 뜻하는 말인 감(kam)과도 통하는 것 같다. 복서(卜筮)를 창시했고, 북을 처음 만들었다고 한다.

서의 강고(掆鼓)⁵⁾는 실로 무풍의 시초이며, 요(堯)⁶⁾·순(舜)⁷⁾·우(禹)⁸⁾·탕 (湯)⁹⁾의 시대에는 함(咸)¹⁰⁾·영(韺)¹¹⁾·소(韶)¹²⁾·호(護)¹³⁾가 있었으니 이는 특히 음악과 춤이 진화한 것이라 하겠다. 그리고 그 시초를 추구하면 신을 섬기는 노래와 춤을 그 바탕으로 하지 않은 것이 없다.

함허자(涵虛子)¹⁴⁾가 말하기를 "기자(箕子)가 은(殷)나라의 부로(父老) 5천

---

2) 중국 고대의 제왕. 복희씨(伏犧氏) 이전의 제왕이라는 설과 이후의 제왕이라는 설이 있다.
3) 갈천씨(葛川氏)의 음악으로, 세 사람이 소의 꼬리를 잡고 발을 구르면서 부르는 여덟 가지의 음악(『여씨춘추』 중하기 고악 참조).
4) 중국 상고시대의 제왕인 황제를 말한다.
5) 강고(掆鼓)란 작은북을 뜻하나, 이 경우는 황제가 치우(蚩尤)를 청구(靑丘)에서 격파하고 승리를 기념하기 위해 지었다는 10곡의 이름이다. 『초학기(初學記)』 권 9에 인용된 「귀장(歸藏)」 참조.
6) 중국 상고시대의 전설적 제왕. 재위 98년 동안 이상적 정치를 펼치다가, 순(舜)에게 양위했다.
7) 중국 상고시대의 전설적 제왕. 요(堯)를 이어 즉위하여 사흉(四凶)을 제거하고 치수사업에 성공하는 등 이상적 정치를 행하다가, 우(禹)에게 자리를 물려주었다.
8) 하(夏)왕조의 창시자. 순 임금의 명을 받들어 13년간 치수사업에 종사했고, 그 공으로 순으로부터 양위를 받아 하왕조를 개창했다.
9) 은(殷, 상商)왕조의 건립자. 이윤(伊尹)을 등용, 국력을 길러 하나라를 멸망시켰다.
10) 황제의 음악.
11) 오영(五韺)을 말하며, 제곡(帝嚳)의 음악.
12) 순임금의 음악.
13) 탕(湯)임금의 음악.
14) 함허에 대해서는 두 가지설이 있다. 하나는 중국 명나라 영락(永樂) 연간의 도사라는 설(박세채朴世采의 『범학전편(範學全編)』)이며, 다른 하나는 조선초기의 승려 함허(涵虛) 기화(己和, 1376~1433)라는 설(안정복安鼎福의 『동사강목(東史綱目)』 부권상附卷上 고이考異 설금팔조設禁八條)이다. 그런데 서거정(徐居正)의 『필원잡기(筆苑雜記)』에 의하면 이하의 인용문은 함허자(涵虛子)의 『천운소통(天運紹通)』에 나오는 것이라 한다. 따라서 함허가 누구인지를 밝히기 위해서는 『천운소통』의 저자를 아는 것이 중요하나, 역자는 아직 『천운소통』에 대해 조사하지 못했다. 단 역자가 조사한 범위 내에서 아래 인용이 처음이 보이는 것은 원나라 주치중(周致中)의 『이역지(異域志)』 상, 조선(中華書局

명을 거느리고 동쪽 조선으로 올 때 의사와 무당 및 점쟁이들이 함께 왔다"
고 했다. 그러므로 한국의 무풍은 그 근원이 은나라 무속에서 나온 것처럼
보인다. 그렇지만 나는 단군의 신교가 실로 우리 한국 무풍의 시초라고 생각
한다. 또 요나라·금나라·원나라·청나라의 무속이 우리와 비슷한데, 그것
은 이 지역들이 본래 한국의 옛 영토에 속했기 때문이다.『요사(遼史)』예지
(禮志)[15]에서 "요(遼)나라는 본래 조선의 옛 땅이어서 그 유풍과 유속(遺俗)
이 대체로 남아 있다"고 했으니, 그것은 거란족이 본래 몽고와 같은 종족인
까닭이다. 지금 한국 무속사의 말미에 중국 무속사의 대강을 첨부였는데, 서
로 비교 참고하는 데 도움이 되도록 하고자 함이다.

1. 하(夏)나라[16] 무당

『사원(辭源)』[17]에서 말했다. 무당의 걸음걸이[巫步]란 곧 우임금의 걸음
걸이[禹步][18]이다.『양자법언(楊子法言)』[19]에서 말하기를 "옛날 사씨(姒

中外交通史籍叢刊本 2000, 2면『신편총서집성(新編叢書集成)』98, 53면]이다.

15) 요나라의 역사를 기록한 관찬의 기전체 사서, 전 116권. 1344년(원元 지정至正 4) 탈
탈(脫脫) 등에 의해 찬수되었다. 이 부분은『요사(遼史)』권 49, 예지(禮志) 1에 보이나,
'유풍여속(遺風餘俗)' 앞의 '기자팔조지교(箕子八條之敎)'라는 구절은 생략하고 인용한
것이다.
16) 중국의 왕조. BC 22∼21세기경 우(禹)에 의해 건국되었으며, 17왕 400여 년간 유지
되었던 것으로 전한다. 과거에는 전설상의 왕조로 보아왔으나, 중국 고고학의 발전과
함께 실체가 드러나고 있으며, 특히 중원 이리두문화(二里頭文化)의 담당자로 여겨지고
있다.
17) 1915년 중국의 상무인서관(商務印書館)에서 간행한 한자사전.
18) 선약을 구하거나 악귀를 물리칠 때 사용하는 도교의 독특한 걸음걸이. 하나라 시조인
우왕이 천하의 홍수를 다스리기 위해 산천을 다니다가 다리에 병이 생겨 절뚝거리며 다
닌 것을 모방한 것이라고 한다.
19) 전한 말의 학자 양웅(楊雄, BC 53∼AD 18)의 저술. 유교경전에 배치되는 사설(邪說)을

氏)²⁰⁾가 천하의 홍수를 다스렸다. 그래서 무당으로서 우임금의 걸음걸이를 흉내내는 사람이 많았다"고 했다.

『산해경(山海經)』²¹⁾[세상에서는 하(夏)나라 이전의 문서라 한다]²²⁾ 「해내서경(海內西經)」에서 이르기를 "개명(開明)²³⁾이 사는 곳[바로 앞 문장에서 곤륜산의 남쪽에 있다고 했다]의 동쪽에 무팽(巫彭)·무저(巫抵)·무양(巫陽)·무리(巫履)·무범(巫凡)·무상(巫相)이 있다"고 했다[모두 신의(神醫)이다. 『세본(世本)』²⁴⁾에서 '무팽(巫彭)은 의술을 창시했다' 했고, 『초사(楚辭)』²⁵⁾에는 '상제(上帝)께서 무양(巫陽)에게 말씀하시기를'이라는 구절이 있다.²⁶⁾ 학의행(郝懿行)²⁷⁾이 고찰하건대 『설문해자(說文解字)』²⁸⁾에도 '옛날 무팽이 처음 의술을 발명했다'는 내용이 있고,

---

타파하고 성인의 법을 전하기 위한 목적에서 저술했다. 이 부분은 권 10, 「중려(重黎)」에 보인다.
20) 우왕(禹王)을 말한다.
21) 중국 고대의 지리서. 오장산경(五藏山經)·해경(海經)·대황경(大荒經) 세 부분으로 이루어져 있으며, 각 지역의 산과 강뿐만 아니라 기괴한 동식물, 신비한 금속, 초월적 존재와 종족 등을 기술하였다. 하나라 우왕과 그의 신하 백익(伯益)의 저술로 전하나, 전국시대에서 한대 초에 복수의 저자에 의한 찬술로 보는 것이 통설이다. 국역본으로 정재서 역주『산해경』(민음사 1985)이 있다.
22) 하나라 우왕과 그의 신하 백익(伯益)의 저술이라는 설을 따른 것이다.
23) 곤륜산에 사는 동물로, 호랑이만한 몸집에 머리가 아홉 개이다.
24) 3황 5제로부터 춘추시대까지 제왕·제후·귀족의 성씨·거소(居所)·시법(諡法) 등을 기록한 책. 사마천(司馬遷)이『사기(史記)』편찬에 참고했다는 점으로 미루어, 한초 이전의 저술임은 분명하지만, 저자와 정확한 저술 시기는 알 수 없다. 송대에 이미 산일되었으며, 청대 집본(輯本) 몇종이 유통되고 있다.
25) 전한시대 유향(劉向)이 전국시대에서 한초의 초국(楚國)의 노래를 모은 책. 굴원(屈原)·송옥(宋玉) 등의 작품이 수록되어 있다.
26) 이상은 곽박(郭璞)이 붙인『산해경』의 주이다.
27) 생몰년 1757~1825년. 청대의 교감학자(校勘學者)로 처인 왕조원(王照圓)과 함께 부부 학자로 명성이 높았다.『이아의소(爾雅義疏)』『산해경전소(山海經箋疏)』등의 저술이 있으며, 이 부분은『산해경전소』의 인용이다.
28) 정식 명칭은『설문해자(說文解字)』. 후한(後漢) 허신(許愼)이 저술한 일종의 한자사전으로, 한자의 원시형태와 구조를 밝히고, 자원(字源)을 고구하였다.

곽박(郭璞)[29]이 인용한 『초사』는 초혼편(招魂篇)[30]의 구절이다. 나머지는 대황서경(大荒西經)에 자세한 내용이 보인다].

○「대황서경(大荒西經)에서 이르기를 "대황(大荒)의 한가운데에 풍저옥문(豊沮玉門)이라는 산이 있는데, 해와 달이 지는 곳이다. 또 영산(靈山)이 있는데 무함(巫咸)·무즉(巫卽)·무반(巫盼)·무팽(巫彭)·무고(巫姑)·무진(巫眞)·무례(巫禮)·무저(巫抵)·무사(巫謝)·무라(巫羅) 등이 있어 여기로부터 오르내리며, 온갖 약이 이곳에 있다"고 했다[여러 무당이 이곳을 오르내리며 약을 채취한다.[31] 학의행(郝懿行)이 고찰한다. 『설문해자(說文解字)』에서는 '옛날 무함(巫咸)이 처음으로 무당이 되었다' 했으며, 『월절서(越絶書)』[32]에서는 '우산(虞山)은 무함이 나온 곳이므로 우산은 신령스럽고 기괴하다' 했다. 그리고 『초사(楚辭)』, 「이소(離騷)」[33]에는 '무함이 마침 저녁에 내려온다던데'라는 구절이 있고 이에 대해 왕일(王逸)[34]이 주석하기를 '무함은 옛 신무(神巫)로 은(殷)나라 중종(中宗)[35] 때에 해당한다'고 했다. 그러나 왕일(王逸)의 설은 잘못인 듯하니, 은 중종의 신하에 비록 무함이 있었던 것은 틀림없지만, 반드시 무당은 아닐 것이다. 「해외서경(海外西經)」에 무함국(巫咸國)이 있는데, 대개 같은 이름을 취한 것이다. 분(盼)은 반(班)이라 읽으며, 「해

---

29) 생몰년 276~324년. 동진(東晉)의 학자이며, 주석가. 『산해경』을 현재의 체재로 정리하고 주를 달았다.
30) 송옥(宋玉)의 작품으로, 우수와 번민으로 죽은 굴원의 혼을 달래기 위한 것이다.
31) 이상은 진대(晉代) 곽박(郭璞, 276~324)이 붙인 『산해경』의 주이다.
32) 춘추시대 월국(越國)의 흥망을 기록한 책, 저자에 대해서는 전국시대의 자공(子貢)·자서(子胥), 후한의 원강(袁康)·오평(吳平) 등의 설이 있다. 이 부분은 『월절서(越絶書)』 권 2, 외전기(外傳記) 오지전(吳地傳)에 보인다.
33) 굴원의 작품. 초 회왕(懷王)에게서 내침을 당해 시름을 달래기 위해 지었다고 한다.
34) 후한 안제(安帝, 106~125), 순제(順帝, 125~144) 때의 학자. 『초사(楚辭)』를 주석한 『초사장구(楚辭章句)』를 지었다. 그는 초(楚) 지역 출신으로 초의 방언에 대한 이해가 있었고, 때문에 그의 주석은 정평이 있다.
35) 은나라 10대 왕으로 재위 57년. 태무(太戊)·천무(天戊)라고도 한다. 기울어져 가는 은 나라를 이척(伊陟)·무함(巫咸)을 등용하여 부흥시켰다. 중종이란 이러한 공을 기린 묘호(廟號)이다.

외서경」의 여섯 무당 중에 무범(巫凡)이 있는바 무분(巫朌)과 무범(巫凡)은 같은 사람일 것이다. 『수경(水經)』의 속수(涑水)에 대한 주36)에서는 『산해경』을 인용하면서 무반(巫朌)이라 했는데, 분(朌)과 반(朌)은 모양과 소리가 또한 서로 비슷하기 때문일 것이다. 무진(巫眞)을 『수경주(水經注)』의 『산해경』 인용부분에서는 무정(巫貞)이라 했고, 무례(巫禮)를 무공(巫孔)이라 했다. 지금 이 문제를 살펴보면 예(禮)의 옛 글자는 예(礼)인데, 예(礼)와 공(孔)은 형태가 비슷하기 때문에 와전된 것이라 할 수 있다. 「해내서경(海內西經)에는 또 무리(巫履)가 있는데, 대개 리(履)가 곧 예(禮)이다. 그러므로 무리(巫履)와 무례(巫禮)가 같은 사람임은 의심할 여지가 없다. 무상(巫相)은 곧 무사(巫謝)가 아닌가 하는데, 사(謝)와 상(相)은 소리가 통하는 것이므로 당연히 한 사람일 것이다. 곽박(郭璞)37)의 『산해경』 주에서 '이를 채집한다'고 한 것을 『수경주』에서는 이를 인용하여 '약을 채집하며 오르내린다'고 했다. 살펴보면 이것은 「해외서경」의 무함국에 대한 주(注)인바, 역씨(酈氏)38)가 「대황서경」 부분에 잘못 기록한 것이다. 그러므로 여기서 이를 인용해둔다.

○ 「해외서경(海外西經)」에서 말하기를 "무함국(巫咸國)[학의행(郝懿行)이 고찰한다. "「지리지(地理志)」39)에서 '하동군(河東郡) 안읍(安邑)40)의 남쪽 무함산(巫咸山)이 있다'고 했으나 이것은 잘못이며, 이 나라(무함국) 역시 해외(海外)41)에 있다고

---

36) 『수경(水經)』은 하천·수계(水系)를 중심으로 한 중국 고대의 지리서, 저자에 대해서는 후한의 상흠(桑欽), 동진의 곽박(郭璞) 등의 설이 있다. 『수경』을 북위의 역도원(酈道元)이 515~524년경 상세한 주석을 붙여 원서의 면목을 일신했으니, 이를 『수경주(水經注)』라 한다. 속수조(涑水條)는 『수경주』 권 6에 수록되어 있다.
37) 동진시대 복서(卜筮)·점후(占候)·상지술(相地術)의 대가. 생몰년 276~324년. 『산해경』 『이아(爾雅)』 『목천자전(穆天子傳)』 등에 대한 주석을 남겼다.
38) 『수경주』의 저자인 북위시대 역도원(酈道元)을 말한다.
39) 『한서(漢書)』 권 28 상, 지리지 상을 말한다.
40) 지금의 산서성 하현(夏縣) 서북지역.
41) 『산해경』의 해외경(海外經) 부분에서 언급한 지역을 말한다. 이때 해(海)는 물질적인 바다가 아니라 끝을 의미하며, 해외란 중국에서 멀리 떨어진 지역이라는 의미이다. 그러므로 이것은 무함국이 중국 내의 어느 지역에 있는 것이 아니라는 의미한다.

해야 마땅하다. 등비산(登備山)은 「대황남경(大荒南經)」에서도 언급이 보인다. 『수경(水經)』의 속수(涑水)에 대한 주에서는 무함산이 곧 무함국이라 하면서, 『산해경』을 인용하고 있으나, 이는 잘못이다. 『태평어람(太平御覽)』[42] 790권에서는 「외국도(外國圖)」[43]를 인용하여 말하기를 '옛날 은나라 황제 태무(太戊)[44]가 무함(巫咸)을 시켜 산과 강에 제사하게 했는데, 무함이 여기에 머물렀으니 이것이 함씨(咸氏)이며, 남해(南海)에서 만 천리 떨어져 있다'고 한 것이 곧 이 나라이다.은 여축(女丑)[45]의 북쪽에 있다. 그 나라 사람들은 오른손에는 푸른 뱀을, 왼손에는 붉은 뱀을 쥐고 등보산(登葆山)[학의행(郝懿行)이 고찰한다. 등보산(登葆山)을 「대황남경(大荒南經)」에서는 등비산(隆備山)이라 했는데, 보(葆)와 비(備)는 발음이 통한다. 『회남자(淮南子)』[46] 지형훈(隆形訓)에서는 보(保)라 했다]에 있는데, 이 산은 여러 무당들이 하늘을 오르내리는 곳이다[약을 채집하며 왕래한다].

2. 은(殷)나라 혹은 상(商)나라[47] 무당

『초사(楚辭)』에서 "무함이 마침 저녁에 내려온다던데"[48]라 했고, 그 주[49]에서는 "무함은 옛날의 신령스런 무당으로 은나라 중종 때 내려왔다"

---

42) 송대 이방(李昉) 등이 997~983년에 편찬한 유서(類書). 이하의 인용문은 권 790, 사이부(四夷部) 11, 남만(南蠻) 6, 무함국(巫咸國)조에 수록되어 있다.
43) 『후한서(後漢書)』『문선(文選)』『통전(通典)』『태평환우기(太平寰宇記)』등 여러 서적에 인용되어 있으나, 저자와 찬술시기는 미상이다.
44) 중종(中宗)을 가리킨다.
45) 여자 무당으로, 이 경우는 여축(女丑)의 시신이 있는 산을 말한다.
46) 한 고조의 손자, 회남왕(淮南王) 유안(劉安, BC 179~122)이 빈객과 방술가(方術家)들을 모아 편찬한 책.
47) 중국의 왕조. BC 16세기경 탕(湯)에 의해 건국되어, 31왕 약 600년간 유지되었다.
48) 굴원의 「이소(離騷)」에 나오는 구절로, 굴원이 자신을 버린 초나라를 떠날까 말까 망설이면서 무함이 마침 저녁에 온다니까 길흉을 점쳐보겠다는 내용이다.

고 했다. (『사원(辭源)』)⁵⁰⁾

　　무당은 비록 천하지만, 그 기원을 찾아보면 상나라의 무함으로[『세본(世本)』에서는 "무함이 서(筮)를 창시했는데, 서(筮)란 점복이다"라 했고, 『예기(禮記)』⁵¹⁾에서는 "거북점⁵²⁾을 복(卜)이라 하며, 시초점(蓍草占)⁵³⁾을 서(筮)라 한다"라 했다. 그리고 『원명포(元命苞)』⁵⁴⁾에서는 "옛날에는 사괴(司怪)⁵⁵⁾가 점복을 주관한다"고 했고, 『주례(周禮)』⁵⁶⁾에서는 "서씨(筮氏)는 점복에 사용하는 갈대 다발과 가시나무⁵⁷⁾를 공급하고 점괘를 기다리는 일을 담당한다"라 했다. 그러므로 점복은 무격이 주관하는 바이며, 무격은 길흉은 점치는 데 능한 자라 할 수 있다. 『역경(易經)』⁵⁸⁾에서 "태(兌)는 무당이며 입과 혀"라 했고, 『설문해자(說文解字)』에서는 "무(巫)란 무축(巫祝)을 말한다. 무(巫)란 글자는 사람이 양 소매로 춤추는 모습을 본뜬 것이며, 공(工)과 뜻이 같

---

49) 왕일(王逸)의 주를 말한다.
50) 공부(工部) 4획 '무(巫)'의 무함(巫咸)조에서 인용한 것이다.
51) 진한(秦漢) 이전의 예에 관한 각종 논저를 모은 유교경전이다. 전한(前漢) 대성(戴聖)이 편집했다고 하여 『소대례기(小戴禮記)』라고도 한다. 이 인용문은 『예기(禮記)』 곡례(상)에 있다.
52) 거북의 껍질을 태워서 그 터진 금의 무늬를 징표로 치는 점을 말한다.
53) 시초란 풀을 세어서 치는 점을 말한다.
54) 『춘추원명포(春秋元命苞)』를 말한다. 『춘추원명포』는 신비사상에 입각하여 유교경전을 해석한 위서(緯書)의 일종이나, 일찍이 산일(散逸)되었다. 이 인용문은 『초학기(初學記)』 권 20 정리부(政理部) 복조(卜)에 보인다.
55) 자성(訾星) 부근에 있는 별로, 기상・일・월・성신(星辰)의 변이와 조수(鳥獸)・초목(草木)의 요(妖)를 관장한다.
56) 주대(周代)의 국가제도를 기록한 책으로 『예기(禮記)』『의례(儀禮)』와 함께 삼례(三禮)로 일컬어진다. 주공이 지었다고 하나 믿을 수 없고, 춘추시대의 저작일 가능성이 많다고 한다. 이 부분은 『주례(周禮)』 춘관(春官)에 보인다.
57) 모두 거북껍질을 지져서 갈라지는 모습을 보는 데 사용하는 점구(占具).
58) 유교경전의 하나로, 『주역(周易)』이라고도 한다. 점복에 사용하는 괘(卦)・효(爻)를 설명한 「경(經)」과 괘사(卦辭)・효사(爻辭)를 해석하는 「전(傳)」으로 이루어져 있다. 공자의 저술이라 하나 전국시대에서 진한시대의 유가의 저작으로 추측되고 있다. 인용문은 『주역』 설괘전(說卦傳)에 보이나, 의미는 알 수 없다.

다. 옛날 무함이 처음 무당을 시작했다"고 했다」, 무함 이 사람이 바로 무격의 조상이다. (이규경李圭景이 지은 『오주연문장전산고(五洲衍文長箋散稿)』)[59]

무현(巫賢)은 은나라 조을(祖乙)[60] 때의 현명한 재상으로, 무함의 아들이다. (『서전(書傳)』)[61]

은상(殷商)[62]의 말년에 백성들의 풍속이 귀신을 숭상하여 천하 사람들이 두려워하기를 마치 귀신이 그 위에 임해 있는 것처럼 했다. 그러므로 죽고 사는 것과 화와 복이 무격에 달린 것처럼 여긴 것은 오래되었다고 하겠다. (유성룡柳成龍[63] 『서애집(西厓集)』)[64]

---

59) 권 26, 「무격변증설(巫覡辨證說)」의 첫머리에 보이는 내용이다.
60) 은나라 19대 왕. 형(邢)으로 천도했으며, 무현(巫賢)을 등용하여 동이(東夷)를 평정하고 국가를 부흥을 시켰다.
61) 유교경전의 하나로 『상서(尙書)』라고도 한다. 당우삼대(唐虞三代)로부터 춘추시대까지 여러 왕조의 왕이나 제후의 조칙(詔勅)·훈계·서명(誓命) 등을 모은 책이다. 인용문은 『서경(書經)』 군석편(君奭篇)의 문장을 요약한 것이다.
62) 은과 상은 같은 나라이다. 원래 상이라 했으나 제20대 왕 반경(盤慶)이 은(하남성 안양 서북)으로 천도한 이후 은이라고도 했다.
63) 조선중기의 문신. 생몰년 1542~1607년. 임진왜란 때 군무를 총괄하는 도체찰사(都體察使)로 활동하였다. 『서애집(西厓集)』『징비록(懲毖錄)』 등의 저술이 있다.
64) 유성룡의 문집. 위의 인용문은 『서애집(西厓集)』 권 17, 논(論), 「주례설무녀론(周禮設巫女論)」에 보인다.

3. 주(周)나라[65] 무당

사(史)와 무격을 써서 시끄럽게 하면 길하다.[66] (『주역(周易)』)[67]
좁쌀 들고 점치러 가는 것도 살 길을 찾기 위함일세. (『시전(詩傳)』)[68]
『주례(周禮)』에서 말했다.[69] "사무(司巫)는 여러 무당의 통솔과 명령을 관장하며, 만약 나라에 큰 가뭄이 들면 무당들을 거느리고 춤을 추면서 비를 비는 의례를 거행한다. ○ 여무(女巫)는 정기적으로 행해지는 불제(祓除)[70]와 흔욕(釁浴)[71]의 의례를 관장한다.[72] ○ 여축(女祝)은 복을 부르는 의례[招]·재앙을 예방하는 의례[梗]·닥쳐온 재난을 물리치는 의례[禬]·거듭되는 재앙을 물리치는 의례[禳]를 관장한다[좋은 일을 부르고 나쁜 일을 막는다는 뜻이다].[73] ○ 목인(牧人)은 모든 야외에서 거행하는 부정기적 제사의 훼사(毀事) 때 방(尨)을 제물로 쓴다[훼사란 짐승을 잡아 흉한 일을 물리치고 재앙을 없앤다는 뜻이며, 방(尨)이란 얼룩덜룩한 색깔의 짐승을 말한다].[74] ○ 신사(神

---

65) 중국의 왕조. BC 12세기경 무왕(武王)이 상(商)을 멸망시키고 세운 왕조. BC 772년 호경(鎬京, 섬서성 서안 부근)에서 낙읍(洛邑, 하남성 낙양)으로 천도하는데, 이를 계기로 그 이전을 서주(西周), 이후를 동주(東周)라 한다. 동주시기는 이른바 춘추전국시대로 주의 왕실이 겨우 명맥을 유지했는데, 이것마저도 BC 256년 진(秦)에 의해 멸망당했다. 34왕 800여 년간 지속되었다.
66) 사(史)는 신의 뜻을 인간에게 전달하는 자이고, 무는 인간의 뜻을 신에게 전달하는 자이다. 그러므로 사와 무당이 성의를 다하여 반복해서 신에게 제사한다면 길하다는 의미이다.
67) 하경(下經), 손괘(巽卦)에 보이는 구절이다.
68) 『시경』 소아(小雅), 절남산지십(節南山之什), 소완(小宛)에 보이는 구절이다.
69) 이하에서 언급하는 무격의 명칭은 모두 국가의 관직명이다.
70) 몸을 깨끗이 하여 질병이나 화(禍)의 제거를 목적으로 하는 의례이다.
71) 향기 나는 풀을 바르고 목욕하는 것으로, 정화의례의 일종.
72) 이상은 『주례』 춘관(春官) 종백(宗伯)에 보이는 내용이다.
73) 『주례』 천관 총재(冢宰)에 보이는 내용이며, [ ] 내는 정현(鄭玄)의 주이다.
74) 『주례』 지관 사도(司徒)에 보이는 내용이며, [ ] 내는 정현(鄭玄)의 주이다.

士)[남자 무당 중에서 뛰어난 자이다].[75] ○남무(男巫)는 봄에 길복(吉福)을 부르고 재앙을 물리치는 의례를 거행한다.[76] ○사무(司巫)는 제사 때 도포(道布)를 공급한다[도포란 신을 위해 책상 위에 두는 수건이다].[77] ○서씨(庶氏)는 저주[78]를 풀고 공(攻)[79]과 설(說)[80]이라는 의례로 이를 물리치는 일을 관장한다[공(攻)과 설(說)은 기도의 명칭으로, 물리치도록 기원하는 것이다].[81]

4. 진(晉)나라[82] 무당

『춘추좌전(春秋左傳)』[83] 성공(成公)[84] 10년(BC 581)조에서 말했다. "진나라 제후[85]가 꿈을 꾸었다. 커다란 몸집의 귀신이 땅에 닿도록 머리를 풀어헤치고 가슴을 두드리고 발을 구르면서 '나의 자손을 죽인 것은 옳은 일이 아니다.[86] 나는 상제에게 청해서 너를 벌하도록 허락을 받았다'고 했다.

---

75) 『주례』 춘관 종백(宗伯)에 보이는 가공언(賈公彦) 소(疏)의 내용이다.
76) 『주례』 춘관 종백에 보이는 내용이다.
77) 『주례』 춘관 종백에 보이는 내용이며, [ ] 내는 정현(鄭玄)의 주(注).
78) 원문은 '독고(毒蠱)'이며, 이는 사람을 해치는 신비한 능력을 가진 벌레를 의미한다.
79) 일식을 물리치기 위해 북을 치는 의례.
80) 재앙의 소멸을 기구(祈求)하는 의례.
81) 『주례』 추관 사구(司寇)에 보이는 내용이며, [ ] 내는 정현의 주.
82) 지금의 중국 산서성에 있었던 주의 제후국의 하나. 춘추시대인 문공(文公, 재위 BC 636~628) 때 춘추 5패의 하나로 전성기를 구가했으나, BC 403년 한(韓)·위(魏)·조(趙)로 분열되었다.
83) 공자가 지은 춘추시대의 역사를 기록한 『춘추(春秋)』에 대한 해설서로 좌구명(左丘明)의 저술이다.
84) 춘추시대 노나라의 군주. 재위 BC 590~573년.
85) 춘추시대 진나라의 군주로, BC 599~581년에 재위했던 경공(景公)을 가리킨다.
86) 경공이 노 성공(成公) 8년(BC 583)에 조동(趙同)·조괄(趙括)을 죽여 조씨 일문을 멸족시킨 것을 말한다. 진의 공녀(公女)인 조장희(趙莊姬)가 자기와 사통하던 조영(趙嬰)을

그러고는 대문과 침실로 통하는 문을 부수고 들어오려고 했다. 경공은 두려워서 방으로 들어갔는데, 또 창문을 부수고 들어오려고 해서, 경공은 꿈에서 깨어났다. 그래서 경공은 상전(桑田)[87]에 사는 무당을 불렀더니, 무당의 말도 꿈과 같았다. 경공은 '어찌 되겠는가'라고 묻자, 무당은 '올해 햇곡식은 드시지 못하실 것입니다" 했다.[88]

○『춘추좌전』양공(襄公)[89] 18년(BC 555)조에서 말했다. "중행헌자(中行獻子)[90]가 장차 제(齊)나라를 정벌하려고 할 때, 꿈에서 여공(厲公)[91]과 다투었다. 그러나 이기지 못했고, 여공이 창으로 찔러서 머리가 앞으로 떨어졌다. 그래서 무릎을 꿇고 머리를 주어서 두 손으로 받쳐 들고 달아나다가 경양(梗陽)[92]의 무당인 고(皐)를 만났다. 다른 날 길에서 고를 만나니, 그 역시 같은 꿈을 꾸었다고 했다. 그 무당이 말하기를 '곧 당신은 반드시 죽게 될 것이다'고 했다."

그의 형들인 조동(趙同)과 조괄(趙括)이 제나라로 쫓아낸 것에 앙심을 품고, 경공에게 이들을 모함하여 죽게 만들었다.
87) 중국의 옛 지명이다. 지금의 하남성 영보현(靈寶縣) 조상역(稠桑驛).
88) 경공이 곧 죽을 것이라는 의미이다. 경공은 그해 6월 햇보리가 나자 상전의 무당이 거짓말을 했다고 하여 처형하고, 햇보리를 먹으려다가 변소에 빠져죽었다.
89) 춘추시대 노나라의 군주. 재위 BC 572~542년.
90) 춘추시대 진나라의 신하. 순언(荀偃)이라고도 한다. BC 573년 진 여공(厲公)을 살해하고 도공(悼公)을 옹립했다. BC 555년 노나라를 침입한 제나라를 응징하기 위해 군대를 일으켰으나, 승리를 눈앞에 두고 병사했다.
91) 춘추시대 진나라의 군주로 BC 580년에 즉위했다. BC 573년(성공 18) 신하였던 중행헌자(中行獻子)와 난서(欒書)에 의해 죽임을 당했다.
92) 중국의 옛 지명. 지금의 산서성 청서현(淸徐縣).

5. 초(楚)나라[93] 무당 또는 형(荊)[94]의 무당

『오주연문장전산고』[95]에서 말했다. "초(楚)나라 무당에 무양(巫陽)이 있었다[송옥(宋玉)[96]의 「초혼부(招魂賦)」[97]에서 '상제께서 무양에게 명령했다' 했고, 그 주[98]에 '무양은 여자 무당'이라 했다. 이어서 '상제께서 말씀하시기를 저 아래 사람[99]이 있는데 내가 그 사람을 돕고 싶구나. 혼백이 흩어지려 하니 너는 혼백이 어디 있는지를 점쳐 보라 하셨네. 무양이 내려와 초혼하기를 혼이여 돌아오라 했네'라 했다. '사(些)'[100]에 대해 살펴보면 이것은 주문[101]의 맨 끝에 사바하(沙婆訶)[102]라 하는 것과 마찬가지이니, 초나라 무당이 초혼하는 소리이다].[103]

○또 말했다. "무신(巫神)으로 신령스럽고 기이한 것에 신보(神保)가 있다[『초사(楚辭)』[104]에서 '현명하고 아름다운 영보(靈保)를 생각하네'라 했고, 『시경(詩經)』[105]에서는 '신보(神保)여, 이것을 받으소서'라 하고 이를 주석하여 '신보는 귀

---

93) 은주시대(殷周時代) 지금의 중국 호북성에 있던 국가. BC 223년 진에 의해 멸망되었다.
94) 초나라의 별칭.
95) 아래 두 인용문은 권 26, 「무격변증설(巫覡辨證說)」에 보인다.
96) 전국시대 초나라의 시인이다.
97) 초 회왕(懷王)에게서 죄 없이 쫓겨난 굴원이 우수와 번민으로 혼백은 흩어지고 생명마저 끊어지려고 할 때, 그 혼을 다시 부르기 위해 지은 노래이다.
98) 이 구절에 대한 왕일(王逸)의 주를 말한다.
99) 죽어서 혼백이 흩어지려는 초나라 시인 굴원을 말한다.
100) 앞 구절 '혼혜귀래사(魂兮歸來些)'의 끝 글자인 '사(些)'를 가리키는 것이며, 이하는 '사(些)'에 대한 이규경의 해석이다.
101) 이 경우는 불교의 타라니(陀羅尼)나 진언(眞言)을 말한다.
102) 산스크리트어 시바(svaha)의 음역. 성취를 구한다는 의미에서 진언(眞言)의 맨 끝에 붙인다. 예컨대 「화의재진언(化衣財眞言)」에서 '나무사만다(南無三曼多) 못다남(沒多南) 옴(唵) 반자나(般左那) 비로기재(毘盧其宰) 사바하(沙婆訶)'가 그것이다.
103) 「조선무속고」에서는 구별하지 않았으나, 『오주연문장전산고』에 의하면 [ ] 내는 주이다.
104) 이하의 시구는 굴원이 지은 「구가(九歌)」 중 동군(東君)에 보이는 것이다.

신의 미칭(美稱)이다'라 했다.[106] 주자(朱子)가 말하기를[107] '근래 홍경선(洪慶善)[108] 이 영보(靈保)를 무당으로 설명한 것을 보았지만, 현재 『시경』에는 무당이라 하지 않았으므로 신보란 시(尸)[109]를 의미한다'고 했다.[110]

나은(羅隱)[111]의 「형무설(荊巫說)」[112]에서 말했다. "옛날 무당이 사람들을 위해 제사할 때는 제사도 조촐하였으며, 신을 노래로 맞이하고 춤으로 전송하는 정도였다. 그래도 치유를 기원하는 자는 건강하게 일어났고, 풍년을 기원하는 자는 풍요를 얻었다. 그뒤 사람들을 위한 제사에는 양과 돼지가 깨끗하고 기름졌으며 맑은 술이 잔에 넘쳤으나, 치유를 기원하면 죽고 풍년을 기원하면 굶주렸다. 이에 대해 어떤 사람이 다음과 같이 말했다. '내가 옛날에 어떤 집에 갔는데 그 집안에는 큰 걱정거리는 없었다. 그래서 사람들을 위해 제사할 때, 안으로는 성심을 다했고, 밖으로는 또 복이 따랐으며, 제사음식은 반드시 나누어주었다. 이후 아들딸이 번성하고 필요한 옷

---

105) 이하의 시구는 『시경』 소아(小雅) 곡풍지십(谷風之什) 중 초자(楚茨)라는 시에 보인다.
106) 이것은 『주자어류(朱子語類)』에 보이는 주자(朱子)의 주석이다. 그러나 주자의 『시경집전(詩經集傳)』에서는 '귀신'이 아니고, '시(尸)'라 했다.
107) 『주자어류(朱子語類)』 권 81, 시 초자(楚茨)에 보인다.
108) 남송인(南宋人) 홍흥조(洪興祖, 1090~1155)를 말하며, 경선(慶善)이란 그의 자(字)이다. 그에게는 『초사보주(楚辭補注)』『초사고이(楚辭考異)』 등의 저술이 있으며, 『초사보주(楚辭補注)』 권 2에 '영위무야(靈謂巫也)'라는 주석이 있다.
109) 중국 고대에 사자(死者)를 대신하여 제사를 받는 사람. 손자나 손자 항렬의 사람이 시가 된다.
110) 「조선무속고」에서는 구별하지 않았으나, 『오주연문장전산고』에 의하면 [ ] 내는 주이다.
111) 당대 말기의 문인. 생몰년 833~909년. 어려서부터 문재(文才)가 있었으며, 특히 시에 뛰어나 이름이 높았다. 많은 저작이 있었으나, 현재 남아 있는 것은 『참서(讒書)』『갑을집(甲乙集)』『양동서(兩同書)』 등이다.
112) 형초(荊楚) 지방(지금의 호북·호남성 일대)의 무당에 대해 논한 것으로, 『나소간집(羅昭諫集)』 권 7, 잡저(雜著) 『전당문(全唐文)』 권 896 등에 수록되어 있다.

과 음식이 많아지면서, 사람들을 위해 제사함에 안으로는 정성을 다하지 않았고 밖으로는 신 또한 흠향하지 않았으며, 그리고 제사음식은 집으로 가져갔다.' 이것은 사람들이 전에는 거룩했으나 뒤에 와서 어리석어진 것이 아니라, 대개 마음에 이끌린 탓이며 다른 사람을 생각할 여유가 없어진 때문이다."

6. 정(鄭)나라[113] 무당

『장자(莊子)』[114]에서 말했다. "정나라에 신령한 무당이 있었으니, 계함(季咸)이라 했다. 그는 사람들의 생사·존망(存亡)·화복·장수와 요절을 예언하여, 어느 해 어느 달 어느 날을 지적하여 맞추는 것이 거의 신과 같았다. 정나라 사람들은 그를 보면 모두 달아났다[죽을 날을 직접 듣는 것을 좋아하지 않기 때문이라 했다].[115] 열자(列子)[116]가 계함을 보고 마음을 빼앗겼다."[117]

---

113) 중국 하남성 신정시(新鄭市)에 도읍했던 주의 제후국의 하나. 전국시대 초기에 멸망했다.
114) 전국시대 송나라(하남성 상구시 동북) 출신의 도가 사상가 장주(莊周)의 저술. 내편·외편·잡편으로 구성되어 있다. 이하의 인용문은 내편 응제왕(應帝王)에 보인다.
115) 진 곽상(郭象, ca 252~312)의 주.
116) 춘추시대 말기의 정나라 출신의 사상가. 성은 열(列), 이름은 어구(禦寇). 허심(虛心)의 설을 주창하여 노자의 설을 발전시켰다. 저서에 『열자(列子)』가 있다.
117) 『열자』 황제편에도 같은 내용이 보인다.

478

7. 월(越)나라[118] 무당

『오주연문장전산고』[119]에서 말했다. "(무함 이후 가장 신령한 무당의 하나로) 월(越)의 무당 용지(勇之)[120]가 있었다. 『사기』[121]에서 말하기를 '백량대(栢梁臺)[122]가 불타자 월의 무당 용지가 그 터에 다시 건물을 짓고 화려함을 다하여 액운을 물리치기를 청했다'고 했다.[123] 『한서』, 「교사지(郊祀志)」[124]에서 말하기를 '(월 출신의 용지가 옛날) 동구(東甌)족[125]의 왕은 귀신을 공경한 까닭에 160세의 수명을 누렸지만, 그뒤 귀신에 대해 섬기기를 게을리 하고 또 업신여겼기 때문에 수명이 줄어들고 말았습니다'라고 했다. 이에 월 무당에게 명령하여 월축사(粵祝祠)란 사당을 세우게 하고, 닭점[鷄卜][126]을 치게 했다. 황제[127]가 이것을 믿었고, 월사(粵祠)에서 닭점

---

118) 중국 절강성에 있었던 고국명(古國名). 춘추시대 말엽 패업(霸業)을 이루기도 했지만, 전국시대에는 쇠약해져 BC 306년 초나라에 의해 멸망했다.
119) 『오주연문장전산고』 권 26, 「무격변증설」에 보이는 내용이다.
120) 한 무제 때 활동한 남월(南越) 지역의 무당. 그의 활동에 대해서는 이하 본문에 보인다.
121) 『사기』 권 12, 효무제본기(孝武帝本紀) 및 권 28, 봉선서(封禪書)에 비슷한 내용이 보인다.
122) 한 무제가 원정(元鼎) 2년(BC 115) 수도 장안성 미앙궁(未央宮) 북문 밖, 계궁(桂宮) 안에 건립한 대(臺). 기둥은 구리로 만들었으며, 안에는 이슬 받는 쟁반을 든 선인상(仙人像)을 두었다. 그러나 원봉(元封) 6년(BC 105) 화재로 불타고 말았다.
123) 한 무제 원봉 6년(BC 105) 백량대가 불타자 월나라 무당 용지는 "월(越) 지방에는 화재가 나서 집을 다시 지을 때에는 반드시 전보다 더 크게 지어 액운을 이기려는 풍속이 있다"고 건의했고, 이를 받아들여 백량대 터에 건장궁(建章宮)을 지었다. 『사기』 권 12, 효무제본기(孝武帝本紀) 및 권 28, 봉선서(封禪書) 참조.
124) 『한서』 권 25 하, 교사지 하에 보인다.
125) 월족(越族)의 한 갈래로 구월(甌越)이라고도 한다. 지금의 절강성 남부 구강(甌江)·영강(靈江) 유역에 분포했으며, 초한(楚漢)전쟁 때 한 고조를 도와 항우를 멸하는 데 일조를 했다.
126) 닭뼈를 이용하여 치는 점.

을 치는 것은 이때부터 시작되었다'고 했다."

8. 위(魏)나라[128] 무당

『사기』[129]에서 말했다. "위나라 문후(文侯)[130] 때 서문표(西門豹)[131]가 업현(鄴縣)[132]의 현령이 되었다. 서문표는 업현에 부임하여 장로들을 모아 놓고 백성들이 어떤 일로 고통받고 있는지를 물었다. 장로들이 말하기를 '하백(河伯)[133]이 부인을 얻는 일이 있어 이 때문에 가난하게 삽니다' 했다. 서문표가 그 유래를 묻자 대답하기를 '업현의 삼로(三老)[134]와 정연(廷掾)[135]들이 해마다 백성들에게 세금을 부과하고 돈을 거두는데, 그것이 수

---

127) 한 무제를 가리킨다.
128) 전국시대 7웅(雄)의 한 나라. BC 453년 조(趙)·한(韓)과 함께 진나라를 3분했고, BC 403년에는 주나라로부터 정식 승인을 받았다. 영역은 지금의 산서성 남부·하북성 북부에 걸쳤다. BC 225년 진나라에 의해 멸망당했다.
129) 이하의 기사는 『사기』 권 126, 「골계열전(滑稽列傳)」의 인용이다.
130) 위나라의 건국자. 재위 BC 445~396년.
131) 전국시대 위나라의 업현(鄴縣)의 현령. 업현의 '하백취부(河伯娶婦)' 풍속을 근절시켰을 뿐만 아니라, 장수(漳水)를 끌어들이는 관개사업을 벌여 이 지역 농업생산력을 크게 향상시켰다.
132) 지금의 하북성 임장(臨漳)의 서남에 있는 업진(鄴鎭) 동부지역.
133) 황하의 수신. 황하에서 빠져 죽은 풍이(馮夷)를 상제가 하백으로 임명했다는 설도 있다. 황하의 범람은 중국인들에게 커다란 재난이었고, 그래서 황하의 신을 달래기 위해 인간 제물을 바치는 풍습은 은대 갑골문에서 이미 확인되고 있다(복사卜辭에 하첩河妾이라는 표현이 보인다. 그러므로 전국시대 '하백취부(河伯娶婦)'의 풍속도 이러한 전통의 연장선상에서 이해할 수 있다. 한편 『초사(楚辭)』 천문(天問)에는 이예(夷羿)라는 영웅이 하백을 활로 쏘아 맞혔다는 전승이 있는데, 이는 흉포(凶暴)한 하백에 대한 중국인들의 반감을 표현한 것이다.
134) 춘추시대에서 진한시대 지방의 교화를 담당하는 자. 정식 관리도 아니며 녹봉도 없고 단지 요역만 면제받는 정도였으나, 지방의 유력자로서 상당한 세도를 누렸다.

백 만전에 달합니다. 그중 20~30만전은 하백이 부인을 얻는 데 쓰고, 나머지는 무당들과 함께 나눈 다음, 남는 것은 가지고 갑니다. 그때가 되면 무당들이 돌아다니면서 남의 집에 예쁜 딸이 있는지를 살피고는 이 여자야말로 하백의 신부가 되는 것이 마땅하다고 하면서, 바로 폐백을 보내주고 데려갑니다. 그래서 목욕을 시키고 갖가지 비단옷으로 꾸민 다음, 조용히 있으면서 몸과 마음을 정결히 하도록 시킵니다. 이를 위해 황하 옆에 재궁(齋宮)¹³⁶⁾을 세우고, 붉은색 장막을 쳐서 여자를 그 속에서 살게 하며, 쇠고기와 술과 밥을 제공합니다. 이렇게 10여 일이 지나면 여럿이서 화장을 해주고, 시집갈 때 타는 자리 같은 것을 만들어서 여자를 그 위에 앉게 한 다음 황하에 띄웁니다. 이것이 처음에는 떠서 수십 리를 가지만, 결국 물에 빠지고 맙니다. 그래서 예쁜 딸을 둔 집에서는 큰 무당이 하백을 위해 딸을 앗아가지 않을까 두려워하여 이 때문에 딸을 데리고 많이 도망갑니다. 그런 까닭으로 성안은 갈수록 비고 사람이 적어졌으며, 또 가난하게 삽니다. 이 일은 그 유래가 아주 오래되었습니다. 그래서 민간에서 말하기를 하백을 위해 신부를 제때 보내주지 않으면 물이 넘쳐 성이 잠기고 사람들을 빠져죽게 한다고 합니다'라고 했다. 서문표가 말하기를 '하백이 부인을 얻을 시기가 되어 삼로·무당·부로(父老)들이 여자를 강가로 보낼 때 와서 알려주기를 바란다. 나도 가서 여자를 전송하겠다' 하니, 모두들 '알았습니다'라고 했다.

그때가 되어 서문표가 강가¹³⁷⁾로 나가 보니, 삼로와 관속과 호족 및 마을의 부로들이 모두 모여 있었고, 구경 나온 백성들도 2, 3천명이나 되었다. 주관하는 무당은 늙은 여자로서 나이가 이미 70이었으며, 따르는 여자

---

135) 현의 속리(屬吏)로 행정실무 담당.
136) 몸과 마음을 깨끗이 하기 위해, 즉 재계(齋戒)를 위해 설치한 시설.
137) 북위(北魏) 역도원(酈道元)의 『수경주(水經注)』 권 10, 탁장수(濁漳水) 조에 의하면 이곳을 이름하여 제맥(祭陌)이라 했다.

제자 10명이 비단 홑옷을 입고 큰 무당의 뒤에 서 있었다. 서문표가 말하기를 '하백의 부인을 불러오너라. 예쁜지 추한지를 보리라' 하니, 곧 여자를 데리고 장막을 나와 앞에 대령하였다. 서문표가 그 여자를 보고 나서 삼로·무당·부로들을 돌아보며 말하기를 '이 여자는 아름답지 않다. 큰 무당 할멈을 시켜서 물속으로 들어가 하백에게 알리도록 하라. 아름다운 여자를 다시 구해 뒷날 보내겠노라고' 하고는, 바로 이줄(吏卒)들을 시켜 큰 무당 할멈을 안아 강 속으로 던지게 했다. 얼마 있다가 서문표는 '무당 할멈이 어째서 꾸물대고 있는가. 제자가 가서 할멈을 재촉하라'고 하면서 다시 한 제자를 강 속으로 던졌고, 모두 세 제자를 던졌다. 서문표는 '무당 할멈과 그 제자는 여자들이다. 그래서 사정을 제대로 아뢰지 못하는 모양이다. 그러니 삼로들이 수고스럽지만 물속에다 사정을 말씀드려야겠다'라고 하면서 다시 삼로를 강 속으로 던졌다. 서문표는 예를 갖추어[138] 허리를 굽혀 인사를 하고는[139] 강을 향해 공손히 서 있기를 한동안 했다. 옆에서 지켜보던 장로들은 모두 놀라고 두려워했다. 서문표는 이들을 돌아보며 말하기를 '무당 할멈도 삼로도 돌아오지 않으니 어찌된 일인가. 다시 정연과 호족 한 사람을 시켜 들어가 재촉하도록 하라' 하니, 모두가 머리를 조아렸고, 또 머리를 조아리다 이마가 깨어져 피가 땅으로 흘렀으며, 얼굴색은 죽은 잿빛처럼 되었다. 서문표는 '그럼 좋다. 잠깐만 더 기다려 보기로 하자' 했다. 다시 얼마간 시간이 흐른 다음 '정연들은 일어나라. 하백이 손님들을 오래 잡아둘 모양이니, 너희들은 그만 돌아가거라'고 했다. 업의 관리와 백성들은 크게 놀라고 두려워했으며, 그뒤 감히 하백을 위해 부인을 얻어준다는 말을 다시 하지 못했다."

---

138) 원문은 '잠필(簪筆)'로, 머리에 붓을 꽂고 예를 갖춘다는 의미이다.
139) 원문은 '경절(磬折)'인데, 이는 경쇠처럼 몸을 굽혀 절을 한다는 의미이다.

9. 한(韓)나라[140] 무당

『한비자(韓非子)』[141]「현학편(顯學篇)」에서 말했다. "요사이 무축(巫祝)들이 사람들을 위해 빌면서 말하기를 '당신이 천년만년 오래 살도록 축원합니다'라고 한다. 그래서 천년만년이라는 소리를 귀가 따갑도록 듣지만, 하루도 목숨을 연장했다는 증거를 사람들에게 보여주지 못했다. 이것이 바로 사람들이 무시하는 이유이다. 요사이 유학자들이 군주에게 설득할 때, 지금 정치하는 방법을 말하지 않고 지나간 과거의 잘 다스려졌던 공적을 말한다. 또 관이 행하는 법의 사례는 조사하지 않을 뿐만 아니라 간사한 자들의 실태도 파악하지 못한 채, 모두 상고의 전승을 들먹이면서 선왕의 치적을 칭송한다. 그리고 유학자들은 말을 꾸며 말하기를 '내 말을 들으면 천하를 통일하는 패왕(霸王)이 될 수 있다'고 한다. 이렇게 말하는 자는 무축과도 같은 것으로 법도를 변별할 줄 아는 군주는 받아들이지 않는다. 그러므로 현명한 군주는 실제적인 것을 받아들이고 쓸모없는 것은 버리며, 인의와 같은 것은 입에 담지 않으며, 학자들의 말에 귀를 기울이지 않는다."

10. 한무(漢巫)·진무(晉巫)·진무(秦巫)·양무(梁巫)·형무(荊巫)·호무(胡巫)·만무(蠻巫)

『풍속통(風俗通)』[142]에서 말했다. "회계(會稽)[143]지방의 풍속은 음사(淫

---

140) 전국 7웅(雄)의 한 나라로 BC 453년 조·한과 함께 진나라를 3분했고, BC 403년에는 주나라로부터 정식 승인을 받았다. 지금의 하남성 중부지역에 있었다. 그러나 BC 230년 진에 의해 멸망당했다.
141) 중국 전국시대 말기의 대표적인 법가 사상가인 한비자(BC 280~233년경)의 저술이다.
142) 『풍속통의(風俗通義)』라고도 한다. 후한의 학자 응소(應邵)의 저술로 헌제(獻帝, 190

祀)가 많고, 점치기를 좋아한다. 백성들은 하나같이 소를 잡아 제사하는데, 무축들은 세금처럼 사례를 받는다. 백성들은 무축의 입을 두려워하여 재앙을 받을까 떨면서 감히 거역하지 못했다. 그래서 재물은 귀신으로 말미암아 소진되고 재산은 제사 때문에 없어졌다. 혹 가난한 집안이 정해진 제사를 지내지 못하면 불경스럽게 쇠고기를 먹었으니 병이 걸려 죽을 것이며 죽음에 앞서 소 울음소리를 낼 것이라고까지 말한다. 그 두려워함이 이와 같았다."

『문헌통고(文獻通考)』[144]에서 말했다. "한나라 고조(高祖)[145]가 처음 군사를 일으키고 처음 장악한 지역의 이름인 패(沛)[146]를 따서 패공(沛公)이라 했으며, 치우(蚩尤)[147]에게 제사하고 흔(釁)[148]을 거행했다. 2년(BC 205)에는 동으로 항적(項籍)[149]을 치고 관중(關中)[150]으로 들어와 북치(北畤)[151]

~220) 시대에 이루어진 것으로 추측되고 있다. 풍속을 바로잡고 민심을 통일하기 위해 저술했다고 한다. 이하의 인용문은 권 9, 괴신(怪神)에 보인다.

143) 진한대(秦漢代)의 군명(郡名). 지금의 절강성 오현(吳縣)에 설치되었다가 후한 순제(順帝) 때(128~144) 소흥현(紹興縣)으로 치소(治所)를 옮겼다.

144) 1317년 마단림(馬端臨, 1254~?)에 의해 저술된 일종의 백과전서. 고대부터 남송시대까지의 여러 제도를 24부분으로 나누어 서술했다. 아래의 인용문은 권 90, 교사고(郊祀考) 잡사음사(雜祠淫祠)에 보인다. 그런데 그 내용은 『한서(漢書)』 권 25 교사지(郊祀志)와 일치한다. 그러므로 아래의 인용문은 『한서』를 본문은 물론 주까지 전재한 것이라 할 수 있다.

145) 전한왕조(前漢王朝)의 건립자. 이름은 유방(劉邦). 패현(沛縣) 풍읍(豊邑, 강소성 풍읍) 출신. 진말 혼란기인 BC 209년에 군사를 일으켰고, 중원의 패권을 다투던 항우를 격파하고 BC 202년 제위에 올랐다. BC 195년 경포(黥布)의 난을 진압하다 입은 상처로 말미암아 사망했다.

146) 진(秦)이 설치한 현명(縣名)으로, 지금의 강소성 패현(沛縣) 동(東). BC 209년 한 고조가 처음 군사를 일으킨 곳이다.

147) 중국 고대의 군신(軍神). 다섯 가지 병기를 만들어 염제(炎帝)·황제(黃帝)와 대립하였다.

148) 짐승을 죽여 신에게 제사하고, 그 피를 북에 발라 전승을 기원하는 의식이다.

149) 항우(項羽)의 이름이며, 항우란 그의 자. 진말(秦末)의 혼란기에 숙부 항량(項梁)과

를 건립했다. 그러나 담당 관리가 가서 제사했으며, 고조가 직접 가서 제사하지는 않았다. 옛 진(秦)나라의 제사 담당 관리들을 모두 불러 모아 다시 태축(太祝)·태재(太宰)란 관직을 두고 원래의 의례 그대로 거행하게 했다. 이에 따라 현(縣)마다 공사(公社)[152][이기(李奇)[153]가 말하기를 관사(官社)와 같은 것이라 했다]를 설치하도록 명령하고, 조서(詔書)를 내려 말하기를 '나는 제사를 대단히 중시하고 존경한다. 그러므로 현재 상제(上帝)의 제사 및 산천의 신으로, 마땅히 제사하지 않으면 안될 신들은 각각 정해진 때 예전처럼 제사하도록 하라' 했다. 그뒤 4년 만에 천하가 이미 안정되자 어사(御史)에게 조서를 내려 풍읍(豊邑)[154]으로 하여금 분유사(枌楡社)[155]를 두어 해마다 봄에 양과 돼지로 이를 제사하게 하고, 축관(祝官)에게 명령하여 장안(長安)에 치우사(蚩尤祠)를 세우도록 했다. 또 한편 축관과 여자 무당을 다음과 같이 두었다. 양(梁)나라 무당은 하늘·땅·천사(天社)·천수(天水)·방중(房中)·당상(堂上)[156] 등의 신을 제사하고, 진(晉)나라의 무당은 오제(五帝)[157]·동군(東君)·운중군(雲中君)·무사(巫社)·무사(巫祠)[158]·

군사를 일으켰고, 서초패왕(西楚覇王)을 자칭하며 중국의 패권을 노렸으나, BC 202년 한 고조와의 싸움에서 패배하여 자살한다.
150) 함곡관(函谷關) 이서(以西)의 섬서성(陝西省) 관중분지(關中盆地) 일대로 진(秦)나라의 중심지였다.
151) 하늘의 5제의 하나인 흑제(黑帝)를 제사하는 곳. 지금의 섬서성 봉상(鳳翔)의 남쪽에 있었다. 치(畤)란 높은 산 아래, 낮은 산 위를 뜻하며, 하늘이 음(陰)을 좋아한다고 여겨 이런 곳에서 하늘을 제사한다. 진대(秦代) 이전까지 백(白)·청(靑)·황(黃)·적(赤)의 4제(帝)를 4치(畤)가 있었지만, 한 고조가 처음 흑제를 제사하는 북치(北畤)를 두었다.
152) 토지신인 후토신(后土神)을 제사하던 곳. 후토신은 구룡(句龍)이라는 인물로, 생전에 전욱(顓頊)이라는 제왕을 보좌했으므로, 공(公)이라는 명칭을 붙였다.
153) 남양(南陽) 출신으로 『한서(漢書)』의 주석가.
154) 한 고조의 고향으로 지금의 강소성 풍현(豊縣).
155) 느릅나무를 신체로 모신 이사(里社)의 일종. 한 고조가 처음 거병하면서 이곳에서 제사했다.
156) 『한서』 권 25 교사지에서는 당상(當上)이라 했다.

족인취(族人炊)[159] 등의 신을 제사하고[복건(服虔)[160]이 말하기를 '동군(東君) 이하는 모두 신의 이름이다' 했고, 안사고(顔師古)[161]는 '동군은 태양의 신이며, 운중 군은 구름의 신을 말한다. 무사(巫社)와 무사(巫祠)는 모두 옛날 무당의 신들이며, 족인 취(族人炊)는 옛날 취사를 주관하는 여신이다. 취(炊)는 밥을 짓는다는 의미이다], 진 (秦)나라 무당은 사주(社主)[162]·무보(巫保)·족류(族纍) 등의 신을 제사하 고[안사고(顔師古)가 말하기를 '사주(社主)는 위에서 말한 5사주(五社主)이며,[163] 무 보(巫保)·족류(族纍)는 두 신의 이름이다'라 했다], 형(荊)의 무당은 당하(堂下)· 무선(巫先)·사명(司命)·시미(施糜) 등의 신을 제사하고[안사고(顔師古)가 말 하기를 '당하(堂下)는 당(堂)의 아래에 있는 신, 무선(巫先)은 무조신(巫祖神), 사명(司 命)[164]은 사람들에 의하면 문창성(文昌星)의 네번째 별, 시미(施糜)는 항상 죽을 제공 하던 신이라 했다], 구천무(九天巫)는 구천(九天)을 제사하게 했다[안사고가 말 했다. 9천이란 중앙은 균천(鈞天), 남방은 창천(蒼天), 동북방은 민천(旻天), 북방은 현 천(玄天), 서북방은 유천(幽天), 서방은 호천(浩天), 서남방은 주천(朱天), 남방은 염천 (炎天), 동남방은 양천(陽天)이다. 이 설은 『회남자(淮南子)』[165]에 보인다. 다른 하나의

---

157) 천신 중 가장 존귀한 태일(泰一)을 보좌하며, 하늘의 5방을 주재하는 신. 동방의 창 제(蒼帝) 영위앙(靈威仰), 남방의 적제(赤帝) 적표노(赤熛怒), 서방의 백제(白帝) 백초거 (白招拒), 북방의 흑제(黑帝) 협광기(叶光紀), 중앙의 황제(黃帝) 함추뉴(含樞紐)이다.
158) 무당의 선조.
159) 처음 음식조리법을 발명한 여신. 그러나 『사기』 권 28 봉선서(封禪書)에서는 족인(族 人)과 선취(先炊) 두 신으로 보았다.
160) 후한 영제(靈帝, 167~189) 때의 인물로 『춘추좌씨전해(春秋左氏傳解)』『한서음의 (漢書音義)』 등의 저술이 있다.
161) 당나라 때의 훈고학자. 생몰년 581~645년. 『한서』에 대해서도 주석을 했는데, 아래 의 구절도 바로 『한서』(상) 권 25, 「교사지」(상)에 대한 주석이다.
162) 토지신.
163) 진대(秦代) 박(亳)에 있던 5개의 사주(社主)로, 『한서』 권 25 교사지에 언급되어 있 다. 그러나 『사기』 권 28 봉선서(封禪書)에서는 3사주라 했다.
164) 사람들의 잘잘못을 살펴 벌을 주는 신.
165) 『회남자(淮南子)』 천문훈(天文訓)에 보이며, 같은 설이 『여씨춘추(呂氏春秋)』 유시람

설은 동방은 민천(旻天), 동남방은 양천(陽天), 남방은 적천(赤天), 서남방은 주천(朱天), 서방은 성천(成天), 서북방은 유천(幽天), 북방은 원천(元天), 동북방은 변천(變天), 중앙은 균천(鈞天)이라는 것이다. 이들은 모두 해마다 계절에 따라 궁중에서 제사했다. 또 하무(河巫)는 황하를 임진(臨晉)[166]에서 제사했으며, 남산무(南山巫)는 남산(南山)[167]과 진중(秦中)을 제사했는데, 진중(秦中)이란 진(秦)나라 2세 황제[168]이다[장안(張晏)[169]이 말하기를 비명횡사하여 혼이 여귀(厲鬼)[170]가 되었으므로 제사하는 것이라 했다. 성제(成帝)[171] 때 광형(匡衡)[172]이 아뢰어서 제사를 폐지했다]. 이 제사들은 정해진 제사 날짜가 있었다.

〔**영어(靈圉)**〕 사마상여(司馬相如)[173]의 「봉선서(封禪書)」[174]에서 말하

(有始覽)에도 나온다.
166) 옛 현(縣) 이름. 지금의 중국 섬서성 조읍(朝邑) 동남.
167) 한대에는 섬서성 중부의 종남산(終南山), 신강성(新疆省)과 감숙성 사이의 곤륜산(崑崙山), 감숙성과 청해성 경계의 냉용령산맥(冷龍嶺山脈) 등을 남산이라 했으나, 이 경우는 어느 곳인지 알 수 없다.
168) 진시황의 둘째 아들로, 이름은 호해(胡亥). BC 210년 환관 조고(趙高) 등에 의해 옹립되었으나, 재위 동안 실정(失政)하여 농민봉기를 유발시켰고, 결국 BC 207년 조고에 의해 피살되었다.
169) 『한서』의 주석가로 알려져 있으나, 자세한 사항은 알 수 없다. 아래의 구절도 바로 『한서』(상) 권 25, 「교사지」(상)에 대한 주석이다.
170) 악귀.
171) 전한의 제9대 황제. 재위 BC 33~7년.
172) 전한 원제(元帝, BC 48~33), 성제(成帝, BC 33~7) 시대의 대신.
173) 전한시대의 문인. 생몰년 BC 179~117년. 경제(景帝) 때 관계(官界)로 나갔으나 부(賦)를 싫어하는 경제에 실망하여 문학애호가인 양(梁) 효왕(孝王)에 의탁했다. 그러나 효왕 사후 가난한 생활을 했고, 임공(臨邛)의 부잣집 딸 탁문군(卓文君)과 사랑의 도피행각을 벌리기도 했다. 그가 지은 「자허부(子虛賦)」로 말미암아 무제에게 발탁되어 관리생활을 하면서 많은 명작을 남겼다.
174) 「봉선문(封禪文)」이라고도 한다. 사마상여의 죽음이 임박하자 무제는 그의 저작물이 흩어질까 염려하여 사자를 보내어 그것을 모아오게 했다. 그러나 사자가 당도했을 때 사마상여는 이미 죽었고, 병중에 쓴 작품이라 하면서 그의 부인이 이 글을 바쳤다고 한다. 봉선(封禪)이란 천자가 공업(功業)을 이루었음을 천지에 보고하는 의례이다. 이로부터 8

를 "귀신은 영어(靈圉)[175]와 교접하고 조용한 건물에 손님으로 모셔졌다[귀신접영어(鬼神接靈圉) 빈어한관(賓於閒館)]"고 했다. 이 구절에 대해 안사고(顏師古)가 말하기를[176] "한(閒)은 한(閑)과 같은 발음으로 읽는다"고 했다. ○『오주연문장전산고』에서 말하기를[177] "『설문해자(說文解字)』에서 '영(靈)은 영(霊)'이라 했고, 그 주석에서는 '영(霊)은 무당을 뜻하는데, 옥으로 신을 섬긴다는 것을 나타내며, 옥(玉)은 글자의 부수(部首)를, 영(霝)은 발음을 표시'한다"고 했다.

〔**신군(神君)**〕[178] 「교사지(郊祀志)」[179]에서 말했다. "한 무제는 수궁(壽宮)[180]을 세우고 신군을 받들었다. 신군은 실내의 휘장 속에서 살았다. 천자는 무당 때문에 신군을 주인으로 삼았으며, 함께 음식을 들었다. 신군이 말을 하고자 하면 아래로 내려왔다[진작(晉灼)[181]이 말하기를 '신군은 말할 것이 있으면 무당에게 내려온다는 의미'라 했다.[182]

년 뒤 무제는 처음으로 봉선을 거행했다. 이 글은 『사기』 권 117, 「사마상여전(司馬相如傳)」, 『한서』 권 57 하, 「사마상여전」, 『문선(文選)』 권 48 부명(符命) 등에 수록되어 있다.
175) 옛 선인(仙人)의 이름.
176) 『한서』 권 57 하, 「사마상여전」에 보이는 안사고(顏師古)의 주를 가리킨다.
177) 『오주연문장전산고』 권 26, 「무격변증설(巫覡辨證說)」에서 말한 것이다.
178) 신령에 대한 경칭. 한 무제는 아이를 낳다가 죽은 장릉(長陵, 섬서성 함양 동북)의 여인의 혼령을 신군으로 섬긴 적도 있었지만, 이 경우는 원수(元狩) 5년(BC 118) 한 무제의 병을 낫게 해준 상군(上郡) 무녀의 몸주신이다. 이 신군은 모습은 볼 수 없고 목소리만 들리는데 사람의 음성과 같았으며, 오고감에 때가 없으나, 신군이 오면 실내의 휘장 안에 거하면서 주로 밤에 공수를 한다고 한다.
179) 『한서』(상) 권 25, 「교사지」(상)를 말한다.
180) 장수를 기원하기 위해 세운 신사(神祠). 한 무제는 BC 118년(원수元狩 5) 병에 걸렸으나, 상군(上郡)의 출신의 무녀의 몸주신인 신군(神君)의 영험으로 병이 나았다. 이에 한 무제는 천하에 대사령을 내렸고, 신군을 모시기 위해 수궁(壽宮)·북궁(北宮) 등을 세웠다.
181) 진나라 상서랑(尙書郎)을 역임했으며, 『한서음의(漢書音義)』를 지었다. 아래의 구절도 『한서』(상) 권 25, 「교사지」(상)에 대한 주석이다.

○문영(文穎)[183]이 말하기를[184] "이때 황제는 신선 같은 사람을 찾았는데, 상군(上郡)[185]의 무당과 장릉(長陵)[186]의 여자가 능히 귀신과 교접하여 병을 다스리면 곧 나았으므로 상림원(上林苑)[187]에 모셔두고 신군(神君)이라 했다. 이것은 옛날의 영어(靈圉)와 비슷함이 있었고, 한적한 집에서 예로 대접하였다"고 했다.

〔**무고**(巫蠱)〕 왕씨(王氏)[188]가 말하기를 "여자로서 형체가 없는 것을 잘 섬기고 춤으로 신을 내리게 하는 자를 무당이라 하고, 좌도(左道)[189]를 가지고 정치를 어지럽히며 사람들을 미혹케 하는 것을 고(蠱)라 한다" 했다.

『사원(辭源)』[190]에서 말했다. "무고란 여자 무당이 술법을 사용하여 저주의 도구〔蠱〕를 만들어 사람들을 저주하는 것이다. 한나라 무제 때 방사[191]와 여러 신무(神巫)들이 각각 수도에 모여들었고, 여자 무당들은 궁중을 왕래하면서 미인(美人)[192]들에게 재앙을 물리치고 나무인형을 묻어 제사하는 법을 가르쳤다.[193] 한 무제가 병들자 강충(江充)은 병이 무고 때문

---

182) '아래로 내려왔다'에 대해서는 이기(李奇)의 해석도 있는데, 여기서는 신군이 말하면 무제가 존경하는 의미에서 아래로 내려갔다는 의미로 풀이했다.
183) 후한 말 형주종사(荊州從事)·감릉부승(甘陵府丞) 등을 역임했으며, 『한서』에 대한 주석을 남겼다.
184) 『한서』(하) 권 57, 「사마상여전(司馬相如傳)」의 "귀신접영어빈어한관(鬼神接靈圉賓於閒館)"이라는 구절에 대한 문영(文穎)의 주석이다.
185) 지금의 섬서성 북부와 내몽고 오심기(烏審旗) 지역을 관할하던 군.
186) 한 고조의 능을 가리키나, 한 고조 12년(BC 195)에 이곳에 능의 이름을 딴 현(縣)이 설치되면서 지역명으로도 사용했다. 지금의 섬서성 함양(咸陽) 동북.
187) 진한시대의 궁원. 진대(秦代)부터 있었으며, 한초에 황폐해진 것을 한 무제가 대대적으로 수리하고 온갖 짐승을 길러 황제의 사냥과 놀이터로 삼았다.
188) 누구인지 확인하지 못했다.
189) 정도가 아닌 기괴한 술법. 사도(邪道)와 같은 의미이다.
190) 『사원(辭源)』 공부(工部) 4획, 「무(巫)」조에 보이는 내용이다.
191) 전국시대 말에서 육조시대에 신선과 불로장생을 추구하던 주술사.
192) 진한시대 황제 비빈(妃嬪)들의 칭호의 하나.

이라 하여 궁중에서 저주용 인형을 파내었다."[194]

〔호무(胡巫)〕『삼보구사(三輔舊事)』[195]에서 이르기를 "강충(江充)이 호무(胡巫)[196]를 시켜 저주의 도구[蠱]를 만들어 땅에 묻게 했는데, 혹은 설주(說呪)라고도 한다"라 했다.[197] (『오주연문장전산고』)[198]

〔만무(蠻巫)〕『용재수필(容齋隨筆)』[199]에서 말했다. "만무(蠻巫)[200]는 주

---

193) 무제의 첫번째 황후인 진황후(陳皇后)가 위자부(衛子夫, 후일 위황후)를 저주한 일, 성제(成帝)의 허황후(許皇后)가 임신한 왕미인(王美人) 등을 저주한 일, 애제(哀帝) 때 풍태후(馮太后)가 황제와 부소의(傅昭儀)를 저주한 일 등이 있었다.

194) 한 무제 말년에 일어난 비극적 사건인 '무고(巫蠱)의 난(亂)'을 말한다. 당시 강충이라는 인물은 무제의 총애를 받아 권세를 누리고 있었지만, 태자와는 사이가 좋지 않았다. 그런데 BC 94년 연로한 무제가 병들자, 강충은 무제가 죽으면 태자에 의해 죽임을 당할지도 모른다고 생각했다. 이에 오동나무로 만든 인형을 몰래 태자궁에 묻어두고, 무제의 병은 태자의 저주 때문이라고 모함했다. 모함당한 것을 안 태자는 군대를 일으켜 강충을 베고 반란을 일으켰으나, 결국 패하여 자결하고 말았다. 이로 말미암아 태자의 어머니 위황후(衛皇后)도 자살했으며, 황태자비와 그 자식들도 사형에 처해졌다. 후일 강충의 모함임이 드러나, 무제는 강충의 일족을 모두 처형했다.

195) 중국 진한대(秦漢代) 수도 장안의 역사를 기록한 책. 저자와 편찬시기는 불명이며, 책도 산일되었으나, 명나라 장주(張澍)가 『태평어람』 등에 전하는 일문(逸文)을 모은 집본(輯本)이 『이유당총서(二酉堂叢書)』 『신편총서집성(新編叢書集成)』 96 등에 수록되어 있다.

196) 일반적으로 북방계통의 무당을 뜻하나, 한대의 경우는 흉노족의 무당을 가리킨다. 호무에 대해서는 테쯔까 리꾸요시(手塚隆義) 「호무고(胡巫考)」, 『史苑』 11-2(立敎大 1937)라는 연구가 있다.

197) 역자의 능력 부족 탓으로, 현재 전하고 있는 『삼보구사(三輔舊史)』 일문(逸文)에서는 이와 똑같은 구절을 찾지 못했다. 그러나 이와 비슷한 것으로는 『한서』 권 45, 「강충전(江充傳)」에 대한 안사고(顔師古) 주(注)의 "삼보구사운(三輔舊事云) (강江)충사호무작이매지(充使胡巫作而薶之)"가 있다.

198) 『오주연문장전산고』 권 26, 「무격변증설」에 보인다.

199) 남송 홍매(洪邁, 1123~1202)의 저술로, 전 74권. 여러 책을 섭렵하면서 그때마다 느낀 사실을 기록한 것이다. 그러나 『용재수필』에는 이런 내용이 없다. 대신 홍매의 또 다른 저술이며 괴기소설집이라 할 수 있는 『이견지(夷堅志)』 정지(丁志) 권 1, 「치도생법(治挑生法)」에 다음과 같은 기록이 보인다. "광동(廣東) 조경부(肇慶府)의 지사(知事)

문으로 사람의 뱃속에 파 몇 줄기를 생기게 하는데, 뿌리와 줄기가 모두 갖추어 있게 했다. 또 사람의 뱃속에 병아리를 생기게 하여 사람을 해칠 수도 있다."201)

11. 당(唐)나라 무당

〔**백향산 신무곡**(白香山神巫曲)〕202)에서 말했다.
"깃발 건 고목나무에 신령한 구름 서리고,
푸른 풀 흰 띠풀 평평하여 제단 같구나.
그림 그려진 북의 소리 세 번에 푸른 산이 진동하고
춤추는 난(鸞)새 모양을 쌍으로 잘라 붉은 깁에 매달았네.
높이 차려놓은 별처럼 많은 접시엔 산해진미 담겼는데,

진가대(陳可大)는 갈비뼈 부분에 혹이 생겨 약을 먹고 토했더니 파 몇 줄기가 나왔으며, 광동(廣東) 뇌주(雷州) 사람인 강재(康財)의 처가 만무(蠻巫) 임공영(林公榮)의 술수 때문에 병이 걸려 약을 먹었더니 병아리처럼 생긴 고깃덩어리를 토했다"는 것이다. 그러므로 이것은 『이견지』를 잘못 인용한 것이라 할 수 있다.

이러한 오류는 이규경의 『오주연문장전산고』 권 26, 「무격변증설(巫覡辯證說)」에 이미 보이고 있다. 그러므로 이 부분은 이능화가 『오주연문장전산고』를 무비판적으로 인용하면서 저지른 실수라고 생각된다. 뿐만 아니라 이것을 한대(漢代) 무당의 사례로 제시한 것도 잘못이다.

200) 중국 남방지역의 무당이다.
201) 먹은 음식을 뱃속에서 자라게 하여 사람을 해치는 술법을 도생술(挑生術)이라 한다. 도생술에 대해서는 澤田瑞穗 「挑生術小考」, 『中國の呪法』(平河出版社 1990) 참조.
202) 이 시가 당나라 무당에 관한 것인 점, 향산(香山)이 백거이(白居易)의 만년의 자호(自號)인 점에 착안하여 『백거이집전교(白居易集箋校)』(上海古籍出版社 1988) 등을 검색했으나, 원 사료를 확인하지 못했다. 따라서 이것이 누구의 작품인지 알 수 없다. 그런데 『오주연문장전산고』 권 26, 「무격변증설」에는 이 시가 인용되어 있어, 원문 교감에 참고했다.

꽃자리 위를 춤추며 나아가 술잔을 올리네.
두 손에 신칼은 아름다운 그림자를 날리고
푸른 치마는 바람을 일으켜 좌우로 나부낀다.
흔드는 방울소리 별처럼 부서지고
구름 끝에서 오신 신령님 흔적이 있는 듯 없는 듯
파랬다 누랬다 하는 고목나무에 늙은 솔개 내려앉고
뒤섞인 모래밭엔 신령스런 까마귀 모인다.
여러 신의 흠향이 끝나면 잔과 접시 치우고
술동이 두드리며 신을 보내는데 가을 구름 피어오른다."

12. 요(遼)나라 무당

『요사(遼史)』[203] 예지(禮志)[204]에 의하면 제산의(祭山儀)[205]라는 의례는 다음과 같다. "천신(天神)과 지신[地祇]의 신위를 목엽산(木葉山)[206]에 설치하고, 동쪽을 향하여 임금 나무[君樹]를 세우며, 그 앞에는 여러 나무[群樹]를 심는데, 이는 조정의 반열을 본뜬 것이다. 또 두 나무를 나란히 심어 신문(神門)으로 여긴다. 황제와 황후가 도착하면 이리필(夷离畢)[207]은 예의

---

203) 중국 요나라의 역사를 기록한 기전체 사서. 전 116권. 원의 탈탈(脫脫) 등이 칙명을 받아 1343년부터 1344년까지 편찬하였다.
204) 『요사』 권 49, 예지 1, 길의(吉儀)에 수록되어 있다.
205) 요에서 가장 중요한 국가제사. 신앙대상은 천신과 지신이며, 연 2회 춘추로 거행되었다. 島田正郎 「契丹の祭祀」, 『遼朝史の研究』(創文社 1979) 321~29면.
206) 내몽골 내만기(內曼旗) 동북쪽 노합하(老哈河)와 시라무렌하(西剌木倫河)의 합류점 부근에 있는 산. 거란족의 시조 부부가 처음 만난 곳으로 거란족의 발상지이다.
207) 요의 관직명으로, 형정(刑政)을 관리한다. 참지정사(參知政事)에 해당한다. 『요사』 116 국어해(國語解).

를 갖춘다. 제물로는 붉은색과 흰색의 말·검은 소·붉은색과 흰색의 양을 사용하는데, 모두 수컷이다. 복신(僕臣)을 기고예자(旗鼓拽剌)208)라고 하는데, 희생을 죽이고 몸을 갈라서 임금 나무에 건다. 태무(太巫)209)는 희생동물에 술을 붓는다. 예관(禮官)을 적렬마도(敵烈麻都)210)라고 하는데, 의판(儀辦)211)을 아린다. … 무(巫)는 세 번 사(辭)를 아뢰는데, 사를 아뢸 때마다 황제와 황후는 한 번씩 절한다. 관위에 있는 사람들도 모두 한 번씩 절한다.

세제의(歲除儀)212)는 다음과 같다. 초저녁에 칙사와 이리필(夷离畢)은 집사낭군(執事郞君)을 거느리고 황제의 전각으로 가서 소금과 양기름을 화로 중에 넣고 태운다. 무(巫)와 태무(太巫)는 차례로 화신(火神)에게 기원한다. 이를 마치면 합문사(閤門使)가 기원한다. 황제는 불을 바라보고 두 번 절한다.

상장의(喪葬儀)213)는 다음과 같다. 성종(聖宗)214)이 붕어하자 흥종(興宗)215)은 추도전(菆塗殿)에서 곡(哭)을 하면서 머물렀다. 대행(大行)216)의

---

208) 요의 관직명으로, 군대의 기와 북을 관장한다(『요사』 116 국어해). 그러나 이 경우는 의례의 준비를 담당한다고 할 수 있다.
209) 국가권력이 인정하는 무(巫) 가운데 우두머리.
210) 요에서 의례의 진행을 담당하는 관리로서, 무(巫)가 임명되는 것으로 추측된다. 島田正郞「敵烈麻都司と禮部―巫の機能と地位」,『遼朝官制の硏究』(創文社 1978) 295~326면.
211) 의례의 진행절차라는 의미가 아닌가 한다.
212) 요나라 궁정에서 연말에 거행하는 의례.『요사』권 49, 예지 1, 길의에 수록되어 있다.
213) 『요사』권 50, 예지 2, 흉례(凶禮).
214) 요나라 제6대 황제. 재위 982~1031년. 고려를 침입했다.
215) 요나라 제7대 황제. 성종의 장자. 재위 1031~1055년.
216) 붕어(崩御) 후(後) 아직 시호를 받기 전까지 황제에 대한 칭호. 그 의미에 대해서는 위대한 행적이라는 풀이와 영원히 가버렸다는 풀이가 있다. 그러나 이 경우는 황제가 붕어한 날을 의미한다. 戶崎哲彦「中國古代の大喪における「大行」の稱について」,『史學雜誌』100-9(史學會 1991) 40~62면.

저녁 4고(鼓)²¹⁷⁾가 끝날 무렵, 황제는 여러 신하들을 거느리고 관 앞으로 가서 세 번 음식을 올리는 의례[奠]을 지냈다. 그런 다음 관을 받들고 추도전의 서북쪽 문으로 나와서 온량거(輼輬車)²¹⁸⁾로 간다. 온량거에는 흰 요를 깔았으며, 무(巫)는 이에 대해 정화의례[祓除]를 했다. 다음날 아침 발인(發靷)²¹⁹⁾을 해서, 제소(祭所)에 이르렀으며, 모두 다섯 번 음식을 올리는 의례[奠]을 하고, 태무가 기양(祈禳)을 한 다음, 황족·외척·대신과 모든 경관(京官)들이 차례로 제사했다.

세시잡의(歲時雜儀)²²⁰⁾는 다음과 같다. 정월 초하루 나라 풍속에서는 찰밥과 흰 양의 골수를 섞어 떡을 만들어 주먹만 하게 둥글게 뭉친다. 이것을 장(帳)²²¹⁾마다 49개씩 주며, 각장에서는 무야(戊夜)²²²⁾에 안에서부터 떡을 창밖으로 던진다. 그래서 짝수를 얻으면 음악을 울리고 연회를 한다. 그러나 홀수가 되면 무당 12명으로 하여금 방울을 울리고 화살을 쥐고 장(帳)을 돌면서 큰소리로 노래하게 한다. 또 장안에 있는 화로에서 소금을 지지고, 지박서(地拍鼠)²²³⁾를 태운다. 이를 '귀신을 놀라게 하기'[驚鬼]라고 일컫는다. 7일 뒤에 바깥출입을 하는데, 거란어로는 정월 초하루를 내날이애(迺揑咿唲)라고 한다."

---

217) 4경. 새벽 1~3시.
218) 영구차.
219) 상여가 집에서 나감.
220) 정월 초하루에 행하는 의식. 『요사』 권 53, 예지 6, 가의(嘉儀) 하(下)에 수록되어 있다.
221) 요의 황족·외척 등 특권집단.
222) 새벽 3시부터 5시 사이. 오경(五更)이라고도 한다.
223) 들쥐의 일종. 『요사』 권 106, 국어해(國語解).

13. 금(金)나라 무당

『성경통지(盛京通志)』[224] 「잡지(雜志)」에서 말했다. "금나라 초기의 고유 풍속에서는 피살자가 있으면 그 친족들이 장대 끝에 칼을 매어 여러 사람들과 함께 살인자의 집으로 찾아가 무당으로 하여금 노래하면서 빌기를 '한쪽 뿔은 하늘을 향해 있고 다른 한쪽 뿔은 땅을 향해 있는 너의 소와, 정면에서 보면 아름다운 얼굴이요 뒤에서 보면 꼬리가 희고 옆에서 보면 좌우에 날개가 있는 이름도 없는 말을 취하다'고 한다. 그 소리가 애절하고 슬퍼서 마치 호리(蒿里)의 소리[225]와 같았다. 칼날을 가지고 땅을 긋고, 가축이나 재물을 집으로 가져가는데, 한번 저주를 당하면 집안이 곧 망한다"고 했다."[226]

『성경통지(盛京通志)』에서 또 말했다. "금나라 소조(昭祖)[227]는 오랫동안 자식이 없었다. 그런데 신의 말을 전하는 무당이 있었는데, 대단히 영험했다. 이에 무당을 찾아가서 기도하니, 조금 있다가 무당이 말하기를 '남자 혼이 왔는데, 이 아이는 복덕(福德)이 두텁고 자손이 번창할 터이니, 절하

---

224) 청나라 때 편찬된 만주지역의 지방지. 1684년(강희 23)에 처음 32권으로 편찬되었으나, 이후 1734년(옹정 12)・1736(건륭 1)・1748년(건륭 13) 증보가 계속되었고, 1778년(건륭 43)『사고전서(四庫全書)』편찬을 계기로 대폭 증보되어 130권이 되었다. 아래의 「잡지」는 130권본의 권 108에 수록되어 있다. 「조선무속고」를 교감하면서 이용한 것도 130권본(遼海出版社 1997)의 「잡지」이다.
225) 만가(輓歌), 즉 장송곡. 호리(蒿里)는 태산 남쪽에 있는 산 이름으로 사람이 죽으면 혼백이 머문다는 곳이다.
226) 위의 기사는 『금사(金史)』 권 64, 「시조이하제자전(始祖以下諸子傳)」 중 사리홀전(謝里忽傳)에 이미 보이는 내용이다. 여기서는 금나라 황실의 시조의 한 사람인 소조(昭祖) 석로(石魯)가, 동족 완안부(完顏部) 사람이 내류수오살찰부(來流水烏薩扎部) 사람에게 살해당했을 때, 이런 방법을 사용한 것으로 나온다.
227) 금나라 태조의 조상. 이름은 석로(石魯). 부족의 관습법을 초월한 여진족 공통의 법을 제정한 것으로 전한다.

고 받아들여야 합니다. 그리고 만약 태어나면 오고내(烏古鼐)라 이름 지으십시오'라 했다. 이 이가 경조(景祖)228)이다. 조금 있다가 '여자의 혼이 왔습니다. 이름을 오연(烏延)이라 하십시오' 했고, 또 조금 있다가 '여자의 조짐이 다시 보이는데, 이름을 오달포(烏達布)라 하십시오'라 했다. 또 조금 있다가 '남자의 조짐이 다시 보입니다. 그러나 성질이 순하거나 양심적이지 못하여, 자라면 잔인하고 친척을 사랑하는 마음이 없어, 반드시 옳지 못한 일을 할 것이니, 받지 않는 것이 좋겠습니다'라고 했다. 소조는 후사가 아직 정해지지 않은 것을 생각하여, '비록 불량하더라도 받기를 원한다'라 하니, 무당이 말하기를 '이름을 마땅히 오긍철(烏肯徹)이라 하십시오'라 했다. 이후 2남 2녀를 낳았는데, 성별과 선후는 모두 무당의 말과 같았다."229)

14. 원(元)나라 무당(몽고 무당)

『원사(元史)』, 「제사지」230)에서 말했다. "원나라의 5례(五禮)는 모두 몽고의 고유 풍속에 따라 행해졌다. 그러나 제사는 점차 중국의 옛 제도를 살펴서, 교사(郊祀)231)와 종묘의 제사에 대한 예관(禮官)의 연구는 나날이 자

---

228) 금나라 태조의 시조. 생몰년 1021~74년. 이름은 오고내(烏古酒). 여진 부족이 팽창하는 계기를 만든 것으로 전한다.
229) 역시 『성경통지(盛京通志)』 권 108, 「잡지(雜志)」에서 인용한 것이다. 또 이 사실의 원전 역시 『금사(金史)』 권 64, 「시조이하제자전(始祖以下諸子傳)」 중 오고출전(烏古出傳)이다. 오긍철(烏肯徹)=오고출烏古出)은 결국 어머니와 형 경조(景祖) 오가내(烏可鼐=오고내烏古酒)에 의해 살해되었다.
230) 『원사(元史)』는 원대(元代)의 역사를 기록한 기전체 사서. 명의 송렴(宋濂) 등이 칙명에 따라 1369년에 1차분을 완성했고, 이듬해 2차분을 완성하여 합본했다. 이 중 「제사지」는 권 72~77이며, 아래 인용문은 「제사지(祭祀志)」 중 서문과 국속구례(國俗舊禮)로, 각각 권 72와 77에 보인다.
231) 천지에 대한 제사.

세해져 갔다. 그러나 옛날의 의례는 처음부터 폐지하지 않았으니, 이 또한 이른바 처음을 잊지 않는다는 것이 어찌 아니겠는가. 혹자는 말하기를 '북쪽 변방의 풍속은 하늘을 숭상하고 귀신을 두려워하는 것이며, 그 무당은 매번 제사의 대상을 직접 보고 그것이 기뻐하는지 노여워하는지를 안다. 그런데 천자는 내세와 현세를 살피지는 못하기 때문에, 예속(禮俗)의 정비를 추진할 수 없다'고 하는데, 어찌 그렇지 않겠는가. 헌종(憲宗)[232] 때 일월산(日月山)에서 하늘에 제사하면서[233] 친부모를 추존(追尊)하고[234] 태조와 함께 배향했다.

국속구례(國俗舊禮, 몽고에서 유래한 무속)
해마다 태묘(太廟)[235]에는 1년에 네 차례 제사한다. 사인감관(司禋監官)은 한 사람인데, 이를 일컬어 몽고무축(蒙古巫祝)이라 한다. 성생(省牲)[236] 때에는 법복(法服)[237]을 입고 삼헌관(三獻官)[238]과 함께 태묘 건물에 올라가 각 실(室)[239]의 문 앞에서 희생이 살이 쪘다는 것을 고한다. 생소(牲所)로 돌아와서 몽고어로 역대 황제와 황후의 이름을 부르면서 이를 고한다.

---

232) 몽고의 대한(大汗). 재위 1215~59년. 이름은 몽가(蒙哥).
233) 『원사(元史)』 권 3, 「헌종본기(憲宗本紀)」에 의하면 헌종 4년의 일이다.
234) 헌종의 아버지는 칭기즈칸의 막내아들 타뢰(拖雷)인데, 헌종 즉위 후 영무황제(英武皇帝)로 추시(追諡)하고 묘호(廟號)를 예종(睿宗)이라 했다. 그런데 『원사』 권 3, 「헌종본기(憲宗本紀)」에서는 일월산에서의 제천을 헌종 4년이라 했고, 권 115, 예종열전(睿宗列傳)에서는 태조와 예종을 배향하여 호천상제(昊天上帝)와 후토(后土)를 제사한 것을 헌종 2년이라 했다.
235) 종묘. 원 세조 지원(至元) 2년(1265) 연경(燕京, 북경)에 건립했다.
236) 제사에 사용할 희생동물을 살펴보는 일을 말한다.
237) 의례 때 입는 옷.
238) 초헌(初獻)·아헌(亞獻)·종헌(終獻)을 담당하는 관리를 말한다.
239) 원의 태묘는 동당이실(同堂異室), 즉 같은 건물 내에 방[室]을 여러개 두어 황제와 황후의 신주를 모셨다.

이튿날 아침 삼헌례(三獻禮)를 마치면 헌관(獻官)·어사(御史)·태상경(太常卿)·태상박사(太常博士)[240]는 다시 태묘 건물에 올라가 각 실을 찾아뵙고, 몽고 박아치(博兒赤)[241]는 꿇어앉아 희생동물을 가르고, 태복경(太僕卿)[242]은 붉은 칠기 사발에 말 젖을 받들어 올린다. 무축이 몽고말로 신에게 고하기를 마치면, 태축(太祝)[243]이 축문과 폐백(幣帛)을 받들고 요위(燎位)[244]로 나가고, 헌관(獻官) 이하는 다시 판위(版位)[245]에 대해 절을 하고 의례를 마친다.

해마다 어가(御駕)는 상도(上都)[246]로 행차하여 8월 24일에 제사를 지내는데, 이를 일컬어 쇄마니자(洒馬妳子)[247]라고 한다. 말 한 필, 검은 양[248] 여덟 마리, 흰 명주와 채색한 명주 각각 9필, 흰 양털을 이삭 모양으로 얽어 만든 카펫, 담비 가죽 3장을 사용하며, 몽고 무격 및 몽고와 중국인 지식인으로 현달한 관리 네 사람으로 하여금 그 일을 주관하게 하는데, 두 번 절하고 하늘에 고한다.[249]

해마다 9월 중과 12월 16일 이후 소반원(燒飯院)[250]에서 말 한 필, 양

---

240) 태상사(太常寺)는 예악(禮樂)·제사(祭祀)·봉증(封贈) 등을 담당하는 관청이며, 태상경(太常卿)은 장관, 태상박사(太常博士)는 직원.
241) 사선(司饍) 또는 주사(廚師)라는 의미로, 음식을 담당하는 관리를 말한다.
242) 말을 기르고 말을 궁중에 공급하는 태복시(太僕寺)의 장관.
243) 태상시(太常寺)의 직원.
244) 제사를 마친 뒤 축문을 불사르고, 폐백을 묻는 장소.
245) 위판(位版)이라고도 하며, 죽은 자의 이름을 적은 나무판자.
246) 원의 여름 수도로, 지금의 내몽고 정남기(正藍旗) 동쪽.
247) 말 젖을 뿌리는 의식.
248) 검정 빛깔의 양은 돌연변이 아닌 다음에는 없는 것이므로, 흑염소를 가리키는 것이 아닌가 한다. 박원길『북방민족의 샤머니즘과 제사습속』(국립민속박물관 1998) 501면.
249)『원사(元史)』권 77,「제사지(祭祀志)」6에 의하면 이때 다음과 같은 의례도 행해졌다. 우호태조성길사어명이축지왈(又呼太祖成吉思諱名而祝之曰) '탁천황제복음(托天皇帝福蔭) 연년제새자(年年祭賽者)' 예필(禮畢) 장제관사원(掌祭官四員) 각이제폐표리일여지(各以祭幣表裏一與之) 여폐급제물(餘幣及祭物) 칙범여제자공분지(則凡與祭者共分之).

세 마리, 말 젖과 술, 붉은색 직물과 금색 폐백(幣帛) 및 안감으로 사용하는 비단 각각 3필을 사용한다. 몽고의 현달한 관리 한 사람으로 하여금 몽고 무당 한 사람과 함께 땅을 파서 구덩이를 만들어 여기서 고기에 불을 붙이고 또 술과 말 젖을 섞어서 태우도록 한다. 무격은 몽고말로 역대 황제의 이름을 부르면서 제사한다.

해마다 12월 하순에 날짜를 택하여 서진국사(西鎭國寺) 안쪽 담장 아래의 평평한 땅을 깨끗이 쓸고 태부감(太府監)[251]에서는 무늬있는 비단을, 중상감(中尙監)[252]에서는 가는 실로 짠 모직물을, 무비시(武備寺)[253]에서는 활·화살·허리에 차는 칼을 내놓는다. 짚을 엮어 인형 하나와 개 하나를 만들고 잡색의 비단을 오려서 내장과 위를 만들어서, 현달한 관리를 대대로 배출한 집안에서 귀하고 중요한 자를 선발하여 교대로 활을 쏘게 한다. 별속(別速)·찰랄이(札剌爾)·내만(乃蠻)·망고(忙古)·태열반(台列班)·탑달(塔達)·산죽(珊竹)·설니(雪泥) 등의 씨족이 아니면 이 행사에 참여할 수 없고, 이것을 쏘아서 갈기갈기 찢어지면 양젖으로 만든 술로 제사한다. 제사가 끝나면 황제와 황후, 태자와 비빈, 함께 쏘았던 사람들은 입었던 옷을 벗어서 몽고 무격으로 하여금 축원을 하게 한다. 축원이 끝나면 옷을 돌려주는데, 이를 이름하여 탈재(脫災)라 하며, 고유의 풍속에서는 사초구(射草狗)[254]라 한다.

해마다 12월 16일 이후에 날짜를 선택하여, 희고 검은 양의 털로 실을 뽑아서, 황제와 황후 및 태자는 정수리에서부터 손발까지 모두를 양털로

---

250) 소반(燒飯)은 거란(契丹)·여진(女眞)·몽고족(蒙古族)의 장례풍속으로, 죽은 자를 위해 물품이나 제물을 태우는 의식을 말한다. 이에 대해서는 박원길 「툴레시제(祭)」, 『북방민족의 샤머니즘과 제사습속』(국립민속박물관 1998) 477~522면 참조.
251) 전백(錢帛)의 출납과 내장고(內藏庫)·우장(右藏)·좌장(左藏)을 관리하던 관청.
252) 자성고(資成庫)의 모직물 만드는 사람들을 관할하고, 장막 설치 등을 담당하던 관청.
253) 병기 제조·관리·지급을 담당하던 관청.
254) '풀로 만든 개를 쏘기'라는 의미이다.

묶고는 침전(寢殿)에 앉는다. 몽고 무격은 주문을 외면서 불을 담은 은으로 만든 통을 받들고는 쌀겨를 그 속에 넣고 기름을 붓는다. 그래서 그 연기로 황제의 몸을 쐬게 하고, 묶었던 털실을 끊어서 통 속에 넣는다. 또 길이 몇 촌(寸)의 붉은 비단을 황제가 손으로 찢고 여기에 세 번 침을 뱉어 함께 불 속으로 던지고, 곧 입고 있는 옷과 모자를 벗어 무격에게 준다. 이것을 일 컬어 '옛날의 재앙에서 벗어나고 새로운 복을 맞이한다[탈구재脫舊災 영신 복迎新福]'고 한다.

무릇 황제의 장례식에서는 관은 향남목(香楠木)을 사용하며, 가운데를 둘로 쪼개어 사람의 형체대로 깎는데 그 폭과 길이는 신체를 겨우 용납할 수 있는 정도이다. 염습(殮襲)을 할 때에는 수달피 가죽 옷과 가죽 모자를 사용하며, 신발과 버선·허리띠·그릇은 모두 흰 가죽으로 만든다. 금호병(金壺瓶) 둘, 잔 하나, 주발·접시·숟가락·젓가락 각각 하나도 함께 넣는다. 염습이 끝나면 황금으로 만든 테두리 4개로 관을 묶는다. 운구차는 흰색 모직물로 장식하고 청록색 납실실(納失失)[255]로 발을 치며, 관을 덮는 것도 역시 납실실로 한다. 운구차의 앞에는 몽고의 할머니 무당이 한 사람이 새 옷을 입고 말을 타고 가면서, 황금으로 안장과 고삐를 장식하고 납실실을 두른 말을 끌고 가는데, 이를 일컬어 금령마(金靈馬)라 한다. 하루에 세 번 양을 잡아 제사를 올리고, 능(陵)이 있는 곳에 도착하면 구덩이를 팔 때 퍼 올린 흙을 덩어리로 만들어 순서대로 배열했다가, 하관을 하고 나면 다시 순서대로 덮는다. 그래도 남는 흙이 있으면 멀리 다른 곳에 둔다. 장례를 주관하는 관원은 세 사람인데, 5리 밖에 거처하며, 하루에 한 번씩 소반(燒飯)해서 제사를 드린다. 이들은 3년 뒤에 돌아온다." (이상은 『원사(元史)』이다.)

원나라 오래(吳萊)[256]의 「북방 무당의 강신가[北方巫者降神歌]」[257]에서

---

255) 페르시아제 비단.

말했다.

"밤 깊은 골방은 달조차 칠흑같이 어두운데
무녀는 북을 치며 노래를 시작한다.
높은 대들보 위 쇠 등잔은 반공(半空)에 걸려 있고
창을 바르고 문은 막아[258] 인적이 통하지 않네.
술과 고기 차려놓은 깨끗한 자리에
쟁(箏)과 비파 짝지어 울리니, 이슬과 바람도 쓸쓸하다.
어둠속의 금속소리 누가 감히 범하겠는가?
변방의 천신이여 부르면 빨리 오소서.
언덕과 물가의 풀로 말떼는 살찌고
집으로 통하는 입구에 이리를 그린 깃발이 빛난다.
온 집안이 귀 기울여 신의 말씀 듣는데
나가는 것은 없고 들어오는 것만 있어 곤륜산을 능가하게 된다네.
요망한 여우소리 함께 부르짖고
활기찬 산비둘기 함께 날고 있네.
옛날 오랑캐[259] 왕이 크게 사냥하던 곳이며
연지산(燕支山)[260]의 황량한 사막, 황사에 시달리는 나무 서 있네.

---

256) 원나라의 학자. 생몰년 1297~1340년. 제자들이 그를 연영(淵穎) 선생이라 했다.
257) 이 시는 오래(吳萊)의 문집인 『연영집(淵穎集)』 권 2에 수록되어 있다.
258) 원문은 '새향근호(塞向墐戶)'인데, 이는 『시경』 국풍, 빈풍 중 '칠월'이라는 시에 나오는 구절로 『시경』에서는 겨울이 되어 북쪽의 창문을 봉하고 문에는 흙을 발라 추위에 대비한다는 의미로 사용되고 있다.
259) 원문은 '구탈(甌脫)'인데, 구탈은 흉노족이 적정(敵情)을 살피기 위해 설치한 토실(土室)이다.
260) 중국 감숙성(甘肅省) 영창(永昌)의 서쪽에 있는 산 이름. 원래 흉노(匈奴)의 땅이었고, 언지산(焉支山)이라 했다. 이곳에서는 흉노 부인의 화장품의 원료인 언지(焉支, 학명 carthamus tinctorius)라는 풀이 나왔고, 이것을 진대(晉代) 최표(崔豹)의 『고금주(古今注)』

휴도왕(休屠王)한테서 빼앗은 상(像)은 진(秦)나라 궁중과 연결시켰고,[261]
우전(于闐)에 청한 말은 한(漢)나라의 길을 열었다.[262]
예나 지금이나 세상일은 하나같이 아득하기만 하니
초(楚)나라와 월(越)나라는 상서(祥瑞)와 귀신을 믿었지만,[263] 얼마나 재앙과 복이 있었던가.
옳고 그름을 가리지 말고 영장(靈場)에 내려오니
기린은 머리 풀고 거친 땅을 건너간다."[264]

권 하,「초목(草木)」(『증정한위총서(增訂漢魏叢書)』 4, 대화서국大化書局 1988, 3044면)에서부터 연지(燕支)라 했다. 江上波夫「匈奴婦人の顔色「焉支」に就いて」,『匈奴の社會と文化』(山川出版社 1999) 215~22면.

261) 휴도왕(休屠王)은 흉노(匈奴)의 제후왕으로, BC 121년 한의 장군 곽거병(霍去病)과 싸워 대패했고, 이때 흉노가 제천(祭天)에 사용하던 금인상(金人像)을 빼앗겼다. 한에서는 이 금인을 섬서성(陝西省) 순화(淳化) 서북에 감천궁(甘泉宮)에 모셨다. 한편 진시황(秦始皇)은 중국을 통일한 뒤 병기를 모아 금인상 12를 만들어 궁에 두었고, 이것을 한대에는 장락(長樂)·미앙(未央)·건장궁(建章宮)에 나누어 안치했다. 따라서 흉노 휴도왕의 금인과 진나라 궁전의 금인은 별개의 것이다(白鳥庫吉「匈奴の休屠王の領域と其の祭天の金人との就いて」,『塞外民族史研究』下, 岩波書店 1986, 319~62면). 따라서 이 시에서 양자를 연결시킨 것은 잘못이라 할 수 있다.

262) 우전(于闐)은 중앙아시아의 코탄(Khotan)에 있었던 나라 이름. 실크로드 중 천산남로(天山南路)의 요지이다. 한 무제 때 장건(張騫)의 원정을 통해 그 존재가 중국에 처음 알려졌다. 장건의 원정은 중앙아시아의 명마들이 중국에 들어오는 계기가 되었다. 그러므로 이 구절은 말의 교역을 하면서 중국과 중앙아시아의 교통이 열렸다는 의미이다.

263) 원문은 '초기월귀(楚禨越鬼)'인데, 이는 『열자(列子)』 설부편(說符篇)에 '초인귀(楚人鬼) 월인기(越人禨)'에서 유래한 것 같다. 그런데 『열자』의 이 구절에 대해 진의 장담(張湛)은 '신귀신여기상(信鬼神與禨祥)'이라 했고(楊伯峻『列子集釋』中華書局 1979, 260면, 여기서도 이 해석에 따랐다.

264) 관련 고사를 이해해야 의미를 파악할 듯하다.

15. 따로 덧붙임: 일본 무속의 원류

『화한삼재도회(和漢三才圖會)』[265]의 「무[음이 무(無)이다]는 미꼬(神子)이다」라는 항목에서 말했다. "살펴보건대 상고시대에는 사람들의 마음이 순박했고, 신의 말씀 또한 분명해서 국가의 정사나 군사행동의 결정을 신의 명령에 따르는 경우가 많았다. 그래서 황녀(皇女)를 이세신궁(伊勢神宮)[266]의 재궁(齋宮)[267]과 가모신사(加茂神社)[268]의 재원(齋院)[269]으로 바쳤으며, 천자의 즉위 또한 먼저 이 재왕들의 점복에 의해 결정되었다. 유우랴꾸(雄略) 천황[270]의 황녀 야마토히메(日本媛命)[271]를 이세신궁의 재궁으로[272] 사

---

265) 에도시대 오오사까(大阪)의 의사였던 데라지마료우안(寺島良安)이 편찬한 백과사전. 1712년경 완성했다.
266) 일본 최고의 신사. 삼중현(三重縣) 이세시(伊勢市)에 위치. 태양신이자 일본 천황가의 시조신인 아마떼라스대신(天照大神)을 받드는 황태신궁(皇太神宮, 내궁內宮)과 곡물신인 토요우께대신(豊受大神)을 모신 토요우께대신궁(豊受大神宮, 외궁外宮)으로 이루어져 있다.
267) 사이구우. 재왕(齋王)이라고도 한다. 이세신궁(伊勢神宮)에 봉사하는 미혼의 황녀(경우에 따라서는 천황의 자매). 천황 즉위와 함께 새로 선임되며, 일정기간 결재(潔齋)를 거쳐 이세로 보내진다. 이세에서 재왕은 재궁에 머물면서 1년에 세 차례 이세신궁 제사에 참여했다. 최근 미에현(三重縣) 다기군(多氣郡) 명화정(明和町)에 위치한 재궁적(齋宮跡)이 발굴되었는데, 이에 의하면 재궁의 규모는 동서 2.0km, 남북 0.7km, 면적 137.1ha이다. 재왕은 천황 권력을 보강하는 데 일익을 담당했으나, 13세기경 소멸되었다. 榎村寬之「齋王制度の研究」, 『律令天皇制祭祀の硏究』(塙書房 1996) 135~274면 참조.
268) 가모신사(賀茂神社)라고도 한다. 쿄오또시(京都市)에 있으며, 가미가모신사(上賀茂神社)와 시모가모신사(下鴨神社)로 이루어져 있다. 이세신궁(伊勢神宮)에 준하는 신사로, 왕성(王城) 진호(鎭護)의 신인 가모신(賀茂神)을 제사한다.
269) 사이잉. 가모신사(賀茂神社)에서 각종 의례를 주관하는 미혼의 황녀.
270) 일본의 21대 천황으로 5세기 후반에 재위한 것으로 추측된다.
271) 왜희명(倭姬命)이라고도 쓰며, 수이닌천황(垂仁天皇)의 딸이다. 신탁에 따라 카사누히(笠縫)에서 제사하던 아마떼라스대신(天照大神)을 이세(伊勢)로 옮겨 진좌(鎭座)시켰다고 한다. 그러므로 그녀는 이세신궁(伊勢神宮) 창립에 결정적인 역할을 한 셈이지만, 사실로 보기 어렵다는 것이 통설이다.

가(嵯峨)천황²⁷³⁾의 황녀 우치시(有智子) 내친왕(內親王)²⁷⁴⁾을 가모신사의 재원으로²⁷⁵⁾ 삼은 것이 그 시초이다. 지금 무녀를 직업으로 하는 자는 신악(神樂)을 연주하여 신명의 마음을 위로하며, 혹은 대나무 잎을 엮어 굉장히 뜨거운 물에 집어넣었다가 몇번이고 그것을 몸에 뿌려 몸과 마음이 모두 지치고 몽롱할 때 신명이 그에게 의탁하여 길흉화복을 말한다. 이를 유다데(湯立)라 하며, 그 무당을 이치(伊智)라 한다. 지금 사람들은 의심이 많고 무녀들이 사람들의 환심을 얻으려고 아첨하는바 적지 않으니, 신탁이 어찌 분명하겠는가."

이능화가 말한다. 일본어의 무당의 명칭에는 무(巫)·이찌꼬(市子)·미꼬(神子)·신무(神巫)·미칸나기(御巫)²⁷⁶⁾가 있다. 이 중 미칸나기는 이세신궁에서 대대로 신관(神官)을 지냈고, 그래서 이것으로 성을 삼았기도 했으니, 대개 그 본원은 황녀(皇女)에서 나온 것일 게다. 이를 통하여 고대의 무축은 신관(神官)이며, 우리 고대 한국의 천군(天君, 소도蘇塗의 신단神壇에서 하늘에 제사하는 사람)이나 차차웅(次次雄)과 서로 비슷한 것임을 알 수 있다. 또 무

---

272) 유우랴꾸(雄略) 때의 재왕(齋王)은 야마토히메(日本媛命)이 아니라 와까다라시히메(稚足姬)이며, 이를 재왕의 시초로 보는 견해가 유력하다. 그렇다고 한다면 야마토히메(日本媛命)를 와까다라시히메(稚足姬)로 수정하던가, 아니면 유우랴꾸(雄略)를 수이닌(垂仁)으로 바꾸어야 할 것이다.
273) 일본의 제52대 천황. 재위 809~842년.
274) 히메미꼬. 천황의 딸을 말하며, 희어자(姬御子)로도 쓴다.
275) 우치시내친왕(有智子內親王)을 가모(加茂)의 재원(齋院)으로 임명한 것은 810년(弘仁1)이다.
276) 고대 일본에서 궁정제사를 담당하는 무녀. 미칸나기(御巫)에는 네 종류가 있는데, 천황 신체의 수호신을 제사하는 오호미칸나기(大御巫), 궁정의 정호(井戶)와 택지(宅地)의 신령을 제사하는 이가수리노미칸나기(座摩巫), 궁정 문의 수호신을 제사하는 미카도노미칸나기(御門巫), 일본 국토 전체의 수호신을 제사하는 이쿠시마노미칸나기(生島巫)가 그것이다. 岡田精司「宮廷巫女の實態」, 『古代祭祀の史的研究』(塙書房 1992) 215~24면; 野口剛「御巫考」, 『古代文化』 44-8(古代學協會 1992) 453~64면.

『화한삼재도회』의 무녀 그림

당을 시자(市子)라 하는 뜻은 대개 일본에서 옛날에는 정기적으로 시장이 개설되어 사람들이 모여 교역을 했는데, 무당을 직업으로 하는 사람들이 그때마다 시장에 나와 활시위를 당겨 소리를 내면서 사람들을 모으고, 신사(神事)를 선전하기를 지금 기독교 구세군이 전도하는 일과 같이했으므로, 이렇게 이름한 것이다. 시자(市子)라고 한 데서 한국 고대의 신시씨(神市氏)의 의미 또한 연상된다.

제2부

「조선무속고」 원문 교감

第一章

朝鮮巫俗之由來

朝鮮民族 古初時代 卽有神市[1] 爲其敎門 天王桓雄 壇君王儉 或爲天降之神 或爲神格之人矣 古者以巫祭天事神 爲人尊敬 故新羅爲王者之號[次次次雄 或云慈充 方言巫也] 句麗有師巫之稱 如是乃至馬韓之天君・濊之儺天・駕洛[2]之禊浴・百濟之蘇塗・夫餘之迎鼓・句麗之東盟 無一非壇君神敎之遺風餘俗 是卽所謂巫祝神事者也 降及後世 人文進化 儒佛及道相繼輸入 儒有吉凶之禮 佛有焚修之法 道有醮祭之儀 以彼外來之敎 雜於固有之俗 彼外來之敎爲世間所尊奉 爭倡宗門[近世以來 凡新倡敎門者 無不稱儒佛合致之敎. 亦一可笑之狀態也] 此固有之俗 遭社會之批斥 不齒同列 至乎今日 硏究朝鮮古代神敎淵源 朝鮮民族信仰思想 及朝鮮社會變遷狀態者 不可不於巫俗著眼觀察也

---

1) '神市'는 '神敎'의 잘못이 아닌가 한다.
2) 「조선무속고」에서는 '落'.

一. 巫覡起源歌舞降神

巫者古代神敎主祭之人 蓋舞以降神 歌以侑神 爲人祈禱避災趨福 故曰歌舞者 卽巫俗之起源云爾

　[說文] 在男曰覡 在女曰巫 徐鍇曰能見神也
　[尙書] 敢有恒舞于宮 酣歌于室 時謂巫風 疏曰 巫以歌舞事神 故歌舞爲巫覡之風俗也
　[漢書釋義] 王氏曰 女能事无形 以舞降神曰巫
　[朱子語類] 巫 其舞之盡神者 巫從[3)]工兩邊人字 是取象其舞 巫者托神如舞雩之類 皆須舞 蓋以通暢其和氣達于神明
　[五洲衍文長箋散稿﹇近世人蕭雲居士李圭景撰﹈] 今(我)鄕曲 則女巫男覡 鼓之鏗鏗 呪之喃喃 舞之僛僛 稱以遂鬼降神

二. 巫覡之別稱

女巫
[巫堂] 我語呼女巫曰巫堂 「무당」(Mutang) 蓋女巫祀神之所曰堂 例如國師堂 城隍堂 山神堂 彌勒堂 七星堂 都堂及神堂等處是也 此如女眞薩滿堂子祭神 其俗同源也 按高麗史 恭讓王三年 政堂文學鄭道傳上疏 有
　'殿下卽位以來 道場高峙於宮禁 法席常設於佛宇 道殿之醮無時 巫堂
　之事煩瀆'
云云等語 巫之稱堂 以是可證也
[萬神] 我語呼女巫曰萬神 蓋巫者無神不祀 故稱之以萬神者歟 萬神之

---

3) 「조선무속고」에서는 '以'.

稱 由來最久 按抱朴子 黃帝東到靑丘 過風山 見紫府先生 得三皇內文 以劾召萬神[4]云云 由是觀之 則萬神之稱 源於靑丘[朝鮮] 出自仙書者歟 蓋上古則神與仙 無其分別 而混同稱之矣

男巫

[博士] 我語男巫曰「博數」(Pak Su) 疑卽博士 或卜師之轉 按巫書[諺文]稱 卜師曰博士 周易博士 多智博士等者 卽是也

[花郎] 我語男巫亦稱花郎 李朝實錄云 成宗二年 大司憲韓致亨等上疏曰 有男人號稱花郎者 售其誣[5]詐之術 漁取人財貨 略與女巫同 ○李晬光芝峯類說云 按新羅時取美男子粧飾之 使類聚群遊 觀其行義 名花郎 時謂郎徒 或謂國仙 如永郎述郎南郎 蓋亦是類 今俗乃謂男巫爲花郎 失其旨矣 ○丁若鏞雅[6]言覺非曰 花郎者 新羅貴游之名也 今以巫夫倡優之賤 謂之花郎 非矣 唐令狐澄新羅國記曰 擇人子弟之美者 傅粉粧飾之 名曰花郎 國人皆尊事之 東史云 花郎旣飾 徒衆雲集 相磨以道義 相悅以歌樂 遊娛山中[7] 無遠不至[8] 意者 花郎服裝袨麗 而今之倡夫亦服裝袨麗 故冒是名與 ○李圭景巫覡辨證說云 男巫俗稱花郎 或稱博士[新羅史 眞興王丙申 選年少美男子爲花郎 而男巫之稱花郎博士者 或取其美名 冒而自號者歟]

能和按 我南道之俗 謂男巫爲花郎 而西北兩道以花郎爲賤娼遊女之別稱 例如罵人之辭曰 「你這小賤娼婦花郎女子之息」是也 意者 新羅眞興王 始奉南毛俊貞兩美女爲源花 聚徒三百餘人 二女爭娟相妬 俊貞誘殺南毛 故選美男裝飾 故取以爲比 仍作賤罵之辭者歟

---

4) 「조선무속고」에서는 '以刻 名萬神'이라 했다.
5) 「조선무속고」에서는 '狂'.
6) 「조선무속고」에서는 '疋'.
7) 「조선무속고」에서는 '水'.
8) 「조선무속고」에서는 '屆'.

[郎中] 李朝實錄 燕山君九年癸亥四月9)甲子 御經筵 侍讀官權弘曰10) 聞下三道[忠淸道全羅道及慶尙道]祀神 必用男巫 號爲郎中 出入士族家 頗有醜聲 甚者至有變女服而出入 安琛爲觀察使 痛革其弊 其習稍衰 然猶未殄 請申諭下三道 痛加禁斷 不答

[兩中] 李朝實錄 中宗八年十月丁酉 全羅道觀察使權弘狀啓曰 觀本道弊風 男子之稱爲居士 女人之稱爲回寺者[女人之游寓山寺者 方言謂之回寺] 率皆不事農業 縱淫橫行 傷風敗俗 法所當禁 其中尤甚者 莫過兩中[俗云花郎男巫之稱] 凡民人之家 祀神之時 雖女巫多在 必使兩中主席 主家及參會人等 虔恭迎慰 終夕達朝 歌舞娛神 男女相雜 情慾之談 淫媟11)之狀 無所不爲 令人竦聽抃噱 以爲快樂 間有弱冠無髥者 則變着女服 塗粉施粧 出入人家 昏夜與女巫 雜坐堂室 乘間伺隙 奸人妻女 形迹隱秘 難於摘發 恐士族人家 亦復如是 則不祥莫甚 成化十八年 刑曹受敎曰 花郎遊女等 令所在官糾摘 依大明律犯奸條 竝加本罪一等

能和按 兩中者 卽郎中之轉 而郎中者亦花郎[郎徒變爲郎衆]之轉也

[廣大] 我語男巫亦稱廣大 廣大者卽歌舞之倡優也 蓋巫覡者 以歌舞娛神爲業 故轉爲俳優之技也 按羅隱荊巫說 有衣食廣大云云等語 則朝鮮男巫之廣大 或源於此者歟 廣大之說 見於高麗史 而男巫稱廣大 亦見於丁茶山先生牧民心書

[倡優頖官] 安順菴鼎福雜同散異[書名] 人物品12)云 倡優頖官[考諧臣頖官 怡愉天顔 一作諧臣戲官]

[才人] 我語又稱男巫爲才人 是則以其所業才藝伎術得名者也 大典通編 才人與白丁同條 而縮稱曰才白丁

---

9) 「조선무속고」에서는 二月.
10) 「조선무속고」에서는 '侍講官 鄭麟仁'.
11) 「조선무속고」에서는 '褻'.
12) 「조선무속고」에서는 인물(人物品) 앞에 '演雅' 2 글자가 덧붙여져 있다.

[優人] 魚叔權稗官雜記云 俗傳 官府收巫稅布甚重 每官差到門叫呼隳突 一家蒼皇奔走 具酒食以勞之 乞緩程期 如是者間日或連日 苦害[13]多端 適歲時優人作此戲于御庭 於是 命除其稅 優(人)亦有益於民矣 至今優人尙傳[14]其戲 以爲故事

能和按我朝鮮 自古無眞正戲劇 是可謂文化上之一大缺點 古有山臺戲[儺戲] 以供外使之觀覽 大抵皆蒙醜惡之假面爲之 假面之戲始自新羅 鄕樂及處容舞是也 至高麗時大儺儀用假面 後爲山臺戲 一至李朝爲唯一之戲劇 設都監以行其事 名曰山臺都監 今猶存其遺俗 而楊州古邑爲山臺都監之本所 其呈舞伎甚粗野 不堪觀聽矣 然而魚叔權所述 巫苦徵稅 演爲戲劇 自是家庭生活上悲劇之天然脚本 演出眞境 感動君心 至得免稅 此所爲諧臣頹官 怡愉天顔者歟

---

13) 「조선무속고」에서는 '海'.
14) 「조선무속고」에서는 '作'.

第二章

高句麗巫俗

　　按句麗巫俗 則巫能言人病祟 巫能卜腹中兒 巫能言災異之事 巫言人鬼降于己 巫祀始祖王祠 是皆後世巫俗之「賽神」「詛呪」「卜筮」「空唱」「神託」「療病[如李朝活人署]」「衛護[如高麗及李朝之祖先神廟也]」等之所本也 至於師巫 卽如周之太師爲國家占吉凶 又如滿洲之薩滿主祭天神者也 且師巫勤王修德禳災 語甚當理 若置諸左傳或漢書之中 則與賢臣良佐之言論災異 其義相類 自當不讓一頭地也 今以其言出於巫口 故人皆不齒 雖然觀其師巫之名義 可知當時爲王之師表 故國有災異 必質之師巫者矣

一. 巫言人鬼爲病祟

　　○琉璃王十九年秋八月 郊豕逸 王使託利斯卑追之 至長屋澤中得之 以

刀斷其脚筋 王聞之 怒曰 祭天之牲豈可傷也 遂投二人坑中殺之 九月 王疾病 巫曰 託利斯卑爲崇 王使謝之 卽愈　三國史記

二. 巫言狐怪勸王修德

○次大王三年秋七月 王田[1]于平儒原 白狐隨而鳴 王射之不中 問於師巫曰狐者妖獸 非吉祥 況白其色 尤可怪也 然天不能諄諄其言 故示以妖怪者 欲令人君恐懼修省以自新也 君若修德 則可以轉禍爲福 王曰凶則爲凶 吉則爲吉 爾旣以爲妖 又以爲福 何其誣也 遂殺之　三國史記

三. 巫卜腹中兒

○山上王十三年 立王子郊彘母[酒桶村女]爲小后 初小后母孕 未産 巫卜之曰 必生王后 母喜 及生名曰 后女　三國史記

四. 巫言王神降于己

○東川王八年 秋九月 太后于氏薨 太后臨終遺言曰 妾失行 將何面目見國壤[太后之前夫國壤王]於地下 若群臣不忍擠[2]於溝壑 則請葬我於山上王陵之側 遂葬之如其言 巫者曰. 國壤[3]降于予曰 昨見于氏歸于山[4]上 不勝

---
1) 「조선무속고」에서는 '畎'.
2) 「조선무속고」에서는 '躋'.
3) 「조선무속고」에서는 '壞'.

憤恚 遂與之戰 退而思之 顔厚不忍見國人 爾告於朝 遮我以物 是用植松
七重於陵前　三國史記

五. 巫祀朱蒙祠

○王寶臧四年 夏五月 唐將李世勣攻遼東城 晝夜不息旬有二日 帝[唐太宗
也]引精兵會之 圍其城數百重 鼓噪聲振天地 城有朱蒙祠 祠有鎖甲銛矛
妄言前燕世天所降 方圍急 飾美女以婦神 巫言朱蒙悅 城必完　三國史記

---

4) 『삼국사기』에도 '川'이라 했으나, '山'의 잘못.

第三章

百濟巫俗

　　百濟巫史絕無僅有　末王末年　巫解龜讖一事而已　蓋百濟本出夫餘句麗
則其巫俗　與句麗同　推想可知　然則句麗有巫能說狐怪　百濟有巫能解龜讖
此出同一系統　亦屬煥然者也　按後周書　百濟解陰陽五行之術云云　則此解
讖之巫　亦一日者也已　三國史記百濟本紀　始祖溫祚王二十五年　春二月　王
宮井水暴溢　漢城人家馬生牛一首二身　日者曰　井水暴溢者　大王勃興之兆
也　牛一首二身者　大王幷鄰國之應也　王聞之喜　遂有幷辰馬之心辰馬　謂辰
韓馬韓也云云　此云日者者　疑亦巫也　然則百濟之世崇尙巫風　即此可想也

一. 巫解龜讖

○義慈王二十年　春二月　有一鬼入宮中　大呼百濟亡百濟亡　即入地　王怪

之 使人掘地深三尺許 有一龜 其背有文曰 百濟同月輪 新羅如月新 王問之巫者 曰同月輪者滿也 滿則虧 如月新者 未滿也 未滿則漸盈 王怒殺之 或曰 同月輪者盛也 如月新者微也 意者 國家盛而新羅寢[1]微乎 王喜　三國史記

---

1)「조선무속고」에서는 '寢'이라 했다.

第四章

新羅巫俗

　　新羅方言謂巫曰次次雄　雄之謂巫必自神市桓雄始　蓋桓雄之神市　是卽古代巫祝之事　以其設壇祭天　故號曰壇君　壇君者卽神權天子也　新羅人以次次雄尙祭祀事鬼神　故畏敬之　遂稱尊長爲次次雄　此等方言沿自三韓　然則巫號次次雄　其語源出於桓雄　蓋十分無疑也　桓與寒音相近　而寒訓次　又新羅方言　若以漢字形容之　則或以訓或以音　卽如西鳶山或作西述山[方言謂鳶曰述　故鳶與述互用者]　是其例也　然則次次雄乃卽桓雄之謂也　南解次次雄非但借巫以稱號也　而其自身卽是主祭事神之人　是亦一壇君也　新羅始祖朴赫居世　爲辰韓六部之人所推戴爲居西干[辰言王也]　按後漢書　惟馬韓種人爲辰國王云云　然則朴赫居世必是馬韓種人也　而馬韓諸國邑　各以一人主祭天神　號曰天君　則朴赫居世亦卽主祭天神之天君　而主祭天神之天君　卽次次雄[巫]也　南解次次雄　以其親妹阿老　主祭始祖廟　蓋新羅俗　旣以巫尙祭祀事鬼神矣　則阿老亦必是巫無疑也

一. 巫爲尊長之稱 故國王以巫爲號

○三國史記 新羅本紀 第二代南解[1]次次雄 次次雄 或云慈充 金大問云 方言謂巫也 世人以巫事鬼神尙祭祀 故畏敬之 遂稱尊長者爲慈充

---

1) 「조선무속고」에서는 '鮮'이라 했다.

第五章

高麗巫風

　　聚巫禱雨 是卽古代以巫祭天之證據也 三國遺事古朝鮮條「桓雄(天王)率徒三千 降于太白山頂神壇樹下 在世理化 將風伯雨師雲師 主穀主命主病刑主善惡 凡主人間三百六十餘事 (其子)壇君王儉 開國號朝鮮」云云 然則將風伯雨師主穀主命祭天祀神 是卽古代神權君主 爲民生命祈穀禱雨之巫祝神事者 而是爲後世天旱年饑 則聚巫禱雨 及徙市之所本也[徙市之事 疑本於神市天王將風伯雨師而主穀主命之事者也] 高麗自國初至于末王 凡遇天旱 則必聚巫祈雨 又或徙市 古俗遺傳 可以想見矣

一. 聚巫禱雨

○顯宗十二年五月旱 集巫覡禱雨　高麗史五行志 下倣此

○肅宗六年四月乙[1]巳 以旱 曝巫祈雨

○睿宗十六年閏五月辛未 聚巫禱雨

○仁宗元年五月甲子 以旱造土龍于都省廳 聚巫禱雨 十一年五月庚午 集女巫三百餘人于都省廳 聚巫禱雨 六月己[2]亥 又聚巫禱雨 十二年六月己卯朔 集巫二百五十人于都省祈雨 十五年五月壬午 會巫都省廳祈雨 十八年閏六月己丑 聚巫禱雨

○明宗三年四月丙子 聚巫祈雨 八年五月壬子 聚巫都省廳禱雨 十九年閏五月癸酉 聚巫祈(雨)于都省

○高宗三十年五月己丑[3] 聚巫都省禱[4]雨.

○忠烈王十年五月癸亥 以旱徙市 丁丑 集巫于都省廳禱雨 十五年五月庚辰 以旱巷[5]市 辛卯聚巫禱雨 三十年四月旱 乙未 聚巫禱雨 三十二年六月 以旱聚巫禱雨

○忠肅王三年五月己巳 聚巫又禱雨 五年四月己未 聚巫禱雨 徙市 十六年五月丁卯 聚巫禱雨六日 後元年五月辛卯 聚巫禱雨 四年五月壬午朔 以旱徙市 聚巫禱雨

○忠穆王二年五月癸巳 聚巫三司禱雨

○恭愍王二年五月丙子 聚巫禱雨

---

1) 「조선무속고」에서는 '癸'.
2) 「조선무속고」에서는 '乙'.
3) 「조선무속고」에서는 '亥'.
4) 「조선무속고」에서는 '祈'.
5) 「조선무속고」에서는 '徙'.

二. 巫言病祟又從巫言決堤

巫言人鬼爲病祟[6] 高句麗初 已有其事 而又按徐兢高麗圖經「高麗舊俗 民病不服藥 唯知事鬼神呪咀[7]厭勝爲事」云云 由此可知高麗巫風之盛矣 至於從巫言而決築堤 是則今世俗動土忌犯殺之所本也

　○仁宗二十四年 時王有疾 追復拓俊京[8]門下侍郎平章[先是俊京[9] 謀逆伏誅] 召其子孫官之 以巫謂俊京[10]爲祟故也 又內遣侍奉說 決金堤郡新築碧骨池堤堰 從巫言也　高麗史

三. 女巫奉神空唱託宣

空唱巫覡惑人最甚 李朝上世 此風盛行 究其淵源 傳自麗代也 託神宣言 今巫所謂給咆喊(Pohanchuta)者是也

　○忠烈王元年 安珦出爲尙州判官 時有巫女三人 奉妖神惑衆 自陝州歷行郡縣 所至作人聲呼 空中隱隱若喝道 聞者奔走設祭 莫敢後 雖守令亦然 至尙州 珦杖而械之 巫托神言 怵[11]以禍福 州人皆懼 珦不爲動 後數日 巫乞哀 乃放　高麗史 安珦傳

---

6)「조선무속고」에서는 '祟'.
7)「조선무속고」에서는 '詛呪'.
8)「조선무속고」에서는 '卿'.
9)「조선무속고」에서는 '卿'.
10)「조선무속고」에서는 '卿'.
11)「조선무속고」에서는 '悚'.

四. 巫蠱之事 [詛呪]

巫女詛呪之事 已見周漢之書 可知由來厥惟久矣 我東女巫詛呪 始見麗史 忠烈王時 今俗民間 猶有此風 詛呪等事 多出妖巫 俗語詛呪曰方子(Pangcha)也

　○忠烈王二年十二月丙子 夜有人投匿名書 誣告貞和宮主詛呪公主[元公主也] 又齊安公淑金慶方[12)]等四十三人謀不軌 於是 囚貞和宮主及淑方慶等 柳璥涕泣力諫 公主感悟皆釋之 甲申 遣將軍高天伯及忽刺歹如元 上表曰 巫蠱之言 鼓虛而起 聖明之鑑 燭實可知也 云云 高麗史

五. 城隍神降於巫

朝鮮到處有城隍祠 巫覡聚集爲祈禱處 又於各郡行別神事 巫覡輩歌舞以侑之 所呼請者皆城隍神 今按其源 出於麗代也

　○咸有一 爲朔方道監倉使 登州城隍神屢降於巫 奇中國家禍福 有一詣祠行國祭 揖而不拜 有司希旨劾罷之 高麗史 咸有一傳

六. 錦城山神降于巫

錦城神堂 最爲淫祠 巫女聚集 神祀不絶 又我朝鮮俗祭山神 名曰都堂祭 又用巫女妥靈 此本源於麗時之錦城神堂者也

　○鄭可臣 羅州人 高宗朝登第 累歷華要 忠烈王三[13)]年 除寶文閣待制 羅

---

12) 「조선무속고」에서는 '金慶方'이라 했다.

州人稱錦城山神降于巫 言珍島耽羅之征 我實有力 賞將士而不我祿何也
必封我定寧公 可臣惑其言 諷王封定寧公 且輟其邑祿米五石 歲歸其祠
高麗史 鄭可臣傳
○忠烈王初 沈諹爲公州副使 有長城縣女言錦城大王降我云 爾不爲金城
神堂巫 必殺爾父母 我懼而從之　高麗史 沈諹傳

七. 宮中好巫

○高麗史 明德太后傳云 有女巫以妖言出入后宮 頗見信愛
○金子粹傳云 恭讓朝 子粹請禁淫祀 痛[14]斷諸巫出入宮掖 以絶妖妄 以
正風俗

八. 宮巫敎歌

○忠烈王二十五年 選城中巫女善歌舞者 籍置宮中 衣羅綺戴馬尾笠 別
作一隊 稱爲男粧 敎以新聲　東國通鑑
○乙亥[15] 禑出田 夜還 笙歌鼓舞 爲巫覡戲　高麗史

---

13)「조선무속고」에서는 '二'.
14)「조선무속고」에서는 '用'.
15)「조선무속고」에서는 '衣'.

九. 國巫堂及別祈恩

○恭讓朝 金子粹上疏曰 國中設立巫堂 旣爲不經 所謂別祈恩之處 又不下十餘所 四時之祭以至無時別祭 一年糜費不可殫記 當祭之時 雖禁酒之令方嚴 諸巫作隊 托稱國行 有司莫敢詰焉 故崇飮自若 九街之上 鼓吹歌舞 靡所不爲 風俗不美 斯爲甚矣 乞明勅有司 除祀典所載外 一禁淫祀痛[16]斷諸巫云云　高麗史

十. 政丞姜融之妹爲巫

巫本無種 貴賤皆爲 高麗故都今開城郡 上流女爲巫則俗號爲仙官 下流女爲巫則俗號爲巫堂 仙官之號本於毅宗時 擇兩班之家産饒足者爲仙官 主祭八關 忠肅王時 左政丞姜融之妹爲巫 是所謂仙官者歟
　　○忠肅王四年 僉議左政丞姜融之妹爲巫 食松岳祠　高麗史

十一. 巫匠業貢布

○忠惠王後四年 分遣惡少諸道 或收[17]山海稅 或徵巫匠業中貢布　高麗史

---

16)「조선무속고」에서는 '用'.
17)「조선무속고」에서는 '幾牧'.

十二. 巫祝出馬

○禑王十三年二月 令兩府下至巫覡 出馬有差 以充進獻　高麗史

十三. 黜巫・禁巫

○仁宗九年八月 日官奏 近來巫風大行 淫祀日盛 請令有司 遠黜群巫 詔可 諸巫患之 斂銀瓶百餘 賂權貴 奏曰 鬼神無形 其虛實不可知 王然之 弛其禁　東國通鑑
○崔沆出巫覡于城外　高麗史 崔沆傳
○玄德秀 爲安南都護副使 惡淫祀 禁令甚嚴 巫覡不得入境　高麗史 玄德秀傳
○忠肅王後八年五月 監察司 牓示禁令 一 巫覡之輩 妖言惑衆 士大夫家 歌舞祀神 汚染莫甚 舊制 巫覡不得居城內 仰各部盡行推刷 出諸城外　高麗史
○恭讓王時 成均博士金貂[18]上書[19]曰 臣願放巫覡於遠地 不令在京都 人人設家廟 以安父母之神 絶淫祀 以塞無名之費　高麗史
○老巫篇 幷序
　予所居東隣有老巫 日會士女 以淫歌怪說聞于耳 予甚不悅 歐之無因 會[20]國家有勅 使諸巫遠徙 不接京師 予非特喜東家之淫訛[21] 寂然如掃 亦且賀京師內 無復淫詭 世質民淳 將復太古之風 是用作詩以賀之 且

---

18) 「조선무속고」에서는 '李詹'.
19) 「조선무속고」에서는 '踈'.
20) 「조선무속고」에서는 '今'.
21) 「조선무속고」에서는 '祀'.

明夫此輩若淳且質 則豈見黜于王城哉 乃反託淫巫 以見擯斥 是自招也
又誰咎哉 爲人臣者亦然 忠以事君 則終身無尤 妖以惑衆 則不旋踵見
敗 固其理也

昔者巫咸神且奇 競懷椒糈相決疑 自從上天繼者誰 距今漠漠千百朞
肦彭眞禮抵謝羅 靈山路敻又難追[山海經云 天門日月所入 有靈山 巫肦巫彭巫
眞巫禮巫抵巫謝巫羅 七巫居之] 沅湘之間亦信鬼 荒淫譎詭尤可嗤 海東此風
未掃除 女則爲巫男爲覡 自言至神降我軀 而我聞此笑且吁 如非穴中千
年鼠 當是林下九尾狐 東家之巫衆[22]所惑 面皺[23]鬢斑年五十 士女如雲
屐[24]滿戶 磨肩出門駢頸[25]入 喉中細語如鳥聲 唔哳無緖緩復急 千言萬
語幸一中 駿女痴男益敬奉[26] 酸甘淡酒自飽腹 起躍騰身頭觸棟 緣木爲
龕僅五尺 信[27]口自道天帝釋 釋皇本在六天上 肯入汝屋處荒僻 丹靑滿
壁畫[28]神像 七元九曜以標額 星官本在九霄中 安能從汝居汝壁 生死禍
福妄[29]自推 其能試吾橫氣機 聚窮四方男女食 奪盡天下夫婦衣 我有利
劍凜如水 幾廻欲往還復止 只因三尺法在耳 豈爲其神能我祟 東家之巫
年迫暮 朝夕且死那能久 我今所念豈此爾 意欲盡逐滌民宇 君不見昔時
鄴縣令 河沈大巫(使絶)河伯娶 又不見今時咸尙書[咸有一也] 坐掃巫鬼不
使暫接虎 此翁逝後又寢興 醜鬼老狸爭復聚 敢賀朝廷有石畵 議[30]逐群
巫辭切直 署名抗牘各自言 此豈臣利誠國益 聰明天子可其奏 朝未及暮

---

22) 「조선무속고」에서는 '亦'.
23) 「조선무속고」에서는 '皴'.
24) 「조선무속고」에서는 '履'.
25) 「조선무속고」에서는 '頭'.
26) 「조선무속고」에서는 '敬益奉'.
27) 「조선무속고」에서는 '巫'.
28) 「조선무속고」에서는 '通'.
29) 「조선무속고」에서는 '每'.
30) 「조선무속고」에서는 '訶'.

如掃迹 爾曹若謂吾術神 變化恍惚應無垠 有聲何不鐺[31)]人聽 有形何不織人呅[32)] 章丹陳朱[33)]猶謂幻 況復爾曹難隱身 携徒挈黨遠移徙 小臣爲國誠自喜 日遊帝城便淸淨 瓦鼓喧聲無我耳 自念爲臣儻如此 誅流配貶固其理 我今幸是忘且晦 得接王京無我駭 凡百士子書諸紳 行身愼勿近淫怪 李奎報 東國李相國集

○恭讓王三年五月 成均博士金貂上書曰 臣願回天聽 決宸衷 放巫覡於遠地 不與同京城 東國通鑑

---

31) 「조선무속고」에서는 '鏑'.
32) 「조선무속고」에서는 '旻'.
33) 「조선무속고」에서는 '奏'.

第六章

李朝巫俗

僧巫祈雨 麗時己¹⁾然 蓋古代非徒用巫祈雨也 凡祭天地日月星辰山川 以至祭風伯雨師 無不用巫爲之 然則朝鮮古巫 乃如埃及之祭司長 印度之婆羅門 而主祭祀祈禱等一切儀禮者也 一自三敎[儒與佛道]輸入以來 僧道巫覡乃爲並用於神事矣

一. 聚巫禱雨

按國朝寶鑑 太宗十三年 上謂²⁾承政院曰 「自古水旱之災 皆人君否德所召 今聚僧巫禱雨 無乃有愧乎 予粗讀聖經知僧巫誕妄 今反憑左道 以希天降甘雨可乎」云云 是與實錄之記事全然不合 若云此敎果爲實行矣 則何以更

---

1) 「조선무속고」에서는 '己'.
2) 「조선무속고」에서는 '王敎'.

於太宗十六年 有聚巫祈雨雩壇 遣巫名山 祈禳雷震 十八年六月 漢京及開城 聚巫禱雨三日之擧乎 所謂國朝寶鑑者 乃儒臣史官之撰述 隱匿事實而粧撰美德 以欺天下後世者也 然則國朝寶鑑 其可信乎
成俔[成宗時人]慵齋叢話 論祈雨之儀式曰 城內萬落[3] 貯水瓶揷楊枝云云 仁祖實錄 有閭巷家家設水瓶揷楊枝 盲巫祈祝之說 此蓋出於佛俗 佛家謂觀世音菩薩 大慈大悲 救苦救難 以楊枝灑甘露 水瓶揷柳 僧巫祈雨 卽此意也 李朝以來用巫禱雨 載在實錄 一一提供 以籍參攷

○太宗元年夏四月旱 遣使禱雨于雩祀圓壇 又聚女巫以禱[4] ○五年夏五月乙巳 聚女巫禱雨于松岳開城大井 ○十年夏五月己卯 聚巫七十餘人于白岳山堂禱雨 ○十一年秋七月庚午 命禮曹 禱雨于山川諸神 又聚巫白岳 盲人于明通寺禱之 ○十六年夏五月庚戌 聚巫于雩祀壇祈雨 辛亥[5] 禮曹啓 文獻通考 郊社[6]祈禳門 執事禱祀于上下神祇 註曰 執事 大祝及男巫女巫也 今連[7]年旱乾 加以雷震之變 乞依古制 於名山(大川) 遣巫祈禳 從之 ○十八年六月丙午 漢京及開城留後司 聚巫禱雨三日

○世宗五年癸卯夏五月庚辰 聚巫女于東郊 祈雨三日 癸未 禮曹據開城留後司關啓 今旱甚 禾穀焦枯 請令司內僧徒巫女祈雨 從之 ○七年夏七[8]月己未 聚巫禱雨東郊 秋七月己巳 禮曹啓 謹按文獻通考 小宗伯大災 執事禱祀于上下神祇 註云 執事 大祝及男巫女巫也 今當盛農 旱災太甚 乞依古制 京中畿內各處 以春秋別祈恩例 擇日遣巫及內侍 降香祈雨 從之 ○八年夏四月乙酉 聚巫祈雨于雩祀壇 ○十七年夏五月丁酉 聚巫

---

3) 「조선무속고」에서는 '戶'.
4) 「조선무속고」에서는 '聚女巫禱雨于雩祀壇'.
5) 「조선무속고」에서는 '丙辰'.
6) 「조선무속고」에서는 '神事'.
7) 「조선무속고」에서는 '本'.
8) 「조선무속고」에서는 '六'.

祈雨于漢江 ○十八年六月辛丑 聚巫祈雨 癸卯 賜巫女等米有差 以祈雨有應也 ○二十八年丙寅夏四月乙丑 聚巫祈雨

○成宗五年閏六月癸丑 賜巫女祈雨[9]行香別監咸繼童[10] 鹿皮一張 ○十六年六月丙戌 傳于承政院曰 興天寺祈雨 雖非正道 然自祖宗朝行之 且予卽位後亦爲之 今以巫女祈雨 則雖使僧徒祈雨 疑爲無妨 於僉意何如 承旨啓曰 古云靡神不擧 聖上憂旱 靡所不至 況以巫女祈雨 自周以來行之 非今日始 固無妨也

○成倪慵齋叢話云 祈雨之禮 先令五部 修溝瀆淨阡陌 次祭宗廟社稷 次祭四大門 次設五龍祭 東郊靑龍 南郊赤龍 西郊白龍 北郊黑龍 中央鍾樓街作黃龍[畵龍] 命官致祭 三日而止 又設龍祭於楮子島中 令道流誦龍王經 又投虎頭於朴淵楊津等處 又於昌德宮後苑 慶會樓 慕華館池邊三處 泛蜥蜴於水瓮中 靑衣童子數十 以楊枝擊瓮鳴鑼 大乎曰 蜥蜴蜥蜴 興雲吐霧 俾雨滂沱 放汝歸去 獻官與監祭 整冠笏而立 三日而止 又於城內萬落[11] 貯水瓶 揷楊枝 焚香 坊坊曲曲設棚 兒曹羣聚呼雨 又徙市於南路[12] 廢南門 開北門

○中宗三十九年六月戊辰 傳于政院曰 今者以巫女祈雨而至於三日不止 賞格前例考啓 雖無前例 賞給事言于該曹 庚午 政院啓曰 頃者 祈雨巫女賞格事有敎矣 但自上憫雨 大小民人遑遑[13]罔措 至使巫女祈雨而適雨 彼巫女之祈 安足以格天 而至於賞格 至爲未便 傳曰 巫女祈禱之際 適雨連三日 常時童子等祈雨而得雨 則亦(有)賞格 此人等亦奉上敎而爲祈禱 故命爲賞格 如此之事 果非正道 賞格未穩 啓意至當 如啓可也

---

9) 「조선무속고」에서는 '祈雨巫女'.
10) 「조선무속고」에서는 '重'.
11) 「조선무속고」에서는 '戶'.
12) 「조선무속고」에서는 '門'.
13) 「조선무속고」에서는 '逍遙'.

○仁祖十六年戊寅三月晦日 禮曹啓曰 近來旱氣益甚 將自開月初二日行初伏祈雨祭 而至於盲巫兒童之祈祝 家家瓶柳之設 徒有弊端 一切勿爲擧行 閭巷瓶柳等事 元非禮典所載 皆可斥去 答曰 瓶柳等事 雖係煩文 乃是流來舊規 不爲停罷可也 實錄止此
○英宗二十一年 特命悉去巫祭名號 巫女祈雨 載在太常祭案 至是去之
文獻備考

第七章

宮中好巫

一. 太祖康妃與巫方兀

○恭讓王四年壬申三月 (太祖)畋[1]于海州 將行 有巫方兀言於康妃曰 公之此行 譬如人升百尺之樓 失足而墜 幾至于地 萬人聚而奉之 妃深憂之 及太祖射獵逐禽 馬陷泥淖而蹶 遂墜失豫 肩輿而還　太祖實錄

二. 太宗時國巫治大君之病

○太宗十八年戊戌春二月壬辰 刑曹請巫女之罪 啓曰 誠寧大君之病 國巫加伊 不能祈禳免禍 巫女寶文 不察病勢 淫祀雜神於宮闈 以致不測 請致於法　實錄

---

1) 「조선무속고」에서는 '畋'.

三. 世宗朝大妃令巫使星辰

○世宗二年庚子夏六月辛亥 令巫祀星辰 乃大妃旨也 ○癸亥 上奉大妃 移次于繕巖下川邊 令巫祀神于幄次　實錄
○世宗嘗寢疾 內人等惑巫女言 祈禱於成均館前 儒生等驅逐巫女輩 中使大怒 啓其由 王曰 予聞此言 予疾似愈矣　燃藜室記述

四. 成宗疾時大妃使巫禱祀

○李穆少從佔畢齋金(宗直)公受業 力學工文 十九中己酉進士 游[2]太學 言論慷慨 志氣峻烈 辨黥臧否 無所回互 成宗嘗有疾 大妃使女巫行禱 設淫祀於泮宮之碧松亭 公倡諸生 杖其巫而逐之 巫訴諸宮中 大妃大怒 俟[3]上疾瘳[4]以告 上陽怒 命成均館 悉錄其儒生(名) 儒生(等)以爲必獲大譴 爭亡匿 公獨不亡匿 上[5]尋召大司成 敎曰 爾能導率諸生 使士習歸正 予用嘉之 特賜酒　海東名臣傳

五. 燕山君時宮禁巫女

○燕山君八年壬戌六月癸卯 弘文館啓 臣等聞闕內有鼓吹聲 令吏[6]往視

---

2) 「조선무속고」에서는 '遊'.
3) 「조선무속고」에서는 '候'.
4) 「조선무속고」에서는 '愈'.
5) 「조선무속고」에서는 '上'.
6) 「조선무속고」에서는 '女'.

巫女四五輩 坐古東宮外庭 擊鼓吹笛 大張祀事 臣等未知某之所爲 但於禁內 恣行祀事 甚不可　燕山君日記

○燕山君九年癸亥四[7]月甲子 御經筵 持平權憲啓 巫女旵非多有怪妖之術 誑(惑)愚俗 汚衊彝敎 本府今欲拿問 逃躱不現 但搜得鍮鉢[8]及符祝[9]四張而已 問諸家人則云 內需司所造給也 旵非名爲國巫 而事涉內需司 故敢啓 傳曰 問於內需司 ○乙丑 傳曰 巫女事自古有之 臺諫有何所聞而欲鞫之歟 其問之 持平權憲啓 此巫多術 掛鏡房中 而曰神在其中 人自不見 有鍮器 曰是飯佛之器 又能符祝以惑衆 其怪誕殆甚於虛雄(虛雄者當時忠淸道之妖僧也) 故敢捕治其罪 傳曰 妖僧守令皆拜之 此非彼例 其勿鞫之 ○五月丙寅 持平權憲啓 昨傳曰 星宿廳置國巫 其來已久 臣等亦非欲革國巫也 此巫多以妖妄 惑愚民心 請治其罪 而敎云 非如妖僧虛雄之例 臣等意彼僧在一方 其弊止於數邑 今若不治此巫之罪 將擧國崇信 其害過於妖僧 傳曰巫女皆用妖術 類皆如此 何必獨此巫 憲更啓 不聽　燕山君日記

○燕山君十一年乙丑九月丙申　朴內人　原州妓月下梅也 解音律善戱謔 多中王旨 王眷愛特重 得病移寓別院 王每往問病 及死 王悼之 贈麗婉之號 又設野祭于後院 王率諸妃嬪興淸[選妓稱曰興淸] 親聽巫言 益自悲慟 比葬 設是祭不一再 王喜巫覡祈禱之事 身自爲巫 作樂歌舞 爲廢妃[其母尹氏]憑依之狀 數登白岳祠 行巫祀 宮中以爲廢妃爲祟　燕山君日記

○燕山朝逐諸生 空太學 聚巫覡 設淫祀于其中　燃藜室記述

○我朝凡百文 爲一倣華制 彬彬可觀 而若夫巫佛祈祝 尙有夷俗 故祖宗朝 自上如有疾病 則僧徒巫覡 誦經設禱於[10]仁政殿上 且松嶽神祠尤極

---

7)「조선무속고」에서는 '二'.
8)「조선무속고」에서는 '鈸'.
9)「조선무속고」에서는 '呪'.
10)「조선무속고」에서는 '于'.

崇奉 神祠行禮後 巫女設筵[11] 則開城留守入參 至於與巫女歌舞 恬不知怪 巫女往來神祠 所用什物 皆驛遞官供 及成廟朝始有言者言罷之 逮中廟朝己卯年間 儒者進用 雖近一歲而國俗大變 自是之後 冠婚喪祭 稍稍[12]式禮矣 申欽 象村雜錄[13]

六. 中宗時國巫돌非 出入宮掖

中宗十年乙亥閏四月乙亥 時(國)巫女돌非稱國巫 出入宮掖 或禳災 或祈恩 無所不爲 凡宮禁財貨 以至御衣 多歸其家 至是 憲府推鞫罪之 時人稱快 但臺官 以御衣處置爲難 ○戊寅 弘文館副提學申鏛上箚曰 頃者刻日移御 事甚蒼黃 宮禁事密 莫知端由 聲巫以禳除之 放砲符呪以怖厭之 以此料之 意必有邪怪之事 見於禁中爲而然也 實錄

七. 明宗時宮禁妖巫

○松都神祠 自國初始盛 其弊滋漫[14] 官府亦有與巫對舞者[以上亦見申欽象村集] 成廟朝 大臣建白嚴禁 而戚里貴家 猶踪前習 市井富商 競誇侈麗 百具[15]聯載[16] 聲樂盈路 一設之備 盡傾中人一家之産而不足 至文定王

---

11) 「조선무속고」에서는 '宴'.
12) 「조선무속고」에서는 '遵'.
13) 「조선무속고」에서는 '象村彙言'.
14) 「조선무속고」에서는 '蔓'.
15) 「조선무속고」에서는 '里'.
16) 「조선무속고」에서는 '賸'.

后[明宗母后]時 極焉 中官宮女絡繹於道 廚供不貲 男女塡咽山谷 留連累日 頗有穢聞 府居生員姜姓者 倡率儒生四十餘人 焚燒神屋 毀裂像設 蕩然無餘 文定震怒 幷命拿致 欲加重罪 囚繫累累 章甫滿獄 留守沈相守慶 亦以不能禁抑被[17]譴 三司交章請放者逾月 慈怒未解 明廟乘間屢諫 始許放釋 諸巫恐動 必有鬼譴 其後姜姓壽考無災 從儒生登司馬文科者亦多 群惑頗[18]釋(淫祀)廢絶有年矣 後乃稍稍復設 至今遂成痼廢 不勝歎哉
李德泂 松都紀異

八. 宣祖時妖巫出入宮中

○宣祖八年 仁順王后違豫 時有妖巫女出入禁中 專以祈禱 幻惑爲事 停廢藥餌 馴至大故 所謂妖巫者 是士人之女 而宗室堯卿妻也 三司同發請治 乃命下詔獄鞫治　　文獻備考

九. 光海君時妖巫出入宮中

○光海君時 承旨韓孝仲 疏陳妖巫福同出入宮中之狀　　韓公年譜

---

17)「조선무속고」에서는 '罷'.
18)「조선무속고」에서는 '頓'.

538

十. 仁祖時妖巫交通宮掖

○仁祖二年九月甲子 大司諫金尙憲[19] 司諫鄭宗溟等 上箚曰 臣等竊聞 巫女最爲妖怪者 反正之後 長流邊地 頃因赦宥 得還京城 得通宮掖之路 稍有傳播之言　實錄

十一. 孝宗時喪儀巫祝

○孝宗九年戊戌五月辛亥（上親臨麟坪大君喪）憲府啓曰 臣等伏聞政院 以儀注中巫祝桃茢執戈等事 稟請云云　實錄

十二. 肅宗時宮禁巫女

○肅宗九[20]年 上[21]患痘 外間傳宮中將迎巫送神 時明聖大妃寢疾 后弟 金錫翼錫衍等 請禁之 大妃驚曰 豈有是耶 遂召女官之掌宮中事者詰之 仍敎曰 毋擅作擾亂　文獻備考
○肅宗十年甲子二[22]月丁巳 特命妖巫莫禮減死島配 先是[23]因儒臣朴世采 疏以巫女入闕中行禱 僭著衰服等事 命刑曹按治 後因刑曹判書尹堦 所達 以三退神等說添問之 並抵賴不服 命刑訊一次定配 近世禱祀成風

---

19)「조선무속고」에서는 '容'.
20)「조선무속고」에서는 '元'.
21)「조선무속고」에서는 '王'.
22)「조선무속고」에서는 '正'.
23)「조선무속고」에서는 '時'.

閭里小民及諸宮家 尤最崇信 遂至於巫卜師尼之屬 出入宮掖 恣行詑詐 內言之出 外言之入 亦太半由是徑焉 識者之憂歎久矣 向來上[24])之患痘也 擧國憂遑[25]) 況先大妃誠憂疾 無所不用其極 故當初巫女入闕中祈禳之說 傳播遠邇 及聖母昇遐 尤切齒 以謂[26])當上[27])違豫時 巫女請聖母御素餐 損常膳 致玉體焦傷 遽至不諱 朴世采上疏首發之 上[28])初謂無是事 大小廷臣屢爭之 而竟止[29])流配　實錄

○肅宗三十七年辛卯十二月甲戌 執義李縡上疏 略曰 臣竊聞 前後痘患時 女巫出入宮掖 祈禱之際 靡費不貲 士大夫家法稍嚴 則巫覡不敢入家內 堂堂千乘之尊 而乃使女巫 闌入淸禁 閭巷賤庶 妄相傳說云云　實錄

十三. 英宗時宮禁巫女

○李瀷[英宗時人]星湖僿說云　近自京輦遠[30])至州邑　皆有主巫[按入大內者曰國巫女 出外州邑者曰 內巫堂也] 出入隨意 民風靡然矣
○英宗四十一年乙亥十二月癸亥 上[31])於診筵教曰 凡閭巷之有疾病者 輒用巫覡 果無益 醫藥實有效矣 都提調洪鳳漢曰 閭巷富貴者 每或有此 而帝王之家 尤可戒也 聖上斥去此輩 乃盛德事也　實錄

---

24) 「조선무속고」에서는 '王'.
25) 「조선무속고」에서는 '惶'.
26) 「조선무속고」에서는 '爲'.
27) 「조선무속고」에서는 '王'.
28) 「조선무속고」에서는 '王'.
29) 「조선무속고」에서는 '至'.
30) 「조선무속고」에서는 '大內而'.
31) 「조선무속고」에서는 '王'.

十四. 高宗時李尹二巫及壽蓮

高宗時有二巫女 一李姓 一尹姓 自稱關聖帝君神托於己 帝君降筆賜號 李姓女曰眞靈君 尹姓女曰賢靈君 賢靈君奉關廟在二宮洞 二宮大監殿內 神者是也 眞靈君以內命居住宋洞之北關廟 俗稱眞靈君大監 出入宮禁 弄權用事 乾兒無數 方伯守宰 多出其袖中矣 李尹之後 又有女巫壽蓮者 出入宮掖 祈福禳災 其二子皆爲高官焉

第八章

巫覡所屬之官署

按李朝上世 置國巫於星宿廳 恐此制沿自麗朝 而是則巫與道教有關聯者也 置巫覡於活人署 委以救療病人之事 是則巫與醫術有關聯者也 蓋古者巫主醫藥 見于山海經 故醫字從巫 李朝用巫治病 亦非偶然者也

一. 星宿廳置國巫

○成宗九年戊戌十一[1])月丁亥 弘文館副提學成俔等上疏 略曰 今世之人 爭信鬼神 凡有吉凶禍福 一聽於巫 或畫像掛錢 或邀魂入室 或趨[2])聽空唱 或親祀城隍 或施納奴婢 是皆聖朝所禁 而著於續典者也 殿下深知其

---

1) 「조선무속고」에서는 '九'.
2) 「조선무속고」에서는 '趁'.

弊 又令法司 盡刷巫覡 放于城外 伏覩近日禁令稍弛 自城外漸還入城 誑
誘婦人 糜費酒食 或稱度厄 或稱救病 雖大家巨室 皆邀而致之 競爲淫酗
恬不知愧 末聞一人 以此而獲罪 鼓笛歌舞 不絶於街[3] 衢閭閻之間 此臣
等之所惑也 傳曰 以身敎者從 以言敎者訟 所令反其所好 而民不從 今星
宿廳尙在城內 祈恩使春秋不絶 以此而禁民 不亦左乎 至如[4]星宿廳是何
神[5]也 是何祀也 神非明神 祀非正祀 亦王政之所當先去者也 伏願殿下
廓揮剛斷 整頓風俗 使邪淫妖妄 無容於聖明之下 此而臣等之所望也 實
錄

○燕山君九年癸亥五[6]月丙寅[7] 傳曰 星宿廳置國巫 其來已久(矣) 又十二
年丙寅三月乙未 傳曰 星宿廳都巫女及隨從巫女 除雜役　並燕山君日記
中宗元年丙寅十月庚午　弘文館副提學李胤等上疏 (請)昭格署星宿廳之
類 竝皆革罷　實錄

二. 東西活人院置巫覡之動機

○世宗十一年四[8]月癸巳 禮曹啓 今與政府諸曹同議 各官各里民戶 使近
居巫覡分掌之 如有熱病之戶 守令令醫生及巫覡 考察救療 如或不用心[9]
救治 隨卽論罪 及年終活人多者 減巫稅 或蠲賦役 若病家貧乏無救療之

---

3) 「조선무속고」에서는 '衙'.
4) 「조선무속고」에서는 '於'.
5) 「조선무속고」에서는 '禮'.
6) 「조선무속고」에서는 '二'.
7) 「조선무속고」에서는 '甲子'.
8) 「조선무속고」에서는 '三'.
9) 「조선무속고」에서는 '思'.

資 則以以國庫米穀 依京中活人院例 一日給米一升 及歲抄以病人之數 報于監司 以憑會計 從之 實錄

三. 東西活人院置巫覡之議論 其一

○世宗十八年夏五[10]月丁丑 召(三公)黃喜崔潤德盧開等議事 其二[11]曰 令司憲府所推妖巫七人 能使鬼神 唱於空中 有似人語 令人眩惑 據律當絞 然前此未立禁章 不可一朝置於法 玆欲放黜于外 且立禁章 以杜其弊 何如 僉曰 放黜于外 則外方愚民尤爲易惑 且禁防未嚴 弊必倍之 莫若屬東西活人院 制其出入 使不得相通 又令憲府無時檢察 如有犯禁 嚴加糾理 其在外妖巫 亦令推劾[12]決罪 良女則屬官府 私賤則給本主 守令時加糾[13]察 使不得肆行 上[14]曰昔太宗朝 亦有妖巫 放逐于外 使不得雜處京城 今卿等旣曰 外方妖巫當定屬官府 而令守令檢察 則京中妖巫 亦依此例 於自願各官 分置禁防 何爲不可 且前此未立禁防 而遽以決罪 予心未安 黃喜(崔)潤德等曰 若不照律 遽赦之 則妖巫無以知其罪之重也 照律使知其罪 以特恩減等決罪 留置活人院 則仁威兼行 妖巫自息矣 實錄
李能和曰 據上文 則巫亦有良賤 蓋巫無種耳

---

10) 「조선무속고」에서는 '四'.
11) 「조선무속고」에서는 '一'.
12) 「조선무속고」에서는 '效'.
13) 「조선무속고」에서는 '檢'.
14) 「조선무속고」에서는 '王'.

四. 東西活人院置巫覡之議論 其二

○世宗二十五[15]年九月癸丑[16] 掌令趙孜啓 淫祀之禁 屢降敎旨 且載元典 今又立禁防 至爲嚴密 然國巫猶在 是根本不絶也 請黜之遠方 使不得售其妖術 上[17]曰 淫祀之禁 創自祖宗 巫女之輩 尙未殄絶 予豈敢遽革哉 雖立法 行之爲難 孜更啓曰 巫女之禁已嚴 今又盡黜于[18]外 立祖宗未立之法 則豈不益有光乎 若不得遠黜 則聚居東西活(人)院之側 以救病人 毋令得入于京 上[19]曰 凡立法 爲可行也 不可立不可行之法也　實錄

五. 東西活人署置巫治疫

○成宗[20]五年六月丁巳 傳于戶曹禮曹漢城府曰 閭閻疾疫盛行 故令醫巫齎藥救療 已下傳旨 而今聞官吏慢不致意 殞命者多 甚不可 其盡心救之 都城人家櫛比 一家得病 轉轉相染 亦可慮也 庶人賤隷之病者 盡出値于東西活人署 共加治療 其物故者 隨卽埋瘞 毋或棄屍近城處　實錄

---

15) 「조선무속고」에서는 '六'.
16) 「조선무속고」에서는 '巳'.
17) 「조선무속고」에서는 '王'.
18) 「조선무속고」에서는 '者'.
19) 「조선무속고」에서는 '王'.
20) 「조선무속고」에서는 '世祖'라 했다.

六. 東西活人署多屬女巫

○中宗十一年六[21]月癸丑 御晝講 侍讀[22]官柳灌曰 國家使女巫不[23]得入城內 然多屬於東西活人署 不去其根而欲禁之 得乎 實錄

七. 東西活人署案付巫女

○中宗十二年九月丁亥 司憲府啓曰 東西活人署案付巫女 及五部刷出巫覡等 並於距[24]京城二百里外[25] 各官從願分配 實錄

八. 東西活人署籍巫收稅

○中宗十二年九月辛卯 御朝講 (申)用漑(啓)曰 東西活人署籍巫女 以收其稅 此可革也 實錄

九. 東西活人署屬巫女之建議

○中宗十二年九月辛卯 御朝講 掌令鄭順朋啓曰 巫女屬于東西活人署

---

21) 「조선무속고」에서는 '五'.
22) 「조선무속고」에서는 '講'.
23) 「조선무속고」에서는 '不巫'.
24) 「조선무속고」에서는 '去'.
25) 「조선무속고」에서는 '外里'.

本意則欲以治療病人也 然不可以此類 使有所屬也 ○丙申 檢詳柳敦以勿收巫覡稅布神堂退米 及勿屬東西活人署等事 收議以啓 申用溉金詮李繼孟等議 勿屬東西活人署 勿收稅布及神堂退米 皆可也 實錄

十. 京巫女出置活人署

○肅宗十三年 驅出巫女於活人署 使不得接跡於城中　文獻備考

十一. 閱巫署或倂於活人署之說

○本朝有閱巫署 刱革年代未詳 而今則巫覡屬於活人署 革罷時 或倂於活人署者歟　英組時人 李肯翊撰 燃藜室記述別集

十二. [參照] 東西活人署之沿革[京城傳染病之醫療機關]

○李朝太宗十四年九月丙子 改施惠所爲歸厚署 東西大悲院爲東西活人院　實錄 以下並同
○文獻備考云 本朝太祖元年 因麗制 置東西大悲院 復改爲東活人署西活人署 掌救活都城病人 定提調一員 別提四院 參奉二員 後減別提二員 肅宗三十五年 減參奉二員 移屬惠民署 吏屬 書員四人 庫直二名 使令二名
○世宗二十七年冬十一月丁丑 議政府據禮曹呈申 今墨寺僧 請修病人汗蒸沐浴之具 然東西活人院 旣已設置 以治疾病 墨寺間在閭閻 不宜僧居

第八章 巫覡所屬之官署　547

且其汗蒸沐浴 本無異效 請壞墨寺 汗蒸沐浴之器 及立寶米布 分與東西活人院 奴婢令刑曹區處 材瓦修葺倭館
○世祖二年三月丁酉. 集賢殿直提學梁誠之上疏 一 禁服妖 今國中女子喜着長衣 若男子然 或以長衣著於衣裳之間 成爲三層 轉相慕效 擧國皆然 疑此卽史文所謂服妖者也 乞命攸[26]司 定限禁止 其如前穿著者 收其衣 分置東西活人院 以爲貧病者之服
○世祖十二年丙戌[27]正月戊午 更定[28]官制 東西活人院改稱活人署 置參奉一
○大典會通 [活人署] [原] 掌救活都城病人 提調一員 參奉醫員遞兒兩都目 別提二員 從六品 [原] 四員 [續] 減二員 參奉二員 從九品

十三. 活人署中廢復設

○光海君[29]四年壬子十二月戌申 禮曹以活人署復設事[壬亂中廢] 啓曰 本曹方欲啓稟 而言官啓辭適蒙允 聖敎又極丁寧 其惠鮮之意至矣 預備救療之責 唯在於復設東西活人署 差出官員及醫員 令該司優備藥物 趁卽救活 各部染病之人 宜一一報該司 出置安接何如 傳曰允 活人署官員 以解[30]事諳[31]鍊人 十分擇差 提調並爲差出 使之官攝 光海君日記
○仁祖二十二年甲申七月丙午 命給東西活人署病人糧饌 是時經年疫厲

---

26)「조선무속고」에서는 '有'.
27)「조선무속고」에서는 '戊'.
28)「조선무속고」에서는 '正'.
29)「조선무속고」에서는 '吾'.
30)「조선무속고」에서는 '行'.
31)「조선무속고」에서는 '該'.

轉相薰染 兩署所置病人幾至八百餘人 ○二十三[32]年乙巳二[33]月癸亥 下
敎于政院曰 東西活人署染病人出幕者幾人乎 政院啓曰 兩署出幕病人六
百九十六人 死者八人 永差者二百七十一人 時留病幕者四百十三人云
時京師厲疫連歲大熾 閭巷間無乾淨之家 死亡者亦不知其數 而東西活人
署出幕救活者 皆士大夫家僕隸也 活人署官員有希賞之計 物故之數 不
以實聞 政院不能察 且亦視之尋常 別無申明救活之擧　實錄
○孝宗元年庚寅三月戌辰 下敎曰 近日 活人署病人 其數幾何 政院啓曰
招問東西活人署官員 則以爲兩署病人各五十餘人云 且問其救療之狀 則
以爲藥則取用於醫司 而糧則自備云矣 答曰 令宣惠廳給料　實錄
○肅宗二十四年戊寅十二月庚戌 諫院啓曰 惠民署之設 本爲救活民庶
而卽今癘疫大熾 死亡相繼 頃日儒臣以令醫司 持藥救療之意 陳達蒙允
而伏聞該司恝然無擧行之事 以致無告殞斃之慘 愈往愈甚 其怠棄職事
慢忽成[34]命之狀 誠極可駭 請本署提調從重推考 當該醫官 令攸司摘發
科罪 今後出幕之類 持藥物救療事 更加嚴飭擧行 東西活人署之設 專爲
救活病人 而近來染病出幕之類 本署之官置之度外 下人專無顧見救療之
事 以致死亡相續 設官分職之意 果安在哉 請東西活人署官員汰去 書員
庫直囚禁治罪 上[35]並從之　實錄
○英宗八年 敎曰 自祖宗朝 置活人署於都之東 都之西 其爲民之盛意 垂
至于今 而世遠綱弛 今則徒其[36]名而無其實 況若此之時 尤豈不各別飭
勵 飢者當付賑廳 病者當付活署 民有飢斃 乃賑廳之責 民或病斃 卽活署
之咎也 雖飭活署 徒手豈活 分付備局 相當藥物 分給活人署 病雖瘳 饑

---

32)「조선무속고」에서는 '四'.
33)「조선무속고」에서는 '正'.
34)「조선무속고」에서는 '將'.
35)「조선무속고」에서는 '王'.
36)「조선무속고」에서는 '有'.

必弊 頃者 賑廳雖己草記允下 更飭賑廳　文獻備考

○英宗二十年續大典云 京巫女屬活人署

○英宗四十六年庚寅二[37]月癸酉 上[38]御資政殿 行常參 朝講 講訖 領議政金致仁曰 設置惠民署 出於醫藥濟民疾病 而舊法全廢 惠不及民 甚無謂也 矧今病氣熾盛 病者相續 請令五部 活人署所須藥餌 隨卽本報署覓給 俾備有實效 從之　實錄

○正宗四年庚子九月己亥 晝講 活人署提調黃景源 以特進官入對 啓曰 活人署當初設立 蓋以都下人民 若有癘疫 則使之救活 而但本署元無財力 京巫女若干身布 自本署收捧 以給員役一年料布 先大王甲午 罷女貢 故京巫女貢亦隨而罷 特賜平安道別餉庫錢五百八十兩 命上送均(役)廳 自均廳給代于本署矣 昨年因經筵官宋德相言 復捧巫女布 故均廳錢給代 亦停罷 而京巫女旣逐送外方 無以收貢 故本署員役一年料布 更無出處 臣意則國家旣設惠民署 救療病民 不必又置活人署 權減爲宜 批曰 近來但有署號 果無實事 不但廢活人之擧 幷與員役接濟而廢之云 則依卿請 許施 似無所妨 而予所持疑者 遽然革罷 恐乖愛禮之義 亦非循名之政 第令廟堂稟處 後於次對 領議政金尙喆啓言 活人署勢不可仍置 則革其衙門 付之惠民署 誠得宜 而若以存羊之義 猝不可罷 則案付巫女 並屬地部 一體捧稅 該署給代 依前自[39]均廳擧行爲宜 右議政李徽之曰 活人署若革罷 則實非存羊之義 戶曹判書金華鎭啓言 京城巫女向旣逐出江外 巫稅則自該邑徵納宜矣　實錄

○高宗六年己巳 六典條例成 活人署條云

　　活人署掌救活都城病人　○提調一員[從二品]　別提二員[從六品]　參奉二員[從九品 惠民署 醫官遞兒] 吏隷[書員二人 庫直一[40]名 使令五名 駈從一名]

---

37)「조선무속고」에서는 '正'.
38)「조선무속고」에서는 '王'.
39)「조선무속고」에서는 '日'.

【救療】病人有無多少 庫直報于本署 每月朔望 轉報漢城府 病人藥物 報禮曹 知委兩醫司 量(宜)入進排 ○外署結幕所用 自戶曹知委繕工司 僕軍資(監)廣(興)倉進排

【捧用】均役廳給代錢五百八十八兩 豊德位田稅租三石 藁草三同 堂郞 驅[41]積. 員役朔下[42] 與各樣用下

○文獻備考【續】活人署條云 (高宗)十九年革罷

---

40)「조선무속고」에서는 '二'.
41)「조선무속고」에서는 '紙'.
42)「조선무속고」에서는 '料'.

第九章

巫業稅及神布稅
[古者以布代貨幣]

按高麗史「忠惠王後四年 分遣惡少諸道 或收山海稅 或徵巫匠業中貢布」至于李朝世宗初年 亦徵巫業稅布 見于實錄 恐是承襲麗制者 而至英宗二十年續大典中 明載巫女每名收布一匹 視爲國庫收入之一款項 而與正貢同矣

一. 世宗時巫稅

○世宗五年夏六月庚午[1] 戶曹啓 議政府受敎內 巫女業中稅奴婢身貢漁箭行狀稅等項 一應楮貨之用 亦依上加數施行 從之 實錄
○世宗八年夏五月戊午 戶曹啓 敬奉傳旨 江原咸吉(兩)道神稅布之貢 他

---

1)「조선무속고」에서는 '戊辰'.

道所無 欲除其弊 磨勘以聞 今詳兩道 俗尙淫祀 戶各用布爲神幣 巫覡之
徒誑誘愚民 以專其利 誠宜痛禁 然習俗已久 似難一禁 請除民戶收斂 其
巫覡所通民戶 悉令置簿 殘殘戶鰥寡孤獨外 其餘各戶 每戶計其一匹當
巫覡之家 收其四分之三 若京中上納之數太多 則必[2])有各官重斂之弊 今
將江原道歲貢元額二千匹 咸吉道二千五百匹 各咸一千匹 從之　實錄
○世宗十一年四[3])月癸巳 禮曹啓 今與政府諸曹同議 各官各里民戶 使近
居巫覡分掌之 如有熱病之戶 守令令醫生及巫覡考察救療 如或不用心[4])
救治 隨卽論罪 及年終活人多者 減巫稅 或鐲賦役 從之　實錄
○世宗十五年十一[5])月甲辰 傳旨戶曹 咸吉道防禦最緊 今又加設營鎭 財
用不可不備 其以江原道神稅布…竝於慶源·寧北 無弊轉輸　實錄

二. 文宗時巫稅

○文宗元年辛未夏四月庚辰 司憲府啓 江原咸吉二道歲收神稅布 此實無
名之賦也 其民間祀神之布 隨其所備 初不計長短 徵納之際 必令準一匹
且其祀神之布 皆歸巫家 今旣收巫稅 又收於民 故民必備稅布而納之 實
爲未便 況立淫祀之禁 而反徵其稅 不亦顚乎 況輸於國家者少 而率爲守
令監司所濫用乎 縱不能盡革巫覡之風 願只徵巫稅 勿令平民納神稅布
不允　實錄

---

2) 「조선무속고」에서는 '又'.
3) 「조선무속고」에서는 '三'.
4) 「조선무속고」에서는 '思'.
5) 「조선무속고」에서는 '二'.

三. 世祖時巫稅

○世祖元年乙亥七月[6]丙申[7] 鐵原府使安自立上言 本府及安峽舊屬京畿 民間不用布祀神 自移隸江原以來 例收稅布 安峽則已許蠲免 而府獨如舊 請幷蠲免 從之 實錄

四. 中宗時巫稅

○中宗十二年[8]九月[9]辛卯 御朝講 (申)用漑(啓)曰 東西活人署籍巫女以收其稅 此可革也 外方巫稅 亦可革也 知事張順孫曰 巫覡之事 果如用漑所言 且外方則有神堂稅布退米等稅 此皆收之於巫覡者也 可以勿徵也 ○傳于政院曰 巫女神堂布稅事 雖爲抑末而收之 然不當收之也 巫女亦勿屬活人署 ○乙未 政院以神布神堂退物勿徵傳旨入啓 傳曰 今觀[10]柳沃之疏 亦言神布徵納之弊 初立此法者 欲其禁抑也 若以爲恒規 而徵納則似導巫覡之事也 且活人署巫覡革罷事 乃[11]新立法之事 亦議于大臣可也 ○丙申 檢詳柳墩 以勿收巫稅布神堂退米及勿屬東西活人署等事 收議以啓 鄭光弼崔淑生等議 此雖非良法 然祖宗非爲征稅也 亦是禁抑之一法也 今若不能禁斷其淫祀 而只勿收其稅則淫祀自若 而其資生則漸益饒矣[12] 因祖宗之法似當矣 且守令則果不知本意 以爲必征其稅 雖非眞

---

6) 「조선무속고」에서는 '閏六月'.
7) 「조선무속고」에서는 '甲申'.
8) 「조선무속고」에서는 '月'.
9) 「조선무속고」에서는 '年'.
10) 「조선무속고」에서는 '視'.
11) 「조선무속고」에서는 '亦'.
12) 「조선무속고」에서는 '足'.

巫而亦冒屬巫案 以收其稅 如此者可已也 若痛斷淫祀 永絶根本之後 無巫可稅 則收稅之法 始可罷也 若先罷之 則是助其生業而已也 申用漑金詮李繼孟等議 勿屬東西活人署 勿收稅布及神堂退米皆可也 ○丁酉 傳曰 勿收巫覡稅布等事 大臣之議不一 可於後日更議歸一 ○(領相)鄭光弼議啓曰 巫覡(之)事 當痛斷其淫祀而已 不必改祖宗之法 守令則不知本意 以爲巫覡不可無 而若有死亡者 則必充其數 以征其稅 是則可禁 申用漑啓曰 臣意以爲收稅布 有似不禁 當一切罷之 然則根本已絶 可能禁抑其淫祀 故前日亦以此啓矣 傳曰 領相之言當矣 當勿罷其稅 而痛斷淫祀 且勿令苟充其數可也　實錄

○中宗十三年春正月戊午 御朝講 (持平李)佑(啓)曰 聞全羅道羅州錦城山神堂退米 多收而納諸歸厚署 今方禁斷淫祀之時 而有如此之稅 是自上敎之使爲也 羅州牧使以其狀 呈報于戶曹及本府 其呈文曰 米無出處 故分徵於巫女云[時牧使權希孟 嚴禁淫祀 其民不得上錦城山神堂以祀之 而朝廷猶不去退米之稅 神堂則無復有前日所收之米 故不得已分徵於巫女] 上[13)]曰 此類之稅 已令不[14)]收矣 此獨不及蠲耶 當審處之 ○己未 傳曰 禁民巫覡淫祀 而猶稅其退米 甚不宜於義 可一切勿稅也 承旨李耔仍啓曰 所敎之意至爲美矣 但歸厚署及東西活人署 送終活人之費 皆出於此 且巫覡淫祀雖禁之 亦不可頓絶也 不可頓絶而不收其稅 則恐國計虛疎也 傳曰 神堂稅布退[15)]米 可一切勿收也 其以爲不可棄者以禁抑之意而然矣 然亦可言于該曹 使爲公事以報府而處之也　實錄

---

13) 「조선무속고」에서는 '王'.
14) 「조선무속고」에서는 '勿'.
15) 『중종실록』에 의거하여 '退'를 삽입하였다.

第九章 巫業稅及神布稅(古者以布代貨幣) 555

五. 魚叔權稗官雜記巫布記事

○稗官雜記云 俗傳官府收巫稅布甚重 每官差到門 叫呼嗔突 一家蒼皇 奔走 具酒食以勞 乞緩程期 如是者間日或連日 苦害[16]多端 適歲時 優人 作此戲于御庭 於是命除其稅

六. 續大典巫女稅布

○英宗二十年續大典 【戶典】【雜稅】外方巫女錄案收稅 每名稅木一匹 依大同木例 五升三十五尺爲準 作役價亦同 ○咸鏡道明川以南 則收正 布亦五升 以錢代捧則一匹代二兩五錢 ○兩西巫女稅全數管餉會錄

七. 星湖僿說巫稅記事

○李瀷[英宗時人] 星湖僿說 國語民之精爽不携貳者 則明神[17]降之 在男 曰覡 在女曰巫 今世女巫(覡) 遍於國中 其所降之鬼(神)邪魔[18]之類 氓俗 作樂祈祝 謂之神事 法不能禁 非不能禁 有以勸之也 凡巫女皆有賦 官利 其物 巫財所出何從 從祈[19]祝也 如是而禁之難矣 周禮[20]立巫官 意者 古 時[21]崇信鬼道 有災必禱故爾 今國家祀典不用巫 其儀極正 宜斥絕之不

---

16)「조선무속고」에서는 '海'.
17)「조선무속고」에서는 '神明'.
18)「조선무속고」에서는 '魑'.
19)「조선무속고」에서는 '所'.
20)「조선무속고」에서는 '官'.

暇 又何收賦之爲乎 旣收賦矣 又罰其事鬼 厚贖而利於官 非禁也 意在錢布之入也 於是 近自京輦遠[22)]至州邑 皆有主巫[宮巫名曰國巫 州郡主巫名曰內巫女 或內巫堂是也] 出入隨意 民風靡然矣 巫者皆云[23)]有神來降 此卽人召[24)]之 非鬼所强[25)]也 古者有覡有巫 今只有女巫 蓋出入外內親近媒[26)]利男不如女 故男巫遂絶

八. 燃黎室記述巫布記事

○李肯翊[英宗時人]燃黎室記述 平論曰 我東自京遍八路 巫覡之盛殆甚於南楚 以婦女及愚氓. 誠[27)]信而勤事之故也 耗財敗俗 輕蔑國綱 使閭里哇淫[28)]厖亂 未有甚於此 列邑守宰中 或有深惡之者 心欲驅逐痛禁 而有每年受用巫布之利故 貪恡而不敢治 咄哉

---

21) 「조선무속고」에서는 '者'.
22) 「조선무속고」에서는 '大內而'.
23) 「조선무속고」에서는 '之'.
24) 「조선무속고」에서는 '爲'.
25) 「조선무속고」에서는 '降'.
26) 「조선무속고」에서는 '謀'.
27) 「조선무속고」에서는 '誠'.
28) 「조선무속고」에서는 '淫哇'.

九. 正宗朝巫布

○正宗四年庚子九月己亥　活人署提調黃景源啓言　本(活人)署元無財力 京巫女若干身布　自本署收捧　以給員役一年料布　先大王[英宗]甲午罷女貢　故京巫女貢　亦隨而罷　自均(役)廳給代于本署矣　昨年因經筵官宋德相言　復捧巫女布　故均廳錢給代亦停罷　而京巫女旣逐送外方　無以收貢　故本署員役一年料布　更無出處　戶曹判書金華鎭啓言　京城巫女向旣逐出江外　巫稅則自該邑徵納宜矣
○正宗九年乙巳　大典通編云　京城巫女逐出江外　收布今廢

十. 北關巫布

○洪良浩[29][正宗時人]耳溪集北塞雜謠云　北俗好鬼神　男巫謂之師　師者衆所尊　爾名焉取斯　瞽師敎卜筮　禪師敎念佛　怪底人誰學爾術　墻間酒食僅一飽　細布綿絲從何出[北關男巫　例貢細布綿絲故云]

十一. 神稅記事

○鄭東愈[正宗時人]晝永編云　輿地勝覽言玄風有祠　稱靜聖大王之神　祈禱輒應　故祭之者輻湊　其紙布輸于活人署　夫愚民之惑於淫祀　浪費紙布者 在法當禁　設令不禁　烏可以看作正稅　以爲公用也　國初治明之世　恐無是理　設有此事　必出於一二官員誅求之謬例　如今豊德之取用德物山崔瑩祠

---

29)「조선무속고」에서는 '活'.

祈禱之物 以補官用者也 決知非令甲所載 此必編書之時 未及周思而誤錄者也

十二. 純祖朝巫稅

○萬機要覽[純宗時奉敎撰]財用編巫稅條云　京畿三南江原道巫女錄案收稅每名稅木一疋[以錢代納三兩五錢]　咸鏡道南關　則每名五升正布一疋　以錢代納[英宗辛酉　因本道狀啓　每疋減一兩　以二兩五錢定式]　北關則州倉會錄　兩西則管餉會錄　京中則屬之活人署矣　丁酉並逐江外　稅納錢自均(役)廳給代[京畿二十三30)疋　公忠道三同二十六疋　全羅道八同十五疋　慶尙道十同二十二疋　江原道一同十一疋　咸鏡道二同二十九疋]

---

30) 「조선무속고」에서는 '三十二'.

第十章

巫兵之制

　　高麗末 有令巫出馬以充軍用之事 而李朝末有以巫爲兵之事 曰忠翊衛巫兵 曰攔後砲手 曰巫夫軍牢等是也

一. 忠翊衛 巫兵

○正宗卽位丙申九[1]月庚寅 東萊府使柳懿[2]上䟽曰 本府有大憂焉 曰軍兵之疊役[3]也 所謂疊役[4]者 忠翊衛巫女寺奴爲六十六名 … 乞蠲身布之

---

1) 「조선무속고」에서는 '八'.
2) 「조선무속고」에서는 '柳戇'.
3) 「조선무속고」에서는 '設'.
4) 「조선무속고」에서는 '設'.

軍 而特令道臣 移定各邑 其餘忠翊衛巫女等一切丁額 並許爲臣府軍總
實錄

二. 欄後砲手

○高宗九年壬申五月 許施忠淸水營設砲科之請 議政府啓言 卽見忠淸水
使李奎顔所報 則精抄道內巫夫中精砲者三百名 名以欄後砲手 設廳立番
事 請依報許施 允之 日省錄
○朴齊炯述近世朝鮮政鑑5)云 丙寅洋擾旣受敎訓 大院君乃大修武備 設
局鑄巨砲製硝藥 以八道俳優遊藝之屬[俳優亦云廣大 卽巫夫也]編伍 演砲技
號曰欄後軍 分布州郡

三. 巫夫軍牢

能和生長於槐山郡 幼時見郡守外出時 一般官屬皆隨從 而其中衣紅者曰
巫夫軍牢·巫夫使令 或吹角演技 或持杖前導 蓋異其服色而區別賤役 而是
卽大院君執政時 以各郡所在俳優編伍 而名曰欄後軍者也

---

5) 「조선무속고」에서는 '朝鮮近世政鑑'이라 했다.

第十一章

禁妖巫及淫祀

一. 太祖時禁妖巫

[卜大伏誅] 太祖七年戊[1]寅夏四月庚寅 妖人卜大伏誅 卜大文州人 服女服爲覡 惑亂愚民　李朝實錄

二. 太宗時禁淫祀

[內行祈恩] 太宗十一年夏五月癸未 禮曹上報祀之制 上[2]命禮曹曰 松岳 德積紺岳等名山之神 修祝文 遣臣[3]行香禮也 自前朝以來 稱內行祈恩

---

1) 「조선무속고」에서는 '戌'.
2) 「조선무속고」에서는 '王'.
3) 「조선무속고」에서는 '官'.

每當四節 兩殿使內臣司鑰與巫女 暗行無名之祭 至今未已 不合於禮 爾等考前朝祀典所載 終始本末 悉書以聞 予當以禮行之　實錄

[**命罷祈恩**] 太宗十一年秋七月[4]甲戌 命禮曹 定德積紺岳開城大井祭禮 先是國家承前朝之謬 於德積白岳松岳木覓紺岳開城大井三聖朱雀[5]等處 春秋祈恩 每令宦寺及巫女司鑰祀之 又張女樂 至是上[6]曰 神不享非禮 令禮官博求古典 皆罷之 以內侍別監奉香以祀之 禮曹啓 近有旨松岳白岳紺岳等處 令別監奉香行祭 考於曹月令 白岳等處 春秋有祭 又[7]有別祈恩 是疊行也 上[8]曰 別祈恩行(之)久矣 不可廢也　實錄

[**罷祀朱雀**] 太宗十一年十二月己未 罷祀朱雀于南方 禮曹上言 考諸祀典 朱雀之神 不宜獨祀南方 命罷之　實錄

[**巫覡祭馬神**] 太宗十三年十一月庚辰 禮曹上言 司僕寺以巫覡祭馬神 淫祀也 請自今祀馬祖馬步馬社先牧之神 令司僕官受香以祭 從之　實錄

[**巫女寶文遠竄遐方**] 太宗十八年春二月壬辰 刑曹請盲人巫女之罪 啓曰 盲人卜者 不精其業 乃以誠寧延命啓聞 且國巫加伊 不能祈禳免禍 巫女寶文不察病勢 淫祀雜神於宮闈 以致不測 請皆置於法 命除盲人及加伊外 寶文依律處罪 下旨刑曹曰 巫女寶文除流三千里收贖 只於外方付處 剄豆瘡祀神 世俗之大忌 故罪之 ○三月乙卯 初誠寧大君患瘡疹疾篤 巫女寶文於宮中 設酒食 享鬼神禱之 及種卒 或曰瘡疹之疾 不可以酒食祀神也 寶文設酒食祀神 故有是變 乃下寶文于刑曹治之 於是司諫院上疏略曰 巫女寶文貪得財貨 恣行邪術[9]於宮中 以致大變 罪干不忠 請上裁

---

4) 「조선무속고」에서는 '夏五月'.
5) 「조선무속고」에서는 '雀'.
6) 「조선무속고」에서는 '王'.
7) 「조선무속고」에서는 '文'.
8) 「조선무속고」에서는 '王'.
9) 「조선무속고」에서는 '道'.

施行 其實文不忠之罪 依律科斷 國巫加伊 亦竄退方 以懲其罪 柳廷[10]顯 朴븀等啓曰 實文付處退方 恣行邪術 外人服從 然則安有窮困之戒乎 請 定退方官婢 以懲其惡 乃配實文慶尙道蔚山(郡爲)官婢 未行 誠寧根[11]隨 之徒 歐實文潛殺之　實錄

三. 世宗時禁妖巫淫祀

[王子之命懸於巫手乎] 世宗元年己亥春正月里戌 刑曹啓 誠寧大君家奴 十人 以巫女實文妄行救病 乃致誠寧之卒 打殺之 請鞫治罪 上[12]曰 誠寧 法席始於晦日 姑停勿問　實錄

[乞禁巫覡宰牛祀神] 世宗七年八月丙申 咸吉道察訪辛引孫啓 其(本道 風)俗崇信巫覡 必宰牛祀神 且爲賓[13]客之供 口腹之養 連續屠宰 一歲 宰牛不啻數千 民俗習以爲常 雖有法令 漫不知改 乞令攸司 嚴立禁防 實錄

[禁淫祀疏] 世宗八年十一月丙申 司諫院上疏曰 鬼神之道 作善則降之 百祥 作不善則降之百殃 然則降福降殃 莫非爲善爲惡之致然也 豈有諂 神邀福之理乎 而況非其鬼而祭之乎 古者天子祭天地 諸侯[14]祭山川 大 夫祭五祀 士庶人祭祖考 各有等級 而不相紊[15]也 恭惟我國家 制禮作樂 文物悉備 至於祀事 亦皆參酌古今 勒成令典 禁淫祀之令 載在元典 然民

---

10) 「조선무속고」에서는 '庭'.
11) 「조선무속고」에서는 '踉'.
12) 「조선무속고」에서는 '王'.
13) 「조선무속고」에서는 '宴'.
14) 「조선무속고」에서는 '候'.
15) 「조선무속고」에서는 '祭'.

習舊染 尙鬼之風猶有未殄 酷[16]信巫覡妖誕之說 死生禍福 皆神所致 淫
祀是崇 而或家或野 無地不作酬歌恒舞 無不爲已 以至越禮犯分 山川城
隍 人皆得以祭之 群飮糜費 傾家破産 一遇水旱 則輒有飢色 流弊可慮
非唯細民爲然 卿大夫家率以爲常 曾不爲怪 或稱祈恩 或稱半行 諂瀆鬼
神 無所不爲 至使其祖考之神 見食於巫家 神其有知 其肯享之乎 甚者率
其婦女 躬自祈禱 恬不知愧 非徒昧於鬼神之理 亦失其正家之道也 其尊
祖敬宗之禮安在 敬鬼神而遠之之義 亦安在乎 原其所自 豈非國家旣設
國巫堂 而又於名山 遣巫致祭之故歟 人皆藉口 縱意逞情 略無忌憚 實有
累於盛治也 山川城隍各有其祭 而又設厲祭 咸秩無文 則靡神不擧至矣
今之[17]巫覡所祀 未知其何神也 此臣等之所憾也 傳曰 上有好(之)者 下
必有甚焉者 未有上行而下不效者也 伏望殿下 特下兪音 停罷國巫堂 每
於祈恩 亦遣朝臣 以禮祭之 以斷巫覡之妖誕 以新[18]下民之耳目 實錄

[疏禁神祀] 世宗十二年五月乙巳 司憲府啓 會飮則已曾禁之 而神祀無
禁 故無識之徒 托以神祀 多備酒食 聚會男女 沈酗糜費 以至歌舞街衢
甚爲放恣 請自今 雖神祀 家內男女外 禁其雜人 從之 實錄

[禁野祭] 世宗十三年八月甲午 司憲府啓 無識之徒 惑於邪說 凡有疾病
死亡 輒行野祭 以爲非此無以解祟 男女成群 招集巫覡 盛設酒肉 壞禮敗
俗 莫此爲甚 請令守令 嚴加禁理 如有犯者 官吏及里正長色掌 並治其罪
從之 實錄

[禁妖巫事豆朴神] 世宗十八年夏五[19]月乙亥 有人書往古被誅將相姓名
於紙 懸之木竿 號稱豆朴神[豆朴俗語顚仆之聲][20] 每里轉相傚傚[21] 愚民驚

---

16) 「조선무속고」에서는 '醋'.
17) 「조선무속고」에서는 '知'.
18) 「조선무속고」에서는 '從'.
19) 「조선무속고」에서는 '四'.
20) 「조선무속고」에서는 '類'.

惑 以次祀之 爭出紙布 不少吝惜 龍仁縣守張我[22]執而燒其紙榜 上[23]聞之曰 不圖當世 有此怪事 卽遣少尹李補丁副正閔孝懽往推 始爲妖神者 若有所問[24] 勿論其職 直行拷[25]訊 補丁等承命推覈 至陽城 乃得始作之人姜流豆朴豆彦崔雨 ○癸巳[26] 議于政府曰 陽城人姜流豆朴豆彦崔雨等 造爲妖術 號稱豆朴神 據律爲首姜流豆當絞 朴豆彦崔雨杖一百流三千里 其左道亂正之罪 關係至重 當依律科罪 以戒後來 然前此無知愚民 妄稱豆朴神 其來已久 近日妖巫等 律當處死 並皆原免 只黜于外 姜流豆等亦妖巫之類耳 原其情則不過畏慕禍福 祈禱於神而已 又當旱災 不忍重論 將欲末減施行 僉議以啓 僉曰 首從各減一等可也 上[27]乃減二等　實錄

[漸除巫覡之事] 世宗十八年夏五[28]月丙子 教今後勿行松岳白岳等各處中宮別祈恩及箭串司僕寺馬祭 上[29]曰 巫覡之事甚怪 宜當痛禁 然始於中古 而祖宗所未盡禁 豈敢遽革於今日乎 予當漸次除之 以開小貞之端 實錄

[處置妖巫議及三公] 世宗十八年夏五[30]月丁丑 召黃喜崔閏[31]德盧開等議事 其二[32]曰 今司憲府所推妖巫七人 能使鬼神 唱於空中 有似人語 令人眩惑 據律當絞 然前此未立禁章 不可一朝遽置於法 玆欲放黜于外 且

---

21) 「조선무속고」에서는 '傲傲'.
22) 「조선무속고」에서는 '義'.
23) 「조선무속고」에서는 '王'.
24) 「조선무속고」에서는 '聞'.
25) 「조선무속고」에서는 '考'.
26) 「조선무속고」에서는 '壬辰'.
27) 「조선무속고」에서는 '王'.
28) 「조선무속고」에서는 '四'.
29) 「조선무속고」에서는 '王'.
30) 「조선무속고」에서는 '四'.
31) 「조선무속고」에서는 '潤'.
32) 「조선무속고」에서는 '一'.

立禁章 以杜其弊何如 僉曰 放黜于外 則外方愚民 尤爲易惑 且禁防未嚴 弊必倍之 莫若屬東西活人院 制其出入 使不得相通 又令憲府 無時檢察 如有犯禁 嚴加糾理 其在外妖巫 亦令推劾決罪 良女則屬官府 私賤則給本主 守令時加糾[33])察 使不得肆行 上[34])曰 昔太宗朝 亦有妖巫放逐于外 使不得雜處京城 今卿等旣曰 外方妖巫 當定屬官府 而令守令檢察 則京中妖巫 亦依此例 於自願各官分置禁防 何爲不可 且前此未立禁防 而遽以決罪 予心未安 黃喜崔閏[35])德等曰 若不照律 遽赦之 則妖巫無以知其罪之重也 照律使知其罪 以特恩減等決罪 留置活人院 則仁威兼行 妖巫自息矣 盧閈曰 前無禁章 不宜加罪 上[36])曰 予當更思之　實錄

[京外妖巫檢束之法] 世宗十八年夏五[37])月辛巳[38]) 司憲府啓 京中妖巫及信從趨慕知情不告者 京中五家隣保管領 外方各里正長 竝依律論罪 在內五部漢城府官員 在外守令常加檢察 以杜邪妄[39])之風 上[40])曰 前此未有[41])禁章 若急迫禁之 則非徒妖巫延坐者亦多 曉諭中外 使民皆知然後 自七月爲始 依所啓痛禁　實錄[42])

[禁淫祀條例] 世宗二十五[43])年癸亥秋八[44])月丁未 議政府條陳禁淫祀之法

---

33) 「조선무속고」에서는 '檢'.
34) 「조선무속고」에서는 '王'.
35) 「조선무속고」에서는 '潤'.
36) 「조선무속고」에서는 '王'.
37) 「조선무속고」에서는 '四'.
38) 「조선무속고」에서는 '丑'.
39) 「조선무속고」에서는 '佞'.
40) 「조선무속고」에서는 '王'.
41) 「조선무속고」에서는 '有'.
42) 「조선무속고」에서는 '類'.
43) 「조선무속고」에서는 '六'.
44) 「조선무속고」에서는 '七'.

一 祖父母父母之魂 邀致巫家 名曰衛護 或圖形像 或稱神奴婢 施納巫家 雖不納奴婢 或設衛護 或祀祖考之神託於巫家者頗多 其家長論以不孝 依奉養有闕律科罪 永不敍用 其奴婢並沒於官 且因救病 稱爲代命奴婢 施納巫家者 其家長亦以制書有違律科罪 奴婢亦沒入官

一 野祭及巫家松岳紺岳開城府大井[45)]各其州縣城隍等處 親往淫祀者及良家婦女稱爲避病 寓於巫家者 其家長以制書有違律科罪

一 犯禁巫女 依律科罪 京中則迸諸外方 外方則黜諸他道

一 犯禁婦女 若無家長 則罪其長子 無長子則次子 無次子則長孫 無長孫則次孫 若無家長及子孫 則罪坐婦女

一 巫女等或稱古今所無之神 或稱當代死亡將相之神 別立神號 自謂神托於己 妖言惑衆者 依造妖言妖書律處斬

一 不付巫籍 號爲要巫 雜處京城者頗多 竝黜城外 隱匿者以不應爲事理重律科罪 皆錄巫籍

一 巫及各人 如有所犯 其里管領坊別監色掌等 不能檢察 則依律科罪

一 京中則司憲府 外方則監司守令 出其不意 常加檢擧 嚴行禁約 以爲恒式 從之 實錄

四. 成宗時禁妖巫淫祀

[憲府啓禁淫祀節目] 成宗三年壬辰春正月辛丑[46)] 司憲府啓禁淫祀節目

一 喪人就巫家行淫祀者 家長及巫女抵罪

一 稱神奴婢給與巫女聽使者 罪家長及巫女 其奴婢屬公

---

45) 「조선무속고」에는 '井' 다음에 '谷'이 있으나, '谷'은 불필요한 글자이다.
46) 「조선무속고」에서는 '庚子'.

一 空唱巫覡 惑人尤甚 其信從趨慕者抵罪
一 管領及鄰里知而不告者 並抵罪 從之 實錄

[城內禁淫祀之法] 成宗六年乙[47]未八月己丑 御經筵 講訖 司諫朴崇質 啓曰 城內禁淫祀之法 已立於辛卯年 但法司以不載大典 不得禁 請申明上[48]曰 辛卯年雖已立法 神祀世俗行之已久 不可頓革 持平徐赾啓曰 野祀之禁 見在[49]大典 本府一禁 至於神祀 無禁之之令 故家家恣行 或城底 或山麓 如仁王昭格藏義等洞 以爲神場 殆無虛日 風俗之汚 莫此爲甚 上[50]曰 (巫女)還入城內者 堅[51]禁 實錄

[一依大典嚴禁淫祀] 成宗九年戊戌正月庚寅 傳旨司憲府曰 禁淫祀之法 載在大典 非不詳盡 如都城內行野祭者 士族婦女親行野祭 及山川城隍祠祭者 私奴婢施納寺社巫覡者 行幸時路邊祀神者 祖父母父母之魂邀至巫家 或用紙錢 或圖形像 排設享祀者 喪人就巫覡行淫祀者 趨信空唱巫覡者 已令禁斷 而有司奉行寢弛 今後一依大典 嚴加糾禁 實錄

大典會通[刑典] [續][52] 神祀者 京城內外大小淫祀 城外限十里 <u>並禁斷</u> ○告祀(者)勿禁

[神祀之弊] 成宗九年戊戌秋十一月[53]丁亥 弘文館副提學成俔等上疏(略)曰 今世之人 爭信鬼神 凡有吉凶禍福 一聽於巫 或畫像掛錢 或邀魂入室 或趨聽空唱 或親祀城隍 或施納奴婢 是皆聖朝所禁 而著於續典者也 殿下深知其弊 又令法司 盡刷巫覡 放于城外 伏覩近日 禁令稍弛 自城外漸還入城(中) <u>誑誘</u>婦人 糜費酒食 或稱度厄 或稱救病 雖大家巨室 皆邀而

---

47) 「조선무속고」에서는 '癸'.
48) 「조선무속고」에서는 '王'.
49) 「조선무속고」에서는 '已載'.
50) 「조선무속고」에서는 '王'.
51) 「조선무속고」에서는 '嚴'.
52) 「조선무속고」에서는 '原'.
53) 「조선무속고」에서는 '九月'.

致之 競爲淫酗 恬不知愧 未聞一人以此而獲罪 鼓笛歌舞 不絶於街衢閭閻之間 此臣等之所惑也 傳曰 以身教者從 以言教者訟 所令反其所好 而民不從 今(置)星宿廳 尚在城內 祈恩(之)使 春秋不絶 以此而禁民 不亦左乎 臣等嘗見 祈恩之行 自京都至開城 自開城至積城楊州之境 騎馬者不下數十人 其僮僕輜重倍之 或行或留 淹滯不發 守令鞠躬屛氣 迎入惟勤 或厚饋慮[54] 或行賄賂 惟恐獲譴於萬一 雖拜舞跪起 亦不得辭 弊之大者無踰於此也 至如[55]星宿廳 是何神也 是何祀也 神[56]非明神 祀非正祀 亦王政之所當先去者也 伏願殿下 廓揮剛斷 整頓風俗 使邪淫妖妄 無容於聖明之下 此亦臣等之所望也　實錄

[孔廟庭中巫行淫祀] 成[57]廟謁文宣王廟 飯因不豫 貞熹王大妃憂之 問諸巫 皆曰 孔廟神爲祟 <u>貞熹王大妃命宮人率諸巫</u> 行淫祀於大成殿庭中 諸巫雜沓[58] 衆伎亂作 館中諸生 有士氣者爲之倡 領諸生 驅逐諸巫 推破腰鼓雜樂 宮人驚散 走入奏之<u>大妃</u> 大妃大怒. 將盡下諸生獄 知館(事)以下率諸生 待命闕下 大妃使人報成廟曰 殿下違寧 問諸巫覡 皆言祟在孔廟 予命宮人祈禱 諸生大逆無道 撲打<u>巫女</u> 迫逐宮人 蹴破諸具 是不有君父<u>者</u>也 余將盡誅之 故使聞之也 成廟推枕 蹶然遂[59]起曰 吾太學<u>生</u>徒 如此其有義節耶 遂命司饔院供具 命知館事以下率諸生入 賜宴于勤政殿庭　五山說林草藁[60]

---

54) 「조선무속고」에서는 '饋慮'.
55) 「조선무속고」에서는 '於'.
56) 「조선무속고」에서는 '禮'.
57) 『대동야승(大東野乘)』에 수록된 『오산설림초고(五山說林草藁)』에서는 '光'이라 했으나, 이는 '成'의 잘못이다. 이 점에 있어서는 「조선무속고」가 옳다.
58) 「조선무속고」에서는 '沓'.
59) 「조선무속고」에서는 '而'.
60) 「조선무속고」에서는 『慵齋叢話』라 했다.

五. 中宗時禁巫覡淫祀

[野祭宜禁] 中宗三年戊辰三月丁未 御晝講 侍講官崔淑生(啓)曰 方今民間無厚葬之弊 但信巫覡淫祀 名曰野祭 此宜痛禁 須在上者 先自禁絶 然後民乃則效矣　實錄

[令法司禁巫覡] 中宗九年甲戌十一月癸酉 御朝講 至淫祀事 上[61]曰 巫覡之風頗似盛行 (令)法司禁斷　實錄

[巫覡成風不可不嚴] 中宗三十二年丁酉正月辛丑 御夕講 侍讀官朴從鱗[62]曰 巫覡成風 士大夫之家 亦盛行無忌 此等事 不可不謹嚴也　實錄

[請禁淫祀] 中宗三十二年正月癸卯 弘文館副提學柳世麟等上疏曰 五曰去淫祀 殃咎在我 不可事巫而免也 今者邪誕之說雖衰 尊尙之法猶在 松都供佛之大擧 人曰內旨 國巫事神之多怪 豈其自意 一人唱之 百人和之 近者鼓之 遠者應之 京都之下 僧徒盛行 誑誘眩惑 勸施者多 閭閻之間 神祀方張 無晝無夜 恣意而行 臣等恐上好下甚 邪道勝正 末流之害 有不可勝言者矣 云云　實錄

---

61) 「조선무속고」에서는 '王'.
62) 「조선무속고」에서는 '麟'.

第十二章

黜巫城外

　　李朝實錄 中宗二十八年二[1)]月己丑[2)]日條 有龍山江巫女家云云等說 近世 京城南大門外牛首峴 龍山江之鷺梁津 巫覡聚居[正宗時放逐巫覡于江外 江外 以鷺梁言] 此皆自京城被逐出居 以成部落者也 李朝以來儒家者流 以攻異端 斥左道爲務 建議逐出巫覡 不得居住城中 僧尼不得接跡輦下 如曰左道異 端爲民之害 故斥逐之 則京城門外之地 獨非王土耶 京城門外之人 獨非王 臣耶 此所謂有庳之民何罪者也 是眞可笑也 李朝政令不出城外 非徒見於 黜僧逐巫 其他政令多類是 例如高宗乙未下削髮令 使巡警把守城門 在門 內而帶髮者 勒令削之 在門外者不問 禁白衣時亦然 門內者禁之 門外者不 問 是皆吾所目擊其狀 然則是但以城內 爲立法行政之區域 而門外八道三 百六十州 置之於化外者也 按自世宗朝始 逐出巫覡於城外 爾後歷世 黜巫

---

1) 「조선무속고」에서는 '正'.
2) 「조선무속고」에서는 '二'. 己丑日은 16일.

之命 不知其幾百十次 而城中之巫覡如舊 城中淫祀依然 由是觀之 則政令之不出城門外 自昔已³⁾然矣.

一. 世宗朝黜巫城外

○(世宗十一年) 黃烈成守身 爲監察掌令 時妖巫多聚都中 言人禍福 士女奔波 公據經疏論 盡出之都⁴⁾外　韻玉
○世宗十三年秋七月己卯 司憲府啓 巫覡本不得雜處朝市 於城外遙隔處 稱爲巫覡里 區別居生 其來已久 近來雜處 甚爲未便 請自今 並就城外 同類聚居處　實錄
○世宗十八年夏五⁵⁾月丁丑 (王)謂承政院曰 妖巫處置 三議政⁶⁾之論皆好矣 然爾等之意何如 僉曰妖巫所犯 在禁防未立之前 不可遽罪之也 且不可使處京中 其居京中及京畿者 則從自願安置外方 居外方者 則各於元⁷⁾居處安置爲便 上⁸⁾曰 當從爾等之議 但今據律立法 而後有犯者從律文⁹⁾處死 則太重 若減等 則有違禁章 何以處之 右承旨鄭甲孫曰. 未減科罪 亦可於律有之 曰應加應減 取旨施行 殿下特恩減等科罪 亦是律也 何不可之有 從之 令司憲府磨勘妖巫處置之法 及禁防之術以聞 遂黜巫于外方　實錄

---

3)「조선무속고」에서는 '己'.
4)「조선무속고」에서는 '城'.
5)「조선무속고」에서는 '四'.
6)「조선무속고」에서는 '三相'.
7)「조선무속고」에서는 '原'.
8)「조선무속고」에서는 '王'.
9)「조선무속고」에서는 '如'.

○世宗二十五[10])年秋八[11])月丁未 議政府條陳禁淫祀之法 一 不付巫籍 號爲要巫 雜處京城者頗多 並黜[12])城外 隱匿者以不應爲事理重律科罪 皆錄巫籍 實錄

二. 成宗朝黜巫城外

○成宗二年六[13])月己酉 大司憲韓致亨等上疏曰 巫覡之行乎世 其來久矣 誠不可一日<u>而</u>盡去者也 世宗<u>大王</u>常[14])患此 驅而盡出之城外 以斷妖妄之 俗 使不得肆行 而因仍歲月 禁綱少弛 巫女[15])復得以雜居京城中編戶之 間 <u>至</u>以士族之婦女 少有疾病 稱爲避方 動經歲月 虧損婦道 非美事也 況招聚病人 至今疫癘延及閭里乎 招集少艾 名曰絃首 叢酒肉之場 恣 歌舞之樂 喧咽閭閻 以誨淫爲事者乎 又有空唱示靈 驚該聽聞 其妖誕又 甚矣 非特此也 有男人號稱花郞者 售其誣[16])詐之術 漁取人財貨 略與女 巫同 而爲術益幻 其他悖理 而背道愚弄士女 伏願依世宗朝故事 凡見在 巫覡[17]) 盡驅出城外 放淫辭息邪說云云 ○六月己未 傳旨禮曹司憲府曰 在祖宗朝 巫覡不得居城中 其後禁令漸弛 雜居城內 甚未便 自今並黜[18]) 城外 實錄

---

10)「조선무속고」에서는 '六'.
11)「조선무속고」에서는 '七'.
12)「조선무속고」에서는 '出'.
13)「조선무속고」에서는 '五'.
14)「조선무속고」에서는 '嘗'.
15)「조선무속고」에서는 '覡'.
16)「조선무속고」에서는 '誑'.
17)「조선무속고」에서는 '女'.
18)「조선무속고」에서는 '出'.

○大典會通【原】【刑典】【禁制】京城內巫覡居住者 論罪 [原者謂成宗二年頒行之經國大典也]

○成宗六年八月癸未 御經筵 講訖 司諫朴崇質啓曰 曩者 命黜巫覡於城外 又[19]禁神祀 近來巫女稍稍還入城(中) 家家邀致 恣行淫祀云云　實錄 成宗六年八月己丑 御經筵 講訖 領事曺錫文啓曰 臣等少時 巫女等羣居門外 今則盡入城內 張樂會[20]飮 無日無之 誠可憎也 然遽令頓革 則人心騷動 莫如更令刷出城外 使毋[21]得入城內 自無其弊矣 知事洪應啓曰 如欲祛[22]此風 則先除其根本可也 令巫女毋[23]得入居城內甚可 上[24]曰還入城內者堅[25]禁　實錄

○成宗二十一年八月乙酉 兵曹判書李克墩來啓曰 今番上忠淸道報恩(郡)正兵金永山 妖言惑衆 都中士女爭趨問卜 所至成羣 傳曰 其妖言何如 克墩對曰 托稱有神在空中 能言已往事 士女無不信惑 傳曰 雖女巫法不得在(京)城中 況男巫乎 黜(之)城外 使不得入城何如　實錄

三. 中宗朝黜巫城外

○中宗四年六月甲子 御朝講 大司憲[26]權弘啓曰 巫覡自祖宗朝 黜諸城外 今者 南方男人爲巫事 年少無髥者 假著女粧 出入士族之家 因而[27]有

---

19)「조선무속고」에서는 '及'.
20)「조선무속고」에서는 '公'.
21)「조선무속고」에서는 '無'.
22)「조선무속고」에서는 '袪'.
23)「조선무속고」에서는 '母'.
24)「조선무속고」에서는 '王'.
25)「조선무속고」에서는 '嚴'.
26)「조선무속고」에서는 '諫'.

醜聲 安琛爲觀察使時 刷出 盡屬各官奴婢 然舊習猶存 今復滋熾 請盡刷出 以實西北方空虛之地云云　實錄

○中宗十二年九月丁亥 司憲府啓曰 大典有京城內巫覡居住者論罪之法 然而妖邪之徒 混處閭閻 誣人取財 生理饒足 以此外方業巫之人 坌集京城 在細民則已 雖於士大夫之家 出入無忌 妖言煽惑 汚染風化 莫此爲甚 雖以本府隨所聞摘發 刷出城外 而旋卽入城 識別爲難 禁止無由 東西活人署案付巫女 及五部刷出巫覡等 並於距京城二百里外各官從願分配 令所在官守令 常巡檢擧 毋[28]得他適 每歲抄 列名移文本府 以爲恒式 永絕妖淫之風 啓下政院　實錄

○中宗十二年九月丁亥 傳曰 大抵巫覡之徒 假托妖說 出入士大夫之家 法司欲救其弊當矣 然 大典有使不得居京城 黜諸城外之法 法非不嚴 若別立科條 一切黜外 毋[29]得他適 則非特冤悶不貰 似爲紛擾矣 若有出入士大夫之家 恣行尤甚者 黜于外方 懲一警百 如是則汚染之俗自變 安可棄祖宗典章 而一切黜竄 多致冤抑乎 且此爲新法 須收議而處之 其召[30]政府郎官議于大臣以啓 鄭光弼・申用漑・李繼孟・崔淑生議京城內巫覡居住者論罪之法 載在大典 法非不嚴 近來城內雜處者漸多 良由法禁解弛 遂至滋蔓 若申加禁斷 有犯必懲 使不得出入城內 自然巫術衰息 不必別立科條 傳于憲府曰 巫覡禁斷之法 自有成憲 今法司所欲爲者 乃別立科條也 故議于大臣 而議已定矣 當如大臣之議　實錄

○中宗十二年十一月庚寅 司憲府欲黜巫覡 申報于政府 政府依報轉啓 傳曰 新法不可立 政府更議　實錄

○中宗三十二[31]年二月癸酉 諫院啓曰 有妖巫自稱疫神所依 疫兒死生皆

---

27)「조선무속고」에서는 '爲',
28)「조선무속고」에서는 '母'.
29)「조선무속고」에서는 '母'.
30)「조선무속고」에서는 '問'.

在於己 鼓唱邪說 譬惑人心 凡家有疫 傾財競媚 不計破産 雖士大夫之家
怵於禍而未免此習 是亦朝廷之一羞 請令法司摘發 並置妖言惑衆之律
大抵巫覡皆黜城外 分屬活人兩署[有東西活人署] 使不得出入都下 乃祖宗
朝美意也 近來此類不有[32]國憲 因緣內外 恣[33]動邪喙 財力自富 別置城
內之家 恒舞酣歌 略無忌憚 至爲痛心 城內巫覡家舍 無遺撤毁 其中尤甚
者 並流遠島 然此等事皆末也 凡左術自上當留心痛斷 ○乙亥 憲府啓曰
妖僧妖巫事 以諫[34]院所啓 傳敎於本府 使之推察 故府方推察矣 至若[35]
新箚[36]佛寺 城內巫女家撤毁事 府之所治者在於城中 而寺刹之在外地者
府不能獨治 必至於行移 請[37]奉傳旨 答憲府曰 依允矣 實錄

四. 肅宗朝黜巫城外

○肅宗四十六年庚子正月壬辰 世子引接大臣備局諸臣 (持平洪)龍祚又言
閭閻之間 巫風日盛 風俗之壞亂 財産之耗盡 未必不由於此 請令漢城府
査出巫女之在城中者 盡爲驅出城外 世子只從巫女驅逐事 實錄
肅宗十六年庚子二月辛丑 右議政李健命 請寢京城女巫驅逐之令 先是
妖巫肆[38]行閭閻 民風日蠱 臺閣請依舊典逐去 漢城府既盡驅[39]出矣 爲

---

31) 「조선무속고」에서는 '二十八'.
32) 「조선무속고」에서는 '由'.
33) 「조선무속고」에서는 '恐'.
34) 「조선무속고」에서는 '該'.
35) 「조선무속고」에서는 '如'.
36) 「조선무속고」에서는 '創'.
37) 「조선무속고」에서는 '將'.
38) 「조선무속고」에서는 '肄'.
39) 「조선무속고」에서는 '逐'.

大臣者 不思修舊典革巫風 乃反⁴⁰⁾汲汲招入崇長之不暇 其與西門豹沈巫之風懸矣 一時傳以爲笑　實錄

五. 正宗朝黜巫城外

○正宗四年九月己亥 御晝講 戶曹判書金華鎭啓曰 京城巫女向旣逐出江外 巫稅則自該邑徵納宜矣 並從之　實錄
○正宗九年乙巳 大典通編云 京城巫女 逐出江外

六. 純宗朝黜巫城外

○純宗十五年 命巫覡逐送城外　實錄

---

40)「조선무속고」에서는 '返'.

第十三章

巫覡術法

一. 空唱

○世宗十八年庚辰夏五¹⁾月丁丑 召(三公)黃喜崔閏²⁾德盧開等議事 其二³⁾日 令司憲府所推妖巫七人 能使鬼神 唱於空中 有似人語 令人眩惑 據律當絞云云　實錄

○成宗二年辛卯六⁴⁾月己酉 大司憲韓致亨等上疏曰 巫覡之行乎世 有空唱示靈 驚駭聽聞 其妖誕又甚矣　實錄

○成宗三年壬辰春二⁵⁾月辛丑⁶⁾ 司憲府啓 禁淫祀節目 一 空唱巫覡 惑人

---

1) 「조선무속고」에서는 '四'.
2) 「조선무속고」에서는 '潤'.
3) 「조선무속고」에서는 '一'.
4) 「조선무속고」에서는 '五'.
5) 「조선무속고」에서는 '正'.

尤甚 其信從趍慕者抵罪 ○成宗九年戊戌春正月庚寅 傳旨司憲府曰 趍
信空唱巫覡者 已令禁斷 而有司奉行寢弛 今後嚴禁 實錄
○成宗二十一年庚戌八月乙酉 兵曹判書李克敦來啓曰 今番上忠淸道報
恩(郡)正兵金永山 妖言惑衆 都中士女爭趍問卜 所至成羣 傳曰 其妖言
何如 克墩對曰 托稱有神在空中 能言已往事 士女無不信惑 實錄

二. 神托

○世宗二十五[7]年秋七[8]月丁未 議政府條陳禁淫祀之法 一 巫女等或稱古
今所無之神 或稱當代死亡將相之神 別立神號 自謂神託於己 妖言惑衆
者 依造妖言妖書律處斬[9] 實錄

三. 掛鏡

○燕山君九年癸亥夏四[10]月乙丑[11] (御經筵) 持平權憲啓 此(國)巫(乭非)
多術 掛鏡房中 而曰神在其中 人自不見 燕山君日記
○李瀷星湖僿說云 村巫崇奉萬明神 民有疾厄 輒禱之 或謂萬明 卽新羅
金庾信之母 野合而奔舒玄者也 奉之者必畜大鏡 鏡必穹面[12] 是或羅俗

---

6) 「조선무속고」에서는 '庚子'.
7) 「조선무속고」에서는 '六'.
8) 「조선무속고」에서는 '七'.
9) 「조선무속고」에서는 '斷'.
10) 「조선무속고」에서는 '春二'.
11) 「조선무속고」에서는 '甲子'.
12) 「조선무속고」에서는 '圓'.

然彼奔女之鬼 豈有千載不昧之理
○李圭景五州衍文云 金庾信母爲萬明神 註曰 東國稗說 金庾信新羅太大舒發翰 其母萬明亦爲神 今巫女呪13)稱萬明而祀之 萬明神祠必掛銅圓鏡 號曰明圖云

四. 符呪

○燕山君九年四14)月甲子 持平權憲啓(曰) 此(國)巫(乭非)多術 有鍮器曰 是飯佛之器 又能符祝15)以惑衆　　燕山君日記
○中宗十年乙亥閏四月戊寅16) 弘文館副提學申鏛上劄曰 頃者刻日移御事甚蒼黃17) 宮禁事密 莫知端由 瞽巫以禳除之 放砲符呪以怖厭之 以此料之 意必有邪怪之事 見於禁中(故)而18)然耳　實錄

五. 卜命

○太宗朝 李叔蕃與漆原府院君尹子當同母異父 子當母南氏 年少寡居咸陽 子當年七歲 隨母往巫家問命 巫云勿憂 此兒有貴相 然兒必因弟力得貴 南氏曰 寡婦之子 安得有弟 後南氏適李家生子 是爲李相淑蕃 尹公

---

13)「조선무속고」에서는 '祝'.
14)「조선무속고」에서는 '二'.
15)「조선무속고」에서는 '呪'.
16)「조선무속고」에서는 '乙亥'.
17)「조선무속고」에서는 '皇'.
18)「조선무속고」에서는 '爲'.

(子當)亦因李[19]力 得參勳列封君　慵齋叢話

六. 米卜

○李德懋靑莊館全書 巫女擲米條云 我東巫女 堆白米于盤中 撮米少許擲之 口誦呪而指頭辨米 自言以知吉凶 此俗亦有所由 遼史 正朝日 上於窓間擲米團 得隻數爲不利 未知米團爲粉團之類歟
○李圭景[德懋之孫]五洲衍文 米糈卜辨證說云 大抵今之巫占擲米 卽楚糈之遺意 又按顧亭林日知錄 引詩握粟出卜曰 古時用錢未廣 詩書皆無貨錢之文 而問卜者亦用粟 漢初猶然 史記日者傳 卜而有不審 不見脫糈 又有米巫祭酒之文 則巫受米而卜 卜之以米 從可知也 今我東巫覡 給米問卜 亦出古俗 而但撮米撒粒 以占吉凶 不知昉自何代 今巫女堆白米于盤中 撮少許擲之 口誦呪語 以指分粒作卦爻 自辨其休咎 鷺江[鷺梁津巫覡居住地]李夢曦昊榮 嘗著米巫卜甚詳 曰此楚糈之遺意 以米單者雙者縱者橫者爲占爻云 以米粒單雙縱橫作爻 亦陰陽奇耦之理也 其法似從遼俗而襲麗時遺風也 遼史 正朝日 上於牎間擲米團 得隻數爲不利[似是米團聚未[20]分 只爲一隻奇數 故不利] 或傳於麗而爲俗也 巫覡之術 何足道哉 與古相符者甚怪 故因其怪而證辯 如箸劃栲栳爲呪節也 接煞返魂也

---

19) 「조선무속고」에서는 '李'.
20) 「조선무속고」에서는 '米'.

七. 巫卜

○李晬光芝峯類說云 李二相長坤 燕山朝以弘文館校理亡命 嘗[21]數月[22] 一至(其)家 見其夫人而去 一日到家 天向曙 不敢入 隱於家後竹林 夫人以其過期不至 疑其死 召巫卜之 巫答言不死矣 影在庭中 公聞之 自後不敢再至家 晩年常謂 巫言 不亦虛云矣

八. 劃桵栳

○李圭景五洲衍文云 今女巫祈神 以箸劃桵栳面 節其唱曲 此出於女眞之俗 淸高宗乾隆朝所編禮器圖式曰 宴饗慶隆舞樂節 本朝定制殿庭用之節 編竹爲之 形如箕 舞劃之以節樂 此女眞與我北關相接 染其俗而然也

九. 接煞法

○李圭景五洲衍文云 夷堅志載董[23]城二郎 死而旣斂 家人用俚俗法 篩細灰於竈前 覆以甑 欲驗死者所趨 旱而擧之 二鵝足儼立於灰上 卽今接煞之說云 今我俗稱返魂耳 接煞雖强解猶難[24] 儲泳袪疑說 如人死者某日而死 則受某日之煞氣 陰陽家所載 有雌煞雄煞 有出有不出焉 其說似不可信 然雌煞不出 則死者之右足鉗而向左 雄煞不出 則死者之左[25]足

---

21) 「조선무속고」에서는 '常'.
22) 「조선무속고」에서는 '日'.
23) 「조선무속고」에서는 '董'.
24) 「조선무속고」에서는 '接煞難强該其義'.

鉗而向右[26] 雌雄煞皆不出 則左右足 皆鉗而相向 出則左右足皆向外而 不鉗 豈不異哉[能和按 接煞返魂 亦謂聽魂也]

十. 蹈刃舞

○五洲衍文云 巫雖賤技 以古今論其優劣 荊楚吳越之巫大巫也[吳張紘與 陳琳論文曰 小巫見大巫神氣殫矣] 至若脣黏水盆 跣蹈利刃[妖巫行術 張擧水盆 附於脣上 而不落 立利刃於水盆上 跣足蹈舞於刃上 而足不截 盆不圻 挾邪鬼而然也] 是或挾鬼而誇其術之神異也 此是惑人之釣餌 使人墜其術中 惑而偏信者 也

十一. 降神術

○天倪錄云 宋公象仁 性甚剛正 平生疾惡巫覡曰 假托鬼神 欺巫[27]民間 稱以禱祝 長作淫祀 費人財力 不知其幾 而實則皆虛罔[28]也 每日 安得盡 除此輩 使世間更無巫也[29] 及爲南原府使 下令曰 吾邑中 若有以巫爲名 者現露 則卽當杖殺 不遺一人 遍告[30]境內使咸[31]聞知 巫覡等聞令震懼

---

25) 「조선무속고」에서는 '右'.
26) 「조선무속고」에서는 '左'.
27) 「조선무속고」에서는 '罔'.
28) 「조선무속고」에서는 '妄'.
29) 「조선무속고」에서는 '耶'.
30) 「조선무속고」에서는 '令'.
31) 「조선무속고」에서는 '咸使'

一時奔避 盡移于他邑 宋公意謂吾邑更無一介[32]巫矣 一日登廣寒[33]樓 望見有一女人 騎馬載缶而去 明是巫女行也[34] 卽發使令 捉致官[35]庭 問 曰 汝是巫女乎 對曰 然 更[36]問(曰) 汝不聞官家下令乎 曰已聞矣 復問 (曰) 汝不畏死乎 何以在吾境內耶 巫拜告曰 小人有卞白之言 願加照察 巫有眞假 假巫則雖殺之可也 眞巫豈可殺之乎 官家下令嚴禁者 皆爲假 巫 非眞巫也 小人是眞巫 (而)知官家(之)不殺 以故[37]安居不徙耳 公曰 安 知汝果是眞巫乎[38] 巫曰 願得試之 如不驗則請死 公問[39] 汝能致鬼神乎 曰能[40] 時[41]公平生親友 死未久者矣 公曰 吾有死友 卽京中某官某也 汝 能致其[42]神乎 曰不難 當爲公致之 然必有數器饌一盃[43]酒 乃可致也 公 以爲殺人事重且從其言 以驗其眞假而處之 卽命備給 巫(又)曰 願得公之 一衣以請神 非此神不降矣 公命與舊著衣一領 巫設一席於庭中 以一盤 陳其酒肴 身被所與之衣 向空振鈴 多作怪語 以請神來 俄而巫言曰 吾來 矣 吾來矣 向空先語其幽明訣別之悲 仍敍說一生交懽之情 自騎竹遊戲 聯榻做業 至科場赴擧 仕宦登朝 莫不共其行止 同其出處 心肝相照 膠漆 不離之狀 歷歷開陳 皆是實蹟 毫髮不差[44] 而其中又有公與是友(獨)知之

---

32) 「조선무속고」에서는 '個'.
33) 「조선무속고」에서는 '漢'.
34) 「조선무속고」에서는 '色'.
35) 「조선무속고」에서는 '前'.
36) 「조선무속고」에서는 '又'.
37) 「조선무속고」에서는 '是'.
38) 「조선무속고」에서는 이 구절을 '何如而謂是眞巫耶'라 했다.
39) 「조선무속고」에서는 '曰'.
40) 「조선무속고」에서는 '可'.
41) 「조선무속고」에서는 '驗於'.
42) 「조선무속고」에서는 '此'.
43) 「조선무속고」에서는 '壺'.
44) 「조선무속고」에서는 '爽'.

而他人莫知之事 亦能吐出 公聞之 不覺涕泗交流 悲不自勝曰 吾友精魂[45]果來矣 無可疑者 仍命(更進)佳肴美酒以享之 良久告辭相別而去 公歎曰 吾以巫覡盡歸姦[46]僞 今乃始知巫有眞矣 仍厚賜[47]其巫而賞之 (而)還收[48]禁巫之令 自是言議 不復深斥巫(覡)矣

○天倪錄又云 昔有一名宰 以承旨 曉將赴闕 具衣冠欲出 因其太早 還復倚枕假寐 夢己騎馬率導從 向闕行 至把子橋前 見其慈親 徒步獨行而來 宰心驚 卽下馬迎拜曰 母親何不乘轎 而徒步獨行乎 母曰 吾是去時[49]之人 與在世時不同 所以徒步而行矣 宰曰 今將何往而過此 母曰 龍山江上居(吾)家奴[50]某家 方設神祀 吾爲饗此而往矣 宰曰 吾家有忌辰祀祭[51]及四時之享 且有節日朔望等茶禮 母親何至於往饗奴家之神祀乎 母曰 雖有祭祀 神道不以爲重 獨以巫人神祀爲重 若非神祀 魂靈安得一飽乎 仍曰 行忙不得久留 告別 飄然而去 倏爾不見 宰卽夢[52]覺 怳爾明白 乃招一奴 令曰 汝往龍山奴某家 分付趁今夕[53]來見 而汝須速(去)急還 必趁吾未赴闕之前也 仍坐而待之 須臾奴果急還 東方未明 時當極寒 奴先入竈間 呼寒照火 其伴奴在竈(間) 問曰 汝能得喫盃酒乎 奴曰 其家方大張神祀 而巫言 吾家上典[我語謂主曰上典 奴婢曰下典]大夫人神 降于其身[54]聞吾之至 卽曰 此乃吾家使喚之奴也 招使前 命以大盃饋酒 又賜饌一器

---

45) 「조선무속고」에서는 '魄'.
46) 「조선무속고」에서는 '奸'.
47) 「조선무속고」에서는 '賞'.
48) 「조선무속고」에서는 '收還'.
49) 「조선무속고」에서는 '世'.
50) 「조선무속고」에서는 '奴家'.
51) 「조선무속고」에서는 '祭'.
52) 「조선무속고」에서는 '驚'.
53) 「조선무속고」에서는 '朝'.
54) 「조선무속고」에서는 '家'.

仍敎曰 吾於來路 逢見吾子於把子橋前道上矣 宰在房[55]中 聞奴(輩)私相
傳說[56]之言 不覺失聲痛哭 招奴詳問 必[57]以爲慈親之往饗神祀 眞的無
疑 乃招巫女 盛設神祀以饗其親 仍於四時每行神祀云 或傳此崔(公有)
源事 崔公以孝聞於世 李詠挽崔公詩曰 屈[58]原懷石[59]過於忠 以孝終身
亦不中 雖曰不中人莫敢[60] 思君顧我我顔紅[61] 無乃崔公死於孝耶

柳夢寅於于野談云 高敬命爲淳昌郡守 得染病而卒 擧體俱溫 經宿未殮
忽如夢之覺曰 有使者招余引路而去 至一官府 使者入而告之 官人曰 所
招者非是人 促使者復引而還 入淳昌境 於路傍民家 鼓聲登登 使者願入
此暫憩 覓酒食而去 敬命入其家 巫曰 我城主來矣 迎坐上座 奉觴侑之
享使者盡醉而送 旣入衙舍 遽遽[62]然覺之 遂令從人往路傍家 夜祀未罷
問之巫 如其言矣

十二. 下禓[63] 亡魂

○李瀷星湖僿說云 春[64]官司巫 凡喪事 掌巫降之禮 註 降 下也 巫下神
之禮 今世或死旣歛 就巫下禓[65] 其遺禮 此恐非聖人之意 余見村巫歌舞

---

55) 「조선무속고」에서는 '室'.
56) 「조선무속고」에서는 '語'.
57) 「조선무속고」에서는 '心'.
58) 「조선무속고」에서는 '尾'.
59) 「조선무속고」에서는 '不'.
60) 「조선무속고」에서는 '及'.
61) 「조선무속고」에서는 '紅顔'.
62) 「조선무속고」에서는 '蘧蘧'.
63) 「조선무속고」에서는 '禓'.
64) 「조선무속고」에서는 '昔'.
65) 「조선무속고」에서는 '禓'.

招魂 作亡魂語 誣誘愚俗 以賭財 國宜有法以禁絶之 豈合反著在經訓耶 又見國俗好事鬼 有曰萬明者 卽新羅金庾信之母也 必爲中凸大面鏡 有 曰王神者 似指首露王 王最著靈異故也 事之者必爲綴翼衣 綴翼者今武 士衣裳相連之服 腰有⁶⁶⁾襞積似玄端 兩袚縫合似深衣 濶袖無袪似襴衫⁶⁷⁾ 鏡與衣必當時之制 而流傳至今也 若此類 其神⁶⁸⁾豈有數千歲不昧 尙著 靈怪之理 其禱祀或應者 莫非戲魔之套弄 愚氓被瞞也 明智者自知之耳

---

66) 「조선무속고」에서는 '其'.
67) 「조선무속고」에서는 '彩'.
68) 「조선무속고」에서는 '禮'.

第十四章

巫蠱
[詛呪]

　　我語巫蠱詛呪之事曰方子(Pangcha) 譯義詛呪　是卽所謂巫蠱也　巫蠱之義 見於漢書釋義曰　女能无形　以舞降神曰巫　執左道以亂政惑人曰蠱者是也 漢武帝時　宮中有巫蠱之變　我東高麗忠烈王時有人以巫蠱事　密告于元公主 者　大官金方慶枉被刑訊　以事無實　終得辨白　李朝列王之朝　宮中亦多巫蠱 之變事　每爲黨爭之利用　又在閭巷民家　常有詛呪之事　皆女巫爲之階也　張 維谿谷漫筆云　詛呪之事其來久矣　唐孔氏曰　請神加殃　謂之詛　以言告神　謂 之祝　蓋怨人之甚　至於告神而欲其加[1)]殃也　書曰　厥心違怨　厥口詛祝　詩曰 出此三物　以詛爾斯　齊景公病痁　期以不瘳　景公欲誅祝固史嚚　晏子曰　民人 苦病　夫婦皆詛　雖其善祝　豈能勝億兆人之詛　漢武帝宮中　旣有巫蠱之變　以 諸侯王坐詛祝上　不道誅死者　史不絕書　宋元兇劭與巫嚴[2)]道育　爲巫蠱　琢

---

1) 「조선무속고」에서는 '加其'.
2) 「조선무속고」에서는 '嚴巫'.

玉爲宋主³⁾像 埋之宮中 唐呂用之爲桐⁴⁾人 釘其胸 書高騈姓名埋之 如此類者⁵⁾甚多 至於民間壓勝禁呪之術 見於小說者 不可勝記 我國⁶⁾此風尤熾 人家臧獲僕妾 略有怨恨 輒用鳥獸及齒骨偶人等物 作法埋藏于墻屋竈突 便令人染病 不急治 往往至死 或傳注他人如尸疰病 事發坐死者相繼 而猶不衰息 巫覡能治詛呪者 入人家 便知凶物所在 發以去之 又能言其犯人主名 以或中或不中云 余頃見華人朱佐言 中國亦多此事 以法解之 則反中犯人 渠自言知解法 余試問⁷⁾其法 朱言身方流離異國 賣術自活 此法旣傳與人 便不靈於己 不欲輕於示⁸⁾人云

一. 中宗時宮中巫蠱 [灼鼠之獄]

○李肯翊燃藜室記述 中宗朝故事本末⁹⁾ 朴敬嬪福城君之獄條云 庚寅 敬嬪朴氏 與其子福城君嵋 廢爲庶人 俱適尙州本土

初丁亥二月二十六日 東宮亥地 懸一灼鼠 以水桶木片作榜書幷掛之 是時 仁廟居東宮 仁廟亥生 而二月二十六日乃誕辰 亥屬猪而鼠類猪 時議以爲東宮咀呪也 宮中指朴嬪所爲 其侍女及唐城尉洪礪奴僕多被杖死 亦有誣服者 故至於賜之自盡　黨籍補

○仁廟誠孝出天 而文定(王后)少無保護之心 灼鼠之獄 諉之於朴淑儀幷其子賜死 人皆冤之 ○嘉靖壬辰 東宮近處有灼鼠咀呪之事 且作假像 懸

---

3) 「조선무속고」에서는 '王'.
4) 「조선무속고」에서는 '銅'.
5) 「조선무속고」에서는 '者類'.
6) 「조선무속고」에서는 '東'.
7) 「조선무속고」에서는 '間'.
8) 「조선무속고」에서는 '示於'.
9) 「조선무속고」에서는 '記述'.

木牌 書不道之言 捕得可疑人鞠之 指以朴嬪所爲 賜朴嬪及福城君嵋死 兩翁主廢爲庶人 唐城尉洪礪死杖下 光川尉金仁慶竄外 左議政沈貞以交結朴嬪亦賜死 自餘連累被罪者甚多　東閣雜記

二. 光海君時宮中巫蠱

○光海君五年癸丑六月癸卯 以宮禁咀呪事 捧水連介元情[號爲國巫女 年七十 巫女所引 出入國舅金悌男家者也] 供云 以朴本宮巫婢 服懿仁喪三年 朴東亮甞疑臣咀呪裕陵 捕囚于官 以無實狀 故見放矣 宮禁咀呪之事 安得聞知 ○壬子 鞠天眞[高成養父天眞之女 父子同名]加刑 亂言[10]承服曰 高成推卜[11]於乳母家曰 大君[光海君之弟 永昌大君也]十一歲當爲王 其後再往三往 皆稱贊大君之命 天眞又言 巫女六七人 同參咀呪 乃以在獄巫女十一人面質 各問其名與居住 天眞曰 此是某巫女 居某坊 彼是某巫女 居某坊里 皆往來高成家云 ○七月[12]甲子[13] 傳曰 可鞠巫女議啓 推鞠廳啓曰 鉤得咀呪之巫女 其勢無由 故諸巫拿囚已久 而尙未能的知某巫爲咀呪者 而刑訊之前日 漢城判尹臣柳[14]公亮 活人署提調臣南瑾抄啓 巫女等 只是問於自類中 採其各處出入者抄啓而已 初不出於賊招者 故尙不爲刑訊 大概今此咀呪之事 高成援引黃金李非爲言故 乃有諸巫拿囚之事云云
光海君日記

---

10)「조선무속고」에서는 '乳母'.
11)「조선무속고」에서는 '服'.
12)「조선무속고」에서는 '日'.
13)「조선무속고」에서는 '癸亥'.
14)「조선무속고」에서는 '朴'.

三. 仁祖時宮中巫蠱

○燃藜室記述 仁祖朝故事本末云 上[15]寢疾 而宮中有巫蠱之變 上[16]送一外戚重臣於崔鳴吉家 諭之曰 吾病日甚沈痼 而可疑之端已彰 不得已將出外庭治之 卿宜知此意 盖上[17]意疑(貞明)公主也 鳴吉對曰 先王骨肉只有貴主 今若起獄 則當日反正之意 安在哉 此巫蠱事 自古多晻昧難明 後數日 上[18]果下其事 欲逮治主家婢子 而鳴吉入賓廳陳啓 只請移御別宮 拿問宮人輩 上[19]嚴批不許 鳴吉屢請之 上[20]大怒 遂以特命 有越次赴瀋之行 又於玉堂箚請出女巫之批 有曰 有一相臣 外爲大言 內懷不直 草草治獄 終不參鞫 其意難測 而前後臺官 不以爲非 獨於迷劣女人 兩司齊憤 至於合啓 割鷄焉用牛刀 鳴吉至龍灣上箚曰 今此宮中咀呪之變 乃擧國臣民之所共憤 而愚[21]臣適意終有忌器之嫌 求厥善後 轉覺難處 宣祖大王子女雖多 公主大君 最爲晚出 未及成長 仙馭賓天 曩時之事 言之於悒 今獨公主在耳 今若以暗昧難明之事 轉輾連累 使公主驚憂傷心 不得盡其天年而死 則爲今日首相者 安得辭其責 亦將何以見先王於地下 向使愚臣 徒[22]懷一切之念 輕起大獄 甘心於宣祖之骨肉 而曾不以爲難 則是難信之臣 其他日[23]負殿下 亦猶是也 殿下亦安用之哉 遲川行狀遺事合錄 時永安尉宮人 多被拷死 禍將不測 李植力持救解之議 有人自勳戚家來

---

15) 「조선무속고」에서는 '王'.
16) 「조선무속고」에서는 '王'.
17) 「조선무속고」에서는 '王'.
18) 「조선무속고」에서는 '王'.
19) 「조선무속고」에서는 '王'.
20) 「조선무속고」에서는 '王'.
21) 「조선무속고」에서는 '遇'.
22) 「조선무속고」에서는 '懷'.
23) 「조선무속고」에서는 '自'.

言 永安尉宮人 密藏[24]凶穢物於竹筒 入闕內云 植怒叱曰 我在時 永安不可殺 汝與某謀 先共[25]殺我可也　　澤堂諡狀

四. 孝宗時宮中巫蠱

○孝宗三年壬辰三月乙亥 時討逆旣畢 慮有淸國致疑之端 具奏前後獄情 奏文曰 小邦不祿 變生肘腋 請歷陳(其)顚末焉 議政府狀啓 臣等據趙昭媛侍婢兼先告稱 昭媛趙氏 內結女僕 外交僧尼 詛呪王所 謀害王躬 據此查得事情 逆狀已具 昭媛安置別所 仍將內外凶黨 究問情節 趙氏侍婢英伊供稱 (昭媛)一日招小婢及班婢加音春德香等 饋以酒食 因撫背告曰 我有一計 將謀害國王父子 推戴洛城尉金世龍爲主[26] 而非汝 誰與成之 幸而得成 不但於我有大利 汝輩亦將共享安樂 延及族黨 莫不富貴 汝肯從之乎 婢等答以死生唯[27]命 乃附耳語曰 不勞成功 莫如詛呪 女巫之中 必有能此術者 汝可深結 仍給白金文繡等物 婢等因厚遺妖巫鸚鵡者 與之俱見於昭媛母女 則昭媛奉觴爲壽 約與同事 自是之後 巫常從後門密密出入 敎以方術 不可勝記 昭媛乃令親信僕隷 潛覓死人頭骨手足齒牙爪髮霹靂木墓上樹等物 又令發人塚 剡却死肉 覓取棺木之片綿漬尸汁 硏磨枯骨 至於乾曝雞狗猫鼠之屬 入於詛呪祈禱之用者 無不鳩聚 常令德香等 暗藏篋笥 持入王所 乘夜遍埋於王大妃及國王所居之室 所由之路 且令其女孝明翁主 或結齒牙於裙帶 或藏骨屑於粧匳 出入王所潛埋密洒[28]房闥之域 殆將遍焉 且令僧尼 創寺造佛 爲己祈福 要禍國家 行兇

---

24) 「조선무속고」에서는 '將'.
25) 「조선무속고」에서는 '攻'.
26) 「조선무속고」에서는 '王'.
27) 「조선무속고」에서는 '惟'.

作惡 無不備至 … 女巫鸎鵡 老尼雪明 僧人法幸普祥慈運等 明正典刑
實錄

五. 肅宗時宮中詛呪

○肅宗二十七年辛巳九月己酉 下備忘記曰 內司所囚罪人丑生·雪香·時英·淑英·鐵生等 並令拿來 明日仁政門外親鞫 丑生等皆宮女也 ○庚戌[29] 御仁政門 親鞫丑生等 上敎曰 丑生等嫉怨[30]內殿 有同仇讎 潛設神堂 屛人祈禱 謀害國母之迹 昭著難掩 而自內問之 則或稱爲仁敬王后 或稱爲世子痘患 飾詐欺岡 極爲切痛 上[31]直以諺語解釋問之 雪香曰 世子痘患時 每設神甑[以餠禳神] 猝難撤止 時時爲之 又以世子痘患後眼患 設黑床於兩邊 攢手祈祝 及少愈 仍停之 問時英 對以本以大殿宮人 移屬於世子宮 內神堂排設與否 固所不知 巫女所設神堂 盖仁敬王后以痘昇遐 而世子順經痘患之故 爲其陰驚 設此行禱也 床卓等物 禧嬪[禧嬪張氏 景宗之母]侍女一烈主辦[32] 禧嬪言于俺曰 巫女常稱世子有[33]厄 故有此祈禳[34]矣 俺初不往神堂 禧嬪勸之 故是後一往 設酒果禮拜而歸矣 其後一烈見俺 自言排設神堂之事 而及巫女死 移排於龍洞近處禧嬪本宮矣 又命以問于[35]雪香者問淑英 婢子鐵生 往來於巫女家 而巫女死 問于游巫

---

28) 「조선무속고」에서는 '廳'.
29) 「조선무속고」에서는 '庚酉'.
30) 「조선무속고」에서는 '惡'.
31) 「조선무속고」에서는 '王'.
32) 「조선무속고」에서는 '辨'.
33) 「조선무속고」에서는 '多'.
34) 「조선무속고」에서는 '禱'.
35) 「조선무속고」에서는 '以'.

[凡無定居者 曰游巫] 移置神堂于禧嬪本宮 游巫之名 鐵生可知之 神堂蓋爲 仁敬王后設 而³⁶⁾以錦段裹以紙面 書以痘神之號 揷于壁 至於祈祝之辭 不得與聞 蓋世子順經痘疾 禧嬪信巫言³⁷⁾云云

六. 英宗時宮中巫蠱

○英宗二十一年乙丑二³⁸⁾月甲寅 右議政趙顯命請對 顯命曰 聞巫女獨甲房者 居在中部洞 其夫則柳哥兩班云矣 ○乙卯 上³⁹⁾親鞫趙徵等于肅章門 問罪人李敬中 供曰 向來天災孔棘 上下憂畏之際 臣八寸李得中言 聞有妖巫獨甲房者 能爲埋凶之術 出入於闕中 直犯于東宮 意欲推諉於趙嬪云 實錄

---

36) 「조선무속고」에서는 '飾'.
37) 「조선무속고」에서는 '之'.
38) 「조선무속고」에서는 '正'.
39) 「조선무속고」에서는 '王'.

第十五章
巫祝之辭及儀式

一. 於羅瑕萬壽

巫歌起頭 其呼「어라만슈(Orahmansu)者 譯音則爲「於羅瑕萬壽」 疑卽百濟時俗所遺傳者也 百濟方言 王曰於羅瑕「어라ᄒ(orah)」 后曰於陸(何)[1]「어루ᄒ(oruh)」 想像當時巫覡歌祝王與后之退算曰「於羅瑕萬壽」「於陸何萬壽」卽我王萬歲 我后萬歲之義也 李朝光海君時 文人柳夢寅 撰於于野談 有「今之巫覡必呼我王萬壽」 出於遼潘移殖之高麗遺民 祝其故王之俗云云 蓋我王卽於羅瑕 其義相符 玆引原文 以證此條

○於于野談云 凡人言語之發 皆由性情 自古疾痛慘[2]怛必呼父母 出於天性 中國之人呼爺爺 爺爺者父也 我國之人呼阿媽 阿媽者母也 先母後父

---

1) 근거 사료인 『주서(周書)』 권 49 백제전에 의하면, 왕비는 '於陸'이다.
2) 「조선무속고」에서는 '悲'.

之俗 殊失中國之正 甚可笑[3]也 今巫覡必呼我王萬壽者 出於中國遼東東
寧衛 麗朝時瀋[4]王入中國 獲罪本國 不得還 元仍封之瀋爲王 當時從王
者數百人 皆居瀋不得[5]歸 今瀋陽東寧衛是也 其俗生子 先敎東語 享神
先祝 我王萬壽(者) 不忘本也 今之序班 皆用東寧衛人爲之 爲其知東語
也

二. 江南朝鮮

巫祝之歌 有江南朝鮮之詞 蓋巫於歌詞 多用[6]江南 例如呼痘神曰「江南戶
口別星媽媽」之類 本出巫語 此雖巫言 亦有硏究之價値 蓋支那江南一帶之
地 多古黎苗遺族 俗尙巫祝 好祀鬼神 又九黎之君 蚩尤氏來都涿鹿[今直隷
地] 與古九夷壤地密接 朝鮮巫俗 疑是蚩尤遺化 然則巫呼江南之語 似有脈
絡之相傳者也

三. 日出世界 月出世界 四海世界

巫祝之歌 有日出世界 月出世界 四海世界 朝鮮漢陽無學懶翁相基定之 置
五部 建宗廟 立社稷 築宮闕 設官署云云等語 蓋李朝太祖 建都之時 王師
無學[其名自超]實相之 定鼎漢陽 部署旣整 四海一家 日月明朗 卽形言其太

---

3) '羞'라 한 판본도 있다. 시귀선·이월영 역『어우야담』(한국문화사 1996) 365면.
4) 「조선무속고」에서는 '忠宣'.
5) 판본에 따라서 '得'이라 한 것도 있다. 시귀선·이월영 역『어우야담』(한국문화사 1996)
  365면.
6) 「조선무속고」에서는 '用用'.

平氣象 自是巫女祝歌之詞然也 而至語日出世界月出世界等語 是或新羅時代 拜日月神之古俗 遺傳于巫歌之中者歟.

四. 萬神

巫歌之中 有萬神之詞 蓋我俗呼巫曰萬神 萬神之稱 究其由來 厥惟久矣 按抱朴子[仙書之名] 黃帝東到靑丘 過風山見紫府先生 受三皇內文[道書] 以劾召[7]萬神云云 此係仙家之說 事屬漠然 不可十分置信 雖然 亦有研究之價値 疑萬神是東夷民族古代神事之記錄也 所謂紫府先生亦卽主祭神祇之巫史 例如李瀷星湖僿說曰 「所謂神仙 卽人而善事神者也」之類也 靑丘卽是朝鮮 以此推之 朝鮮壇君[設壇祭祀天神 故曰壇君] 或是紫府先生之系統 亦未可知也 世皆指我東方爲仙窟神宅者 蓋有其本而然也 然則萬神之稱 傳于巫祝 而亘古不變者歟 朝鮮巫俗 卽是原始的宗敎之傳來者也 故最爲考古者之硏究資料也

五. 三神

巫祝之歌 有呼三神帝釋之詞 是指三聖者 而三聖者卽壇君之三世桓因[訛爲帝釋]桓雄王儉 黃海道之九月山有三聖祠是也 蓋此三聖者 卽古朝鮮神權時代壇壇之君 主祭天神者也 故其系統尙傳于巫祝 巫祝者保有原始的風俗 而少不變化 故反受現今社會之賤遇爾.

---

7) 「조선무속고」에서는 '刻名'.

六. 十王

巫祝之歌 有十王世界等語 又神位排設有十王位 是乃道敎化或佛敎化者也 按十王者 佛書有閻魔羅天子 主持冥界之說 而今加其九 共爲冥府十大王 蓋後世之附會也 十大王之稱號 見於梵音集[朝鮮寺刹佛事儀式必用此書] 如左
　　○第一秦廣大王 第二初江大王 第三宋帝大王 第四五官大王 第五閻羅大王 第六 變成大王 第七泰山大王 第八平等大王 第九都市大王 第十五道轉輪大王

按後漢書 中國人死者 魂神歸[8]岱山[按(神)岱山 卽泰山也] 注 博物志太山天帝孫也 主召人魂 東方萬物始 故知人生命云云 然則此云太山大王 猶有所本 其餘八大王 不知其所自出 而疑是道家所作之稱號 其云宋帝大王者 宋徽宗皇帝好道敎 自稱道君皇帝 或自指此帝 死爲冥府大王者歟 冥府十大王之稱 疑自趙宋時始有 而宋帝何以稱大王乎 蓋淫祀之神 多稱大王 例如松都王朝有國師堂神祀 而其神稱國師大王 見于東國李相國集[白雲居士李奎報文集] 然則宋帝大王 卽一國師大王之類例也

七. 三佛

巫之歌扇[彩扇有五十竹] 畵有三佛 蓋此三像 疑卽極樂世界阿彌陀佛 及左補處觀世音菩薩 右補處大勢至菩薩 而巫時亦唱佛 以爲祈祝 此乃神佛混合之證也

---

8) 「조선무속고」에서는 '魂歸神岱山'.

八. 萬明

萬明者 新羅金庾信母爲神號萬明 嘯雲居士李圭景五洲衍文長箋散稿云 「輿地勝覽」嶺南軍威縣 西岳 有新羅金庾信祠 其母萬明亦爲神 今巫女之呪 稱萬明而祀之 安萬明神處 必掛銅圓鏡 名曰明圖云云者 是也

九. 七金鈴

今俗巫女 手持金鈴 其數有七 且歌且搖 又持畵扇 且卷且舒 舞之僛僛 呪之喃喃 按朝鮮古代 馬韓事鬼 有蘇塗 立木懸鈴之法 夫餘祭天 亦有鈴鼓[9] 之儀 蓋巫女之用鈴尙矣 日本神官 滿洲薩滿 於祀神時 亦有金鈴 此儀疑皆同出一源者也

十. 神壇

巫行神祀 其祝有日 初二三壇 是亦模倣僧齋上中下三壇威儀者也[僧齋設三壇 上壇佛菩薩位 中壇神衆位 下壇人鬼位] 巫祝初壇曰 「신길(SinKil)」[譯義爲神路也] 或「지노귀(ChinNukWi)」[譯義爲指路鬼者] 卽如僧齋有引路王菩薩 指示往生極樂世界之路逕 而巫則曰 指示十王路者是也 「진넉위(ChinNukWi)」又譯義爲亡靈位 蓋俗謂死亡曰「진(Chin)」[例如喪家 招巫女行神祀 稱曰「진부경가심(Chin Pu Chung Ka Jim)」譯云洗滌死亡不淨] 「넉(Nuk)」方言靈魂也 巫祝二壇「새넘(SaiNum)」云者 卽散陰之訛轉也 卽如佛家謂人死之初 其靈魂爲中

---

9) 근거자료인 『삼국지』 권 30, 「동이전」에서는 '迎鼓'.

陰身 飄蕩空界 莫適所之 故設七七齋[每一七日設僧齋] 及百齋 使之疎散中陰 幽冥之身 卽得往生善道者是也 然則巫效僧齋而行 「진녁위새넘(ChinNukWiSaiNum)」其義則爲亡靈薦度之神祀也 巫祝三壇受法食云者 亦出於僧齋 法食者卽謂法供養也[僧家供養有二種義 以物品獻供者 謂之財供養 以法門祈禱者 謂法供養] 巫說 「션왕지(Sun Wang Chai)」者 卽僧家所謂現王齋也 佛書有現王經 盖薦度亡靈之法門也

十一. 降神

巫祝之詞 有「강님도령(Kang Nim To Ryang)」之語 按此亦出於僧齋也 僧家設齋時 作法僧誦儀文 請佛菩薩降臨道場(Kang Nim To Ryang) 受此供養 巫祝道場訛作徒領 「도령(To Ryong)」盖徒領者 新羅時花郎 領徒衆數百或數千 故云徒領[有徒領歌 見三國史記新羅樂志] 今我俗呼貴家卯歲之童子曰 徒領 卽新羅時遺語也 又今俗諺有曰 山之朝宗崑崙山 水之朝宗黃河水 兒孩朝宗降臨徒領 此乃巫祝轉訛所致 認道場爲徒領 甚可笑也

十二. 魚鼻大王及鉢里公主

聖神語法[巫祝書名]『셩신말법(Sung Sin Mal Pup)』有曰 王后旣婚[珊瑚宮魚鼻大王 統治三國 揀擇吉大公主爲后云云] 問于卜師[卜師稱號 有天華宮加利博士 地華宮多智博士 帝釋宮蘇昭樂氏 明圖宮周易博士 或周易天文10)] 擲米爲卜[玉盤擲米有初二三算云云 盖巫家米卜也] 連生七女 第七女曰 鉢里公主[生女太多故 王怒命投西海

---

10) '周易天文'은 '天文博士'의 잘못인 것 같다.

故名曰鉢里公主 蓋方言謂棄去曰鉢里]云云 按魚鼻大王鉢里公主 雖屬俚語 必有所據 細問老嫗 據云巫所謂鉢里公主 其夫婿乃處容大監也 吾於是怳然 疑霧頓消 卽知所謂魚鼻大王 乃三國遺事所記處容郞事是也 處容記事 在新羅統一之後 憲康王時 是乃統治三國之語所自出也 新羅時人門貼處容之形 以辟邪 其形怪異 方言可恐曰魚鼻 是乃魚鼻大王名號之所自出也 海龍所居以珊瑚爲宮闕 是乃珊瑚宮之所本也 處容爲疫神所竊宿 處容見之而退 是乃鉢里公主名稱之所自出也 今以遺事處容記事 對照此段巫話 則可知其諸名號之所自出之本源也

[三國遺事]「處容郞 望海寺」第四十九憲康大王之代 自京師至於(四)海(之)內 比屋連墻[11] 無一草屋 笙歌不絶道路 風雨調於四時 於是 大王遊開雲浦[在今蔚州] 王將還駕 …[12] 東海龍喜 乃率七子 現於駕前 讚德獻舞奏樂 其一子隨駕入京 輔佐王政 名曰處容 王以美女妻之 欲留其意 又賜級干職 其妻甚美 疫神欽慕之 變爲[13]人 夜至其家 竊與之宿 處容自外至其家 見寢有二人 乃唱歌作舞而退 時神現形 跪於前曰 吾羨公之妻 今犯之矣 公不見怒 感而美之 誓今已後 見畵公之形容 不入其門矣 因此國人門帖處容之形 以辟邪進慶…

云云 由是觀之 處容卽魚鼻大王也 其所居珊瑚宮 卽海龍宮也 處容妻美女卽鉢里公主也 況處容善歌舞 是卽巫師之所爲也

卜師博士 皆卽古昔所謂師巫也 我俗謂男巫曰「박수(Pak Soo)」是卽卜師或博士之轉也 新羅時有天文博士[見於三國史記] 恐是師巫亦擬此稱也

聖神語法又云 鉢里公主 嫁無上仙 帶同七子 携來靈藥[東海龍王之如意珠等

---

11)「조선무속고」에서는 '堵'.
12) 생략된 부분의 내용은 다음과 같다. "晝歇於汀邊 忽雲霧冥瞖 迷失道路 怪問左右 日官奏云 此東海龍王所變也 宜行勝事以解之 於是勅有司 爲龍刱佛寺近境 施令已出 雲開霧散 因名開雲浦."
13)「조선무속고」에서는 '無'.

云] 回生其旣死之父云云 此段七子 亦是照應東海龍率其七子 現於駕前 獻舞奏樂之事 以龍珠救父病云者 亦從三國史記金庾信[14]傳所謂東海龍女 有心病 欲得兔肝療病之說話中出來者也
聖神語法 亡靈薦度 巫祝終結之祠曰

○十方願佛法相圓融 四十八願渡濟衆生 唯願往生極樂世界 上上九品蓮花之臺 … 南無阿彌陀佛

云云 觀此巫書 成以俚言 其祈祝之目的 則在妥安神鬼 而其信仰之對象 則在飯依佛陀 今究曲折原委 是屬程度問題 蓋巫祝尙在原始之狀態 未免幼稚 僧家自有組織的敎法 能利自他 所以神事攝於佛法 若磁石之引針 如乳酥之和水也 僧家屍陁林儀式 誦新羅義相大師法性戒 而巫亦如之 又僧家結道場儀文 「一灑東方潔道場」云云等語 巫亦用之 諸如此類 不一而足 而神攝於佛 果在何時 蓋僧之焚修[三國遺事 新羅毗處[15]王射琴匣條 有內殿焚修僧之類是也] 巫之祈祝 名則異而實則同 然則僧巫之接近 神佛之混合 已在羅代者歟 新羅僧師善作鄕歌 卽如現俗之弩肹夫歌 所謂鶯之脚「놀부가(Nul Pu Ka)」及龍宮歌所謂兔之肝「토끼타령(To Ki Ta Ryong)」等 疑皆出於羅僧之手 巫之祈祝 亦屬一種歌曲 故其曲本 必出僧手 而傳之旣久 不無多少變化者歟 蓋僧師之作歌 出自偈頌 而歌咏習於梵唱 故能爲鄕歌及巫歌之倡導者歟

十三. 法祐和尙

巫女賽神之時 一手搖金鈴 一手持彩扇 喃喃而呪 旋旋而舞 唱佛之號 亦呼

---

14) 「조선무속고」에서는 '金春秋'.
15) 「조선무속고」에서는 '虔'.

法祐和尙 此蓋有所自出 世傳智異山古嚴川寺 有法祐和尙者 頗有道行 一日閒居 忽見山澗不[16)]雨而漲 尋其來源 至天王峰頂 見一長身大力之女 自言聖母天王[聖母天王卽智異山神 見高麗朴全之龍嚴寺重創記] 謫降人間 與君有緣 適用水術 以自媒耳 遂爲夫婦 搆屋居之 生下八女 子孫繁殖 敎以巫術[今山下有百巫村云] 搖金鈴舞彩扇 唱阿彌陀佛 呼法祐和尙 行於坊曲 以爲巫業 故世之大巫 必一至智異山頂 祈禱於聖母天王 而接神云

---

16) 「조선무속고」에는 '不不'.

第十六章

巫行神事名目

　巫行神事統稱曰「굿」(Kut) 蓋我俗語 凶險之事謂之「굿」(Kut) 例如天雨之日曰「굿진날」(Kuchinal) 喪死之事曰「굿진일」(Kuchinil) 以此推之 則巫之行神祀也 其目的在乎祈禳凶災 故名之曰「굿」(Kut)者歟「굿」(Kut)之別稱 譯曰「푸리」(Puri) 或曰「셕」(Suk) 意者「푸리」(Puri)譯義爲「解」 卽解罪求福之事也 今引莊子翼以證其義

　○莊子人間世篇云 解之以牛之白顙者 與豚之亢[1]鼻者 與人有痔疾者 不可以適河 此皆巫祝以知之矣 所以爲不祥也 此乃神人之所以爲大不祥也
　[註解 祭祀 解賽也 適河 司馬云 謂沈人於河祭也 如西門豹之事 羅勉道云 古者天子春有解祠[2] 見漢郊祀志 言解罪求福也]

「셕」(Suk)譯音爲釋 卽釋放解脫也 蓋謂本名繫縛於災苦者 賴此神祀之力

---

1) 「조선무속고」에서는 '玄'.
2) 「조선무속고」에서는 '祀'.

而得釋放解脫之道者也 「셕」(Suk)之語根 是出僧家用語 盖我朝鮮佛寺 打曉鍾唱梵唄 名曰「釋」(Suk) 其義卽謂地獄衆生聞此鍾梵 卽得解脫釋放 免其苦惱者也 今擧其文如左

○願此鐘聲遍法界 鐵圍幽暗悉皆明 三途離苦破刀山 一切衆生成正覺
南無毘盧敎主華藏慈尊 演寶揭之金文 布琅函之玉軸 塵塵混入[3]刹刹
圓融 十兆九萬五千十八字 一乘圓敎大方廣佛華嚴經 (第一偈)[4]
若人欲了知 三世一切佛 應觀法界性 一切唯心造
破地獄眞言 唵迦羅諦倻沙婆訶

　　　極樂世界十種莊嚴
法藏比丘誓願修因莊嚴 南無阿彌陀佛
四十八願願[5]力莊嚴 南無阿彌陀佛
彌陀名號壽光莊嚴 南無阿彌陀佛
彌陀國土安樂莊嚴 南無阿彌陀佛
寶河淸淨德水莊嚴 南無阿彌陀佛
寶殿如意樓閣莊嚴 南無阿彌陀佛
晝夜長遠時分莊嚴 南無阿彌陀佛
三大士觀寶像[6]莊嚴 南無阿彌陀佛
二十四樂淨土莊嚴 南無阿彌陀佛
三十種益功德莊嚴 南無阿彌陀佛
地獄途中受苦衆生 聞此鐘聲 離苦得樂
餓鬼途中受苦衆生 聞此鐘聲 離苦得樂
畜生途中受苦衆生 聞此鐘聲 離苦得樂

---

3) 「조선무속고」에서는 '八'.
4) 현재 사용되고 있는 불교의식집들에는 '第1偈'란 말이 없다.
5) 「조선무속고」에서는 '願'.
6) 「조선무속고」에서는 '相'.

修羅途中受苦衆生　聞此鐘聲　離苦得樂

　　阿彌陀佛在何方　著得心頭切莫忘　念到念窮無念處　六門常放紫金光

　　願共法界諸衆生　同入彌陀大願海　盡未來際度衆生　自他一時成佛道

　　阿彌陀佛本心微妙眞言　唵哆哪陀　唵阿里多囉沙婆訶

巫家神祀時或念佛　巫搖彩扇　畫有三佛　此可旁證巫家所謂「푸리」(Puri) 或「석」(Suk)者　卽莊子所謂「解」僧家所謂「釋」同一意義也　今將巫家神事名目　列擧左

一. [城主神祀] 俗稱城主「굿」(Song Chu[7] Kut) 或城主「푸리」(Song Chu Puri)[湖南稱都神굿] 每年十月農功畢 多以戊午 俗稱戊午馬日(m[8]ud manal) 行此神祀 蓋自古昔遺傳之俗也[城主 或云成造 詳見下文解釋]

二. [落成神祀] 俗稱落成「굿」(Nak Song Kut) 建造房屋畢功之後 行神祀以落之 女巫唱地理歌 以讚揚地德之美 而祈祝納福之事

三. [帝釋神祀] 俗稱「데석굿 或푸리」(Chei Suk kut or[9] Puri) 我俗家家奉帝釋爲主穀神 故行神祀於農功畢後[城主神祀同時爲之] 其儀詳見帝釋條 此不疊說 帝釋神祀 亦稱夫婁帝釋神祀 三國遺事云 壇君有子曰解夫婁 又壇君之祖曰天帝桓因 桓因者 佛家所謂帝釋天王之名 故遂相混訛[辨證說明詳見壇君條] 此夫婁帝釋神祀 邃古以來傳於巫祝 至今不變者也

四. [七星神祀] 俗稱七星「푸리」(Chil Sung Puri) 朝鮮巫風 雖上古遺傳 而至于後世[三國時代] 被混於道佛兩敎 巫覡所行神祀 亦多奉道佛兩家所稱之神 卽如帝釋 佛書所云 而七星者 道書所云也

五. [祖上神祀] 俗稱祖上「굿」(Cho Sang Kut) 此用女巫 請饗祖先神之神祀 恐是高麗以來衛護[託神主於巫家]之遺法也

六. [三神神祀] 俗稱三神「푸리」(Sam Sin Puri) 蓋俗謂保胎之神曰三神　雖

---

7) 「조선무속고」에서는 're'.
8) 「조선무속고」에서는 'rh'.
9) 「조선무속고」에서는 'n'.

然我語謂胎曰「三」(Sam) 則所謂三神者 即云胎神者也 俗以三神之「三」作數字看 非是

七. [地神釋] 是則妥安土地神之神祀也

八. [城隍祭] 此則行於城隍堂之神祀 即如李圭景華東淫祀辨證說[見五洲衍文云 我東八路 嶺峴處有仙王堂 即城隍之誤 古叢祠之遺意歟 是如中國嶺上之關索廟也 或建屋以祠 或壘砂石 成磊磧於叢林古樹下以祠之 行人必膜拜唾之而去 或懸絲緯 或掛紙條 髡髮累累然而其積磊[10)以祠者 或沿通典馬韓祭鬼神立蘇塗之遺俗也歟[演繁露云 通典 馬韓祭鬼神 立蘇塗 建大木 以垂鈴鼓 注云 蘇塗有似浮塗 即浮圖 浮圖即塔也]

九. [堂神神祀] 俗稱基[11)神「굿」(Tangsin Kut) 各州郡各村落之鎭山 多有神堂 祀山神之神祀是也 亦云都堂祭 李圭景五洲衍文云 我東鄕俗 多虎豹之患 夜不敢[12)出 小氓釀錢 備牲醴 祭山君於本里鎭山 巫覡紛若鼓之舞之以妥 名曰都堂祭

十. [別神祀] 俗語稱謂別神(Pyuel Sin) 朝鮮古俗 各地市場都會之處 每於春夏之交 擇定期日[或三日 或五日] 行城隍神祀 人民聚會 晝夜飮酒 恣行賭博 官亦不禁 名曰別神 蓋特別神祀之縮稱也 其儀立大木 設神位 餠果酒食 供在桌上 聚巫覡 歌舞以妥其神[巫歌招呼山川神祇] 蓋巫覡歌舞以賽神者曰妥靈 今俗呼歌曲爲「打令」者 本於此者歟[打令與妥靈音相同] 南孝溫秋江集[13) 嶺東民俗 每於三四五月中 擇日迎巫 極辦水陸之味 以祭山神 富者駄載 貧者負戴 陳於鬼席 吹笙鼓瑟 嬉嬉連三日 醉飽然後下家 始與人買賣 不祭則尺席不得與人云云 按此即別神事也

十一. [度厄神祀] 俗稱「액막이굿」(Aik Maki Kut) 每年正月望前 行此神祀

---

10) 「조선무속고」에서는 '磹'.
11) 영어로 'TangSin Kut'이라 한 점으로 미루어 '基'는 '堂'의 잘못인 것 같다.
12) 「조선무속고」에서는 '能'.
13) 「조선무속고」에서는 『秋江冷話』라 했다.

豫防一年災厄

十二. [**豫探神祀**] 俗稱 「여탐굿」(Yottam Kut) 男女約婚 而慮有凶煞之星 用巫女行神祀 以豫防災厄者也

十三. [**媽媽神祀**] 俗稱痘神曰媽媽 媽媽者尊稱 卽如娘娘也 俗傳痘神自江南來 故亦稱 「손님(Son Nim)」 譯義星使 兒染天痘 則以紙作旗 旗面書曰 「江南戶口別星司命旗」 而揷于門首 以標識痘家 患痘十餘日始落疥 於是用女巫送痘神 名曰拜送 備蒭馬 有馬夫牽之 巫唱馬夫打令[歌曲名曰[14)]打令] 觀廳者擲錢以賞女巫

十四. [**龍神神祀**] 俗謂 「용신굿(YongSin Kut)」 此神祀則行於舟上 又有水府釋 此等神祀 以粟米作飯 投水飼魚族 名曰魚布施 俗語訛爲 「어부심(Opu Sim)」者 是也

十五. [**招魂釋**] 凡行大神祀時 則初頭行招魂釋 俗謂招安釋 義亦得 蓋招安魂神妥靈之意也 又有來臨釋(Lairim Sok) 卽行神祀時 招請神祇 來臨道場 以受供養之義也

十六. [**指路歸散陰神祀**] 俗稱 「지노귀새남(Chi no Kui Sai Num)」 此卽追薦亡靈之神祀也 人死之後 魂寄空界 悠悠蕩蕩 莫知所之 佛家謂之中陰身 故設七七齋及現王齋 追薦靈魂 速爲往生 蓋我巫俗 混於佛事 故行此神祀 而終以念佛也

---

14) 「조선무속고」에서는 '目'.

第十七章

城隍

李能和曰 按城隍 (一)猶言城池 易泰1)城復于隍 (二)神名 禮八蜡 水庸居七 水庸卽城隍 是爲祭城隍之始 北齊書有慕容儼 禱城隍獲佑事 唐張說張九齡 均有祭城隍文 後唐淸泰中 始封王爵 宋以後 其祀遍天下 明初京都郡縣 並壇以祭 加封 府曰公 州曰侯 縣曰伯 洪武二十年 改建廟宇如2)公廨 設座判事如長吏之狀 淸因之 例3)入祀典[見辭源] 是爲支那城隍史 而我東則高麗文宗時 於新城鎭 置城隍神祠 加號崇威 蓋唐宋化也 至于李朝城隍神祠 官私皆祭 是爲普遍 而巫覡聚會淫祀之處也.

---

1) 「조선무속고」에서는 '云'.
2) 「조선무속고」에는 다음에 '松'이 있으나 불필요한 글자이다.
3) 「조선무속고」에서는 '例'.

一. 國行城隍祭

○文獻備考云 本朝城隍壇 與風雲雷雨同壇 享城隍之神 神座居風雲雷雨之右 並南向 祀儀見風雲雷雨壇 厲祭時先行發告祭于城隍壇 又於厲祭日 奉城隍位版行祀于厲壇
○英宗二十年 續大典 祭禮4)條 城隍發告祭 先行於南壇 後三日 行厲祭於北郊 陪往城隍神並祭
城隍神祠遍地皆有 巫覡祈祝 必於其神 是故世人謂之淫祀 雖然究厥城隍之神 卽皆國都州府郡縣鎭山之神祇 故其神號必加護國二字矣

二. 太祖時諸山川城隍神之封號

○李朝實錄云 太祖元年壬申八月庚申 禮曹典書趙璞等上書曰 (…) 諸神廟及諸州郡城隍國祭所請許 只稱某州某郡城隍之神 設置位板5) 各其守令每於春秋行祭 ○二年癸酉春正月丁卯 吏曹請封境內名山大川城隍海島之神 松嶽城隍曰鎭國公 和6)寧安邊完山城隍曰啓國伯 智異無等錦城鷄龍紺岳三角白岳諸山晋州城隍曰護國伯 其餘皆曰護國之神 ○四年乙亥九月丙申 令7)吏曹封東山爲護國之神 冬十二月戊午 命吏曹 封白岳爲鎭國伯 南山爲木覓大王 禁卿8)大夫士庶不得祭

---

4) 「조선무속고」에서는 '祀'.
5) 「조선무속고」에서는 '版'.
6) 「조선무속고」에서는 '利'.
7) 「조선무속고」에서는 '命'.
8) 「조선무속고」에서는 '御'.

三. 太宗時城隍祀典

○太宗六年丙戌春正月戊戌 給白岳城隍神祿 前此給祿於松岳城隍神 以定都漢陽 故移給之. 六月癸亥 禮曹啓 新都城隍之神 乞就舊基立堂以祭 從之 漢陽府城隍堂舊基也 ○十二年十一月乙巳 命議政府議神佛事[9] 星山君李稷曰 城隍雖在高山 旣稱祭城隍 則與所謂祭山川似不同 亦令攸司參考古典施行 又[10]武官五六人曰 神佛之事已久 不可遽革 事遂寢 ○十三年癸巳六月乙卯 改正祀典 禮曹啓曰 謹按文獻通考 山川封爵 肇自武后 至宋眞宗朝 五岳皆封爲帝 又各封后 陳武曰 帝只一上帝而已 安有山而謂之帝 又立后殿於其後 不知何山可以常其配 而爲夫婦耶 洪武禮制 祀岳鎭海瀆 皆稱某岳某海之神 而未有封爵之號 前朝於境內山川 各加封爵 或設妻妾子女甥姪之像 皆與於祭 誠爲未便 及我太祖卽位之初 本曹建議 各官城隍之神 革去爵號 但稱某州城隍之神 卽蒙兪允 已爲著令 有司因循至今 莫之擧行 爵號像設尙仍其舊 以行淫祀 伏望申明太祖已降(之)敎旨[11] 但稱某州城況之神 只留神主一位 其妻妾等神 悉皆去之 山川海島之神 亦留主神一位 皆題木主曰某海某山川之神 其像設並皆撤去 以正[12]祀典 從之

四. 世宗時山川壇廟之祭

○世宗六年甲辰二月丁巳 上命詳定(所)提調星山府院君李稷等曰 各處城

---

9) 『태종실록』에서는 '寺'이나, 「조선무속고」의 '事'가 옳은 듯함.
10) 「조선무속고」에서는 '文'.
11) 「조선무속고」에서는 '典'.
12) 「조선무속고」에서는 '從'.

隍及山神 或稱太[13)]王太后太子太孫妃 無理爲甚 是誠妖神 古者設壇於
山下而祭之 今若紺岳等山立廟於其山之上 履其山而祭其神 狎褻不敬
且古禮 唯[14)]國君得祭封內山川 今庶人皆得祭焉 名分不嚴 予則以爲設
壇於山下 置神板 只書某山之神 只行國祭 禁民間淫祀 以正人心 卿等悉
稽封爵立廟古制以聞 於是 李稷與大提學卞季良 吏曹判書許稠禮曹判書
申商等 稽古典 以爲謂[15)]山神封爵 始於唐宋 本國封爵山神 立廟山上 上
下通祭 其來已久 又鬼神配匹有無 難以臆料[16)] 臣等以爲莫如仍舊 初許
稠申商切欲罷之 及聞稷與季良之言 遂同辭以啓 ○十九年三月癸卯 禮
曹豫諸道巡審別監啓本 詳定岳海瀆山川壇廟 及神牌制度 咸吉道國行永
興府永興城隍祠廟位版 書永興城隍之神 咸興府咸興城隍祠廟位版 書咸
興城隍護國伯神 請削護國伯三字 忠淸道國行德山縣伽倻岬廟位版 書伽
倻岬之神 右神位版與城隍位版連排 縣人聚會淫祀 請造壇山麓致祭 全
羅道國行全州城隍壇位版 書全州城隍之神云云

五. 李瀷論城隍

○星湖僿說城隍廟條云 人有問城隍之義者 不知所本 據五禮儀 厲祭祝
辭 (無)[17)]致祭于祀鬼神[18)] 人之生死有萬不齊 從古迄今 不得良死者其類
不一 或在戰陣而死國 或遭鬪歐而亡軀 或以水火盜賊 或罹飢寒疾疫 或

---

13) 「조선무속고」에서는 '大'.
14) 「조선무속고」에서는 '惟'.
15) 「조선무속고」에서는 '以'.
16) 「조선무속고」에서는 '測'.
17) 「조선무속고」에는 있으나, '無'는 불필요한 글자이다.
18) 「조선무속고」에서는 '禮'.

爲墻屋之頹壓 或遇蟲獸螫噬 或陷刑辟而非罪 或因財物而逼死 或因妻妾而殞命. 或危急自縊 或沒而無後 或産難而死 或震死 或墮死 若此之類 不知其幾 孤魂無托 祭祀不及 陰魂未散 結而爲妖 是以[19]告于城隍 召集羣靈 侑以淸酌庶羞 惟爾衆神 來享飮食 無爲厲災 以干和氣 又有城隍發告祝云 將以某月某日 設壇北郊 祭闔境無祀鬼神 庶資神力 召集赴壇 然則城隍之卽厲祭之大者也 故使之召集羣神而享之也 程子曰 如今城隍神之類皆不當祭 又曰城隍不典 土地之神社稷而已 何得更有土地耶 此則雖曰非禮 而似指后土之類 與我國祝辭微不同也 城隍字本出易泰上六爻辭 謂城池也 傳所謂[20]掘隍土積累以成城者是也 意者 城池者人所聚居 祀其神 使率人之不得良死者耳 按陸游鎭江府城隍忠祐廟記云 漢將軍紀信爲其地城隍神 旣云城隍 何得更有他鬼爲之主耶 又有寧城縣城隍祠記云 城者以保民禁姦通節內外 其有功於人最大 自唐以來 郡縣皆祭城隍 在他神祠上其禮顧不重歟 游之言前後不侔如此 輿地勝覽 壯節公申崇謙死爲谷城縣城隍神 金洪術爲義城城隍神 蘇定方爲大興城隍神之類 不可勝記 與紀信鎭江同例 其事可怪 蓋社稷者 土穀之神也 左傳共工氏有子曰句龍 爲后土爲社 烈山氏之子曰柱[21]爲稷 自夏以上祀之 周棄亦爲稷 自商以來祀之 此疑若句稷死爲社稷之神然 其實配食也 非眞爲土穀之神也 意者 向之紀信之徒 其初[22]配食於城隍 而後人迷其本實 妄謂人死之鬼 爲城隍神耶 余居安山郡 一日 郡守某遣鄕座首 來問厲祭期迫 閱視位牌 則題云折衝(將軍 不知如何 余只據時典五禮儀爲對 折衝(將軍)之稱 恐是襲謬 不知其人 後果何以處也 此必因谷城義城之例註誤而不改也 縱曰死而配食 豈有直書城隍神牌之理

---

19) 「조선무속고」에서는 '用'.
20) 「조선무속고」에서는 '云'.
21) 「조선무속고」에서는 '樞'.
22) 「조선무속고」에서는 '神'.

六. 淫祀城隍

(一) 中宗時外方城隍堂
○李朝中宗十一年六23)月癸丑 御晝講 參贊官關金安老啓曰 所謂淫祀如外方城隍堂之類也 有時城隍神下降云 則一道塡24)咽奔波 安有如此無理之事乎 記事官柳成春曰 安老所啓外方城隍堂之事甚爲怪妄 稱城隍神下降之時 則雖士族男女 無不奔波聚會 其中羅州錦城山城隍尤甚焉云云

(二) 李星湖論城隍
○李瀷星湖僿說云 國俗喜事鬼 或作花竿 亂掛紙錢 村巫恒謂之城隍神 以爲惑民賭財之計 愚氓懾畏25)競輸之 官無禁令可異也

(三) 李圭景論城隍
○李圭景華東淫祀辨證說云 我東八路嶺峴處 有仙王堂 卽城隍之誤 古叢祠之遺意歟 是如中國嶺上之關索廟也 或建屋以祠 或疊砂石 成磊磧 於叢林古樹下以祠之 行人必膜拜唾之而去 或懸絲緯 或掛紙條 髢髮累累然 而其積磊以祠者 或沿通典馬韓祭鬼神立蘇塗之遺俗也歟[演繁露云 通典馬韓祭鬼神 立蘇塗 建大木以垂鈴鼓 注云蘇塗有似浮圖 卽浮圖 浮圖卽塔也]

(四) 輿覽及邑誌所載各郡城隍
○海州城隍祠三間 在州前南山臨海 東大王大妃位 北上室聖皇位 南山神堂位 中室之神位 下室之神位十二諸神位 西姑婦人神位 下堂巫神26)

---

23) 「조선무속고」에서는 '五'.
24) 「조선무속고」에서는 '嗔'.
25) 「조선무속고」에서는 '畏懾'.

之(神)位 祭器籩八爵八. 州官致祭　　海州舊邑志.

○槐山城隍神 人物考云 朴世茂 號逍遙堂 監察義孫曾孫 在槐山村舍 槐山俗溺淫祀 稱城隍神 擎以周行閭井27) 世茂取其旗竿珠翠 悉燒之 自是其弊遂絶　　興覽

○玄風城隍祠 在琵瑟山 俗傳靜聖大王之神 凡水旱疾疫 祈禱輒應 故祭之者輻輳28) 其紙布輸于活人署　　興覽

○梁山城隍祠 世傳金忍訓佐高麗太祖 位至門下侍中 死位祠神　　興覽

義城城隍祠 在縣北三里 [新增] 俗傳金洪術 貌似麗祖 與百濟甄萱戰敗死之 仍祠于此　　興覽

○密陽城隍祠 在推火山 世傳府吏孫兢訓 佐高麗太祖有功 追贈三重大匡司徒 封廣理君 卽祠神也　　興覽

○全州城隍祠　在麒麟峯　李奎報有夢29)驗記 [新增]觀察使李彦浩毀塑像代以位板30)　興覽

○固城城隍祠 在縣西二里. 新增 土人常以五月一日至五日相聚 分兩隊 載祠神像 竪綵旗 遍歷村閭 人爭以酒饌祭之 儺人畢會 百戲具陳　　興覽

(五) 咸山城隍祠

○許筠撰惺所覆瓿藁譜加林神云 咸山之顚 有祠翼然 謂之城隍 民祀式虔 居忽一日 霧埃翳天 霾以土雨 長飆31)歘煽 掀林簸宇 吹神像顚 翌旦 巫來整其神筵 理髮飾衣 風又吹旋 如是者三 余甚怪焉 問巫何故 巫拜以

---

26) 「조선무속고」에서는 '主'.
27) 「조선무속고」에서는 '里'.
28) 「조선무속고」에서는 '湊'.
29) 「조선무속고」에서는 '靈'.
30) 「조선무속고」에서는 '版'.
31) 「조선무속고」에서는 '飇'.

言 咸神爲夫 林神爲婦 咸溺於媵 謂婦孔醜 婦怒其媵 來輒踐蹂 從之風雨 以濺以憸 裂夫之衫 夷媵之首 去而旋來 儵夜而晝 巫靈不靈 力難解鬪 只改冠裳 藻32)其土偶 余曰嗟唏 神敢獅吼 吾列神怨 詛之北斗 燒香焚辭 庭下以僂 曰我后皇 分土畵州 各有主神 俾民蔭庥 暘若雨若 以利其穡 苟失其職 天必降尤 戮社伐廟 爲神之羞 今33)玆二神 夫婦好仇 限一衣帶 裂地以侯 芯祀相望 享之千秋 宜降福祐 以豊其疇 風順雨調 黍苗油油 胡爭姬34)寵 怒閃其眸 乘以豊降 持其電矛 揚霧躅颲 來艾神幬 擘斷其腰 仍毀神旋 大噉跳擲 威服忞歐 狺狺鬪35)睢 指好爲讐 因沴以臻 害牧害葯 害于我稼 爲民之憂 一之爲甚 三五不休 惟皇孔昭 鑒其作孼 聲罪以討 命我喉舌云云 言訖再拜 俟命以跪 俄有介幘36) 絳袍朱履 導以靈幡 來提我耳 曰巫之誣 非神之戾 嘉林非女 亦惟男子 以神攻神 安有此理 風霧之災 惟民所致 民之暴殄 崇覡淫祀 不敬以慢 惟褻是事 不忠不孝 不信不義 姦射駔儈 機巧仰利 來佩符者 亦罕循吏 陰贒陽飾 沽譽掠美 誕謾叟37)脅 惟矯無恥 敎化不施 上下相詭 以此事神 神(其)宜怒爾 降沴降災 皆職由此 不思其咎 反加嫚戲 謂妬38)勃磎 傳言無忌 神益齎怒 災益疊至 雷罰之行 惟巫是視 大夫之明 其亦惑是 矧世愚者 其眩固易 余拜稽首 以謝不智 擧頭以望 神已焱擧. 仰睇長空 不見其處

---

32) 「조선무속고」에서는 '葆'.
33) 「조선무속고」에서는 '令'.
34) 「조선무속고」에서는 '其'.
35) 「조선무속고」에서는 '闠'.
36) 「조선무속고」에서는 '靈降'.
37) 「조선무속고」에서는 '㥦'.
38) 「조선무속고」에서는 '鬪'.

第十八章

京城巫風及神祠

　　我俗凡人之歌舞鼓興者 謂之有神 蓋取比於巫者也 有女將爲巫 則其人先病數旬 藥石不能治 必欲跳舞然後快於心 是知有巫神使然 於是百家乞米 以辦餠果 請巫爲師 名曰神母「신어미」(Sin Omi) 行大神祀 謂之身解神祀「몸굿」(MomKut) 其人跳舞一場 則巫神接而病若失 自爾從神母學巫業 京城謂巫爲萬神 蓋喩其無神不祀也 京巫所奉之神 有府君神 君王神 殿內神 又有南山國師堂 仁王山七星堂 其他家宅神及痘神 亦皆巫行神祀之處也

一. 付根堂

(一) **[付根神]** 李朝實錄云 中宗十二年丁丑八月丙辰 國俗各司內 皆設神

以祀 名曰付根 行之旣久 莫有能革者 至是 憲府先焚紙錢 傳關各司 皆焚之 禁其祀 人多稱快

○李圭景撰五洲衍文 有華東淫祀辨證說曰 今京師各司有神祠 各曰付根堂 訛號府君堂 一祀所費 至於累百金 或曰付根 乃宋氏姐所接 四壁多作木莖物以掛之 甚淫褻不經[或曰 付根者 旣爲官司之根 而其懸木莖者 以寓人之根爲賢莖 故作莖物以象之(也)] 外邑亦祀之 中宗己卯 罷各司付根神祠 先是 國俗 各司付根 其來已久 至是先焚紙錢 傳關各司 皆焚之 禁其祀 人多稱快

能和按 木莖物爲宋氏姐而設 付根之名 由木莖物而起 宋氏姐云者 恐卽所謂孫閣氏者是 俗謂處女未及嫁而死者 名曰孫閣氏 孫與宋 音近相通也

(二) **[府君神]** 增補文獻備考云 (本朝)國俗 都下官府 例置一小宇 叢1)掛紙錢 號曰府君 相聚而瀆祀 新除官 必祭之惟謹 雖法司亦如之 魚孝瞻爲執義 下人告以古2)事 孝瞻曰 府君何物也 令取紙錢焚之 前後所歷官府 其府君之祠 率皆焚毁之

能和按 諸府君堂 其所奉祀各異其神 例如刑曹之府君曰宋氏夫人 典獄之府君曰東明王 其他有諸葛武侯 文天祥等神 而奉高麗恭愍王者亦多 或以爲麗末遺民 多爲各司吏員 每思舊國之王 作祠而祀之云云 吾謂府君神之名 恐是出於地3)名 各郡亦有府君堂 而其神槪多守宰之死於任所者 而守宰亦稱府君故也[府君漢時太守之稱]

(三) **[附君]** 李晬光芝峯類說曰 今俗衙門 例有禱祀之所 號附君 新除官必祭之 謂爲祈福 蓋出於巫覡不經之事也 昔魚孝瞻所歷官府 其附君之祠 悉皆焚毁4) 後官至一品 子世謙亦位(至)政丞 安在其禱祀乎

---

1) 「조선무속고」에는 '叢' 다음에 '祠'가 있으나, 이는 불필요한 글자이다.
2) 「조선무속고」에서는 '故'.
3) '官'의 오자가 아닌가 한다.
4) 「조선무속고」에서는 '之'.

能和曰 府君之祠 附屬於官司 而其禱祀之對象 乃神君也 故李芝峯 稱其名 爲附君者歟

二. 君王神

君王神 俗號君雄 乃君王之訛也 或云高麗君王之神 或云君王之不得其死者 例如李朝英宗之子莊憲世子 寃死斗庋[大木櫃曰斗庋]之中 故俗號斗庋大王 卽是君王神也 余問於老巫 君王何神 巫曰 凡居官者死於任所者曰君王神 民家行君王神祀時 女巫必著戎[5]服 如武將儀 故婦女畏之

三. 大監神

據巫所云 大監之神 共有十餘 曰殿內大監 卽關壯繆也 曰土主大監 或云地神大監 曰守門將大監 卽門神也 曰往來大監 謂浮游之鬼也 曰府君大監 曰君王大監 曰建立大監 曰業王大監[卽財神也] 曰龍官大監 卽水神也 曰戶口大監 卽痘神也 曰城主大監 卽城主神也 此等大監 皆巫之所稱 以誘婦女行神祀而取財者也

四. 魍魎神

我語魍魎曰獨甲 巫則稱獨甲曰大監 俗謂魍魎作亂 多苦惱人 或投石以打

---

5) 「조선무속고」에서는 '誡'.

窓戶 或取物以懸樹技 或放火以燒家屋 則召巫覡行神祀 以祈禱之 京城內 自點電燈以來 所謂魍魎一時屏跡 蓋幽陰之鬼 畏光明而然也

五. 殿內神

京城內姑婆之輩 自謂關聖帝君降于己 造祠廟奉神像 問卜者往焉 祈禳者往焉 取金錢以營生也

六. 孫閣氏鬼

俗傳孫氏家有閨女 未嫁而死者 名曰孫閣氏鬼 奉此鬼之家 有閨女 欲嫁之先 請女巫 行預探神祀[여탐굿, Yotam Kut] 蓋預探神意 然後嫁之 作嫁衣 將匹頭截小片段 如洋服商之衣料見本 入于所奉之神箱中 凡有飲食新物 必先薦之 蓋閣氏者 閨女之稱 孫卽客之義 謂侵害也 其奉閣氏之法 作雛形女像 如兒女輩所戲之紫姑樣 著之以綠衣紅裳 粧粉[6]諸具 一如生時之用 入于紙箱 藏之簞笥 時招巫女 行神祀以妥之 我朝鮮地方之俗 閨女未嫁而死 則其葬法頗奇 用蕎麥麵餅 塞其七竅 又執麵餅於兩手 衣以男子之服 以布作槖袋 包裹全體 埋於十字街心之地 蓋防其孫閣氏鬼者然也

---

6) 「조선무속고」에서는 '奮'.

七. 木覓山神祠[南山之國師堂]

○李朝實錄云 太祖四年冬十二月戊午 命吏曹 封南山爲木覓大王 禁卿大夫士庶不得祭
○輿覽云 木覓神祠 在木覓山頂 每春秋行醮祭
○五洲衍文云 京城木覓山蠶頭峯之國師堂淫祀 以木覓山神享祀時 典祀廳私稱國師堂 掛高麗恭愍王 本朝僧無學 高麗僧懶翁 西域僧指空像 及他諸神像 又有盲者像小女兒像 女兒則以爲痘神云 神前殿脂紛之屬甚褻 祈禱頗盛 國不禁焉

八. 白岳山貞女夫人廟

○天倪錄云 權石洲(韠) 兒時嘗遊(於)白岳山 山頂有一神宇 卽俗所謂貞女夫人廟也 安影幀于其中 祈禱[7]者(相)屬路 石洲奮然曰 何物女子 乃爾怪誕 天地鬼神 昭布森列 豈容汝女鬼行胸臆 作威福於淸明[8](之)世乎 仍毀裂其影[9]幀(而)還 是夕得夢 有一婦人 白衣靑裙 含怒而前曰 妾卽天帝女也 嫁帝前國士 賜號貞(女)夫人 麗運旣去 天佑李氏 移鼎漢陽 (而)帝命國士 降于[10]木覓 以鎭東土 妾[11]思念不已 帝怜[12]其意 許降 白岳與木覓對峙 妾居此土 垂三百年 畢竟爲汝童子所凌暴 吾將上訴于帝 後數十

---

7) 「조선무속고」에서는 '福'.
8) 「조선무속고」에서는 '顯'.
9) 『천예록(天倪錄)』 원문은 '形'이나, '影'이 옳을 듯하다.
10) 「조선무속고」에서는 '予'.
11) 「조선무속고」에서는 '予'.
12) 「조선무속고」에서는 '憐'.

年當還[13] 君其危哉 其後石洲竟生[14]詩禍 被逮拷掠遂配北塞 夕次城東旅舍 又(見一)婦人 立於枕邊 卽疇昔所夢也. 附石洲耳語曰 君旣知[15]我否 今日吾得一[16]報之矣 是夕(石洲)遂逝

九. 肅淸門神像[肅淸門 本肅靖門也]

○柳得恭京都雜誌云 都城北門曰肅淸 恒閉而不用 澗壑淸幽 上元前[17] 閭巷婦女 三遊此門 謂之度厄
○李圭景五洲衍文云 肅淸門國都北門 而以拘忌閉置不開 如開此門 則都中多桑中河間之變 故錮廢不用云 門楣掛諸神像 歲初閭里女流 坌集祈福

十. 仁王山七星堂

○五洲衍文云 城內仁王山七星菴 有神堂 祈禱日至 士人若齋禱 則必中科甲 故儒士[18]種種往禱云

---

13) 「조선무속고」에서는 '邊'.
14) 「조선무속고」에서는 '坐'.
15) 「조선무속고」에서는 '識'.
16) 「조선무속고」에서는 '以'.
17) 「조선무속고」에서는 '正月念前', 즉 '1월 20일 이전'이라 했다.
18) 「조선무속고」에서는 '生'.

十一. 家宅神

禮有五祀 二月祭戶 五月祭竈 六月祭土 八月祭門 十一月祭井 皆有常典 由是觀之 戶有戶神 竈有竈神 土有土神 井有井神 家宅之內 無處無神 合而言之 皆家宅神也 然而我俗人家 家家所奉之神名稱 有城主神 土主神 帝釋神 業王神 守門神 及竈王神

　　(一) 城主神

城主者 統管家宅之神名 俗以十月[十月謂之上月] 用巫禱祀 名曰安宅 安宅神事 有城主釋[俗名城主푸리 푸리譯義爲釋](SungChupuri) 或曰 「셩쥬바디굿」(Sung Chu Pachi Kut) 譯義爲奉安城主神事也 城主「바디」(Pa Chi) 隨地異俗 京城則用白紙 裹銅錢 作帖折 醮于淸水 貼在樑面 趁其未乾 擲白米貼其上 忠淸北道則 如京城之式 而但貼於上柱[俗呼屋之中柱曰上柱也] 平安道及咸鏡道則盛米于缸 安于樑上

○人家以十月爲上月 邀巫迎成造之神 設餠果祈禱以安宅兆 洪錫謨撰 東國歲時記

○今民[19]家 每十月農事畢 以新穀蒸大甑餠 兼設酒果而賽神者曰成造 成造者成造家邦之意 此檀君始敎民居處之制 造成宮室 故人民不忘其本 必以降檀月報賽神功也 大倧敎編 神檀實記

李能和曰 今將城主釋之巫歌 試譯其義而觀之 則如安東鷰院 曰神本鄕 種松子兮 于彼高岡 而生而長 爲棟爲樑 伐材伐木 上山之陽 作筏作桴 下水之梁[此下橫說竪說 東語西語 意義不貫通 故譯止此]

云云等語 蓋有成造家舍之義 雖然神名城主土主 當作如是解釋 蓋主者卽主管城池人民之稱 卽如城隍神之義也 故巫之妥靈[俗稱巫歌曰妥靈 蓋出自城

---

19) 「조선무속고」에서는 '人'.

主神祀] 呼請山川神祇爲主要點 由是推測 可知其義 又如人民若有祖先墳墓之鄕 則對其郡守稱呼城主 若無祖塋而但有住宅 則對其郡守稱呼土主 蓋城主義廣而大 土主義狹而小 家宅神之稱城主稱土主 亦復如是而已

(二) 土主神

我俗人家奉土主神 其儀以米與布 盛之藁橐 置于竈之後壁 凡家買匹緞剪其尺頭[俗名토끚] 懸掛神橐 如麵店絲紙之樣[今俗麵店前紙條 縣籠頭 名曰絲紙 卽招牌也] 十月農畢 安宅神祀 巫女作法 先城主而後土主 故土主釋 謂之後殿釋「뒤던푸리」(Tu Chon Puri)

(三) 帝釋神

帝釋神究其源 則出於佛俗 蓋三國遺事古記桓國之下 一然禪師[三國遺事著者]註曰 「謂帝釋也」 四個字者 以爲其本 轉輾流誤 遂使桓國之神市 變成天王之帝釋矣 而今巫家扇面 畵有三佛 稱謂三佛帝釋者卽是也 奉帝釋神 與奉城主神土主神 其儀又異 盛米白缸 安置樓房 每歲秋熟 更以新米 用其舊藏之米 蒸造白屑之餠 幷以素饌淸酌 獻供其神 女巫歌以侑之 謂之帝釋「거리」(Kori) 거리者譯義歌調也 以帝釋爲主穀神 是出佛俗 佛寺除夕日 寺衆各持齋米 齊到庫之處 設位安帝釋神〈釋提桓因位〉 僧衆三拜 納米庫中 自元日爲始 寺中別座[別座[20)]謂掌齋米僧 卽米頭也] 每朝夕齋時[取米炊飯之時] 先行三拜于釋提桓因位然後 取米炊飯 蓋釋提桓因其名與壇君之祖名相混 而壇君固主穀者也 故轉變爲帝釋神矣

(四) 業王神

業王者財神之謂也 俗作業樣 樣卽王之轉 例如俗呼十王世界曰十樣世界

---

20)「조선무속고」에서는 '店'.

第十八章 京城巫風及神祠

也 俗奉業王 其類有三 日人業[俗謂人業 其狀如小赤子] 日蛇業 日鼬業[鼬俗名족져비]

○家內擇地築壇 而土器盛禾穀 置於壇上 編葺藁草掩之者 稱扶婁壇地 或稱業王[21]嘉利[我俗謂禾穀之堆積者曰露積嘉利 卽掌財之神也 檀君子扶婁 賢而多福 故國人奉爲財神云 神檀實記

李能和曰 業王嘉利 其義不出平常所見 卽如堆積穀物之處 每見蛇盤鼬棲 人以爲守穀神 遂乃轉稱業王者歟 蛇業之說 又如下文

[金剛山靈源庵異蹟記云] 靈源祖師 姓金氏 慶州人 童眞出家 祝髮於東萊梵魚寺明學禪師 侍養多年 忽然一日發心行道 遊覽諸山 蹟之古者必尋 僧之高者必叩 終至此處 隱修禪業 一日定中 忽聞南穴峯下有治罪聲 震動天地 師於定中 側耳靜聽 則以閻王令捉上其師明學 數罪鞠治 少頃 命以金蛇報 囚以業鏡臺 祖師出定諦思 則師在世之日 貪業深重 竟至於此 自是日三朝金蛇窟前 叩頭涕泣 常誦神呪 忽然一日不見金蛇 祖師復從定中視之 則前世食業猶不消磨 往守梵魚寺庫中物 祖師遂治裝南歸 爲其師設九齋於梵魚寺 齋薦之夕 門徒[22]煎粥一器 手自擎捧 往開庫門 果有巨蟒 垂淚叩頭 祖師撫之曰 吾師以前世貪業 慳貪不施 不信因果 今受此報 願受法食 速求解脫 蛇聞法語已 轉到一柱門外 擧身叩石三下而斃 祖師接引靈魂而歸 道中或遇畜趣交孽 每欲隨入 祖師十分謹護 至於江原道三陟境內 忽投全氏胎中 翌朝祖師訪全氏曰 十朔之後 必生貴子 七歲之後 出家修道 其時吾當再來率歸矣 言訖而歸 七年之後 如約携歸 使之晝夜六時講究禪理 宿習所障 卒難開悟 祖師乃設方便 置之後院密室 針穿窓紙一竅曰 必有大牛 從此而入 害汝性命 盡力看護 勿令闖入 兒旣確信 兢兢孜孜 奄及七年 一日大叫曰 窓外有牛 欲入窓孔 師知機緣 漸熟 復敎之曰 極盡防護 使不得入 兒轉益勇猛視之七日 牛從窓孔而入

---

21) 「조선무속고」에서는 '王'.
22) 「조선무속고」에서는 '徒'.

兒遂大悟 因名後院祖師云云 洞中有十王峯 業鏡臺 黃泉江 金蛇窟 使者峯等
云云 此段傳說 靈源梵魚兩寺之中 自古而有 蓋以愛財故 爲蛇守庫 此是佛家輪廻因果之說 今俗謂富而吝嗇[守錢虜]者曰 此人死必爲蟒 守其財庫 皆本於此等傳說也 大抵朝鮮神事之俗 有三系統 一則古代流傳之巫風 二則道家祈醮之符呪 三則佛家因果之法門 混合成俗 至于今日 甚難分開 何者爲道家之說 何者爲佛家之說 何者爲巫家之說也

(五) 竈王神
論語有媚於竈之語 蓋竈者烹造飮食之所 於生活上最爲重要 則神以祀之 蓋以此也 李晬光芝峯類說 范致[23]能祭竈詞曰 男兒獻酌女兒避 按稗史云 祭竈必辟[24]婦人 又曰 竈神常以月晦日上天 白人罪狀 己丑日卯時上天行署 此日祭(則)得福云 中朝人皆祭竈 故朱子有祀竈神文 載於家禮儀節 似當倣而行之云云
李能和曰 李芝峯於諸神祀 皆斥爲不經之事 而獨竈神則以中朝人祭之 朱子祭之 故曰當倣而行之云云 是無自己定見 而徒拜華人之後塵者也 此弊非徒芝峯爲然 朝鮮儒學者 亦莫不皆然者也 我俗祭竈 只用鐺飯[俗呼노구메] 又或長燈以明之 名曰因燈 因燈卽謂神燈也 蓋壇君之父桓因天王爲神市之主祭者 故謂因爲神 必自神市流傳者也

(六) 守門神
○山海經大荒北經云 大荒之中 有山 名曰衡天 有先民之山 有槃木千里 郝懿行註云 懿行案 大戴禮五帝德篇云 東至于蟠木 史記五帝紀同 疑卽此也 劉昭注禮儀志 引此經云 東海中有度朔山 上有大桃樹 蟠屈三千里

---

23) 『지봉유설』에서부터 '至'라 했으나, 이는 '致'의 잘못이다.
24) 「조선무속고」에서는 '避祭'.

其卑枝門²⁵⁾曰東北鬼門 萬鬼出入也 上有二神人 一曰神荼 一曰鬱儡 主
閱領衆鬼²⁶⁾之惡²⁷⁾害人者 執以葦索 而用食虎 於是 黃帝法而象之 毆除
畢 因立桃梗 於門戶上 畫鬱儡 持葦索²⁸⁾以御凶鬼 畫虎於門 當食鬼也
論衡訂鬼篇引此經 大意亦同 案王充劉昭所引 疑本經文 脫去之也 太平
御覽九百六十七卷 載漢舊儀 引此經 亦與王劉同 李善注陸機挽歌詩 引
此文 作海水經曰 東海中有山焉 名度索 上有大桃樹 東北痩枝 名曰鬼門
萬鬼所聚 史記五帝紀注 亦引此文 而作海外經云云 蓋誤也

○類書云 黃帝時 有兄弟二人 長名神荼 次名鬱壘 善能殺鬼 後人至海度
朔方 見有大桃樹 蟠屈三千里 下有二神 幷執草索 以縶不祥 卽此故也
俗於除夕 造桃符著戶 幷畫像於門 謂之門神 取其辟厲也

○桃符艾人語 桃符仰罵艾人曰 爾何草芥 而輒據吾上 艾人俯謂桃符曰
爾已半截入土 安敢更與吾較高下乎 門神傍笑而解之曰 爾輩方且傍人門
戶 更加爭閒氣耶 周禮註桃苅 桃鬼所畏也 苅 苦帚 所以掃不祥 [郭註]
桃梗桃符 所以辟鬼 一云木偶人

○李朝實錄 太宗十一年辛卯五月丙寅 命罷經師之業 不果 上²⁹⁾見闕內
門戶端午符 謂代言等曰 此必禳災之術 何其文³⁰⁾之不一耶 代言等問諸
經師僧 對曰但師授耳 實無符本也 上³¹⁾曰 今後令書雲觀掌之 經師之業
則宜罷之 代言等曰 此僧雖非正術 送死者賴之久矣 上³²⁾曰姑存之

○柳得恭撰京都雜志 五月五日 觀象監朱砂搨³³⁾辟邪文 俗粘門楣曰 五

---

25) 「조선무속고」에서는 '名'.
26) 「조선무속고」에서는 '惡'.
27) 「조선무속고」에서는 '鬼'.
28) 「조선무속고」에서는 '素'.
29) 「조선무속고」에서는 '王'.
30) 「조선무속고」에서는 '爲'.
31) 「조선무속고」에서는 '王'.
32) 「조선무속고」에서는 '王'.

月五日天中之節 上得天祿 下得地福 蚩尤之神 銅頭鐵額 赤口赤舌 四百
四病 一時消滅 急急如律令 又云 壽星仙女 直日神將圖 謂之歲畫 又金
甲二將軍像 長丈餘 一持斧 一持節 揭于宮門兩扇 曰門排 又絳[34]袍烏帽
像 揭重閤門 戚里及閭巷亦得爲之 畫隨門扇而小 門楣又粘畫鬼頭 俗以
金甲者爲尉遲恭秦叔寶　絳[35]袍烏帽(者)爲魏鄭公　按宋敏求春明退朝錄
道家秦章圖 天門守衛金甲人 葛將軍掌旌 周將軍掌節 今之門排 似卽葛
周二將軍 而世俗乃以傳奇中唐文皇時事 傳[36]會之爾
○洪錫謨撰東國歲時記 按漢制有桃印 以止惡氣 抱朴子作赤靈符 皆端
午舊制 而今之符制 蓋出於此 又云 俗以金甲者 爲四天王神像 或以爲尉
遲恭秦叔寶 又云元日圖畫署 畫壽星仙女直日神將圖 獻于上[37] 亦相贈
遺名曰歲畫 又畫鍾馗 捕鬼貼戶 畫鬼頭貼楣 以辟邪瘟[38] 諸宮家戚里門
扇 亦皆揭之 閭巷又多效之
○金邁淳撰洌陽歲時記 元日 圖畫署進歲畫 金甲神將 貼宮殿門 仙人鷄
虎貼照壁 或頒賜戚畹近臣家

李能和曰 門神之像 據諸記錄 或謂神茶鬱壘 或謂尉遲恭秦叔寶 或謂葛周
二將軍 歲畫又有壽星仙女 直日神將 又鍾馗與鬼頭 觀其神名 皆支那人 是
皆出自道家風俗 究其來源 必自高麗中葉始行東土 蓋高麗睿宗時得宋之道
敎 立道觀[福源宮是] 置羽流 則門神像設 當在其時也 我俗立春日 閭巷人
家 或書神茶鬱壘四個大字 分貼門扇 是則以書代畫者也 而神茶鬱壘 始於
黃帝時 黃帝治仙術者 故道家者流 如是附會之耳

---

33) 「조선무속고」에서는 '揭'.
34) 「조선무속고」에서는 '降'.
35) 「조선무속고」에서는 '降'.
36) 「조선무속고」에서는 '傳'.
37) 「조선무속고」에서는 '公'.
38) 「조선무속고」에서는 '怪'.

我東風俗 帖詞辟鬼 帖像辟邪 始於新羅時代 三國遺事鼻荊郎及處容郎事
是也 是可謂固有之東俗 而與道敎沒交涉者也 今引遺事 以憑參考

○三國遺事鼻荊郎條云 第二十五舍輪王 諡眞智大王 姓金氏 妃起烏公
之女知刀夫人 大建八年丙申卽位 御國四年 政亂荒淫 國人廢之 前此沙
梁部之庶女 姿容艶美[39] 時號桃花娘 王聞而召致宮中 欲幸之 女曰 女之
所守 不事二夫 有夫而適他 雖萬乘之威 終不奪也 王曰 殺之何 女曰 寧
斬于市 有願靡他 王戲曰 無夫則可乎 曰可 王放而遣之 是年王見廢而崩
後三[40]年 其夫亦死 浹旬 忽夜中 王如平昔 來於女房[41]曰 汝昔有諾 今
無汝夫 可乎 女不輕諾 告於父母 父母曰君王之敎 何以避之 以其女入於
房 留於七日 常有五色雲覆屋 香氣滿室 七日後 忽然無蹤 女因而有娠
月滿將産 天地振動 産得一男 名曰鼻荊 眞平大王聞其殊異 收養宮中 年
之十五 授差[42]執事 每夜逃去遠游 王使勇士五十人守之 每飛過月城 西
去荒川岸上 率鬼衆遊[43] 勇士伏林中窺伺 鬼衆聞諸寺曉鍾各散 郎亦歸
矣 軍士以事來奏 王召鼻荊曰 汝領鬼遊信乎 郎曰然 王曰 然則汝使鬼衆
成橋於神元寺北渠 荊奉勅使其徒 鍊石成大橋於一夜 故名鬼橋 王又問
鬼衆之中 有出現人間 輔朝政者乎 曰有吉達者 可輔國政 王曰與來 翌日
荊與俱見 賜爵執事 果忠直無雙 時角干林宗無子 王勅爲嗣子 林宗命吉
達 創樓門於興輪寺南 每夜去宿其門上 故名吉達門 一日吉達變狐而遁
去 荊使鬼捉而殺之 故其衆聞鼻荊之名 怖畏而走 時人作詞曰 聖帝魂生
子 鼻荊郎室亭 飛馳諸鬼衆 此處莫留停 鄕俗帖此詞以辟鬼

○三國遺事 處容郎望海寺條云 第四十九憲康大王 遊開雲浦[在鶴城西南

---

39) 「조선무속고」에서는 '麗'.
40) 「조선무속고」에서는 '二'.
41) 「조선무속고」에서는 '旁'.
42) 「조선무속고」에서는 '差'.
43) 「조선무속고」에서는 '游'.

今蔚州| 王將還駕 晝歇於汀邊 忽雲霧冥曀 迷失道路 怪問左右 日官奏云 此東海龍所變也 宜行勝事以解之 於是 勅有司 爲龍刱佛寺近境 施令已出 雲開霧散 因名開雲浦 東海龍喜 乃率七子 現於駕前 讚德獻舞奏樂 其一子隨駕入京 輔佐王政 名曰處容 王以美女妻之 欲留其意 又賜級干職 其妻甚美 疫神欽慕之 變爲[44]人 夜至其家 竊與之宿 處容自外至其家 見寢有二人 乃唱歌作舞而退 時神現形 跪於前曰 吾羨公之妻 今犯之矣 公不見怒 感而美之 誓今已後 見畫公之形容 不入其門矣 因此 國人門帖處容之形 以辟邪進慶

○鄭東愈晝永編 正月十四日 閭閻以藁草爲人形 納若干錢於其中 頭腹臂股無所定處 又或以小兒襦袴等衣被其體 名曰處容 以爲除厄之法 及黃昏 街上兒童十百爲羣 逐家問處容有否[45] 有者投之 門外羣童 各執其頭脚 左右扯奪 遂片片裂碎 乃各撿[46]其所執之體 有錢者得之 名曰打處容 事無倫義 而亦行之已久 不知其始 疑亦元時遺習也 按元史歲十二月[47]下旬 於鎭國寺墻下[48] 束稈草爲人形 剪雜色[49]綵段 爲之腹胃 選達官世家之貴重者 交射之 至糜爛 以羊酒[50]祭焉 祭畢 帝后及太子嬪妃幷[51]射者各解所服衣 俾蒙古巫覡祝讚 讚畢 遂以與之 名曰脫災 此其法與處容髣髴[52]也

---

44) 「조선무속고」에서는 '無'.
45) 「조선무속고」에서는 '無'.
46) 「조선무속고」에서는 '檢'.
47) 「조선무속고」에서는 '日'.
48) 「조선무속고」에서는 '東'.
49) 「조선무속고」에서는 '毛'.
50) 「조선무속고」에서는 '肉'.
51) 「조선무속고」에서는 '再'.
52) 「조선무속고」에서는 '彷佛'.

十二. 痘神

李能和曰 我朝鮮之有天然痘 考其始原 則大約距今四百餘年前 自支那方面 傳染而來 不知其千萬人命爲其犧牲 朝鮮舊無人口死生統計之法規 故因痘病死者無從可稽 雖然 人口由是而不增有減 應亦事實也 蓋此痘疫 綜合諸說 其痘源地皆以馬援征交趾時 其軍隊傳染此病 仍爲流布於支那本部 而又自支那 傳染朝鮮也

 ○淸袁枚隨園詩話云 痘神之說 不見經傳 蘇州名醫薛生白曰 西漢以前無童子出痘[53]之說 自馬伏波征交趾 軍人帶此病歸 號曰虜瘡 不名痘也 語見醫統

 ○李朝李晬光芝峰類說云 格致叢書曰 痘瘡始於漢光武時 馬援南征 染得虜疫 又本[54]國醫方曰 天疱瘡 正德年後 始自中朝傳染而來 中朝亦舊無此疾 出自西域云

 ○李圭景五洲衍文云 若論痘病之(始) 則三古無見 故內經不見 自魏以來始有之 隋巢元有痘論無藥方 唐孫眞人思邈始出治方 或言秦時製字有痘 其瘡似豆[55]象形也 秦扁鵲方有三豆湯 曰能免天行痘云 則痘自秦世時有 而特不如後世小兒之必經 故略之也 按格致叢書 痘瘡始於漢光武時馬援南征 染得虜疫云

我朝鮮 自有痘疫 或間歲 或連年 發生流行 傷害人命 蓋始染天痘 自始痛至發癍 起瘡 貫膿 收痘 落痂計各三日 須十餘日 方得出場 天痘之行 俗甚恐怖 以爲有神 供奉祈祝 無所不至 兒痘發生之日 卽造紙旗 書曰「江南戶口別星司命旗」懸于門扉之上 待落痂畢 招巫送神 其云江南者 蓋巫語謂支那曰江南 則此謂痘神 自支那以來也 其云戶口者 謂痘神逐戶逐口 不遺一

---

53)「조선무속고」에서는 '瘡'.
54)「조선무속고」에서는 '東'.
55)「조선무속고」에서는 '痘'.

人 進行染痘也 其云別星者 謂帶使命之特別客星也 俗云痘神日「손님」(Son Nim) 譯卽客星也 別星之義見于牧民心書 茶山筆談日 御路之脊 鋪以黃土 未詳(其)所始 或象太陽黃道 未知然否 奉(命)使臣 入郡縣 另以黃土一番 瀉于兩旁 亦自五里亭抵官舍而已 巫送痘[56)]鬼 亦用此法 以其名別星也云云者是也 又我俗語 謂痘神日疫神媽媽 媽媽者娘娘之謂也 其日司命者 謂痘神司理人之生命也 其送神之儀 用馬及馬夫 以備神乘 其他儀仗 一如官曹出行之時 無馬則代以芻馬 巫爲倡夫之歌 則觀者如堵 爭投金錢以賞之 貧紳寒士之家 多不用巫而作祭文以送神 痘神之說 詳見下諸記錄 可知我俗畏痘之事也

[魚叔權稗官雜記] 國俗重痘瘡神 其禁忌大要日祭祀 犯染 宴會 房事 外人及油蜜 腥膻汚穢等臭 此則載於醫方 蓋痘瘡如蚕隨物變化故也 世俗守此甚謹 其餘拘忌 又不可紀[57)] 苟或犯之 則死 且殆者十居六七 若沐浴禱請 則垂死而復生 以此人愈信之 至誠崇奉 至有出入之際 必冠帶告面者 (而)瘡畢一二年 尙忌祭祀 雖士人未免拘俗 至於廢祭 蓋瘡神之忌 舊不如此 自近年加密 若又過四五十年 則未知竟如何也

[魚叔權攷事撮要痘瘡經驗方] 神之有無 雖不可知 蓋想心本虛靈 今乃挾火 故見其所不見 聞其所不(見)聞 女巫藉以爲言 國俗之信巫 實由於此 拘若有神 無論輕重 皆可明言外間事 而重者或不知 輕者或有知何也 世有不設神床 而好經痘者 各設床卓 以至依服錦繡紬絹寶貨無不畢陳 而終至不救者有之 此亦痘家之不可不知者也 又有甚焉者 一聽巫說 冬月浴冷水 日夜祈禱 而不得神助 終失其兒 小則爲終身之疾 大則因疾喪身 惑之甚也 ○凡痘熱盛 故自不思魚肉 而女巫以爲僧尼之神 擧家素湌 至於老病父母 皆廢滋味 而甚者 病兒雖索魚肉 輒問於女巫 則必日 痘神故欲戱之 與喫則必危矣 擧家惶恐[58)] 不敢與小許魚肉 使氣血益虛 而變

---

56)「조선무속고」에서는 '疫'.
57)「조선무속고」에서는 '記'.

症雜⁵⁹⁾出 以至難救 習俗之誤人也 如是夫

[柳夢寅於于野談] 世俗以兒疫帶神 多尊奉之 忌諱之 只事祈禱⁶⁰⁾ 不用藥石 非惟⁶¹⁾人命夭折之可哀 英儁⁶²⁾豪傑之才 殄⁶³⁾滅⁶⁴⁾於一疾 良可惜也 世咸曰斯疾也 某事靈異 某事怪愕⁶⁵⁾ 非鬼而何 但不⁶⁶⁾婦人⁶⁷⁾也 雖有識士大⁶⁸⁾夫 未免怔惑如巫瞽 豈不寒心哉 余惟疫⁶⁹⁾者熱 熱者火也 火性明 火主心 心本虛靈 故方其發熱也 虛⁷⁰⁾如鬼 明如火 不聽而聽 不視而視 (坐)幽房密室 能燭外事 或發於譫言胡說 使人驚動妖惑 無他 心火焰熱 如物照鏡而然也 何以明其然也 彼仙也 彼佛也 能使心志⁷¹⁾精明白生虛室 故雖定坐方丈 而能知山外之事 能通⁷²⁾他人之心 不過明其心火故也 患疾⁷³⁾之兒 得⁷⁴⁾以異於此哉

[南夏正桐巢漫錄] 吾鄕洪丈 晩年生三子 愛護備至 至其痘疫之入家中 渾舍齋戒 不食肉不飮酒 設床卓祈禱 日再三沐浴 不敢少懈 俄而一子夭

---

58) 「조선무속고」에서는 '悚'.
59) 「조선무속고」에서는 '新'.
60) 「조선무속고」에서는 '禳'.
61) 「조선무속고」에서는 '唯'.
62) 「조선무속고」에서는 '俊'.
63) 「조선무속고」에서는 '殄'.
64) 「조선무속고」에서는 '殲'.
65) 「조선무속고」에서는 '諤'.
66) 「조선무속고」에서는 '不但'.
67) 「조선무속고」에서는 '女'.
68) 「조선무속고」에서는 '丈'.
69) 「조선무속고」에서는 '疾'.
70) 「조선무속고」에서는 '靈'.
71) 「조선무속고」에서는 '地'.
72) 「조선무속고」에서는 '洞'.
73) 「조선무속고」에서는 '疫'.
74) 「조선무속고」에서는 '何'.

洪丈恐其誠意未盡 益加敬謹 俄而又一子夭 洪丈於是大恚曰 我無失於
神 而神降禍於我 我有三子 二子已死 其一之得保 何可必也 神乎神乎
任意死生之 遂破其床卓 黜病兒於外廊 殺牛置酒 日夜昏醉 不問兒病輕
重之如何 其兒不十日而愈 而少無瘡75)痕 卽今生子生孫 世其宗祀焉 苟
有神也 敬之而不見報 慢之而獲其佑 是何理也 抑其本無神 而人以爲有
耶 白野記聞 ○痘患最忌 香火與喪葬 故世俗值痘疫 輒廢祭奠 不赴喪葬
非惟己不赴 亦禁人之自喪葬所來者 記昔丁未春 外王父窆葬 卜日之後
墓直奴家痘疫大熾 多死者 舅氏正郞令 不以爲拘 奴輩亦不敢言 發靷成
殯于其家 香火哭奠 一如禮儀 墓奴之子女 年近二十者數三人 臥痛於至
近之處 而症皆甚輕 時乞餕饌而食之 發痲76)落痂 如期而起 合右二說而
觀之 痘神似無 雖或有之 知其不可與較 則不敢害之耶 權長水訖丈嘗曰
患痘之家 設床卓排飮食 日夜祈禱 則必有雜77)妖附麗於此 聘怪作祟 使
順者逆 生者死 良可慨也 識理者宜切禁之 同上

[李圭景五州衍文痘疫有神辨證說] 凡疾病 內傷七情 外感六氣而作 安
得有神鬼干於其間耶 雖然或稱癘疫有鬼 史傳時或見焉 醫經間多可據者
而其中痘瘡病78)疫 偏以神鬼稱 故怪而辨其大略 痘瘡則醫學入門 太古
無痘疹 周末秦初乃有之 按秦扁鵲方有三痘79)湯 曰能免天行痘 往昔所
無 故內經無見 後漢張仲景亦不論之 自魏以來有之 而隋巢元方雖有病
論 无藥方 唐高宗時 孫眞人思邈始出治方 則乃後出之病也 我東陽平君
許浚[宣祖時御醫 撰東醫寶鑑] 御醫也 奉敎撰諺解痘瘡集要 上下二部 自序曰
人在胎胚穢惡之氣 蘊毒命門 遇火運司天之歲 內外相感 則發爲疙瘡 凡

---

75)「조선무속고」에서는 '痘'.
76)「조선무속고」에서는 '痘'.
77)「조선무속고」에서는 '新'.
78)「조선무속고」에서는 '癘'.
79)「조선무속고」에서는 '豆'.

有血氣之屬 莫不皆然 自少至老 必生一次 故又(云)百歲瘡 人若染着則 父母惟事祈禱 未敢施藥 今聖上獨斷宸衷決意救民 始自宮壺 先施鍾愛 云云 醫書云 因胎毒藏於命門 遇少陽少陰司天 君相二火太過 熱毒流行 之年 則發作 宋眞宗世 王旦爲其子素 求江南女道士 在峨嵋山 能出神痘 之術 而使素善痘 此卽今種痘法也 嘗閱張琰種痘新書 則欲痘時 先立神 位像女人 具衣裳 以妥而祈禱 而稱痘神娘娘云 則乃沿峨嵋種痘女冠 而 有此附會也 我東則痘神曰胡鬼媽媽[李能和曰 胡鬼非也 戶口是也 見上述] 又 稱客[李能和曰 客卽別星 見上] 至嶺[80)]南稱西神[湖南亦稱西神] 兒痘則取淨盤 設井華水一椀 每日鐺飯甁餅 以供禱焉 及經痘終 盛其紙旛杻馬梱載享 神之物 以餞之 名曰拜送 其始疫時 多拘忌一切事 爲并寢閣 如或痘兒有 他疾痛 以爲神祟 或有靈驗 俗傳老峯閔相公 爲司痘之神 其說慌惚 且兒 將患痘時 其爺孃夢見貴人臨家 則兒必發痘云[81)] 而古書無見 惟和漢三 才圖會曰 本朝聖武天皇天平七年 痘瘡始流行 或書曰 推古天皇三十四 年 日本穀不實 三韓調進米粟百七十艘 止於浪華 船中有三少年 患疱瘡 者 一人則老夫添者 一人則婦女添 一人則僧添 居不知孰人國 人問其名 添居者答云 予等疫神徒 司疱[82)]瘡之病 予等亦依此病死 成疫神 此歲國 人始憂[83)]疱瘡 疱倭稱痘之名也 又曰痘病初發熱時 有父母或乳母 夢見 異人 而見嫗爲吉 壯女爲凶 僧及士爲中 蓋疫神也云 其俗俚語 偶與我同 孰爲[84)]百里不同俗歟

---

80) 「조선무속고」에는 '嶺' 다음에 '稱'이 있으나, 이는 오자.
81) 『오주연문장전산고』에는 '去'이나 「조선무속고」처럼 '云'이 옳을 듯함.
82) 「조선무속고」에서는 '疙'.
83) 「조선무속고」에서는 '患'.
84) 「조선무속고」에서는 '謂'.

十三. 太子鬼或明圖

我東俗有一種神婆 託神宣語 賣卜爲業者 京城名曰「태주」(Tai Chu) 卽太子「태ᄌ」(Tai Cha)之轉也 南方名曰 「명두」(Myeng Too) 卽明圖「명도」(Myeng To)之訛也 俗謂幼年兒染痘死者 其靈魂 附女婆 作聲若嘯然 依微聽聞 在可辨不可辨之間 凡人問卜 則其一切酬話 皆婆代宣 婆稱呼其鬼曰 阿哥氏 蓋幼女之稱也 其言人之休咎 或中或不中 亦言人祖先墳墓風水之吉凶 輒曰 儂今蹈査君之祖墳去矣 有頃 回來 咇然作聲曰 好大遠之處 山嶺亦高峻 儂喫一場辛苦矣 然後報曰 君之先墓 何坐何向 某處吉 某處凶云云 或時又曰 儂今往西天西域 稟質聖神云云 此鬼忌避男人 若有男子 在傍隱聽 則鬼曰 此處有男子氣 速令離開 婆言閨女身分 羞對男子 且不肯說話云 蓋男子明理者多 難於欺惑 故作此言 以謝絶之 愚婦之輩 以此益迷惑

　　明圖之出所如左
○東國稗說云　金庾信新羅太大舒發翰 其母萬明 亦爲神 今巫女呪稱萬明而祀之 萬明神祠 必掛銅圓鏡 號曰明圖

　　太子鬼之出自如左
○成俔慵齋叢話云 今有空中唱聲 憑巫覡 能知往事而言之者 謂之太子 有盲張得云者 善卜筮 人皆云有明鏡數[明鏡數者 自古傳來有名術數卜筮之書] 朝廷求之 盲答以本無 因獄而拷訊之 猶不出 安孝禮問於太子 太子云 張盲以其冊授親戚某 往藏于牛峯縣[85]民家 其家向東有柴扉 堂前有大樹 堂中有瓮 瓮上蓋以小盤 若捲盤而視之 則冊在其中 汝若往探 則向大樹呼我 我當應之 孝禮問於盲家 果有親戚住牛峯者 孝禮大喜 卽入啓之 上

---

85)「조선무속고」에서는 '峴'.

命孝禮 乘馹率數騎 日夜馳到其家 果有柴扉大樹 升堂有瓮 捲盤而視之 中空無一物 向樹呼太子 無應者 孝禮佷悍 返問於太子 太子云 汝常以虛言誣人 故 我亦以虛言誣汝矣

○李圭景撰五洲衍文長箋散稿太子鬼辨證說云 我東巫覡之外 復有一種太子鬼 乃小兒死魂 附於女流 白晝作語 譚人禍福 但聞其聲啾啾然 如揮鞭鞘聲 不省爲何語 而所附之婆 一一知得而譯焉 若有問而難對 則必曰 身往西天西域國 詳探而來云[其所謂西域國 卽竈埃也 預以物堅塞竈囪及烟埃 則不能顯靈 仍緘黙而去 其家自有咎殃 按史 漢武時 方士五利欒大少君之徒 以爲祀竈 致物 竈神狀婦人衣紅云 術家有煉竈君薦法 卽煉祭竈神 於人耳邊 語人間休咎也 五雜俎 俗以十二月二十四日祀竈 謂竈神是夜上天 以一家所行善惡 奏於天也 至是日 婦人多持齋 今閭人以好直言無隱者 俗呼曰 竈公也 淮南萬畢術云 竈[86)神晦[87)日 歸天 白人罪過 蓋竈君 能直言家人善惡 故太子鬼必問竈神 而能詳其家事也] 此鬼古無所見 莫得其情 而唯[88)星湖李瀷 頗言其情狀 其說 「世有太子鬼者 卽小兒死 其游魂滯魄 依附於人 若亡魂妖語者然 判人吉凶及遠方事情 隨問輒告 名以太子者 或以晉太子申生而言也 其游魂滯魄 飄湯無依 閱過人家 呼以弟子 有應者 附依留接不去 若不應 則雖苦[89)久喚 終亦離遠違 昔聞余親族婦女 偶聞其呼 戲語謾應 鬼遂來接不去 雖萬方祈禳 終無效 竟以祟不起而殤 亦可戒 封禪書曰 漢武時 長陵女子 以子死見神於先后宛若 祀之其室 民多往祠 平原君往祠 其后子孫以尊顯 及今上卽位 則厚禮置祠于內 但聞其言 不見其人云 蓋古雖有之 未如我衆也 醫書有魃[90)鬼者 卽小兒鬼也 鬼尙飮乳 而其母又有身 鬼妬而兒病 或如今太子

---

86) 「조선무속고」에는 다음에 또 '竈'가 있으나, 이는 衍字이다.
87) 「조선무속고」에서는 '日'.
88) 「조선무속고」에서는 '惟'.
89) 「조선무속고」에서는 '若'.
90) 「조선무속고」에서는 '魀'.

者 是魅91)之不散者耶 其氣數不盡 而先期夭折 則理當有此矣 莊子(曰)
天運 有弟而兄啼者似是 (而)如此者歟 又楚靈王 患白公子張之驟諫曰
余左執鬼中 右執殤宮 凡有箴諫 吾盡聞之 殤宮者亦恐是此物 而但無如
今太子(之)號也」李氏說甚長 故予92)爲之裁節 以醫書之魅93)鬼 莊周天
運之有弟兄啼 張之驟鬼中殤宮 强爲證據 然其所引 亦有遺漏 故余更續
解之 如張衡東京賦 八靈爲之震慴 況魅94)蜽95)與畢方 注 魅96) 小兒鬼也
今所稱太子者 卽魅97)也 曾聞痘死小兒 必爲太子云」而星湖引申生爲證
然 巫覡愚婦 豈能知申生而名之歟 愚意則附此鬼者 先作畫像 以爲此鬼
之所依 而稱撑子 我東方言 稱畫像曰撑子 仍訛爲太子 以音相近也 史之
長陵女神 星湖所引甚略 故今詳錄之 使人易曉也 史 孟康曰 産子而死也
兄弟妻相謂先后宛若 索隱卽今妯娌 徐廣曰 平原君武帝外祖母儀比長公
主 索隱曰平原君 是臧兒也 史記註正義曰 漢武帝故事云 起栢梁臺 以處
神君 長陵女子也 先是嫁爲人妻 生一男 數歲死 女子悼痛之 歲中亦死而
靈 宛若祠之 遂聞言 宛如生者 人多往請福 說人小事有驗 平原君亦事之
至后子孫尊貴 及上卽位 太后延於宮中祭之 聞其言 不見其人 至是神君
求出 乃營栢梁臺舍之 初霍去病微時 自禱神君 及見其形 自脩飾 欲與去
病交接 去病不肯 謂神君曰 吾以神君精潔 故齋戒祈福 今欲淫 此非也
自絶不復往 神君慙之乃去云 星湖雜引神君之事 然 此非東俗所稱太子
也98) 特以鬼而與人相語 以證太子 太子是小兒鬼 長陵女子是嫁女也 不

---

91) 「조선무속고」에서는 '魃'.
92) 「조선무속고」에서는 '余'.
93) 「조선무속고」에서는 '魃'.
94) 「조선무속고」에서는 '魃'.
95) 「조선무속고」에서는 '惑'.
96) 「조선무속고」에서는 '魃'.
97) 「조선무속고」에서는 '魃'.
98) 「조선무속고」에서는 '鬼'.

可證以魅⁹⁹⁾鬼者也 余聞湖西南人言 則湖南多太子祠 村村婆之姦黠者 斷小兒屍手 作法附鬼 仍秘藏囊中 佩于懷間 或自動現¹⁰⁰⁾靈 有人竊取嚇之 厥婆哀號乞命云 是術或有作法依附者也 識理君子 嚴飾家人 俾勿入門可也

---

99)「조선무속고」에서는 '魃'.
100)「조선무속고」에서는 '顯'.

第十九章

地方巫風及神祠

　　地方巫風 開城及西北一帶爲最盛 開城人謂巫爲仙官 蓋高麗毅宗 擇兩京[開城平壤]兩班之有資産者 名曰仙家 令世世司祭八關之神 其名相傳 至今沿襲 仙官之名 加於巫者歟 北道謂巫爲師 蓋其地近滿洲 染其風俗 滿洲薩滿謂之師巫 是則高句麗之遺俗 蓋師巫之稱 見於三國史記高句麗本紀矣 凡我朝鮮域內 神祠所在之處 巫覡必聚 以行神祀 故並錄之如左

一. 京畿道巫風及神祠

(一) **[京城]** 申翊聖[宣祖時人]樂全堂集迎神雜詞曰 高堂之上陳瑤席 (浦)[1]淸酤旣旨羞亦珍 佳賓滿座衆樂作 鼓靈瑟兮迎群神 神之來兮風颼颼 紛進

---

1) 불필요한 연자(衍字)이다.

拜兮神無言 中有一巫稱善舞 舞袖長兮旋又翻[2] 綺態纖冶隨顏變 姸姿婀
娜無定源 踏歌蹈節如捷猿 赴曲中節迅驚鴻 左顧右眄發淸嘯 伸眉抗腕
談吉凶 危辭苦語那可辨 復道奇數丁家公 主人眢然喪其神 千金事神神
夢夢 神夢夢兮罷歌舞 杯盤狼藉日亦窮 男負女戴歸于巫 巫旣富兮家已
空 神乎神乎倘有憑 何厚於巫民之恫

(二.) [**開城松岳山神祠**] 太宗十一年辛卯十五月癸未 禮曹上報祀之制 上[3]
命禮曹曰 松岳德積紺岳等名山之神 修祝文 遣臣[4]行香禮也. 自前朝以
來 稱內行祈恩 每當四節 兩殿使內臣司鑰與巫女 暗行無名之祭 至今未
已 不合於禮 爾等考前朝祀典所載終始本末 悉書以聞 予當以禮行之 ○
秋七月甲戌 禮曹啓 近有旨 松岳白岳紺岳等處 令別監 奉香行祭 考於曹
月令 白岳等處 春秋有祭 又有別祈恩 是疊行也 上[5]曰 別祈恩行(之)久
矣 不可廢也　李朝實錄

○松嶽山祠 上有五神 一曰城隍 二曰大王 三曰國師 四曰姑女 五曰府女
俱未知何神　輿覽

○明宗丙寅二十一年[6]正月 開城府儒生 焚松岳淫祠 王大妃使中人往止
之 儒生不聽 上[7]命禁府 拿儒生來 欲治其罪 廷臣多諫之 以至館學[8]之
生 上疏爭之 乃命釋之 初民俗好神道 作祠于松岳 名曰大王祠 擧國奔波
事之甚謹 糜費不貲 以至男女混處 多有醜聲 儒生輩發憤 焚祠毀像 識者
快之　李珥 石潭日記

---

2) 「조선무속고」에서는 '飜'.
3) 「조선무속고」에서는 '王'.
4) 「조선무속고」에서는 '官'.
5) 「조선무속고」에서는 '王'.
6) 「조선무속고」에서는 '二十年丙寅'.
7) 「조선무속고」에서는 '王'.
8) 「조선무속고」에서는 '學館'.

○松都文士金履祥 官至司藝 號心適堂 月汀爲留守時 跋其稿 履祥之弟 履道 與孝子朴成林相善 明廟時 巫覡盛行 人有疾病 不求醫藥 唯[9]祈禱 是事 松岳大井大谷德物等七處神祠 自闕中諸宮家 下至庶人 珍羞盛饌 駄載滿路 人不敢斥言 金朴二人奮(然)曰 此而不焚 安能明吾道於日月 熄妖氣於長夜 倡率諸生二百餘人 先登松岳 火其堂 曳出兩木像 所謂大王大夫人者 破毁 推轉於千仞之下 移往他處 盡焚其祠 文定王后大怒 命拿鞫首倡二十人 其餘二百餘人 皆囚本府 履道等至京 政府六曹下至各司 皆使人候問曰 不意今日 得見諸君子正氣 盛備饎饌以供之 兩司[司憲府·司諫院] 劾政院居喉舌之地 遽[10]捧傳旨 併罷六承旨 政府玉堂俱言諸生所爲出於正氣 不可罪也 請亟放還 連日爭之 上[11]允之　金堉 潛谷先生筆談

(三) [開城德物山崔瑩將軍祠] 松都(城東南)十餘里 有德積山[亦號德物] 山上有崔瑩祠 祠有塑像 土民祈禱有驗 而祠[12]傍置寢室 土人取民間處女侍祠 老病則更以少艾 今已百餘年 侍女自言夜輒[13]降靈交媾云 此見李重煥所記 今則絶無靈驗 巫女每夸張此神之靈異也　李圭景 五洲衍文

(四) [開城三聖朱雀及大國之神] 太宗十一年秋七月里戌 遣注書楊秩于海豊 問前摠制金瞻 以三聖朱雀大國之神之祀 瞻對曰 朱雀前朝之時 設立於松都本闕南薰門外 祀朱雀七宿 今在漢京 亦祭古處 實爲未便 更設壇於時坐宮南可也 三聖則前朝忠烈王尙世祖皇帝女 請中國在南之神祭焉

---

9)「조선무속고」에서는 '惟'.
10)「조선무속고」에서는 '遞'.
11)「조선무속고」에서는 '王'.
12)『오주연문장전산고』에서는 '寺'라 했으나, 「조선무속고」가 옳은 것 같다.
13)「조선무속고」에서는 미상이라는 의미로 '○'.

蓋主水道禍福也 大國則中國北方之神 忠烈王亦請祀之 昔周公作新邑
咸秩無文 右二神雖非其正 載在祀典 不可廢也 上[14]曰 朱雀新設位於時
坐宮南 三聖亦倣厲祭之意 仍舊祀之 十二月乙未 罷祀朱雀于南方 禮曹
上言 考諸祀典 朱雀之神 不宜[15]獨祀南方 命罷之 李朝實錄
○東國輿地勝覽 豊德郡[16]「祠廟」條云 三聖堂祠 高麗忠肅王六年 畋[17]于
德水縣 怒海東靑及內廐馬之斃 命焚城隍神祠卽此 又云 朱雀神堂 俗稱
堂頭山 在古長源亭西南二里海邊

(五) [豊川[18]望德靈祠] 東國輿地勝覽 豊川[19]都護府 「八景」望德靈祠詩云
山深祠邃且神明 多少居民苦乞靈 靈亦年來[20]應自愧 瘡痍何事未全醒

(六) [積城紺岳山神祠] 太祖二年癸酉春正月丁卯 吏曹請封境內名山大川
紺嶽三角白嶽諸山曰 護國伯 ○太宗十一年秋七月甲戌 禮曹啓 近有旨
松岳白岳紺岳等處 令別監 奉香行祭 考於曹月令 白岳等處 春秋有祭 又
有別祈恩 是疊行也 上[21]曰別祈恩行(之)久矣 不可廢也 ○燕山君六年庚
申二月丁酉 議政府啓 紺岳神堂營繕 請須停罷 傳曰 紺岳營繕 乃爲祭神
之所 不可亭罷 以上並出李朝實錄
○東國輿地勝覽 積城縣祠廟條云 紺岳祠 諺傳新羅以唐將薛仁貴爲山神
本朝以名山載中祀 春秋降香祝以祭[22]

---

14) 「조선무속고」에서는 '王'.
15) 「조선무속고」에서는 '宣'.
16) 「조선무속고」에서는 '府'.
17) 「조선무속고」에서는 '畎'.
18) 「조선무속고」에서는 '德'.
19) 「조선무속고」에서는 '德'.
20) 「조선무속고」에서는 '來年'.
21) 「조선무속고」에서는 '王'.

(七) **[楊州楊津祠]** 東國輿地勝覽 楊州牧祠廟條云 楊津祠 在廣津 下有祭龍壇 春秋降香祝 新羅時稱北瀆 (隮)中祀 今載小祀

二. 黃海道巫風及神祠

(一)[23] **[海州鳩城山神祠]** 海州邑誌云 鳩城峴[24]舊有神祠 名曰上室 州人敬事 晴雨旱澇 無不禱焉 謂有靈驗 庚申年間 品官謂人吏强盛 品官凋殘 實由於鳩城祠壓在州鎭山 欲移神祠於他山 試禱神 飛紙驗之 其紙落於首陽山南麓 遂(於)其所落處 立祠以祭之

(二) **[延安淫祠]** 丁若鏞牧民心書云 李挺岳爲延安府使 府素多宿弊 至則一革去之 不日洗焉 舊有淫祠 祈氓仝[25]集 日事糜費 公立毀之曰 彼能爲祟 宜加我身 邑民大覺 相語曰 始迷不知也

(三) **[平山三太師祠]** 象山錄云 嘉慶己未春 延勅在平山府 暇日與豐川守李民秀 長淵守具絳 同游太白山城 城中有三太師祠堂 約共瞻謁 三太師者 申太師崇謙 卜太師智謙 庾太師黔弼也 旣啓戶 見有鋉像三軀 皆朴而失眞 間有女塑二軀 黃襦紅裙 粉面朱脣 妖怪不典 李曰何如 不可拜也 遂闔戶而出

(四) **[長山島天妃]** 金尙憲淸陰集 長山島天妃祭文云 年月日 敬祭于天妃

---

22) 「조선무속고」에서는 '祀'.
23) 「조선무속고」에서는 '二'. 따라서 이하도 번호가 하나씩 많아졌는데, 모두 바로잡았다.
24) 「조선무속고」에서는 '山'.
25) 「조선무속고」에서는 '分土'.

之神 夫以小事大 天地之常經 由陰濟陽 鬼神之盛德 是以塗山執玉 寔嚴
後至之誅[26] 睢水揚沙 允藉冥佑之力 惟彼周郎赤壁 與便一日之中 王勃
南昌 借勢半帆之上 叔世以降 斯迹愈[27]彰 況我大明 德侔夏后 威增漢家
四海六合 盡入提封 九夷八蠻 罔不通道 豈但臣妾憶兆 尤極敬禮神祇 恭
惟尊神 以太陰之元精 主純陽之大[28]界 顯聖久稱於歷代 膺寵遂隆於昌
辰 用坤承乾 理不爽於一致 與天作配 尊無對於百靈 昭玆[29]崇奉之儀 實
無遠邇之間 伏念某 三韓老臣 一介行李 乘風破浪 素乏奇偉之志 望日就
雲 祇[30]切朝宗之心 駕扁舟而逖來 陟孤島而難進 目駭波濤 信逾弱水千
里 身無羽翼 眞覺蓬山萬重 敢具薄禮 冀薦菲誠 倘蒙淵鑑回明 函[31]霍慈
恩 庶幾令節祝聖 無廢君[32]命 某敢不齋心頌[33]禱 稽首歸依 修黃陵之妙
辭 竊愧文章之筆 聳青丘之羣聽 永傳靈應之符 尙饗

三. 咸鏡道巫風及神祠

(一) 洪良浩耳溪集云 北俗好鬼神 男巫謂之師 師者衆所尊 爾名焉取斯 ○
又北關記事云 土[34]風好巫覡 而無醫藥 諸般疾病 輒殺牛禱賽 ○李裕元
林下筆記云 北青之俗 生女三人 則一嫁農家 一充敎坊 一賣巫祝 所以妓

---

26) 「조선무속고」에서는 '休'.
27) 「조선무속고」에서는 '逾'.
28) 「조선무속고」에서는 '土'.
29) 「조선무속고」에서는 '厥'.
30) 「조선무속고」에서는 '祇'.
31) 「조선무속고」에서는 '丞'.
32) 「조선무속고」에서는 '王'.
33) 「조선무속고」에서는 '行'.
34) 「조선무속고」에서는 '上'.

女之數 殆三四百名 巫亦如之

(二) [**上仙**] 西北一帶沿江等地 十月一日至晦日 行農功祭 名曰上仙 飯餠魚肉 以豊備爲勝 設席外院 布以藁芇 用巫禱祀 疑此是女眞故俗之遺傳者也

(三) [**咸鏡神堂**] 李朝實錄云 中宗二年丁卯 春正月丁亥 左議政朴元宗 右議政柳順汀 吏曹判書成希顔 都承旨洪景舟等 啓曰[35] 咸鏡道神堂 <u>亦令修復 此中外人心 所以驚動未得安靜者也</u>[36] 傳曰 此不可永廢 然卿等累啓<u>不止</u> 姑依允[37]

(四) [**宣威大王神**] 東國輿地勝覽云 安邊城隍[38]祠 在鶴城山 俗稱宣威大王之神 ○霜陰神祠 在霜陰縣 諺稱宣威之夫人 其俗每以端午 迎宣威幷祭之

(五) [**德源山祠**] 東國輿地勝覽云 德源府所依達山祠 春秋本邑致祭

(六) [**慶源豆滿江神祠**] 東國輿地勝覽云 慶源府豆滿江 女眞語謂萬爲豆滿 以衆水至此合流 故名之 祀典祭北瀆神于此 載中祀 豆滿江神祠 在東林城內 春秋降香祝致祭

(七) [**肅愼閣氏**] 北關[39]俗奉肅愼閣氏 蓋其地爲肅愼氏之故墟 故其神祀

---

35) 「조선무속고」에서는 '請'.
36) 「조선무속고」에서는 밑줄 친 부분을 '勿修復事'로 압축하였다.
37) 「조선무속고」에서는 '充'.
38) 「조선무속고」에서는 '神'.

遺傳至今者歟 松田劉猛氏 曾往此地 視察民俗 爲我言如是

四. 忠淸道巫風及神祠

(一) [**忠州月岳神祠**] 輿覽云 忠州牧月岳祠 在月岳山 高麗高宗四十三[40]年 蒙兵屠[41]州城 又攻山城 官吏老弱 恐不能拒 登神祠 忽雲霧風雨雷電俱作 蒙兵以爲神助 不攻而退

(二) [**鎭川吉祥山金庾信祠**] 輿覽云 鎭川縣 山川條云 吉祥山一名胎靈山 在縣西十五里 新羅眞平王時 萬弩郡太守金舒玄妻萬明 妊身二十月 生子曰庾信 藏胎於此山 因號吉祥 ○祠廟條云 金庾信祠 在吉祥山 新羅時 置祠宇 春秋降香祝行祭 高麗仍之 至本朝太祖八年 始停之 令所在官致祭

(三) [**鎭川龍王神及三神堂**] 洪錫謨東國歲時記云 鎭川俗 自三月三日至四月八日 女人率巫 祈子於牛潭上[42]東西龍王堂及三神堂 絡繹[43]不絶 四方女人 亦皆來禱 而觀者如市 歲以爲常

(四) [**淸安國師神**] 洪錫謨東國歲時記云 淸安俗 三月初 縣首吏率邑人 迎國師神夫婦於東面長鴨[44]山上大樹 入于邑內 用巫覡 具酒食錚鼓喧轟

---

39) 「조선무속고」에서는 '闕'.
40) 「조선무속고」에서는 '二'.
41) 「조선무속고」에서는 '據'.
42) 「조선무속고」에서는 '堂'.
43) 「조선무속고」에서는 '繹'.

行神祀[45]於縣衙及各廳 至二十餘日後 還其神於樹 而間二年行之

(五) [**報恩俗離山大自在天王神**] 輿覽云 在(報恩)俗離山頂 (有大自在天王祠) 其神每年十月寅日下降于法住寺 山[46]中人設樂[47] 迎神以[48]祠[49]之 留四十五日而還

 能和聞於法住寺僧 自在天王神祀 極涉淫褻 除夕日 寺衆大會行祀 多用木棒 造陽莖形 塗以朱漆 一場作戲 以妥其神 不然則寺有災難 故必如是行之 其神祀至近年始罷不行云云

 按自在天王者 佛家所謂欲界魔王 佛成道時 魔王阻戲 具載佛書矣 法住寺祭此神 以其有魔力 故作淫戲以妥之 其實則辱之也

(六) [**清風木偶神像**] 輿覽「淸風郡 名宦 金廷壽條云」 政尙淸簡 初郡人得木偶人 以爲神 每歲五六月間 奉置客軒 大張祀事 一境坌集 流弊已久 延壽赴官 卽收捕巫覡 及首事者杖之 遂火其木偶 妖祀乃[50]絶

(七) [**提川等地金傅[51]大王神**] 金傅大王者 卽新羅末王(敬順王)也 忠北提川淸風及江原道原州等地人 有奉其神者 按李圭景五州衍[52]文 金傅大王辨證說云 世有訛傳 而傳疑難知者 卽見可辨之蹟 而不爲一辨 則亦近於

---

44) 「조선무속고」에서는 '岬'.
45) 「조선무속고」에서는 '祠'.
46) 「조선무속고」에서는 '寺'.
47) 「조선무속고」에서는 '祭'.
48) 「조선무속고」에서는 '而'.
49) 「조선무속고」에서는 '祀'.
50) 「조선무속고」에서는 '遂'.
51) 「조선무속고」에서는 '溥'. 이하에서도 '金溥'라 한 것은 모두 '金傅'로 고쳤다.
52) 「조선무속고」에서는 '衍'.

癡 故僅得一證 而畧辨其實 予⁵³⁾甞寓忠原⁵⁴⁾之德山面城巖及森田里 遊⁵⁵⁾於淸風府月岳山下神勒寺 聞老比丘⁵⁶⁾言 則此地卽金傅大王避亂處 而月岳之後 有德柱寺[柱一作周] 此寺爲德周夫人所創云 寺後巓有金傅大王避難城⁵⁷⁾ 歷攷諸書 无可攷 抑⁵⁸⁾以爲高麗恭愍王 避紅巾之亂 往⁵⁹⁾福州時 經此寺 故古老相傳 訛稱金傅大王云矣 最晚得閱一書 則始詳其事實 按關東麟蹄縣 有新羅敬順(王)所居之地 因名金傅大王洞 邑誌多有事蹟 而敬順(王)卽新羅降王金傅也 當後百濟甄萱之亂 來住於國原小京 故於忠州淸風堤川原州之間 多有遺蹟 仍流傳如此 今略取古蹟 而稱金傅大王者 其時 無尊號可稱故也 直呼姓名而傳之 以至今日 故後人不嫺東史者 未知爲何代何王也 關東原州龍華山 有鶴樹菴 敬順王願堂 敬順構離宮於堤川遇慶之地 天降石佛 屹立於龍華山絶頂 王自堤川移住 每上白雲山南峴而(以)拜 仍築願堂於山下 號黃山寺 山⁶⁰⁾上又造高自菴 一名太古寺 奉敬順影幀 寶德十四年秋八月日 追從從孫臣金信倫 作影幀跋 我正廟朝 改營影堂於法堂左子坐 賜號敬天廟 麟蹄又有王所居之地 因名金傅大王洞 邑誌多有事蹟 湖南順天松廣寺 又有影幀一本 而倭奴⁶¹⁾甞迎入其國 模寫而還安云 聞慶陽山寺 又有畫像一本 慶州有黃南殿 本州定守護祭奉 十里外有映⁶²⁾池 殿閣長照 鷄林佛谷⁶³⁾寺 又有唐鞋一雙 水晶

---

53)「조선무속고」에서는 '余'.
54)「조선무속고」에서는 '州'.
55)「조선무속고」에서는 '游'.
56)「조선무속고」에서는 '僧'.
57)「조선무속고」에서는 '祠'.
58)「조선무속고」에는 다음에 '大'가 삽입되어 있으나 불필요한 글자이다.
59)「조선무속고」에서는 '住'.
60)「조선무속고」에서는 '王'.
61)「조선무속고」에서는 '人'.
62)「조선무속고」에서는 '影'.
63)「조선무속고」에서는 '國'.

玉珮纓子金螺盃 遊[64]晉[65]松岳山下 別搆一殿而薨 京畿長湍高浪洞癸坐
原 有金傅大王陵

五. 江原道巫風及神祠

(一) **[原州雉嶽山祠]** 輿覽云 原州牧雉嶽山祠 在山頂 俗稱普門堂 春秋降
香祝致祭

(二) **[高城神祠]** 洪錫謨東國歲時記云 高城俗 郡祀堂每月朔望 自官祭之
以錦緞作神假面 藏置堂中 自臘月念後 其神下降於邑 人着其假面 蹈舞
出遊[66]於衙內及邑村 家(家)迎而樂之 至正月望前 神還于堂 歲以爲常
蓋儺神之類也

(三) **[三陟烏金簪神]** 東國輿地勝覽 三陟(都護)府風俗條 信巫鬼 祭烏金簪
邑人盛簪小函 藏於治所東隅樹下 每遇端午 吏民取出 奠而祭之 翌日還
藏 諺傳高麗太祖時物 然未審其所以祭之之意 遂成故事 官亦不禁
○南冥先生[曹植]別集 金省庵[孝元]遺事 「公出宰三陟 以安民祛[67]弊爲
先務 邑有金釵一股 傳自羅代 百襲封緘 藏諸城隍祠 居民信奉之如神明
凡村閭大小事 必先告然後乃行 故巫覡日婆娑其下 有同宛丘之俗 經千
百載[68] 惑世滋甚 而弊至難救 公慨然有掃淸之意 擇良日備祭需 招士子

---

64) 「조선무속고」에서는 '游'.
65) '幸'의 오자가 아닌가 한다.
66) 「조선무속고」에서는 '游'.
67) 「조선무속고」에서는 '袪'.
68) 「조선무속고」에서는 '世'.

稍强者若干人 躬詣淫祠 撞破釵股[69] 投之火中 盡一鄕小長 奔呼[70]咸集 而驚動禍福之 公毅然不動 洒掃堂宇 書[71]置城隍位版於其中 整冠服而 親祭焉 觀瞻悚然 莫不歡服 三陟在嶺海間 最爲荒僻 俗喜鬼 民朴而難治 公一新舊制 賦稅徭役亦爲定式 擇士才[72]之可敎者 授以詩禮 使之修省 莫不蔚然丕變 至今號爲文獻 婚喪之擧[73] 一從家禮 吏民之親上易使 蓋 自公始也」

○許穆眉叟記言「烏金簪舊[74]遠 蓋不知其始 而每年五月五日 聚群巫大 祀三日 戶長主之 必先祭大禁戒 行旅不宿 死者不哭 定掌祀者數人 爭 傾[75]財以爲受福 不敬則殃咎立至 莫不畏事之 官府莫禁 府使丁彦璜禁 其祠 因閉簪於石室」

○蔡濟恭樊巖集三陟烏金簪歌 「烏金簪 云自麗代傳至今 陟人尊之祀作 神 叢祠立在古城陰 每年五月[76]日有五 簪神出遊爭先覩 老巫前導華采 衣 大髻[77]廣扇翩翩舞 陟州府內數百戶 無有一人不傴僂 笙簫悲吟[78]斷 復連 簪不自言巫代傳 爾家率口凡幾許 産祥降厄皆吾權 愚氓跪納無所 惜 紙布米粟金錢陌 嗚呼 烏金簪 受人厚施將何酬 皇穹在上神祇列 恐汝 胸臆難自由 病者求瘳貧求富 爾責傷多吾故憂 簪兮簪兮 不如不作叢祠 神 委神溝壑心不役 愼勿學秣駮[79]小人叨重寄 辜負人民但肉食」

---

69) 「조선무속고」에서는 '服'.
70) 「조선무속고」에서는 '波'.
71) 「조선무속고」에서는 '移'.
72) 「조선무속고」에서는 '子'.
73) 「조선무속고」에서는 '事'.
74) 「조선무속고」에서는 '久'.
75) 「조선무속고」에서는 '散'.
76) 「조선무속고」에서는 '年'.
77) 「조선무속고」에서는 '髺'.
78) 「조선무속고」에서는 '連'.
79) 「조선무속고」에서는 '駿'.

李能和曰　烏金簪只有一箇　而府使金孝元投之火中　丁彥璜閉之石室　許眉叟記其事　而至正宗時蔡濟恭猶見其淫祀　蓋其來已久　爲人民信奉　政府官雖除之　而去後復祀者也

(四) **[嶺東山神祭]** 南孝溫秋江集[80]云　嶺東民俗　每於三四五月中　擇日迎巫以祭山神　富者駄載　貧者負戴　陳於鬼席　吹笙鼓瑟嬉嬉　連三日醉飽然後下家　始與人賣買　不祭則尺布[81]不得與人

(五) **[太白神祠]** 成俔虛白堂集　神堂退牛說云　按禮　天子祭天地　諸侯祭山川　大夫祭宗廟　庶人只祭祖禰　其名位等級　各有次第　而不相紊　其祭山川也　必取鎭嶽巨瀆丘陵墳衍　有施於國　有功於民者而祀之　不可有豪釐僭竊於其間也　我國山川載在祀典者　則每歲春秋降香祝授使者　用先王所製醴齊牲幣 (以)籩豆罍[82]爵之禮而祭之　其祭之也節　故其饗之也速　其事之也腆　故其報之也豊　太白山神者何神也　其山東入大海爲三陟　西折而爲永春　南蟠竹溪數州之境　山雖高而不在祀典者　而其無功施於民國也　三道之人構堂於山頂　設像而祀之　歲時往來者　摩肩接踵　祀畢各繫牛於神座前　狼狽不顧而去　曰如顧之則神知不恭而罪之矣　過三日然後　州郡收而用之　名之曰退牛　每歲四月八日　其神降於邑之城隍　邑人盛備旗旄鼓笛而迎　置于邑吏之家　擧邑奔波聚而祀之　無虛日　至五月五日　還山　祗送如迎禮　當此之時　苟得鮮味　必先祭之　而無自食之理　不然則有禍　故渠中雖遊魚撥刺而不罟[83]之　甚矣　神之惑人也　孔子曰　敬鬼神而遠之　又曰非其鬼而祭之諂[84]也　夫人之有恩愛而所當先報者　莫如親　然於其親則或

---

80) 「조선무속고」에서는 『秋江冷話』라 했다.
81) 「조선무속고」에서는 '席'.
82) 「조선무속고」에서는 '雷'.
83) 「조선무속고」에서는 '畏'.

闕其祀 反[85)]引外鬼於室中 而敬奉之 是於其所簿 而反厚之 非所當祭 而反祭之 非徒有違於先王之制 抑且無逭於朝廷之大法也 昔西門豹爲鄴令 鄴人苦爲河伯娶婦 至沈女巫三老 然後乃息 狄仁傑范仲淹皆毁淫祠[86)]而焚之 以革淫怪之俗 今之任字牧者 果皆效三君子之所爲 則其頹風靡俗 豈無不變之時乎 惜乎世之無人也

○許穆眉叟記言誌怪條云 氓俗相傳 白頭翁謂之太白之靈 太白祠遠近禱祀 以爲吉凶立應 前有太守死者數人 皆曰白頭翁爲祟 人心尤畏忌 或曰夢見白頭翁者 皆死 蓋風俗信鬼神 ○又退牛條云 遠近爭事太白之神 凡祈禱災厄者 必獻牛於祠下 祝言畢 卽起不顧而走 顧則以爲愛牛 鬼神不亨 牛畜滿祠下 山下人殺食無災 謂之退牛 官府聞之 定監考 日納於官 邑人厭牛 今有山僧冲學 焚其祠 妖祠乃亡 因無獻[87)]牛之事 監考亦廢 ○丁若鏞牧民心書云 金緻觀察嶺南[88)] 毁太白神祠

(六) [溟州[江陵]大嶺山神] 許筠惺所覆瓿藁 大嶺山神贊幷序云 歲癸卯夏 余在溟州 州人將以五月吉 迓大嶺神 問之首吏 吏曰 神卽新羅大將軍金公庾信也 公少時 遊學于州 山神敎以[89)]劍術 鑄劍於州南禪智寺 九十日而出諸爐[90)] 光耀奪日[91)] 公佩之 怒則躍出鞘中 以之滅麗平濟 死而爲嶺之神 至今有靈異 故州人祀之每年五月初吉 具旛[92)]蓋香花 迎于大嶺 奉

---

84) 「조선무속고」에서는 '謟'.
85) 「조선무속고」에서는 '而'.
86) 「조선무속고」에서는 '祀'.
87) 「조선무속고」에서는 '厭'.
88) 「조선무속고」에서는 '東'.
89) 「조선무속고」에서는 '而'.
90) 「조선무속고」에서는 '鑪'.
91) 「조선무속고」에서는 '月'.
92) 「조선무속고」에서는 '幡'.

置于府司 至五日[93] 陳雜戱以娛之 神喜則終日蓋不俄仆 歲輒登 怒則蓋仆 必有風水之灾 余異之 及期往看[94]之 果不俄州人父老悉驪 呼謳歌 相慶以抃舞[95] 余惟公生而立功於王室 成統三之業 死數[96]千年 猶能福禍[97]於人 以現其神 是可紀也己 遂贊曰云云

(七) **[楊口城隍神]** 成俔虛白堂集 (題楊口(東)軒 憩[98]方川驛亭條)[99] [迎神曲] 淸晨鼓笛花山阿 端午[100]隍神降人家 競扶風馭相傳芭 鴉鬟萬袖紛婆娑 老巫變顔降神語 穀朝釅邁同飽[101]飫 漉醪炊黍自來去 歸途月黑長林阻 湊流[102]渙渙紅芍藥 邂逅相逢爭戱謔 偶因神會[103]醉爲歡 不必更憑靑鳥約 [送神曲] 雲林蒼翠多喬木 蒻[104]攢芝梁編小屋 坎坎伐鼓振幽谷 茅縮淸醪宰黃犢 爭膜萬指祈百福 淫祀年年自成俗 三日醉歡猶未足 又向豪門來鼛鼛 紙錢燒罷[105]風生寒 渺渺霓旌不可攀 攔街兒女紛聚觀 送神萬騎還松巒

---

93) 「조선무속고」에서는 '月'.
94) 「조선무속고」에서는 '肩'.
95) 「조선무속고」에서는 '無'.
96) 「조선무속고」에서는 '後'.
97) 「조선무속고」에서는 '禍福'.
98) 「조선무속고」에서는 '息'.
99) '題場口軒憩方川驛亭條'는 아래의 시와는 별개의 시의 제목이므로, 불필요한 것이다.
100) 「조선무속고」에서는 '干'.
101) 「조선무속고」에서는 '飯'.
102) 「조선무속고」에서는 '洧'.
103) 「조선무속고」에서는 '食'.
104) 「조선무속고」에서는 '約'.
105) 「조선무속고」에서는 '破'.

六. 慶尚道巫風及神祠

(一) **[陜川正見天[106]王祠]** 輿覽 陜川郡祠廟條云 正見天[107]王祠 在海印寺中 俗傳大伽倻國王后正見 死爲山神

(二) **[蔚山戒邊神]** 輿覽 蔚山郡[108]古跡條云 神鶴城 卽戒邊城 在郡東五里 金克已所謂 戒邊神駕鶴 降神頭山 卽是 今只有遺址

(三) **[東萊諸神祠]** 輿覽 東萊縣祠廟條云 絶影島神祠毛等邊神祠 [俱在東平縣南十一里] 古智島神祠 [在縣南二十三里 以石爲壇 古禱雨有徵 今廢] ○古跡條云 兄邊部曲 在縣南海岸 新羅祀南海神于此 載中祀

(四) **[寧海八鈴神]** 輿覽 寧海都護府名宦云 禹倬爲司錄 民惑八鈴神 奉祀甚瀆 倬至則碎而沈于海 淫祀遂絶

(五) **[軍威金庾信祠]** 輿覽 軍威縣祠廟條云 金庾信祠 在孝寧縣西岳 俗稱三將軍堂 每歲端午日 縣首吏率邑人 以驛騎旗鼓迎神 遊于村巷 ○許樞詩(云) 人言古將主西城 遺俗于今祀事明 每歲無違重五日 竪旗搥鼓慰神情

(六) **[晉州智異山聖母祠]** 輿覽 晉州牧祀廟條云 聖母祠 在智異山天王峰頂 有聖母像 其頂有劍痕 諺云 倭寇爲我太祖所破窮蹙 以爲天王不助 不勝其憤 斫之而去

---

106) 「조선무속고」에서는 '大'.
107) 「조선무속고」에서는 '大'.
108) 「조선무속고」에서는 '府'.

○高麗名臣傳云 鄭地(欲禦倭至南海) 適有雨地 遣人禱智異山神祠曰 國之存亡 在此一擧 冀相[109]予 無作神羞 雨果止
○高麗朴全之撰靈鳳山龍巖寺重創記云 昔 開國祖師道詵 因智異山主聖母天王密囑曰 若創立三巖寺[三巖寺 謂仙巖寺雲巖寺及龍巖寺] 三韓合爲一國云云 聖母則智異山神也
○金宗直佔畢齋集 禱雨聖母廟 歸途[110]遇雨 四月初七日[111]云 甘霆淋漓已濕衣 却疑神母擅陰機 村村笑語還羞殺 太[112]守今朝得雨歸
○金宗直遊頭流錄又云 聖母廟 祠屋但三間 嚴川里人所改創 亦板屋 下釘甚固 不如是則爲風所揭[113]也 有二僧繪畵其壁 所謂聖母 乃石像 而眉目髻鬟 皆塗以粉黛 頂有缺畵 問之云 太祖捷引月之歲 倭寇登此峰 斫之而去 後人和黏復屬之 東偏陷石壘 空等所[114]弄佛在焉 是號國師 俗傳聖母之淫夫 又問 聖母世謂之何神也 曰 釋迦之 摩耶夫人 余嘗讀李承休帝王韻記 聖母命詵師 註云 今智異天王 乃指高麗太祖之妣威肅王后也 高麗人習聞仙桃聖母之說 欲神其君之系 創爲是談[115]
○金馹孫撰續頭流錄 登天王峯之上 有板屋 乃聖母祠也 祠中安一石塑 爲白衣女像 未知聖母是何人 或曰高麗王太祖母 爲生育賢王 能統三韓 故尊祀之 或至于今 嶺湖之間 要福者歸之 奉以爲淫祀 仍成楚越尙鬼之風 遠近巫覡 憑玆衣食之云云
○鄭弘溟畸[116]翁漫筆云 天然南中僧也 身長八尺 膽力過人 嘗行(過)智異

---

109) 「조선무속고」에서는 '助'.
110) 「조선무속고」에서는 '道'.
111) 「조선무속고」에는 '日' 다음에 '禱'가 있으나, 이것은 불필요한 글자이다.
112) 「조선무속고」에서는 '大'.
113) 「조선무속고」에서는 '揚'.
114) 「조선무속고」에서는 '小'.
115) 「조선무속고」에서는 '說'.
116) 「조선무속고」에서는 '睡'.

山側 有所謂天王峯淫祠 夙著靈怪 過者若失虔祈 行不數步 人馬傷斃 以此行旅無不敬畏[117] 天然以爲怪妄 攘臂過去 俄見所騎馬踣地 天然大恚 卽以死馬屠於祠中 血汚祠壁 因復張拳 打破神像 縱火焚滅以[118]去 是後神怪遂絶 商旅晏如[119]

○柳夢寅於于野談云 天然(禪師)多意氣 遨遊縉[120]紳間 常[121]偃蹇不下氣問[122]智異山天王峯有石塑 稱城隍神 遠近巫覡 尊奉之爲窟穴 南方向鬼民多傾産[123]而歸之 天然獨手撞碎[124]其塑像 自此諸巫屛氣 不敢更作妖誣民 梁(松川)應鼎題天然誌卷曰 張拳一碎峯頭石 魍魎無依白晝啼

○嵩陽金善臣頭流志 聖母祠在天王峯頂 板屋三間 下釘甚堅 恐爲風所搖也 聖母乃石像粉黛 有缺劃劒痕 太祖康獻大王殲寇于引月驛 餘衆窮蹙登山 謂神不助己 斫之 李承休帝王韻記 聖母命詵師註云 今智異天王聖母 乃指高麗太祖母威肅王后也 麗人習聞仙桃聖母之說 神其君之系統 創爲是說 承休信之 筆之韻記 此不可必徵 浮屠天然者 關西之韻僧也 勇力絶倫 詩調淸越 自妙香山 歷覽頭流萬壑 至聖母廟 憤其淫祀 卽曳出神軀 碎破巖下 夜宿神座 裂幢爲鞋 南下藏[125]神寺 成汝信記其事 其後愚民改造神像 淫祀如初　　晉陽舊志

(七) [**熊川熊山神堂**] 輿覽 熊川縣祠廟條云 熊山神堂 在山頂(上) 土人每(年)四月十月迎神下山 必陳鐘鼓雜戱 遠近爭來祭之

---

117) 「조선무속고」에서는 '畏敬'.
118) 「조선무속고」에서는 '而'.
119) 「조선무속고」에서는 '然'.
120) 「조선무속고」에서는 '搢'.
121) 「조선무속고」에서는 '嘗'.
122) 「조선무속고」에서는 '間'이나, '聞'이 아닌가 한다.
123) 「조선무속고」에서는 '業'.
124) 「조선무속고」에서는 '破'.
125) 『진양지(晉陽志)』 권 1, 「단묘(壇廟)」에서는 '義'라 했다.

(八) **[宛丘神堂**[宛丘謂義城也]**]** 金誠一鶴峯集 先考成均生員府君行狀云 先府君諱璡 姓金氏 義城人 嘗憤世俗崇信巫覡之事 在門墻則嚴加麾斥 若將浼焉 當時大小巫 聞府君名則莫不戰慄 府君所居之里 皆辭不入 有神堂 在縣之南山高處 俗傳高麗廉興邦乃其神云 巫覡之徒 倚以爲妖 傷風敗俗 日以益甚 一日府君數其罪曰 汝以前朝巨奸 死有餘罪 天地之所不容 其身已死 其鬼不靈 豈可使居高臨下 以惑吾民乎 卽令毀之 宛丘之俗 亦因此而小革焉

(九) **[安東烏金簪神]** 丁若鏞牧民心書云 丁公彥璜爲安東府使 本府自前朝有新羅公主烏金簪神 多靈怪 人敬信之 金省庵孝元爲守時 焚毀[126)]其廟 厥後吏民更復尊崇 每年五月五日 巫覡才人奉其神 數十爲群 官吏陪之 周行境內 謂之端午使 閭民奔走恐後 破産失業 猶不知悔[127)] 前後太守 莫能禁 公大會儒士[128)] 焚其怪服 其妖遂息[李能和曰 安東烏金簪神 互見於三陟府 而丁公彥璜 金公孝元 焚其怪 事實又同 盖三陟爲是]

(十) **[慶州豆豆里神]** 輿覽 慶州府古跡條云 王家(妖)藪 在府南十里 州人祀木郞之地 木郞俗稱豆豆里 自鼻荊之後 俗事豆豆里甚盛[鼻荊郞者 卽新羅眞智王死鬼交桃花娘 生子曰鼻荊郞 見三國遺事]

(十一) **[嶺湖一帶地方靈童神]** 李朝正宗九[129)]年乙巳[130)]四月戊子 掌令柳河源上疏曰 嶺南靈童之說 自五十年前 始於沿海一邑 (今則以)至尙善等州 (俗趨風靡) 家奉戶祀 (人神雜糅) 妖邪妄誕 亦[131)]令道臣 曉諭禁斷云云 批[132)]曰 嶺南事 宜禁止(而撓民宜戒) 道伯不可不知之 實錄

---

126) 「조선무속고」에서는 '毀焚'.
127) 「조선무속고」에서는 '毀'.
128) 「조선무속고」에서는 '生'.
129) 「조선무속고」에서는 '十'.
130) 「조선무속고」에서는 '丙午'.
131) 「조선무속고」에서는 '宜'.
132) 「조선무속고」에서는 '答'.

○李朝正宗時人申光洙石北集　詩題曰登城[濟州俗　以二月謂迎燈月　朝天館在州城東北]　詩曰　石城東北是朝天　春色春風渺可憐　孤島似萍浮積水　遠帆如水入蒼烟[133]　今朝已盡迎燈月　故國先歸御史船　漫作飄零南斗客　白頭慙愧漢拏仙

　能和按　迎燈與嶺童　音相類　故混用耳
○洪錫謨東國歲時記云　二月嶺南俗　家家祭神　名曰靈登神　降于巫　出遊村間　人爭迎而樂之　自是月朔日　忌人物不接之　至十五日或二十日
○尹廷錡東寰錄云　嶺登神　嶺南二月祀風神(之稱)

　能和按　以一神而三稱各異　未知何者爲是　蓋靈童神者　自嶺南至湖中農家所奉之神也　此神起源　諸說不同　或云永同郡知印[俗名通印]所化故名永同　永同與靈童相似　或云慶山郡田童之神　故稱嶺童　祭之則得善稼　故農家多奉之　遂爾傳播　又俗謂靈登神　帶女兒下降　則其歲多風　帶媳婦下降　則其歲多雨　故有風靈登雨靈登之稱　俗又謂此神善怒　故謂善怒之人　曰靈登神姑云云　蓋其神之稱姑　如麻姑之姑　則非男神可知也　按三國遺事及東國輿地勝覽　百濟武王小名薯童　故稱薯童大王　或爲末通大王　末通大王　又轉訛爲永通大王　永通與靈童音相近　且薯童之事　在益山郡　則是近海之邑　然則靈童神　卽永通神也　或曰　若然則其神不當稱姑也　曰凡奉神者每多姑婆　故稱神爲姑　亦常有之事也　例如我俗稱痘神曰別星媽媽　媽媽者　婦人之尊稱也　別星者使客也　決非女神之所當　而俗稱如是　又我人稱王殿下曰上監媽媽　稱卿大夫曰大監媽媽　此以男人而有婦人之尊稱　皆此類也
○蔡濟恭樊巖集風神歌曰　新婦作餠兒買肉　翁婆再拜神前伏　神來但歆莫謂貧　昨日分糶儂亦得　黃土灑庭鼓鼕鼕　村家有願誠不侈　宅中牛羊迭生雛　分與衆子爲生理　東陂種禾[134]多鳥雀　願神驅去滋我穗　秋成及時入官

---

133)「조선무속고」에서는 '畑'.
134)「조선무속고」에서는 '木'.

倉 令我肌膚免楚筵 生孫二歲或三歲 秖恐名入簽丁裏 神手祐我一家人 明年二月復迎神

七. 關西巫風

(一) [關西巫術] 李朝純宗十二[135)]年壬申六月壬寅朔 教曰 關西閭巷僧巫 卜相雜 雜術之盛行 此皆有害[136)]於治世 註誤於民俗者 宜一切禁斷　實錄

八. 全羅道巫風及神祠

(一) [光州無等山神祠] 輿覽光山縣祠廟條云 無等山神祠在縣東十里 新羅 爲小祀 高麗致國祭 東征元帥金周鼎祭各官城隍之神 歷呼神名 以驗神 異 州城隍鳴轟鈴者三 周鼎報于朝封爵焉 本朝春秋令本邑致祭

(二) [羅州錦城山神祠] 李朝實錄云 成宗二十二年辛亥九月丙戌 御經筵 講訖 獻納鄭鐸啓曰 臣嘗爲全羅道都事 觀本道風俗 尙淫祀 祈禱于錦城 山者 非徒旁近居民 雖遠處人 亦贏粮往來 士族婦女亦率處女 經宿乃還 以此或夫婦相失 醜聲騰聞 風俗之毀 莫甚於此 守令欲禁而不能[137)]者 以 其祠[138)]稅米 歲納歸厚署故也 請革之以正風俗 上[139)]問左右 (洪)應對曰

---

135) 「조선무속고」에서는 '三'.
136) 「조선무속고」에서는 '關'.
137) 「조선무속고」에서는 '得.
138) 「조선무속고」에서는 '神'.
139) 「조선무속고」에서는 '王'.

此弊臣亦聞之 但其來已久 不可一切禁之 當初 必以群聚淫祀者衆 故征稅以抑之 根本旣不可除去 則稅米亦不當廢也 上[140]曰然 征稅之法雖不當猝革 淫祀則可痛禁 傳于承政院曰 羅州錦城山淫祀 令監司通禁 ○十月己未 全羅道觀察使金克儉馳啓 累因降旨 羅州錦城山淫祀常加禁斷 然其神米六十碩 歲納歸厚署 以此本邑守令 只禁士族婦女而不禁庶人 當今條令所載度僧選僧布神米之類 與聖朝闢異端禁淫祀之意 大相矛盾 請革納神米之法 命議于大臣沈澮尹弼商李克培李鐵堅魚世謙李崇元李克墩呂自新權健金友臣議淫祀之禁 大典所載 錦城淫祀 屢降敎旨通禁 而愚民惑於邪說 冒法行之 是守令不檢察耳 何不[141]更立新法 其神米乃犯禁之物 當沒官 請仍舊 從之 ○中宗十一年六[142]月癸丑 御晝講 記事官柳成春(啓)曰 外方城隍堂之事 甚(是)爲怪 妄稱城隍神下降之時 則雖士族男女 無不奔波聚會 其中羅州錦城山城隍尤甚焉[143] 臣妻父金崇祖爲羅州牧使而遞來後 以錦城山城隍祠所供之米六十餘石 請勿收納事 陳於輪對 尙寢不行 以國家而納米於城隍堂祠 豈能禁民俗之弊乎 上[144]不答

○金宗直[成宗時人]伏龍[離錦城三十里地點]途中詩云 邑犬吠人籬有寶 野巫迎鬼紙爲錢　佔畢齋集

(三)【全州龍王祭】李朝正宗時人金鐘正雲溪漫稿全州道中詩云 全州四月雜花香 燈火家家似漢陽 拾翠佳人爭約伴 水頭屛帳賽龍王 [州俗四月八日設屛帳於水上 相與[145]飮食遊嬉[146] 以祭龍王云]

---

140) 「조선무속고」에서는 '王'.
141) 「조선무속고」에서는 '必'이라 했는데, '必'이 옳은 것 같다.
142) 「조선무속고」에서는 '五'.
143) 「조선무속고」에서는 '矣'.
144) 「조선무속고」에서는 '王'.
145) 「조선무속고」에서는 '興'.

(四) [**古羣山崔孤雲神祠**] 全羅北道沃溝郡 有紫川臺 世傳崔孤雲先生遊蹟 郡之南海中有島曰古羣山羣島[俗傳島[147)在古杜州地] 周圍可二百餘里 島有 金猪窟 深不可測 窟前海 名曰金猪羊 故老相傳 昔有金毛猪棲息之窟宅 頗有神通 與聊齋志異所謂江南五通之事相類 新羅末崔种守是州 种妻生 子 名曰致遠 幼少聰慧異常 島古號文昌郡 又多漁 爲唐商船往來貿易之 所 唐商客見致遠而悅之 遂載入唐 登科第入仕版 後歸故國 放浪山水間 島之日影臺 卽先生彈琴處云云 至今島[148)人慕先生之風 立祠祀之 敬如 天神[已上古群山傳說如是也]

　　能和按 三國史記崔致遠傳 先生王京沙梁部人 史傳泯滅 不知其世系 云云 則杜州太守崔种生子等說 自然歸虛 而意者先生當時 來遊島中 島 人化之 先生歿後 立祠祀之 以爲記念者歟 馬山浦古號文昌郡 又有月影 臺 亦云孤雲先生遊蹟 與古羣山相同 則未知何者爲是 高麗初葉 追封先 生爲文昌侯 或者以先生生於文昌 故然者歟 抑亦以先生之能文 故贈此 美號者歟 李朝正宗時祠臣徐某 爲崔致遠立傳曰 古羣山人 未還知何所 據 而想因此等傳說而記之者也

九. 濟州巫風及諸神祠

(一) [**廣壤堂**] 輿覽濟州牧祠廟條云 廣壤堂在州南 漢拏護國神祠 諺傳漢 拏山神之弟 生有聖德 歿爲神 高麗時宋胡宗朝來壓此土 浮海而返[149) 神 化爲鷹 飛上檣頭 俄而北風大吹 擊碎宗朝之舟 沒于西境飛揚島(之)巖石

---

146) 「조선무속고」에서는 '戱'.
147) 「조선무속고」에서는 '鳥'.
148) 「조선무속고」에서는 '鳥'.
149) 「조선무속고」에서는 '還'.

間 朝廷褒其靈異 賜之食邑 封(爵)爲廣壤王 歲(歲)降香幣以祭 本朝令本邑致祭 按胡宗朝來仕高麗 官至起居舍人而卒 則來壓溺舟之說 恐不可信
○牧民心書云 李衡祥爲濟州牧使 州有廣壤堂 土民祈禱成風 公命焚之 聞者稱快

(二) **[遮歸堂]** 輿覽云 遮歸祠 在州西(三里) 楚春祠[150]在州東七十里 旌義縣境
○海東雜錄云 金淨傳云 冲庵謫濟州 錄風土 叙物產處 似相如子虛賦[粹言] 濟州人見灰色蛇 則禁不殺 號曰遮歸神 冲庵風土錄云 俗甚忌蛇 奉以爲神 見則呪酒 不敢驅殺 春秋男女具酒食 會遮歸堂祭其神 遮歸卽[151]蛇鬼之誤 居壁樑礎 羣蛇盤結 祭時以不見爲祥　勝覽
○金冲庵集 濟州風土錄云 酷崇祠[152]鬼 男巫甚多 嚇人災禍 取財如土 名日[153]朔望七七日[初七十七二十七] 必殺牲爲淫祠 淫祠幾至三百餘所 歲增月[154]加 妖訛屢騰 人疾病甚畏服藥 謂爲鬼怒 至死不悟 俗甚忌蛇 奉以爲神 見卽呪酒 不敢驅殺 終不悟蛇之當殺 惑甚可笑 吾舊聞此地蛇甚繁 天欲雨 蛇頭駢出城縫數四云者 到此驗之 虛語耳 但蛇多於陸土而已 意亦土人崇奉之過耳

(三) **[神纛儺戲]** 濟州誌云 (濟州俗)尙淫祀 乃於山藪川池丘[155]陵墳衍木石

---

150) 「조선무속고」에서는 '神'.
151) 「조선무속고」에서는 '盖'.
152) 「조선무속고」에서는 '神'.
153) 「조선무속고」에서는 '曰'.
154) 「조선무속고」에서는 '日'.
155) 「조선무속고」에서는 '邱'.

俱設神祀[156] 每歲元日至上元 巫覡共擎神纛 作儺戲 錚鼓前導 出入閭閻 爭捐財穀以祭之 又於二月朔日 歸德金寧等地 立木竿十二 迎神祭之 居涯月者 得槎形如馬頭者 飾以彩帛 作躍馬戲以娛神 至望日乃罷 謂之燃燈[以上輿覽] 是月禁乘船 又於春秋 男女羣聚廣壤堂 遮歸堂 具酒肉祭神 又地多蛇虺蜈蚣 若見灰色蛇 則以爲遮歸之神 禁不殺

○李漢星湖僿說云 島民尤尙淫祀 如濟州無村無祠 守者厚利 故官稅亦重 李參議衡祥悉焚之 民皆驚恐 其還皆謂必溺 及其利涉 莫不疑怪云

(四) **[嫁殤冥婚]** 濟州島俗 未嫁女死 求未娶男死者爲婚 葬之同穴 此俗已見周禮 至漢魏尙行之 耽羅僻島 何有此風 意者 元時以濟州島爲牧馬之場 而蒙古人來住者多 然則其俗或是元人所遺者歟

李圭景嫁殤冥婚辨證說曰 夫旣故[157]贈職 已亡賜第 容或無怪 至於嫁殤冥婚[158] 尤無其義也 古有刑行 何所取焉 始覺天地之大 無所不有故也 按周禮 媒氏禁遷葬者與嫁殤者 注 遷葬謂生時非夫婦 死旣葬 遷之使相從也 殤十九以下未嫁以死者 生不以禮相接 死而合之 是亦亂人倫者也 鄭司農云 嫁殤者 謂嫁死人也 今時聚會是也 是何好風 而已自三代時耶 [孔氏志怪 盧充幽婚 反爲溫休 溫休爲幽 休溫爲婚也 幽婚卽冥婚之謂也] 三國志[159] 魏武愛子倉舒病亡 爲聘司空椽邴原亡女合葬 原辭曰 合葬非禮也 帝乃止 復聘甄氏亡女合葬焉 此俗至漢魏亦然 故魏武行之矣 舊唐書 懿德太子重潤 早以孝友[160]知名 旣死非其罪 大爲當時所悼惜 中宗卽位 追贈皇太子 諡曰懿德 仍爲聘國子監丞裴粹亡女爲冥婚 與之合葬 又建寧郡王俠 代

---

156) 「조선무속고」에서는 '祠'.
157) 「조선무속고」에서는 '告'.
158) 「조선무속고」에서는 '魂'.
159) 「조선무속고」에서는 '時'.
160) 「조선무속고」에서는 '武'.

宗深思其冤 諡曰承天皇帝 與興信公主第十四女張氏女[161]冥婚 諡曰恭順皇后 有司準式擇日冊命 改葬於順陵 此法自帝王家已有行之者 而民間則无聞焉 蓋周禮設禁 王者之政也

---

161) '女'는『오주연문장전산고』원문에도 있으나,『구당서(舊唐書)』권 116,「숙종대종제자전(肅宗代宗諸子傳)」에는 없는 글자이다. 따라서「조선무속고」는『오주연문장전산고』의 잘못을 답습한 것이라 하겠다.

第二十章

支那巫史大略

　　按支那諸記錄 皆以殷巫巫咸爲巫之元祖 而尙書伊訓則云 恒舞于宮 酣歌于室 時[1]爲巫風 疏云「巫以歌舞事神 故歌舞爲巫覡之風俗」然則支那古代葛天氏之八闋[2]廣樂 軒轅氏之靑丘擱[3]鼓 實爲巫風之始 而後堯舜禹[4]湯之世 有咸韺韶護 則特其樂舞之進化者也 而推原其始 則未嘗非事神之歌舞爲其本者也 涵虛子曰 箕子率殷父老五千人 東來朝鮮 醫巫卜筮之徒從焉云云 則朝鮮之巫風 其源似出於殷巫矣 雖然 余則以爲壇君神敎 實爲我朝鮮巫風之始 又遼金元淸之巫俗 與我相近 以其地本屬朝鮮故壤 遼史禮志云 遼本屬朝鮮故壤 箕子八條敎之 遺風餘俗 蓋有存者 而其民本出蒙古同族故也 今於朝鮮巫史尾附支那巫史大略 以資互較參考云爾

---

1) 「조선무속고」에서는 '是'.
2) 「조선무속고」에서는 '八關'.
3) 「조선무속고」에서는 '岡鼓'.
4) 「조선무속고」에서는 '禺'.

一. 夏巫

[辭源] 云 巫步卽禹步也 『楊子法言』 昔者 姒氏治水土 而巫步多禹

[山海經[世傳夏以前文書]**]** 海內西經 開明[上文云 昆侖南]東 有巫彭·巫抵·巫陽·巫履·巫凡·巫相[皆神醫也 世本曰 巫彭作醫 楚辭[5]曰 帝告巫陽 懿行案 說文云 古者巫彭 初作醫 郭引楚辭[6]者 招魂篇文 餘詳大荒西經

○大荒西經云 大荒之中有山 名曰豊沮玉門 日月所入 有靈山 巫咸·巫卽·巫盼·巫彭·巫姑·巫眞·巫禮·巫抵·巫謝·巫羅 十巫從此升降 百藥爰在[群巫上下此山采之也 懿行案 說文云 古者巫咸初作巫[7] 越絕書云 虞山者 巫咸所出也 虞故神出奇怪 離騷云 巫咸將夕降兮 王逸注云 巫咸古神巫也 當殷中宗之時 王逸此說恐非也 殷中宗之臣 雖有巫咸 非必卽是巫也 海外西經 巫咸國 蓋特取其同名耳 盼讀如班 海內西經六巫有巫凡 盼凡或卽一人 水經涑水注 引此經 作巫盼 盼盼形聲 又相近也 巫眞水經注引作巫貞 巫禮作巫孔 今案禮古文作礼[8] 礼[9]與孔疑形近而譌也 海內西經有巫履 蓋履卽禮也 是爲一人無疑 其巫相疑卽巫謝 謝與相聲轉 當卽一人也 郭注云 采之也 水經注引作採藥往來也 案此是海外西經巫咸國注 酈氏誤記 故引在此耳]

○海外西經云 巫咸國 [懿行案 地理志云 河東郡安邑巫咸山在南 非此也 此國亦當在海外 觀登備山在南荒經可見 水經涑水注 以巫咸山卽巫咸國 引此經云云 非矣 太平御覽七百九十卷 引外國圖曰 昔殷帝太戊 使巫咸禱於山河 巫咸居於此 是爲咸氏 去南海萬千里 卽此國也] 在女丑北 右手操靑蛇 左手操赤蛇 在登葆[10]山[懿行案 登葆山 大荒南經作登備山 葆備[11]聲之轉 淮南子 墜形訓作保] 群巫所從上下[採藥往來]

---

5) 「조선무속고」에서는 '詞'.
6) 「조선무속고」에서는 '詞'.
7) 「조선무속고」에서는 '醫'.
8) 「조선무속고」에서는 정자인 '禮'로 되어 있다. 그러나 속자인 '礼'라 해야 뜻이 통한다.
9) 「조선무속고」에서는 '禮'.
10) 「조선무속고」에서는 '保'.

二. 殷周或商巫

○楚辭 巫咸將夕降兮 [注] 巫咸古神巫也 當殷中宗之世降下也　辭源
○巫覡雖賤 原其所自出 則(則)[12]商之巫咸[世本 巫咸作筮 筮者筮占也 禮記 龜曰卜 蓍曰筮 元命苞古司怪主卜 周禮 筮氏掌共[13]燋契 以待卜事 則筮是巫覡之所主 巫能卜筮吉凶者也 易兌爲巫爲口舌 說文 巫祝也 巫字象人兩袖舞形 與[14]工同意 古者巫咸初作巫] 巫咸寔爲巫覡之祖也　李圭景撰 五洲衍文
○巫賢殷祖乙之賢相 巫咸之子也　書傳
○殷商之季 民俗尚鬼 天下之人 懍懍然常若鬼神之臨乎其上 而死生禍福之寄命於巫覡久矣　柳成龍 西厓集

三. 周巫

○用史巫紛若吉　周易
○握粟出卜 自何能穀　詩傳
○周禮云 司巫掌群巫之政令 若國大旱 則帥[15]巫而舞雩 ○女巫掌歲時祓除 釁浴 ○女祝以時掌招粳禬禳之事[招善而亢[16]惡] ○牧人 凡外祭毀事用尨 副辜侯禳[毀除殃咎 用雜色牲] ○神士[男巫之俊知[17]] ○男巫 春招弭

---

11) 「조선무속고」에는 '備' 다음에 '山'이 있으나, '山'은 衍文.
12) 두번째 '則'은 오자.
13) 「조선무속고」에서는 『오주연문장전산고』에 의거하여 '烘'이라 했으나, 『周禮』의 원문에 따라 바로잡았다.
14) 「조선무속고」에서는 '文女'.
15) 「조선무속고」에서는 '師'.
16) 「조선무속고」에서는 '元'.
17) 「조선무속고」에서는 '者'.

災也[招福弭災也]　○司巫　祭祀　道布[爲神所設巾]　○庶氏　掌除毒蠱　以攻說
禬之[攻說祈名 祈其神求去也]

四. 晉巫

○左傳成公十[18]年條云　晉侯夢大厲被髮及地　搏膺而踊曰　殺余孫不義
余得請於帝矣　壞大門及寢門而入　公懼入于室　又壞戶　公覺　召桑田巫　巫
言如夢　公曰何如　曰不食新矣　○襄公十八年秋條云　中行獻子將伐齊　夢
與厲公訟　弗勝　公以戈擊之　首隊於前　跪而戴之　奉之以走　見梗陽之巫皋
他日見諸道　與之言同　巫曰　今玆主必死

五. 楚巫又荊巫

○五洲衍文云　楚巫巫陽　宋玉招魂賦　帝[19]告巫陽[註女巫也]曰[20]有人在下
我欲輔之　魂魄離散　汝筮予之　巫陽乃下　招曰[21]魂兮[22]歸來些　按些　卽如
今符呪下沙婆訶　楚巫招魂之聲．　○又云　巫神之靈異者　有神保　楚辭　靈
保兮賢姱　神保是饗　注　神保鬼神之嘉號　朱子曰　近見洪慶善說靈保是巫
今詩不說便是尸也云
○羅隱荊巫說云　有巫初爲人祀也　筵席尋常　歌迎舞將　祈疾者健起　祈歲

---

18)「조선무속고」에서는 '十一年'.
19)「조선무속고」에서는 '常'.
20)「조선무속고」에서는 '曰'.
21)「조선무속고」에서는 '曰'.
22)「조선무속고」에서는 '芳'.

者豊穰 其後爲人祀也 羊猪鮮肥 淸酤萬卮 祈疾得死 祈歳得饑 有言者曰 吾昔遊其家也 其家無甚累 故爲人祀 誠心磬乎中 而福亦應乎外 其胙必散之 其後 男女蕃[23]息焉 衣食廣大焉 故爲人祀 誠不得磬于[24]中 而神亦不歆[25]乎外 其胙且入其家 是人非前聖而後愚 蓋牽于心[26] 而不暇[27]及人耳

六. 鄭巫

○莊子曰 鄭有神巫曰季咸 知人之死生存亡禍福壽夭 期以歳月旬日 若神 鄭人見之者 皆棄而走 注 不喜自聞死日也 列子見之而心醉

七. 越巫

○五洲衍文云 越巫勇之 史記 栢梁臺[28]越巫勇之 請其基 更營之 尤極壯麗以禳之 漢書郊祀志 東[29]甌王敬鬼壽百六十歳 廼命越巫立越祝祠 而鶏卜 上信之 越祠鶏卜自此始.

---

23)「조선무속고」에서는 '藩'.
24)「조선무속고」에서는 '於'.
25)「조선무속고」에서는 '散'.
26)「조선무속고」에서는 '於人'.
27)「조선무속고」에서는 '復'.
28)「조선무속고」에는 '栢梁臺' 다음에 '夾'이 있으나,『사기(史記)』원문에는 없는 불필요한 글자이다.
29)「조선무속고」에서는 '求'.

八. 魏巫

○史記云 魏文侯時 西門豹爲鄴令 豹往到鄴 會長老 問之民[30]所疾苦 長老曰 苦爲河伯娶婦 以故貧 豹問其故 對曰 鄴三老廷掾 常歲賦斂<u>百姓</u> 收取其錢 得數百萬 用其二三十萬 爲河[31]伯娶婦 與祝巫共分 其餘錢持歸 當其時 巫行視人家女好者 云是當爲河伯婦 卽娉取 洗沐之 爲治新繒綺縠[32]<u>衣</u> 閒居齋戒 爲治齋宮河上 張緹絳帷 女居其中 具牛酒飯食 (行) 十餘日 共粉飾之 如嫁女床席 令女居其上 浮之河中 始浮行數十里乃沒 其人家有好女者 恐大巫祝爲河伯取之 以故多持女遠逃亡 以故城中益空無人 又困貧 所從來久遠矣 <u>民人</u>俗語曰 卽不爲河伯娶婦 水來漂沒 溺其人民云 西門豹曰[33] <u>至</u>爲河伯娶婦時 願三老巫祝父老送女河上 幸來告語之 吾亦往送女 皆曰諾 至其時 西門豹往會之河上 三老官屬豪長者里父老皆會 以人民往觀之者三二千人 其<u>巫</u> 老女子也 已年七十 從弟子女十[34]人所 皆衣繒單衣 立大巫後 西門豹曰 呼河伯婦來 視其好醜 卽將女出帷中 來至前 豹視之 顧謂三老巫祝父老曰 是女子不好 煩大巫嫗爲入報河伯 得更求好女 後日送之 卽使吏卒 共抱大巫嫗 投之河中 有頃曰 巫嫗何久也 弟子趣之 復以弟子一人投河中 有頃曰 弟子何久也 復使一人趣之 復投一弟子河中 凡投[35]三弟子 西門豹曰 巫嫗弟子是女子也 不能白事 煩三老爲入白之 復投三老河中 西門豹簪筆磬[36]折 向河立待良久 長老吏傍觀者皆驚恐 西門豹顧曰 巫嫗三老不來還 柰之何 欲復使廷

---

30) 「조선무속고」에서는 '民之'.
31) 「조선무속고」에서는 '何'.
32) 「조선무속고」에서는 '穀'.
33) 「조선무속고」에서는 '云'.
34) 「조선무속고」에서는 '千'.
35) 「조선무속고」에서는 '投凡'.
36) 「조선무속고」에서는 '磐'.

橡與豪長者 一人入趣之 皆叩頭且破 額血流地 色如死灰 西門豹曰諾 且留待之須臾 豹曰 廷橡起矣 狀河伯留客之久 若皆罷去歸矣 鄴吏民大驚恐 從是以後 不敢複言爲河伯娶婦

九. 韓巫

○韓非子顯學篇云 今巫祝之祝人曰 使若千歲萬歲 千歲萬歲之聲 括耳而一日之數 無徵於人 此人所以簡巫祝也 今世儒者之說人主 不言今之所37)以爲治 而語已治之功 不審官法之事 不察奸邪之情 而皆道上古之傳 譽先王之成功 儒者飾辭曰 聽吾言則可以覇王 此說者之巫祝 有度之主不受也 故明王擧實事去無用 不道仁義者 故不聽學者之言

十. 漢巫·晉巫·秦巫·梁巫·荊巫·胡巫·蠻巫

○風俗通云 會稽俗多淫祀 好卜筮 民一以牛祭肉 巫祝賦斂受謝 民畏其口 懼被祟 不敢拒逆 是以財盡於鬼神 産匱於祭祀 或貧家不能以時祀 至竟言不敬食牛肉38) 或發病且死 先爲牛鳴 其畏懼如此.
○文獻通考云 漢高祖初起兵 徇沛爲沛公 祀蚩尤釁鼓旗39) 二年東擊項籍(西)入關 立北畤 有司進祠 上不親往 悉召故秦祀官 復置太祝太宰40)

---

37) 「조선무속고」에서는 '以'.
38) 「조선무속고」에서는 '害'라 했고, 『풍속통의(風俗通義)』의 판본 중에도 '害'라고 한 것이 있으나, '肉'이 옳다고 한다. 吳樹平 『風俗通義校釋』(天津古籍出版社 1980) 340면.
39) 「조선무속고」에서는 '旗鼓'.
40) 「조선무속고」에서는 '牢'.

如其故儀禮 因令縣爲公社[李奇曰 猶官社] 下詔曰 吾甚重祠而敬祭 今上
帝之祭及山川諸神當祀者 各以其時禮祠之如故 後四歲 天下已定 詔御
史 令豊[41)]置枌楡社 常以時春以羊彘祠之 令祝立蚩尤之祠於長安 置祠
祝官女巫 其梁巫 祠天地天社天水房中堂上之屬 晉巫 祠五帝東君雲中
君巫社巫祠族人炊之屬[服虔曰 東君以下皆神名也 師古曰東君日神也 雲中君謂雲[42)]
神也 巫社巫祠 皆古之巫之神也 族人炊 皆古主炊母之神也 炊謂饎爨也] 秦巫 祠社[43)]主
巫保族纍之屬[師古曰 社主卽上所云五社主也 巫保族纍二神名] 荊巫 祠堂下巫先
司命施糜之屬[師古曰 堂下曰在堂之下 巫先巫之最先者也 司命 說者云 文昌第四[44)]星也
施糜其先常施糜粥者也] 九天巫 祠九天 [師古曰 九天者 謂中央鈞天 南方蒼天 東北
旻[45)]天 北方元[46)]天 西北幽天 西方浩天 西南朱天 南方炎天 東南陽天也 其說見淮南子 一說
云 東南旻天 東南陽天 南方赤天 西南朱天 西方成天 西北幽天 北方元[47)]天 東北變天 中央鈞
天也] 皆以歲時祠宮中 其河巫祠河於臨晉 而南山巫祠南山秦中 秦中者
二世皇帝也[張晏曰 以其彊死 魂魄爲厲 故祠之 成帝時 匡衡奏 罷之] 各有時日

[靈圄] 司馬相如封禪書 鬼神接 靈圄賓於閒館 師古曰 閒讀若閑 五洲
衍文云 說文曰 靈[48)] 一作霝 注 巫以玉事神 從[49)]玉靈聲

[神君] 郊祀志 置壽宮神君 (神君)居室帷[50)]中 天子因巫爲主人 關飮食
所欲言行下[晉灼曰 神君所(欲)言 行下於巫(師)] ○文穎[51)]曰 是時上求神僊之

---

41) 「조선무속고」에서는 '沛'.
42) 「조선무속고」에서는 '巫'.
43) 「조선무속고」에서는 '社祠'.
44) 「조선무속고」에서는 '日生'.
45) 「조선무속고」에서는 '昊'.
46) 「조선무속고」에서는 '玄'.
47) 「조선무속고」에서는 '玄'.
48) 「조선무속고」에서는 '靈' 다음에 '圄'가 잘못 삽입되어 있다.
49) 「조선무속고」에서는 '以'.
50) 「조선무속고」에서는 '室帷'.

人 得上⁵²⁾郡之巫 長陵⁵³⁾女子 能與鬼神交接 治病輒愈 置於上林苑中 號曰神君 有似<u>於</u>古之靈圉 禮待之於閒館舍中(卽閑館)也

[巫蠱] 王氏曰 女能事无形 以舞降神曰巫 執左道以亂政惑人曰蠱 ○辭源云 女巫以術爲蠱以詛人也 漢武帝時 方士及諸神巫 各聚(會)京師 女巫往來宮中 敎美人度厄 埋木人祭祀 會帝病 江充言疾在巫蠱 堀蠱宮中

[胡巫] 三輔舊事云 (江)充使胡巫作蠱 以埋之 或稱說呪 五洲衍文

[蠻巫] 容齋隨筆云 蠻巫呪生於人腹中葱生數莖 <u>根莖</u>皆具 又能⁵⁴⁾腹間<u>生</u>鷄雛以害人

十一. 唐巫

[白香山神巫曲] 云 懸幢古樹神雲結 靑莎白茅平如壇 三聲畵鼓碧山動 雙剪舞鸞紅羅懸 星盤高設海山需 舞進花筵奠酒盃 神刀雙手霓影翻 翠裙⁵⁵⁾生風飄左右 揮揮鈴語碎如星 雲際來神痕無有⁵⁶⁾ 蒼黃⁵⁷⁾古木下老鳶 錯落平沙集靈烏 諸神歆罷撤盃盤 擊缶遙送秋雲骎

---

51) 「조선무속고」에서는 '隷'.
52) 「조선무속고」에서는 '十'.
53) 「조선무속고」에서는 '陸'.
54) 「조선무속고」에서는 '能' 다음을 '□'라 했으나, 불필요하다.
55) 「조선무속고」에서는 '□'.
56) 「조선무속고」에서는 '有無'.
57) 「조선무속고」에서는 '茫'.

十二. 遼巫

○遼史禮志 祭山儀 設天神地祇位于木葉山 東鄉中立君樹 前植群樹以像朝班 又偶植二樹以爲神門 皇帝皇后至 夷離[58]畢具禮儀 牲用赭白馬・玄牛・赤白羊皆牡 僕臣曰 旗鼓拽刺殺牲體割 懸之君[59]樹 太巫以酒酹[60]牲 禮官曰 敵烈麻都 奏儀辦 … 巫三致辭 每致辭皇帝皇后一拜 在位者皆一拜

○歲除儀 初夕勅使及夷離畢[61]率執事郎君 至殿前 以鹽[62]及羊膏置[63]爐中[64]燎之 巫及太巫 以次贊祝火神訖 閤門使贊 皇帝面[65]火再拜

○喪葬儀 聖宗崩 興宗哭臨于菆塗殿 大行之夕 四鼓終 皇帝率群臣入柩前 三致奠 奉柩出殿之西北門 就轀輬車 藉以素裀 巫者祓除之 詰旦發引[66]至祭所 凡五致奠 太巫祈[67]禳 皇族外戚大臣諸京官 以次致祭

○歲時雜儀 正旦國俗 以糯飯和白羊髓爲餅 丸之若拳 每帳賜四十九枚 戊夜 各於帳內窗中 擲丸於外 數偶動樂飲宴 數[68]奇令巫十有二人 鳴鈴執箭 繞帳歌呼 帳內爆鹽爐中 燒地拍鼠 謂之驚鬼 居七日乃出 國語謂正旦爲迺捏咿唲[69]

---

58)「조선무속고」에서는 '离'.
59)「조선무속고」에서는 '群'.
60)「조선무속고」에서는 '醴'.
61)「조선무속고」에서는 이리필을 "伊勒希巴"라 했다.
62)「조선무속고」에서는 '醓'.
63)「조선무속고」에서는 '至'.
64)「조선무속고」에서는 글자 미상이라는 의미로 □라 했다.
65)「조선무속고」에서는 '出'.
66)「조선무속고」에서는 '靭'.
67)「조선무속고」에서는 '禱'.
68)「조선무속고」에서는 '敎'.
69)「조선무속고」에서는 迺捏咿唲를 "阿尼尼雅伊能伊"라고 했다.

十三. 金巫

○盛京通志 雜志 金初國俗 有被殺者 其親族繫刃杖端 與衆至其家 使巫歌[70]而祝之曰 取爾一角指天 一角指地之牛 無名之馬 向之則華面 背之則白尾[71] 橫視之則有左右翼者 其聲哀切悽惋 若蒿里之音 旣而以刃畫地 取畜産財物而還 其家一經詛祝 家道輒敗

○盛京通志又云 金昭祖久無子 有巫者能道[72]神語甚驗 乃往禱焉 巫良久曰 男子之魂至矣 此子厚有福德 子孫昌盛 可拜而受之 若生則名之曰烏古廼[73] 是爲景祖 又良久曰 女子之魂至矣 可名(之)曰烏延[74] 巫又良久曰 女子之兆複見 可名曰烏達布[75] 又良久曰 男子之兆複見 然性不馴良 長則殘忍 無親親之恩 必行非義 不可受也 昭祖方念後嗣未立 乃曰 雖不良 亦願受之 巫者曰 當名之曰烏肯徹[76] 旣而生二男二女 其次弟先後皆如巫者[77]言

---

70) 「조선무속고」에서는 '家'.
71) 「조선무속고」에서는 '虎'.
72) 「조선무속고」에서는 '通'.
73) 「조선무속고」에서는 '乃'이며, 이 부분의 원문인『금사』권 65,「始祖以下諸子傳」에도 '迺'(乃와 同字).
74) 「조선무속고」에서는 '五鴉刃'이며, 이 부분의 원문인『금사』권 65,「始祖以下諸子傳」에서는 '五鴉忍'이다.
75) 「조선무속고」에서는 '幹都拔'이며, 이 부분의 원문인『금사』권 65,「始祖以下諸子傳」에서는 '幹都拔'.
76) 「조선무속고」에서는 '烏古出'이며, 이 부분의 원문인『금사』권 65,「始祖以下諸子傳」도 마찬가지이다.
77) 「조선무속고」에서는 '之'.

十四. 元巫[蒙古巫]

○元史祭祀志云 元之五禮 皆以國俗行之 惟祭祀稍稽諸古 其郊廟之儀 禮官所考 日益詳愼 而舊禮初未嘗廢 豈亦所謂不忘其初者歟 或曰 北陲之俗 敬天而畏鬼 其巫祝每以爲能親見所祭者 而知其喜怒 故天子非有察[78])于[79])幽明之故 禮俗之辨 則未能親格 豈其然歟 自憲宗祭天(于)日月山 追崇所生與太祖並配

國俗舊禮[蒙古由來之巫俗]

每歲 太廟四祭 用司禋監官一員 名蒙古巫祝 當省牲時 法服同三獻官升殿 詣室戶告腯 還至牲所 以國語呼累[80])朝帝后名諱而告之 明旦 三獻禮畢 獻官御史太常卿博士復陛[81])殿 分詣各室 蒙古博兒[82])赤[83])跪[84])割牲 太僕卿以朱漆盂奉馬乳酹奠 巫祝以國語告神訖 太祝奉祝幣詣燎位 獻官以下復版位[85])載[86])拜 禮畢

每歲 駕幸上都 以八月二十四日祭祀 謂之洒馬妳子 用馬一 羯羊八 彩段練絹各九匹 以白羊毛纏若穗者九 貂鼠皮三 命蒙古巫覡及蒙古漢人秀才達官四員 領其事 再拜告天

每歲 九月內及十二月十六日以後 於燒飯院中 用馬一 羊三 馬湩酒醴 紅織金幣及裏絹各三匹 命蒙古達官一員 偕蒙古巫覡 掘地爲坎 以燎肉 仍

---

78) 「조선무속고」에서는 '祭'.
79) 「조선무속고」에서는 '其'.
80) 「조선무속고」에서는 '結'.
81) 「조선무속고」에서는 '升'.
82) 「조선무속고」에서는 '羅'.
83) 「조선무속고」에서는 '齊'.
84) 「조선무속고」에서는 '詭'.
85) 「조선무속고」에서는 '位版'.
86) 「조선무속고」에서는 '再'.

以酒醴 馬渾雜燒之 巫覡以國語呼累朝御名而祭焉

每歲 十二月下旬 擇日 于西鎭國寺內牆下 灑掃平地 太府監供彩幣 中尙監供細氎鍼線 武備寺[87]供弓箭環刀 束稈草爲人形一 爲狗一 剪雜色彩段爲之腸胃 選達官世家之貴重者交射之 非別速 札刺爾 乃蠻 忙古台 列班 塔達 珊竹 雪泥[88]等氏族 不得與列 射至糜爛 以羊酒祭之 祭畢 帝后及太子嬪妃幷射者 各解所服衣 俾蒙古巫覡祝讚之 祝讚畢 遂以與之 名曰脫災 國俗謂之射草狗

每歲 十二月十六日以後 選日 用白黑羊毛爲線 帝后及太子 自頂至手足皆用羊毛線纏繫之 坐於寢殿 蒙古巫覡念呪語 奉銀槽貯火 置米糠於其中 沃以酥[89]油 以其煙薰帝之身 斷所系毛線 納諸槽內 又以紅帛長數寸 帝手裂碎之 唾之者三 幷投火中 卽解所服衣帽付巫覡 謂之脫舊災 迎新福[90]云

凡宮車晏駕 棺用香楠木 中分爲二 刳肖人形 其廣狹長短 僅足容身而已 殮用貂皮襖 皮帽 其靴襪[91] 繫腰 盒鉢 俱用白粉皮爲之 殉以金壺瓶二 盞一 椀楪[92]匙筯各一 殮訖 用黃金爲箍四條以束之 輿車用白氊青緣納失失[93]爲簾 覆棺亦以納失失[94]爲之 前行用蒙古巫媼一人 衣新衣 騎馬 牽馬一匹 以黃金飾鞍轡 籠以納失失[95] 謂之金靈馬 日三次用羊奠祭 至

---

87) 「조선무속고」에서는 '司'.
88) 「조선무속고」에서는 이 씨족들의 명칭을 '伯蘇扎拉爾奈曼孟古垈拉搭担何卜珠蘇尼特'이라 했다.
89) 「조선무속고」에서는 '蘇'.
90) 「조선무속고」에서는 '禁'.
91) 「조선무속고」에서는 '驢'.
92) '碟'의 오자가 아닌가 한다.
93) 「조선무속고」에서는 '訥克實'.
94) 「조선무속고」에서는 '訥克實'.
95) 「조선무속고」에서는 '之員居'.

所葬陵地 其開穴所起之土成塊 依次排列之 棺旣下 復依次掩覆之 其有 剩土 則遠置他所 送葬官三員[96] 居五里外 日一次燒飯致祭 三年然後返
以上元史

○元 吳萊 北方巫者降神歌曰 天深洞房月漆黑 巫女擊鼓唱歌發 高粱[97] 鐵鐙懸半空 塞向墐戶跡不通 酒肉滂沱靜几席 箏琶朋摘[98]凄霜風 暗中 鏗然那敢觸 塞外祆神喚來速 隴[99]坻水草肥馬群 門巷光輝煋[100]狼纛 擧 家側耳聽語言 出無入有凌崑崙 妖[101]狐聲音共叫嘯 健鶻影[102]勢同飛翻 甌脫故王大獵處 燕支廢[103]磧黃沙樹 休屠收像接秦宮 于闐請[104]騧開漢 路 古今世事一渺茫 楚禨越鬼[105]幾災祥 是邪[106]非邪[107]降靈場 麒麟被 髮跨地[108]荒

---

96) 「조선무속고」에서는 '訥克實'.
97) 「조선무속고」에서는 '梁'.
98) 「조선무속고」와 사부총간정편(四部叢刊正編) 69에 수록된 『연영집(淵潁集)』에서는 '指'라 했으나. 여기서는 『사고전서(四庫全書)』 1209에 수록된 『연영집』을 따름.
99) 「조선무속고」에서는 '롱'.
100) 「조선무속고」에서는 '耀'.
101) 「조선무속고」에서는 '狐'.
102) 「조선무속고」에서는 '形'.
103) 「조선무속고」에서는 '廣'.
104) 「조선무속고」에서는 '淸'.
105) 「조선무속고」와 사부총간정편 69에 수록된 『연영집』에서는 '女'라 했으나. 여기서는 『사고전서』 1209에 수록된 『연영집』을 따름.
106) 「조선무속고」에서는 '耶'.
107) 「조선무속고」에서는 '耶'.
108) 「조선무속고」에서는 '大'.

十五. 別附 日本巫源

○和漢三才圖會 「巫[音無]神子」 按上古人心淳朴 而神託[109]亦分明 國政征[110]罰 多任神勅 旣而 以皇女奉納伊勢齋宮 加茂齋院 而天子卽位 亦先卜定於[111]彼齋王矣 雄略天皇皇女日本媛命 以爲伊勢齋宮 嵯峨天皇皇女有智子內親王 以爲加茂齋院 是其始也 今巫女所業者 奏神樂 以慰神慮 或束竹葉以探極熱湯 數[112]注浴於身 其心體共勞倦 忙忙[113]然時 神明[114]託于彼 以告休咎 謂之湯立 其巫曰伊智 今人疑多 巫女媚不少而 神託[115]何分明耶[116]

李能和曰 日本語巫之稱號 有巫・市子・神子・神巫及御巫 此御巫於伊勢神宮 世爲神官 因以爲姓 蓋其本源 出於皇女者歟 由是可知古代巫祝 卽是神官 而與我古代朝鮮天君[蘇塗神壇祭天之人] 或次次雄 相類似者也 又市子爲巫之義 蓋日本古昔定期爲市 人民聚集交易 業巫者每出於市 彈弓聚人 宣傳神事 如今耶蘇敎救世軍傳道之事 故名之者也 由此市者而朝鮮古代神市氏之義 亦可聯想者也

---

109) 「조선무속고」에서는 '話'.
110) 「조선무속고」에서는 '償'.
111) 「조선무속고」에서는 '放'.
112) 「조선무속고」에서는 '敎'.
113) 「조선무속고」에서는 '憮'.
114) 「조선무속고」에서는 '時'.
115) 「조선무속고」에서는 '諸'.
116) 「조선무속고」에서는 '恥'.

【찾아보기】

ㄱ

『가례(家禮)』 417
『가례의절(家禮儀節)』 343
가묘(家廟) 110
가상(嫁殤) 460, 461
「가상명혼변증설(嫁殤冥婚辨證說)」→
　『오주연문장전산고(五洲衍文長箋
　散稿)』
가야갑묘(伽倻岬廟) 308
가택신(家宅神) 322, 333, 336
감악(紺岳) 184, 185, 196, 304, 307,
　384, 393, 394
감악산신사(紺岳山神祠) 392
강남조선(江南朝鮮) 261
강림도령 273, 274
강신술(降神術) 231

강원도(江原道) 163~66, 177, 178,
　341, 410~13, 416
강유두(姜流豆) 192
강융(姜融) 107, 108
강필(降筆) 140
개경(開京)→개성
개성(開城) 106~108, 117, 119, 122,
　133, 184, 202, 203, 267, 269,
　352, 380, 381, 383, 384,
　386~90, 394, 411
개성대정(開城大井) 119, 184, 386
객성(客星) 361
거북점 471
거울 129, 220, 221, 237, 238, 268,
　365, 372

682

『거의설(袪疑說)』 229
건립대감(建立大監) 327
『격치총서(格致叢書)』 359, 361
견훤(甄萱) 411
「결도장의문(結道場儀文)」 278
『경국대전(經國大典)』 82, 153, 156, 162, 175, 198, 199, 209, 212, 213, 217, 219, 302
경기도(京畿道) 84, 166, 178, 184, 192, 381, 387, 388, 392, 410, 414
『경도잡지(京都雜志)』 332
경빈 박씨 243~45
경산(慶山) 443
경상도(慶尙道) 79, 177, 178, 187, 243, 245, 410, 428
경성(京城)→서울
경순왕(敬順王)→김부대왕(金傅大王)
경원(慶源) 165, 403
경주(慶州) 340, 354, 355, 410, 413, 414, 434, 440, 454
경천묘(敬天廟) 413
『계곡만필(谿谷漫筆)』 240
계룡산(鷄龍山) 304
계림(鷄林) 414
계변신(戒邊神) 356, 428
계함(季咸) 478
고경명(高敬命) 235, 236
고군산도(古群山島) 452, 454

고금(古今)에 없는 신 196, 220
『고기(古記)』 337
고녀(姑女) 109, 383
『고려도경(高麗圖經)』 100, 383
『고려명신전(高麗名臣傳)』 432
『고려사(高麗史)』 75, 81, 97, 101~10, 161, 406, 434
고리짝 226~28
고부인(姑婦人) 315
『고사촬요(攷事撮要)』 82, 363
고성(高成) 246~48, 415
고성(固城) 317
고성신사(高城神祠) 415
고정림(顧亭林) 225
고종(高宗) 98, 440
고지도신사(古智島神祠) 429
곡성(谷城) 311, 313
공공씨(共工氏) 312
공민왕(恭愍王) 99, 106, 324, 330, 411
공양왕(恭讓王) 106, 110, 115, 125, 424
공자묘 201
공창(空唱) 85, 101, 143, 198, 199, 219
공창무(空唱巫) 101, 199
공충도(公忠道)→충청도
관묘(關廟) 140, 141
관북(關北) 404

찾아보기 683

관색묘(關索廟) 292, 314
관서(關西) 142, 213, 262, 437, 446
관성제군(關聖帝君) 140, 141, 326, 328, 389
관장무(關壯繆)→관성제군(關聖帝君)
광나루 122, 394
광대(廣大) 81, 83, 170, 182, 317
광양당(廣壤堂) 455, 457, 460
광양왕(廣壤王) 456
광해군(光海君) 134, 135, 153, 235, 246~49, 252, 259, 331
괴산(槐山) 182, 315, 316
『구당서(舊唐書)』 462, 463
구룡(句龍) 312, 485
구름 신[雲師] 96
구성산신사(鳩城山神祠) 394
구요(九曜) 113
구월산(九月山) 264
구천(九天) 486
구천무(九天巫) 486
국무(國巫) 126, 129, 131, 139, 142~44, 148, 173, 186, 203, 220
국무당(國巫堂) 107, 187, 190, 191
국사(國師) 108, 383, 434
국사(國士) 331
국사당(國師堂) 74, 133, 267, 322, 329, 330, 384, 385, 407, 410
국사대왕(國師大王) 267

국사신(國師神) 267, 406, 407
국선(國仙) 77
『국어(國語)』 171
국원소경(國原小京) 411
『국조보감(國朝寶鑑)』 117, 118
『국조오례의(國朝五禮儀)』 309, 313
군왕대감(君王大監) 327
군왕신(君王神) 322, 326
군웅(君雄) 326
군위(軍威) 268, 430, 431
궁무(宮巫) 173
권필(權韠) 330, 331
귀교(鬼橋) 355, 440
귀덕(歸德) 460
귀도(鬼道) 172, 188
귀문(鬼門) 344, 346
귀신(鬼神) 74, 92~96, 100~102, 109, 110, 112, 114, 133, 143, 144, 146, 172, 173, 175, 187~90, 192, 193, 199, 201, 203, 211, 218, 219, 221, 231, 232, 237, 261, 268, 292, 308~12, 314, 327~29, 331, 344~47, 349~53, 355~57, 365, 367, 371, 372, 374~79, 398, 401, 415~17, 422~24, 435, 436, 439, 440, 451, 459, 472, 474, 476, 477, 479, 484, 488, 489, 494, 497, 502
『근세조선정감(近世朝鮮政鑑)』 181

금령(金寧) 460
금사굴(金蛇窟) 340, 341
금성산(錦城山) 104, 105, 169, 304, 313, 447~51
금성산신(錦城山神) 104~105
금성산신당(錦城山神堂) 169
금성산신사(錦城山神祠) 447, 448
금저굴(金猪窟) 452
금저양(金猪洋) 452
기귀(魃鬼) 376, 379
기린봉(麒麟峰) 317
기신(紀信) 311, 312
기양(祈禳) 117, 119, 126, 186, 257, 494
『기언(記言)』 417, 423, 424
기역(魃蜮) 377
『기옹만필(畸翁漫筆)』 435
기우제 74, 121, 124
기은(祈恩) 189, 191
기은사(祈恩使) 144, 200
길 귀신 236
길 귀신[禓] 236
길달(吉達) 355
길대공주(吉大公主) 77, 274
길상산(吉祥山) 405
김대문(金大問) 95
김매순(金邁淳) 352
김부대왕(金傅大王) 404, 409~14

김부대왕동(金傅大王洞) 411, 413
「김부대왕변증설(金傅大王辨證說)」→ 『오주연문장전산고(五洲衍文長箋散稿)』
김상헌(金尙憲) 135, 397
김선신(金善臣) 436
김성암(金省菴)→김효원(金孝元)
김성일(金誠一) 438
김연수(金延壽) 409
김유신(金庾信) 221, 237, 268, 372, 405, 425
김유신사(金庾信祠) 405, 430
김육(金堉) 128, 133, 384, 386
김인훈(金忍訓) 316
김일손(金馹孫) 434, 435
김정(金淨) 458
김제(金提) 101
김종정(金鍾正) 451
김종직(金宗直) 127, 144, 166, 433~35, 451
김주정(金周鼎) 446, 447
김첨(金瞻) 388
『김충암집(金沖庵集)』 458
김치(金緻) 424
김홍술(金洪術) 311, 316
김효원(金孝元) 416, 419, 420, 439

ㄴ

나은(羅隱)　81, 477
나주(羅州)　104, 105, 169, 313, 447~50
나희(儺戲)　83
낙성굿[落成神祀]　287
『낙전당집(樂全堂集)』　381
남관(南關)　177
남단(南壇)　302
『남명선생별집(南冥先生別集)』　416
남모(南毛)　79
남산(南山)　304, 315, 322, 329, 438, 488
남원(南原)　231
남하정(南夏正)　365
남해신(南海神)　429
남해차차웅(南解次次雄)　94, 95
남효온(南孝溫)　294, 420, 421
낭중(郎中)　79, 81
내무당(內巫堂)　139, 173
내행기은(內行祈恩)　184, 383
노량진(露梁津)　204
「노무편(老巫篇)」→『동국이상국집(東國李相國集)』
『논어(論語)』　144, 190, 342, 423
『논형(論衡)』　345
놋그릇　129, 222
뇌신(雷神)　319

ㄷ

「다산필담(茶山筆談)」　361
다지박사(多智博士)　77, 274
단군(壇君)　72, 93, 94, 96, 263, 264, 288, 335, 337~39, 343, 389, 466
단오(端午)　347, 348, 349, 351, 403, 411, 416~18, 420, 422, 426, 431, 439
단오사(端午使)　439
닭점[鷄占]　479
당두산(堂頭山)　185, 391
당반(鐺飯)　92
당신굿[堂神神祀]　293
당자(堂子)　74
『당적보(黨籍補)』　244
대감신(大監神)　322, 326
대곡(大谷)　385
『대대례기(大戴禮記)』　344
「대령산신찬(大嶺山神贊)」→『성소부부고(惺所覆瓿藁)』
대령신(大嶺神)　425
대명노비(代命奴婢)　196
『대명률(大明律)』　80, 146, 193, 194
『대방광불화엄경(大方廣佛華嚴經)』　284
대자재천왕사(大自在天王祠)　407, 408
『대전(大典)』→『경국대전(經國大典)』
『대전통편(大典通編)』　82, 153, 175,

216
『대전회통(大典會通)』 153, 159, 199, 209
대흥(大興) 311
덕물산(德勿山) 177, 184, 385, 387
덕산(德山) 308, 410
덕수(德水) 391
덕원(德源) 403
덕적산(德積山)→덕물산
덕주부인(德柱夫人) 410, 411
도경(桃梗) 344, 346
도깨비 327, 436, 440
도당굿[都堂祭] 104
도무녀(都巫女) 144
도부(桃符) 346
도삭산(度朔山) 344
도선(道詵) 432, 434, 437
도시대왕(都市大王) 266
도신(都神)굿 287
도액신사(度厄神祀)→액막이굿
도화녀(桃花女) 353, 354, 441
도화랑(桃花娘)→도화녀(桃花女)
독갑방(獨甲房) 258
돌비(乭非) 128, 129, 131, 220, 222
『동각잡기(東閣雜記)』 245
「동경부(東京賦)」 377
『동국세시기(東國歲時記)』 335, 351, 406, 415, 442

『동국여지승람(東國輿地勝覽)』 176, 177, 268, 311, 315~17, 384, 391~94, 403~405, 407, 409, 415, 416, 428~31, 438, 440, 444, 446, 455, 457, 458, 460
『동국이상국집(東國李相國集)』 110, 115, 267, 317, 429, 431, 451
『동국통감(東國通鑑)』 106, 109
『동국패설(東國稗說)』 221, 371
동군(東君) 476, 485, 486
동래(東萊) 180, 181, 340, 429
동령위(東寧衛) 260, 261
동림성(東林城) 403
동맹(東盟) 72
동명왕(東明王) 59, 324
동산(東山) 304
『동소만록(桐巢漫錄)』 365
『동의보감(東醫寶鑑)』 368
동천왕(東川王) 88
동토(動土) 100
동해용왕(東海龍王) 277
『동환록(東寰錄)』 443
두두리신(豆豆里神) 440
『두류지(頭流志)』 436
두만강신사(豆滿江神祠) 403
두박신(豆朴神) 146, 191, 192, 196
두신(痘神) 257
두신낭낭(痘神娘娘) 370

찾아보기 687

「두역유신변증설(痘疫有神辨證說)」→
　　『오주연문장전산고(五洲衍文長箋
　　散稿)』
두주(杜州)　452, 454
등주(登州)　104
떠돌이 무당[遊巫]　257

ㅁ

마마신사(媽媽神祀)　295
마보(馬步)　186
마사(馬社)　186
마산포(馬山浦)　454
마원(馬援)　395
마제(馬祭)　193
마조(馬祖)　184~86, 189, 389, 397
막례(莫禮)　137, 138
『만기요람(萬機要覽)』　171
만노군(萬弩郡)　405
만명(萬明)　220, 221, 237, 268, 372, 405
만명신(萬明神)→만명(萬明)
만무(蠻巫)　483, 490
만신(萬神)　75, 76, 263, 321
말통대왕(末通大王)　44
망덕령사(望德靈祠)　392
망량신(魍魎神)　327
매흉(埋凶)　258
명경수(明鏡數)　373

명도(明圖)　221, 222, 268, 371, 372
명도귀(明圖鬼)　371
명종(明宗)　98, 132~34, 244, 362, 384~86
명주(溟州)　425, 426
명천(明川)　171
명혼(冥婚)　462, 463
모등변신사(毛等邊神祠)　429
목랑(木郎)　440
목멱대왕(木覓大王)　304, 329
목멱산(木覓山)　329, 331
목멱산신사(木覓山神祠)　329
『목민심서(牧民心書)』　81, 361, 395, 424, 456
목엽산(木葉山)　492
목주(木主)　306
몸굿　321
「몽험기(夢驗記)」→『동국이상국집(東國李相國集)』
묘향산(妙香山)　437
무가(巫歌)　259, 261~64, 269~71, 274, 278, 279, 335, 336
무격놀이[巫覡戲]　106
「무격변증설(巫覡辨證說)」→『오주연문장전산고(五洲衍文長箋散稿)』
무고(巫蠱)　102, 239~58, 490
무관(巫官)　172
「무녀척미조(巫女擲米條)」→『청장관전

688

서(靑莊館全書)』
무당 마을　206, 281, 387
무당의 명부　150, 166, 168, 197, 208
무당촌→무당 마을
무등산(無等山)　304, 446
무등산신사(無等山神祠)　446, 447
무병(巫兵)　172~82
무부(巫夫)　179, 181, 182
무비(巫婢)　247
무사(巫祠)　485, 486
무상선(無上仙)　277
무세(巫稅)　145, 154~71
무세포(巫稅布)　167
무술(巫術)　213, 446
무신(巫神)　321, 476
무안(巫案)→무당의 명부
무왕(武王)　473
무적(巫籍)→무당의 명부
무천(舞天)　71
무포(巫布)　170, 173~75
무학(無學)　262, 330
무함(巫咸)　111, 225, 464, 468, 470~72, 479
무함국(巫咸國)　468~70
무함산(巫咸山)　469, 470
문경(聞慶)　413
문배(門排)　349, 350
문신(門神)　327, 347

문정왕후(文定王后)　132, 133, 244, 245, 313, 384~86
문종(文宗)　117, 165, 301
문주(文州)　183
문창군(文昌郡)　453, 454
『문헌비고(文獻備考)』→『증보문헌비고(增補文獻備考)』
『문헌통고(文獻通考)』　119, 120, 305, 306, 346, 484
미륵당(彌勒堂)　74
『미무복(米巫卜)』　226
「미서복변증설(米糈卜辨證說)」→『오주연문장전산고(五洲衍文長箋散稿)』
밀양(密陽)　316, 317

ㅂ

바람 신(風伯)　96
바람 영등[風靈登]　443
바리공주[鉢里公主]　274, 275, 277
박경빈(朴敬嬪)→경빈 박씨
박나인[內人]　130
박동량(朴東亮)　246, 247
박두언(朴豆彦)　146, 192
박수(博數)　74, 77, 189
박숙의(朴淑儀)→경빈 박씨
박전지(朴全之)　280, 432
박제형(朴齊炯)　181
박혁거세(朴赫居世)　94, 434

찾아보기　**689**

반행(半行)   189
반혼(返魂)   226, 229, 230
방울(方兀)   125
배송(拜送)   296, 362, 370
백두옹(白頭翁)   423, 424
백악(白岳)   119, 130, 184, 185, 193,
    304, 331, 332, 383, 392, 393
백악사(白岳祠)   130
백악산당(白岳山堂)   119
『백야기문(白野記聞)』 336, 367
백운산(白雲山)   412
『번암집(樊巖集)』 418, 444
법우화상(法祐和尙)   279, 280
법주사(法住寺)   408, 409
벽골지(碧骨池)   101
벽사문(辟邪文)   348
변성대왕(變成大王)   266
변천(變天)   487
별기은(別祈恩)   107, 120, 184, 185,
    193, 383, 393
별신(別神)   293
별신굿(別神祀)   103
보문(寶文)   126, 186~88
보문당(普門堂)   415
보사(報祀)   184, 383
보은(報恩)   210, 219, 407
보장왕(寶臧王)   89
복대(卜大)   183

복동(福同)   134, 135
복사(卜師)   77, 277
복성군(福成君)   243, 245
복원궁(福源宮)   352
복주(福州)   411
복지겸(卜智謙)   396
「봉선서(封禪書)」→『사기(史記)』
부군(附君)   322, 325, 326
부군신(付君神)   322, 324~26
부근당(付根堂)   322, 323
부근신(付根神)   322
부근신사(付根神祠)→부근당
부루(扶婁)단지   339
부루제석신사(夫婁帝釋神祀)   288, 289
부엌신→조왕신(竈王神)
부적(符籍)   129, 132, 222, 223, 342,
    348, 351
북관(北關)   175, 176, 228, 401
『북관기사(北關記事)』 401
북관묘(北關廟)   141
북독(北瀆)   391, 403
북새(北塞)   175, 331
「북새잡요(北塞雜謠)」→『이계집(耳溪
    集)』
『북제서(北齊書)』   299, 300
북청(北靑)   401
불제(祓除)   473
비 신[雨師]   96

비 영등[雨靈登]   443
비슬산(琵瑟山)   316
비양도(飛揚島)   455
비형랑(鼻荊郎)   353, 355, 356, 440, 441

ㅅ

49재(齋)   265, 271, 297, 340
『사기(史記)』   225, 344, 346, 374, 376, 378, 467, 479, 480, 486, 488
사량부(沙梁部)   354, 454
사륜왕(舍輪王)   353
사마상여(司馬相如)   458, 487
사명(司命)   76, 333, 387
사명기(司命旗)   296, 361
사무(司巫)   474
사무(師巫)   71, 85, 86
사술(邪術)   187, 214
사업(蛇業)   339
『사원(辭源)』   300, 466, 471, 489
4월 8일   406, 422, 451
사전(祀典)   107, 173, 184, 185, 190, 300, 304, 305, 307, 383, 390, 391, 394, 403, 421, 422
사주(社主)   486
사직(社稷)   122, 262, 310, 312
사직(社稷)   310, 312
사천왕(四天王)   269, 351

사초구(射草狗)   499
삭방도(朔方道)   104
산대희(山臺戲)   83
산상왕(山上王)   88, 89
산신(山神)   104, 176, 266, 280, 293, 294, 307, 308, 316, 393, 404, 421, 425, 428, 443
산신당(山神堂)   74
『산해경(山海經)』   76, 111, 112, 142, 343~46, 464, 467~70
산호궁(珊瑚宮)   274, 275, 277
살기(煞氣)   229
살꽂지   193
살만(薩滿)   74, 86, 269, 381
『삼국사기(三國史記)』   78, 83, 87~92, 94, 95, 221, 273, 277, 353, 381, 394, 429, 434, 446, 453, 454
『삼국유사(三國遺事)』   72, 94, 96, 176, 275, 276, 279, 288, 316, 337, 353, 356, 434, 441, 444
『삼국지(三國志)』   88, 230, 268, 292, 398, 462
삼남(三南)   177
『삼보구사(三輔舊事)』   490
삼불(三佛)   267
삼불제석(三佛帝釋)   288, 290, 337
삼성(三聖)   184, 185, 264, 388~40
삼성당사(三聖堂祠)   391

삼성사(三聖祠)　264
삼신(三神)　264, 287, 290, 337
삼신당(三神堂)　406
삼신풀이[三神神祀]　290
삼장군당(三將軍堂)　431
삼척(三陟)　341, 416~20, 422, 424, 439
삼태사사(三太師祠)　396
삼퇴신(三退神)　137
상궁(殤宮)　377
『상산록(象山錄)』　396
『상서(尙書)』　73, 225, 240, 241, 350, 390, 464, 472
상선(上仙)　402
상실(上室)　315, 394
상실성황(上室聖皇)　315
상음신사(霜陰神祠)　403
상장의(喪葬儀)　493
상제(上帝)　305, 467, 485
상주(尙州)　101, 102, 243, 245, 441
『상촌집(象村集)』　44, 131, 132
새넘　270~71
『서경(書經)』→『상서(尙書)』
서긍(徐兢)　100, 383
서문표(西門豹)　114, 216, 283, 423, 481~83
서술산(西述山)　93, 94
서신(西神)　370

『서애집(西厓集)』　472
서연산(西鳶山)→서술산
서울　110, 111, 115, 117, 120, 135, 139, 145, 147~49, 151, 154, 156~59, 164, 173~75, 178, 193~97, 199, 200, 203~205, 207~209, 212~16, 219, 232, 276, 321, 322, 324, 327~30, 332, 333, 356, 371, 373, 381, 384, 386, 388, 394, 412
서천서역(西天西域)　372, 374
서현(舒玄)　73, 221, 242
『석북집(石北集)』　441
선가(仙家)　263, 380
선관(仙官)　107, 108, 380, 381
선도성모(仙桃聖母)　434, 437
선목(先牧)　186
선암(繕巖)　126
선왕당(仙王堂)　291, 314
선왕재　272
선위대왕신(宣威大王神)　403
선조(宣祖)　134, 206, 246~49, 251, 368, 381
『설문(說文)』　73
『설문해자(說文解字)』　73, 467, 468, 471, 488
설인귀(薛仁貴)　393
『성경통지(盛京通志)』　496, 497

692

성녕대군(誠寧大君)　188
성모묘(聖母廟)→성모사(聖母祠)
성모사(聖母祠)　431, 433, 435~37
성모천왕(聖母天王)　280, 281, 432
성사(星使)　296
『성소부부고(惺所覆瓿藁)』　318, 425
성수청(星宿廳)　129, 142~44, 200
『성신말법(聖神語法)』　77, 274, 275, 277, 278
성조(成造)　287, 334, 335
성종(成宗)　118, 127, 131, 132, 197, 198, 201, 202, 208, 356, 396, 451
성주(城主)　287, 333, 335, 336
성주굿[城主神祀]　287, 288, 333~35
성주신(城主神)　287, 327, 333~37
성주풀이[城主釋]　287, 333, 334
성현(成俔)　118, 122, 143, 199, 244, 372, 421, 426
성호(星湖)→이익(李瀷)
『성호사설(星湖僿說)』　139, 171, 172, 220, 236, 263, 309, 314, 375, 460
성황(城隍)　103~104, 143, 189, 190, 196, 199, 290, 299~321, 336, 383, 384, 417, 422, 450
성황단(城隍壇)　301, 305, 309
성황당(城隍堂)　74, 291, 313, 450
성황묘(城隍廟)　309
성황발고제(城隍發告祭)　302
성황발고축(城隍發告祝)　310
성황사(城隍祠, 城隍神祠)　103, 104, 199, 293, 301, 303, 308, 311, 315~17, 391, 403, 416, 450
성황제(城隍祭)　291
세목(稅木)　171, 177
세시잡의(歲時雜儀)　494
세제의(歲除儀)　493
세조(世祖)　152, 166, 198, 201
세종(世宗)　117, 126, 161, 162, 188, 205, 206, 208, 209, 232, 245, 307, 348, 373, 452
『세종실록(世宗實錄)』　120, 121, 126, 145~48, 152, 163~65, 188, 189, 191, 193, 195, 197, 205~208, 218, 220, 224, 315, 384, 385, 403, 429, 447
세포(稅布)　83, 161, 165, 166, 168~71
세화(歲畵)　350, 353
소격서(昭格署)　144
소도(蘇塗)　72, 268, 292, 314, 504
소반(燒飯)　499, 500
소사(小祀)　122, 394, 415, 446
소소락씨(蘇昭樂氏)　274
소의달산사(所依達山祠)　403
소정방(蘇定方)　311
『속대전(續大典)』　82, 153, 156, 162, 172, 175, 199, 217, 302

「속두류록(續頭流錄)」 434
속리산(俗離山) 407
『속전(續典)』 143, 199
손각씨(孫閣氏) 323, 328, 329
손긍훈(孫兢訓) 316
송도(松都)→개성
『송도기이(松都紀異)』 133
송동(宋洞) 141
송상인(宋象仁) 231
송씨부인(宋氏夫人) 324
송악(松嶽) 119, 184, 185, 193, 196, 304, 383~85, 393, 414
송악사(松岳祠, 松嶽神祠) 108, 131, 132, 383
송제대왕(宋帝大王) 266, 267
『수경주(水經注)』 76, 469, 481
수련(壽蓮) 140, 141
수련개(水連介) 246, 247
수로왕(首露王) 72, 237, 428
수리(首吏) 425
수문신(守門神) 333, 343
수문장대감(守門將大監) 327
수부석(水府釋) 296
수성(壽星) 349, 352
수양산(首陽山) 395
수용(水庸) 299
『수원시화(隨園詩話)』 359
수종무녀(隨從巫女) 144

숙신각씨(肅愼閣氏) 404
숙종(肅宗) 97, 136, 137, 215, 249, 255, 256, 315, 365
『숙종실록(肅宗實錄)』 137, 138, 156, 215, 216, 255, 257
순조(純祖) 177, 178, 217
순창(淳昌) 236
순천(順川) 413
술랑(述郞) 77
『시경(詩經)』 121, 190, 225, 241, 332, 416, 427, 473, 476, 477, 501
시미(施糜) 486
시왕[十王] 264, 266, 270
시조묘(始祖廟) 94
시초점(蓍草占) 471
신공(身貢) 157, 158, 162, 174
신광수(申光洙) 441, 442
신교(神敎) 72, 467
신군(神君) 325, 376, 378, 379, 488
신권천자(神權天子) 93
신길[神路] 270
신노비(神奴婢) 195, 198
신단(神壇) 269, 504
신단수(神壇樹) 96
『신단실기(神檀實記)』 335, 339
신당세포(神堂稅布) 167
「신당퇴우설(神堂退牛說)」→『허백당집(虛白堂集)』

신도(神道)　234, 384
신도(神荼)　346, 347
신두산(神頭山)　428
신묘(神廟)　85, 303
신미(神米)　449, 450
신보(神保)　476, 477
신상(神像)　306~308, 317, 318, 328,
　　　330, 332, 347, 351, 383~87,
　　　397, 422, 429, 434, 436, 437
신성진(新城鎭)　301
신세(神稅)　176
신숭겸(申崇謙)　311, 396
신시(神市)　71, 93, 96, 337, 343, 505
신어미　321
신탁(神託)　85, 220, 503, 504
신패(神牌)　308
신포세(神布稅)　161, 163
신학성(神鶴城)　428
신흠(申欽)　131, 132
『실록(實錄)』→『조선왕조실록(朝鮮王
　　　朝實錄)』
심양(沈諹)　105

ㅇ

『아언각비(雅言覺非)』　44, 78
아왕만수(我王萬壽)　259~61
아전(衙前)　300, 316, 395, 406, 417,
　　　422, 431

악(岳)·진(鎭)·해(海)·독(瀆)　306
안남도호부(安南都護府)　110
안동(安東)　335, 439
안변(安邊)　304, 403
안사고(顏師古)　240, 486, 488, 490
안산(安山)　312
안정복(安鼎福)　82, 465
안택(安宅)　334
안택신사(安宅神祀)　334, 336
안향(安珦)　101, 102
안협(安峽)　166
액막이굿[度厄神祀]　294
앵무(鸚鵡)　254
야사(野祀)　198
야제(野祭)　130, 191, 196, 199, 202
양구(楊口)　426
양산(梁山)　316
양성(陽城)　192
양응정(梁應鼎)　436
양주(楊州)　84, 200, 394
양중(兩中)　80, 81
양진(楊津)　122
양진사(楊津祠)　394
어무(御巫)　504
어보시[魚布施]　296
어부심　296
어비대왕(魚鼻大王)　77, 274, 275
어숙권(魚叔權)　82, 84, 170, 325, 362,

363, 365, 409
『어우야담(於于野談)』 235, 236, 259, 260, 364, 391, 419, 420, 424, 436
어효첨(魚孝瞻) 324, 325
『언해두창집요(諺解痘瘡集要)』 368, 369
엄도육(嚴道育) 241, 242
엄천리(嚴川里) 433
업왕(業王) 327, 333, 339
업왕가리(業王嘉利) 339
업왕대감(業王大監) 327
업왕신(業王神) 333, 339
업현(鄴縣) 480
여단(厲壇) 302
여용지(呂用之) 242
여제(厲祭) 190, 301, 303, 309, 310, 312, 390
여축(女丑) 470, 473
여탐굿[豫探神祀] 295, 328
『역경(易經)』 299, 471
역신(疫神) 214, 275, 276, 371
연등(燃燈) 460
『연려실기술(燃藜室記述)』 127, 130, 151, 173, 243, 244, 249
『연번로(演繁露)』 292, 314
연산군(燕山君) 128, 130, 208, 227, 325, 402
『연산군일기(燕山君日記)』 79, 128,

130, 144, 211, 220, 222, 393
연안(延安) 395
열무서(閱巫署) 151
『열양세시기(洌陽歲時記)』 432
열자(列子) 478, 502
염라대왕(閻羅大王) 266, 272, 298, 340, 424
염마라천자(閻魔羅天子) 265
염승(厭勝) 100, 242
염흥방(廉興邦) 438
영고(迎鼓) 72, 268
영남(嶺南) 268, 370, 424, 435, 441~43
영동(嶺童) 442
영동(嶺東) 294, 420
영동군(永同郡) 443
영동신(靈童神) 441, 443, 444
영등신(靈登神) 442, 443
영등월(迎燈月) 442
영랑(永郞) 77
영보(靈保) 476, 477
「영봉산용암사중창기(靈鳳山龍巖寺重創記)」 432
영북진(寧北鎭) 165
영어(靈圄) 487~89
영원조사(靈源祖師) 339, 340
영조(英祖) 139, 151, 157, 162, 151, 173, 216, 258, 280, 302, 326, 396

영창대군(永昌大君)　246~48, 251
영춘(永春)　422
영통대왕(永通大王)　444
영통신(永通神)　444
영해(寧海)　430
영흥부(永興府)　308
『예기도식(禮器圖式)』　228
예종(睿宗)　98, 201, 352, 455, 497
오관대왕(五官大王)　266
오금잠(烏金簪)　416~20, 439
오금잠신(烏金簪神)　416, 439
오도전륜대왕(五道轉輪大王)　266
오래(吳萊)　500, 501
『오례의(五禮儀)』→『국조오례의(國朝五禮儀)』
오룡제(五龍祭)　122
오사(五祀)　189, 333
오악(五岳)　380
5월 5일→단오
『오잡조(五雜俎)』　374
오제(五帝)　344, 360, 485
오주연문장전산고(五洲衍文長箋散稿)』
　　73, 74, 78, 221, 225, 227,
　　228~30, 268, 291, 293, 314,
　　322, 329, 332, 333, 346, 360,
　　367, 372~74, 387, 409, 410,
　　413, 461, 472, 476, 477, 479,
　　488, 490, 491

오통(五通)　452, 453
옥구(沃溝)　452
온조왕(溫祚王)　91
완구(宛丘)　414, 436, 437
완구신당(宛丘神堂)　438
완산(完山)　304
완약(宛若)　376, 378, 379
왕가수(王家藪)　438
왕래대감(往來大監)　327
왕신(王神)　237, 257
요경(堯卿)의 처　134
요망한 무당　132, 134, 146, 147, 183,
　　188, 191~95, 197, 206, 207,
　　214, 216, 218, 230, 254
『요사(遼史)』　224, 226, 467, 493~95
『요재지이(聊齋志異)』　452
용궁대감(龍宮大監)　327
용산강(龍山江)　204, 234
용신굿[龍神神祀]　296
「용암사중창기(龍巖寺重創記)」　280
『용왕경(龍王經)』　122
용왕당(龍王堂)　406
용인(龍仁)　192
『용재수필(容齋隨筆)』　490
『용재총화(慵齋叢話)』　118, 122, 224,
　　372
용제(龍祭)　122
용지(勇之)　479

찾아보기　697

용화산(龍華山)　410
우담(牛潭)　404
우물신　333
우봉(牛峰)　373
우사단(雩祀壇, 雩壇)　117~20
우왕(禑王)　106, 398, 399, 466, 467
우탁(禹倬)　430
『운계만고(雲溪慢稿)』　451
울뢰(鬱儡)　344, 345
울루(鬱壘)　346, 347, 352, 353
울산(蔚山)　187, 428
울주(蔚州)　276
웅산신당(熊山神堂)　438
웅천(熊川)　438
원매(袁枚)　359
『원사(元史)』　357, 358, 496~98, 500
원일(元日)　351, 352
『원전(元典)』　147, 148
원주(原州)　130, 409, 411, 412, 415
원천(元天)　487
원흥소(元兒部)　241
월성(月城)　355
월악신사(月岳神祠, 月岳祠)　404
위숙왕후(威肅王后)　280, 434, 437
위정공(魏鄭公)　349
위지공(尉遲公)　349~52
위호(衛護)　85, 195, 290
유검필(庾黔弼)　396

「유두류록(遊頭流錄)」→『점필재집(佔畢齋集)』
유득공(柳得恭)　248, 332
유리왕(琉璃王)　86
유몽인(柳夢寅)　235, 236, 259, 364, 391, 419, 424, 436
『유서(類書)』　346
유성룡(柳成龍)　472
유업(貽業)　339
『육전조례(六典條例)』　159
윤자당(尹子當)　223, 224
윤정기(尹廷琦)　443
음사(淫祀)　104, 106, 107, 109~11, 127, 130, 133, 147, 148, 163, 168~70, 177, 183, 184, 186, 188, 189, 195~97, 199, 201~203, 206, 207, 209, 219, 220, 231, 267, 301, 303, 306~308, 313, 316, 330, 384, 395, 419, 423, 427, 430, 435, 437, 448~50, 459, 460, 483, 484
음사를 금지하는 법　165, 189, 195, 197, 198
의성(義城)　311, 313, 316, 438
의자왕(義慈王)　92
『이견지(夷堅志)』　229, 490, 491
『이계집(耳溪集)』　175, 401
이궁대감(二宮大監)　140

이규경(李圭景) 73, 74, 78, 221, 225, 229, 268, 291, 293, 314, 322, 332, 360, 367, 373, 387, 409, 461, 472, 476, 491
이규보(李奎報) 112, 115, 267, 317, 429, 431, 451
이긍익(李肯翊) 127, 151, 173, 243
이능화(李能和) 71~73, 77, 81, 83, 94, 145, 147, 159, 180, 230, 299, 323~25, 335, 339, 343, 346, 352, 358, 370, 398, 408, 419, 439, 442, 443, 491, 504
이덕무(李德懋) 74, 224, 225
이덕형(李德泂) 133, 134
이목(李穆) 127
이소군(李少君) 374
이수광(李睟光) 77, 222, 227, 325, 342, 343, 359
이숙번(李叔蕃) 145, 223, 224
이승휴(李承休) 434, 437
이식(李植) 251, 252
이유원(李裕元) 401
이익(李瀷) 139, 171, 172, 220, 236, 263, 309, 314, 375, 377~79, 460
이장곤(李長坤) 227
이정악(李挺岳) 395
『이조실록(李朝實錄)』→『조선왕조실록』
이중환(李重煥) 387

이형상(李衡祥) 456, 457, 460
이호영(李昊榮) 226
익산(益山) 444
인로왕보살(引路王菩薩) 270
인업(人業) 339
인왕산(仁王山) 126, 322, 333
인제(麟蹄) 411, 413
인조(仁祖) 128, 135, 136, 249, 252, 253, 397, 417
『인조실록(仁祖實錄)』 118, 124, 135, 154, 231
인종(仁宗) 100, 133, 244, 284, 455
일연선사(一然禪師) 337
일자(日者) 91, 92, 225
『일지록(日知錄)』 225
임신(林神) 317, 318
임종(林宗) 355
『임하필기(林下筆記)』 401
입춘일(立春日) 352

ㅈ

자고(紫姑) 328
자부선생(紫府先生) 75, 76, 263
자재천왕(自在天王) 408
자초(自超)→무학(無學)
자충(慈充) 71, 95
작서(灼鼠)의 옥(獄) 243, 244
『잠곡필담(潛谷筆譚)』 386

찾아보기 **699**

『잡동산이(雜同散異)』 82
장단(長湍) 414
장산도(長山島) 397
장압산(長鴨山) 406
장연(長淵) 396
장옥택(長屋澤) 86
장유(張維) 240
『장자(莊子)』 231, 282, 283, 286, 376, 377, 478
『장자익(莊子翼)』 282
장헌세자(莊憲世子) 326
장희빈(張嬉嬪) 255~57
재궁(齋宮) 481, 503
재신(財神) 327
재인(才人) 82
저영(儲泳) 229
저주(詛呪) 85, 100, 102, 103, 239~41, 243~48, 250, 253~55, 318, 474, 489, 490, 495
적성(積城) 200, 392, 393
적인걸(狄仁傑) 423
전내신(殿內神) 140, 141, 322, 328
전동신(田童神) 443
전라도(全羅道) 79, 80, 169, 178, 309, 446, 448, 449
전라북도(全羅北道) 452
전사청(典祀廳) 330
전주(全州) 309, 317, 451

절영도신사(絶影島神祠) 429
점필재(佔畢齋)→김종직
『점필재집(佔畢齋集)』 433, 451
접살(接煞, 接煞法) 226, 229, 230
정가신(鄭可臣) 104, 105, 447
정견천왕사(正見天王祠) 428
정녀부인(貞女夫人) 330, 331
정동유(鄭東愈) 176, 357
정령공(定寧公) 105, 447
정명공주(貞明公主) 249, 251
정성대왕(靜聖大王) 176, 316
정약용(丁若鏞)(丁茶山) 78, 81, 395, 396, 424, 439, 443
정언황(丁彥璜) 418~420, 439
정의현(旌義縣) 457
정자(程子) 310
정조(正祖) 127, 174~76, 180, 181, 204, 216, 326, 330, 413, 419, 441, 451, 454
정홍명(鄭弘溟) 435
정화궁주(貞和宮主) 102, 103
정희왕대비(貞熹王大妃) 201
제갈무후(諸葛武后) 59, 324
제비원 335
제산의(祭山儀) 492
제석(帝釋) 113, 264, 287~89, 337, 338
제석거리 288, 338

제석굿[帝釋神祀]　287~89
제석궁(帝釋宮)　274
제석천왕(帝釋天王)　288
제안공숙(齊安公淑)　103
『제왕운기(帝王韻紀)』　434, 437
「제조사(祭竈詞)」　342
제주(濟州)　105, 442, 455~61
『제주지(濟州志)』　459
「제주풍토록(濟州風土錄)」→『김충암집(金冲庵集)』
제천(祭天)　268
제천(提川)　409, 411, 412
조박(趙璞)　303
조상굿[祖上神祀]　290
조상신(祖上神)　75, 186, 221, 290
『조선왕조실록(朝鮮王朝實錄)』　77, 79, 80, 124, 136, 144, 145, 147~51, 154~57, 159, 162~66, 169, 170, 175, 181, 183~88, 191, 193, 195, 197~99, 201~204, 207~20, 223, 254, 258, 303, 322, 329, 348, 383, 391, 393, 402, 441, 446, 448
조소원(趙昭媛)　252~54
조식(曺植)　416
조신(竈神)→조왕신(竈王神)
조왕신(竈王神)　333, 342, 343, 374, 375

족류(族類)　486
족인취(族人炊)　486
종규(鐘馗)　351, 352
『좌전(左傳)』　86, 172, 241, 312, 474
『주례(周禮)』　86, 172, 236, 347, 460, 461, 463, 471, 473, 474
주몽사(朱蒙祠)　89
주무(主巫)　139, 177
주문(呪文)　74, 221, 224, 226, 268, 279, 340, 342, 458, 459, 476, 490, 500
주술(呪術)　132, 223
주역박사(周易博士)　77, 274
『주영편(晝永編)』　176, 357
주자(朱子)　73, 343, 416, 417, 477
『주자어류(朱子語類)』　73, 477
주작(朱雀)　184, 185, 388, 390, 391
주작신당(朱雀神堂)　185, 391
주작칠숙(朱雀七宿)　388
주통촌(酒桶村)　88
죽계(竹溪)　422
준정(俊貞)　79
중부동(中部洞)　258
중사(中祀)　384, 393, 394, 403, 429
중종(中宗)　131, 166, 169, 202, 211, 215, 223, 243~45, 313, 385, 402, 409
『중종실록(中宗實錄)』　80, 123, 132,

145, 149, 150, 167, 169, 170, 202~204, 212, 214, 215, 223, 245, 313, 314, 322, 402, 451
『증보문헌비고(增補文獻備考)』 124, 134, 137, 151, 152, 156, 160, 301, 324
지노귀새남[指路歸散陰神祀] 270, 297
지도부인(知刀夫人) 353
「지리가(地理歌)」 287
지리산(地理山) 280, 281, 304, 431, 432, 434~37
지리산신사(智異山神祠) 432
지박서(地拍鼠) 494
『지봉유설(芝峯類說)』 77, 222, 227, 325, 342, 359
지신대감(地神大監) 326
지신석(地神釋) 291
지전(紙錢) 199, 322~24, 427, 451
「지천행장유사합록(遲川行狀遺事合錄)」 251
지화궁(地華宮) 274
직일신장(直日神將) 349, 351, 352
진광대왕(秦廣大王) 266
진넉위새님 270, 271
진도(珍島) 105
진령군(眞靈君) 140, 141
진부정가심 270
진산(鎭山) 293, 303, 395

진숙보(陳叔寶) 390, 350~52
『진양구지(晉陽舊志)』 437
진주(晉州) 304, 431
진지대왕(眞智大王) 353
진천(鎭川) 418
진평대왕(眞平大王) 354
진흥왕(眞興王) 78, 79, 221, 273, 353

ㅊ

차귀당(遮歸堂) 457, 458, 460
차귀신(遮歸神) 457, 458, 460
차대왕(次大王) 87
차차웅(次次雄) 71, 93~95, 504
창부가(倡夫歌) 362
창우원관(倡優頓官) 82
채제공(蔡濟恭) 418, 419, 444
처용(處容) 275~77, 356~58
처용무(處容舞) 83
척주(陟州)→삼척(三陟)
척준경(拓俊京) 100, 101
천군(天君) 71, 94, 504
천비(天妃) 184, 389, 397, 399
천신(天神) 71, 86, 94, 263, 287, 356, 408, 428, 453, 486, 492, 501
천연(天然) 435~37
『천예록(天倪錄)』 231, 233, 330
천왕(天王) 71, 96, 280, 281, 288, 337, 432, 434, 437

천왕봉(天王峰) 280, 431, 435, 436
천제(天帝) 266, 331
천제석(天帝釋) 113
천중지절(天中之節) 348
천진(天眞) 247, 248
천화궁(天華宮) 274
철원(鐵原) 166
청안(淸安) 406
『청음집(淸陰集)』 397
『청장관전서(靑莊館全書)』 224
청풍부(淸風府) 410
청혼(聽魂) 230
초강대왕(初江大王) 266
『초사(楚辭)』 112, 225, 426, 464, 467, 468, 470, 476, 480
초안석(招安釋) 297
「초혼부(招魂賦)」→『초사(楚辭)』
총사(叢祠) 292, 314
최고운(崔孤雲)→최치원(崔致遠)
최명길(崔明吉) 249~51
최영(崔瑩) 177, 184, 326, 387, 438
최영장군사(崔瑩將軍祠) 387
최치원(崔致遠) 72, 83, 242, 428, 452~55
최항(崔沆) 110
『추강집(秋江集)』 294, 420
추화산(推火山) 316
『춘명퇴조록(春明退朝錄)』 350

『춘추좌전(春秋左傳)』→『좌전(左傳)』
충렬왕(忠烈王) 99, 102, 103, 105, 106, 184, 240, 260, 388, 390
충목왕(忠穆王) 99
충숙왕(忠肅王) 99, 106, 108, 110, 161, 260
충암(沖庵)→김정(金淨)
충원(忠原) 410
충주(忠州) 404, 411
충청도(忠淸道) 79, 129, 178, 210, 219, 308, 404
충학(沖學) 424
충혜왕(忠惠王) 99, 106, 108, 161
치악산(雉岳山) 415
치악산사(雉岳山祠) 415
치우(蚩尤) 261, 349, 465, 484
칠금령(七金鈴) 268, 269
칠성(七星) 220, 289
칠성당(七星堂) 74, 322, 333
칠성암(七星庵) 333
칠성풀이[七星神祀] 289
칠원(七元) 113
칠칠재(七七齋)→49재

ㅌ

타처용(打處容) 357
탁리(託利) 86, 87
탈재(脫災) 358, 499

찾아보기 703

탐라(耽羅)→제주
태령산(胎靈山) 405
태무(太巫) 493, 494
태백산(太白山) 96, 422~24
태백산사(太白山神祠) 424
태백산성(太白山城) 396
태백산신(太白山神) 422, 424
태산대왕(泰山大王) 266
태상제안(太常祭案) 124
태신(胎神) 290
태자귀(太子鬼) 371, 372, 374~76
「태자귀변증설(太子鬼辨證說)」→『오주연문장전산고(五洲衍文長箋散稿)』
태조(太祖) 117, 121, 125, 127, 143, 183, 189, 200, 205, 246, 262, 303, 306, 315, 330, 331, 455
『태조실록(太祖實錄)』 125, 126, 183, 205, 304, 305, 307~309, 329, 392, 448
태종(太宗) 75, 117, 125, 126, 143, 145, 163, 184, 187, 190, 200, 205, 223, 303~305, 345, 390
『태종실록(太宗實錄)』 117~20, 126, 145, 151, 184~87, 224, 348, 383, 388, 391, 393, 415, 448
태주 371
『태평어람(太平御覽)』 345, 375, 470, 490

태후(太后) 우씨(于氏) 88, 89
「택당시상(澤堂諡狀)」 252
탱자(撑子) 379
토룡(土龍) 98
토신(土神) 333
토주대감(土主大監) 326
토지신(土地神) 291, 310, 485, 486
『통전(通典)』 292, 314, 346, 470
퇴미(退米) 167~70
퇴미세(退米稅) 167, 169
퇴우(退牛) 422, 424

ㅍ

팔관회(八關會) 107
팔령신(八鈴神) 430
팔사(八蜡) 299
『패관잡기(稗官雜記)』 82, 170, 325, 362, 409
『패사(稗史)』 342
평등대왕(平等大王) 266
평산부(平山府) 396
평안도(平安道) 157, 333
평유원(平儒原) 87
폐비(廢妃) 130, 208, 256
『포박자(抱朴子)』 75, 76, 263, 351
포함(咆喊)주다 101
풍덕(豊德) 160, 177, 391
『풍속통(風俗通)』 483

풍천(豊川)　392, 396
피방(避方)　208
피병(避病)　196

ㅎ

하백(河伯)　114, 283, 423, 480~82
『학봉집(鶴峯集)』　438
학성산(鶴城山)　403
학의행(郝懿行)　344, 467~70
한강　121, 159, 216
「한공연보(韓公年譜)」　135
한라산신(漢拏山神)　455, 456
한라호국신사(漢拏護國神祠)　455
『한비자(韓非子)』　483
『한서(漢書)』　73, 86, 102, 240, 283
『한서석의(漢書釋義)』　73, 240
한성부(漢城府)　92, 148, 159, 195, 215, 216
한양부(漢陽府)　305
한효중(韓孝仲)　134, 135
함경도(咸鏡道)　163, 171, 175, 177, 178, 183, 330, 331, 334, 381, 391, 401, 402, 404
함경신당(咸鏡神堂)　402
함길도(咸吉道)　188, 308
함산(咸山)　317, 318
함신(咸神)　318
함양(咸陽)　223

함유일(咸有一)　104, 114
함허자(涵虛子)　465
합천(陜川)　428
『해동명신전(海東名臣傳)』　128
『해동잡록(海東雜錄)』　458
해부루(解夫婁)　288
해주(海州)　125, 315, 394
『해주읍지(海州邑誌)』　394
해풍(海豊)　388
행향별감(行香別監)　121
허균(許筠)　317, 318, 425
허목(許穆)　417~19, 423
허미수(許眉叟)→허목(許穆)
『허백당집(虛白堂集)』　421, 426
허웅(虛雄)　129, 130
허준(許浚)　368
허추(許樞)　431
헌강왕(憲康王)　275
헌원씨(軒轅氏)　464
현덕수(玄德秀)　110
현령군(賢靈君)　140
『현왕경(現王經)』　273
현왕재(現王齋)　272, 297
현종(顯宗)　97, 103, 127, 136, 137, 351, 352, 363, 403
현풍(玄風)　176, 316
「형무설(荊巫說)」　81, 477
형변부곡(兄邊部曲)　429

찾아보기　705

호구대감(戶口大監) 327
호귀(胡鬼) 370
호귀마마(胡鬼媽媽) 370
호남(湖南) 287, 343, 370, 379, 413, 435, 436, 441
호랑이 122, 228, 293, 344, 345, 352, 467
호무(胡巫) 240, 483, 490
호신(戶神) 333
호장(戶長) 417
호종단(胡宗旦) 455, 456
호종조(胡宗朝)→호종단(胡宗旦)
홀랄대(忽剌歹) 103
홍석모(洪錫謨) 335, 351, 406, 415, 442
홍양호(洪良浩) 175, 401
「화동음사변증설(華東淫祀辨證說)」→『오주연문장전산고(五洲衍文長箋散稿)』
화랑(花郞) 77~81, 209, 273
화령(和寧) 304
화산(花山) 426
『화한삼재도회(和漢三才圖會)』 370, 503, 505
환국(桓國) 337
환웅(桓雄) 71, 93, 94, 96, 264, 389
황수신(黃守身) 206
황천강(黃泉江) 271, 341

황해도(黃海道) 264, 394
『회남만필술(淮南萬畢術)』 375
『회남자(淮南子)』 470, 486
회사(回寺) 80
효령현(孝寧縣) 431
효명옹주(孝明翁主) 252, 254
효종(孝宗) 136, 154, 252, 253, 363, 397, 417
후녀(后女) 88
후원조사(後院祖師) 341
후토(后土) 117, 310, 312, 497
『후한서(後漢書)』 94, 144, 266, 344, 351, 470
흉살성(凶煞星) 295

서남동양학자료총서

조선무속고 朝鮮巫俗考
역사로 본 한국 무속

초판 1쇄 발행/2008년 10월 6일
초판 8쇄 발행/2025년 5월 13일

지은이/이능화
역주자/서영대
펴낸이/염종선
책임편집/김도민 신선희
펴낸곳/(주)창비
등록/1986년 8월 5일 제85호
주소/413-120 경기도 파주시 회동길 184
전화/031-955-3333
팩시밀리/영업 031-955-3399 · 편집 031-955-3400
홈페이지/www.changbi.com
전자우편/human@changbi.com

ⓒ 서영대 2008
ISBN 978-89-364-1308-8 93910

* 이 책책은 서남재단으로부터 연구비를 지원받아 발간됩니다.
   서남재단은 동양그룹 창업주 故瑞南李洋球회장이 설립한 비영리 공익법인입니다.
* 이 책 내용의 일부 또는 전부를 재사용하려면
   반드시 저작권자와 창비 양측의 동의를 받아야 합니다.
* 책값은 뒤표지에 표시되어 있습니다.